불교를 다시 묻다

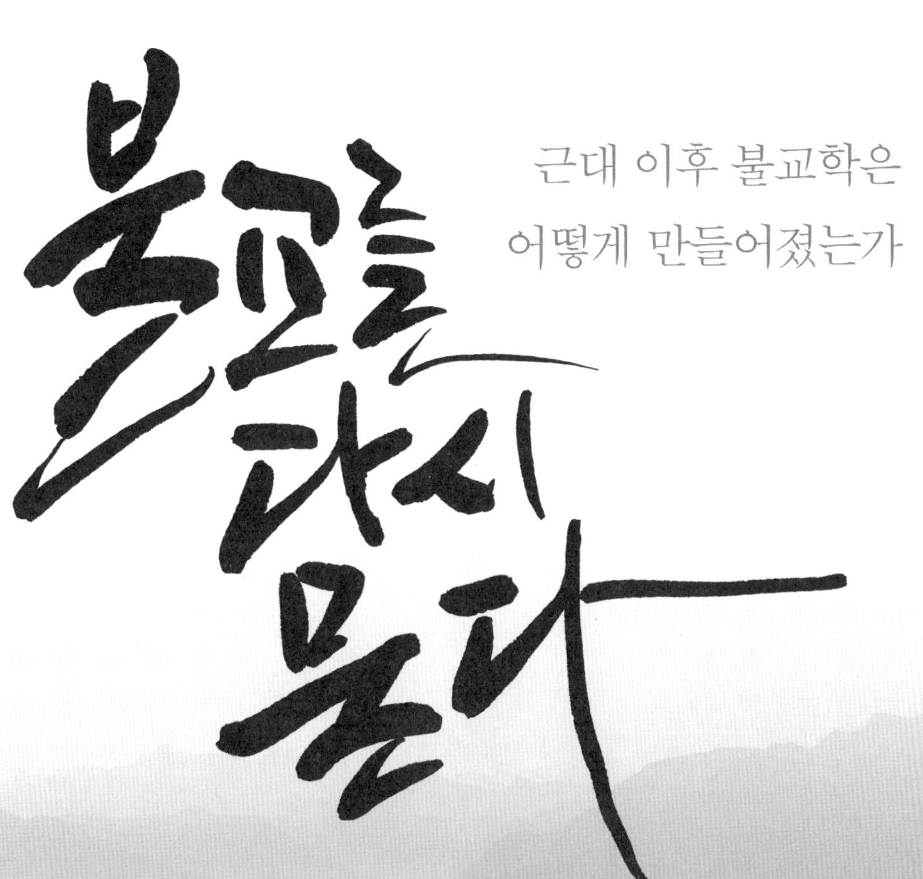

불교를 다시 묻다

근대 이후 불교학은
어떻게 만들어졌는가

이민용 지음

들어 꽃을 모시는 사람들

나는 재수(再修)하는 학자라는 의식을 지니고 이 책을 썼다. 한참 공부해야 했던 30-40대에 나의 전문분야인 불교학-종교학에서 일탈했다가 60대에 이르러 복귀한 후, 다시 시작한 공부의 결실들을 묶었다. 따라서 이 글들은 내 삶의 굴곡을 따른 탓인지 반성적(reflective)이고 비판적(critical)이며 조망적(perspective)인 특색을 지니고 있다. 불교학의 특징인 문헌 자료를 탐색하는 글보다는 그동안 학계에서 다루어 온 다양한 주제를 비판적으로 조망한 글이 많다.

불교학의 논서와 글은 일반인의 접근이 쉽지 않다. 한문(漢文)을 위시하여 불전 원어인 산스크리트, 팔리, 티베트어로 구성되어 있고 고도로 전문화된 용어는 일반인의 접근을 더욱 어렵게 한다. 불교학자들마저 자신의 전문분야를 떠나면 접근 불가능한 속수무책의 상태에 빠지곤 한다. 자신만의 학적 취향을 따른 나만의 전문분야로 몰입되기 일쑤이다. 따라서 학계의 흐름을 파악하는 것이 불교학처럼 어려운 분야도 드물다. 전문가가 쓴 글을 또 다른 전문가가 이해할 수 없는 상황은 아이러니가 아닐 수 없다. 남들을 지칭하는 것이 아니라 바로 나 자신을 지적하는 고백이기도 하다. 불교학의 수많은 논제가 교양인에게 평이한 인문적 서술로 다가갈 수는 없는 것인가? 불교학자로서 내 평생의 화두이기도 하다. 나는 이 책에서 저자가 선택하고 서술한 주제들은 이해될 수 있어야 하고 오늘의 현장에서 왜 그것이 문제이어야 하는지를 되물었다. 모든 글은 맥락(context)

속에서 이루어져야 한다는 것을 신조로 삼았다.

서양 사상이나 기독교 신학을 전공하는 학자들로부터 자주 듣는 불평의 하나는 전후 맥락 없이 고도의 전문화된 용어로 집필된 불교 논문들에 대한 것이다. 서구어로 번역되거나 번안된 글들이 오히려 이해하기 쉽다고 한다. 그런 측면이 있는 것은 사실이다. 그러나 실제로 그렇기만 할까? 오히려 불교 경전과 논술문을 서구어로 번역하거나 해석할 때 많은 문제점이 노출된다. 오역과 오해가 일차적이라고 할 정도다. 서구 교양인들이 읽어도 이해할 수 없는 서술이 많다. 소위 혼성적 영어 표현(Hybrid English) 때문이다. 불교의 전문용어에 대응시킬 서구적 어휘나 개념이 없으니 새로운 조어(造語)를 만들 수밖에 없었다. 이 새로운 개념어는 현대 서구인들에게도 쉽게 이해될 수 없는 경우가 많다. 더욱 서양과는 전혀 다른 동양의 사상과 용어, 그리고 그 과정에서 형성된 개념들이 아닌가? 불교 사상에 대한 해석이나 정신사적 설명을 할 때 서구는 무엇을 기틀로 불교를 풀어 갔던가? 소위 근대 불교학은 서구 불교학을 시발로 삼으니 '불교의 서구화'란 난제에 부딪힌다. 나의 학문적 정향(scholarly orientation)의 문제점이기도 하고 새 세대 불교학 연구의 난제이기도 하다. 오늘날 불교학은 이 서구적 사상과 사유의 틀에서 벗어날 수 없게 되어 있다. 그것은 불가불 서구사상에 맞춘, 불교사상의 환원적(還源的) 재처리를 통한 해석인 셈이다. 나의 '재수(再修)의 불교학'은 이런 문제의식에서 시작되었다.

제1부는 근대 불교학이 어떠한 계기를 통해 출현하였으며 어떠한 서구의 틀로 재형성되어 갔는가를 추적하고, 그것이 얼마나 오리엔탈리즘의 자장에서 자유롭지 못했는지 성찰하는 글들을 묶었다. 동시에 나의 미국 대학에서의 수학(修學)/재수(再修)기에 해당될 수 있는 글이기도 하다. 제2부에서는 불교 신행이 이제 동양만의 문화현상이거나 정신적/종교적 현

상이 아니라는 사실에 주목하면서 불교로 귀의하는 서구인의 개종(改宗) 현상을 탐색해 보았다. 불교는 서구에서 어떻게 믿을 만한 종교로 부상하였는가? 그 배경은 무엇이며 서구인의 독특한 불교 귀의 행태는 우리 동양인에게 무엇을 시사하는 것일까? 그리고 극심한 현대화를 겪는 우리의 모습이 과연 그들의 행태와는 무관한 것일까를 짚어보았다.

　제3부에서는 한국적 정신 풍토에서 불교학은 어떤 방향에서 시도되어야 하는지를 물었다. 근대 불교학의 발단이 서구적 오리엔테이션에 근거한 것이었다면 오늘의 시점에서 한국 불교학은 어떻게 시도되어야 하는지, 소위 한국적 불교학의 가능성을 타진하고 싶었다. 이러한 문제의식하에 한국불교를 종교적 도그마나 신행의 렌즈가 아니라 학문적 틀로 접근한 시도를 찾아보았다. 이능화의 『조선불교통사』는 이러한 나의 질문에 정확하게 응답하는 사례였다. 그러나 불행히도 이 저작은 그동안 친일 어용학자의 작품이라거나 근대 이행기의 전환적 산물 정도로 폄훼되면서 본격적인 학문적 검토의 대상이 되지 못했다. 「조선불교통사의 구조와 서술방식」은 그런 배경에서 집필한 글이다. 이능화의 또 다른 저작 『백교회통』은 한국 최초의 종교학 저술로 평가되곤 하는데 이 점을 검토해 보았다. 특히 이 텍스트는 '불교학/종교학'이란 나의 이중적 학문 배경과 공명하는 상징적 의미를 지니고 있기도 하다.

　「한국종교의 근대적 각성: 원불교의 경우」는 근대 개혁불교 종단의 하나로 출현한 원불교에 대한 종교학적 분석을 시도한 글이다. 신생종단으로서 원불교가 지닌 태생적 불안의식, 불교적 정체성을 둘러싼 문제, 종교학적 입장에서 가장 완벽한 신종교의 사례로 평가되는 근거 등을 따져보았다. 「불연 이기영」은 불교학자 이기영의 삶과 학문 세계를 살핀 글이다. 나의 스승이기도 한 이기영은 서구 불교학에서 대체 불가능하다는 정평을 지닌 에티엔느 라모트(Etienne Lamotte, 1903-1983) 밑에서 서구 불교학의 훈련을 받은 학자로서, 그의 박사학위 논문 「참회사상의 기원과 전개(Aux Origines du "Tchan Houei": Aspects Bouddhiques de la Pratiques Penitentielle, 1960)」는 전형적인 서구 문헌학적 관점에서 집필되었다. 한국 불교학에서 그의 위상과 한계, 그리고 한국 불교학의 선구자로서 그가 겪어야 했던 어려움 등을 살폈다.

제4부는 두 부분으로 구성하였다. 첫 번째 부분은 한국불교 전통을 어떻게 자리매김할 것인가를 비판적으로 성찰하는 글들이다. 언필칭 한국불교 전통은 중국불교와 다른 고유한 것이고 일본에 불교를 전수했다면서 자부한다. 과연 그럴까? 그렇다면 그러한 근거를 제시해야 할 것이 아닌가? 교상판석(教相判釋)은 전통 불교 이론들의 체계화이고 동아시아 불교가 산출한 고유의 학문적 분류 방식이다. 한국불교 사상도 이 틀에서 벗어나 있지 않다. 따라서 교상판석의 틀로 한국 불교사상(가)들의 사상적 위치를 논하는 것은 합리적 방법일 수 있다. 이러한 문제의식 하에 한국의 학승(學僧) 가운데 가장 활발한 주석 활동을 펼친 원효의 위상을 따져보고 싶었다. 또 한국불교사에서 처음으로 자신의 이론적 틀을 가지고 당(唐)나라 시기의 불교사상을 천착한 원측(圓測)의 위상도 평가하고 싶었다. 여기에 실린 「원측사상」은 불발로 끝난 필자의 학위논문의 스케치이기도 하다. 교상판석이 지닌 창의성에도 불구하고 이 틀이 오히려 종파(宗派)불교를 낳고 불교사상에 대한 유연한 이해를 가로막는 걸림돌이 되는 점을 지적하려 했다. 나아가 이 준거 틀에만 의거하려는 오늘날 일본 불교학의 해석학적 방향을 비판적으로 점검하였다.

4부의 두 번째 부분은 성(性)이나 인권과 같은 세속적 문제가 불교적, 종교적 입장에서 어떻게 이해되고 해석되는지 살폈다. 그리고 한국 종교계의 양대 산맥인 불교와 기독교의 현장과 관련된 두 주제를 검토하였다. 서경수와 이기영의 사례를 통해 불교 개혁의 문제를 다루어 보고, 함석헌의 사례를 통해 종교간 대화와 기독교 사상의 번안 문제를 생각해 본 것이다. 후자의 경우, 나 자신이 함석헌학회의 창설자의 한 사람으로서, 종교간 경계를 넘어 폭넓은 활동을 하는 선배/동료학자인 이만열(전 국사편찬위원회 위원장), 김영호(인하대 명예교수) 교수의 업적을 기리고 싶어서이기도 했다.

이 책은 일정한 주제 아래 일관성 있는 논지를 펼친 것들이 아니어서 서로 연결되지 않는 부분이 있고, 이리저리 분지화(分枝化)된 세부적 주제가 많다. 논문의 내용이 중복되는 경우도 적지 않다. 관심 있는 주제들을 강연 발표문으로 변형하여 사용한 경우도 있다. 독자들의 너른 양해를 부탁한다.

나의 정신적 편력이 그대로 드러난 고백적 서문이 되고 말았다. 이 모든 작업을 도와준 한국종교문화연구소의 장석만, 이진구, 송현주, 김태연 교수에게 진심 어린 감사의 말을 드리고 싶다. 나는 항시 불교적 관점인 '소멸'의 신념을 지니고 있다. 하지만 기억이 존속되는 한, 기록은 남길 필요가 있다고 믿기도 한다. 또한 재수와 같은 학문의 천착도 가능하다는 점을 밝히고 싶기도 했다. 이 책은 그런 이유로 출판하게 되었다. 끝까지 나를 다시 학계로 이끌고 담아주신 두 선배, 이미 고인이 된 우공(又空) 황필호(黃弼昊) 교수와 현 서울대 명예교수인 정진홍(鄭鎭弘) 교수에게 고마운 우정을 함께 전하고 싶다.

한국종교문화연구소에서 이민용

2026년 2월

제3부 한국 근대불교와 불교학

제1부

서구 불교학의 탄생과 전개

불교학 연구의 문화적 배경에 대한 성찰

서구 불교학의 창안과 오리엔탈리즘

서구의 열반 이해의 역사와 그 유형

티베트 불교 연구의 발주자

불교학 연구의 문화적 배경에 대한 성찰*

—서구 불교학 연구 동향

* 『종교연구』 19호, 한국종교학회, 2000.

1. 머리말

불교가 서구에 소개되면서 불교는 종교냐 철학이냐 하는 문제와 더불어, 깨달음과 의식의 세계, 또는 자연과학과 불교, 불교의 현실 부정적인 세계관 등의 질문들이 제기되었다. 곧 서구에서 처음 접촉했던 불교에 대한 궁금증은 그 첫 단계나 지금이나 거의 변함없이 되풀이되고 있다. 그것은 합리성과 근대적 지성을 근거로 한 서양인이 동양의 가치체계를 어떻게 이해할 수 있으며 또 이런 체계를 어떻게 받아들여 불교로 귀의할 수 있겠느냐 하는 질문이 된다. 그러니까 왜 서구인들은 불교에 관심을 갖게 되며, 그 관심의 도를 깊이하고 확대하고 있는 것일까? 또 그들이 관심을 갖게 된 불교는 어떤 계기로 관심의 표적이 되었으며, 나아가 하나의 학문의 대상으로 떠올라 연구대상이 된 것일까?

본래 나에게 주어진 제목은 '21세기 종교학과 불교학'이었다. 앞으로 다가올 새 세기에 불교학이 인문학의 한 분야로 어떤 위치를 차지하고 어떤 역할을 할 수 있는가를 가늠하기 위해서 주어진 제목이라 생각된다. 논제가 내포하는 문제의 방대한 성격 때문에 나는 그것을 '불교학 연구 전망'이라고 개제(改題)하여 보았지만 전망이라는 작업이 요구하는 여러 사항을 생각하면 내가 다루기에는 거의 불가능에 가까운 작업이라 생각된다. 전망이란 미래를 예측하는 작업이니 적어도 불교학 연구의 현황이 전제될 수밖에 없다. 더욱 연구 현황 자체도 이미 나의 능력을 넘어서는 방대한 작업을 요구하는 과제이다. 팀워크에 의해 진행되면 좋은 일이겠지만 필연적으로 그것은 한 개인의 관점과 책임이 뒤따른 작업일 터이고 그런 작업이 시도된다고 하여도 불교학 연구자들 대부분이 한계를 드러내는 일이기도 하다.[1] 출간된 논저를 수집하여 세밀히 읽어 분류하고 문제점을 지적해 낼 수 있는 능력과 안목 없이는 처음부터 시도될 수 없고, 또 도서 시설과 분류해 낼 수 있는 언어학적·문화사적·사상적인 뚜렷한 관점 없이 이 일을 수행한다는 것은 거의 불가능한 일에 속한다.

이러한 한계를 전제로 할 때 본인이 할 수 있는 작업은 지금까지 출간된 불교학 연구의 역사[2]를 개관하면서 관심 있는 몇 가지 주제를 개진해 보는

---

1   불교학자 드 용(J. W. de Jong)은 언어학적 · 문헌학적 입장에서 본격적인 불교 연구사를 제시했지만 불교학 연구의 미래를 전망하는 일이 매우 어려운 작업임을 다음과 같이 고백한다. "지금으로서는 그 누구도 불교학 연구가 어느 방향으로 발전될지 그 미래를 예견할 수 없다". J. W. de Jong, *A Brief History of Buddhist Studies in Europe and America,* Delhi: Sri Satguru Publications, 1987, p. 65.

2   불교학 연구사라고 뚜렷이 명시하거나 불교연구를 역사적으로 개관할 수 있는 논저가 많지 않다. 그리고 저자가 불교학 연구사라고 표제를 달지 않는 한 어떤 논저를 불교학 연구사로 규정할 것인가 하는 것도 하나의 큰 문제가 된다. 이제껏 출간된 논저를 도서관학적으로 분류 · 정리하여 연구문헌 목록을 만든 것은 제외하고, 문헌목록에 짧은 논평을 실은 것이거나 불교학 연구가 시작된 이래 일정한 연구기간을 거치며 얻은 결실을 개관 · 검토 · 비판하는 논저를 연구사의 범주에 넣었다. 본격적 조사를 할 때 보다 많은 관련 논저들이 나타날 것이라고 확신하지만 일단 소개를 위한 잠정적 논저를 다음과 같이 제시한다. Marcelle Lalou, ed., *Bibliographie Bouddhique,* Paris, 1928-1967; Edward Conze, *Thirty Years of Buddhist Studies: Selected Essays,* Oxford: Cassirer, 1967; Guy Richard Welbon, *Buddhist Nirvāna and its Western Interpreters,* Chicago: Univ. of Chicago Press, 1968; William Peiris, *The Western Contribution to Buddhism,* Delhi: Motilal Banarsidass, 1973; Thomas Tweed, *The American Encounter with Buddhism 1844-1912: Victorian Culture and the Limits of Dissent,* Bloomington: Indiana Univ. Press, 1992; J. W. de Jong, *A Brief History of*

일만이 가능할 것 같다.[3] 곧 불교학 연구의 역사를 개관할 때 과거의 실적이 어떤 가치가 있느냐 하는 자기 성찰적 관견(管見)이 가능할 것이고, 결국은 과거의 업적을 근거로 앞으로의 방향이 어느 정도 부각될 수 있겠기 때문이다.

2. 불교학 연구의 발단

서구의 불교에 대한 관심과 그에 따른 근대 학문으로서의 출발점은 빅토리아 조 후기인 19세기 중반으로 잡고 있다. 빅토리아 조에 불교학이 학문으로 정착했다는 사실은 불교학 연구의 방향을 결정하는 중요한 단서가 된다. 빅토리아 조 전반까지 풍미했던 이집트학(Egyptology)의 쇠퇴와 때를 맞추어 일기 시작한 인도학(Indology)의 열풍은 "모든 것, 그렇다, 거의 예외 없이 (서양의) 모든 것은 인도를 시원으로 하고 있다"는 프리드리히 슐레겔(Friedrich Schlegel, 1772-1829)의 언표에서 절정을 이룬다. 그러나 불교학은 인도학의 열풍이 어느 정도 잠재워진 시기, 그러면서도 그러한 분위기가 뒷받침하는 상황에서 외젠 뷔르누프(Eugene Burnouf, 1801-1852)의 『인도 불교사 입문』과 『법화경 역주』[4]가 출간되면서 근대불교학 연구의

Buddhist Studies in Europe and America, Delhi: Sri Satguru Publications, 1987.

3   이 저술들은 불교학의 흐름을 비판적으로 개관한 글들로 서구와 불교의 사상적 접촉을 정리하고 있다. Andrew P. Tuck, *Comparative Philosophy and the Philosophy of Scholarship*, Oxford: Oxford Univ. Press, 1990; Donald S. Lopez Jr., *Curators of the Buddha: The Study of Buddhism under Colonialism*, Chicago: Univ. of Chicago Press, 1995; Philip Almond, *The British Discovery of Buddhism*, Cambridge: Cambridge Univ. Press, 1988.

4   Eugene Burnouf, *Introduction a l'histoire du Buddhisme indien*, Paris: Imprimerie

효시를 이룬다. 곧 19세기 중엽에 근대불교학이 출발하는 것이다.[5]

그런데 이 역사적 두 저술을 가능하게 한 것은 그 이전에 네팔 주재 영국 관리였던 브라이언 호지슨 경(Sir Brian Houghton Hodgson, 1800-1894)[6]이 네팔 사원에서 수집한 산스크리트 원전의 일부를 뷔르누프에게 보낸 것이 계기가 된다. 곧 불교학 연구는 인도학의 한 분파로 시작되고 정치적으로는 아편전쟁(1839)과 인도 벵갈 반란(Indian Mutiny, 1857) 사건 전후인, 유럽의 제국주의적 권력이 아시아를 본격적으로 석권하는 때와 맞물려 있는 시기이

royale, 1844; Eugene Burnouf, *Le lotus de la bonne loi, traduit du sanscrit*, Paris: Imprimerie Nationale, 1852. 외젠 뷔르누프는 파리 아시아학회(Societe Asiatique)회원으로 인도 고전어에 숙달된 학자였으며 라쎈(Christian Lassen)과 함께 1826년 최초의 팔리 문법을 발간하였다. Eugene Burnouf and Christian Lassen, *Essai sur le pali: ou langue sacree de la presquile au-dela du Gange*, Paris: Dondey-Dupre pčre et fils, 1826.

5 근대 불교학 연구의 발생 시점을 일정한 연대로 확정할 수는 없다. 그러나 막스 뮐러 (Max Müller)는 호지슨이 네팔 사원에서 산스크리트 원전을 발견한 1824년을 시원으로 잡는다. 한편 드 용(De Jong)은 단일한 불전의 번역·저술보다는 체계적·종합적 연구를 가능하게 하는 작업이 이룩되는 때를 중요시하여 1877년 전후 시기를 기점으로 잡는데, 이 무렵에 파우스 뵐(Michael Viggo Fausböll)의 본생담을 위시한 팔리 불전 또는 산스크리트 불전이 대량 출간되었다. 시간상의 간격은 있지만 콘즈(E. Conze)도 드 용과 같은 입장을 취하여, 팔리 경전의 본격적 번역·연구가 대량으로 등장하는 시기를 서구 불교학의 초기 단계로 규정하고 있다. 리스 데이비즈와 올덴베르크의 팔리 경전에 근거한 연구를 불교학 연구의 근대적 태동으로 생각한 것이다.

6 호지슨 경은 영국 동인도회사 관리양성학교에서 벵갈어를 위시하여 산스크리트어를 배운 후 네팔의 체신공사로 부임하였고, 1833년 상무관으로 승진한 뒤 1843년 은퇴할 때까지 네팔에서 근무한 전형적인 식민지 학자였다. 그는 현지민과의 접촉을 통해 많은 산스크리트 불전자료를 수집하였으며 423개의 산스크리트 사본 중 147개의 자료를 뷔르누프에게 보내줌으로써 근대 불교학의 단서를 열었다. 그의 저술로는 *Essays on the Language, Literature and Religions of Nepal and Tibet: Together with Further Papers on the Geography, Ethnography and Commerce of Those Countries*, Serampore, 1841이 있다.

다. 낭만주의와 계몽주의, 그리고 절대권력의 행사 등, 서구의 무한대의 자기 팽창과 다른 세계에 대한 호기심 속에서 불교학은 탄생하는 것이다.

호지슨이 수집한 불전(佛典)은 네팔의 현지민들에게서 직접 얻은 것이었으나, 그는 철저히 이 현지민들의 불전에 대한 구전 자료를 무시하였으며 또 그들의 해석을 위험한 것으로까지 간주한다. 곧 불전 텍스트가 중요한 위치를 차지할 뿐 현지 해설자의 신앙의 실상은 전혀 무시된다. 불전 텍스트만이 궁극적인 가치를 지닐 뿐 그것이 발견된 현장이나 텍스트를 설명하는 원주민 해석자는 텍스트에서 배제시키며, 결국 불교는 텍스트 내의 불교로 정착되는 출발을 한다. 그리고 그런 상황에서 파리에 있는 뷔르누프에게 불전 자료가 전달되어 『인도 불교사 입문』이 저술되는 것이니, 곧 불교사는 하나의 경전사(經典史)이고 경전연구사(經典研究史)가 된다.

불교학 연구사의 발단이 현장을 배제한 경전 속의 역사 혹은 문헌 속의 역사로 변신함으로써 근대 서구 불교학 연구는 철저한 언어학적·문헌학적 연구의 역사로 일관된다. 따라서 팔리·산스크리트 불전이 대량 편집·번역·출간되고 그 작업들을 가능하게 하는 리스 데이비즈(T. W. Rhys Davids, 1843-1922)의 팔리성전협회(Pali Text Society, 1881)의 설립은 불교학 연구의 중요한 계기가 된다.[7] 그리고 또 1881년 뷔르누프의 제자인 뮐러(Max Müller)는 불교사상과 그 신앙의 중핵(中核)을 이루는 금강경(金剛

7 　리스 데이비즈(T. W. Rhys Davids, 1843-1922)의 초기 불교에 관한 연구 업적은 막대하다. 곰브리치(Richard Gombrich)는 그를 '위대한 동양학자'라 부르며, 불교가 연구되는 한 그의 이름은 영원불멸할 것이라고 칭송하였다. 에드워드 사이드도 그를 '개창의 영웅'이라고 평했다. 데이비즈는 불교학의 제도적 장치를 마련한 인물로서 팔리경전연구회(Pali Text Society)를 설립하여 방대한 동양성전(Sacred Books of the East)을 출판하였을 뿐만 아니라 동양·아프리카학과(School of Oriental and African Studies)를 설립하여 불교학 연구의 기틀을 마련했다.

經)·정토경(淨土經)을 산스크리트어로 번역했다. 이렇게 불교라는 종교/
사상은 철저하게 문헌 속의 종교/사상으로 그 면모를 드러낼 뿐이다.

또 이 시기에 불전 전기에 대한 중요한 연구가 시작된다. 불교사상의 창
시자이고 불교 신앙의 중심에 위치하는 불(佛, 부처님)도 신앙의 대상이거
나 구세주로 등장하는 것이 아니라 그의 생애와 활동이 객체화되어 역사
적 실존성에 대한 관심으로 등장한다. 이미 신화화된 불전기(佛傳記)에 대
한 각기 다른 해석이 뒤따름으로써 부처님은 역사적 연구 대상, 학문상의
존재로 부각된다. 현격하게 다른 두 가지 연구 방법이 에밀 스나르(Emile
Senart, 1847-1928)와 헤르만 올덴베르그(Hermann Oldenberg, 1854-1920)에 의
해 제시되고,[8] 이 두 연구 방법은 이후 텍스트에 근거한 불교 연구에 큰 영
향을 끼치게 된다. 전자의 것을 구조적 방법(構造的 方法, structural method)
이라 하면, 후자의 것은 단자론적 방법(單子論的 方法, atomistic method)이라
할 수 있으며, 그들은 이 두 방법을 활용하여 불전기를 텍스트 속에서 색
출해 내는 시도를 한다.

올덴베르그는 불전기를 기록하는 가장 오랜 팔리 경전 가운데 어느 부분
이 더 오래된 기록이냐에 따라 부처님의 행장(行狀)의 한 부분 부분을 조립
하여 생애를 만든다. 한편 세나르는 불전기의 구성이 인도 전래 신화의 틀
속에서 만들어졌으므로 곧 전륜성왕(轉輪聖王, Cakravartiraja)과 칠보(七寶),
대장부상(大丈夫像, Mahapurusa)과 32상(三十二相) 등 인도 전래의 최고 신의
상을 통해 부처님의 전기가 구성되었으므로 이 신화의 총체적인 구성 속

8　Emile Senart, "Essai sur la legende du Buddha," *Journal Asiatique*(1873-1875);
　Hermann Oldenberg, *Buddha: Sein Leben, Seine Lehre, Sine Gemeinde*, Berlin: W.
　Hertz, 1881.

에서 부처님의 생애를 재현해야 한다고 주장한다. 전자가 언어학적인 합리적 분석 방법이라면, 후자는 전승에 의거한 문화 배경을 설명하면서 불전기를 이 속에서 전체적으로 부각시켜 이해하려고 한다. 어느 경우이든 언어적 분석, 신화의 분석을 통한 문헌에 근거한 불교 이해의 방법이다.

또 서구에서의 초기 불교학 연구를 일반화하는 데 누구보다 기여한 리스 데이비즈가 『대영백과사전(Encyclopaedia Brittannica)』에 기술한 '불교'(Buddhism)와 '부처님'(Buddha)의 정의를 주목할 필요가 있다. 실제로 1876년에 나온 초판본의 경우 '불교'와 '부처님'의 항목은 스리랑카와 미얀마의 지방어에 의한 자료까지 포함된 팔리, 산스크리트의 고전어로 된 네 가지 다른 자료를 사용하였다. 그러나 1910년 판에 이르러서는 불전 고전어(Classical Languge)인 팔리, 산스크리트어로만 기술된 자료에 의해 불전기와 불교사를 기술하고 있다. 곧 정전(正典)으로 정착시키기 위해 일정한 언어에 의한 문헌화 작업이 진행되고 그것은 팔리, 산스크리트어라는 고전어를 정전화(正典化)하는 과정이며, 여기에서 여타의 지방어나 민속의 구전은 삭제되는 과정을 겪는다. 또 한 번 부처님과 불교는 특정한 언어의 틀 속에 갇히게 된다.

따라서 언어학적·문헌학적인 방법과 객관성을 표방한 서구의 불교학 연구는 많은 문제점을 내포하며 연구 방법에 대해 두 가지 면에서 자기성찰을 하게 된다. 첫째, 언어학적·문헌학적 연구의 객관성은 연구자의 학문적 위치(Scholarship) 때문에 엄밀한 의미의 중립적 객관성을 유지할 수 없다는 점이다. 둘째, 19세기 중엽의 제국주의적 분위기에서 시작된 불교학 연구는 당시의 문화·사회·정치의 영향을 크게 받고 있으므로 다시 평가되어야 한다는 점이다.

3. 학문적 위치와 해석의 차이

우선 첫째 문제부터 검토해 보기로 하자. 연구자의 연구 방향·연구 방법은 연구 내용에 크게 영향을 미칠 수밖에 없다. 곧 연구자의 학문적 위치는 연구 내용을 결정짓는 일종의 해석학적 이해 과정을 겪게 된다. 예컨대 용수(龍樹, Nāgārjuna, 2세기경)의 중론(中論) 사상을 해석할 때 적어도 세 가지 현격한 차이가 있는 설명이 가능하다. 그것은 역사적으로 용수를 이해하고 파악한 용수 해석사(解釋史)일 수 있다. 용수의 사상을 연구한 이제까지의 내용을 편의상 ① 칸트의 독일 관념론에 의한 이해 방법 ② 분석철학적 이해 방법 ③ 비트겐슈타인 이후의 이해 방법으로 나누어 살펴볼 수 있다.[9]

물론 용수 이해에 이 세 가지 방법만이 가능하다는 것은 아니며, 그것은 더 세분화될 수 있고 또 다른 입장에서의 해석도 가능하다. 곧 객관적으로 제시된 자료일지라도 그것을 어떻게 해석하느냐 하는 해석자의 역사적 조건, 문화적 여건에 의해 영향받을 수밖에 없으므로 달리 해석될 가능성은 항상 열려 있다. '해석학적 순환'에 의한 학자의 판독은 끊임없이 재해석되어야 하기 때문이다. 모든 이론은 불가피하게 그 저자와 독자의 가정을 반영할 수밖에 없다는 것이 오늘날 학자들의 입장이다. 학자들의 목적이 의식적이건 무의식적이건 바뀌는 데 따라 학자들이 읽는 텍스트 역시 변

---

9   이는 Andrew P. Tuck, *Comparative Philosophy and Philosophy of Scholarship: On the Western Interpretation of Nāgārjuna*, New York: Oxford University Press, 1990, pp. 31-93의 분류를 참조한 것이다. 턱(Tuck)은 3가지 방법 이외에 더 많은 사상적 관점을 적용하여 용수 해석의 다양성을 제시하였으나 여기서는 편의상 세 가지로 단순화하였다.

화할 수밖에 없다. 하나의 텍스트를 이해하는 데 이런 해석학적 순환의 불가피성을 인정하지 않을 수 없게 된다.

1) 관념론에 의한 이상주의적 해석

먼저 용수의 공사상(空思想, Sunyata, Emptiness)이 독일 관념론에 의해 어떻게 서구사상으로 재현되는지를 하나의 예증적 사례로 살펴보도록 하자. 앞서 인용한 뷔르누프의 『인도 불교사 입문』과 『법화경 주해』는 언어학적 및 문헌학적 발단을 연다는 사실 이외에 불교를 부정과 허무의 종교로 이해한 특징을 띠고 있다. 그가 사용한 자료가 주로 반야경(般若經, Prajnaparamita) 계통이고 용수의 중관론에 대한 중요한 주석서인 월칭(月稱, Candrakirti)의 중론석(中論釋, Prasannapada)을 사용하였으므로 자연히 부정적 색채를 띤 중관 공사상(中觀 空思想)의 경향이 깊이 배어 있다. 따라서 불교를 허무주의 및 부정의 철학이라고 규정했다. 나아가 한 개인의 구원을 의미하는 열반(涅槃, nirvana)에 대한 이해 역시 현실 부정적인 면을 강조하게 되어, 한 개인의 종교적 열정이나 현실 부정에 따르는 또 다른 초월적 세계에 대한 추구의 면모는 조금도 찾을 수 없게 만들었다. '니르바나'(불어 꺼지게 한다)라는 말의 어원적 의미가 지시하듯, 그것은 소멸(extinction)되고 부정되는 상황을 말하고 있지, 한 신앙인이 도달해야 하는 이상으로 열반을 적극적으로 설명해 주지는 못했다. 이런 점은 불교학의 대가로 추앙받는 루이 드 라 발레 푸생(Louis de La Vallée Poussin, 1869-1938)에게서도 크게 달라지지 않는다.[10] 그는 열반의 상태를 무아(無我)

10　스체르바츠키는 푸생의 열반 이해에 반론을 제기하면서 당대 불교학에서 가장 큰 논쟁을 일으켰다. 열반에 대한 부정적 이해, 열반이 한 개인의 '심리상태의 극치'라는 이

의 황홀경의 체험에서 오는 행복한 상태, 혹은 깊은 수면에서와 같이 새
로운 기분으로 깨어나는 상태로 설명한다.[11] 즉 열반은 '없애버리는 부정
적 상태'이거나 그 과정에서 오는 심리적인 열락(悅樂)의 상태일 뿐이라고
여긴 것이다. 푸생은 이런 상태를 넘어서 예상할 수 있는 어떤 경지의 상
태도 용인하지 못했다. 곧 철학적인 입장에서의 존재론적인 초월의 근거
(transcendental ground)로서 열반을 생각할 수 없었다. 열반은 한 개인의 심
리적인 열락의 상태이기도 하지만 존재론적인 입장에서는 초월적인 실재
로 상정할 수 있다. 곧 현실의 거부, 현실을 현상으로 부정하는 행위는 초
월적 근거를 추구하는 행위로 생각될 수 있기 때문이다. 열반 또는 공무
(空無)의 개념이 긍정적으로 설명될 수 있는 실마리를 트는 것은 이런 이유
에서이다. 여기서 칸트의 초월적 이상주의가 용수의 공사상(空思想) 이해
의 사상적 틀로서 또는 용수 해설·해석자의 이데올로기로 정착된다. 인간
은 물자체(物自體, Ding-an-sich)를 직접 알 수 없으며, 그것은 현상적으로 존
재하지 않는 것으로 부정될 수밖에 없다. 그러나 물자체는 현상 세계를 넘
어서나 현상의 근거로서 어떤 형태로든 존재할 수밖에 없는, 요청되는 실

해, 더 나아가 중관사상은 그런 심리·열락의 상태마저 거부하는 철학적 허무주의라
는 푸생의 주장에 대해, 스체르바츠키는 "모든 것은 상호의존성 속에서 존재한다(緣
起, Pratityasamutphda)"는 공의 상대성을 내세워 반박했다. 이 논쟁에 관한 상세한 사
항은 L. de la Vallee Poussin, *Nirvana*, Paris: G. Beauchesne, 1925; F. I. Stcherbatsky,
The Conception of Buddhist Nirvāna, 1927, New York: Gordon Press, 1973 참조.

11 뷔르누프 뿐 아니라 그의 제자 막스 뮐러 역시 불교의 최고 목적, 곧 지고선(Summum
Bonum)인 열반은 절대적 무(無)라고 표현했으며(William Peiris, *The Western
Contribution to Buddhism*, Delhi: Motilal Banarsidass, 1973, p. 168), 힐레르(Saint-
Hilaire)는 불교를 "a monstrous enterprise in which every potential service to mankind
is sterilized by a pervasive nihilism"라고 했다. Jules B. Saint-Hilaire, *Le Bouddha et sa
religion*, Paris: Didier et Cie, 1862, pp. XXIV-XXX; Andrew P. Tuck, op. cit., pp. 33
에서 재인용.

재이다. 연기(緣起)로 이루어진 현상 세계는 존재론적으로 공(空)이므로 모든 현상적인 것은 부정될 수밖에 없다. 세속제(世俗諦, Samvritisatya)인 것은 존재론적인 입장에서 영원하지 못하고 현상의 세계에 속하므로 사라지고 소멸될 대상일 뿐이다. 일체개공(一切皆空)은 불교가 현상 세계를 설명하는 최적의 철학적이고 존재론적 표현이다. 그러나 현상 세계를 넘어선 다른 형태를 상정할 수밖에 없다. 여기에서 곧 공(空)은 무(無)가 아닌 현상을 넘어선 '무엇'이라는 이해를 하게 된다. 중국불교에서 진공묘유(眞空妙有)는 공을 넘어선 '무엇의 존재'라는 면에서 공을 적극적으로 표현한 하나의 긍정적 표현 양식이라 생각된다. 표도르 스체르바스키(Fyodor I. Stcherbatsky, 1866-1942)[12] 역시 공에 대한 부정적 측면의 해석을 넘어서, 공(空)을 적극적으로 표현하기 시작한다. 그가 보기에 공(空)은 '허무주의적 표현'이 아니며 오히려 경험적 현상으로 드러난 연기(緣起) 관계의 실재들을 표현할 따름이다. 그것은 물자체의 실재, 곧 '절대적인 것'을 부정하는 것은 아니다. 모든 실재는 궁극적으로 단일한 하나(ultimate oneness of all reality)라고 해석한다. 곧 서양 철학적 입장에서 말하면 그는 용수의 공(空)을 적극적인 일원론(radical monism)이라 이해하고 이러한 입장을 피력하게 된다. 스체르바츠키는 가장 철저하게 칸트적인 입장에서 공을 파악했고, 불교사상의 전

---

12 스체르바스키는 뷔르누프, 푸생, 라모트 중심의 서유럽 불교학과 대비되는 러시아 중심의 새로운 철학적 연구방식을 전개한 인물로서 그의 철학적 어휘와 개념은 아직도 많은 영향을 끼치고 있다. 뷔르누프에서 시작하는 불교학을 프랑스학파, 스체르바스키에서 시작하는 불교학을 레닌그라드학파, 팔리 경전에 의한 불교학을 영국학파라 부르기도 한다. 스체르바스키의 대표 저작으로는 *The Central Conception of Buddhism* (London: Royal Asiatic society, 1923); *Buddhist Logic, 2 vols.* (Leningrad, 1930); *The Conception of Buddhist Nirvana* (Varanasi: Bharatiya Vidya Parkashan, 1968) 등이 있다.

체계를 이런 입장으로 끌고 가 칸트적 맥락에서 해석하고 있다. 그는 용수의 사상만 이런 방식으로 해석한 것이 아니라 인도 불교사상의 마지막 단계를 장식하는 정치한 논리적 전개를 하는 진나(陳那, Dignaga, 4세기)와 월칭(月稱, Dharmakirti, 7세기)의 저술도 이런 일원론적 입장에서 해석하고 있다.

실제로 스체르바츠키의 불교 인식론은 칸트의 '개념과 직관'이란 이율성(二律性)의 도식을 그대로 불교의 '감각과 의식'(意識)이라는 이원적 구분과 일치시키고 있다. 곧 불교에서 외부 세계를 파악하는 것은 감각뿐이고 감각에 주어진 대상 세계의 사물은 식(識)에 의해 구성된다는 불교 인식 논리의 방법을, 직관에 의해 파악된 것을 개념에 의해 구성한다는 칸트의 도식에 대비시킨다. 너무 단순화한 감이 없지 않지만 그의 불교사상 이해는 항상 이렇게 이원적(二元的) 구성으로 되어 있어 칸트의 "현상/본체"(phenomena/noumena)라는 이원적 구조가 불교사상의 중요한 개념들을 이해하는 틀로 그대로 적용되고 있다.

속제(俗諦, Samvritysatya)와 진제(眞諦, Paramarthasatya), 경험적 세계(輪廻, Samsara)와 절대적 세계(涅槃, Nirvana)의 이원성이 스체르바츠키에게는 전혀 다른 두 세계의 단절로 나타난다. 그러나 실제로 용수의 이 두 세계는 상대적으로 제시될 뿐 서로 항상 교환되고 서로 넘나드는 세계이다. 곧 '열반 즉 윤회, 윤회 즉 열반'(涅槃即輪廻, 輪廻即涅槃)이다. 또 속제나 진제의 어떤 경계와 한계도 인정하지 않고 단절된 두 세계를 철폐시키는 것이 용수의 진속이제(眞俗二諦)의 세계이다. 그는 "열반과 윤회 사이에는 아무것도 없다. 열반의 한계가 윤회이고 윤회의 한계가 열반이며, 이 두 사이에는 아무것도 없다"고 주장한다. 그의 주장 어느 곳에도 이원적 단절(斷絶)을 볼 수 없다. 그리고 무엇보다도 용수는 회의론적 비판의 방법을 사용하여 어떤 형태의 실재론이나 이상론도 비판하고자 하였다.

그러나 칸트적인 이상주의적 용수 해설은 그를 일원론자로 부각할 뿐이다. 따라서 용수의 공(空)을 "현상과 실재"로 구성시킨 구도는 이원적인 단절을 전제로 한 일원론적 이상주의로 변모된다. 결국 스체르바츠키는 서구 불교학자 가운데 불교사상 전반을 칸트의 입장으로 전환·변형시킨 최초·최대의 학자가 된 셈이다. 그에 따라 용수는 서양 이상주의 철학을 전개하기 위한 전 단계적 사상가로 이해되었고, 2세기 인도의 이상주의 불교사상가로 변신하였다.

스체르바츠키를 이은 무르티(T. R. V. Murti)[13]는 현상/실재라는 도식을 용수의 사상체계뿐만 아니라 인도 전통사상인 베단타(Vedanta)로까지 확대 적용하여 해석하고 있다. 그의 출발점 역시 용수를 부정의 철학자(Nihilst)라는 성격지움에 대해 반대하지만 용수의 공(空)을 초월적 실재로 간주하여 이상주의적 해석을 시도한다. 따라서 그의 해설은 거의 스체르바츠키의 노선을 따르고 있으나, 그의 경우 인도 전래사상으로 확대 해석하고 있다는 점이 또 다른 특징이다. 무르티는 '별개로 존재하는 다수의 실재'들에 내재하는 '본질적인 하나인 것'(dharmata)으로의 변화로 공(空)을 해석한다. "초월적 절대"(transcendental absolute)는 내재하는 일원적 실재라는 사실을 용수의 중관철학의 요체(要諦)라고 본다. 그리고 그의 절대적 일원론의 사상은 일견 상카라(Samkara)의 브라만을 연상시키며, 이것은 스체르바츠키의 해석인 일원론과도 그대로 일맥상통한다: "이 모든 철학체계에서 절대적인 것은 초월적이며 경험적인 어떤 한계를 갖지 않는다.

---

13 무르티(T. R. V. Murti)는 인도 출신이지만 교육 배경은 영국이고 사상적 측면에서도 칸트-브래들리를 계승하고 있다. *The Central Philosophy of Buddhism* (London: George Allen and Unwin, 1955)가 주저다.

절대적인 것은 또 내재적이며 현상 세계의 실재이다. … 모든 절대주의는 실제로 불이적(不二的, Advaita)이거나 불이원론적(不二元論的, Advayavada)이어서 그 절대주의는 절대적인 것을 내세우지 않는다. 이원성을 환상이라고 하여 부정할 뿐이다."[14]

이러한 해석은 용수의 특징인 비판적 부정론과는 거의 정반대의 입장을 취하게 됨을 상기할 필요가 있다. 곧 용수의 사상은 부정의 입장에서 출발하여 철저한 부정으로 일관하고 있으나, 이제 이런 입장에 선 용수는 두 서구 불교학자에 의해 일원적 절대주의자로 변신하고 그의 철저한 부정을 통한 비판 정신은 사라진다.

이런 차용된 도식 속에서 그는 베단타의 불이론(不二論), 유식론의 식(識)의 환상, 중론의 현실 부정을 한 묶음으로 처리하여 소위 철학적 환원주의의 한 전형을 보여준다. 또 이런 설명 방식은 전형적 서구 불교학자의 불교사상 이해의 한 모습이기도 하고 아직도 지배적인 중관 공사상에 대한 해석이기도 하다.

2) 분석철학적 해석

두 번째로 분석실증주의적 입장에서는 용수를 어떻게 이해했는가. 버트런드 러셀(Bertrand Russell, 1872-1970)과 알프레드 에이어(A.J. Ayer, 1910-1989) 또는 비엔나 학파의 영향 아래 있는 서구 불교학자들은 용수의 『중

---

14 "In all these systems, the Absolute is transcendent, totally devoid of empirical determinations. The Absolute is immanent too, being the reality of appearance … Every absolutism is really an advaita or advayavada, non-dualism; they do not establish the absolute, but just reject duality as illusion". T. R. V. Murti, *The Central Philosophy of Buddhism*, London: George Allen and Unwin, 1955, pp. 321-322.

론송(中論頌, Madhyamakakarika)』을 더 이상 이전의 관념적 관점에서 읽는 것이 아니라, 전혀 다른 양식으로 읽어 간다. 그들은 이 중론 텍스트를 전체적으로 읽고 해석하는 것이 아니라 명제나 논증 등의 논리적 장치를 통해 인위적인 언어로 분해하고 논리적 타당성을 통해 판단해야 한다고 생각했다. 리처드 로빈슨의 논문[15]은 이런 특징을 드러내는 대표적인 글이다. 그는 기호 논리학적 방법인 객관적 분석 방법을 통해 용수의 자성(自性, Svabhava)의 개념을 하나의 예증으로 분석한다. 용수는 당시 인도의 여러 철학적 입장을 논리적으로 논파하는데, 그가 대상으로 삼은 것이 당시 인도 철학의 공통 근거인 자성이란 개념에 대한 것이었다. 용수는 바로 이 자성의 전제들을 비판함으로써 철학적 근거를 논파하고자 했다. 곧, '비유(非有), 비무(非無), 비유무(非有無), 비비유무'(非非有無)(Catuskoti, Tetralemma; 四句否定)는 모든 철학체계가 의거하는 실재를 비판하는 논증 방식이었다. 따라서 중론을 읽는 사람은 자성이건, 내재적(內在的) 실재(實在)이건 또는 다른 실재와 상호 연관된 어떤 실재이건 아무것도 찾을 수 없게 된다. 이 논증은 상호배제적으로 어떤 대상이건 부정하도록 되어 있다. 곧 용수는 자성이란 것이 상호 연관되어 있는 현상 세계 속에서는 논리적으로 성립 불가능하다는 사실을 논증하고자 했다. 그러나 그 부정 논증 자체에 자신의 입장도 그대로 포함되는 것이어서, 논리적 모순까지 초래하는 것이었다. 따라서 다른 철학 학파의 입장을 논파할 수도 없었고, 그 논파의 불가능성 때문에 자가당착에 빠지는 결과를 초래했다는 것이 용수에 대한 로빈슨의 논증이다.

---

15 Richard H. Robinson, "Some Logical Aspects of Nagarjuna's Philosophy," *Philosophy East and West* 6(4), 1957, pp. 291-308.

그러나 로빈슨은 분석실증주의 방법을 용수에게 적용함으로써 그에게서 초월적 신비성이나 철학적 역설을 배제시키고 그의 체계에서 실증주의적 명증성, 논증의 명료성을 드러나게 했다. 따라서 그 이전, 스체르바츠키나 무르티에 의해 채색된 신비적인 이상주의적 색깔을 제거하여, 정신적 깨달음을 강조하는 이상세계의 아이디어에서 철학적 엄격성으로 옮겨가게 하였다. 곧 이상주의자였던 용수는 논리학자로서의 용수로 변신하고 만 셈이다.

3) 비트겐슈타인 이후의 해석

세 번째로 용수는 비트겐슈타인적 입장으로 탈바꿈한다. 이미 황필호가 『분석철학과 종교』에서 크리스 거드문센(Chris Gudmunsen)의 『불교와 비트겐슈타인』(1977)을 번역·해설하여 우리 학계에 그 내용이 잘 알려져 있지만 후기 비트겐슈타인의 사상에 의해 용수의 중관 사상은 또 한 번 새롭게 해석된다.

언어의 문제는 비트겐슈타인의 중심사상의 하나가 되고 있는데, 용수의 중론사상(Madhyamaka)에서도 언설(言說) 개념이 중요한 위치를 차지한다. 비트겐슈타인이 제시한 "언어게임", "사적 언어", "삶의 형태" 혹은 "일상 언어"란 개념들은 불교사상을 다루는 서구 불교학자에 의해 즉각적인 반응을 일으키며 불교 해석의 중요한 틀로써 사용되었다. 특히 용수의 중론은 비트겐슈타인의 『철학논고』의 해설서같이 읽힐 정도였으며, 거꾸로 비트겐슈타인을 중론 전문가로 풀이해 가는 듯한 인상까지 준다.

자성의 실재를 부정하는 용수의 입장은 언어게임을 논의하는 비트겐슈타인의 입장에서 오히려 선명해진다. 언어체계에서 원자론적인 요소들이 부정되고 그 요소들이 상호 관계하며 유지된다는 비트겐슈타인의 발언은 불교의 상호의존성(partityasamutpada; 綠起) 속의 존재 규정과 언설의 가시설과 일치되는 점이 있다는 것이다. 어떤 대상이건 언어가 그 자체의 의미의 표준으로서 역할을 한다는 주장을 거부하는 비트겐슈타인의 입장과 불교 사이에는 밀접한 유사성이 있는 점을 지적한다.[16]

그 자체로 존재하는 것은 아무것도 없으며 모든 실재는 상호의존성 속에서만 존재한다는 용수의 연기론은 러셀의 원자론적 실재를 부정하고 나선 비트겐슈타인의 입장과도 상통하며, 사물을 표시하는 어떤 언어적 구성도 거부하는 비트겐슈타인의 입장을 잘 설명하는 틀이 되고 있다. 언어의 대상이나 개념화된 생각이 존재론적으로 공성(空性, Sunyata, emptiness)이라고 하는 것은 그대로 사물은 '표상으로서의 의미'(meaning as representation)보다는 '사용으로서의 의미'(meaning as use)를 갖고 있을 뿐이라는 비트겐슈타인의 생각과도 일치한다.

가시설(假施說)은 불교의 언어 개념과 일상 언어 개념이 한결같이, 언어란 편의에 의해 만들어진 약속이며, 말 자체가 실재를 지시하거나 실체일 수 없다는 언어 사용 약속의 유용성을 말하고 있다. 이런 단계에 이르면 비트겐슈타인이 용수의 사상을 설명하는 것인지, 용수의 사상이 비트겐슈타인 사상을 설명하는 수단이 되는 것인지 혼동될 정도로 상호보조적 해석의 틀이 된다. 이쯤 되면 용수는 칸트나 브래들리의 초월주의적 틀에서 벗어나고 과거의 본질주의적인 입장을 부정하는 새로운 철학으로 부각되어 논리적 실증주의의 마술(魔術)에서도 벗어나게 된다.

법(dharma, 法, 요소)에 대한 아비달마(Abhidharma, 阿毘達磨) 불교의 이해

---

16 Ives Waldo, "Nagarjuna and Analytic Philosophy," *Philosophy East and West* 28(3), 1978.

나 유(asti, 有)·비유(nasti, 非有)의 이해에 대한 비판으로서 용수가 이해될 때, 비트겐슈타인의 경구적인 표현(aphorism) 하나하나는 그대로 서양의 불교학자들에게 자신이 누구의 텍스트를 읽는지 모르도록 혼동하게 만든다. "철학의 목적은 무엇인가. 파리가 갇혀 있는 병에서 빠져나오게 하는 방법을 보여 주는 것이다. 철학은 언어라는 수단에 의한 우리의 지성의 마술성에 대해 싸우는 것이다. 우리가 쓰고 있는 철학이란 우리가 여러 형태로 표현한 그 표현의 유혹에 대항하여 싸우는 일이다."[17]

비트겐슈타인의 영향을 받은 많은 학자들 또는 각기 다른 측면을 비교하는 불교학자들의 논저가 있고, 그 주장도 다양하고 비교의 대상도 각기 다르다. 여기서 그에 대한 토론은 생략하고, 금후의 검토를 위해 주에 몇 개의 논문의 목록을 참고 사항으로 싣는다.[18]

4) 비교 가능성에 대한 반성

아마도 용수의 중관사상은 또 다른 입장에서의 비교나 해석이 가능하리라 생각된다. 서구 불교학자들의 불교사상 이해, 불교에 대한 해석학적인 접근은 이 불교학자들의 학문적 입장에 따라 이렇게 다양하게 이루어지고

---

17 Wittgenstein, *The Blue and Brown Books*, New York: Harper & Row, 1958, p. 27.
18 Richard Robinson, op. cit.; B. K. Matilal, *Epistemology, Logic, and Grammar in Indian Philosophical Analysis*, The Hague: Mouton, 1971; Chris Gudmunsen, *Wittgenstein and Buddhism*, London: Macmillan, 1977; Robert Thurman, "Philosophical Nonegocentrism in Wittgenstein and Candrakirti in Their Treatment of the Private Language Problem," *Philosophy East and West* 30(3), 1980; Nathan Katz, "Nagarjuna and Wittgenstein on Error," Nathan Katz ed., *Buddhist and Western Philosophy*, New Delhi: Sterling, 1981. Katz의 논문은 황필호, 『분석철학과 종교』, 종로서적, 1984, 270-296에 번역되어 있다.

있다. 지금 우리가 용수에 대한 언어학적·문헌학적 접근을 시도하는 일 이외에 새로운 이해를 시도한다면 어떤 관점이 가능할 것인지, 혹은 기존의 어떤 학설을 채택했다면 과연 어떤 관점에서 행한 것인지, 해석의 틀과 기준과 개념을 어디에 의존하여 어떻게 사용하였는지를 확인해 보아야 할 것 같다.

문화적·역사적 배경이 다른 두 사상을 어떻게 비교하여 이해할 수 있느냐 하는 비교론의 문제는 또 하나의 "영원한(perennial) 철학"의 문제이기도 하다. 서로 같은 것에 대해 대화한다는 사실은 분명하지만 서로의 생각이나 이해 내용은 각기 다를 수 있다는 의미로, "우리는 아직도 같은 것을 소재로 이야기하고 있는 중이냐?"(Are we still talking about the same thing?)는 농담이 있다. 많은 서구어로 번역·해설된 불전과 불교사상들이 있지만 각기 어떻게 번역·해설되었으며 그것들을 읽는 독자(혹은 전문가)들에게 어떤 이해를 불러일으키느냐 하는 문제는 또 전혀 다른 차원의 문제이다.

에드워드 콘즈(Edward Conze, 1904-1979)는 스스로 반야경(般若經)에 대한 훌륭한 번역·해설서를 내면서도 반야경 사상 혹은 불교사상의 어느 한 부분을 서구의 개념이나 일정한 사상과 대비적으로 비교하는 작업에 무척 회의적인 입장을 드러내고 있다. 회의적일 뿐 아니라 그는 불교사상을 서구의 근대적인 사상과는 거의 관계없는 사항으로 간주한다. 그는 1450년이란 시간까지 설정하며 비교 가능한 것은 서구의 근대적 사유가 발생하기 이전의 종교적 지혜·신비적 사유까지만 가능한 시기라고 한계를 짓는다. 그 이후 과학주의의 발달과 함께 형성된 근대 서구 사유체계는 불교의 어느 곳에서도 공통점을 찾을 수 없다고 단정한다. 혹 비교 가능성이 있다면 ①유사 근접성(tangential) ②예비적 전 단계(preliminary) ③오해(deceptive)의 세 범주로 묶어 설명할 수 있다고 본다. 이는 동·서의 화합이나 동·서의 대화의 가능성의 입장을 견지하는 사람들에게는 무척 우울한 결론일 수 있다. 그러나 콘즈는 비교와 일치라는 문제가 바람이나 상상력에 의해 결정될 수 있는 문제는 아니고 공통점보다는 오히려 냉정한 차이를 드러내는 것이 현실적일 수 있다는 점을 강조한다. 그는 낙관적인 희망을 전제로 진행되는 '불교와 기독교와의 대화'라는 오늘날 종교학의 영역 역시 재고해야 할 문제점을 내포하고 있다고 지적한다.

콘즈의 이런 회의론은 그의 60년대의 두 편의 논문인 「불교철학과 유럽적 대비(對比) 사항들」[19]과 「불교철학에 대한 의사(擬似) 대비」[20]를 통해 구체화된다. 그는 이 논문에서 불교와 기독교의 비교 동기, 비교 내용(contexts), 도출된 결론의 차이가 외형상의 일치점을 무효화시킬 만큼의 내적 차이를 지님을 드러내 보인다. 일본의 신란(親鸞)의 정토사상과 마틴 루터의 '오직 믿음 뿐'(sola fidei)이라는 신앙 형태는 그 유사성에도 불구하고 두 종교 사상가의 체계 속으로 들어가 검토할 때 그 차이가 현격하다는 것이다. 곧 그는 유사성의 일치라는 관점이 추구될 때 그것이 초래할 단순 비교의 위험성을 경고하는 것이다.

또 하나의 예로서 산스크리트 원전을 서구어로 번역할 때, 사용된 어휘와 기성의 개념들이 초래할 혼동 때문에 새로운 조어(造語)들을 만드는 경우를 들 수 있다. 곧 '혼성영어'(Hybrid English)라고 할 새 어휘를 영어를 조립하여 사용하는 것이다. 그러나 이 경우 불교 전문인을 제외하고 얼마나 많은 사람이 새로운 조어로 이루어진 개념들을 이해할 것인가 하는 의문을 제기한다. 단순한 번역상의 문제이기도 하지만 한 걸음 더 나아가 이해

---

19 *Philosophy East and West* 13(2), 1963, pp. 9-23.
20 Ibid., pp. 105-115.

의 공통된 근거가 있는가 하는 질문이 제기되는 셈이다. 기존의 용어나 개념에 대한 의심, 또 새로운 조어(造語)의 등장에 따른 새로운 개념과 폭넓은 이해를 시도하지만 오히려 아직은 문제점이 많다. 곧 철학적 "통약가능성"(commensurability)의 문제가 또 다른 관점에서 제기된다.

4. 또 다른 학문적 위치

언어학적·문헌학적 불교 연구사를 돌이켜 볼 때 이미 해석학적인 문제가 제기되고 있다. 그러나 최근 또 하나의 반성적 성찰이 이루어지고 있다. 서구의 불교학 연구가 한 문화권·종교권 안에서 실천되고 생활화된, 따라서 변형되는 역사과정 속에서 연구되고 체계화된 것이 아니라는 점이 드러났고, 그런 역사적 사실 때문에 비판의 대상이 되고 있다. 앞서 개관하였듯이 불교 연구의 발단은 불교원전을 발견하여 그 불전에 쓰인 교리와 이론을 연구한 것이었다. 우리가 당연한 작업으로 받아들이는 학문적 연구로서의 불교학을 구축한 배경은 빅토리아 조의 산물이며, 따라서 제국주의적인 이데올로기라는 맥락 속에서 형성되었음이 지적되었다.

불교학 연구가 제국주의의 영향 아래 이루어졌다는 역사적 사실이 불교학 연구의 성격과 그 한계를 드러내기에 충분하다는 반성이다. 필립 알몬드(Philip Almond)의 『영국의 불교의 발견』(The British Discovery of Buddhism)은 이런 맥락에서 쓰인 반성적 불교학 연구사라 할 수 있다. 그는 불교 연구가 18세기 후반 빅토리아 조의 분위기에서 형성되었으므로 하나의 이국적 취향에 대한 호기심의 대상으로 출발하였고, 불교국 혹은 불교인 자신들의 역사적 현실과는 상관없는 또 다른 하나의 실체(entity)로 존재하게 되었다는 것이다. 종교는 흔히 여러 문화적 형태로 예증적(instancing)으로 드러나고, 다양하게 표현되는(manifesting) 양상을 띠는데, 불교학의 연구 속에서 불교는 그런 표현과 예증을 넘어선 객관적 존재로 실체화되었다는 것이다.[21]

서구와 지리적인 거리와 문화적 차이가 있는 오리엔트라는 '그곳'(out there)에서 '타자'(other)로 표명되고 예증된 대상(object)이 서구에서의 불교의 출현이었고, 그래서 그것은 서구적 취향을 따라 창안되었다는 것이다. 따라서 불교는 다루어질 수 있으며(manageable), 일정한 틀을 따라 분류할 수 있는(taxonomical) 대상이 된 것이다. 곧 불교의 현주소가 오리엔트이기 때문에 동양에서는 현행(現行)의 종교이지만 서구에서는 그들의 수집·번역·출판이라는 문헌적 과거(textual past)로부터 출현하였고, 서양의 오리엔트 도서관과 연구소와 그 문헌 속에만 존재한다. 그리고 이 자료들을 해석하는 학자들의 책상 위에 존재하는 대상물이 된다.

이 문헌적 과거의 불교학 연구는 동양이라는 역사 현장만 배제시킨 것이 아니라 또 하나의 중요한 자료를 배제시키는 결과를 초래하였다. 곧 고고학적 자료와 금석비문(金石碑文)의 자료를 무시한 것이다. 이들 두 자료는 불교가 신행되는 그 현장과 그 시간 속에 존재한 사실을 반영하는 증거물들이다. 곧 이들은 재속(在俗)의 신자들이나 승려들이 실제로 믿고 신행한 사실들의 일단을 그대로 반영하고 있다. 고고학 자료, 금석문의 자료는 문헌에 근거한 '역사'를 보조하는 역할만 하는 것이 아니다. 예컨대 계율의 문제에 있어 승려는 아무것도 소유하지 않는 것으로 되어 있다. 그러나 산치탑(Sanci)의 명문(銘文)에는 탑 조성 시주자들 가운데 상당

---

21 Philip Almond, *The British Discovery of Buddhism*, Cambridge: Cambridge University Press, 1988, pp. 12-13.

한 수의 비구와 비구니의 이름이 적혀 있다. 일상적인 일용품 이외의 소유가 인정되지 않는 계율을 지켜야 되는 성직자가 기증을 하고 있는 것이다. 율장 텍스트에만 의지할 때 이 명문 가운데의 비구·비구니의 존재는 이해될 수가 없다.

이러한 현장에서 드러나는 사실에도 불구하고 서구가 오히려 불교의 과거와 현재, 그리고 미래까지 예견하는 입장이 되었다. 과거의 전거(典據)를 지배하는 서구 불교학 연구의 향배에 따라 불교는 그 방향을 정하게 되고, 서구적 기호에 의존할 수밖에 없게 되었다. 또 이 과정을 겪은 불교학 연구는 법(dharma, 진리)을 탐구한다는 명분 아래 초월적 진리에 대한 이념에 사로잡힌다. 소위 "불교란 무엇이냐", "불교의 본질은 무엇인가" 하는 보편적인 질문을 하며 불교의 초역사적인 정체성을 찾는 것이다. 이에 따라 역사 과정을 뛰어넘고 지역적·문화적·시대적 상황을 초월한 완결된 정체성의 이념에 사로잡힌다.[22]

그러나 실제로 그러한 완결된 불교는 그 어디에도 존재하지 않고 또 찾아질 수도 없는 것이니, 동양의 불교학자들은 항상 불안하고 무엇인가 결핍된 의식에 사로잡힐 수밖에 없다. 이러한 원형적인 불교의 창안을 또 역사 속에 위치 지우기 위해 '고전 불교'(Classical Buddhism)라는 개념을 만들고, 그것을 동양의 불교를 신행(信行)하는 각 지역의 현행 불교와 대비시키고 있다. 가령 선불교는 무엇보다도 하나의 체험이라고 규정하거나, 티베트 불교는 감염 변색된 것이라거나, 불상은 희랍이나 로마에서 시작한다는 시각이나, 고전 원전(古典原典)은 지방적인 민간전승(民間傳承)의 구전(口傳) 보다 선행하며 또 기록된 자료는 구전 자료보다 앞선다는 기성의 관

----

22 Lopez, *op. cit.*, pp. 1-13.

념들이 이 고전 불교를 중심으로 적절한 분류 방식으로 정리되어 체계를 갖추게 되었다.

곧 불교학 연구는 학문적 범주화(categorization)·패러다임화(paradigmization)의 과정을 거치며 '골동애호적'인 지식이나 '유물관리적 지식'(curatorial knowledge)으로 변했다. 사이드(Edward Said)가 지적한 '패러다임적 화석화'(paradigmastic fossilization)가 이루어진 것이다. 어떻든 불교가 이러한 추상화 과정을 겪을 때 서구의 불교학자이건 동양의 호교론적 불교학자이건 교리적 연구/철학적 연구를 행함으로써 복잡한 역사적·문화적 현장의 실제 상황을 끊임없이 무시하게 된다.

이런 지적 사황에 대한 인식 아래, 서구 불교 연구 역사의 반성적 논문이 나타났다.[23] 그 가운데 샤프(Robett Sharf)의 논문 「The Zen of Japanese Nationalism」은 이제껏 다루어진 선불교와는 전혀 다른 관점의 평가를 내린다. 중국불교의 두드러진 특성인 선불교, 또한 오늘 우리 한국 불교의 살아 있는 전통으로서의 선불교가 과연 우리가 평가하고 이해하는 역사나 전통 또 그 의미를 그대로 지니는 것일까? 적어도 일본의 선(Zen)은 다르다는 것이 그의 지적이다.[24]

선은 모든 기성적인 것을 부정하고(iconoclastic) 기성 질서와 윤리도 파괴(antinomian tradition)하는 것을 특징으로 한다. 살불살조(殺佛殺祖, 부처를 만나면 부처를 죽이고, 조사를 만나면 조사를 죽여라)라는 구절은 선의 이러한 성격을 극명하게 드러낸다. 곧 교리·종파 등의 학문적 체계, 의례화(儀禮

---

23 Ibid., pp. 107-160.

24 Robert H. Sharf, "The Zen of Japanese Nationalism," *History of Religions* 33(1), 1993, pp. 1-43.

化)된 형식의 틀을 모두 거부한다. 자연적이고 자율적인 것을 지향하며 자유와 순수를 표방한다. 곧 선은 순수 체험이고 초역사적이며 초문화적인 순수한 주관의 체험으로 규정된다. 그러나 이러한 순수와 자유, 초문화적인 선이 어떻게 서구 사회에 인기를 끌며 동양적인 것에 대한 새로운 표본이 되어 관심의 표적이 되고 수행의 수단이나 학문의 관심이 됐을까?

앞에서 본 것같이 학문으로서의 서구 불교학의 전통은 오히려 아시아 지역의 근대 불교학 연구의 선구 역할을 하는 일본보다 앞선다.[25] 그러나 선의 경우는 서구가 늦게 일본에서 받아들인다. 아마 서구인들은 선이 표방한 보편주의적 성격, 초문화성, 순수체험에 힘입어 선 수행에 관심을 갖는지 모른다. 그러나 샤프는 일본의 선불교 형성과 그 전파 과정 속에는 전혀 다른 일본의 사회적·정치적 배경이 깔려 있다고 지적한다. 곧 그것은 일본 엘리트층의 일본 사회 개조를 위한 전통문화의 청산에서 출발된 국가주의, 제국주의적 의도와 D·T·스즈키나 폴 카루스(Paul Carus) 같은 선 전파자들이 서구의 호기심과 보조를 맞춘 최근세에 일어난 움직임이라는 것이다.

일종의 선(禪) 선교사인 스즈키는 명치유신의 선불교 영향 아래 성장한 인물로 다시 미국에서 서양적인 교육을 받는다. 미국 불교 운동 및 불교학에 영향을 끼친 P. 카루스 밑에서 연구하며 그가 운영하는 출판사에

---

25 일본의 근대 불교학은 20세기 초반 오기하라 운라이(荻原雲來)와 야마구치 스스무(山口益)와 같은 인물의 유럽 유학을 계기로 태동하였다. 서구 언어학과 문헌학을 배운 이 학자들은 산스크리트어와 팔리어에 의한 불전 해석을 본격화하며 일본 전래의 한문 경전과의 비교 연구로 근대적 불교 연구의 기틀을 마련하였는데 이러한 학풍은 한국에도 영향을 미쳤다. 한문 경전의 중요성과 살아 있는 불교의 현장 때문에 서구 불교학은 일본 학계의 성과를 고려해야만 했지만, 일본 불교학 역시 서구 동양학과 불교학의 영향을 받았다는 사실을 주목할 필요가 있다.

서 일한다.[26] 선이 지니는 보편주의 곧 초역사적·초문화적·기성체제의 거부라는 성격은 다른 문화지역으로 전파되는 과정에 있어 일본 선의 국수주의적 성격에도 불구하고 아무런 지장을 받지 않게 하는 계기가 된다. 가장 일본적인 것을 가장 광범위하게 확대해 가고 일본을 전파하는 최상의 정신으로 변신하는 것이다. 순수체험으로 표방된 선은 서양적인 개념이나 관념체계를 넘어서는 가장 일본적·동양적 체험으로 나타나, 서구인들이 일본(동양)적인 것의 우월성을 말하게 한다. 다시 말해 서양인 자신들이 만든 범주인 순수·초역사성을 거꾸로 거슬러 올라가는 과정을 겪으며 자기주장을 하는 것이다. 그 첨단의 역할을 하는 것이 바로 스즈키였으며, 이후 출현하는 선에 근거한 일본의 사상은 모두 이러한 제국주의적 일본 정신인 선에 뿌리를 두게 된다. 니시타니 게이지(西田啓治), 히사마츠 신이찌(久松眞一), 니시다 기타로(西田幾多郞) 등의 선 철학이 또 다른 관점에서 재평가되는 움직임이 일어나고 있는 것도 바로 이러한 맥락에서 이해될 수 있다.

인도·티베트 불교 연구의 대가인 주세페 투치(Giuseppe Tucci)에게 있어 과학적 언어학적 연구와 낭만적 오리엔탈리즘의 두 계기는 '무시간적 영역'이라는 새로운 세계를 창안한다. 이미 유럽에서 사라진 농경사회에 대한 향수와 새로 등장한 이탈리아 파시즘의 유토피아적 이념은 그에게 동양 세계를 지리적으로 존재하는 무시간적 영역으로 생각하게 했다. 그가 2차 대전 중 이탈리아 파시즘 정권에 적극 개입했다는 사실은 그의 기회

---

26 Open Court Publishing Co.는 폴 카루스가 창설한 이래 동양사상과 불교 관계 서적을 꾸준히 출판하여 미주의 불교 전파에 큰 역할을 담당했으며 지금도 불교학 관련 전문 서적을 출판하고 있다.

주의적 인간의 결점에서 온 것이 아니라 실제로는 그의 평생의 불교학 연구가 가져다준 결과로 해석되는 것이다. 그는 야마토(Yamato)라는 일본 제국주의와 이탈리아 무솔리니 체제의 연대를 강조하기 위해 만들어진 잡지에 기고를 한다. 무사도의 이념을 쟈티(Jati) 제도에서 생각하고 일본적인 선·무사도를 현실 속에서의 영웅 출현의 한 형태로 생각한다.[27] 초시간적 순수체험은 오히려 구체화된 역사적 현실로 나타나게 되고 동양적인 것의 이상적 재현으로 생각하며 제국주의 체제, 독재체제를 뒷받침하는 모습을 띠게 된다.

또한 불교 미술사 형성에 관한 비판적 견해도 있다.[28] 스탠리 아베에 따르면 불교 조각의 전형은 간다라(Gandhara) 불상이며 그것은 희랍·로마적인 영향 아래 조성된 일종의 동양의 비너스상이다. 간다라 불상이 발견되었을 때 서구학자들은 그리스의 고전적 형태에서 영향받아 뻗어나간 희랍·로마적 불교(Greco-Roman Buddhist) 예술이라고 극찬했다. 곧 서구적인 것과 동양적인 형태의 혼성(混成)이 간다라 불상인 것이다. 인도의 불상 조성은 흔히 간다라 불상을 시원으로 한다고 이해된다. 그러면 모든 불상은 희랍적인 영향 아래 조성되어 점차 동양으로 퍼져 일본까지 전해진다는 예술의 서세동진(西勢東進) 담론이 구성된다.

그러나 간다라 불상 이전에 이미 토착적인 마투라(Mathura) 양식의 불상이 존재했다. 이 불상들은 토속적(土俗的)이며 인도 고유한 몸매와 인도적인 균형을 드러내고 있어 서양 고미술사가들의 기호와 기준에 일치할 수

---

27 Gustavo Benavides, "Giuseppe Tucci and Fascism," *Curators of Buddha*, pp. 161-196 참조.
28 Lopez, *op. cit.*, pp. 63-106.

없는 대상이다. 그런데 이를 간과하고 서구적인 영향과 그 개념에 합치되는 방법·기준이 적용되는 예술작품이 선정되고, 그런 기준 속에서 인도 미술사가 정착될 수밖에 없었다. 그리고 인도에서 불상 조성이 예술가의 창작 작품이 아니라는 사실도 무시되었다. 상당한 깊이의 신앙, 문화·사회적 분위기를 배제하고는 고대 종교 조상(造像)은 상상할 수가 없다. 그리고 이들 불상이 조성된 지역은 알렉산더 대왕의 동진(東進) 지역인 박트리아보다 더 깊숙이 인도 땅으로 내려온 간다라 지역이니 희랍적인 것이 더 인도화되었는지, 혹은 인도적인 것이 더 희랍화된 것인지, 그 한계를 그을 수 없는 것이 인도 미술사 속의 간다라 불상의 위치라고 생각된다.

결론은 또 하나의 오리엔탈리즘이 세계미술사 형성에 큰 역할을 했다는 사실이다. 간다라 불상의 위치를 정립하는 일은 인도미술사를 다시 쓰게 하고 동양미술사를 재편하게 하고 나아가 세계미술사의 전모를 바꾸어야 하는 난제를 안고 있다.

도널드 로페즈(Donald S. Lopez)에 의해 계획된 위 논문들은 '부처의 박물관장: 제국주의 아래의 불교 연구'(Curators of the Buddha: The Study of Buddhism under Colonialism)란 부제를 달고 있어서, 이 논저에 실린 단독 논문들의 연구 경향과 성격을 여실히 드러낸다. 그것은 앞서 연구했던 불교학이 어떤 과정 속에서 발단되었으며, 그 학문적 성향이 어떤 해석학적 배경에서 이해되어 왔으며 어떤 역사적 평가를 받는지를 투명하게 드러낸다.

5. 반성적 전환

분명히 서구의 불교학 연구는 스스로의 학문적 입장을 여러 면에서 반성하며 전환되고 있다. 불교학 연구에서 의식적이거나 무의식적이었던, 또는 무시되었거나 경시되었던 부분들을 서구의 불교학자들은 보완하기 시작했다. 문헌 속의 불교에서 벗어나 현장 속에서의 불교를 관찰하고 항시 변화를 겪으며, 생성하는 불교를 다룬다. 오베이에세케레(G. Obeyesekere)와 곰브리치(R. Gombrich)의 "변형불교"(*Buddhism Transformed*)나 홀트(John Holt)의 "개신교적 불교"(*Protestant Buddhism*), 또는 탐바이어(Stanley Tambiah)의 "배반당한 불교"(*Buddhism Betrayed*)는 이런 역사 현장, 현행의 불교를 설명한다. 상상 속의 불교이거나 학자의 책상 위에 정형화(定型化) 되어 있는 불교가 아닌 현장에서 변형되고 민중에 의해 실제로 "신행되는" 불교이고, 한 지역의 정치적인 이념으로까지 변형되는 불교, 따라서 이런 불교에서 행동의 원칙을 찾는 원천으로서의 불교가 연구된다. 아마 이런 연구 경향을 인류학적 접근으로 이해할 수도 있겠으나, 텍스트에만 의존하던 상태에서 벗어나 민간구전(民間口傳)이나 전승(傳承), 현지조사에 의한 연구가 함께 활용된 결실이라 보는 것이 옳을 것이다. 불교는 이제 '살아 움직이는' 현실 속에서 다시 관찰하고 재평가될 것을 요구한다. 고고학적 발굴 작업을 통한 박물관적 지식에서 벗어나 사회와의 연관 속에서의 불교 연구, 심지어는 생활의 지혜를 건질 수 있는 원천으로서 불교 연구가 진행되는 분위기가 고조되고 있다.

환경문제와 결부되어 불교는 다시 인류 생태문제의 해결 방안으로 제시되거나 또는 여성문제와 결부되어 불교는 그 자신이 그런 이슈를 지니고 있었는지를 스스로 의심하며 다시 들여다본다. 그러나 경전 속에 원리·원칙이 제시되어 있으니 불교가 환경문제·여성문제의 해결 방안이라고 말하지는 않는다. 적어도 그런 가능한 관점이 있을 뿐이고 서구가 주도적으로 진행해 온 근대화 과정에서 노정된 잘못 잡은 방향에 대한 반대급부적인 변화로 불교와 동양을 생각해 보는 것이다.

그러나 좋은 대안으로서의 불교는 경전 속에서보다 실제 불교가 신행되는 그런 현장의 공동체 속에서 찾을 수밖에 없으니 불교적 삶의 방식, 실천행이 각 지역에서 어떻게 드러날 것인가 하는 것은 앞으로의 관건일 수밖에 없다. 불교를 근간으로 하여 수없이 출간되는 이른바 지혜의 책·명상의 책들은 유행이란 초보적 단계를 벗어나 새 시대의 정신적 원천·활력으로 대두되는 모습을 강하게 느끼게 한다.

6. 맺음말

서구의 정치적 변화와 그에 따른 사회·문화의 변화는 인문학 영역에서도 많은 변화를 가져다 주었다. 언어·역사·종교 분야에서의 연구와 함께 지역 연구(Area Studies)에서 시작된 미주의 아시아 연구는 그 연구자들의 인적 구성과 그들의 성분 변화와 함께 연구 태도 역시 큰 변화가 일어나고 있다.[29] 전 세대의 유럽·불교학계의 거목들인 푸생(La Vallee Poussin)이

---

29 미국 불교학은 지역연구(Area Studies)나 종교학(Religious Studies)의 한 분야로 자리잡기 훨씬 이전에 시작되었으며 유럽 중심의 언어학적·문헌학적 엄격성에서 얼마간 자유스러운 분위기를 지녔다. Henry Clark Warren의 팔리 문헌 번역, W. Y. Evans Wentz에 의한 *Tibetan Book of the Dead*(1927)와 D. Goddard의 *A Buddhist Bible*(1938)의 출간을 계기로 본궤도에 올랐지만 미국 불교학은 이미 19세기 중엽부터 싹이 텄다. 뉴잉글랜드의 회중교회 신자 솔즈베리(E. E. Salisbury, 1814-1901)는 1840년 미국동양학회(American Oriental Society)에서 "Memoir on the History of Buddhism"을 발표하며 뷔르누프의 활동과 그 업적을 소개하였다. 예일대학은 하버드대학에 앞서 아라비아어와 산스크리트어 강좌를 개설하였으며, 휘트니(W. D. Whitney, 1827-1894)는 산스크리트 문법책을 출간하였다. 하버드대학의 랜맨(C R. Lanman, 1850-1941)은 산스크리트 독본을 펴냈으며 하버드대학의 산스크리트·인도학(Sanskrit and Indian Studies)의 토대를 닦았다. 솔즈베리의 불교 활동은 뉴잉글랜드의 초절주의자들에게 영향을 미쳐 헨리 소로우(Henry David Thoreau, 1817-1860)

나 라모트(Etienne Lamotte)는 기독교인으로 개인적인 관심에 따라 연구를 진척시켰으나, 오늘날 현역의 북미주의 불교학자들은 대개가 대학생 시절에 월남전을 겪은 사람들이다. 그들은 제국주의적 분위기, 절대권력, 기독교적 전통에서 자유로워진 세대이며, 상당수의 이들 불교학자들은 수계를 받았거나 각자가 전공으로 삼는 지역의 불교사원에서 종교적 체험을 겪는다. 데이비드 뤼에그(David Seyfort Ruegg)가 관찰했듯이 그들은 불교를 '삶의 한 방식'(a way of living)으로 생각하며, 일정한 교리체계에 의한 도그마의 종교로 생각하지 않는 세대이다.[30] 합리적이며 개인의 권리와 자유를 즐기는 이들은 불교에 친화감을 갖고 있다.

　학제적(學制的)인 면에서의 변화 역시 불교학 연구의 폭과 탄력을 주는 듯하다. 유럽의 불교학 연구의 2차적 전개로 발단된 미주의 불교학 연구지만 2차 대전 이후 지역 연구(Area Studies)와 종교학 연구(Religious Studies)의 확대에 따라 불교학 연구도 이 두 연구 틀 속에서 다양화된다. 아시아권 언어 연구의 확장에 따른 불교의 언어학적·문헌학적 연구의 심화, 그리고 종교학의 '세미나리'(seminary)에 귀속된 형태의 연구에서 대학 수준

는 뷔르노프의 불어판 법화경의 일부를 영어로 번역하였다. 올코트(S. Olcott)의 신지학회 활동을 위시한 정신적·영성 운동도 이런 분위기에서 등장하였다. 초기 미주 불교에 대해서는 Tweed, Thomas, *The American Encounter with Buddhism 1844-1912*, Indiana Univ. Press, 1992 참조.

30　루에그(David Seyfor Ruegg)는 국제불교학회(International Association of Buddhist Studies) 회장에 취임하면서 이렇게 말했다. "불교는 좁은 의미로 사용하더라도 철학이나 종교가 될 뿐 아니라 생활의 한 양식이고 존재 양식이다. 그것은 하나의 문화체계이자 가치체계로서 불교 추종자들이 세계의 방대한 지역에서 자신들의 세속적·정신적 삶을 구출하게끔 한다." 이러한 관찰과 정의는 서구에서 타자로 대상화된 불교의 상(像)과는 무척 대조적이다. 그는 미주 불교학회 회장으로서 과거 불교학이 오리엔탈리즘에 빠져 있었음을 자인하고 불교학이 골동품 애호가적인 수준에 머물거나 무분별한 실증주의에 빠지는 것을 경계하였다.

의 학과로 확대되면서 종교학과의 설립을 보고 그에 따라 종교학의 한 분야로 불교학은 정착한다. 세계종교·종교사·현대종교사상 등의 과목 속에서 혹은 불교학이란 새로운 과목이 나란히 설정되고 있다. 그리고 이 과목들을 종합적으로 다룰 수 있는 교수들이 임명되었고, 그들은 범아시아 종교를 포괄적으로 강의할 수 있어야 한다. 그것이 대개 월남전 이후의 추세이다. 또 지역 연구의 동양언어학과(Dept. of Oriental Language)에 귀속시키던 불교학 연구도 종교학 연구(Religious Studies)라는 프로그램 아래(University of Virginia) 행해지거나 혹은 신학부 아래(University of Chicago)에서 연구된다. 아니면 이 셋을 병존시킨다. 하버드 대학교가 이 경우이다. 기성의 유럽 전통의 일부를 이어받은 경전연구(Sanskrit, Pali, Tibetan, Chinese, Japanese, Korean)를 요구하며, 동시에 제임스, 베버, 엘리아데를 강의할 능력이 요구된다. 그리고 앞서 보았듯이 푸코, 데리다, 비트겐슈타인의 이해도 요청되는 것이다. 한마디로 아직도 제국주의적 과거에 시달리고 있지만 이런 부단한 자기 성찰을 거치면서 인간 공유의 지적·종교적 가치를 서로 나누고 함께 살아가는 새 시대를 지향하는 것이 오늘의 불교학의 지향점이라고 할 수 있다.

서구 불교학의 창안과 오리엔탈리즘[*]

* 『종교문화비평』8호, 한국종교문화연구소, 2005.

1. 발제를 위한 서언

최근 동서양을 막론하고 근대 '불교학'(Buddhology 또는 Buddhist Studies, Study of Buddhism)에 대한 반성과 더불어 불교학에 내재된 태생적인 오리엔탈리즘의 성격에 대해 많은 문제가 제기되고 있다. 동양의 전통적 종교인 불교가 오히려 서구적 시각, 서구적 학문 방법론(scholarship)에 의해 분석, 연구, 평가됨으로써 '근대 불교학'이라는 독특한 학문분과가 형성되었다는 것은 하나의 정설로 굳어져 있다. 불교학뿐만 아니라 한국의 근대 인문·사회과학의 학문체계는 대부분 밖으로부터의 자극과 수용에 의해 형성된 타율적 성격을 지닌 것이 현실이어서 불교학 역시 이 근대적 학문 체계의 형성을 따른 또 하나의 학문 분야였음을 인정하지 않을 수 없다.

그러나 한국문화와 사상의 근간을 형성하고 있으며 또 현행의 신행 형태의 하나로 사회와 문화에 직접적으로 관여하고 있는 불교 신앙을 하나의 학문 대상으로 삼는 일은 학문 분류체계이거나 단순하게 대학의 학과를 창설하는 것 이상의 의미와 문제를 지니는 것으로 생각된다.

전통적으로 한국문화사와 나란히 존재해 온 불교는 '전통'이나 '정통'의 이름 아래 자신을 자명한 사실 이외의 어떤 다른 것으로도 생각하지 않았고, 따라서 불교는 자기 모습을 비춰보는 일을 은폐하거나 등한히 하였다. 오히려 자명한 것이야말로 자기 성찰, 자기 평가, 자기 지향이 있었어야

함에도 그러한 작업들이 소홀히 되어 왔던 것이다. 그리고 불교에 대한 학문적 접근 역시 다른 근대적 학문체계의 향방에 따라 타율적으로 주어진 방법과 시작에 의한 '자기 모습 비춰 보기'가 일쑤였다. 곧 불교 혹은 불교학은 오리엔탈리즘적인 타자의 시선을 통한 '자기 모습' 보기였으며 타문화 시각을 통한 자기 정체성의 확립이었다.

근대학문의 대종의 하나인 역사주의는 불교학을 객체화된 과거의 것을 살펴보는 일로 화석화하고 있으며, 불교학을 역사학의 한 분과에 지나지 않는 것으로 축소시키고 있다. 사상사적인 입장에서 볼 때에도 불교학은 극심한 환원주의의 표본으로 부각된다. 서구 사상의 조류에 따라 불교 사상은 칸트적 관념론의 해석을 필두로 하여 언어·분석학적 연구는 물론 심지어는 비트겐슈타인적 해석에 이르기까지 서구 사상의 폭과 학자들의 기호에 따른 광범위한 스펙트럼 속에 폭넓게 환원 처리되고 있다. 이렇게 우리에게 주어진 틀은 서구적 혹은 일본적인 것이 지배적이었고 그 틀 속에서 한국의 불교와 불교학이 자기 정체성을 찾아야 한다는 것은 모순으로 비쳐진다. 바로 그 점에서 불교·불교학과 오리엔탈리즘의 상관관계의 문제점이 드러나며 또한 오늘날 우리에게 불교학이 하나의 난제로 다가오는 것이다. 우리의 것으로서의 불교와 불교학이 타자의 시각에 의해 정의되고, 평가되며, 연구된다는 사실은 충분히 자각되고 극복되어야만 한다.

불교학에 관한 금번 학술회의가 주제로 삼고자 하는 것은 이런 "문제점"(problematic)에 대한 비판적 성찰을 통해 이 땅에서 불교학의 위상을 가늠해 보려는 것이다. 한 걸음 더 나아가, 이 회의는 불교 또는 불교학의 문제가 단지 불교라는 한 종교에 국한된 것이 아니라 한국의 역사 및 문화와 연계된 한층 광범위한 맥락에서 평가되어야 함을 밝혀 줄 것을 기대해 보는 것이다. 불교 연구는 흔히 우리의 특수한 상황 때문에 쉽게 하나의 종교 연구로 제한당하는 경향이 있다. 그러나 동아시아의 근대 불교와 불교학에 대한 연구는 단지 불교라는 한 종교에 대한 연구로 그 의미를 좁힐 수 없다. 그것은 역사학이나 철학 또는 종교학과의 연계를 통해서 포괄적인 근대적 지식의 흐름과 의식의 변화를 추적하는 매우 유용한 연구 주제가 되기 때문이다.

불교학이라는 개념은 서구의 언어학적·문헌학적 연구와 고전 존중의 이념에서 생성되었고 그것은 다시 일본의 메이지유신에 지대한 영향을 미쳤다. 또 일본의 메이지유신은 퇴영적이고 부패한 전통적 일본 불교를 청산하고 근대적 일본 정신의 창안에 기여했다. 중국 역시 양계초를 중심으로 근대화를 모색하면서 담사동, 장병린 같은 불교학자들이 중국 정신의 부활을 표방하고 중국 근대화의 정신과 이념을 불교사상과 연결하였다. 한국의 경우 개화기의 이능화는 불교학자로서 이러한 개화와 불교의 연결 고리를 한국 종교사나 한국의 민속을 통해 표출시켰다. 따라서 이 시기에 행해진 불교에 대한 학문적 성격의 내용 규정과 그것의 한국 근대화와의 관련성을 탐구하는 것은 단순히 불교 내적인 문제가 아니라 한국사 전반에 걸친 관건적인 이슈를 내포한 중요한 문제가 된다. 오리엔탈리즘의 긍정적인 측면인 근대 동양의 각성이 여기서 출발하기 때문이다.[1]

---

1   이 서론은 한국종교문화연구소 불교학 분과 구성원인 허남린, 김영진, 심재관, 송현주, 이민용 등이 동 연구소에서 개최한 '불교학 형성과 오리엔탈리즘'이라는 주제의 학술대회(2005.6.25, 출판문화회관) 준비를 위해 여러 차례에 걸쳐 논의하는 과정에서 표명된 담당 분야의 주장 진술들을 정리한 것이다. 그러나 마지막 서술 책임은 필자에게 있다.

2. 서구 불교학의 발단과 배경

불교는 붓다의 깨달음과 더불어 시작된 2,500여 년의 장구한 역사를 지닌 것이지만, 그런 역사의 산물로서의 불교를 인식하기 시작한 것은 오래지 않다. 불교가 자신의 정체성을 자각하기 시작한 시간은 오히려 짧다. 막스 뮐러(Max Müller, 1823-1900)가 말하듯이 "하나만 알면 아무것도 모른다(one who knows one knows none)"는 명제처럼 불교가 스스로 자신을 인식하는 일은 불가능했으며, 오히려 타자에 의해 인식된 것이다. 영국의 기독교를 배경으로 삼은 제국주의적 타자의 시각에 의해 불교는 발견되어 존재하게 되는 것이다.

동양에서는 엄연히 역사적으로 존재했던 불교였지만, 그것은 서구인에 의해 발견되고 창안되기 시작하였다. 마치 아메리카가 '그곳'에 엄연히 존재하였지만 서구에 의해 '발견'되고 새로운 아메리카로 창안된 것과 흡사한 과정을 겪은 것이다. 그들의 '틀'과 그들의 '머릿속'에서 인식된 불교·불교학은 3세기를 넘지 않는다. 더욱 오늘날 '불교학'으로 지칭되는 학문으로 정착된 역사는 더 짧았다. 그리고 이 짧은 시기를 그때마다 단락짓는 특징이 존재했다. 이 시대적 매듭 하나하나를 특징짓는 인물들이 등장했고 이들이 규정한 불교의 틀이 그 시대의 불교의 성격을 결정하게 된다. 곧 근대적 학문으로서 불교학을 개창하고 전개하고 정착시킨 공헌자들이 불교학 형성의 주역이 되는 것이다.

그러나 이 공헌자들은 대부분의 시발자들이 흔히 그러하듯 자신이 무엇을 하는지도 모르는 상황에서 불교에 대한 관심을 피력하게 된다. 이 창안자들에게는 단순한 호기심어린 편향성(curious preference)이 배어 있었고, 심각하게 따져보지 않는 편향성(unargued preference)만이 지배하는 상태에

서, 일정한 학문적 정당성도 없이 불교에 대한 연구를 시작했다.[2]

흔히 서구에서의 불교학의 발단은 영국의 빅토리아 조 후기인 19세기 중반으로 잡고 있다. 그리고 빅토리아 조에 불교학이 학문으로 정착했다는 사실은 불교학 연구 내용과 그 방향을 결정짓는 중요한 단서가 된다. 우선 빅토리아 조 전반까지 풍미했던 이집트학(Egyptology)의 열풍이 가시면서 인도를 발원지로 하는 불교에 대한 관심이 대두한다. 그러나 불교의 발견과 불교학의 성립은 영국 빅토리아 조의 인도 지배라는 제국주의적 지배 통치와 맞물려 있었다. 지적 호기심을 충족시키는 낭만적인 상상력만이 불교를 발견한 것이 아니라, 인도에 대한 제국주의적 지배 형태가 불교를 발견하는 또 하나의 요인이 되었던 것이다. 그리고 그 과정에서 학적 체계를 갖추게 되기까지는 전통적인 문헌 속에서의 조직적인 색출 작업이 수반되었다.

여기서 소위 서구가 아시아를 석권할 때 드러나는 두 가지 패턴, 곧 한편으로 선교 활동을 통해 서구적 가치를 밀어 넣는 일과 다른 한편으로 문헌적 작업을 통해 역사적 현장의 맥락을 끊어 버리면서 불교를 끄집어내는 이원적 작업이 추진되었다고 볼 수 있다. '밀어 넣고', '끄집어내어' 창안하는 일이 거의 동시에 행해졌고, 그것이 오늘날 서구 불교학의 탄생을 가져왔다. 그러나 이와 함께 그로 인한 곤경도 안겨 주었다.

시기적으로 볼 때 불교학은 외젠 뷔르누프(Eugene Burnouf, 1801-1851)의 『인도 불교사 입문(Introduction a I'histoire du Bouddhisme indien)』(1844)과 『법화경 역주(Le Lotus de la Bonne Loi)』(1852)가 출간되면서 시작된다. 이

---

2   자세한 논의는 Gregory Schopen, "Archaeology and Protestant Presuppositions in the Study of Indian Buddhism," *History of Religions*, 31, 1991, pp. 1-23 참조.

역사적 저술을 가능하게 한 것은 네팔 주재 영국 관리였던 B. 호지슨 경이었다.[3] 그가 네팔의 오지에서 수집한 문헌들을 유럽의 전문 학자들과 영국 동인도회사의 도서관에 보냄으로써 불교가 일차적으로 학문의 대상으로 떠오른 것이다. 그 대표적인 예가 바로 뷔르누프였다. 그는 고전에 대한 통찰력과 불전(佛典)을 읽어내는 탁월한 능력을 바탕으로 호지슨이 보낸 문헌자료를 해석하고 분석하여 최초의 불교사를 꾸미고, 불전 역주의 귀감이 되는 법화경 역주를 냈다.

붓다의 역사적 실재성 따지기, 경(經)·율(律)·론(論)에 의한 불전 분류법, 경전에 대한 역대 주석가들의 해석에 대한 관심, 불교 문헌 수집과 분류에 대한 관심 등이 그의 불교사 연구의 대상이었고, 이 패턴은 그대로 오늘까지 이어지고 있다. 곧 그의 연구 방법과 분류 형태는 하나의 전범(典範)이 되었고, 오늘날 다른 형태의 접근을 배제시키는 역할까지 하고 있다. 극단적인 형태는 불교학을 서구 문헌학·해석학의 한 분파로 자리매김함으로써 서구적 틀 속에 종속시키는 것이다. 그의 학적 자세는 불교학 연구의 '시작'이자 '끝'과 같은 역할을 하고 있다. 그의 업적은 칭송받을 만한 일이지만, 다른 측면에서 평가할 때 불교학의 진척 상황은 그가 시작한 이래 한 걸음도 그의 학적 특징과 범위를 벗어나지 못했다는 아이러니를 낳았다. 그렇기에 과연 그가 불교학의 창안자인가 하는 질문을 제기한다는 것은 별다른 외연적 의미를 더하지 못한다. 그의 업적이 불교학의 '알파'이자 '오메가'이기 때문에 설령 다른 인물과 다른 업적, 예컨대 불전을 발송해 준 호지슨 경과 그의 업적을 창안자의 위치에 바꾸어 설정시키더라도 서구 불교학의 내용상의 변화에는 아무런 차이도 없다. 그만큼 뷔르누프

3　호지슨 경에 대해서는 앞장 각주 6 참조.

가 서구 불교학에서 차지하는 학문적 위상은 독보적이다. 그러나 불교학은 그의 이러한 천재성에만 기인되는 것은 아니다. 그의 활동과 업적을 가능하게 만든 전 시대의 역사적 배경과 그의 학문적 성숙을 선행하는 학자들의 존재를 무시할 수 없기 때문이다.

3. 인도 문헌학의 선구자들과 불교

영국 빅토리아 조의 낭만주의와 고전주의가 인도 식민통치라는 냉엄한 정치현실에 근거를 두고 있다는 점은 주지의 사실이다. 영국 관리들은 인도 현지인들을 다스리기 위해 인도의 언어와 문화, 특히 인도 전래의 법전(法典)에 대한 이해가 필요했고, 그것을 현지인들에게 적용시키기 위해 인도 고유어를 숙달할 필요가 있었다. 최초의 '아시아학회'(Asiatic Society of Bengal)를 설립한 윌리엄 존스 경(Sir William Jones, 1746-1794)과 헨리 토마스 코울브룩(Henry Thomas Colebrooke, 1765-1837) 같은 이들은 식민지 관료로서 학문적 역량까지 갖춘 인물들이었다. 인도 이해의 실마리를 튼 수많은 선교사들이나 여행가들과 이 관료학자들은 분리하여 이해되어야 한다. 오늘날 불교학의 시원을 찾는 시각은, 우연한 접촉과 우발적 사건으로 한두 편의 기록이나 저술을 남긴 인물이나, 후대 학자들의 색출 작업으로 간혹 언급되는 인물들과 차별화하여 이 식민지 관료들을 다루어야 한다. 식민지 관료들은 인도 통치를 위한 도구로서 그들의 학적 관심을 표명하고, 조직화하였으며, 그런 관심을 계승시켰다는 점에서 전자의 인물들과는 확연히 구분된다. 아마 관리로서의 직분이 일차적이었다면 현지 언어 혹은 고대 언어를 발견하고 이에 숙달하는 것은 이차적 부산물이었다고 생각된다. 산스크리트어의 중요성을 최초로 인지하고 그것을 본격적으로 연구·일반화시킨 사람이 바로 월리엄 존스다. 그는 산스크리트어를 정의하여 "희랍어보다 더 완벽하고, 라틴어보다 더 종교적 경건성이 있으며, 정교한 세련미에서도 산스크리트어는 이 두 언어를 훨씬 뛰어 넘는다"(1786년 발언)고 평하였다. 그는 한마디로 '인도학 연구'(Indological Studies)의 선구자이고 그 기초를 놓은 인물로 오늘날 인도학과 관련된 거의 모든 분야의 시발점이 되고 있다. 언어학에 대한 남다른 관심 이외에 식민지 관리로서 그가 당면한 정치적 과제는 사법제도를 복원시켜 재판제도를 설립하는 것이었다. 당시 인도에는 이슬람 법제가 무수하였고 그 해석자들도 풍부하였다. 그러나 산스크리트어 성전의 율법 텍스트는 유럽인은 물론 무슬림에게도 거의 미지의 것으로 남아 있었다. 실제로 당시 무슬림도 힌두법을 건드리지 않고 있었고, 인도 초대 총독인 워렌 헤이스팅스(Warren Hastings, 1732-1818)는 브라만 학자들을 시켜 힌두법의 개요서를 페르시아어로 개편하고 그것을 다시 영어로 옮긴다(1776). 한편 페르시아어에 이미 능통해 있던 존스는 1771년 『페르시아어 문법(Persian Grammar)』을 편찬하는데, 이후 오랫동안 이 페르시아 문법책은 교과서 역할을 한다. 1779년 동인도회사의 또 한 사람의 사업가인 찰스 윌킨스(Charles Wilkins, 1749-1836)에 의해 『산스크리트어 문법(Sanskrit Grammar)』이 출간되어 이후 60년간 중판을 거듭하며, 또 그는 『바가바드기타(Bhagavadgita』(1785)를 출간한다. 『바가바드기타』는 『마하바라타(Mahabharata)』의 한 부분으로서, 인도의 가장 아름다운 철학서로 간주되고 있다.[4]

---

4   이것은 월리엄 존스의 『마누 법전(Law of Manu)』, 칼리다다사(Kalidadasa)의 『사쿤탈라(Sakuntala)』, 자야데바(Jayadeva)의 『기타고이빈다(Gitagovinda)』, 『히토파데사(Hitopadesa)』 등의 번역과 함께 가장 초기에 이루어진 시원적인 번역으로 알려지고 있으며 이후 계속 활용 되었다. 괴테(Goethe)의 시(1792년)에 Sakontala가 인용되고

찰스 윌킨스가 『바가바드기타』를 출간하면서 붙인 서문에서 우리는 이 서사시가 어떻게 고전으로 탄생되는지를 간파하게 된다.

> 브라만 계급은 이 책을 그들의 종교의 위대한 신비들을 간직한 저술로 평가하고 있다. 이 신비로움을 다른 종교 교설들로부터 은닉하고 있으며, 또한 브라만들의 세속 지식으로부터도 은폐시키고 있다. 우리 정부[영국 식민지 정부]의 유연성, 우리 신앙[기독교]의 관용의 원리, 그리고 무엇보다도 뛰어난 행정적 지도 아래 이 학식 있는 사람들[인도의 학자들인 Pandits]이 번역자[본인인 Wilkins]에게 베푼 배려와 오랜 경험을 통한 '자유로운 연구'(liberal treatment)가 없었다면 나로서도 그들의 조력을 구하는 데 실패했을 것이다.[5]

영국 식민 지배의 목적과 그 수행 과정에서 법전 번역이 필요했고, 그 부산물로 인도 고전인 『바가바드기타』가 탄생한 것이다. 그리고 그것은 본래의 맥락으로부터 끊겨지고 '자유로운 다룸(연구)'(liberal treatment)을 통해 현대의 지성에게 자양을 주는 빛을 발하게 되었다. 존스는 이 번역의 의의를 상찬하여 『기타(Gitā)』를 "힌두의 바이블"(Hindu Version of the Bible)로 간주하고, 힌두이즘은 기독교의 이미지를 따라 재구성되어간 점을 시사하고 있다. 곧 가장 아름다운 힌두 고전이 마하바라타에서 분리되어 고전으로 새롭게 창안되었고, 동양의 바이블처럼 읽혀지게 된 것이다.

있는 것도 역시 기억해 두어야 할 것 같다. 무엇보다도 존스는 이 동양의 현지어들의 알파벳을 로마자화하는 최초의 과학적 체계를 수립하고 있다.

5   Charles Wilkins, *The Bhagavat-Geeta or Dialogues of Kreeshna and Arjoon in 18 Lectures with Notes*, London, 1785, pp. 23-24. 인용문에 삽입한 설명은 필자의 것임.

같은 맥락에서 우파니샤드의 번역본을 언급하지 않을 수 없다. 우파니샤드는 앙케틸-뒤페롱(Anquetil-Duperron, 1731-1805)에 의해 1801~1802년 사이에 라틴어로 번역되었으며, 그 저본은 Dārā-Shukōh의 페르시아어 본이었다. 힌두 지혜서의 원천으로서 우파니샤드의 페르시아어 본인 우프네캇트(Oupnekhat)의 번역본의 영향력은 대단했다. 그러나 원전에 의거하지 않고 페르시아어 본에 의거한 것이며, 번역 과정의 사상적인 혼입 상태는 당시부터 비판의 대상이 되었다. 사상의 혼유성이 극심했던 것이다. 어쨌든 앙케틸의 번역은 서구 지성인들에게 강력하게 호소하는 점이 있었다. 앙케틸의 저술은 칸트의 독일 관념론과의 논쟁을 불러일으켰으며, 또 쇼펜하우어는 이 저술에 대해 "가장 보람 있고 (원전의 경우만 제외한다면) 읽기에 편한 편집으로 되어 있다. 나의 생애에 위안이 되고 있으며 나의 죽음에 이르기까지의 위안이 될 것"이라고 찬탄한다. 그리고 쇼펜하우어의 영향은 이후 계속되어 니체까지 이어졌으며, 오늘의 동서 철학 비교론의 한몫을 차지하게 되었다.[6]

정치적 현실이 그대로 사상의 전파에 직접적인 영향을 주는 것은 아니지만, 상관관계를 지닐 수밖에 없는 것도 역사적 현실이다. 인도학 연구의 비조(鼻祖)라 할 윌리엄 존스와 함께 빠뜨릴 수 없는 또 한 사람의 인물은 코울브룩이다. 그는 '유럽에서의 진정한 산스크리트어 연구의 개창자이자 아버지'라고 할 만하다. 시대적으로 윌리엄 존스보다 약간 뒤진 그는 존스의 계획을 이어받아 『힌두법전(*Code of Gentoo Laws*)』을 개정하고 완성했다. 그는 법전요강을 번역하면서 당대 최대의 산스크리트어 학자로 부각

6　Wilhelm Halbfass, *India and Europe: An Essay in Understanding*, Albany, N.Y.: State University of New York Press, 1988, p. 106.

되었고, 브라만 계급과 베다(Veda)를 놓고 논의할 정도의 학식을 보유하고 있었다. 그의 폭넓은 독서와 박학은 힌두법 학파, 인도 도량형, 카스트의 시원, 산스크리트어 시문(詩文), 인도 신화, 베다, 고대 금석문 판독에까지 미치고 있었다. 무엇보다도 그의 최대의 업적은 인도 문법학자에 대한 연구였으니 빠니니(Panini, 고대 인도 언어학자)의 해설서들을 모으고 4천여 개의 문법 규칙을 수집하였다. 당시까지 인도에서 거의 잊혀졌고, 유럽 학자들마저 무시했던 이 문법 규칙의 가치를 인정하고 그것들을 수집·정리한 것이다. 고대 인도의 문학을 부활시키고 인도 문자에 의한 인쇄술을 처음 개발한 것은 윌킨스였으나, 벵갈어, 아라비아어, 페르시아어 활자들을 만들고, 데바나가리 글자(Devanagari)를 제작한 것도 바로 코울브룩이었다.

그는 특히 언어학의 비교적 연구를 시도하여 산스크리트어, 그리스어, 라틴어에 대한 방대한 노트를 작성하였고, 독일어, 슬라브어와 연관된 자료까지 수집하였다. 그의 비교학적 언어 연구는 알렉산더 해밀튼(Alexander Hamilton)에 의해 지속되었고, 그의 산스크리트어 연구는 앞에서 예로 들었던 슐레겔을 거쳐 근대 언어학으로 정착된다. 그의 이런 학문적 결실은 프랑스에도 영향을 끼쳐 콜레주 드 프랑스(College de France)의 뷔르누프까지 이어져 내려오며 결국 불교 문헌을 판독하여 불교를 학문적으로 정착시키는 것이다.

인도 사상의 특징적 흐름에 대해 코울브룩이 끼친 영향은 이처럼 막대하다. 그는 런던의 아시아 왕립학회(Royal Asiatic Society of London)에서 '힌두 철학에 대하여'(On the Philosophy of the Hindus)라는 제목의 강의를 하며 불교와 자이나교 등 소위 힌두 전통에서 볼 때 이교적인 체계들을 소개했다. 따라서 코울브룩의 불교 이해는 직접 원전에 의한 것이기보다는 인도의 다른 사상과 종교와는 반대되는 이단적 교설로 소개되고 인도 정통사

상이나 종교와는 다른 이단적 특징을 통해 파악되었다.[7]

불교가 전체 인도사상에서 국지화되어 이해되거나 인도사상 전반에서 차지하는 불교의 위상이 항상 주변화되고 있는 것은 이런 인도학 선구자들의 불교에 대한 자리매김 및 가치평가와도 연계되고 있다.

이제까지 우리는 서구에서 불교가 학문으로 성립한 시대적 배경을 이해하기 위하여, 영국의 문화적 식민정책의 일단을 보았다. 그리고 그 과정에서 오늘날 인도학이라고 호칭하는 학문 분야가 성립되고 그것의 세분화 내지는 이차적 전개로 불교에 대한 관심이 고조되고 있었던 것을 보았다. 그리고 방금 살펴본 바와 같이 그러한 작업을 주도한 것은 바로 존스 같은 식민지 관료나 코울브룩 같은 학자들을 통해서였다.

4. 불교학의 개창자들

이들에 이어 바로 다음 세대로 등장한 인물들이 서구 불교학 형성의 공로자인 브라이언 호지슨 경과 외젠 뷔르누프인 것이다. 여기서 뷔르누프를 불교의 학문적 기틀을 잡은 개창자라고 할 때 우리는 호지슨을 다른 차원에서 거명할 수밖에 없다. 뷔르누프의 학문적 기틀을 마련하는 데 불가결의 요소인 자료를 수집·제공한 인물이 바로 호지슨이기 때문이다. 따라서 호지슨은 흔히 불전 자료 수집자로서 언급되며, 그에 대한 평가는 네팔 현지에서 최초로 불전 자료의 중요성을 인지하고 그 자료들을 수집하여

7　그는 "Jaina and Bauddhas were originally Hindus"라고 언급한다. H.T. Colebrooke, *Miscellaneous Essays*, London: Trübner, 1873(1987), Ⅱ, p. 402. 그의 논문 모음집인 Miscellaneous Essays의 Ⅴ장 "On the Philosophy of the Hindus"에서 불교는 Nāstika 에 속하는 Sect of Buddha의 소항목으로 다루어진다. *Ibid.*, p. 391 참조.

불교를 학문적으로 접근이 가능하게 한 초석을 놓은 인물이라는 것이다. 불전 자료의 수집이라는 차원에서만 본다면 호지슨이 유일한 인물은 아니었다. 거의 동시대 인물인 헝가리인(당시로서는 트랜실바니아인)인 초마 드 코로스(Csoma de Koros, 1784-1842)도 함께 언급되어야 한다. 호지슨이 주로 산스크리트어 불전을 수집했다면 코로스는 티베트 불전 자료를 수집한 특징이 두드러진다. 이 두 인물은 오늘날 불전 수집의 전형으로 평가되고 있으며, 특히 후자의 경우 오늘날 『티베트어 사전』, 『번역명의대집(翻譯名義大集)』 등 불교학 연구의 단초를 연 공헌자로 평가된다. 이 두 인물의 불전 자료 수집이야말로 서구에서의 불교 이해와 불교학 성립의 성격을 형성하는 시원이 된다.

불교사의 발단이 현장을 배제한 경전 속의 역사 혹은 문헌 속의 역사로 근대 서구 불교학 연구가 철저하게 문헌학적 연구의 역사로 일관되었다는 점은 산스크리트어 불전 문헌에만 국한된 일이 아니다. 이는 팔리어 불전의 대량 편집·번역·출간 작업을 가능하게 한 리스 데이비즈(T. W. Rhys Davids, 1843-1922)에게서도 동일하게 일어난 현상이었다.[8]

뷔르누프가 산스크리트어 불전을 전거로 불교의 학문적 틀을 짠 사람이라고 한다면 그와 거의 대각선의 위치에 서 있던 사람이 리스 데이비즈이다. 그는 팔리어 불전 연구의 대부라고 할 수 있다. 특히 불전의 좀 더 오래된 고대적 형태는 팔리어로 기록된 것으로 평가되고 있어 그의 불전 연구는 붓다의 생생한 말씀에 더 가깝게 접근되어 있다고 생각되었다. 산스크리트어 불전의 산만성, 곧 분포 지역이 광범위하며, 시대적 편차가 크게 벌어져 있었고, 티베트장경과 한역장경으로까지 번역되어 산만하게 구성

---

8 리스 데이비즈에 대해서는 앞장 각주 7 참조.

되어 있는 경우와는 대조적으로, 팔리어 경전의 일관성 있는 구성이나 특히 율장(律藏, Vinaya)의 체계적 구성은 초기 불교의 모습을 잘 전해주는 전형으로 간주되었다. 리스 데이비즈는 그 누구보다 이 팔리어 경전의 중요성을 인식하고 그것을 일관성 있는 계획에 의해 서구어로 번역한 최초의 인물이 된 것이다. 그는 1881년에 팔리성전협회를 설립하였고, 오늘날 이 기구는 그의 이름과 불가분의 관계를 이루고 있다. 그리고 오늘날까지도 영국에서 불교학 연구의 팔리어 불전을 중시하는 경향도 바로 그에게서 비롯되고 있다. 팔리어 불전 연구를 진척시킴으로써 그는 산스크리트어 연구의 중요성에 상대적 위치를 부여했고 기왕의 불교학 연구의 산스크리트어 편향성을 수정하게끔 했다.

리스 데이비즈의 업보처럼 되어 있는 남방불교와 팔리어 불전은 그러나 뷔르누프 같은 학자적 입장에서 출발하지는 않았다. 연대기를 보면 그의 활동은 확연히 구분되는 두 시기로 구성되어 있다. 1864년 스텐즐리(Stenzly) 교수 밑에서 산스크리트어를 공부하고 싱할리어(Sinhalese)와 타밀어를 배워 현지인 실론(현 스리랑카) 식민 관료로서의 역할이 그의 활동 전반기였다면, 1877년을 기점으로 한 후반기에 그는 식민지 관료로부터 팔리어 교수로 새 출발을 한다. 그의 변신은 단순한 직책의 변화가 아닌, 당시의 상황에서 볼 때 혁신적이고 예외적인 자세의 변화였다. 그러나 그는 오리엔탈리스트의 여러 문제점들을 그대로 견지하고 있었는데, 가장 현상적인 문제는 그의 인종주의적 관점이다. 그의 미국에서의 강연(1894-1895)에서 이 점이 크게 부각되어 있다.

그것(It)이 발흥하게 되는 시점은 자신들의 색깔과 종족, 자신들의 성취와 발전 속에서 확대되고 있으며 또 지배적인 인종들 가운데서 일어나고 있었다는 것이다. 그것(It)은 여러 면에서 이제껏 성취한 것보다 더 발전된 관점을 고양시켜 주고 있으며, 그것으로 인해 철학적·종교적 정신에 의해 지금까지 성취된 것보다 더 발전된 것이었다. 그것(It)은 여러 다양한 종족들이 공유하고 있으며 광범위한 각기 다른 사상을 지니고 있던 거대한 대륙을 처음으로 지배하기 시작하였다.

여기서 '그것'(It)은 불교이다. 그리고 불교가 인도 대륙에 전파된 것은 인도의 '아리안적' 과거의 확대로 간주되고 있다. 빅토리아 조의 인도-아리안(Indo-Aryan)의 시원성에 대한 향수를 리스 데이비즈는 본의 아니게 인종적인 문제로 연결시키고 있다. 인도 대륙에서의 아리안적인 여러 요소 가운데서 사상적인 개혁, 도덕적인 개선을 도모하는 것으로 불교를 제시하고, 그것은 곧 영국의 빅토리아적 아리안의 등장과 동일한 것으로 간주하는 것이다.

인도에서 자취를 감춘 불교는 팔리어 불전을 통해 재발견되고 그것은 인도-유럽의 시원으로서 인도-아리안의 등장이라는 분위기와 맞닿게 된다. 불교를 문헌 속에서 찾아낸 이 불교 창안자들의 의도와 맞물려 오히려 오래전에 잊혀진, 그리고 현지인들에 의해 추구된 적도 없던 불교의 '시원'(original)을 찾게 된 것이다.

리스 데이비즈에게 이런 '시원성'과 '원형'에 대한 갈구는 두드러진다. 가령 팔리어가 산스크리트어보다 더 시원적이라고 보는 태도나 불교를 그리스, 로마, 이집트 문명 같은 고전적(Classical)인 것으로 여기고 싶은 학적 추구는 '시원'을 추구하는 그의 자세를 잘 보여준다. 그리하여 오늘날 우리는 이 '고전적 불교'(Classical Buddhism)라는 표제 아래 초기 불교(Original Buddhism), 원시 불교(Primitive Buddhism), 순수 불교(Pure Buddhism) 따위의 이념을 지니게 된 것이다.

5. 불교를 대하는 서구의 두 태도

언어학적·문헌학적 방법을 표방한 서구의 불교학 연구는 많은 문제점을 내포하며 그러한 연구 방향에 대한 자기성찰을 하지 않을 수 없게 한다. 불교 연구의 발단은 불교 원전을 발견하고 그 불전에 쓰인 교리와 이론을 연구하는 것이었다. 서구 불교학의 연구는 한 문화권·종교권 안에서 살아 움직이고 실천되고 생활화된, 따라서 변형되는 역사과정 속에서 정리 연구되고 체계화된 것이 아니라는 점이 두드러진다. 우리가 당연한 작업으로 받아들이는 학문적 대상으로서의 불교학을 구축한 배경에는 전형적인 빅토리아 조의 이데올로기가 배어 있음을 부정할 수 없다.

빅토리아 조의 이데올로기는 무엇이었던가? 무엇보다도 타자에 대한 상상을 통한 자기 확대 그리고 결과적으로 빚어진 제국주의적 지배가 빅토리아 조의 성격이었다면, 서구의 불교 발견은 이 경우에 그대로 맞아떨어진 경우였다. 지금도 서양에서의 불교의 발견과 불교에 대한 열정적인 찬양의 대표적 예로 에드윈 아놀드(Edwin Arnold, 1832-1904)의 『아시아의 빛』(1879)을 들고 있다. 이국적인 것의 상상력을 그대로 대변한 것이 불교였고 붓다의 청순함이었다. 그러나 이 열광의 상상력은 그 이면에 타자에 대한 배척과 지배를 내포하고 있었다. 기독교의 반응과 선교주의가 그것이었다. 인도와 스리랑카의 선교사로 활동했던 리처드 콜린스(Richard Colins, 1828-1900)의 반응은 이 점을 웅변하고 있다. 그는 아놀드의 붓다와 역사적 붓다를 대비시키면서 아시아의 빛으로서 붓다는 "진정한 실제의 붓다 상(像)일 수 없다. 마치 알프레드 테니슨의 아서 왕이 진정한 아서 왕

의 상(像)이 아니듯 말이다"라고 표명한다.[9]

어떻게 가장 조악한 암흑을 만들어내는 것이 '아시아의 빛'일 수 있겠는가. 신사 숙녀 여러분, 나는 감히 여러분에게 이 지구상의 그 어떤 사람이 되었던 불교의 추종자들보다 더 철저하게 유혈과 인간의 고통에 대해 무관심한 사람들이 있겠는가를 묻겠습니다. 동시에 인간의 고통과 인간 생활에 대해 이토록 사악하고 끔찍한 무관심을 지닌 이들이 동물의 생활에 대해서 알뜰하게 생각하는 이율배반적인 모순이 바로 '아시아의 빛'으로부터 유출되는 암흑입니다. 그리고 그것을 우리가 '세계의 빛'을 희구하기 때문에 받아들여야 하는 '아시아의 빛'이 된다는 말입니다(박수) ….

일종의 야유와 비판인 셈이다.[10] 불교에 대한 호의적인 찬사와 비판적인 배척의 태도는 한마디로 서구에서의 불교를 극단적으로 양극화했다.

결국 우리는 불교의 발견이 서구의 종교적·문화적 배경 아래서 이루어졌고 또한 이는 제국주의적 필요에 따른 것이었다는 점을 간과할 수 없게 된다. 따라서 첫째, 19세기 중엽 빅토리아 조의 제국주의적 분위기에서 시작된 불교학 연구는 당시의 종교와 문화의 영향을 크게 받고 있었으므로 이를 다시 평가해야 한다는 점, 둘째, 언어학적·문헌학적 연구의 객관성은 연구자의 학문적 위치 때문에 엄밀한 의미의 중립적 객관성을 유지할 수 없다는 점을 노정시키고 있다. 첫째 문제는 이미 앞에서도 얼마

---

9 Richard Collins, *Buddhism and Light of Asia*, 1987; Philip C. Almond, *British Discovery of Buddhism*, Cambridge: Cambridge University Press, 1988에서 재인용.

10 *Ibid.*, pp. 178-179.

간 언급했듯이, 불교학 형성에 막중한 영향을 끼친 모니에 모니에-윌리엄스(Monier Monier-Williams, 1819-1899)와 막스 뮐러의 경우를 전형적 예로 삼을 수 있다. 모니에-윌리엄스가 오늘날까지도 최대의 산스크리트어 사전으로 여겨지는 『산스크리트어-영어 사전(Sanskrit-English Dictionary)』(초판, 1851)의 편찬 담당자라는 사실 이외에도, 그가 당시 영국 사회의 교양을 뒷받침하는 옥스퍼드 대학의 보든 석좌교수(Borden Chair Professorship)였고 불교학 현양과 동시에 불교 비판의 당사자였다는 사실을 주목할 필요가 있다. 문헌학적 불교 연구의 또 다른 현양자인 그는 놀랍게도 불교에 대한 서양 동양학자들의 공감적인 태도를 극소화하고 있다.

> 나는 불교를 기독교 신앙자의 입장으로부터 서술하였다. 나의 공정하려는 열망에도 불구하고 … 나의 생각에서 연원될 모든 편견을 부식시키려고 노력했고 … 불편부당한 판단의 태도를 견지하려 했다.[11]

바로 이러한 태도가 그의 객관적인 언어학적·문헌학적 불교 연구를 지탱하는 축이었다. 그리고 이런 자세는 이후 불교학 연구의 대가들에게로 면면히 흘러내리는 전통이기도 했다. 그 대표적인 예가 필자의 스승이었던 고(故) 이기영 교수와 그의 스승이었던 에티엔느 라모트(Etienne Lamotte)의 입장이다.

그러나 모니에 모니에-윌리암스는 불교 개론서에 해당하는 그의 저술에서 이렇게 언급하고 있다.

---

11 Monier Monier-Williams, *Buddhism in Its Connection with Brahmanism & Hinduism and Its Contrast with Christianity*, London: J. Murray, 1888.

다음에 나올 페이지들에서 불교는 그 자체 속에 초기부터 병적이고, 부패하고, 죽음에 이르는 씨앗을 내포하고 있으며, 불교의 현재 상황은 급속히 분해되고 퇴락하는 면모를 보이고 있다. 그렇다. 불교의 저항적인 능력이 강력한 힘 앞에서 길을 비켜가고 있으며, 이 강력한 힘은 불교를 지상에서 쓸어버릴 운명을 지닌다.[12]

또 그는 이렇게 서구 불교학자들의 태도를 비판한다.

오늘날 이상한 현상 가운데 하나는 교육을 받은 사람들마저 번쩍거리는 보석에 이끌리듯 불교 교설에 대해 쉽게 환희하며 빠져들고 있다는 것이다. 그 찬양자들은 불교의 윤리적인 조목들만 발췌해 내어 겉장식만을 늘어놓고 있으며 이 도덕률의 어두운 측면을 간과하고 있다. 이 도덕률들의 은밀한 측면이며 계율에 대한 언급을 생략하고 있다. 실로 어떤 기독교인도 그런 것을 언급함으로써 자신의 입을 더럽힐 수가 없는 것이다.[13]

인용구의 내용은 그 스스로의 성격을 드러내는 것이기에 또 다른 설명을 필요로 하지 않는다.

앞서 언급했던 불교학 연구의 효시를 이룬 뷔르누프의 『인도 불교사 입문』에 서문을 써준 동료 학자인 바르텔레미 생틸레르(Barthelemy Saint-Hilaire)의 발언 또한 불교에 대한 당시의 문화·사회적 경향을 잘 반영하고

---

12 *Ibid.*

13 Monier Monier-Williams, *The Holy Bible and the Sacred Books of the East*, London: Seeley, 1887, p. 215.

있다. 그는 불교를 감염력이 강한 니힐리즘으로서 인간에 대한 봉사를 불모적인 것으로 만드는 "괴이한 작업"(monstrous enterprise)이라 비평한다. 생틸레르는 자신의 불교 저술의 서문을 이렇게 쓰고 있다.

> 불교에 대한 이 책을 출간하는 데는 오직 하나의 목적만을 시도하고 있다. 우리가 혜택을 입게 될 이 진리와 우리의 정신적 믿음의 위대성과는 전혀 반대되는 입장을 표명하려는 것이다. 우리가 존중해마지 않는 철학과 종교 가운데서 자라온 우리는 그들(불교)의 가치를 추구하지도 않고, 우리가 불교에 큰 빚을 지고 있는 일마저 무시하려 한다. … 불교를 연구한다는 일이 오늘날 지구상에서 어느 종교보다도 더 많은 추종자를 지닌 한 종교가 인간의 행복을 위해 얼마나 작은 기여를 하는 것인지를 보여주려 한다.
> 그리고 우리는 불교가 현시하는 이상하고 통탄할 수밖에 없는 교설 가운데서 선(善)을 위한 무기력함에 대한 설명을 발견하게 될 것이다. … 불교 신앙을 따를 때 무엇을 두고 영원한 구원이라고 할 수 있는가? 그리고 인간은 어떻게 윤회의 법칙에서 벗어날 수 있는가? 오직 하나의 길, 곧 열반(涅槃, Nirvana)을 획득하는 일뿐이다. 그것은 절멸(絶滅, annihilation)시키는 것이다 ….[14]

생틸레르는 뷔르누프의 동료이며 함께 파리에서 산스크리트어를 공부한 동양학자이기도 하지만, 다채로운 경력의 소유자로서 당시의 문화·사회적인 분위기를 대변하는 인물로 평가해도 좋을 면모를 지녔다. 곧 그는 저널리스트였고, 정치적 공직 생활을 했으며, 그로 인해 정부의 감시마

---

14 Barthelemy Saint-Hillaire, "Introduction," *Le Bouddha et sa Religion*, 1860, p. 11.

저 받은 입장에도 처해 있었고, 학문적으로는 오히려 아리스토텔레스의 저작을 60년간에 걸쳐 불어로 번역하는 전형적인 유럽의 지성이었다. 말하자면 그는 불교를 대하는 유럽 정신의 대변인이라고 할 만했다. 동양학자로서의 언어학적·문헌학적인 그의 보폭은 산스크리트어에 국한된 것이 아니고 중국과 일본의 불교 역사까지 확대되고 있었다. 그는 막스 뮐러가 그를 "최초의 불교사학자"라고 칭송할 정도로 불교 역사를 꿰뚫고 있었다. 이러한 지식의 해박성은 그러나 불교에 대한 그의 부정적 태도에서는 아무런 의미도 없었다. 그의 이러한 부정적 태도는 불교의 열반에 대한 이념에서 연원된 결과였다. 열반에 대한 이해는 서구 지성인들은 물론 수많은 선교사들과 기독교인들의 공포의 대상이었다. 불교 교설의 오메가라 할 열반은 "무명의 공포"(nameless terror)로 다가왔다. 불교가 종교이어야 했을 때 그것은 서구 지성과 신학 체계에 대한 큰 도전으로 비쳤다. 당시 열반과 무아(無我), 무상(無常)을 주장하는 불교는 공포의 "무(無)의 종교"였다. 소위 무(無)와 무화(無化), 또는 공(空, sunyata)을 신봉하는 끔찍한 종교로 여겨졌던 것이다(Horrible religion of nothingness). 열반은 절멸(annihilation) 및 허무(nihilism)와 동격으로 해석되어 서구적이고 기독교적이며 살아 움직이는 긍정적인 세계관과는 대척적인 입장에 놓이게 된다. 실제로 기독교 자체의 위대성을 표방하기 위해 불교를 부정적으로 몰아세웠다기보다는 기독교의 세계관, 긍정적 미래에 대해 전폭적으로 도전하는 것으로 열반을 생각하였다. 따라서 불교 교설 가운데 서구에서 최초로 열띤 논쟁을 불러일으킨 것도 이 열반이었고, 열반에 대한 이해는 서양의 불교 이해의 '시발'이자 '종점'이라고 생각되었다.

로저-폴 드르와(Roger-Pol Droit)의 『무의 숭배(Le Culte du Neant)』라는 저

술은 불교가 유럽에 불러일으킨 정신사적 충격을 잘 소개하고 있다.[15] 그는 뷔르누프가 1832년 콜레주 드 프랑스의 산스크리트어 교수로 취임한 사건을 이렇게 묘사한다.

> 파리에서 처음으로 공포 분위기가 일어났다. 콜레주 드 프랑스 대학에 외젠 뷔르누프를 임명함으로써 불교학 연구는 과학의 시대로 진입되었다. 그러나 가톨릭계와 정신주의자들은 '악의 원리'에 대해 심각한 생각을 하게 된다. 이 '악의 원리'는 절멸의 교설을 갖고 유럽을 공포에 떨게 하기 때문이다.[16]

이 말은 비록 간명하지만 당시의 분위기를 웅변하는 언표로 생각된다. 실제로 막스 뮐러의 중요한 불교 논제 역시 열반이었다(Buddhistische Nihilismus). 이 주제는 지속적인 논쟁을 불러왔고 루이스 드 라 발레 푸생의 『열반(*Nirvana*)』(1925)과 스체르바츠키(Th. Stcherbatsky)의 『불교의 열반 개념(*The Conception of Buddhist Nirvana*)』(1927)이라는 불교학의 관건이 되는 저술을 산출하면서 이후 불교학 연구의 중요한 개념 틀로서의 역할을 하게 된다. 열반에 대한 해석의 차이는 이후 불교 이해의 차이를 낳게 되고 결국 아시아 지역에서의 근대 불교학의 종주를 자처하는 일본에까지 이르게 된다. 이는 유명한 키무라 타이켄과 우이 하쿠주, 와츠지 테츠로의

---

15 Roger-Pol Droit, *Le Culte du Neant: Les Philosophes et le Bouddha*, 1997; 영역본은 *The Cult of Nothingness: the Philosophers and the Buddha*, Chapel Hill: University of North Carolina Press, 2003.

16 *Ibid.*, pp. 75-90.

논쟁으로 발전되어 수입사적 동양 불교학 연구의 효시를 만든다.[17]

　막스 뮐러는 어떠한 인물이었던가. 앞서 말한 옥스퍼드 대학의 보든 교수직을 놓고 모니에-윌리엄스와 경합을 벌인 학자였다. 이 경합은 단순한 경쟁이 아니라 학문적 향방(scholarship)을 좌우하는 상징성을 내포하고 있었다. 우선 막스 뮐러는 다면불(多面佛)과 같은 학자이다. 에드워드 사이드는 그를 일컬어 "개창의 아버지"라 부르고 있다. 그는 불교학자이기도 하고, 비교신화학자이기도 하고, 비교언어학자이기도 하고, 무엇보다도 근대 종교학(Religionswissenschaft)을 성립시킨 종교에 관한 과학적 연구의 기틀을 마련한 사람이기도 하다. 그러나 불행하게도 그는 위의 어떤 분야에서도 비판의 대상이 되고 또 쉽게 망각되어 버린다. 마치 다면불이 하나의 소망만을 이룩해 달라는 열렬한 신도를 거느릴 수 없는 것과 같다. 어떻건 그의 연구의 주요한 틀은 '비교'(comparative)에 있었고, 학문의 주제가 어떤 것이었건 그는 언제나 '비교의 틀' 속에서 논의하고 있다. 그리고 비교의 전형은 비교언어학이었고, 그의 베다 연구는 그 기틀을 마련해 주었다. 소위 독일의 학문(Wissenschaft)의 이념인 지속적인 연구, 곧 '알려진 것'을 전수하는 작업으로서의 학문을 목적으로 삼는 영국적 학문 경향이 아니라, 천착하고 탐구하는 정신과 세계 및 인간에 대한 통전적인 이해에 기여하는 것이다. 그리고 실용적 적용보다는 학문 자체를 위한 것이 목적인 훔볼트적 학문(Wissenschaft) 이념을 목적으로 삼은 것이 막스 뮐러였다. 보든 교수직이 모니에-윌리엄스에게 돌아가고 막스 뮐러가 실격된 것이 당시 영국과 독일의 학제 이념의 차이에서 연유된 학문적 자세의 차이가 결

17　야마오리 테츠오, 「近代 日本 佛敎學의 功過」, 이태승 옮김, 『인도철학』 5집, 1995, 287-316쪽.

정적이었다면, 당시 영국의 선교 지향주의는 부차적인 이유였다. 그 교수직은 산스크리트어 지식을 갖춤과 동시에 인도의 원주민을 기독교라는 종교로 개종시키는 일을 현양시킬 수 있는 학자에게 돌아가야 했다. 따라서 그 교수직이 기독교 선교주의에 입각해 있었던 모니에 윌리엄스에게 돌아간 것은 자연스러운 귀결이었다.

물론 동양학자로서의 막스 뮐러도 이러한 선교주의로부터 완전히 자유로웠던 것은 아니다. 그러나 적어도 그에게는 '비교의 틀'이라는 최소한의 객관성을 견지할 수 있는 학문적 입장이 있었다.

그는 "진정한 기독교는 살아 있다. 그러나 그것은 우리의 신앙 속에서가 아니라 우리의 사랑 속에, 곧 우리의 신에 대한 사랑에 근거한 우리의 인간에 대한 사랑 속에 살아 있다. 그것이 전체의 율법이고 예언이며, 전 세계에 설해져야 하는 종교이고 불교와 이슬람까지 포함한 모든 다른 종교를 지배할 것이 이 복음이며 모든 인간의 마음을 사로잡을 것이다"라고 언명한다.[18] 기본적으로 그는 인간의 종교성에는 감추어진 사랑의 메시지가 있으며 기독교 선교는 사랑의 메시지를 현시하여야 하고 "영국으로부터 인도에 이르기까지 기독교는 그 온전한 모습대로 전수되어야 한다."고 말한다.[19]

그는 비교 연구와 휴머니즘과 자연종교에 근거한 보편적인 도덕을 표방함으로써 자신의 기독교 선교주의를 극복하고 객관성을 확보하려 했다. 소위 그의 "다양성 속의 통일"(Unity in Diversity)이라는 근대 종교학의 다원주의의 표제는 이렇게 형성되는 것이다. "하나만 알면 아무것도 모른

18 Max Müller, *Chips from a German Workshop*, vol. 3, London: Longmans, 1876, 264편.
19 *Ibid.*, 261편.

다"(One who knows one knows nothing)는 명제나 "다양성 속의 통일"이라는 표제는 또한 세계종교의회(World Parliament of Religions; 1893년 Chicago 대회)에서의 연설의 기조를 이루며, 옥스퍼드 대학의 연설에서 행한 그의 불후의 업적인『동방성서(東方聖書; *The Sacred Books of the East*)』의 출간 의의에서도 드러나고 있다. 이렇게 보면 뮐러의 종교는 좁은 의미의 기독교는 아니고 보편 종교라는 의미를 띠고 있다. 그리고 그가 주장하는 종교학(science of religion)은 이러한 개념의 구체적 내용이 될 수 있다. 그에게 있어 기독교가 보편적 진리를 지니고 있는 것은 사실이지만, 이런 입장에서 기독교만이 진리를 배타적이거나 독단으로 지니는 것은 아니다. 기독교역시 역사적·비교론적 방법을 통해 타종교와 동등한 입장에서 연구되어야 하지만, 기독교야말로 발전론적인 의미에서 가장 최고의 종교 형태라는 것이 하나의 전제 조건으로 되어 있다. 당시의 발전론적이고 진화론적 개념과 낭만주의적 퇴락과 소멸이라는 관념이 그에게 작용했던 것은 불가피하다. 이는 당시의 다윈과 스펜서의 영향의 결과였다.

종교학의 개창자이며 불교학 연구의 선구자인 그가 불교사상의 중핵을 이루는『금강경』과『정토경』을 산스크리트어에서 번역했다는 것은 주지의 사실이다. 그리고 그는『동방성서』의 전체 편집 책임자였다. 소위 언어학적·문헌학적 불교 연구의 전형이 되는 셈이다. 그리고 일본의 메이지 불교의 개혁을 주도하는 장본인들인 난죠 분유(南條文雄, 1849-1927)나 다카쿠스 준지로(高楠順次郎, 1866-1945)가 막스 뮐러 밑에서 산스크리트어와 불교를 연구하고, 이후 오기하라 운라이(荻原雲來, 1869-1937), 기무라 타이겐(木村泰賢, 1881-1930), 야마구치 스스무(山口益, 1895-1976) 등 근대 일본학자들이 각각 영국과 프랑스 혹은 독일에서 수입적인 불교 연구를 행했다는 것은 주지의 사실이다.

6. 책상 위의 상상력

언어학·문헌학을 통한 서구에서의 불교의 재발견은 어느덧 불교의 창안이라는 새로운 문제를 제기한다. 사이드의 오리엔탈리즘 논의가 다루는 문제의 범위는 주로 아랍권과 이슬람 문화를 초점으로 한 중·근동 문화에 대한 담론이었지만 그의 담론은 동일한 역사 경험을 한 불교학으로까지 확대되고 있다. 그리고 오리엔탈리즘의 담론은 이미 콜로니얼리즘(colonialism)과 연계되어 제국주의 영향 아래 있던 동아시아의 문화와도 결부될 수밖에 없는 것이다. 곧 불교가 역사적으로 실제로 어떠했었느냐의 문제가 아니라, 불교를 보는 '관점의 문제' 그리고 그것을 다루는 '내적인 틀이나 논리'가 가능하다면 그것은 무엇이겠느냐 하는 점이다.

앞에서 개관하였지만, 서구 불교학의 발단, 그 개창자들, 그리고 불교학을 학문으로 가능하게 뒷받침한 사회·문화적 배경은 이제 오리엔탈리즘의 틀을 벗어날 수 없게 한다. 그리고 전 시대의 콜로니얼리즘의 부산물이 되었건 임페리얼리즘(Imperialism)의 또 하나의 희생제물이 되었건, 오늘날의 불교학은 서구 불교학의 발단과 동양에서의 수용적 적응이란 과제를 안고 있다. 이 곤혹스러운 난제(predicament)는 이제 서구의 학자가 되었건 동양의 호교적 불교학자가 되었건 회피할 수 없는 아포리아일 수밖에 없다.

모니에-윌리엄스의 경우에서 본 것처럼 자신의 선교적 입장이나 불교 이해와 해석에서 그 자신의 기독교 신자성을 극복하려 시도한 역사적 실증이 존재했다 하더라도, 아직도 한 연구자가 위치할 수밖에 없는 문화적·사회적 위상, 그리고 언어학적·문헌학적 연구는 앞서 언급된 태생적 곤경을 벗어날 수가 없는 것이다.

서구 불교학자들의 이런 학문적 곤경은 루이스 고메즈(Luis Gomez)의 언표에서 극명하게 드러난다.

> 불교학 연구란 비서구적인 문화 산물에 대한 서구적 작업을 지속하는 일이며, 고도의 전문적인 비불교도 청중을 위한, 비서구적 맥락 속에서 일어나는 불교에 대한 담론이다. 이 전문인들의 지적 작업은 서구의 문학, 예술, 철학의 주류의 흐름에서 떨어져 있으며, 경우에 따라서는 현행 불교의 교리적 성찰의 흐름에서도 격리되어 있다. 불교 연구와 그 청중은 공동의 언어와 그에 대한 확신을 결여하고 있다. 단절되지 않은 전통과 하나의 공통된 의미를 주는 언어의 신화는 아시아에 있어서 마저 유지할 능력을 상실하고 있다.[20]

비서구적 산물을 서구적 지성이 서구적 방향으로 이끌어간 불교학 연구의 성격을 놓고 고메즈는 불교(학)를 다루는 학자로서 곤경을 실토한다. 이 곤경의 시작이 바로 오리엔탈리즘 연구의 발단이 되고 있다. 그의 질문을 따라 우리 자신의 의문을 제기해 보자. 우리는 불교를 어떻게 다루어 왔던가?

우선 불교를 평가하여 철학적 사상으로 말하거나, 기독교와 상응하는 종교로 규정해 왔다. 첫째, 철학으로 규정할 때, 불교의 경전과 사상적 자료는 끊임없이 서구 철학사상에 근거한 비판적이고 평가적인(evaluative) 방법으로 대비되었다. 예컨대 중론(中論, Madhyamika) 사상은 칸트적인 관

20　Luis Gomez, "Unspoken Paradigm: Meanderings through the Metaphors of a Field," p. 190.

넘론적 해석, 실증주의적 해석, 분석철학적 관점 등으로 해석되었다. 심지어 비트겐슈타인적 해석에 이르러서는 비트겐슈타인이 용수의 중론 사상을 설명하는 것인지, 용수의 사상이 비트겐슈타인의 사상을 설명하는 수단이 되는 것인지 혼동을 일으킬 만큼 용수와 비트겐슈타인은 상호보조적인 상대로 대비된다. 이렇게 되면 용수의 중론 사상은 칸트나 브래들리의 초월주의적 틀에서 시작되어 본질주의적 입장을 부정하는 새로운 철학으로까지 부각된다.[21]

　종교로 규정할 때의 과정은 더욱 다변화된다. 우선 기독교와의 대비적인 요인들이 적출되고, 신(神)을 요구하는 기독교의 시각을 위해 부처님이라는 인격은 물론 공(空)이나 열반이 신이거나 신이념으로 이상화된다. 그리고 계율의 조목은 기독교 윤리와 대비된다. 의례와 상징 등 종교가 갖추어야 할 필수 요건들을 위해, 불교는 그때마다 부분 부분으로 적출되어 기독교적인 혹은 서구 종교학적인 분류 방식을 따라 재편성되기에 이른다. 그리고 무엇보다도 불교는 "초월화된 불교"(transcendentalized Buddhism)로까지 승화된다.[22] 일반화된 이해를 충족시키기 위해 불교를 범종교적 모델로 구성할 욕구에 사로잡히기도 한다. 결국 종래의 불교학 연구는 하나의 종교를 그 전통과 현장에서 분리시키고 그것을 분석과 비판의 대상으로 삼아 서구 아카데미의 관심 있는 이론을 개발하는 것을 주안점으로 삼는 것이다. 그래서 세계 불교학 연구 학회장이었던 데이비드 뤼에그(David Seyfort Ruegg)는 자신의 학회장 취임식에서 불교는 학문의 대상을 넘어선

21　이민용, 「불교학 연구의 문화배경에 대한 성찰」, 『종교연구』 19집, 한국종교학회, 2000, 62-70쪽.

22　Frank, *Pāli Buddhism*, pp. 217-219.

"삶의 한 방식"(a way of life)이며 "존재 양식"임을 선언한다. "불교는 좁은 의미를 사용하더라도 철학자 종교이며, 또는 철학이든지 종교가 될 뿐 아니라, 삶의 한 방식이고 존재 양식이다. 그것은 하나의 문화 체계이며, 이 체계는 불교 추종자들이 세계의 방대한 지역에서 그들의 세속적·정신적 삶을 구축하게 한다."고 말하기에 이른다.[23]

오리엔탈리즘을 비판하고 그 한계를 지적하는 현대 서구 불교학자들이 불교학 연구의 역사적 실상을 지적한다고 해서 이것으로 면죄부를 받을 수 있는 것은 아니다. 아무리 오리엔탈리즘을 비판한다 하더라도 불교학 자료와 전통, 그리고 방법을 차용하는 한에 있어서 우리는 선대의 뷔르누프, 실뱅 레비(Sylvain Levi), 드 라 발레 푸생, 스체르바츠키, 라모트 등의 수많은 오리엔탈리스트의 업적에 의거하지 않고는 한 걸음도 더 나아갈 수 없다. 곧 거인의 어깨에 걸터앉은 말 많은 난쟁이에 지나지 않는다.

그리고 포스트모더니즘에 대한 우리의 현대적 인식소(認識素, episteme)는 지구적으로 모든 것에 관여하게 되어 있고 서로 공유되고 있다. 오리엔탈리즘에 대한 비판의 틀과 인식 자체가 이미 서구적인 또 하나의 인식방법이다. 서구적 오리엔탈리즘이 비판된다고 하여 동양적인 것이 부활되는 것이 아니라, 동양 자신이 그것을 수용하여 역(逆) 오리엔탈리즘을 재생산하고 있다. 일종의 문화 상입적 모방 현상(intercultural mimesis)이 일어난다. 스리랑카에서 부흥된 상좌부불교는 우리가 안심하고 받아들일 수 있는 원형불교(Original Buddhism)가 아니다. 스리랑카와 인도 불교 부흥에 헨리 스틸 올코트(Henry S. Olcott, 1832-1907) 대위와 신비가인 마담 헬레나

---

23 Roger R. Jackson and J. Makransky eds, *Buddhist Theology: Critical Reflections by Contemporary Buddhist Scholars*, Richmond, Surrey, U.K.: Curzon Press, 2000.

블라바츠키(Helena Petrovna Blavatsky)의 영향이 절대적으로 배어 있다는 점은 주지의 사실이다. 올코트는 미국 프로테스탄트의 선교주의와 신지학(theosophy)의 강한 영향 아래에 있었다. 그리고 그는 영국 식민통치에 저항하는 아나가리카 다르마팔라(Anagarika Dharmapala)의 스리랑카 불교 재흥 운동과도 직결되고 있었다. 앞의 두 사람이 서구의 동양 지배에 대한 반대급부적 반응에서 불교 부흥을 돕고 불교 교리 강요서(cathechism)를 출간하고 불교 학교를 세워 기독교 선교주의에 대항했다면, 다르마팔라는 민족 부흥이라는 민족주의의 표현을 불교를 통해 직접 분출하고 있다. '미워하며 닮는다'는 우리의 말이 있듯 반대급부적 운동은 바로 서구적 오리엔탈리즘에 대한 역 오리엔탈리즘을 생성하는 것이다.

스리랑카의 '프로테스탄트 부디즘'(Protestant Buddhism)은 이미 스리랑카에 국한된 것도 아니다. 여기서 우리 불교가 얼마나 서양적인 영향 또는 기독교적인 모방에서 자유스럽게 되어 있는지를 되물을 수밖에 없다.

오리엔탈리즘은 비판의 대상이기도 하지만 그것은 피할 길 없는 우리 자신의 카르마(Karma, 業)가 된 지 오래다. 오리엔탈리즘의 곤경을 극복하는 일은 하나의 화두일 수밖에 없다. 끝으로 하나의 사례로 베르나르 포르(Bernard Faure, 1948-)의 불교학 연구 방법에 대해 잠깐 언급하고 싶다.

포르는 동양 불교의 꽃으로 여겨진 선(禪)불교에 대한 철저한 연구를 시도한다. 선을 연구하는 학자로서 선의 초월적 내용을 말하는 입장은 그를 곤경에 처하게 만든다. 서양 불교학자로서의 포르의 입지는 선의 주류 전통에서 벗어난 주변 입장이지만, 그의 지적 작업과 인식의 방향은 서양 지적 전통의 주류에 속해 있다. 그는 중심과 주변의 양극적 교차점에 처해 있는 것이다.

선의 전통은 직지인심(直指人心), 견성성불(見性成佛)을 주장하며 일체의 언어와 도구적인 수단을 거부한다. 그러나 실제의 내용과 역사적 현실은 어떤 것인가? 언설을 부정하는 선 전통은 오히려 더 많은 기록을 무수히 양산하여, 선어록(禪語錄)의 시대를 만들어냈다. 도구적 수단을 배제하는 선가의 태도는 부처를 만나면 부처를 죽이고, 조사를 만나면 조사를 죽이라고 언명했지만, 거꾸로 조사를 신비화하여 조사 의례전통을 만들고, 의발의 전수와 오조(五祖)의 전통에 매달려 있다. 역사적 현실과 이념적 주장 사이에는 양극적인 현상이 존재하고, 말의 내용 역시 양극적이어서 이율배반적 성격을 띤다. 진리의 내용은 수사적(修辭的) 성격을 띨 수밖에 없다.

학자로서 우리는 무엇을 말하고, 무엇인가를 행동에 옮겨야 한다. 그리고 그런 과정에서 일어나는 학문적 진술의 수사적인 성격을 우리는 반추해 볼 수밖에 없다. 이때 과거에 행했던 실증적·문헌적 연구를 거치며, 지금 우리의 인식 틀을 형성한 오리엔탈리즘이나 후기 오리엔탈리즘 혹은 문예비평학을 위시한 모든 현대의 사유방식을 검토할 수밖에 없다. 불교학에서 과거의 유산을 극복한 자기 참여적인 불교학, 곧 불교학에서 종교성을 회복시키는 일은 단순할 수 없다. 현대 학문의 복잡한 여러 분야의 직조(職組)를 통해 드러날 수밖에 없다. 불교적이고, 서양적이고, 기술적(記述的)이고 수행적(遂行的)일 수밖에 없는 상황이다. 기독교 목사이며 불교학자인 데이비드 엑켈과 같은 사람은 포르의 저술에 다음과 같이 공감을 표시하며 불교학의 미래를 내다본다.

그것(불교의 학문적 연구)은 불교적인가, 그것은 서양적인 것인가, 그것은 역사적 논의인가, 그것은 선사의 수사적 놀음인가? 포르는 이 모든 것이라고 말할 것이다. 그리고 이 모든 것이라고 하며, 그 모든 것과는 다른 어떤 것이라고(something else altogether) 할 것이다. 나 자신[데이비드 엑켈]도 이 수사적 놀음이 종교적인 것일 수 있느냐고 물을 수밖에 없으나, 나 역시 이것은 종교적이라고 답변할 것이다. 그러나 두 문화와 두 형태의 학문적 담론의 경계선을 바꾸어 가는 불교적인 과제, 또 서구적인 과제를 활성화하는 것이 얼마나 복합적이냐 하는 것을 드러내는 면에서 그렇다.[24]

이 시대에 오리엔탈리즘의 비판을 겪고 있는 불교학이 과거의 전통 연구에만 매달려 있을 수는 없다. 또한 다른 사상으로 단순화하거나, 서구적인 틀로 재단한 불교학의 모습에도 결코 공감할 수 없다. 불교학은 불교의 신앙체계에 나름대로 동참할 수밖에 없다. 이는 마치 예술품에 공감함이 없이, 예술품의 아름다움과 창조성을 음미할 수 없는 것과 같다. 그동안 객체화된 대상으로 불교를 연구해 온 서구의 학자들이 이제 불교의 신행에 공감을 표명하며 연구하고 있다. 물론 이와 같은 불교 신행에의 진입은 불교로 개종을 한다거나 신학의 차원으로 빠지는 것과는 전혀 다르다. 그것은 개종의 형태가 아니라, 연구의 공감을 위한 수행적인(performance) 차원이다. 여태까지 우리는 서구 불교학의 오리엔탈리즘 극복을 이 시대의 불가피한 화두로 삼고 노력해 왔다. 앞으로 그 극복의 바람직한 방향이 어느 쪽이어야 하는지 우리 모두 함께 모색해야 할 과제이다.

---

24 David Eckel, "The Ghost at the Table on the Study of Buddhism and the Study of Buddhism," *The Journal of the American Scademy of Religion*, Vol., LXII, NO. 4, 1994, p. 10.

서구의 열반 이해의 역사와 그 유형[*]

—불교에서의 구원이란 무엇인가

* 한국교수불자연합회 · 한국기독자교수협의회, 『오늘 우리에게 구원
과 해탈은 무엇인가』, 동연, 2007.

1. 머리말

비교적인 시각은 인식의 출발이자 학문의 발단이기도 하다. 하나의 사상은 그 자체만으로 파악될 수 없다. 다른 대상과 비교를 할 때 그 사상의 특징이 드러나기 때문이다. 종교를 학문의 대상으로 삼는 종교학(Religionswissenschaft, History of Religions)의 개창자라 할 막스 뮐러(Max Müller 1823-1900)는 일찍이 "하나만 아는 사람이라면 그는 아무것도 아는 것이 없다"[1]라는 비교론의 금과옥조와 같은 말을 했다. 나는 이 언표가 오늘 이 모임의 특징을 대변해 주며 또 그 의의를 살리고 있다고 생각한다. 불교학자와 불교신자는 불교를 알고 그 신행을 깊이 하기 위해 다른 종교, 특히 기독교를 알아야 한다. 마찬가지로 기독교 신앙과 신학자들은 기독교 신앙을 더 깊이 하기 위해 불교를 이해할 필요가 있다. 그러나 안다는 일은 항상 가치중립적이고 객관적으로 이루어지지는 않는다. 거기에는 장단(長短)이며 우열(優劣)의 가치 판단, 심지어 개인적인 기호에 따른 심리적 선택까지 따르도록 되어 있다. 자기가 좋아하는 것만 모아 비슷한 요인들을 나열한다거나, 나의 성격과 일치시키기 위해 타자의 다른 특징을

---

1 "Buddhist Nihilism", *The Essential Max Müller: On Language, Mythology and Religion*, Jon R. Stone ed. 2002, pp. 81-82.

환원적으로 처리할 수도 있고, 나의 독특한 특징을 맹목적으로 일치시켜 일반화할 수도 있다. 게다가 종교생활이란 철학적 명제를 수긍하고 따르는 머릿속의 작업만은 아니다.

종교생활은 역사·문화적인 배경에서 생성된 것인 만큼 그 발생된 역사·문화의 특징이 없을 수 없고, 또 종교적 개성은 살려져야 한다. 각각의 개성을 유지하며 함께 살 수 있는 종교생활과 그에 따른 종교 이해가 바로 이 자리에서 시도하는 작업의 일단이라 여긴다.

구원의 문제는 종교의 알파이며 오메가이다. 구원에 대한 비교론적인 입장에서의 접근은 중요하기도 하고, 상당한 문제점을 드러내기도 한다. 그렇다고 해서 이러한 비교 작업은 중단될 수 없고, 끊임없이 추구되어야만 한다. 특히 오늘의 현실이 우리로 하여금 그 필요성을 드높이고 있다. 바람직하지 못한 종교간의 길항 관계이거나, 특정 종교의 선교 활동이 다른 종교를 불편하게 한다거나, 전통의 종교가 외래 것을 닮아 가는 현상을 목도할 때 이런 비판적 대화의 장은 더욱 요청된다.

이런 맥락에서 내가 무엇보다도 중요하다고 여기는 작업은 종교인(혹은 종교학자)들이 상호이해(혹은 오해)를 향해 걸어온 과거의 행적을 살펴보는 일이다. 그런 작업은 지금의 좋은 의도와 앞날에 대한 전망을 더욱 성숙시킬 수 있는 계기로서 작용할 것이기 때문이다.

2. 불교 이해의 발단

1600여 년 동안 우리와 친밀했던 불교이지만 지금 우리는 그 이해에 있어 거리감을 느끼고 있다. 불교 교설의 항목 하나하나를 온당하게 이해하느냐의 문제부터 그것을 종교적으로 실천 수행하는 단계에 이르기까지 불교 이해의 문제는 간단하지 않다. 오히려 오랜 전통 속에 묻혀 있었기 때문에 교설들의 정의와 오늘날의 이해 사이에는 큰 간극이 존재한다. 불가불 학문적인 정리이거나 개념상의 정의를 통해 이해하고 실천의 좌표로 삼을 수밖에 없다. 그러나 불교를 이런 학문적인 통로를 거쳐 정의할 때 많은 문제가 제기될 수밖에 없다.

불교를 학문의 대상, 이해의 대상으로 삼는 것은 그리 오래되지 않았다. 그 주된 작업을 시작한 것은 오히려 서구의 학자들이었고, 그 시기도 2세기를 넘지 않는다.[2] 우리의 경우 근대적인 불교 이해의 틀이 마련된 것은 일본 명치유신 이후로 일본의 한반도 침략과 더불어 이루어졌다. 그리고 당시 일본의 근대적인 불교학은 서구의 절대적인 영향 아래 있었다. 앞서 언급한 막스 뮐러 밑에서 공부를 한 사람이 일본 근대 불교학의 대표적 학자인 난죠 분유(南條文雄, 1849-1927)와 타카쿠스 준지로(高楠順次郎, 1866-1927) 같은 학자들이다.[3]

동양에서 광범위하게 엄연히 존재했던 불교이지만 이해의 대상, 인식의 대상으로 착안된 것은 서구에 의해서였다. 불교는 말하자면 '발견되고', '창안되기' 시작한 것이다. 이런 과정을 거쳐 오늘날 '불교학'으로 지칭되는 학문으로 정착된 역사는 2세기 전의 빅토리아 조에서 시작되었다. 그리고 이 짧은 시기를 그때마다 단락 짓는 특징이 있었고 그 매듭 하나하

---

2 서구의 불교학의 발단에 대한 것으로 Philip Almond, *The British Discovery of Buddhism*, Cambridge Univ. Press, 1988; 이민용, 「불교학 연구의 문화배경에 대한 성찰」, 『종교연구』 제19집, 한국종교학회, 2000.

3 허남린, 「일본에 있어서 불교와 불교학의 근대화」, 『종교문화비평』, 한국종교문화연구소, 제8호, 2005. 야마모리 테츠오, 이태승 역, 「근대 일본 불교학의 공과」, 『인도철학』 제5집, 1995, 287-316쪽.

나를 특징 짓는 인물들이 등장하고, 당시의 정치적 문화적인 배경이 그들을 뒷받침하고 있었다. 근대적 학문으로서 불교학을 개창하고 정착시킨 공헌자들이 불교의 내용을 결정하는 관건이 되는 셈이다.[4] 외젠 뷔르누프(Eugene Burnouf, 1801-1851)나 리스 데이비즈(T. W. Rhys Davids, 1843-1922)와 같은 학자들이 있었고 막스 뮐러 역시 그들 중의 한 사람이었다. 그리고 여기서 문제로 삼고 있는 열반에 관한 논문(Buddhistische Nihilismus, 1869)도 그의 초기 글에 속한다. 그러나 대부분의 시발자에게서 흔히 드러나듯 그들은 자신이 무엇을 하는지도 모르는 상황에서 불교에 대한 관심을 피력한다. 결국 우리는 불교의 발견이 서구의 종교·문화적 배경 아래서 이루어졌고, 낭만적 빅토리아 조의 열광과 냉혹한 제국주의적 필요에 따른 것이었다는 점을 간과할 수 없게 된다. 그러나 그 작업은 그로 인한 곤경 또한 안겨 주었다.[5] 서구학자들의 선교적 입장이나 불교 이해와 해석에서 자신의 기독교 신자성을 극복하려 시도한 역사적 실증이 많다 하더라도, 아직도 한 연구자가 서 있는 문화적·사회적 위상은 어쩔 수가 없다. 서구 불교학자들의 이러한 학문적 곤경은 앞에서 언급한 루이스 고메즈에서 잘 나타난다.[6]

고메즈가 실토한 대로, 비서구적 산물을 서구적 지성에 의해 서구적 방향으로 이끌어간 불교 연구의 성격을 놓고 고메즈는 불교를 다루는 학자로서의 곤경을 실토했다. 이 곤경의 시작이 소위 말하는 오리엔탈리즘의

---

4   이민용, 「서구 불교학의 창안과 오리엔탈리즘」, 『종교문화비평』 제8호, 2005.

5   이민용, 「학문의 이중교배: 왜 불교신학인가」, 『종교문화비평』 제3호, 2003, 168-175쪽.

6   Luis Gomez, "Unspoken Paradigm, Meanderings through the Metaphors of a Field", *Journal of International Association of Buddhist Studies,* vol. 18. No. 2. Winter, 1995, p. 80.

발단이 되기도 한다.

　서구에서의 불교에 대한 관용적인 이해를 표방하거나 그것을 신행(信行)하겠다고 할 때 부딪치는 어려움은 바로 서구가 만든 개념의 틀, 이해의 틀의 한계였고 그것이 온전한 불교 이해의 걸림돌이 되고 있다.

3. 무(無)의 공포

　모든 종교의 귀결점인 구원 따라서 불교 교설의 궁극점인 열반은 어떻게 이해되고 수용되었던가. 열반에 대한 이해는 서구 지성인들은 물론 수많은 선교사와 기독교인들의 공포의 대상이었다. 열반은 오히려 그들에게 '무명의 공포'(namless terror)로 다가왔다. 불교가 종교이어야 했을 때 그것은 서구 지성과 신학체계에 대한 큰 도전으로 비쳤다. 당시 열반과 무아(無我), 무상(無常)을 주장하는 불교는 공포의 '무(無)의 종교'였다. 소위 무(無)와 무화(無化), 또는 공(空)을 신봉하는 불교는 끔찍한 종교(horrible religion of nothingness)이고 열반의 절멸(絶滅, annihilation)은 허무와 동격으로 해석되어 서구 기독교의 생 중심의 긍정적 세계관과는 대치적인 입장으로 자리매김되었다. 실제로 기독교만의 위대성을 표방하기 위해 불교를 부정적으로 몰아세운 것은 아니었지만 기독교로서는 열반을 새로운 도전으로 생각했다. 따라서 불교 교설 가운데 서구에서 최초로 열띤 논쟁을 불러일으킨 것도 열반이었고 열반에 대한 이해는 서양의 불교 이해의 '시발'이자 '종점'이라고 생각되었다.

　로저-폴 드르와(Roger-Pol Droit)가 『무의 숭배(*Le Culte du Neant*)』라는 책에서 불교가 유럽에 불러일으킨 정신사적 충격에 대해 언급한 내용은 앞에서 소개한 바가 있다.[7] 바르텔레미 생틸레르(Barthelemy Saint-Hilaire)의 발언 또한 당시의 불교에 대한 문화·사회적 경향을 잘 반영하고 있다. 그는 자신의 불교 소개서인 『부처와 그의 종교』(Le Bouddha et sa Religion)의 서문에서 이렇게 말했다.

불교에 대한 이 책을 출간하는 데에는 오직 하나의 목적만을 시도하고 있다. 유익한 진리와 우리의 영적 믿음의 위대성과는 전혀 상반되는 입장을 표명하려는 것이다. 경탄해 마지 않는 철학과 종교 가운데서 성숙된 우리는 그들(불교)의 가치를 알려고도 추구하지도 않고 우리가 불교에 큰 빚을 지고 있는 일마저 무시하려 한다.… 불교를 연구한다는 일이 지구상에서 어느 종교보다 더 많은 추종자를 지닌 한 종교가 인간의 행복을 위해 얼마나 작은 기여를 하는 것인지를 보여 주려 한다. … 불교 신앙을 따를 때 무엇을 두고 영원한 구원(eternal salvation)이라고 하며 인간은 어떻게 윤회의 법칙에서 벗어날 것인가?

오직 하나의 길만이 있다. 열반(涅槃, Nirvana)을 얻는 일이다. 그것은 절멸(絕滅, annihilation)이다. 부처님이 가르친 고행과 덕목을 실천하여 절멸에 도달할 때 인간은 어떤 형태로이건 이 혐오스러운 존재의 순환 속에 다시 태어나지 않을 것이라고 확신한다.… 무(無)로부터 시작되었으므로 무(Neant, Nothingness) 속으로 끝난다는 것은 자연스럽다. 그리고 불교는 불가피하게 이 결론으로 유도될 수밖에 없다. 우리에게는 그토록 공포스럽기만 하지만 불교도에게는 그토록 위안이 되는 결론인 것이다. 신 없이 태어나고, 신 없이 생활하니 죽은 후에 신을 발견할 수 없다는 것은 놀랄 일이 못 된다. 그

---

7   Roger-Pol-Droit, *The Cult of Nothingness*, 2003, Univ. of N. Carolina, pp. 73-74.

는 자신이 유래된 무에로 즐겨 돌아가는 것이다. 그것이야말로 불교도가 알고 있는 유일한 귀의처일 수밖에 없지 않겠는가?[8]

불교를 이해하기 위한 최초의 학문적 시도로 부각시킨 주제는 열반이었고 그 주제는 기독교적인 구원론과 상응하는 것이었다. 그래서 열반과 구원은 동서의 정신적·종교적 만남의 결정적 계기를 열었다. 하지만 그것을 해석하고 이해한 방법은 단순하지 않다. 아마도 열반과 구원은 두 종교 이해의 방향을 앞으로도 계속 교훈적으로 암시할 것이다.

4. 열반, 부정의 극치로서의 구원

불교에서 열반이 교리적인 각광을 받은 것은 상당 부분 앞서 말한 불교에 대한 학문적 서막을 연 서구 불교학자들에 의해서였다. 그리고 그 문화·종교적 배경은 비교론적이고 한 걸음 더 나아가 대치적인 가치평가를 전제로 하고 있었다.

실제로 비교론의 선구자인 막스 뮐러의 중요한 논제 역시 열반이었다.(Buddhistische Nihilismus, 1869) 이 주제는 논쟁을 불러왔고 열반에 대한 지속적인 논의는 루이 드 라 발레 푸생(Luis de la Vallee Poussin, 1869-1938)의 『열반의 길(The Way to Nirvana)』(1917)과 스체르바츠키(Theodore Stcherbatsky, 1866-1942)의 『불교의 열반 개념(The Conception of Buddhist Nirvana)』(1927)이라는 불교학의 관건적인 저술들을 산출하고, 이후 불교학 연구의 중요한 개념 틀로서의 역할을 한다. 열반에 대한 이 두 특징적인

---

8   Barthelemy Saint-Hilaire: *The Buddha and his Religion*, 1895, pp. 13-14.

해석은 서구의 불교 이해의 두 축을 마련한 셈이다.

그러나 한결같이 언어·문헌학적 방법을 차용한 연구 방법이었고 초기 불교의 전거들을 색출하며 열반의 정의를 내리고 그 의미를 확정지으려 했다. 푸생 이전의 열반에 대한 논의들은 거의 부파불교 텍스트에 나오는 Nibbana(Nirvana)에 대한 어원 분석에 근거를 둔다. 모든 인간적인 요건을 지멸(止滅)시키는 일, 곧 탐욕(貪, raga), 혐오(嗔, dosa), 어리석음(痴, moha)이란 인간 조건이 불꽃처럼 타오르는 것을 소멸시켜 없애버리는 일을 열반(Nirvana, 불어 꺼 없애버림)이라고 해석했다. 따라서 열반은 타오르는 열(熱)을 식히는 것으로 차갑게 하고 냉각시킴을 의미했고, 열의 근원으로서 불을 꺼 없앤다는 의미에서 소멸을 뜻했다. 불의 소멸이란 상징성을 통해 인간 생존 현상인 열정과 그로 인해 파생된 고통의 근절을 설법한 것이다. 그러나 이러한 열반의 뜻매김도 초기 경전에서 일관성 있게 설명된 것은 아니다.[9] 마치 기독교의 구원이나, 종말론 역시 예수님에 의해 처음부터 명료하게 말씀된 것이 아니듯 말이다.

장아함경(長阿含經, Majjhimanikaya)에서 바차고따(Vacchagotta)의 '부처님은 죽은 후 어떻게 될 것인가'라고 물은 질문에 대한 답변이 열반론의 발단이었다. 그 후 인간존재의 양태에 대한 설명이 후대 불전학자들과 수행승들인 아비달마(阿毘達磨, Abhidharma) 논사들에 의해 정리되고 해석되었다. 오히려 부처님은 바차고따의 질문에 대해 "나는 그러한 것에 대한 견해를 갖고 있지 않다(na kho aham vacca evam ditthi)"고 말함으로써 실질적

9　초기 불교와 부파불교의 열반에 대한 여러 이론들은 최근 영국 옥스퍼드대학에 학위논문으로 제출된 황순일 교수의 Metaphor and Liberation: A Study of Doctrinal Development of Nirvana를 참조했다.

인 답변을 거부했다. 무의미한 형이상학적 질문, 깨달았다고 하는 여래(如來)의 사후 존재 여부, 사후에 다다를 세계의 유무(有無), 그리고 이 세상은 불멸할 것인지의 질문이 가져올 해독을 간파한 것이다. 소위 10무기(無記, 혹은 14無記)로 기록된, 부처님이 답변을 회피한 사항들 가운데 불교의 구원론인 열반이 포함된다. 그러나 마지못해 답변한 내용은, "불은 땔감이 공급되지 않을 때 '연료가 없어서 꺼졌다'(anaharo nibbuto)라고 말하는 것처럼 여래(如來=부처님)의 사후도 그와 같다"는 것이다. 곧 꺼진 불은 다시 타오를 수 없는 것과 같이 열반에 든 여래는 더 이상 새로운 생(生)이 없다는 것을 말한다. 그것을 어느 것에도 의지하지 않는 열반(無餘依涅槃, anupadisesanibbana)이라고 한다. 그리고 아직 살아 활동하면서도 탐·진·치(貪·嗔·痴)를 소멸시킬 수 있으며 그러한 수행자는 아라한(阿羅漢, Arhat)이고 그는 육체적·사회적 여건에 의지하는 열반(有餘依涅槃, saupadisesanibbana)에 들 수 있다고 상대적인 열반의 길을 마련해 둔다.[10] 이 두 종류의 열반은 이후 부파불교의 논사들에 의해 수많은 논쟁과 논리적 정합성을 거치면서 불교의 스콜라티시즘(scholaticism)을 형성시켰다. 이는 기독교의 중세 교부신학의 형성과도 일맥상통한다.

스콜라 철학의 다양성만큼이나 부파적인 아비달마 불교의 다양성은 각각의 특징이 있다. 그리고 그 특징에 따른 해석은 삼법인(三法印, 모든 것은 본질이 없다. 모든 것은 영원한 것이 없다. 따라서 모든 것은 고통이다.)을 전제로 한 현실 분석과 존재 분석을 한다. 그러나 열반은 간결하게 '없애 버림'(絶滅)으로 정의되었다. 특히 앞서 언급된 서양 불전 학자들의 기호에 따

---

10 황순일, 「테라바다에서의 찰나설과 열반」, 『인도철학』 제13집, 1호, 2003. 황순일, 「멸진정과 두 가지 열반이론」, 『불교학연구』 제11호, 2005 참조.

른 정의가 결정적 역할을 한다. 열반이란 어휘의 부정적 요인인 지멸(止滅, nirodha)과 탐욕의 부재(無貪, trisnaksaya) 그래서 조건 지워지지 않음(無爲, asamskrta)을 액면 그대로의 의미로 받아들이는 것이다. 극복되어야 할 현실, 제고되어야 할 인간조건을 지시하는 종교적 실천의 의도이거나 이 말의 상징적(종교적) 의미는 배제된다. 말이 지시하는 유물적 의미를 쫓아 불교는 모든 것을 배제하는 허무주의로 평가된 것이 초기 서구 불전학자들의 이해였다. 그러나 열반의 동의어로서 moksa(解脫)도 사용되었다. 지멸시켜야 할 상태로부터 벗어나야 하는 상황을 지시하는 말이다. 벗어난다는 의미로 볼 때 도달해야 하는 상태는 화평과 열락을 향하는 일이다. 곧 피안(彼岸)-다른 쪽 언덕이라는 의미에서 초월을 의미하는 것이다. 이런 이해의 전환점을 마련한 서구 학자가 드 라 발레 푸생이었다.

열반을 현실의 고통, 인간적 한계 상황을 벗어나는 것으로 해석한 초기의 이해 방식을 기독교의 종말론적 상황 극복이라는 점과 대비적으로 이해할 수도 있다. 신약성서의 '끝 날'이라는 표현은 창조 시기의 질서로 되돌아가는 회복의 날을 의미한다.

하나님의 나라가 가까웠다는 말씀은 고통에 찬 현실을 부정하고 거부한다. 그리고 다음 단계에 도래할 즐겁고 복 많은 상태를 지향한다. 그래서 하나님 나라의 도래를 혼인잔치에 비유한다. 그리고 "하나님의 나라는 눈에 보이게 오는 것이 아니고 또 여기 있다 저기 있다고도 말할 수 없다. 보라. 하나님의 나라는 너희 가운데 있다"(눅 17:20-21)고 예수께서 대답하시는 것이다. "마지막 날에 얻게 되는 것은 부활이며 그것은 영원한 생명을 누리는 것을 의미한다."(요 6:39, 40·44)[11]

---

11 이상호,「종말사상 출현의 역사적 배경」,『종말론의 올바른 이해』, 기독교사상 편집부

윤회 과정을 통해 재생된다고 하는 교설마저 악취(惡趣, durgati)로 갈 것을 말하지 않고 오히려 선취(善趣, sugati)로 지향할 것을 강력하게 암시한다. 수행의 참선의 경지에서도 희락천(喜樂天)을 말한다. 열반이 무엇이냐 하는 정의가 중요한 것이 아니라, 어떻게 열반에 이르느냐가 관건이다. 푸생의 다음의 말은 학문상의 지적 활동과 정의, 그리고 종교적 실천 사이의 차이를 극명하게 밝히고 있다.

> 우리(학자)들이 만족할 수 없는 서술에 대해 불교도들은 만족해 왔다. 수세기에 걸쳐 우리의 생각을 명확히 표현해 온 것에 대해 인도인들이 그대로 공감한 것은 아니었다. 그리고 우리는 불교 교리를 밖으로부터 다루며 불교에 대한 믿음도 갖지 않고 불교를 다루고 있다. 열반이란 우리 학자들에게 고고학적 흥미의 대상일 뿐인데 반해 불교도들에게는 지고의 실천적 중요성을 지닌다. 우리들의 작업이 열반이 무엇인지를 연구해야 하는 일이라면 불교도들에게 있어서 열반이란 도달해야 될 일이다. 서로 매우 다른 목적을 갖고 있는 셈이다.[12]

그는 이런 발언과 함께 열반의 종교적 실천의 의미를 부각시킨다. "열반의 기저는 불교적 종교인에게는 천국과 동등한 의미를 지닌다"[13]고까지 말하는 것이다. 여기서 다시 한번 기독교적인 천국과 불교 열반의 긍정적 세계를 대비시킬 필요는 없다고 본다. 종교적인 언어와 종교적인 표현의 상

엮음, 대한기독교서회, 1993, 9-19쪽.

12 De La Vallee Poussin, "Nirvana", *Encyclopaedia of Religions and Ethics*, pp. 376-379.

13 De La Vallee Poussin, *The Way to Nirvana*, pp. 107-115.

징과 메타포를 고려에 둔다면 두 종교적 경지의 유사성은 자명하기 때문이다.

5. 사고의 전환, 대승의 해석

열락이 최고선(最高善, summum bonum)의 이상적인 차원이라면 부처님은 기적을 일으킨 환술사 같고 열반이란 또 하나의 대상으로서의 신앙으로 떨어진다. 긍정적인 해석은 좋지만 불이 꺼지는 것으로 비유된 절멸이란 말의 뜻을 취소할 수밖에 없다고 하면서 스체르바츠키(Stcherbatsky)는 드 라 발레 푸생을 비판한다. 그것은 불교 자체의 기본 성격을 왜곡시켰다고 지적한다. 여기서 열반에 대한 대승적 해석이 제기되고 그것은 중론사상에 근거하게 된다.

불교의 기본 교설은 무엇이었나? 모든 것은 무아(無我, naitratmya)이고 무상(無常, anitya)하여 모든 것은 고통(一切皆苦, dukkha)이므로 그러한 진리를 알고 그 현실에서 벗어나는 일이 열반이라고 했다. 그리하여 열반을 획득하기 위한 부단한 수행, 그 결실로 얻어진 감각적·개념적 상태의 지멸(想受滅定)의 멸진정(滅盡定, nirodhasamapatti)을 최상의 목표로 삼았다.

모든 사물은 찰나적으로, 상호의존적으로 존재할 뿐이다. 영원한 것은 없다. 의존성 속의 존재(緣起, pratityasamutpada)일 뿐이다. 거기서 실체를 찾으려 할 때 그런 영원한 실체는 없다(空, sunya)고 말할 수밖에 없다. 중도론(中道論, madhyamaka)은 초기 불교의 지멸(止滅)의 전통을 다시 강조한 것이다. 상대주의적이고 찰나적 존재론을 배경으로 한 것이고 요소적 존재(法, dharma, elementary existence)들만이 현상의 존재 양태이다. 사물은 각각의 요소들의 집합으로 이루어진 다원성을 지니고 있으며 현상으로 나타난 사물은 하나의 이름(명칭)뿐이다. 다원주의적이고 유명론(唯名論)적인 성격을 지닌다.

법(法, dharma)은 그 자체로 궁극적인 것이 없다. 그것은 절대성이 결여되었고 상대적으로 존재할 뿐 실재성이 없다(空한 것이다). 대승 중론사상의 초석을 닦은 용수(龍樹, Nagarjuna)의 공(空, Sunyata) 이론의 근간이다. 이러한 공사상을 근거로 스체르바츠키는 불교에 가해진 허무주의적 성격을 벗겨내려 했다. 곧 드 라 발레 푸생이 열반의 초월적 이상주의를 주장하며 중론의 해석을 '순전한 허무주의'(pure nihilism)라 비평한 것에 대한 반론이자 대승적 해석을 펼친 것이다. 순간적(시간적) 상호연관 관계에 의존하여 존재하는 사물은 상대성(relativity)일 뿐이고 그 내용은 공(空, sunyata)일 수밖에 없다. 곧 존재 양태의 보편적 상대성을 의미할 뿐 사물의 실체를 부정하는 허무주의는 아니다. 오히려 공은 '영원의 상 아래'(sub specie aeternis)의 일자(一者)의 실재일 수 있다.

이렇게 열반은 한 개인의 심리적인 열락(悅樂)의 상태의 표현이기도 하지만 존재론적인 입장에서는 초월적인 실재로 상정될 수 있다. 곧 현실의 거부, 현실을 현상으로 부정하는 행위는 초월적 근거를 추구하는 행위로 생각될 수 있기 때문이다. 열반 또는 공(空)의 개념이 긍정적으로 설명될 수 있는 실마리를 트는 것은 이런 이유에서이다. 여기서 스체르바츠키에 의해 칸트의 초월적 이상주의가 용수의 공사상(空思想) 이해의 사상적 틀로서 또는 용수 해설의 이데올로기로 정착된다.

인간은 물자체(物自體)를 직접 알 수 없으며, 물자체란 현상 세계를 넘어서는 것이지만 현상의 근거로서 어떤 형태로든 존재할 수밖에 없는, 요청되는 실재이다. 연기로 이루어진 현상 세계는 존재론적으로 공(空)이므로 모든 현상적인 것은 부정될 수밖에 없다. 세속적(Samvritisatya)인 것은 존재론적인 입장에서 영원하지 못하고 현상의 세계에 속하므로 사라지고 소멸될 뿐이다. 일체개공(一切皆空)은 현상 세계를 설명하는 최적의 존재론적 표현이다. 그러나 현상 세계를 넘어선 다른 형태를 상징할 수밖에 없다. 여기에서 곧 공(空)은 무(無)가 아닌 현상을 넘어선 '무엇'이라는 이해를 하게 된다.

중국불교에서 진공묘유(眞空妙有)는 공을 넘어선 '무엇의 존재'라는 면에서 공을 적극적으로 표현한 하나의 긍정적 표현 양식이라 생각된다. 스체르바츠키 역시 공에 대한 부정적 측면의 해석을 넘어서, 공(空)을 적극적으로 표현하기 시작한다. 공(空)은 '허무주의적 표현'이 아니며 오히려 경험적 현상으로 드러난 연기(緣起) 관계의 실재들을 표현할 따름이다. 그것은 물자체의 실재, 곧 '절대적인 것'을 부정하는 것은 아니다. 모든 실재는 궁극적으로 단일한 하나(ultimate oneness of all reality)라고 해석한다. 서양철학적 입장에서 말하면 그는 용수의 공(空)을 적극적인 일원론(radical monism)으로 이해하고 이러한 입장을 피력한다. 스체르바츠키는 가장 철저하게 칸트적인 입장에서 공을 파악했고, 불교사상의 전 체계를 이런 입장으로 끌고 가 칸트적 맥락에서 해석하고 있다.

속제(Samvritysatya)와 진제(Paramarthasatya), 경험적 세계(輪廻, Samsara)와 절대적 세계(涅槃, Nirvana)의 이원성이 스체르바츠키에게는 전혀 다른 두 세계의 단절로 나타난다.[14] 경험적 세계로서의 윤회와 절대적 세계로서의 열반의 상반되는 두 세계는 서로 상대적인 위치에 놓인다. 그리고 이 두 세계는 서로 넘나드는 세계로 이해된다. 중론에서 말하는 윤회 즉 열반, 열반 즉 윤회(輪廻卽涅槃, 涅槃卽輪廻)의 경지이다. 속제에 속하건 진제가 되었건

---

14 이민용, "불교학 연구의 문화배경에 대한 성찰", 64-66쪽.

이 두 세계에는 어떤 경계와 한계도 인정되지 않고 단절된 두 세계를 철폐시키는 것이 용수의 진속이제(眞俗二諦)이다. 그는 "열반과 윤회 사이에는 아무것도 없다. 열반의 한계가 윤회이고 윤회의 한계가 열반이며, 이 두 사이에는 아무것도 없다"고 주장한다. 열반은 다른 어떤 곳이어야 한다는 피안(彼岸)에 대한 유물론적 단계적인 사상을 철폐시킨 것이다. '모든 것이 공하다면 일어날 것도 없고 소멸할 것도 없는데 무엇을 소멸시키고 무엇을 끊는다고 하여 열반(혹은 피안)의 존재를 주장하겠는가'(一切法空 無生無滅者 何斷何所滅 而存涅槃)라고 명제를 세운다. 열반을 대상으로서의 존재로 설정한 것이 잘못이라는 것이다. 도달해야 할 대상(到彼岸)이 아니라는 것이다.

그리하여 열반은 세간과 조금도 차이가 없고 세간은 열반과 조금도 차이가 없다(涅槃與世間 無有少分別 世間與涅槃 無少分別)고 결론짓는다.[15] 용수의 이런 해석은 반야경전에 의거한 거의 혁명적인 새로운 이해 방식이었다. 열반과 윤회는 상호 상의적이어서 어느 한쪽을 절대화할 수 없다. 또 용수에게서 이원적 단절은 볼 수 없다. 따라서 타기해야 할 윤회는 열반을 전제로 해야 되고 도달될 이상으로서의 열반은 윤회를 근거로 해야 한다. 현실을 떠난 이상세계인 천국이 있을 수 없고 천국의 전제 없이 현실은 발붙일 근거가 없는 것이다. 그리고 그런 상황은 지금·여기(Hic et Nunc)에 있는 것이다.

서구에서의 불교 이해, 특히 구원론의 이해는 이중적 구조를 지닌다. 일차적 부정주의인 무의 공포에서 벗어나기 위한 푸생의 종교적 실천의 이상론적 접근이 있었다. 그에 대한 반대이론으로 스체르바츠키가 중도론적 공이론을 제기하였다. 공은 허무주의적 표현이 아니며 경험적 현상으

---

15 龍樹, 『中論』, 박인성 옮김, 주민출판사, 2001, pp. 441-466.

로 드러난 연기(緣起) 관계의 실재들을 표현할 따름이다. 그러나 현상 세계를 넘어선 다른 '무엇'의 본질의 영역을 말한다.

스체르바츠키의 이런 이해는 당시 지배적인 서구사상의 칸트적 틀에 의한 도식이라고 평가되었다. 그리고 이 해석은 탁월한 점만큼 비판될 소지도 많다. 그리고 그것을 기독교적인 관점과 상관시킬 때 우리는 양자의 매우 유사한 모습에 놀라게 된다.

열반과 윤회는 다른 것이 아니고 하나이며 공통된 근거를 갖고 있다고 주장한 것은 중관론뿐만이 아니다. 그것을 좀 더 긍정적인 정신의 세계로 심화시킨 것이 유식론(唯識論)이다. 곧 마음(心)을 근거로 한 이해이다. 모든 것이 무이고 공하다고 하지만 그것을 그렇게 인식하는 식(識)의 작용은 긍정할 수밖에 없다. 식(識)의 활동 근거는 마음이고 마음은 미혹(윤회)과 깨달음(열반)이 공존하는 근거이다. 모든 사람에게는 내재적으로 불성(佛性) 곧 깨달은 마음이 있다. 불성의 중핵으로 부처의 씨앗 같은 것이 내재하며 그것을 여래처럼 될 수 있는 가능성으로 여겨, 여래장(如來藏, Tathagatagarbha)이 있다고 말한다. 이것이 내재적 초월이라고 할 불교의 구원론으로 발전된다.

끝으로 한국에서의 불교 구원론인 열반은 어떻게 이해되고 수용되었는가? 우리 학자들의 인기 스타인 원효에게 열반경에 대한 해석서인 『열반경종요(涅槃經宗要)』가 있다. 그 안에서 원효는 우리가 이제껏 기술한 열반의 시대적 이해의 차이며 의미론적 차이를 낱낱이 들면서 열반의 유형을 거의 같은 맥락으로 전개시키고 있다.

먼저 그는 열반의 정의를 어원상 다의적(多義的)으로 해석할 수밖에 없음을 지적한다.

외국어들은 많은 의미를 포함하고 있기 때문에 하나의 의미에만 치우쳐 모든 의미에 해당시킬 수 없다. 그러므로 하나의 명칭으로만 번역할 수 없다.(外國語容含多名訓 此土語備不能相當 是故 不可一名而翻,『涅槃經宗要 韓佛』 1, p. 526 上)

따라서 그는 열반을 화멸(火滅), 멸도(滅度)라고 하여 Nirvana의 어원 그대로 번역하고 나아가 불멸(不滅), 불래불거(不來不去), 무장애(無障碍), 무고(無苦) 등으로 의미론적 해석을 시도하며 대승적 이해의 길을 튼다. 한 걸음 더 나아가 번뇌(煩惱)를 끊는 것, 또는 번뇌를 일으키지 않는 것을 열반이라고 정의한다. 그리고 번뇌의 장애(煩惱障)를 끊을 때 대열반이 얻어지고 이 열반으로 나아가는 과정이 깨달음(Bodhi, 菩提)이라고 주장한다. 깨달음을 얻으려는 불교수행자들의 모든 노력이 결실될 때 번뇌가 없어진 경지에 이르고 그것이 바로 열반이라고 정의하는 것이다. 그리고 현재 여래가 증득한 경지를 대열반이라고 말하고, 앞으로 올 일체 중생은 보편적인 불성(佛性)을 지닌다고 말한다. 곧 열반은 현재 여래로 존재하는 부처에게서 나타난 결과이며 불성은 앞으로 올 미래의 중생에게서 발휘될 결과라는 것이다.(當常現常 二果爲宗 所爲一切衆生悉有佛性 是顯當常 如來所證大般涅槃 是明現常) 곧 부처의 구세주적인 모습과 미래의 구원론적인 의미가 동시에 그대로 현시된 해석이다.

원효에게 이르러 열반의 부정적 이해에서 한 걸음 나아간 의미론적 해석 그리고 종국적으로 구원론적인 의미가 고스란히 드러나고 있음을 본다. 곧 모든 인간의 구원 가능성을 극명히 밝히는 것이다. 동아시아 불교권, 즉 한국을 위시하여 중국·일본에서는 불성론이나 여래장을 중심으로 한 다양한 이해가 전개되었다. 소위 천태사상(天台思想), 화엄사상(華嚴思

想)의 교학 체계이거나 선(禪), 염불(念佛) 신앙은 바로 이 불성을 어떻게 이해하고 어떤 종교적 실천 수행을 통해 마음을 정화(淨化)시켜 깨달음과 열반에 이르느냐에 초점을 맞추고 있다.

6. 맺음말

나는 이제껏 서구에서의 불교에 대한 접근 태도와 열반 이해의 패턴을 제시했다. 불교의 열반이나 깨달음이 어떻게 기독교적인 것과 상관되는 지에 관해 언급하는 것은 오히려 자제하였다. 불교 교설에 대한 이해는 서구적 접근 방법이나 이해의 틀에 일찍부터 노출되었다. 불교사상은 서구 사상의 여러 경향을 따라 특색 있게 해석되었다. 드 라 발레 푸생과 스체르바츠키가 그 전형적 예였다. 그리고 아직도 불교를 해석·이해할 때 현대의 우리는 이런 서구의 사상적인 틀에서 자유로울 수 없다.

그리고 비교론적인 시각에서 많은 평가적인 글들도 발표되었다. 지금 그것들은 우리에게 많은 시사점을 주고 있다. 일찍이 불교학자인 에드워드 콘즈(E. Conze)는 불교와 기독교의 비교론적인 모습에 대해 언급하면서, 비교와 일치라는 문제가 바람이나 상상력에 의해 결정될 수 있는 것이 아니라고 보았다. 앞에서 살펴본 것처럼 공통점보다는 오히려 냉정한 차이를 드러내는 것이 현실적일 수 있다는 점을 그는 강조한다.

이러한 점은 우리가 조심하고 극복해야만 하는 사항들일 수밖에 없다. 그러나 이해는 '자세'를 전제로 한다. 이제 우리에게 비교적인 지식이나 자료가 결여된 것은 아니다. 그것을 어떤 자세로 어떻게 읽어 가느냐가 관건일 뿐이다. 그리고 종교적인 이해는 서로를 닮아가는 일이 아니다. 또 우리의 속담에 '미워하며 닮아간다'는 말도 있다. 각 종교에는 의례와 전통과 역사가 깃들어 있다. 각기의 특징이 있으며 그 특징을 근거로 교리와 의식이 발달되어 간 것이다. 평범한 말이지만 특징을 인정한 상호 존중만이 유일한 길이다. 결코 하나만 아는 것을 모두를 알 수 있다거나, 하나만이 유일한 길이 아니라는 것을 자각할 수밖에 없다.

나의 개인적인 체험이지만 나는 오히려 고 안병무 선생님의 신학 강의를 통해 성서의 메시지는 물론 동양 전통의 중요성을 배웠다. "말씀이 변혁을 일으킨다"는 성서의 말씀이 동양에서는 유교 성현의 말씀, 불전(佛典)의 말씀일 수 있다고 안병무 선생은 전해주셨다. 아시아계 신학자인 C. S. 송은 "고통이 있는 곳, 그곳에는 구원이 있다"고 말한다. 굳이 칼 라너의 '익명의 기독교'를 언급할 필요도 없다. 극복되어야 하는 실존적 상황이 있다면 그곳에는 분명히 기독교적인 구원이 되었건 불교적인 해탈이 되었건 각 종교의 구원은 그 현장에 있다고 생각한다. 한마디 덧붙이자면, 앞서 발표하신 이찬수 교수가 불교에 대한 대화적 자세 때문에 해직 교수가 되었다고 들었다. 강남대학교는 중앙신학교가 확대 발전된 학교이다.

내가 중앙신학교의 종교 강좌를 청강한 후 30년이 지난 오늘, 우리에게 종교에 대한 이해와 지식이 더 축소되었어야 할 이유가 없다. 그것은 한마디로 종교적 자세에 관한 문제이고 종교 이외의 요인들, 정치·사회적인 문제라고 생각한다.

티베트 불교 연구의 발주자

—초마 코로시 산도르(Csoma Körösi Sandor)

1. 인생은 나그네 길

그는 걸었다. 걷고 또 걸었다. 인생은 나그네길이라 했지만, 그는 모든 걸 잊고 오직 걷는 일에만 집중했다. 인생 목표를 걷는 일로 달성시키려는 듯했다. 그래서 그는 "걷는 일"을 통해 자신의 신념을 달성시킨 인물이 됐다. 티베트 불자들이라면 오체투지하며 라사를 향해 평생에 한번은 순례 길을 떠나야 한다. 그러나 티베트인도 아니었던 그는 동유럽 헝가리를 출발하여 중앙아시아 티베트의 어느 지점을 향해 말 그대로 맨발로 걸었다. 길 떠난 동기는 자기 종족의 시원과 그 언어의 뿌리를 찾고 그것을 확인하기 위해서였다. 그렇게 평생을 걸으며 찾아 헤맨 길이었지만 결국 자기 종족의 기원도 또 자기 언어의 뿌리도 찾지 못했고, 분명히 확인한 것은 아무것도 없었다. 그러나 기대 밖의 소득은 의외로 컸다. 그는 먼 훗날, 서구 낭만주의 부산물인 인도학(Indology)의 한 분야인 티베트학(Tibetology)의 발주자로 추앙받는 것이다.

그의 이름은 서구학계에서는 알렉산더 초마 드 코로스(Alexander Csoma de Körös, 1784-1848)라 표기되지만 그의 조국인 헝가리식으로 표기하면 초마 코로시 산도르이니 우리의 이름 호칭 법과도 닮았다. 곧 코로스 지역의 초마 가계의 산도르이니 우리나라 식으로 하면 '안동지역 김씨 가문의 누구'인 셈이다. 그리고 헝가리 출신이라고 했지만 실제로 그가 태어난 곳은

루마니아의 트랜실바니아의 하롬제크(Háromszék) 지역으로 이 일대의 주민인 발라키아(Wallachian) 인과는 전혀 다른 세케이(Szekely) 종족의 마을이 코로스였다. 완강한 체격의 이 세케이 종족은 독립적이고 전투적인 성격을 지녀서, 터키의 침략에 대항해 수 세기 동안 트랜실바니아 변방을 방어하였다. 이 종족의 시원은 마쟈르(Magyar) 족이고, 우랄산맥 지역에서 유래하였다고 전해진다. 4세기경 동아시아에 근거를 둔 훈족(Huns)이 아틸라(Attila)의 통치 아래 동로마를 침입했고 이후 서로마까지 진출하여 유럽을 공포에 떨게 했다는 기록이 있는데, 마쟈르 족은 이 훈족의 한 지파이기도 하다. 6세기경에는 터키족(突厥)이 이 지역을 석권하여 이 용감한 우갈족(Ugars)을 복속시켰다고 한다. 한마디로 지금의 헝가리는 터키를 비롯한 여러 종족과의 길항 관계 속에 위치해 있었다. 그 명칭도 다양해서 우갈(Ugar), 우골(Ugor), 웅그리(Ungri), 헝가르(Hungar), 웅거(Unger), 훙그루와(Hungroi) 등의 호칭이 그것이다.

아마도 오늘날의 헝가리(Hungary)라는 명칭은 이로부터 유래된 것이 분명하다. 그의 출신 지역은 이렇듯 여러 종족이 혼성된 가운데 위치했고 그의 모국어 역시 오히려 우랄 알타이계에 속했다. 주목할 사실은 이런 내용이 이미 초마 드 코로스 산도르(이후 '초마'로 간략히 표기) 당시에 학계에 널리 퍼져 있었다는 점이다. 이런 맥락에서 볼 때, 그가 자신의 언어와 종족의 시원을 찾아 길 떠난 것은 우연한 일만은 아니었다. 그것은 자신의 정체성을 추구하는 일이었다. 자신의 정체성에 대한 질문이 동기였다면 실제로 돌아온 소득은 엉뚱하고 전혀 다른 것이었다. 흔히 근대기에 꽃을 피운 어느 학술분야의 개척자들이 자신이 무슨 일을 하는지도 모르고 시작하지만 후대에 그것이 새로운 분야의 발주였다는 경우가 초마에게도 그대로 해당되는 셈이다. 오늘날 그는 티베트학과 티베트 불교 연구를 발주시킨 공헌자로 평가된다. 그러나 그의 학문적 발단과 그 결실은 우연의 연속들이고 그가 오늘날까지도 추앙받는 면도 학문적 결실보다는 그가 추구해 온 과정과 직접 몸으로 겪은 사건들, 곧 요즘 말하는 "몸으로 체현"(embodiment)한 점에 집중되고 있다.

그의 학문적 결실도 엄밀한 의미에서 티베트 문법과 티베트어 사전 한 편씩을 편찬했을 뿐이고 마하비윳파티(Mahāvyutpatti)란 동아시아 불교 연구자들에게는 『번역명의대집(翻譯名義大集)』으로 알려진 티베트-산스크리트어 어휘 대조 사전을 영역한 실적이 전부이다. 그러나 우리로서는 그를 달리 추억하고 그 의의를 살려야 할 사항이 따로 있다. 곧 그는 서구 불교학 연구의 한 분야로 대두한 티베트 원전에 의한 불교 연구의 결정적 기틀을 마련했을 뿐 아니라, 더 나아가 불교에 대한 연구는 이런 방식으로 전개되어야 하는 것이 아닌가 하는 모범을 남기고 있다. 또 실제로 오늘날 서구에서의 불교 원전에 근거한 불교학 연구는 그가 실천했던 전범을 따르고 있다는 사실에 주목할 필요가 있다.

2. 미지에로의 출발

그는 프랑스혁명(1789) 전야인 1784년 4월 4일에 태어나 영국의 본격적 중국 진출이 시작된 아편전쟁(1839-1842)의 와중인 1842년 4월 11일, 58세의 나이로 비교적 짧은 인생을 살고 입적한다. 곧 서양과 동양이 근대에로의 전환을 겪으며 서세동점(西勢東漸)의 격변기를 겪는 혼란기에 살았다. 그리고 나는 지금 그의 사망을 굳이 불교 스님들의 죽음을 표시하는 입적(入寂)이라고 표기하는데, 그럴 만한 이유가 있다. 그의 사후 그가 겪은 파란 많은 행적, 오직 불법 발현을 위해 헌신한 정성을 기려 일본은 그에게 보살이란 법위를 주었다. 일본 불교 종파 대학의 하나인 대정(大正)대학은 1933년 그에게 외국인으로서는 최초로 보살(菩薩, Bodhisattva)의 칭호를 부여했고, 지금도 서구 불교학계에서는 그를 즐겨 '헝가리 보살'[1]이라 부른다. 이 단순한 호칭에 관한 문제는 우연의 소산이 아닌 그의 평생의 삶 속에 얽힌 기막힌 사연들 때문이다.

그의 집안은 무척 가난하여 고향의 김나지움인 나기 에니에드(Nagy Eneyd)에도 늦게 입학했으며, 아르바이트를 하지 않으면 등록금이나 기숙사비도 감당할 수 없는 상태여서, 학생이자 하인(pupil-servants) 같은 처지로 살았다. 이런 재정 상태는 평생 그를 따라다녔으며, 줄곧 '가난한 학자'로 살 수밖에 없었다. 그의 학문적 오리엔테이션은 독일의 괴팅겐대학에서 이루어졌다. 그는 이곳에서 동양학을 공부하며 라틴어, 희랍어, 히브리어, 불어, 독어, 루마니아어를 익혔고, 나중에 몸소 걸어 경유한 지역들의 언어를 하나씩 습득하여 슬라브어, 페르시아어, 벵갈어, 마라티어와 인도 고전어인 산스크리트어와 함께 티베트어에 숙달하게 된다. 언필칭 14개 언어를 마스터했다고 전기는 기록하므로, 가히 언어의 천재라고 말할 수 있다. 대학에서 그에게 영향을 끼친 학자는 요한 아이히호른(Johann Gottfried Eichhorn, 1752-1827)이다. 역사 신학자로서 구약학을 전공하며 역사학적 접근을 시도하다 보니 성서의 기록들이 여러 손과 언어를 거쳤음을 알고 소위 비판적 접근을 시도하였다. 초기 성서 해석학의 발판을 놓기 시작한 인물이라고 할 수 있다. 그러나 아이히호른은 신학보다는 인도학

---

1 그에 대한 평전 제목으로 '보살'이란 칭호가 사용되고 있다. Ernest Hetenyi, "Alexander Csoma de Koros: the Hungarian Bodhisattva," *Bulletin of Tibetology*, Volume 9(1), 1972, pp. 34-41.

쪽에서 자주 거론되는 학자여서 초마에게 커다란 영향을 주었고, 언어와 문헌에 근거한 연구 경향은 아이히호른 교수의 영향이 컸다. 괴팅겐에서 때늦은 학업을 마치고 고향으로 돌아와 교편을 잡게 되었으나, 그는 고향을 등지고 다시 떠나는 것이다. 그때 그는 이미 청년기를 지난 36세였으니 도대체 무엇이 그를 이토록 방랑토록 만들었을까?

초마가 대학교에 안주하기를 거부하고 떠난 여정을 살펴보자. 우선 우리에게 익숙한 지역들만 해도 다음과 같다. 동유럽, 발칸의 중심부인 부카레스트-소피아를 지나 터키를 거쳐, 배를 타고 알렉산드리아에 기항하였고, 베이루트, 알레포, 모술 지역을 경유했다. 이 세 지역은 기독교와 이슬람이 이마를 마주대고 살면서도 서로 상대방과 끊임없는 분쟁과 갈등을 빚어 온 곳이다. 이 정황은 오늘도 거의 변하지 않는다. 초마는 다시 바그다드, 테헤란을 거쳐 파키스탄의 부카라와 카불에 도착한다. 이쯤 되면 서양에서 동쪽으로 향하는 실크로드의 주요 루트에 들어선 셈이 된다. 그는 계속 동진하며 페샤바르(Peshawar), 라왈핀디(Rawalpindi), 슈리나가르(Srinagar)를 거쳐 지금은 티베트의 중요 도시이자 라다크의 중심도시인 레(Le)에 도착한다. 그리고 영국 식민지의 동쪽 끝이자 최전방 초소가 설치된 군사 포스트인 수바트(Subathu: 현 인도 북방 히마찰 프라데시로 지금은 관광 명소 중의 하나)에 당도한다. 이곳까지 오는 데 걸린 시간이 5년이었다.

물론 1819년 고향을 떠나 5년간을 줄곧 걷기만 한 것은 아니었다. 처음 그의 계획은 러시아의 오데사를 경유하여 이르츠쿠츠(Irkuts)를 향하는 카라반에 편승하는 것이었다. 그곳을 통해 중국의 북방 국경선으로부터 티베트의 라사로 들어가려 시도했다. 그래서 크로아티아를 도보로 걸어 그곳에 수개월 머물며 슬라브어를 익혔다. 그러나 러시아 입국은 좌절되었고 결국 먼 길인 남로를 택하게 된다. 러시아 입국이 불가능했던 이유는 영국과 러시아가 거대한 게임(Great Game)으로 서로 대치하는 정치적 상황에 처해 있었기 때문이다. 이렇게 5년 만에 도착한 티베트와의 접경인 수바트에서 흥미로운 장면들이 연출된다.

그의 모습을 윌리엄 헌터(William Wilson Hunter, 1840-1900)란 동인도회사의 관리겸 동양학자는 이렇게 기술한다.[2]

> 1824년 늦가을 한 유럽인이 히말라야의 오지에서 영국령 동북방 군사 기지인 사바투에 모습을 드러낸다. '얼굴은 분명 유럽인인데 걸친 옷은 산간의 낡아빠진 옷이었다. 오히려 조잡한 담요 쪼가리에 가까웠다.' 이렇게 모습을 드러낸 초마는 자신을 다음과 같이 소개했다. '나는 언어학을 공부하는 오스트리아인으로 지난 5년간 헝가리에서 이곳 중앙아시아까지 걸어왔고 계속 티베트의 미지의 땅으로 걸어 들어갈 계획이다. 영국 식민지 당국은 나를 보호해 주기를 바란다.'라고 요청했다.

그러나 그는 오히려 수상한 인물로 간주되었다. 급기야 스파이로 오인되었고 현지 사령관인 케네디 대위에 의해 반 감금상태의 보호조치를 받는다. 당시는 앞서 말한 강대국들 사이, 특히 러시아와 영국의 식민지 확대를 위한 "거대한 게임"의 와중이었다. 특히 인도 북방과 아프카니스탄, 티베트지역은 인도를 식민지화하고 팽창하던 영국이 러시아와 치열한 경쟁을 하던 지역이었다. 남루한 옷을 걸치고 수개 국어를 구사할 수 있으며 고도의 지적 소양을 갖춘 이 인물을 수상하게 여기지 않을 상황은 아니었을 것이다. 그는 정치적 소용돌이에 휘말렸다. 전혀 그의 본의는 아니었지

---

2   William W. Hunter, *Csoma de Koros: A Pilgrim Scholar,* Allahabad, 1885, p. 3.

만 훗날까지 그의 티베트어 사전과 문법서의 제작이란 티베트에 대한 전문적 지식은 결국 서구 식민지화의 한 도구로도 활용되는 것이다.

어찌 되었든 그가 편력한 지역은 헝가리가 위치한 발칸 반도를 기점으로 터키, 이라크, 이란, 페샤바르, 아프카니스탄 등의 중근동 지역을 거쳐 실크로드와 바미안 등을 넘어 라다크 지역까지 확대된다. 지금은 폭파된 바미안의 대불을, 뒤에 언급될 무어크러프트와 함께 서양인 최초로 목격한 장본인이기도 하다. 그가 관통한 지역은 정치, 문화, 인종, 종교가 난맥처럼 복잡하게 뒤얽힌 혼란한 지역이었다. 한마디로 파란만장의 경로를 거쳐 티베트 국경에 도달했고 이 과정은 결국 그의 학문을 위한 편력이자 그의 삶의 축도이기도 했다.

3. 샹글리라를 찾은 학자들

지금 내가 인용한 초마 주변의 삽화들과 경유한 지역들, 그의 출신이며 종족적인 세세한 사연들은 믿기 어려울 만큼 디테일하다. 그럴 만한 이유가 있다. 그에 대한 본격적 전기들이 존재하기 때문이다. 내가 찾은 것 만해도 4권이 넘지만[3] 그에 대한 최초의 전기를 쓴 테오도어 두카(Thodore

---

3 초마에 대한 최초이자 최대의 전기를 쓴 테오도어 두카(Theodore Duka)는 그 이후에
   나온 초마에 대한 여러 전기의 전범이 되었는데 중요한 전기만 열거해도 다음과 같다.
   a] Theodre Duka, M.D., *Life and Works of Alexander Csoma De Körös, A Biography
   Compiled Chiefly from Hitherto Unpublished Data: With A Brief Notice of Each of
   His Published Works and Essays, As Well As of His Still Extant Manuscripts*, London:
   Trubner & Co., Ludgate Hill, 1885.
   b] Hirendra Nath Mukerjee, *Hermit-Hero From Hungary: Alexander Csoma de Koros,
   The Great Tibetologist*, Light &Life Publishers, New Delhi, 1981.
   c] Alexandre Csoma de Koros. Un numero special concu et realise par Bernard Le

Duka, 1825-1908)의 전기는 압권이고 이후의 그에 관한 전기에 절대적 영향을 미쳤다. 그는 시대적으로 초마와 가장 가까웠고 같은 지역 출신이기도 했다. 따라서 초마에 관한 증언적인 자료는 물론 다양한 자료들을 직접 참조할 수 있었다. 두카 역시 서구에서의 동양학 발전에 일조를 하는 인물이다. 초마와는 동향인 트랜실바니아의 헝가리에서 태어나 그와는 동일한 공간과 시대를 살며 초마의 기이한 삶의 모습과 빼어난 활동에 착목(着目)하는 것이다. 무엇보다 헝가리가 처한 고난 받은 민족적 정황이며 영국의 호의로 영국에 귀화하고 동인도회사 소속 의사로서 인도에서 근무한 헝가리 태생의 귀화 영국인이었다. 그의 눈에 초마가 띄었고 영국의 동인도 벵골 아시아학회(The Asiatic Society of Bengal)에서 이룩한 초마의 활동은 그를 사로 잡았다.

두카에게 있어 초마는 또 다른 형태로, 자신의 헝가리적인 정체성과 신분을 확인시키는 역할을 하고 있다. 일종의 자기 투영이었다. 따라서 두카는 이후 초마의 전설을 낳게 한 공전절후의 전기를 쓰는 것이다. 그것이 이 글의 대본으로 사용하는 『알렉산더 초마 드 코로스의 생애와 저작』[4]이라는 전기가 나온 소이연(所以然)이다. 이 책은 이후 발간되는 여러 초마 전기의 저본이 되었다. 오늘날 불교학 연구에 공헌한 수많은 서양의 동양학자들이 존재하지만 초마처럼 많은 전기를 남긴 학자도 드물다. 그럼에도 불구하고 그의 이름은 불교학을 연구하는 사람들에게마저 낯선 기현

<hr>

Calloc'h, *La Nouvelle Revue Tibetaine*, No. 10, Janvier 1985,
d] Edward Fox, *The Hungarian Who Walked to Heaven: Alexander Csoma de Koros, 1784-1842*, Short Book, 2001.

4   Theodre Duka, *Life and Works of Alexander Csoma De Körös*, London: Trubner & Co., Ludgate Hill, 1885.

상을 낳고 있다. 따라서 학문적 평판과 그 학자의 공헌의 상관관계가 불교학에 관한 한 일관되지 않는다는 점을 여실히 드러낸다. 여하간 이 두카의 전기에 근거하여 초마에 대한 최초의 평가적 약전(略傳)이 윌리엄 헌터 경에 의해 집필된다.[5]

그리고 헌터란 인물 역시 달리 주목될 필요가 있다. 그는 "영 제국 인도 관보(The Imperial Gazetteer of India, 1869 창간)"란 잡지를 통해 인도 통치를 위한 행정적인 자료들을 수집 분석하였고 이 통계자료들은 인도 총독에게 보고 된다. 그의 신분인 관료-동양학자(Administrator-Orientalist)란 상이한 두 개의 직함의 결합은 동양학이 어떻게 서양에서 발주되었는지를 말해주고, 결국은 E. 사이드가 주장하는 오리엔탈리즘의 근거가 되기도 한다. 헌터 경은 동양학자이자 인도 주재 영국의 관료로서 그의 관보를 통해 불교에 대한 기본 자료들인 산스크리트어와 티베트 불전 자료 수집가들을 낱낱이 소개하고 있다. 곧 산스크리트어 불전 자료를 수집한 브라이언 호지슨(Brian Houghton Hodgson, 1800-1894)과 더불어 티베트 불전 자료를 소개한 초마를 세상에 알리는 것이다.

아직도 서구에서의 불교학의 발단을 어디에 두어야 할 것인가는 논의의 대상이다. 서구 불교학의 탄생이 문헌적 출발을 한다는 것은 주지의 사실이지만 이 문헌의 출발을 어디다 둘 것이냐 하는 것은 초미의 쟁점일 수밖에 없다. 일반적으로는 최초의 불교학 개론서에 해당하는 저술인 외젠 뷔르누프(Eugène Burnouf, 1801-1852)의 『인도 불교사 개론』[6]과 『법화경(法華

---

5 William W. Hunter, *Csoma de Koros: A Pilgrim Scholar*, Allahabad, 1885.
6 Eugene Burnouf, *L'Introduction à l'Histoire du Bouddhisme Indien*, 1844.

經) 역주』[7]을 서구 불교학의 발단으로 삼고 있다. 그러나 정작 이 저술들을 가능케 한 자료들을 수집하여 보내 준 사람들은 달리 존재하였으니 오히려 그들을 부각시켜야 하지 않을까? 이 자료들을 처음 발견 수집하며 그 문헌들의 중요성을 인지한 사람들이니 말이다. 물론 최초의 인지자이니 그 과정에서 적지 않은 해석상의 오류와 시행착오도 겪었지만, 그들은 나름대로 연구하고 분류해 갔다. 요즘처럼 홀로 끼고 앉아 독식을 하지 않고 영국 도서관이나 프랑스의 뷔르누프 같은 학자들에게까지 이 수집 정리한 문헌들을 보내주었던 것이다. 이 호의로 공유된 결실들이 최초의 불교학 개론서를 탄생하게 했고 현대 서구어로 된 불전들의 번역 출판으로 이어진다. 이런 수집/분류/발송이란 작업을 진척시킨 대표적인 인물이 바로 브라이언이었고 그에 대한 평전인『브라이언 호지슨의 생애와 그의 소장 저술들』[8]을 '제국 관보'에 게재한 것이 바로 이 윌리엄 헌터 경이었다. 그는 또 초마의 평전인『순례의 학자: 초마 드 코로스(*Csoma de Koros: A Pilgrim Scholar*)』(1885)를 집필했다. 그러니 결국 헌터 경은 이 두 인물을 학계에 소개하고 부각시킴으로서 산스크리트어 불전 자료와 티베트 불전 문헌의 발견과 수집, 또 그것들의 송출이 얼마나 중요한지를 인식시킨 것이다. 불교 자료 면에서는 산스크리트어 불전 문헌은 전적으로 호지슨에 의존하였고 티베트 불전에 관한 한 초마의 공헌이 절대적이다. 그렇다면 서구 불교학 발주의 단서를 어느 곳에 두어야 하는지는 다시 문제 삼을 수밖에 없다.

초마의 전기를 쓴 두카의 주변을 훑다 보니 일탈되고 말았는데, 그의 형

7　Eugene Burnouf, *Le Lotus de la bonne Loi*, traduit du Sanskrit, accompagné d'un commentaire et de vingt et un mémoires relatifs au Bouddhisme, 1852.

8　W.W. Hunter, *Life of Brian Hodgson and Collections of Brian Hodgson*, 1881.

가리와 얽힌 후일담은 더 계속된다. 실크로드학이 되었건 돈황학이 되었건 소위 중앙아시아를 종횡으로 탐험하고 많은 공적을 남긴 인물을 꼽는다면 오렐 슈테인 경(Sir Marc Aurel Stein, 1862-1943)을 빼어놓을 수가 없다. 그 역시 헝가리 출신이고 영국 정부로부터 작위를 받고 영국으로 귀화한 인물이어서 아직도 학계에서는 그를 영국인으로 분류한다. 이 오렐 슈테인 경은 두카를 기리는 추념 행사에서 기념 강연을 했다. 이렇게 추적하다 보면 초마에게서 시작된 '헝가리 시원 찾기'는 한 개인의 학문적 호기심으로 그치는 것이 아니다. 발칸반도 중심에 위치하여 그동안 헝가리가 겪은 수많은 곡절들, 즉 그 지역과 역사에 함축된 복잡한 인종적·정치적 갈등을 반증하는 사례이기도 하다. 땅끝 넘어 『천국까지 찾아 걸어간 헝가리 학자』라는 또 다른 그에 관한 책 제목은 그런 맥락을 지닌 그의 기구한 운명과 분투의 행로가 잘 부각되어 있는 셈이다.

4. 언어의 달인들

괴팅겐 대학에서의 동양학 열기와 더불어 당시 유럽의 계몽주의, 낭만주의적 분위기는 유럽 언어의 뿌리를 찾고 있었고, 그러한 작업은 학문상의 중요한 이슈로 떠올라 있었다. 영어, 불어, 독일어 등 서구 언어들의 기원이 인도의 언어와 밀접한 연관이 있음이 프란츠 보프(Franz Bopp, 1791-1867)에 의해 이론적으로 정리되기 시작했다. 보프가 처음은 아니었지만

9　*The Hungarian Who Walked to Heaven: Alexander Csoma de Koros.* 그의 생애의 특징을 "걸었다(walked)"는 사실로 표기한 것은 인상적이다. 가장 최근에 나온 이 전기는 "걷는다"는 것을 주목한 나의 생각과도 연결된다.

서구 언어들의 산스크리트어와의 친근성이 나타났고 그는 비교언어학을 위한 방법들을 제시한다. 보프는『산스크리트어와 희랍어, 라틴어, 독일어 등의 비교문법학』"[10]을 출간했다. 그것이 소위 언어학 분류에서 서구어들의 시원을 '인도-유럽 언어'(Indo-European)란 표제 아래 분류하는 계기가 되었다. 서구가 식민지화하고 통치하기 위한 수단으로 시작된 인도 현지 언어와 고전에 대한 번역은 역설적으로 서구의 언어와 신화의 뿌리를 찾아준 셈이 된다. 그리고 보면 초마 자신의 언어적 시원에 관한 관심도 한 개인의 유별난 호기심이나 인종적 시원 때문에 시작된 것만은 아니었다. 이미 무르익은 당시의 학문적 분위기와 맞물린 서구 식민주의 현장의 반영이기도 했다.

앞서 언급한 초마가 5년 여의 걷기 끝에 도달한 티베트 국경에서의 사건은 여행의 끝에 일어난 하나의 해프닝만은 아니었다. 그에게 결정적 전환점을 마련한 계기이기도 했다. 그의 신분 조회가 이루어졌고 그 덕분에 그에 관한 행적이 속속들이 드러난다. 그리고 초마에게 추천장을 써준 이가 윌리엄 무어크로프트(William Moorcroft: 1767-1825)라는 것도 밝혀졌다. 무어크로프트는 초마가 이곳에 도착하기 전에 레(Le)에서 만나 5개월간을 함께 지냈으며, 초마의 긴 여로에 결정적 전환점을 가져다 준 인물이었다. 그는 학자도 아니고, 식민지 고위 관리도 아닌 오히려 탐험가에 가까운 인물이었다. 군 출신의 수의사로서 이곳저곳을 탐색하며 좋은 종마를 찾아다니다 네팔 등 인도 북부를 경유하며 라다크의 레에서 초마를 만난 것이다. 무어크로프트의 일은 영국 식민지 당국에서는 무척 중요하게 여겨졌

---

10 Franz Bopp, *A Comparative Grammar of the Sanskrit, Zend, Greek, Latin, Lithuanian, Gothic, German, and Sclavonic Languages*, 1845.

는데, 그런 자신의 영향력을 초마에게 아낌없이 베풀었다. 초마는 5년간의 여행 중 중반기에 해당하는 1822년에 그를 만났고, 그는 초마에게 결정적 방향 전환의 계기를 제공해 준다.

특히 내성적이고 과묵한 초마는 처음으로 무어크로프트에게 마음을 트고 친구가 되었다. 초마가 동양학과 언어에 심취해 있음을 간파한 무어크로프트는 초마에게 『티베트 알파벳(*Alphabetum Tibetanum*)』이라는 라틴어로 된 책을 주었다. 이 책은 1762년에 가톨릭 선교사인 아고스티노 안토니오 기오르기(Agostino Antonio Giorgi)가 라사에서 수집 편찬한 무려 820쪽에 달하는 방대한 저서이다. 이 책과 함께 무어크로프트는 자신이 이제껏 우정을 쌓아 온 현지의 라마들까지 소개해 주었다.

5. 고행의 학문 수행자

초마는 여기서 초기 계획과는 전혀 다른 새로운 개안(開眼)을 하게 된다. 불교에로 귀의했다는 것이 아니라, 자신의 소임이 무엇인지를 자각하며 방향 전환을 시도하는 것이다. 정확히 5개월 6일 동안 무어크로프트와 함께 카슈미르와 라다크의 레를 왕복하며 지내고 난 후, 초마는 장글라(Zangla) 지역의 티베트 사원에서 16개월을 보냈다. 거기서 무어크로프트가 소개해 준 상게 푼촉(Sangs-rgyas Phun-tshogs)이라는 라마를 평생의 스승으로 모시고 그에게서 티베트어와 불교의 온오(蘊奧)를 몽땅 전수받는다. 그가 푼촉 스님과 함께 보낸 16개월이 무문관에 익숙한 우리들에게는 다소 짧은 기간이고, 그저 그러려니 하는 고행으로 비칠지 모른다. 그러나 초마는 사방 9피트(약 2m 75cm)의 토굴에서 히말라야의 엄혹한 추위를 그대로 견디면서 스승과 티베트어와 불경을 공부했다. 그렇게 일 년 반의 토굴 생활 끝에 걸어 내려와, 초마는 앞서 언급한 영국 국경초소인 사바투의 현지 책임자인 케네디 대위 앞에 그 모습을 드러낸 것이다. 그의 등짐에는 그동안 애써 베낀 320권의 두루마리 티베트어 어휘사전이 들어 있었다. 그것이 훗날 티베트 불교뿐만 아니라 산스크리트어와 대조 번역을 가능케 한 범장(梵藏) 대조 어휘사전인 『마하비윳파티(*Mahavyutpatthi*, 飜譯名義大集)』가 출현하게 된 소이연(所以然)이다.

초마의 이런 공부 모습과 패턴은 오늘날 서양인들의 티베트 불교 연구 모습과 한 치도 다르지 않다. 오늘날 티베트까지 걸어가지는 않겠지만, 일정한 라마 스승을 모시고 적어도 일 년 이상을 함께 독대하여 티베트 경전을 읽어가는 방식이다. 대부분 이 기간 동안에 불자가 되거나 아예 티베트 승려로 계를 받아 승적에 이름을 올린다. 미국에서 첫 번째 티베트 불승이 된 컬럼비아대학의 로버트 터만(Robert Thurman) 교수나 달라이라마 성하의 비서역을 담당했던 버지니아대학의 제프리 홉킨즈(Jeffrey Hopkins) 교수는 대표적인 예인 셈이다. 그러니 초마는 이들 현대 서구 불교학자들보다 2세기는 더 앞선 본보기가 된다. 요즘 정신 못 차릴 정도로 쏟아지는 티베트 불교 원전에 의한 불교 연구서들은 이렇게 라마승들과의 독대에 의해 이루어진 저술들이다.

이후 그는 몇 번을 더 히말라야 산중의 장글라(Zangla) 등지를 찾아 자료 수집과 공부에 몰두하다가 1831년에야 인도의 캘커타(지금은 본래의 명칭인 콜카타로 부름)로 귀환한다. 그곳에 본부를 둔 벵골 아시아학회(The Asiatic Society of Bengal) 도서실에 박혀, 짊어지고 내려온 문헌자료를 정리하여 출판한다. 이 무렵 이 학회의 명예 회원으로 추대되었고, 학회의 창설자의 한 사람이자 브라미문자와 카로슈티문자를 판독해 낸 제임스 프린셉(James Prinsep, 1799-1840)과도 친교를 맺고 그의 도움을 받는다.

그러나 영국 식민지 관리에게서 받은 혜택, 얼마간의 여비와 숙소, 그리고 왕립아시아학회의 명예 회원으로 추대된 것을 빌미로 초마는 영국 식민지의 하수인으로 전락한 것으로 평가하는 시각도 존재한다. 그런 점을 예상해서인지 초마는 자신이 처한 미묘한 입지를 이렇게 밝혀 놓았다. "나는 어떤 정부에 의해서도 정치적 자료를 수집하기 위해 파견된 적이 없다." 또 자신을 학회 회원으로 영접해 준 거물급의 인도학자인 제임스 프린셉에게도 한계를 긋는 편지를 보낸다. "어떤 통계적 자료, 그것이 정치적이 되었건 지리학적인 문제가 되었건 나는 그런 질문에 대해 자제할 것이다."

초마가 학자로서 보였던 이런 자세는 한 전기 작가가 지적하듯 "중세기 승려들과 같이 세속을 등지거나 청빈함에 묶인 자들"이란 정의에 맞아 떨어지는 것이었다.[11] 궁벽한 고행의 생활이며 학문적 열정, 그리고 이 모든 과정을 몸으로 때운 초마를 당시에도 사람들은 "바보로 여겨, 감싸주는가 하면 동시에 비웃어 버리는 태도로 취급했다." 그러나 그의 이런 학문적인 자세가 종교적인 경지로 승화되었음을 인지하고, 서양인으로는 최초로 '보살'이란 칭호를 부여하게 한 근거가 되었다.

6. 학문적 결실

오늘날 티베트 불교의 학문적 기여라면 일차적으로 티베트장경 속에 편

---

11 H.N. Mukerjee는 *Hermit-Hero from Hungary: Alexander Csoma de Koros, The Great Tibetologist*(Delhi, 1981)라는 표제로 초마를 "은둔의 영웅"이라고 지칭했는데 이는 외로운 수도승처럼 각고의 고통을 겪으며 거대한 업적을 이룩했을 뿐 아니라 고고한 종교적 수행자이었음을 강조한 것이다.

입된, 일실된 산스크리트 원전을 밝혀내는 일이다. 그래서 티베트어를 통해 티베트 불교 내용을 해명하는 작업은 일차적 작업이 되겠지만, 오늘날 불교학의 중요한 관심사의 하나는 티베트 불교 원전 없이는 오히려 인도 불교의 전통과 사상을 일관성 있게 연구하는 작업이 거의 불가능해졌다는 사실이다. 곧 티베트 불교 연구는 인도불교 연구의 관건이 되고 두 전통이 서로 표리관계를 이루고 있는 것이다.

한 걸음 더 나아가 한문 불전들을 티베트 불전 어휘와 산스크리트어 원전의 어휘들로 복원시키는 작업은 물론 한문 불전의 애매성을 명확히 밝혀내는 작업도 일부 가능해졌다. 실제로 라모트 같은 학자는 그런 작업을 시도하여 한역 불전 전문 어휘의 애매한 표현들을 티베트어와 산스크리트어로 환원/복원시켜 본래의 의미를 명확히 하고 또 상호간의 사상적 연관성을 따진다.[12] 더욱 초마의 사전은 그 후 다른 사전 편찬의 저본 역할을 한다. 초마가 사전 자료를 준비 중이던 시기에 영국 총독부에 의해 또 다른 세람포 판(Serampo, 1826) 사전이 출판되었다. 그러나 초마의 사전으로 인해 그것은 '구 시대의 혼성품'으로 모두 고고학적인 수집품으로 떨어지고 만다. 그리고 지금도 티베트어 연구자들에게 필수의 사전으로 활용되는 하인리히 예슈케(Heinrich A. Jäschke, 1817-1883)의 『티베트-영어 사전(A Tibetan-English Dictionary)』(초판, 1881)마저 초마의 사전을 근거로 작성되었다. 예슈케는 초마의 사전을 "한 건축물의 주춧돌을 놓은 것이고, 유례를 찾을 수 없는 원자료에 근거한 결정적"인 저술로 평가한다. 그밖에도 라

---

12 예컨대 라모트의 유마경(維摩經) 연구(L'Enseignement du Vimalakirtinirdesa)나 수릉
    엄경(首楞嚴經) 연구(La Concentration de la marche héroïque), 방대한 양의 대지도론
    (大智度論)(Le Traite de la grande vertu de Sagesse) 번역은 이런 범어(梵語), 서장어
    (西藏語), 한문(漢文) 어휘 간의 상호 대차/대조 아래 이루어졌다.

사를 방문하며 영국과 러시아 사이의 간첩 역할을 하여 문제를 일으킨 인도학자 사라트 다스(Sarat Chandra Das, 1849-1917)의 티베트어 사전 편찬에도 영향을 끼친 것으로 알려져 있다. 한마디로 그의 사전은 오늘날 티베트어 학습의 모본(母本) 역할을 하는 것이다.

또 초마는 서구에서 최초로 티베트장경의 경장(經藏, Bka''gyur)과 논장(論藏, Bstan'gyur)을 구분한 목록을 작성했다. 동아시아 불교 전통에서 경장과 논장의 분류는 오랜 전통을 지니고 있어 우리는 당연한 것으로 알고 있지만 서구에서의 이 분류는 초마에 의해 처음 소개된 학문적 성과이다. 티베트장경의 경전 분류는 이미 14세기 샤키아(Sa-skya-pa) 파의 불승 학자인 부통(Bu-ston, 1290-1364)에 의해 채택되어 약 4,569경론이 티베트어 경장과 논장으로 분류되었다. 이 경장들의 분류는 물론, 소승, 대승, 금강승의 학파 분류와 여러 종파들이 그의 『인도-티베트 불교사(Chos'byung)』 (1322)를 통해 정착되었다. 그러나 19세기 이래로 서구에서 산스크리트어 불전들이 본격적으로 수집, 번역되고 그 결실로 인도불교사마저 출간되는 상황이었지만 아직도 이 불전의 방대한 양의 경(經)과 장(藏)으로의 분류는 알려지지 않았고, 초마에 의해 본격적으로 이 작업이 빛을 보는 것이다. 끝으로 기억해야 할 사항은 앞서 언급한 『번역명의대집(翻譯名義大集)』의 영어 번역이다. 그의 번역을 통해 학계에 소개된 이래로 이 대조대차목록은 증광되어 이후 한문, 몽골의 파스파('Pags-pa)어, 만주어까지 포함하는 방대한 불교 전문 어휘집으로 발전 확대되는 것이다.

초마가 고도 10,000미터 이상의 히말라야 토굴에서 추위와 굶주림 가운데 조용히 불전 자료들을 모으고 그 어휘들을 편집한 공로는 잊히기 어렵다. 그러나 그의 작업은 관심 있는 사람들에게만 가끔 자신의 존재를 알릴 뿐이다. 마치 보살의 행이 그렇게 숨겨져 알려지듯 말이다.

그리고 그는 애초에 계획했던, 몽골의 어느 지점에 존재한다고 믿었던 자신의 언어와 인종의 뿌리를 찾아 다시 티베트를 향해 떠났다. 그의 나이 58세였다. 그러나 그의 여정은 다즐링, 인도의 동북단의 지역에서 끝나고 만다. 그곳에서 열병에 걸려 티베트와 몽골의 어느 지점에 있을 것이라 상정했던 자신의 언어와 인종의 고향에는 끝내 도달하지 못하고 생을 마감한 것이다.

제2부

서구불교의 현상과 변용

학문의 이종교배[*]

―왜 불교신학(Buddhist Theology)인가?

* 『종교문화비평』 3호, 한국종교문화연구소, 2003.

1. 무엇을 위한 접목인가?

회색장삼을 걸친 파란 눈의 귀화승이 서울 거리를 활보하는 것이 우리
눈에 이상하게 보이듯이 불교신학(佛敎神學, Buddhist Theology)이라는 말은
낯설게 들린다. 우리에게만 낯선 어휘가 아니라, 이 말을 창안한 서구 불
교 전문인들에게마저 애매모호한 기형의 창안물처럼 비친다. 동양의 불
교와 서구 기독교의 학문근거인 신학이 결합되어 있는 불교신학이라는 말
은 무슨 뜻을 지니고 있으며, 무엇을 의도하는 말일까? 불교와 기독교 간
의 대화를 위한 체계화란 말인가? 혹시 불교를 기독교적인 틀에 의해 설명
하거나, 아니면 그 역(逆)을 말하려는 것인가? 그도 아니면 지난 날 격의불
교(格義佛敎)에서 경험한 것처럼 서양 땅에 불교를 이식시키거나 동양 문
화에 기독교를 정착시키기 위한 상호 문화적 틀을 이용하겠다는 것인가?
불교와 기독교라는 이질적인 종교를 놓고 상상할 수 있는 질문이 계속 쏟
아질 것 같다. 그러나 이 모든 질문은 전부 적합하지 않아 보인다.

불교와 기독교가 조우한 이래 서로가 지닌 문화전통과 사상의 특징 때
문에 상호이해보다는 오해가 앞섰고, 또 각각의 종교가 지닌 특성 때문에
상대를 흡수하거나 동화시키려는 의도가 선행되었다. 이러한 태도는 과
거 기독교의 경우 거의 압도적으로 나타났다. 그래서 불교와 기독교를 병
렬시킬 때마다 제기되는 두 문화의 충돌이나 종교간의 갈등을 해소시키려

는 이런 질문이 손쉽게 제기되어 왔다.

그러나 어느 때보다도 지금 불교와 기독교는 서로에게 잘 노출되어 있으며 원하기만 하면 각자가 지닌 내용을 쉽게 알 수 있다. 그럼에도 불구하고 왜 이런 오해를 야기할 새로운 조어(造語)로서 '불교+신학(Buddhism+Theology)'이라는 이종교배(異種交肧)적인 말을 창안하고 있는 것일까? 더욱이 서구에서의 불교 연구가 시작된 이래 서양적 개념과 기독교적인 어휘의 전제들을 배제시키려고 부단한 노력이 경주되고 있는 중인데도 말이다. 불교 교설의 어떤 부분이든 그것을 서구어로 표현하려고 시도할 때 그 불교 내용은 서구적 개념으로 전화(轉化)될 수밖에 없다. 그것을 피하기 위해 서구어에는 없는 혼성어가 만들어졌는데, 그 혼성어는 서양의 교양인들마저 이해할 수 없는 표현이 되고 만다. 통칭 혼성영어(Hybrid English)라고 불리는 것이 그것이다. 그러한 노력을 들인 과거의 역사가 있었음에도 불구하고, 어째서 다시 불교신학이라는 말을 차용하여 과거로 역행하려는 듯하고 있을까?

불교란 서구인에게 오리엔탈리즘적 신비의 대상으로 시작되어 오늘날 불교학(Buddhist Studies)으로 대변되는 불교에 대한 기술적·객관적 학문으로 떠오른 종교이다. 신학이란 유신론적 종교 전통 속에서 신(神)에 대한 조직적·비판적 담론을 의미한다. 그 대표적인 종교로 기독교와 유대교, 이슬람교를 들 수 있으며 좀 더 확대하면 힌두교까지도 포함시킬 수 있는 유신 종교들의 신에 대한 담론을 지시한다. 이브 콩가르(Yves Congar)의 규정을 따른다면, "중세 후기, 대학의 신학부 창설과 함께 '성스러움을 이론화(Sacred Theorizing)'할 때 기독교인들이 사용한 단어가 신학(Theology)이었으며, 그 이전에는 성전(聖典, sacra scriptura), 성교(聖敎, sacra erudita), 성록(聖錄, sacra pagina) 또는 성론(聖論, sacra doctrica)과 같은 용어를 사용하였다."[1] 곧 신학이라는 단어의 시원적인 의미는 신성(神性. theo)에 대한 담론(logia)인 신담(神談, God-talk)이라고 볼 수 있다.

이러한 오랜 전통의 신학의 정의를 생각할 때, 근대 서구의 식민지 경영의 한 창안으로 부각된 불교학을 신학과 동등한 자리에 위치시키며 '불교+신학'이라는 이종교배적 혼성 개념을 만든 일은 상상하기가 어려운 시도이다. 그러나 오늘날 신학 영역의 확대는 신학자 자신들까지도 놀랄 만한 새로운 지평을 열고 있어 어떤 면에서는 다른 영역의 가능성을 제시하고 있는 것이 사실이다.

데이비드 트레이시(David Tracy) 같은 신학자는 "신학은 어떤 종교이건 간에 그 전통에 대한 엄격한 지적인 해석을 가하는 유용한 방법이다. 그 전통이 유신적이건 무신적이건 절대신(God)이나 여러 신들(gods)에 대한 담론이나 성찰이라는, 문자 그대로의 의미에서 theologia를 사용할 수 있다. 따라서 비유신적인 전통인 힌두교, 유교, 도교 혹은 고대 전통들에서도 신담(神談, Theologies)이 가능할 수 있다."고 확대 해석한다.[2]

데이비드 트레이시의 신학에 대한 광의의 정의를 생각하면 불교신학이라는 용어가 수행하는 이질적인 두 요소의 접목도 가능하리라 생각된다. 그러나 과연 신학 쪽에서 얼마나 많은 사람들이 그 필요성을 느껴 이런 접목을 요청하겠으며, 또 불교 쪽은 왜 이런 오해를 불러일으킬 작업을 시도하는지 의아해 할 수밖에 없다. 각각 자신의 강력한 정체성을 지니고 있는 이 두 종교 전통이 현실적으로 그 어느 쪽에서도 환영받지 못하는 이 새

---

1   Yves Congar, "Christian Theology," Mircea Eliade, ed., *The Encyclopaedia of Religion*, vol. Ⅲ.

2   David Tracy, "Comparative Theology," Mircea Eliade, ed., *The Encyclopaedia of Religion*, vol. Ⅲ.

로운 가설적인 영역을 창안하는 근거는 무엇일까? 이 새로운 틈새적인 공간을 설정함으로써 이제껏 놓치고 있던 어떤 새로운 내용을 창출할 수 있다는 말일까? 그리고 새로운 창안은 궁극적으로 누구를 위한 것이며 무엇을 위한 것인가? 서구에서 시작된 논의이니 서구만을 위한 것인가? 그렇게 해서 불교의 신행 현장이 활성화된 동양에 미치는 영향은 무엇일까? 이러한 가상적 질문들이 제기될 수 있다는 것 자체가 이 신조어가 가져다 줄 의미 내용의 일단을 그대로 천명하고 있는 것일지도 모르겠다. 그리고 이 신조어가 지시하는 학문 내용이 계속 끌고 다닐 수밖에 없는 문제의 소재일 수도 있다.

2. 긁어 부스럼의 학문

학문의 주제가 현실을 일탈하든지 혹은 현실과의 괴리가 심할 때, 전문 학자들 사이에 자기 비판적인 말이 떠돈다. 아직 가렵지도 않은 부분을 긁어 놓아 상처를 내는 일이거나 혹은 신발을 신은 채 긁고 있어 아무리 긁어도 가려움이 가시지 않는 일들이다. 불교신학이라는 주제가 현실로 나타나지도 않았거나 혹은 현실을 짚어내지 못한 현장을 놓고 종교학이나 불교학이 '긁어 부스럼'이나 '신발 신고 긁어대는' 무용한 일을 도모하는 것은 아닌지 하는 의구심을 갖게 한다. 그리고 무엇보다도 기존의 학문체계에 만족해 있는 학자들에게는 불필요한 작업으로 비칠 수 있고 일종의 옥상옥(屋上屋)적인 인상을 주는 것도 사실이다. 그러나 불교학의 출발이나 그 방법론이 어떻게 적용되어 왔는가를 검토하고 이 분야에 종사하는 학자들의 실존적 입지를 분석할 때, 불교신학은 옥상옥이기보다 사상누각(砂上樓閣)적인 서구 불교학이 이제껏 걸어온 허점을 보완시키려는 노력의 일단으로 간주될 수도 있다.

곧 불교신학은 서구 불교학의 연구 방향을 재평가하는 하나의 비판적 시작이고, 이러한 비판을 거치면서 학문의 틀을 전환시켜 가기를 원하는 새로운 시도로 생각되는 것이다. 어휘가 주는 혼동보다는 내용이 가져다줄 이익에 대해 긍정적인 평가를 내릴 수밖에 없다는 것이 이 분야에 관심 있는 사람들의 공통된 의견이다. 그리고 그것은 또한 이제 동양학의 한 부문으로 불교학이 겪고 있는 오리엔탈리즘의 곤경을 극복하는 한 시도로도 생각된다.

필자는 이전에 쓴 논문들에서 서구에서의 불교학 연구의 문화·사상적 배경을 다루면서 서구 불교학 연구의 한계성을 지적한 바 있다.[3] 그 가운데서 불교는 무엇보다도 서구에 의해 '발견'되었으며, 빅토리아 조의 오리엔탈리즘적 관심과 서구 문헌학의 객관성을 표방한 학문적 연구를 통해 서구적 이미지로 변모·창안되었다고 소개하였다.

서구에서의 불교는 동양이라는 '그곳'(out there)에서 '타자'(other)로 표명되고 예증된 '대상'(object)이었다. 따라서 불교는 다루어질 수 있으며(manageable), 일정한 유형을 따라 분류될 수 있는(taxonomical) 대상이다. 동양에서는 살아 움직이는 현행(現行)의 종교이지만 서구에서는 학자들의 수집·번역·출판이라는 문헌적 과거(textual past)로부터 출현하였고, 서양의 동양 도서관이나 동양 연구소, 또는 그곳에 소장되어 있는 문헌과 자료를 통해서만 존재한다. 그리고 무엇보다도 이 문헌과 자료를 해석하는 학

---

3   이민용, 「불교학 연구의 문화 배경에 대한 성찰」, 『종교연구』 제19집, 한국종교학회, 2000.; 「서구 불교학의 창안과 오리엔탈리즘」, 『종교문화비평』 통권 8호, 2005.

자들의 책상 위에 존재하는 대상물이 된다.[4]

따라서 불교학 연구는 골동품 애호적 지식이나 유물 관리적 지식[5]으로 변모되었으며, 사이드(E. Said)가 지적하듯 '패러다임적 화석화'(paradigmatic fossilization)가 이루어진 것이다. 불교는 전통의 찌꺼기로 잔존하여 부패한 정권의 하수인이 되거나, 사회갈등을 조성하는 저해적 요인이 되거나, 혹은 그와는 반대로 활성화되어 새 시대의 정신적 자양이 되거나, 어떤 형태로든 살아 움직이는 신행의 종교가 아닌 하나의 추상물로 존재하는 것이다.

불교의 이러한 추상화 과정은 서구 불교학자들에 의해 주도되었고, 그 일부를 전수한 동양의 호교론적 불교학자들에 이르기까지, 불교가 정착한 다양한 지역들의 역사적 현실, 문화적 현장의 실제 상황을 끊임없이 무시해 버리는 교리적 연구에 빠진 것이 이제까지의 실정이었다. 이 교리적 연구는 '원형 찾기', '근본 찾기'의 시도를 하여 연구자들로 하여금 원형에서 일탈된, 무엇인가 결여된 자의식을 지니게끔 하고 회복이 불가능한 '부처님 시대'를 갈망하게 하였다. 특히 불교가 그 지역의 문화·정치의 지표 노릇을 하는 곳에서 정치적 갈등이 일어나고 인종 문제가 제기될 때 불교는 천박한 정치구호이거나, 한 종족을 보존하는 프로파간다로 전락하게끔 한

---

4   Philip C. Almond, *The British Discoverly of Buddhism*, Cambridge Univ. Press, 1988, p. 12-13.

5   도널드 로페즈는 서구 불교학의 제국주의적 성향과 오리엔탈리즘을 비판적으로 성찰하는 여러 학자의 논문을 모아 "The Curators of the Buddha"라는 제목을 달았다. 이는 불교에 대한 서구의 관심이 골동품 수집이나 유물 관리적 단계를 탈피하지 못했음을 상징적으로 표현한 것이다. Donald Lopez, *Curators of the Buddha: the study of Buddhism under colonialism*, Chicago and London: University of. Chicago Press, 1995.

다. 불교의 현실적 모습이란 타개의 대상이 될 뿐이다. 동남아시아의 불교에서 느낄 수 있는 현장감들이다. 한마디로 아시아의 낙후성과 불교의 파행성이 표리를 이루는 것으로, 더 이상 정신적 지표로 삼기 어려운 그 지역의 근대화를 위해서 불교전통은 걸림돌이 되는 것으로 평가된다. '본질적 불교'라는 원형에서 일탈된 불교는 현실의 퇴락적인 모습만을 드러내는 전통으로 아시아인들로 하여금 자기 전통에 대한 모멸감을 갖게 한다.

그것이 문헌적 연구이건 교리적 연구이건, 근본 찾기가 가져다 준 연구 결실의 일단일 수있다. 예컨대 스탠리 탐비아(Stanley J. Tambiah)는 외형상 인류학적 접근이라는 평가를 받는 현실 위주의 불교현장 연구를 시도하고 있다.[6] 그는 스리랑카의 경우를 예로 들면서, 불교를 보는 원형적 관점의 모순을 지적한다. 곧 자비와 포용의 불교가 어떻게 인종 분쟁을 불러오고 살생과 폭력을 일삼았느냐는 질문에 대해, 그는 오히려 사랑과 용서의 종교인 기독교를 반대의 예로 들면서 응답한다. 십자군의 대량살상을 언급하지 않더라도 기독교의 이름으로 자행된 폭력들, 그리고 아직도 권력 메커니즘 속에서 기독교는 국제사회의 온갖 분쟁을 일으키고 있는 사실을 놓고 우리는 기독교를 원형적인 시각에서 보고 있느냐고 되묻는다.

이렇게 되면 서구의 본질주의적 시각이 가져다 준 불교 연구는 새로운 방향을 틀지 않을 수 없게 된다. 기성의 불교 연구가 초래한 부정적 결과와 그 영향들에 대한 깊은 반성은 이제 도처에서 일어나고 있으며, 어느 한 학자의 연구 특징이나 그 결실이 가져다 준 자기주장으로만 생각되지는 않는다.

---

6   Stanley J. Tambiah, *Buddhism Betrayed? Religion, Politics, and Violence in Sri Lanka*, Chicago Univ. Press, 1992.

서구 불교학 연구의 거목이었던 푸생(De la Vallee Poussin)이나 에티엔느 라모트(E. Lamotte), 그리고 아직도 기술적(descriptual) 불교학 연구의 조망대 역할을 하고 있는 드 용(J. W. de Jong)과 같은 대가들의 업적이 지대한 영향을 미치고 있는 것은 사실이나, 그것이 오히려 불교의 현실·현안 문제를 무시한, '읽어 부스럼'을 내거나 '신발 신고 발등 읽는' 학문적 추구에 대해 항의를 받고 있으며 반론을 일으키게끔 하고 있다. 살아 움직이는 현장 존중의 태도, 그리고 삶의 방안으로서의 불교를 재확인하려는 위치가 불교신학 제안의 배경을 이룬다.

'불교 유물 지킴이'의 역할을 하였던 불교학자들의 입장을 삶의 한 양태로 전화시키려는 과정이 불교신학 창안의 배경인 것이다. 무엇보다도 불교를 다루고 있는 학자들의 학문적 입장의 새로운 정립은 신학자들이 신학이라는 학문에 대해 지니는 태도와 한 치의 차이도 있을 수 없다는 사실을 실질적으로 그리고 신학의 긍정적 내용을 고스란히 전용시킨 것이라고도 생각된다.

3. 불교는 학문만의 대상인가

오늘날 티베트 불교의 유행은 티베트 불교 전문가들이 상상하지 못했던 장면들을 연출하고 있다. 티베트 연구의 효시를 이루었던 초마 드 코로스(Csoma de Koros)나 롤프 슈타인(Rolf A. Stein)과 같은 학자들이 태생적으로 지닐 수밖에 없었던 제국주의적 주변 환경은 다음 세대에 이르러 불식되고 있으며, 거꾸로 티베트 불교 신봉자를 양산하고 있다.

특히 미국에서의 티베트 불교의 확장은 괄목할 만한 것으로, 미국 불교학의 주요한 내용을 형성한다. 대표적인 학자들은 버지니아 대학의 제프리 홉킨스(G. Hopkins)나 컬럼비아 대학의 로버트 써먼(R. Thurman)과 같은 학자를 들 수 있다. 이들은 학자일 뿐 아니라, 이미 티베트 불교에 입적되어 있는 승려들이다. 써먼 교수는 서양인으로서는 최초의 티베트 승려가 된 사람이며, 홉킨스 교수는 달라이 라마 해외 담당 비서 겸 문화상과 같은 역할을 하는 사람이다. 또한 우리에게 친숙한 UCLA 대학 교수인 로버트 버스웰(R. Buswell)이 구산(九山)스님 문하에서 수련을 받고 한국 불교에 대한 학문적 추구 이외에 생생히 살아 움직이는 전통으로서의 한국 불교를 선양시키고 있다는 사실을 우리는 잘 알고 있다.

한마디로 미국에서의 티베트 불교의 출현과 부활은 또 하나의 불교 연구의 현장을 개발시킨 것이 아니라, 불교학 연구의 새 차원을 여는 중요한 의미를 내포하고 있다. 이 개척적 서양 승려 겸 학자들 밑에서 연구하였거나 그 다음 세대로 지칭되는 일군의 학자들이 등장하고 있으며, 그들의 학술활동은 미국 불교학 연구의 주류를 형성하고 있다.

곧 고메즈(Luis Gomez. 미시간대학교 불교학 및 심리학 교수), 로페즈(Donald S. Lopez Jr. 미시간대학교 불교학 및 서장학 교수), 카비존(Jose Ignacio Cabezon. 일리프 신학대학교 철학교수), 마크란스키(John J. Makransky. 보스톤 칼리지 불교학, 비교신학 교수), 그로스(Rita M. Gross. 위스콘신대학교 철학과, 종교학과 비교종교 교수), 잭슨(Roger R. Jackson. 칼튼대학교 종교학과 동남아시아 종교 교수), 앤 클라인(Ann C. Klein. 라이스대학교 종교학과 교수) 등과 같은 신진학자들이다.

이들은 한결같이 제국주의적 분위기, 절대적 권력, 기독교적 전통에서 자유로워진 불교학 및 종교학의 새로운 세대이며, 대부분 수계를 받았거나 각자가 전공으로 삼는 해당 지역의 불교 사원에서 종교적 체험을 거쳤다. 특히 리타 그로스나 앤 클라인과 같은 여성 불교학자는 불교학 연구에서의 여성문제를 중요한 과제로 삼아 여성, 불교신앙 그리고 학문이라는 삼원적 차원의 연구를 동시에 시도한다.

바로 이들 학자에 의해 불교신학의 가능성을 타진하는 모임이 형성되는 것이다. 1996년 미국 종교학회(America Academy of Religion)의 연례대회에서 새로운 분과로서 불교신학(Buddhist Theology) 연구 그룹을 발족시켰다. 종교학이라는 큰 테두리 속에 불교학이라는 분과가 존재하고, 이 불교학 분과의 또 하나의 분화로서 불교신학이라는 세분화가 이루어지는 것처럼 보여, 근대 학문의 계속적인 미시화·세분화의 경향처럼 보인다.

그러나 그것은 제도적인 말단화이거나 학문의 세분화 이상의 의미를 지니고 있는 것으로 평가된다. 곧 그 이상의 의미란 우리가 개관하였던 과거의 불교 연구에 대한 반성적 자기비판이 그 핵심을 이룬다고 볼 수 있다. 이 불교신학이 표방하는 것을 한마디로 무엇이라고 특징지을 수 있을 것인가? 과거의 불교학에 대한 비판적인 선언만으로 출발점을 삼을 수 없는 것은 물론이지만, 그렇다고 해서 또 이것이다라고 적극적으로 내세울 수 있는 것도 아니다. 아마 아직은 형성중에 있는, 태어나지 않은 아기와 같은 것이 불교신학이기 때문이다. 또 이 불교신학이 제안하고 있는 내용을 일관성 있게 묶기에는 관계된 여러학자들의 주장과 전망이 각기 달라 어느 하나로 정의하기 어려운 점이 있기 때문이다.

그러나 추출해 볼 수 있는 제안 중의 하나는 '현대사회에 대한 불교의 계속적인 기여'를 특징으로 삼을 수 있다. 바로 '현대사회'에 대한 것이 최대의 이슈이다. 이제껏 과거 지향적 문헌 속에 갇혀 있던 불교를 현장의 것으로 문제시한다는 전제가 깃들어 있는 셈이다. 포괄적인 표현으로 보이는 '현대사회에 대한 기여'라는 막연한 지표는 실제로 불교 연구에서 암묵적으로 제외되어왔다는 사실을 입증하는 것이다.

따라서 그러한 불교학을 다루어왔던 기왕의 불교학자들의 학문상의 입장이나 개인의 종교적 입지를 확인하고 동시에 그런 암묵적인 태도와 확연히 차별화하고 싶어 한다. 종래의 불교학 연구가 하나의 종교를 그 전통과 현장에서 분리시키고 그것을 분석·비판의 대상으로 삼아 서구 아카데미에 관심 있는 이론을 개발시키는 것을 주안점[7]으로 둔 점과 구별시키는 것이다. 불교신학의 접근은 과거와는 달리 오히려 그 전통(불교)의 내부에 위치하려 하며, 분석·비판하는 방법은 종전과 동일할 수 있으나 그 목적은 전혀 다르다. 곧 전통의 근거들을 비판적으로 연구하여 그것을 현대 세계에 대한 새롭고, 자생적인 목소리로 소통하게 하기 위함인 것이다.

이 학자들은 자신이 접하고 경험하는 각기 다른 지역의 다양한 불교 지식과 체험을 근거로 전통적인 스승들에게서 배운 것을 불법적(佛法的. Dharmically)으로 설명하려 한다. 그리고 연구 방법은 역사적일 수도, 철학적일 수도, 또는 사회학적일 수도 있다. 전체적으로 보아 두 가지 방향을 지키고 그 지침 안에서 불교를 조명시키고자 한다. 첫째는 불교 사상의 여러 국면을 우리 시대의 새로운 이해를 위해 비판적으로 분석하는 일이고, 둘째는 현대 사상의 여러 국면을 불교의 비판적 관점에서 분석하는 일이다.[8] 오늘날 기독교 신학자들이 기독교라는 한 종교 전통 '속에서' 그 내용을 검토하고 훈련받는 것과 동일한 방법을 불교에 적용시키려는 것이다. 그래서 기독교 신학이 전개하고 있는 현대 세계에 대한 신학적 이해를 그대로 불교에 끌어들이는 셈이다. 이렇게 표방된 불교신학은 신학의 교조

---

7   Roger R. Jackson & John J. Makransky ed., *Buddhist Theology: Critical Reflections by Contemporary Buddhist Scholars*, Curzon Press, 2000.

8   *Ibid.*, pp. IX-X.

적 규범성이나 유신적 경향이 주는 영향을 어떤 형태이건 받을 수밖에 없다. 결국 불교라는 이질적이고 모든 면에서 상당한 거리가 있는 신학이란 용어를 채택하는 점에서 많은 논란을 겪을 수밖에 없다.

그래서 불교전통 자체 내에서의 적합한 용어를 색출하는 작업이 활발하다. 전 시대의 유물로 사용된 불교의 서구어 표현인 부디즘(Buddhism)이 얼마나 부적절한 표현이 되는가 하는 점은 새삼 다시 지적될 필요가 없다. 'Buddha[佛]'에 주의를 갖다 붙인 무분별성을 다시 검토한다고 하여도 하나도 이상할 것이 없다. 불교학은 'Buddha'(혹은 깨달음)에 대한 연구이니, 'Buddho/alogy[佛學]'은 어떨까 하는 의견이 제시되었고, 학자들에 의해 불교학을 표현하는 용어로 사용되고 있으며, 우리나라에서도 그 맥락은 다르나 불학(佛學)이란 말을 쓰고 있는 학자도 있다. 또 불법(佛法, 부처님의 진리)에 관한 연구이니 'Dharmo/alogy[佛法學]'으로 표시하면 합당하지 않겠느냐 하는 주장도 있으며, 이 어휘는 상당한 설득력을 얻고 있다.

불교 자체의 전통적인 용어로서는 아비달마(阿毘達磨, Abhidharma)가 있다. 불법에 대한 전통적인 이론적인 논의가 이 아비달마이니, 그것을 불교에 대한 현대적 주석 내지는 불교 해석학으로 재사용할 수도 있다고 생각한다. 또는 견해나 관점을 의미하는 'Darsana'도 가능하고, 논리적 전개라는 측면에서는 'Pramana'도 있을 수 있다. 무엇보다도 부처님의 진리[法]라는 고전적인 말로 'Buddha dharma[佛法]'가 있고, 영어와의 새로운 합성어로 'Dharma Discourse[法談論]'가 불법에 대한 여러 형태의 논의에 가장 가까운 용어가 된다. 소위 신학을 'God-Talk'라 하였을 때 그에 상응되는 불교 용어는 'Dharma-Talk'이고 그것을 전문어휘로 정착시키면 'Dharma

Discourse'가 합당하다는 것이다.[9]

이러한 자구풀이적 어휘 선정은 각양각색이겠지만, 그 배경이 이제껏 사용했던 불교학 연구라는 말이 가져다 준 한계성을 극복하고 금후의 작업을 차별화하자는 의도에 있는 것은 분명하다. 그리고 그러한 작업을 행하는 사람들을 불교학자로 표시하였으며, 통속적 영어 표현으로 'Buddhist Scholar'란 말을 사용하였다. 그러나 이 말 역시 적절한 표현이 되지 못하는 것은 분명하다. 이 말은 자신이 불교도이면서 불교를 연구할 수도 있고, 생물학, 물리학 또는 영문학, 사학을 연구하는 한 연구자의 종교적 정체성을 나타내는 말이다. 우리가 기대하는 불교를 학문으로 연구하는 사람들을 지시하는 말이 아니다. 이런 사람은 'Buddhist Studies Scholar' 여야 한다.

곧 'Buddhist Scholar'는 불교 내부인을 지시하고, 'Buddhist Studies Scholar'는 불교에 대해 학문적인 연구를 진행하는 학자이기는 하지만 그는 불교 내부인일 수도 있고, 외부인일 수도 있다. 불교인 학자는 불교학을 연구하는 학자일 수도 있지만, 불교학을 연구하는 학자는 불교인이 아닐 수도 있는 것이다. 곧 신학자나 회교도로서 불교를 학문적으로 연구할 수 있다는 정의이다. 마치 어휘가 잘못 드러낸 면을 두고 말장난하는 듯하는 느낌이 드나, 실제로 'Buddhist Scholar' 이거나 'Buddhist Studies Scholar'로 통상적으로 사용한 말의 뒤에 드리워져 있는 불교에 대한 연구의 현장과 한계 그리고 그 역사적 면모를 여실히 드러내주는 사례이기도 하다.

푸생이나 라모트를 위시한 이전 세대 서구 불교학 연구자들은 가톨릭 신부이거나, 기독교 신앙인 혹은 신학자들이었다. 개인의 종교적 정체성

---

9 *Ibid.*, pp. 58-59.

과는 상관없이 불교에 대한 실증적 연구와 철학적 연구를 진척시켰고, 그 결실로 현대적 불교학의 초석을 쌓아 놓았다. 그러나 거기에는 기독교적 방향잡음, 서구적 이념의 흔적이 배어 있게 된 것은 물론이다. 이러한 과거의 불교학 연구 유산을 제국주의적 산물이거나, 오리엔탈리즘적 창안이거나 '나이브'한 비교주의의 산물로 전면적으로 거부할 수도 없다. 과거가 전수한 전통을 물려받을 수밖에 없으며 이 오리엔탈리즘의 한계를 넘어가는 것이 이 시대의 불교학자들의 과제이다. 그것이 지금 말하는 'Buddhist Studies Scholar(불교학자)'가 지녔던 한계성과 이중성을 극복하는 길로 생각된다. 그리고 신조어로서의 불교신학이 새롭게 정착되는 일이 될지도 모른다. 객체화된 '불교 유물 지킴'의 상태에서 삶의 변모적 수행을 겪는 한 방안으로서의 불교에 대한 연구는 불교에 연루된 여러 형태의 사람들에게 도움을 줄 것 같다.

그리고 이런 변모적(變貌的)이며 수행적(遂行的)인 작업들이 불교학 연구에서 예중적으로 진행되고 있었다. 불교교리를 구원론적 경험(salvific experience)의 안내역으로 받아들이고 있는 것이다. 불교의 학문적 추구의 궁극적 관심은 사실의 지식을 획득하는 것이기 보다 변모적 경험(transformative experience)에 있음을 밝히고 있다.[10] 서구 중론 연구의 전환점을 이룬 스트렝(Frederic Streng)의 공사상(空思想)에 대한 이해가 그 한 예가 된다. 그는 공 개념을 철학적 사변의 내용이기 보다 종교적인 의미로 해석하고 있다. 공의 불교적 개념은 그것이 성례(聖禮)적이거나 신비적인 기능을 하기 때문에 종교적이고 또 궁극적 실재를 나타내기 때문에 종

---

10 Jose I. Cabezon, *Buddhism and Language*, Albany State Univ. of New York Press, 1994, pp. 33, 47-48.

교적인 것은 아니다. 그는 공 개념이 궁극적 변화를 가져다주는 구원론적 (soteriological)기능을 하기 때문에 종교적이라고 간파하고 있다. 불교에 대한 사상적·종교적 연구가 가져다 준 결실이 자기 변화를 일으키는 수행적 기능을 하고 있음을 지적한 것이다.[11] 불교의 이런 기능과 영향을 받아 담을 수 있는 그릇이 마련되어 있지 못했고 따라서 그것을 포용하여 문제로 삼는 새로운 그릇이 요청되는 셈이다.

불교신학은 외형상 현대신학이 물려준 기술적인 장점들인 문헌학, 비판적 관점, 현대적 해석이라는 틀을 흡수하며, 종교로서 불교의 역할을 재생시키는 새로운 시도를 한다. 불교학은 학문만의 대상이 아닌 신학을 귀감으로 하는 재생성이라는 새 차원의 가능성을 타진하는 주장을 하는 것이다.

4. 불교학은 종교적인가

불교가 동양에 시원을 둔 종교이며 그것에 대한 연구가 계속되고 있음에도 불구하고, 다시 불교학은 종교적인가 하는 질문을 제기하는 일은 우스꽝스럽게 보일지 모른다. 그러나 이런 우문(愚問)이 제기된다는 사실은 거꾸로 불교에 대한 학문적 연구가 이미 종교성을 상실한 것으로 진단될 여러 조짐을 내포하고 있기 때문일 것이다. 종교적 관심보다는 객관적 접근이 강조되고 신앙상의 양심과 도덕성 보다는 합리적 정합성을 추구하는 불교학에서 종교성의 부재를 보고 있기 때문이다. 더욱 앞에서 제기된 불교학이 위치했던 역사·문화적 배경은 이 우문(愚問) 같은 질문이 보다 더

---

11 Frederic Streng, *Emptiness: A Study in Religious Meaning*, Nashville, Abington, 1967.

불교학의 위상을 정확히 짚어낸 현문(賢問)으로 만들고 있다. 그리고 그것이 지금 문제시하고 있는 불교신학의 가능성을 타진하는 일이기도 하다.

과연 한 종교학자나 불교학자가 연구하는 전통이 종교적이라는 것은 무엇을 두고 하는 말일까? 종교로 규정되었기 때문이라거나 그렇게 규정된 종교를 연구하는 것은 의당 종교적일 수밖에 없다는 단선적인 답변은 효과적인 대답이 될 수 없는 듯 보인다. 혹 호교적 입장에서의 한 종교 전통의 변호적인 내용은 종교적이라고 말할 수 있을지 모른다. 그러나 지금 우리는 종교학적인 관심을 중심에 두고 한 종교에 대한 객관적 연구의 종교성을 문제시하고 있다. 호교론의 존재 이유는 그대로 인정할 수밖에 없으나, 불교학에 관한 한 객관적 기술학을 거쳐 정착된 만큼 불교학을 호교학으로 환원시키는 변호학적 입장은 이런 질문에 대한 답변일 수 없다.

하지만 이러한 객관성이나 중립성을 유지한다는 일이 얼마나 효과적이며, 그리고 그런 일이 과연 가능하겠느냐 하는 질문이 다시 대두된다. 객관성을 지탱한다는 것이 종교성에 의문을 제기하고 변호학적인 호교론이 선교적 도그마에로 이끌고 있다는 이중의 곤경에 처해 있는 것이 지금의 불교학의 종교성 문제라고 여겨진다. 다시 말해 이 시대에 불교를 다루는 것이 순수한 비동반자적이고 냉정한 입장을 견지하여 연구할 것을 요구하는 일이 얼마나 타당하겠느냐 하는 것이다.

인문학의 다른 분야들, 예컨대 문학의 가치를 따질 때 그 문학에 대한 열정과 동반자적인 입장에서 자유로워진 문학 이해가 얼마나 가능하겠는가 하는 점이다. (종교학으로서의)불교학이란 아카데미즘의 존중성이 중립성을 견지해야 한다고 요구하고 있지만, 실제로 강의실 현장에서의 모습은 어떻게 펼쳐지고 있는가? 강의실의 문이 닫히고 담당교수가 이 학문의 객관성에서 벗어나고 있을 때, 그리고 학부 학생들의 불안정한 기억에만 의존하고 있는 상황에서 그 강의의 객관성을 보고할 아무런 근거도 우리는 갖고 있지 못하다.[12] 과연 신학이나 불교학이 목회·설교학적인 단계나 호교론적 설법에 빠지지 않고 종교학에서의 의미와 가치를 묻는 일이 가능하겠으며 그것은 또 바람직스런 일인가?

실제로 우리의 신학 대학에서 종교학 강의, 불교 강의가 개설되고 있으나 위와 같은 현상을 지적하고 질문을 제기할 때, 우리는 어떤 내용의 강의와 어떤 자세의 강의를 하고 있는지를 자문할 수밖에 없다. 불교 종립 대학에서도 종교학 강의, 기독교 개설과 같은 강의가 개설된 적이 있으나, 그것을 누가 담당하고 그 강의 내용이 어떻게 진행되었는지를 묻지 않을 수 없다. 서구에서의 종교학이나 불교학 더 나아가 신학에서 일어나고 있는 문제와 거의 동일한 문제점이 한국의 불교학에서도 똑같이 일어나고 있으며 종교학적 입장의 곤혹스러운 실상을 그대로 반영하고 있다.

전 시대의 신학과 불교 호교론이 지향했던 종교적 가치의 문제가 종교학, 불교학의 기술학과 어떻게 새로운 관계를 지닐 수 있는가 하는 문제가 다시 제기되는 것이다. 이 기술학과 가치학의 경계는 점점 모호하게 되고 있으며, 전통에 대한 연구와 전통의 창조적 재생 사이의 경계가 흐트러지고 있다. 그리고 불교신학은 이 문제를 짚어내고 있다. 불교신학이 문제점을 제기하였다고 하여 해결방안이 있는 것 같지는 않다.

그러나 이렇게 제기된 문제에 대한 불교학 연구의 한 표본을 베르나르 포르(Bernard Faure)의 선종사에 대한 연구를 통해 목도한다.[13] 곧 현대 사

---

12 Malcolm D. Eckel, "The Ghost at the Table: On the Study of Buddhism and the Study of Religion," *Journal of the American Academy of Religion*, LXII/4.

13 베르나르 포르의 다음과 같은 저술은 새로운 차원의 불교학 연구의 효시를 이룬다. 그의 삼부작인 ① *The Rhetoric of Immediacy: A Cultural Critique of Chan/*

회에서 전통에 대한 종교적 의미, 그리고 좁게는 불교를 학문으로 연구하는 작업의 종교적 의미를 어디에 두고 있는지를 검토할 수 있게 한다. 근대적 학문으로서의 불교학이 언어·문헌적 종교 연구를 시도하는 만큼 그 궁극적 귀결점에 구속론적 입장이 표명될 수 있는가 하는 문제이다. 포르의 선종사 연구는 불교학의 학문적 담론의 객관성을 견지하면서 그것의 사회적 구속력, 권력의 형태를 따지며 한 전통이 지닌 사회·역사적 연관성을 분석한다. 곧 드라마처럼 펼쳐지는 선종의 사자상승(師資相乘) 전통과 아무런 매개 없이 깨달음의 내용이 직접 전수된다는 주장은 언어와 행위의 기성 체제를 거부한다. 그러나 돈황문서의 발견으로 선종사는 재해석될 수밖에 없고, 사자상승이란 선종의 법맥은 후대의 종파주의적 의도에 사로잡힌 신회라는 인물의 창안에 지나지 않으며, 그의 종파적·정치적 지위를 확보하기 위한 시도였다고 불교사는 논증한다.

그렇다면 이제껏 주장된 종교적 구원의 계보는 모두 허위였는가. 선종의 계보를 액면 그대로 받아들일 수 없다면 깨달음의 전수는 어떻게 된 일인가? 그리고 모든 계보와 체제를 거부하는 선종이 그것을 더욱 공고히 하는 사자상승의 위계질서와 계보 유지 체제를 견지하고 있다는 사실은 상호 모순되고 있으니, 불교학의 입장은 종교성을 거부하는 작업이 아니겠느냐 하는 질문이 제기된다. 실증적 논증을 거친 불교학의 결실만이 문제가 아니라 베르나르 포르 그 자신의 학자로서의 이중성도 또한 문제이다. 서구 불교학자로서 선불교를 보는 그의 입장은 단순치 않다. 우선 서구 불

<hr>

Zen Buddhism, Princeton Univ. Press, 1991 ② *Chan Insights and Outsights: An Epistemological Critique of the Chan Traditions*, Princeton Univ. Press, 1993 ③ *The Will to the Orthodoxy*, Princeton Univ. Press, 1997는 주목해야 할 저술들이다.

교학자들의 입장을 직설적으로 지적한 다음과 같은 어느 불교학자의 말을
주목할 필요가 있다.

> 불교학 연구란 비서구적인 문화 산물에 대한 서구적 작업을 지속하는 일
> 이며, 고도의 전문적인 비불교도인 청중을 위한 비서구적 맥락 속에서 일
> 어나는 불교에 대한 담론이다. 이 전문인들의 지적 작업은 서구의 문학, 예
> 술, 철학의 주류적 흐름에서 떨어져 있으며, 또 경우에 따라서는 현행의 불
> 교 교리적 성찰의 흐름에서도 격리되어 있다. … 불교 연구와 그 청중은 공
> 동의 언어와 그러한 확신을 결여하고 있다. 단절되지 않은 전통과 하나의
> 공통된 의미를 주는 언어의 신화는 아시아에 있어서마저 유지할 능력이 없
> 다.[14]

비서구적 산물을 서구적 지성에 의하여 서구적 방향으로 이끌어 간 불
교학 연구의 성격을 놓고 불교학을 다루는 학자들로서는 곤혹스럽지 않을
수 없다. 그 점이 베르나르 포르의 입장이며 대부분의 서구 불교학자들이
당면한 고뇌이기도 하다. 곧 그는 서구 중심 문화권에 속해 있는 서구인이
지만 동아시아 불교 전공자라는 그의 전문성은 그를 주변적 소수에 머물
게 한다. 다른 말로 선불교를 다룬다는 점에서 그는 동아시아 문화의 중
심에 접근해 있지만, 서양 불교학자라는 그의 입지는 또 다시 주변 소수로
떨어지게 한다. 그의 입장은 주변성과 중심성이라는 두 상치적인 대극 위
에 번갈아 위치할 수밖에 없다.

---

14 Luis Gomez, "Unspoken Paradigma: Meanderings through the metaphors of a field,"
Journal of International Association of Buddist Studies, vol. 18, no.2, p. 190.

이런 자신의 입장으로부터 그는 언어·문헌적인 선종사의 내용을 핵심 주장과 주변적 현상의 대극적 이분법으로 파악한다. 겉보기에 양쪽으로 갈려 있는 사항들, 곧 상치적인 관계에 있는 두 사항인 돈오와 점수, 정통과 이단, 중심과 주변, 직접성과 간접성이라는 상반된 패러다임은 '사고의 틀'로서 기능하고 있으며 다변적 표현 양식의 상징성으로 나타난다. "부지런히 닦아 먼지가 끼지 않게 하리라"는 신수의 점수적 오도송(悟道頌)은 "불성(佛性)은 항상 깨끗하여 본래 아무것도 없으니 먼지 앉을 이유가 없다"는 혜능의 돈오적 오도송과 상치되는 것이 아니다.

혜능의 단박 깨달음은 신수의 점진적인 수행의 깨달음 없이는 성립이 불가능하여, 혜능의 정통성 주장은 신수의 입장 없이는 불가능해진다. 신수와 혜능은 하나의 쌍(雙)으로 대치적으로 존재한다. 돈오와 점수도 대치적이지만 그것은 또한 상보적인 것이다. 그것이 선이 처해 있는 현장이고 그것이 또한 우리의 현실이다. 진리 주장의 '말'이 지닌 수사성(修辭性)의 의미를 찾을 수밖에 없다. 언어와 문자를 부정하는 선사들이 오히려 더 많은 어록(語錄)과 일화를 남겨 선종사의 어록의 시대를 만들고 있다. 과거와의 어떤 지속성도 지니지 말아야 한다는 선가(禪家)의 비역사적인 초월적인 주장에도 불구하고, 오히려 의발(衣鉢)을 전수하며 사자상승을 제도화하고 있다. 조사를 만나면 조사를 죽이고 부처를 만나면 부처를 죽이라는 권위와 기성의 틀을 깨는 선가의 부정의 자세는 어떤 형태의 주술화(呪術化)도 거부하는 주장처럼 보인다. 그러나 오히려 다른 측면 즉 조실(祖室)과 부처에 대한 주술적 신비를 강화하고 있다.

기존의 틀과 권력의 인정이라는 선종의 제도화야말로 선종의 모습의 실상이 된다. 선종의 '말'과 '현장'은 두 개의 모습을 지니는 것이다. 이 양면성은 선종에만 국한되는 것이 아니라, 인간의 상황이 그러하고 진리의 모습이 또한 그러하다. 말하고 행동한다는 것, 그리고 행동으로 이끄는 것의 성격을 드러낼 때 선이란 말의 수사성은 오히려 수행적인 기능을 한다.

베르나르 포르의 불교학 연구는 놀랍게도 지적 설득력을 지니고 힘을 실어 갖게 된다. 학자로서 무엇을 말하고, 무엇인가를 행동에 옮겨야 되고 그러는 동안 그 과정에서 일어나는 수사적인 성격들을 반추해 볼 수밖에 없다. 이 말하고, 행동하고, 행동하는 성격을 드러내 보인다는 이중적 관점이 데리다이거나 폴 드만의 특징이 되지만, 그것은 또한 포르의 선에 대한 수행적 수사성의 특징을 드러내준다. 과거의 실증적·문헌적 연구를 거치며 지금 우리의 인식의 틀을 형성시킨 오리엔탈리즘이거나 후기 오리엔탈리즘 혹은 문예비평학을 위시한 모든 현대의 사유방식을 채택할 수밖에 없다. 불교학의 종교성은 이렇게 복잡한 현대 학문의 여러 분야의 직조(職組)를 통해 드러날 수밖에 없다. 불교적이고 서양적이고 기술적이고 수행적일 수밖에 없는 상황이다. 기독교 목사이며 불교학자인 데이비드 엑켈과 같은 사람은 포르의 저술의 특징을 들어 다음과 같은 공감을 표시하며 불교학의 미래를 내다본다.

> 그것은 불교적인가, 그것은 서양적인 것인가, 그것은 역사적 논의인가, 그것은 선사의 수사적 놀음인가? 포르는 이 모든 것이라고 말할 것이다. 그리고 이 모든 것이라고 하며 그 모든 것과는 다른 어떤 것이라고(something else altogether) 할 것이다. 나 자신(데이비드 엑켈)도 이 수사적 놀음이 종교적인 것일 수 있느냐고 물을 수밖에 없으나, 나 역시 이것은 종교적이라고 답변할 것이다. 그러나 두 문화와 두 형태의 학문적 담론의 경계선을 바꾸어가는 불교적인 과제, 또 서구적인 과제를 활성화시키는 것이 얼마나 복합

적이냐 하는 것을 드러내는 면에서 그렇다.[15]

이 시대의 불교학이 종교적일 수 있는 가능성은 단순할 수 없다. 신학이 호교론이나 변호학을 벗어나며 겪는 문제점만큼이나 불교학이 종교적으로 되는 과정은 다면적이고 복합적일 수밖에 없다. 불교전통에 대한 해석과 그것을 적용시켜가며 불교의 가치를 재형성시키는 작업은 단순할 수 없다. 종교학과 불교학이 이 과정을 지켜보며 참여적인 동참을 할 수밖에 없으며, 그 일단의 학문적 표현이 '불교+신학'이지 않을까 하는 기대를 건다. 어휘(語彙, terminology)에 관한 수사어(修辭語) 선정의 문제가 아니라, 불교신학이 주는 수사성(修辭性)의 역사적·문화적 맥락에서의 의미는 이제 대두되었다고 본다.

15 M. D. Eckel, *op. cit.*, p. 110.

서구 불교신행의 양태와 서구적 불교의 탄생[*]

* 『한국 불교학』 58호, 한국 불교학회, 2010.

1. 머리말

미국의 영화배우 기처드 기어, 흑인 여가수 티나 터너, 그리고 민주당 대통령 후보였던 전 캘리포니아 주지사 제리 브라운 등 미국의 저명한 인사들이 독실한 불자라거나 불교에 심취해있다는 사실은 이제 흥밋거리도 되지 않는다.

미국 불자들을 확인하는 방식으로 이들을 전문 직종별로 분류한 지도 오래되었다. 예컨대 영화배우이거나 영상매체에서 인기를 끄는 불자들을 '영화 불교인'(Celluloid Buddhist)이라고 한다. '예술 불교인'(Art Buddhist)이란 분류에 속하는 일군의 불교 예술인들이 있으며 혹은 기증을 잘하는 록펠러 같은 불교인을 '자선 불교인'(Benefit Buddhist, Philanthropy Buddhist)으로 분류한다. 따라서 '문예 불교인'(Literary Buddhist)이나 '과학자 불교인'(Scientist Buddhist)의 분류도 가능해졌다.

1960년대의 반전 문화의 상징으로 떠올랐던 게리 슈나이더(Gary Schneider)이거나 알렌 긴스버그(Allen Ginsberg)의 '비트 불교인'(Beat Buddhist)이라는 말은 이제 서구 불교인의 고전이 되고 말았다. 이미 세대 간격이 확연할 정도로 불교는 서구에서 각 분야에 걸쳐 뿌리를 내리고 있다. 그리고 이미 이들은 상당한 변화를 겪었고 다양해졌으며 심화되고 있다.

우리 주변을 보아도 달마가 서역(서양)에서 다시 오는 느낌이다. 조계사 근처이거나 지하철 속에서 파란 눈의 서양 납자(衲子)들을 심심치 않게 목격한다. 현각스님이 우리 불교계의 스타로 떠오른 지 오래되었고 그의 『만행: 하버드에서 화계사까지』는 서구에서 한국 불교가 어떻게 정착되어 가는지를 잘 설명해주고 있다. 한 걸음 더 나아가 서구에서의 불교 유행은 이미 초보적인 정착 과정을 넘어 섰고, 하나의 사회·문화 현상으로 확고하게 자리를 잡는 듯 보인다. 곧 서구에서의 불교는 이미 접촉과 갈등의 과정을 넘어 독자적인 스스로의 길을 걷고 있는 모습이다. 더 나아가 불교는 새로운 모습으로 동양의 불교와는 달리 새롭게 태어나는 것은 아닌가 하는 생각마저 든다.

불교는 원래 변모의 종교였다. 남방으로 전파되었을 때 테라바다(Theravada) 불교가 되었으며, 티베트에 전해졌을 때 티베트·라마 불교가 되었으며 중국·한국·일본에 전해졌을 때 동아시아 특징의 대승불교가 되었다. 지역적인 성격뿐만 아니라 시대적인 변모도 컸다. 그리고 근대라고 하는 시대적·지역적 격변을 겪은 지금 불교는 오히려 원형을 고수해야 된다는 주장마저 들린다. 그러나 그 원형의 주장이 지나치게 전통에 뿌리를 두고 정통성만을 내세운다면 오히려 전통과 정통의 허구성만 드러낸다고 반박한다. 한 걸음 더 나아가 부처님 당시를 상기시키며 그런 원형이나 정통성의 주장은 가설이거나 우리의 바람으로 상정된 것이라고 비판한다. 그리고 이미 참여불교(Engaged Buddhism)란 명칭 아래 현실·현장 속에서의 새로운 신행 형태가 작동하고 있다. 그것은 이미 서구에서만의 현상은 아니고 동남아시아와 이곳 우리의 주변에서도 일어나고 있는 현상이다. 서구(필자의 한계로 주로 미국을 대상으로 함)에서 불교가 어떻게 변모되면서 서구 현장에 적응하는지를 참여자적인 입장이거나 관찰자적인 입장에서 다시 살필 충분한 소재가 된다. 또 하나의 관심은 서양적 새로운 문화 현상의 하나로 불교가 정착되어 가고 있다면 그것은 종래의 서양 주도의 근대적 불교학 연구에 어떤 영향을 미치고 있는 것인가 하는 점이다. 또 다른 불교 연구의 방향 전환이 시도되는 것은 아닌지 하는 불교학의 미래적 전개도 전망해 보는 것이다.

2. 불교는 믿을만한 종교인가?

불교는 서구 종교 전통과 조금도 일치점을 찾을 수 없는, 출발부터 확연히 구별될 수밖에 없는 종교다. 그리고 불교가 서구에 알려진 역사적 과정을 살펴보거나, 서구의 문화 전통을 들추어 보아도 불교를 하나의 신앙으로 받아들이기에는 동양과는 지나칠 정도로 상이한 사회·문화·정치적 배경을 지니고 있다. 특히 빅토리아 조 이후에 일어난 서구의 제국주의적 식민 정책이며, 기독교의 문화적 우월성을 생각할 때, 우리는 오늘날 하나의 유행처럼 번지고 있는 불교에 대해 왜 서양 사람들은 불교를 믿기 시작했는지를 묻지 않을 수 없다.

오히려 불교를 배척하고 소멸시켜야 하는 대상으로 여긴 역사가 지배적인 것이 불교/학이 떠올랐던 빅토리아 조의 분위기였다. 동양학의 한 부분으로 불교를 학문의 대상으로 떠올릴 때의 사회 분위기와 그 장본인들의 불교에 대한 관심을 주목하지 않을 수 없다.

외젠 뷔르누프(Eugène Burnouf, 1801-1852)가 1832년 꼴레쥬 드 프랑스(College de France) 산스크리트 교수로 취임했을 때 한 서구 학자는 그것을 하나의 문화적 사건으로 여기며 "이 '악의 원리'는 절멸(絶滅 annihilation, nirvana)의 교설을 갖고 유럽을 공포에 떨게"한다고 주장했다.[1]

뷔르누프는 서구에서의 불교학을 근대 동양학의 중요한 한 부분으로 발주시킨 근대 불교학의 개창주로 평가되는 학자였다. 그러나 그의 학자로서의 교수직 임명마저 심각한 충격으로 받아들이는 것이다. 뷔르누프와 동료학자이며 함께 산스크리트 텍스트를 읽어간 바르텔레미 생틸레르(Barthelemy Saint-Hillaire)는 "불교의 교설들이 우리들 가운데서 다시 기이한 호의를 지니고 받아들여지기 시작하고 있다"[2]고 증언한다.

빅토리아 조에서 불교에 대한 관심이 고조됐다는 것은 서구의 불교에 대한 관심의 핵을 이룬다고 볼 수 있다. 곧 불교학에 대한 관심은 인도학의 한 분파로 시작되고, 정치적으로는 아편전쟁과 세포이 반란(Sepoy Mutiny, 1857)으로 알려진 벵골 사건 전후에 떠오르는 것이다. 유럽의 제국주의적 권력이 아시아를 본격적으로 석권하는 시기와 맞물려 있는 것이다. 낭만주의와 계몽주의 그리고 절대 권력의 행사로서 자기 팽창과 다른 세계에 대한 호기심 속에서 불교에 대한 관심이 확대되는 것이다. 곧 빅토리아 조의 제국주의적 지배가 한 면이라면, 동양에 대한 환상적인 상상력이 불교를 발견하고 그것의 가치를 인정한 것이 또 다른 면이 되는 셈이다.[3]

---

1   Roger-Pol Droit, *The Cult of Nothingness: The Philosophers and The Buddha*, Univ. of North Carlorina Press, 2003, pp. 75-90.

2   Barthelemy Saint-Hillaire, *Le Bouddha et sa Religion*, Paris, Didier et Cie, 1860; (영역본에서 인용. *The Buddha and his Religion*, London, Trench, Trubner& Co. LTD, 1914, 영역본 서문.

3   Philip Almond, *The British Discovery of Buddhism*, Cambridge Univ Press, 1988, p. 2.; 이민용, 「서구 불교학의 창안과 오리엔탈리즘」, 『종교문화비평』 제8호, 한국종교문화연구소, 2005.

이후의 불교에 대한 관심은 주로 동양학의 한 부분으로 뷔르누프, 막스 뮐러, 리스 데이비즈에 의한 팔리성전회(Pali Text Society, 1881)를 통해 확산되었다.

불교가 서구에 전파되는 또 하나의 움직임으로서 주목해야 할 사건은 헨리 올코트 대위(Henry Steel Olcott, 1832-1907)와 헬레나 블라바츠키(Helena Petrovna Blavatsky, 1831-1891)의 신지학회(神智學會, Theosophical Society) 활동이다. 특히 올코트 대위의『불교 교리문답서(*Buddhist Catechism*)』(1881)의 간행은 일본을 위시한 동양의 불교국에서의 영향력뿐만 아니라 서구의 불교 이해를 위한 결정적 디딤돌 역할을 하였다.

이런 일련의 종교적 활동과 저서들이 중요한 몫을 했을 뿐 아니라 1893년 시카고에서 열린 세계종교의회(World Parliament of Religions)의 개최는 불교가 서구 특히 미국에 전파되고 정착되는 결정적인 역할을 하였다.[4]

이와 관련하여 폴 카루스(Paul Carus, 1852-1919)의 역할과 D·T·스즈키(1870-1966)의 선(禪) 전파 등의 일련의 활동을 주목하지 않을 수 없다. 무엇보다 이 시기를 전후하여 중국 노동력의 미주 대륙에의 대거 이동과 하와이에의 일본계 이민자들의 유입과 맞물리며, 경우에 따라 호의적인 대접을 받으며 혹은 경계의 시선 속에서 불교는 서구 세계에 전수되는 것이다. 곧 제국주의적 서구의 호기심과 선교주의의 비판적 시각을 거치면서 불교는 학문적인 틀을 잡았고 또 이민자들의 유입과 함께 그들의 보따리

---

4 Stephen Prothero, *The White Buddhist: the Asian Odyssey of Henry Steel Olcott*, Indiana Univ. Press 1996; Thomas Tweed, *The American Encounter with Buddhism 1844-1912*, Indiana Univ. Press, 1992; Judith Snodgrass, *Presenting the Japanese Buddhism to the West: Orientalism, Occidentalism and the Columbian Exposition*, Univ. of North Carolina Press, 2003.

에 들어 있던 불교는 서구에 정착하기 위한 기반을 다졌다고 생각된다.

서구에서의 불교의 정착이 이런 전 단계적인 준비 과정 속에서 마련되었다면, 그것은 서구 사회의 어떤 변화와 관련하여 오늘날 우리가 접하는 일종의 신앙형태의 운동으로까지 발전되는 것일까? 아직 아무도 그런 점에 대한 일관성 있는 명확한 근거를 제시하지 못하고 있다. 단지 종교사회학자들은 미국이나 서양 사회의 세속화에 따른 탈 기독교화, 사회 구성의 다변화에 의한 종교 풍토의 다원화, 또 자본주의적 시장 원리에 따른 선택의 용이성 등의 이유를 제시한다. 피터 버거(Peter Berger)는 그 이유를 네 가지로 분석한다.[5]

1) 세속화로 인해 전통 종교의 전횡성이 해체되기 시작했고(demonopolization), 2) 이 전횡성의 해체로 신도층의 충성을 자명한 것으로 받아들일 수 없게 되었고, 3) 사회 다원화와 종교 다원적인 상황은 시장 원리에 의해 유도되었고, 4) 이런 사회 여건의 변화는 종교에서도 시장 선택적 종교 상황으로 다변화되었다.

로버트 벨라(Robert Bellah)는 불교 상황에 대해 좀 더 직접적인 답변을 주고 있다. 곧 아시아의 정신성은 서구의 공리적 개인주의가 거부됨에 따라 성서적인 종교보다 훨씬 더 폭넓은 면을 보여준다. 외적 성취보다는 내적 체험을 보여주며, 자연에 대한 자원 착취에 반대하며 자연과의 조화를 보여주고, 비인격적인 조직 기구에 반해서 오히려 한 스승(guru)에 대한 긴

---

5 Peter Berger, *The Sacred Canopy: Elements of a Sociological Theory of Religion*, Doubleday and Company, 1967, pp. 134-137.

밀한 관계를 선호하는 점에서 불교를 위시한 동양의 정신성에 대해 서구인들은 경도되고 있다고 진단한다. 유대인이 왜 불교에 관심을 갖는가 하는 문제의 일단으로 자신을 예로 들면서 로저 카메네츠(Roger Kammenetz)는 인종적 복합성 속에서 불교는 오히려 개인주의 혹은 개인·개체에 대해 특별한 관심을 둔다는 점에 이끌렸다고 한다. 로버트 벨라의 평가에 그대로 일치하는 증언을 하고 있는 것이다.[6]

미국 하나만 예로 들더라도 미국 불교 공동체 안에는 다양한 불교 유형들이 들어와 존재하고 있어 각기 나름대로의 발전·변화하는 모습을 보여주고 있다. 그리고 그 다양한 불교 속에서 다채로운 신행 행태가 전개되고 있다. 그러므로 불교와 서구의 만남에서 어떻게 이 다양한 모습을 띤 불교가 스스로를 재현하고 실천·수행하고 있는지의 문제를 짚어야 할 것 같다. 곧 새 공동체에 근거한 자기 정체성, 그리고 그것은 동양이라고 하는 전통과 관습에서 어떻게 벗어나고 있는지 또 서구 스스로가 자유스러운 독자적인 길을 가고 있는 것인지 하는 점들은 관건일 수밖에 없다. 종교사회학자들이 진단하는 시대 상황적인 분석만이 아니라 이런 현상적인 측면이 가져다주는 내면적 변모의 타당성도 따져 보아야 할 것 같다.

그래서 스티븐 버크위즈(Steven Berkwitz) 같은 학자는 서구 불교의 변화에 대한 분석을 비판적으로 되묻고 있다. 곧 불교와 근대와의 만남을 시대

---

6 Charles Prebish and Kenneth Tanaka ed., *The Faces of Buddhism in America*, Univ. of California Press, 1998의 서문에서 재인용. Charles Prebish는 미국 불교의 현장을 오랜 시간 관찰하며 미국의 불교 수용을 가장 적확하게 현장적으로 그리고 현상적으로 분석하였다. 그의 책을 읽고 많은 부분 공감하며 그의 전거를 소급해 찾으며 자유롭게 인용하였다. 이후에 나오는 사항들이 나의 관찰과 일치할 때 그대로 여러 필자들의 의견을 그의 저술을 통해 재인용한다.

적인 변화를 따른, 연대기적인 발전으로 전개된 측면만을 말하는 것은 지나친 단순화로 이끈다는 것이다. 다시 말해 불교가 스스로를 어떻게 재현하고 실천·수행하는가를 물어야 한다. 불교에서 근대성의 문제는 연대기적 사실의 시대 구분의 문제가 아니라 지적 구성물, 사회·정치적 계획에 의한 세계의 재서술과 재형성을 설명해야 된다는 것이다. 곧 근대적이라는 것은 지금의 이 시기에 살고 있는 것 이상의 것을 함의하고 있다. 유럽의 계몽주의적 진보의 가치이거나 합리성과 나란히 함께 가면서 세계를 재 질서화하려는 시도들과 상호 연관되어 있는 것이다. 그러나 버크워즈가 볼 때 서구에서의 불교를 언급할 때 근대적 종교의 형태를 지나치리만치 비교적인 입장에서 서술하거나, 근대·포스트모던적인 영향을 통해 변모된 모습만을 부각시키거나, 또는 그것에 반대하고 저항하는 면모들만을 강조한다는 것이다. 지나친 대조적인 단순화야말로 이제껏 불교에 대한 서구의 접근 방법이었다. 소위 고대 전통의 순수성을 부각시키는 것이 하나의 특징이라면 근대 불교의 다양한 모습들을 실천·사상의 변모와 타락된 형태로 단순화시키는 것으로 불교를 재현한다고 비판하는 것이다. 이런 비판적인 시각을 통해 볼 때 서양에서의 불교의 전개와 그 양태는 역사적 시간을 따른 변화의 배열에 그치고 있는 것이다.[7] 그러나 우리가 실제로 접근하는 자료는 그런 점들을 강조하거나 종파적·사상계열의 전통적 특징을 드러나게 하는 기록이 대부분이다. 따라서 이런 사항을 염두에 두면서 일단 서구/미국에서 불교가 어떻게 신행되고 있는지 그 종교 신행적인 면을 현상적인 접근을 통해 검토해 보려고 한다.

---

7   David L. McMahan, *The Making of Buddhist Modernism*, Oxford Univ. Press, 2008.

3. 누가 불자인가

서양 사회에서 누구를 불교신자라 부르고 누구를 불교신자가 아니라고 규정할 것인가? 일견 우스꽝스럽고 모순되는 질문이 될 것 같다. 절에 나가고 적당한 불교적 수행을 하면 불교신자이며, 반대로 타종교 특히 기독교·유대교이거나 다른 종교 신자라고 자신의 정체성을 표명하면 당연히 불교신자가 아니라고 말할 것 같다. 그러나 이 모든 경우, 기독교·유대교인임에도 불구하고 아직도 그들을 불교신자라고 말할 수 있다. 어떤 면에서 그런 질문은 단순 논리에 근거한, 사실과 현장을 짚지 못한 질문이 된다. 상식과 형식 논리를 넘어선 좀 더 복잡한 양상을 띤 것이 서양에서의 불교신자의 정체성 문제이다. 기독교를 믿으면서도 불교신자가 되고 유대교인이면서도 불교신자로 고백하는 경우가 적지 않다.

불교계의 인기스타인 현각스님(포올·몬즌)은 '개종의 문제는 기독교적인 아이디어일 뿐'이라고 일축하고 있으며, 이 분의 어머님은 아직도 현각스님을 집안의 종교인 가톨릭인이라고 추호의 의심도 하지 않는다.[8] 현각스님은 가톨릭 신자이자 불자 스님이란 이중성을 지닌다. 전형적인 유대교인이며 심리학자인 실비아 부어스틴(Sylvia Boorsteen)은 유대교와 불교에 몸담고 있는 자신의 종교 체험론을 쓴다. 서양종교인 유대교 전통에 자신의 정체성을 두면서 불교 교설을 믿고 심리상담 교수의 역할을 감당하는 본인의 정체성을 기술하는 것이다. 한 사람 속에서 서양 종교와 불교가 동시에 공존하는 서양적 기준으로 볼 때 이상한 현상을 그대로 드러내고 있다.

8　필자는 현각스님은 물론 그의 어머님과도 상면하였는데 그녀는 아직도 자신의 아들이 카톨릭 신자라고 확신한다.

그의 이런 종교의 이중성을 드러내는 책의 제목은 '이상한데? 당신은 불교 신자처럼 보이지 않아!'(It's Funny, You Don't Look Buddhist)이다. 한 사람의 다종교성을 드러내 보이고 개종의 한계성과 무력함을 노출시킨다.

이런 유형의 서구인들은 일정한 불교 수행 단체에 소속되지 않으면서도 정기적으로 적극적인 수행을 실수(實修)하고 있다. 오계(五戒)를 받고도 불교신자임을 표방하지도 않는다. 이 오계의 수지는 불교신자가 되기 위한 최종적 준수 항목이기보다 불교 수행의 단초를 여는 항목이며, 일상생활에 실익이 되는 덕목들일 뿐이다. 오히려 심신 건강을 위한 지극히 상식적인 사항일 뿐 그것들을 실천하기를 서약하는 일이 반드시 불교신자가 되는 필요조건이 아닐 수 있다. 정기적인 참선 수행에 참여하면 어떻게 될 것인가? 역시 불교신자이면 반드시 참선을 실수하는 것이 필요조건이 아니듯 참선·명상에 참가했다 하더라도 자신을 불교신자라고 정체성을 드러내지 않는 사람들이 많다. 소위 아직-아닌-불자(Not-Just-Buddhist)들이다. 불교 행사나 참선·수행을 받아들이고 자신의 종교적 활동의 하나로 참여하고 있을 뿐이다. 이들은 자기 자신의 입장을 편하게 아직-아닌-불자로 자처하지만 불교 동조자인 것은 분명하다.

『삼륜(三輪, Tricycle: The Buddhist Review)』의 정기구독자 6만 명 가운데 절반은 자신을 불교신자로 생각하지 않는다고 편집장인 헬렌 트윌코브(Helen Tworkov)는 추산한다. 그녀는 평균 9년 반 이상 불교 수행 단체에 참여한 사람 가운데 1/3 정도가 아직도 자신을 불교신자로 정체성을 밝히고 있지 않다고 말한다. 오계를 받고, 참선 수행을 정기적으로 실천하고, 일정한 불교 수행 단체에 9년 반이나 관계한 사람이 불교신자가 아니라고 하면, 그/그녀는 과연 어떤 종교적 정체성을 지닌 사람일까?

전래의 사찰이 존재하면서 집안의 선대로부터 제사 의례와 종교 행사를 집행하거나, 혹은 같은 불교인끼리 여러 불교 동호인 모임에 참여하는 한국의 불교와는 달리 동류적인 현장 의식이 결여된 서양의 불교는 단선적인 불교인의 분류가 힘들다. 서양의 불교 현장의 성격을 규정할 때 처음 제기되는 문제가 바로 "누가 불자인가"라는 불교 정체성에 관한 문제이다. 오랜 전통이 결여되고, 자신들을 과거의 어떤 유형에도 묶을 수 없으며, 오직 지금의 신행·수행 현장만이 있는 서양의 불교에서 누구를 불자로 할 것인가의 불자의 정체성은 일차적인 문제일 수밖에 없다.

이렇게 불교신자에 대한 정의는 서구 불교의 현실적 문제가 될 뿐 아니라 그것은 또 동양의 전통과의 차이에서 빚어지는 정통성에 관한 문제도 제기한다. 곧 승가 형성에 관한 문제이기도 하지만 현실적으로 서구의 불교현장에는 각기 다른 형태의 승가 혹은 불교 공동체가 존재한다. 서구의 승가(절·공동수련 단체)에 어떤 종파나 어떤 형태로 수행에 참여하는가에 따라 이들의 불자성은 달라질 수밖에 없다. 여기서 무엇보다도 불교신자에 대한 정의는 우선 인종적인 문제와 함께 제기된다. 얀 내티에(Jan Nattier) 같은 불교학자는 미국 불교를 규정할 때 따르는 불교신자의 인종적 문제와 함께 그것이 가져올 개념의 모호성을 이렇게 지적한다.

"진정한 의미의 미국 불교(Genuine American Buddhism)"란 무엇을 두고 하는 말인가? 유럽계 미국인으로 불교에 귀의한 사람을 두고 하는 말인가? 혹은 아시아계 부모에게서 태어난 미국인들이 귀속되어 있는 오랜 전통을 말하는가? 아니면 이념이나 실천·수행에 관한 것이 주 목적인 것을 말하는가? 명상이나 불공 드리는 일이거나 혹은 이 두 가지가 결합된 것인가? 혹은 불교도로 간주되는 특수한 조직 기구의 멤버가 되어야만 하는 것인가? 아니면 그냥 자유로운 참여인(free-lancer)들도 포함될 수 있는 것인가? 미국 불교를 정의할 수 있는 어떤 규정이라도 있는 것인가? 정확히 이 그림에 포함되어야 하는 것은 누구인가?[9]

지나치리만치 현장 기술적인 표현으로 보이지만 불교인의 정체성을 규정하는 일은 실제로도 간단한 일이 아니다. 이러한 질문이 불교학이나 종교학의 학문적 명료성을 위한 종교/인 정체성에 대한 이슈이기만 한 것은 아니다. 혼재되어 있는 불교/인의 모습 가운데 순수한 의미의 진정한 불교/인이 무엇일까 하는 것은 현실적인 혼란에 대한 물음이고 현장에서의 현실적인 과제를 그대로 적확히 짚어 주는 질문이다. 이질적인 풍토의 서양에서 뿌리내리고 있는 불교를 우발적인 사건으로 주변화하기 위해서 던지는 질문도 아니다. 그러나 실제로 확고한 틀과 명확한 경계선을 지니고 있는 기성종교 단체에 대해서도 동일한 질문을 제기한다면 과연 자신의 무엇을 두고 그 종교의 신자라고 자기 정체성을 밝힐 수 있는가의 문제도 제기될 수 있다.

정체성의 문제는 간단하지 않다. 단순화하여 분류할 수 있다면 좋겠지만 실제의 사실과 현장은 학문적 단순화 작업이나 개념화 작업과는 큰 차이가 있어서 현실의 다양성을 충분히 반영하지 못한다. 이런 점을 고려할 때 서구 불교 활동 가운데 불교 행사나 행위들과 관계된 현장에서 누구를 불교신자라 할 수 있으며, 무엇에 의해 그렇게 규정할 수 있는가를 되묻지 않을 수 없다. 그리고 그것은 새로운 불자의 카테고리가 얼마나 확장될 수

---

9 Jan Nattier, "Visible and Invisible," *Tricycle: The Buddhist Review 5(1)*, 1995, pp. 42-49; 이민용, 「미국속의 불교와 불교의 미국화」, 『종교문화비평』 제2호, 한국종교문화연구소, 2002.

있는가의 문제에 그치는 것이 아니라 어떤 면에서 불교에 대한 새로운 정의마저 요청하는 일이 될지 모른다.

4. 불교신자의 유형

어떤 기준을 근거로 하여 불교신자라 규정할 것이냐 하는 질문을 던지면서 서구의 불교현장을 다른 각도에서 관찰할 필요가 있다. 불교학자나 조사자들은 각기 처해 있는 현장이나 보는 시각에 따른 다양한 유형을 불교신자의 정체성으로 제시하고 있다. 이 가운데 '책방 불교도'(Bookstore Buddhist)란 범주는 서구가 불교를 접하는 가장 직접적이고, 역사적으로도 광범위한 범주가 되었다. 앞서 지적했지만 불교가 학문으로 정착하여 책상 위의 불교, 상상력의 불교로 변화한 것도 이 '책방 불교'였지만 현대에서도 불교를 접하는 가장 효과적인 통로이다.

어떤 불교 단체나 수행에 참여하지 않고 단지 불교신앙과 수행에 대한 인기 있는 책을 읽고 불교에 관심을 갖기 시작하는 것이 서구에서의 불교 접촉의 일차적 통로이다. 미국의 버지니아 대학 교양 프로그램 속의 필독서에 들어 있는 헤르만 헤세의 『싯달타』는 많은 젊은 대학생에게 영향을 주었고 부처님 생애의 청순성과 그의 행위에 그들은 큰 감명을 받게 된다. 『싯달타』뿐 아니라 앞서 언급한 19세기의 E. 아놀드의 『아시아의 빛』(Light of Asia)이란 시집은 이미 100만 부가 팔렸고 아직도 계속 재판이 나오고 있다.

D·T·스즈키의 다양한 선서(禪書)들, 달라이 라마 성하나 틱낫한의 명상서들은 《뉴욕타임즈》 10선 중에 자주 오른다. 예컨대 선(禪)에 관련된 타

이틀만 해도 197종이 넘고[10] 할리우드에 위치한 불교 전문서적 책방인 보리수(Bodhi Tree)는 1,900여 종의 불교 관련 책들을 보유하고 있다. 이 많은 책들이 일종의 호사(好事)주의나 신세대의 유행을 따른 것으로 생각할 수도 있다. 그러나 서양의 유행이란 그렇게 간단히 도외시할 수 없는 사회 현상 중의 하나이며, 생활의 단면을 그대로 드러낸다. 손쉽고 빠른 통신 매체나 대중적인 문헌이 범람하는 오늘의 대중화된 사회 속에서 이제 특화된 승려나 고립된 사찰을 통해 불교를 접하기란 쉽지 않다. 오히려 이런 서적의 활용이 더 용이하고 폭넓은 것으로 생각된다.

한 조사는 서구인이 불교를 접한 첫째 통로는 책을 통해서이고, 전체 조사자의 40퍼센트가 책방 불교도였다고 한다. 다음은 친구나 지인을 통한 것이 25퍼센트이며, 책과 친구를 통한 것이 9퍼센트니 책과 관계된 것이 거의 절반을 차지하는 셈이다.[11]

책방 불교는 곧장 새 시대의 대중 매체인 웹사이트에 접속하여 '사이버 상가'(Cyber Sangha)와도 연결된다. 사부 대중의 상가(Sangha, 승단)는 절에만 존재하는 것이 아니고 컴퓨터 웹사이트에도 나타나게 되어 거기에서 사부 대중이 동시에 또는 개별적으로 만날 수 있다.

불교 논리학뿐만 아니라 불교 수필집까지 내고 있는 리차드 헤이즈(Richard Hays) 같은 불교학자는 자신을 불교신자라고 표방하지는 않는다. 그러나 그는 적극적으로 불교를 말하고 실천 수행을 한다. 그리고 인터넷 온라인 토론 그룹을 만들어 〈Buddha-L〉이라는 웹사이트를 운영하고 있

---

10 선과 오토바이 타기, 선과 골프 치기, 선과 활쏘기, 선과 담배 끊기, 선과 컴퓨터 프로그램, 선과 아기 기저귀 갈기 등등의 다채로운 책 제목들이 있다.

11 James William Coleman, *The New Buddhism: The Western Transformation of an Ancient Tradition*, Oxford Univ. Press, 2001, p. 199.

다. 실제로 찰스 프레비시(Charles Prebish) 같은 불교학자는 '사이버 상가'를 실제적인 또 하나의 승단으로 규정하며 새로운 승가의 가능성을 제시한다.[12]

웹사이트에 나오는 불교 관련 정보는 이제 각종 불교 토론 그룹을 위시해 방대한 양의 불교 고전 문헌까지 제공하고 있다. 원하는 사람에 따라 한문대장경으로부터 산스크리트, 티베트장경 등 일반 불교인들이 감히 접근하지 못했던 성전들이 그대로 인터넷에 노출되어 있다.

'책방'이란 고전적인 표현으로 대중매체를 대표했지만 결국 현대의 통신 매체의 거의 모든 분야에 불교가 개방되어 있는 셈이다. 책방 불교는 외형적인 불교 전달의 수단을 표현한 말이지만, 이 책을 읽는 행위와 연관시킬 때 또 하나의 흥미로운 불자의 유형을 지시하는 표현이 등장한다. 곧 '침실 조명등 밑의 불자'(Night Stand Buddhist)이다. 침실에서 불을 밝히고 불교 서적을 읽으며 명상에 드는 엘리트 불자들을 지시하는 말이 된다.[13]

우리는 수많은 '침실 조명등 밑의 불교도'가 존재함을 기억해 두어야 할 듯싶다. 비록 실천 수행하는 단계까지 이르지는 못했어도 필립 카필로(Philip Kapileau)의 '선의 세 개의 기둥'에 나오는 예를 모방하여, 두 겹으로 접은 베개 위에 올라 앉아 자신의 침실 한쪽 벽을 묵묵히 쳐다보면서 서서히 불교

---

12 Charles Prebish, "The Cybersangha: Virtual Communities," *Luminous Passage: The Practice and Study of Buddhism in America*. Univ. of Calfornia Press, 1999, pp. 203-232.

13 Thomas Tweed, "Night Stand Buddhists and Other Creatures," Duncan Ryuken Williams and Christopher Queen ed., *American Buddhism: Methods and Findings in Recent Scholarship*, Routledge, 1999, pp. 71-90.

에로 경도되는 사람들 말이다.[14]

　이 불교 동조자들은 열성적으로 매번 불교 모임에 참석 하지는 않으나 심심치 않게 명상 법회에 참가하는 '미온적인 불교인'(Lukewarm Buddhist) 들이다. 그들로부터 도대체 어떤 불교 수행, 어떤 불교 교설이 나에게 적합한지를 끊임없이 평가하며 상품 품목을 고르듯 하는 '구매자 불교도' (Shopper Buddhist)가 나타난다. 그런가 하면 열심히 이 수련회, 저 불교 강연장 또는 각국의 고승들의 법회를 부지런히 쫓아다니는 '법 메뚜기 불교도'(Dharma hopper Buddhist)가 출현한다.

　앞에 언급한 책방 불교도와 여러 형태의 불교적 몸짓은 서로 겹치기도 한다. 어느 경우에 해당되건 동양의 전통적인 개념에 묶인 불교신자의 유형과는 다를 수밖에 없다. 이런 다양한 형태의 불교 동조자들을 일괄적으로 포용할 것인지, 아니면 일정한 기준을 설정하여 배제할 것인지 하는 점은 궁극적인 문제일 수밖에 없다. 한 사람이 어느 종교의 신자라고 할 때의 정체성의 문제는 서양 불자들의 이런 종교적 다면성과 혼유성 앞에서 일정한 한계에 부딪치게 된다.

　그러나 서양에서의 이러한 상호 공유성과 혼유성은 무척 이상하게 보이며 우리 동양의 전통에서만 혼란스럽게 보이는 것은 아니다. 오히려 종교학의 분류 체계를 수정하게 하며 기존의 개념의 틀을 바꾸는 역할까지 담당한다. 과거에는 두 종교의 상호 공유성을 혼합주의(Syncretism) 또는 교체주의(Kathenotheism) 등의 용어로 표현하며 서양 중심, 기독교 중심의 개념을 충족시키고 있었다. 또 한국·일본·중국의 아시아 지역에서는 유교

14　*Ibid.*, pp. 71-90.

적 생활 양식을 따르며 불교인이거나 신도(神道) 신자임을 표방하는데 그 것을 억지로 '칸막이주의'(compartmentalism) 신앙이라는 말로 표현한다. 어느 경우이거나 서양적 관점의 분석이며 아시아 종교에 대한 깊은 이해 가 결여되어 있다. 곧 아시아 종교의 혼유성(混有性)은 서구적 개념으로는 수용이 되지 않는다. 토마스 트위드의 증언은 이런 불교의 혼유성을 극명 하게 드러낸다.

> 한 미국 주교가 혼란에 빠져 나에게 자신의 교구에 참석하는 베트남인들 은 '참된 가톨릭 신자'(Not Really Catholic)가 아니라고 고백했다. 이 베트남 인들은 자기 모국에서 세례를 받지 않았음을 지적하고 있는 것은 아닐까? 아니면 다른 무슨 이유라도 있는 것일까? 주교는 '그들은 아직도 불교도들 입니다'라고 설명했다. 이 주교는 베트남 가톨릭인들에게는 불교의 영향이 크고, 1975년 사이공이 몰락하여 미국으로 탈출했을 때 이 '혼성적인 전통' (Hybrid Tradition)을 그대로 끌고 왔다고 말했다.[15]

이는 베트남 가톨릭 신도와 불교 참선 수행자들의 공통점은 무엇이고 또 이들을 각기 다른 종교에 속하는 신도로 구분하는 기준점은 무엇인지 를 묻는 것이다. 곧 누가 가톨릭교도이며 어느 한 종교에 관심을 가지고 있으나 그 종교에 통합되지 않는 사람들을 어떻게 볼 것인가 하는 물음이 다. 특히 개종의 경우 과거의 종교전통을 손쉽게 버리고 새로운 종교에 쉽 게 뿌리를 내릴 수 있는가 하는 문제가 제기된다. 그렇다면 동양 전통에 근거한 종교의 정체성도 문제지만 서구에서의 혼유적 불교인의 정체성도

---

15 *Ibid.*, p. 71.

문제이고, 결국 종교학·불교학의 기성의 개념들이 모두 문제를 지니고 있는 셈이다.

그럼에도 불구하고 서양의 불교도를 묶을 수 있는 틀이 있다면 어떤 것이 가능할까? 앞에서도 제시되었지만 어떻게 분류해도 문제점을 남기고 있다. 결국 서구 특히 미국에서의 불교도들을 범주화하는 새로운 틀이 요청되는 것이고, 문화적 동화라는 관점에서 볼 때 여러 형태의 변모된 불교와 불자를 접할 수밖에 없게 된다.

5. 불교신자의 새로운 범주화

앞서 지적되었지만 서구/미국의 불교를 언급할 때 인종적인 분류는 관건일 수밖에 없다. 서구의 불교는 동양으로부터 서구에로 유입된 종교이므로 인종적으로 분류할 때 이 불교의 내용은 확연한 차이를 보이며 그 성격을 드러내게 된다. 가장 직접적이고 광범위한 분류를 따른다면 우선 백인 불교도(White Buddhists)와 이민 불교도(Immigrant Buddhists)로 나눌 수 있다. 그러나 이런 분류 방식은 일종의 인종주의의 문제를 야기할 뿐만 아니라 불교의 미래를 향한 새로운 형태의 발전 전망을 차단하는 폐쇄적 분류라고 비판받는다.[16] 동양에서의 유입과 서구인에 의한 정착이라는 입장에서 서구의 불교를 이분법적으로 분류하는 것이 상례다. 대표적인 분류에는 다음과 같은 것들이 있다. 각각은 일정한 특징을 지니고 미국 현장의

---

16 대표적인 예로 『백조는 어떻게 호수가로 날아 왔는가(How the swans come to the lake』(1992)의 저자인 릭 필즈는 이러한 분류 방법이 조잡한 인종주의를 내포하고 있으며 서구 불교의 정착과 미래 지향적 지표를 상실한다고 비판한다.

불교 실태를 여실히 드러내주고 있으나, 여전히 문제점들을 내포하고 있는 것이 사실이다.

1) 릭 필즈(Rick Fields)의 백인 불자/소수민 불자(White Buddhist/Ethnic Buddhist)

2) 찰스 프레비시(Charles Prebish)의 아시아 이민 불자/유럽계 미국인 불자(Asian Immigrant/Caucasian American)

3) 토마스 트위드(Thomas Tweed)의 아시아계 미국인 불자/유럽계 미국인 불자(Asian-American/Euro-American)

4) 폴 넘리치(Paul Numrich)의 아시아 이민 불자/미국 개종 불자(Asian Immigrant/American Converts)

어떻게 분류하건 간에 아시아계와 유럽/미국계의 양분화를 극복할 수 없게 된다. 따라서 유럽계 미국불자(Euro-American Buddhist)이거나 아시아계 미국불자(Asian-American Buddhist)이거나 서구화된 불교(Western Buddhism)라는 말을 쉽게 사용하지만 그런 용어와 개념이 지시하는 내용은 공허할 수밖에 없는 것이다. 더욱이 불자라면 모두 불교를 고향으로 여기고 있으며, 각기 다른 지역에서 창의적으로 불교를 적용해 가는 자유스러움이나 다문화적 성격을 드러내는데도 이런 분류는 적합하지 않은 것이다. 더 나아가 이러한 분류는 미국 불교의 정토 이상을 구현하는 데도 부자연스럽다고 비판받는다.[17] 그리고 이런 인종주의적 분류 방식은 불교가

---

17 다양성의 풍경을 보여줄 때 미국 티베트 불교(American Tibetan Buddhist), 미국 한국 불교(American Korean Buddhist), 미국 미얀마(혹은 비파사나) 불교(American 〈Vipassana〉 Buddhist)가 있는가 하면, 다른 쪽으로 이민 아시아 불교가 있고 미국에서 태어난 이중 문화에 속하는 그들의 자손이 있다. 곧 일본계 미국 불교(Japanese

역사적으로 변용되어 온 행태와도 어긋나는 것이라 평가된다. 이런 불교의 범주화는 또 다른 반론에 직면하게 된다. 동일한 형태의 소위 미국화된 불교(Americanized Buddhism)를 제창하는 점에서는 릭 필즈와 같으나 케네드 다나카(Kenneth Tanaka) 교수는 역사적 배경을 고려한 광범위한 고찰을 요청하며 이렇게 말한다.

> 누가 진정한 미국 불교(American Buddhist)를 대변하고 있는가? 백인 불교도(White Buddhist)만이 미국 불교의 창안에 기여한 유일한 사람들이며, 소수민 불교도는 그 과정에 실질적인 아무런 기여도 하지 못했다고 말한다면, 동양계 미국인(Asian American)은 상처를 입게 된다. 이러한 생각은 훨씬 오랜 역사를 지닌, 지금은 미국에 도착한 지 2세기나 되는 동양계 미국인 불교도들이 이룩한 업적을 무시하는 것이다. 동양계 미국인들의 비판을 따르면 불교가 진실한 의미의 미국적인 것이 된다는 것은 백인들이 심각하게 불교에 참여할 때에만 가능할 것이라고 시사한다. 그럴 때 이러한 형태의 불교를 '미국화된 불교'(American Buddhist)라고 부를 수 있으며, 지금 아시아계 불교도들이 믿고 있는 '미국 속의 불교'(Buddhist in American)와는 확연히 구분될 것이다.[18]

American Buddhist), 한국계 미국 불교(Korean American Buddhist), 미얀마계 미국 불교(Burmese American Buddhisst)가 다른 쪽에 존재한다. 그런가 하면 일본계 미국인의 미국 불교 교회(Buddhist Churches of America: 공식약칭 BCA)의 경우는 완전히 미국에 문화적으로 동화된 일본계 미국인 제4대 세대로 구성되었고, 백인 미국인도 들어 있다. 그렇다면 이런 경우 어떤 의미로 이민 불교 혹은 소수민 불교라 하겠는가 하고 Rick Fields는 반론을 제기한다.

18 Kenneth Tanaka, "Epilogue: The Colors and Countours of American Buddhism", pp. 287-288.

다나카 교수는 인종 문제를 거론하고 있지만 실제로 그는 미국 불교의 과거에 대한 성찰과 나아가 릭 필즈와 동일한 미래를 전망하는 주장을 펼치고 있다. 시카고 세계종교의회(World Parliament of Religions)와 신지학회(Theosophy)의 활동,[19] 그리고 뉴잉글랜드의 초기 불교 수입의 면모가 백인을 통한 미국 불교 유입의 초기 단계이다. 이에 다나카는 이러한 과거 역사적 면모를 무시하고 백인 위주의 미국 불교를 언급하는 일은 편견일 수밖에 없고 현실과 현장을 무시한 단견이라고 논박하는 것이다. 과거의 '미국 속의 불교'(Buddhism in America)는 그렇게 서술될 수 있으나, 앞으로의 '미국의 불교'(American Buddhism)는 방향을 달리 잡아야 하며 그 가운데는 분명 아시아계 미국인의 역할이 포함되어야 한다고 주장한다.

따라서 이런 인종적인 점을 지양하는 분류 방법으로 세 가지 형태로 분류하는 견해가 제시된다. 곧 수입 불교(Import Buddhist), 수출 불교(Export Buddhist), 이민불교/수하물불교(Baggage Buddhist)가 그것이다.[20]

---

19 신지학회(神智學會, Theosophical Society)의 활동은 미국 불교 전파의 중요한 역할을 담당하였다. 미국 뉴잉글랜드 지역에서 헨리 소로우(Henry David Thoreau)는 외젠 뷔르누프의 불어판 법화경을 영어로 번역하여 초절주의자 그룹이 발간하는 잡지에 기고하였다. 솔즈베리(Salisbury) 역시 뷔르누프의 영향 아래 1844년에 '불교 역사의 기요(紀要)(Memoir on the History of Buddhism)'를 미국동양학회American Oriental Society)에 발표하였다. 이 시기에 불교는 훌륭한 동양 사상과 종교로서 뉴잉글랜드에 잘 소개되고 있었다. 이런 풍토 위에 블라바츠키(Helena Petrovna Blavatzky)와 올코트(Henry Steel Olcott) 대위가 1875년 뉴욕에 신지학회를 설립했을 때, 뉴잉글랜드의 백인 불교 애호인과 이 학회는 상보적인 관계를 맺었다. 신지학회는 자신의 정신적 입장을 이렇게 표명하였다. "인종·신념·계급·피부색과 관계없이 보편적인 형제애의 핵(核)을 구성하고, 고대로부터 현대에 이르는 모든 종교·철학·과학을 연구하고, 그러한 연구의 중요성을 현양하고, 자연의 법칙과 인간에 내재하는 육체적인 힘을 관찰한다". 이 선언은 뉴잉글랜드의 초절주의자뿐 아니라 그곳의 많은 종교인에게 공유되었다.

20 Jan Nattier, *op. cit.* 미국의 불교를 세 형태로 분류하는 시도는 내티에(Jan Nattier) 뿐

첫째, 수입 불교는 실수요자의 요청과 필요에 따라 스스로 받아들이는 불교이다. 이것은 '엘리트 불교'라고도 호칭될 수 있는 것으로 앞서 인용했던 책방 속의 불교인, 침실 전등 밑의 불교인, 법 메뚜기 불교인 등이 모두 이 부류에 속한다. 이런 불교도들은 대개 고등교육을 받았으며 백인으로 미국의 중·상류층에 속한다. 이 엘리트 불교는 세속적인 조건 이외에 항상 참선 수행에만 관심을 갖는 특색이 있다. 이 엘리트 신자의 구성 성분은 다양하여, 티베트의 불교, 베트남과 태국 등의 동남아 불교, 동북아시아의 일본 불교, 한국 불교 등에서 수행을 했으나, 그 특징은 티베트 불교적 수행, 관법 수행(Vipassana), 선(禪)으로 요약된다. 다시 이 셋을 관통하는 특징은 참선 수행이다. 따라서 이들은 참선-명상에 사로잡혀 있을 뿐 사원 제도나 의례, 윤리적 계율의 실행에는 관심이 없다.

참선 수행에 따른 스캔들이 자주 발생하는 것도 이 때문이다. 아무곳이나 적당한 모임의 장소를 마련하고 스승 한 분을 모셔 수행을 한다. 따라서 안정되지 못한 수행 과정에서 문제가 발생한다. 특히 티베트 승려와의 성추문 사건이 곳곳에서 발생한 것이 그것이다. 불교 신행의 많은 부분이 사부 대중으로 구성된 승가 공동체에서 형성되는데, 이들은 개인주의적 수행·명상에만 관심이 집중되어 있고 그것이 불교의 요체라고 생각한다.

만 아니고 몇몇 학자들이 나름대로 각기 다른 유형을 제시하고 있다.
① Richard H. Seager, "American Buddhism in the Making"
a.구 아시아계 미국인 불교-〈조동종의 미국 불교교회(BCA)〉 b.유럽계 미국인 불교-〈백인 불교〉 c.소수 이민계 불교-〈1965년대 이후의 아시아계 이민 불교〉
② Catherine Albanese, "America: Religion and Religions"-얀 내티에와 무척 흡사한 내용의 분류이다.
a.명상적인 (참선) 불교-〈백인의 참선에 대한 관심〉 b.복음주의적인 불교-〈창가학회와 같은 선교(missionary) 불교〉 c.교회 형태의 불교-〈미국 불교교회(BCA)와 같은 불교〉

불교가 수입되었다고 할 때, 그 외형은 미국적인 의상을 입고, 내용은 순수한 아시아적인 불교 형태가 될 수 없다. 수입 과정에서 이미 수입자 자신의 혼합적인 이념이 배어들어 있으며, 대부분은 당장 읽은 책에서 아이디어를 얻는 것이다. 말하자면 또 하나의 오리엔탈리즘적 창안, 자신의 상상력과 실제의 아시아 지역의 배경과는 상관없는 작위적인 아시아가 탄생되는 것이다. 즉 현재 살아 움직이는 아시아의 현장 불교와는 다른 새로운 전통이 생기는 것이다. 이런 배경이 불교학의 새로운 방향으로 대두되는 사회 참여의 불교, 환경과 불교, 정치와 불교, 여성 문제와 불교와 같은 새로운 영역의 가능성을 열어놓고 있다.

둘째, 수출 불교는 선교활동에 의해 전수되는 불교로서 기독교 식의 개종 선교 운동처럼 일정한 불교 교단이 주도하여 자기 교단의 신도로 개종시키는 경우이다. 이를 '복음주의적 불교'(Evangelical Buddhism)라고 할 수 있으며 일본의 창가학회가 그 대표적 예이다. 공급 위주의 불교이고, 모체가 되는 교단에서 현실적·물질적 보조를 제공받으며, 교단에서의 일정한 직책/직업까지 부여받는다. 첫 번째 부류가 여유 있는 백인 상류층으로 구성된 것이 특징이라면, 이 범주는 하류층에 속하며 아프로-아메리칸을 위시한 라틴계의 중남미인들 혹은 동양계 미국인들로 교육 수준과 생활 수준이 떨어지는 유색 인종인 것이 통계로 밝혀지고 있다. 그러나 흑인들 전체가 이 부류에 속하는 것은 아니다. 전형적인 아프로-아메리칸으로 대학 교수이자 시인이기도한 벨 후크스(bell hooks)와 같은 여성도 있고 앞서 예로 든 티나 터너도 기억해 두어야 할 것 같다.

셋째, 수하물 불교는 아마 필자도 이 부류에 속한다고 생각되는 유형으로서, '이민 보따리' 속에 불교라는 집안 전래의 종교를 싸 갖고 들어온 경우이다. 오늘날 미주 각지에 산재한 한국의 절과 법당은 대개의 경우 이러한 이민자들로 구성되어 있다. 간혹 법회에 유럽계 미국인들이 참석하는 경우가 없지 않으나, 이민자들과의 결혼 혹은 그 자제들과 결혼을 통한 배우자들로서 집안의 결합을 통해 불교를 알게 되고, 주로 제사나 집안과 연관된 행사에 참석하는 경우가 대부분이다. 이민 불교라는 명칭으로 부를 수 있는 이 부류는 실제로 종교적인 것과는 상관이 없다. 대부분의 이민 그룹이 초기 청교도의 경우를 제외하고는 종교적인 이유로 신천지에 발을 디딘 것은 아니기 때문이다. 이 부류의 불교도는 세속적인 이유들, 경제적 기회·정치적 박해·개인 혹은 가족의 안정을 위해 이민을 한 것으로, 종교는 부수적으로 첨가되어 따라 왔을 뿐이다. 곧 이민의 경험이 이민 보따리의 구성 내용이며 그 가운데 불교라는 내용물이 들어 있었던 것이다.

1850년경의 중국 이민자, 1890년대의 일본 이민자들이 불교를 들여왔듯이, 1965년 새 이민법의 발효로 교육 받은 전문 계층의 이민 그룹이 새 물결로 들어온 것이다. 그러나 빈약한 영어와 미국의 고급 전문 직종에 종사할 수 있는 능력이 결여된 이들은 사회 경제적으로 하류 계층에 속할 수밖에 없었다. 아마 전 세기에 하와이 사탕수수 밭이나 서부의 철도부설 '꾸리'(苦力)로 이민 온 사람들과 사회 계층상의 신분은 실제로 큰 차이가 없는 듯하다. 이런 여건에서 이민 불교는 일정한 위치를 부여받지 못한 조직을 갖고 불교 모임을 시작하는 것이 상례이다. 오히려 신도 구성이 단일적인 인종 구성이므로 반(反)아시아적인 인종 차별의 목표가 되기도 한다.

이러한 배경을 지닌 것이 이민 불교이지만 케네트 다나카 교수가 주장하듯 서구에서의 불교의 정착과 발전에서 이 이민 불교를 배제시킬 수 없다. 그것은 역사적 사실을 말살시키는 것과 같다고 하겠다.

새 이민법 이후, 2·3세대의 두드러진 사회활동이 드러나면서 양상은 새로운 방향으로 전개될 가능성이 있다. 좀 더 좋은 교육과 직업, 또 전문인들이 배출되면서 동화의 속도가 빨라지고 있으며, 이 이민 불교의 성격도 다변화되고 있기 때문이다. 미국불교교회(Buddhist Church of America)는 이러한 변화에 적응하는 전형적인 불교 교회로서, 거기서는 이민적인 성격보다 오히려 엘리트 불교적인 성격이 강하게 드러난다. 그러나 실제로 우리 한국 이민 불교의 경우는 어떤가? 이민 1세대의 늙은 계층이 사라지면 다음 세대의 몇 사람이 이 이민 사찰에 참석할 것인가? 영어는 물론 미국의 주류 문화·사회 변화와 차단된 섬처럼되어 있는 이 '피난처'(refuge)를 즐겨 찾을 2·3세대는 드물 것 같다. 한국 불교는 안이하게 미주에 진출한 사실을 '세계화'로 즐거워 할 일이 아니라, 현지에 적응하고 뿌리내릴 수 있는 방안과 앞을 내다보는 지혜를 계발해야 될 듯싶다.[21]

앞에 적시한 이분법적 불자의 한 부류에 속하건 혹은 세 유형의 불자의 범주에 귀속되건 간에 이 모두는 잠정적인 현장의 상황을 관찰하기 위한 수단이 될 뿐이다. 앞서 제기된 인종주의적 경향을 극복하기에는 모두 어려움이 있고 그것이 서구/미국이 처한 현재의 불교의 입지이며, 그것을 극복하기 위한 논의와 문제점들이 릭 필즈나 다나카 교수에 의해 제기되는 것이다. 아마 미국의 다인종주의이거나 다문화주의가 존속되는 한 끊임없이 되살아날 문제들인 것이다. 그러나 지양되어야 할 지표는 이미 뚜렷이 부각되어 있다. 하버드 대학의 다이아나 에크(Diana Eck) 종교학 교수는 이렇게 미국 불교의 미래를 전망한다.

이민자 불교도들이 자신의 유산을 보존하려는 충동과 유럽, 미국인 불교도

---

21 이민용, 「미주 한국 불교의 현장과 미래」, 『참여불교』 11-12월 합간호, 2004.; 이민용, 「섬같은 불교, 피자같은 불교」, 『불교평론』 8권 2호, 여름호, 2006.

들이 새로운 변화를 시도하는 충동은 시간이 흐름에 따라 합치될 것이다. 한 종교나 하나의 문화 유산, 전통을 유지하는 것만으로는 충분치 못하다. 이 유산은 또한 새로운 분위기에서 새로운 세대를 키워야만 한다.[22]

6. 새로운 불교 공동체

상가의 이상적 구성 요건은 사부대중이다. 동양 불교 전통에서 출가 수행자에게 높은 정신적 위치를 부여하여 승단을 이끄는 지도자로 추앙하는 것은 관례이기도 하고 당연했다. 그래서 재가 불자와 승려와의 관계는 종속적 상하의 위계를 지니게 되었다. 서로 상호 긴장 관계가 나타나더라도 이 위계를 의문시하는 경우는 거의 없었다. 곧 동양 불교 전통은 위계적이고 권위주의적이다. 그러나 서양 불교에서 이런 승단에서의 종속적 위계질서는 어떻게 받아들여지는 것일까? 민주주의라는 평등관계를 이념으로 하는 서양 사회에서 승단의 위계적이고 권위주의적 질서는 문제시될 수밖에 없고, 이 점은 전통 사회의 근대화 문제와도 결부되고 있다. 새로운 승단이 가능하다면 이런 평등적 민주주의 이념이 어떻게 위계적인 전통 불교 종단과 조화를 이루면서 새로운 승단을 형성할 수 있는지 관건이 아닐 수 없다. 앞서 지적했지만 전통적인 승가 제도가 제대로 뿌리내리지 못하고, 아직 전통이 수립되지 못한 여건에서 개인적인 명상 수련만이 강조되고 법(法, Dharma)의 비전(秘傳)의 전수만이 중요시될 때 서구불교 사회에서 전혀 예기치 못한 사건이 발생하는 것이다. 곧 민주화 과정에서 미

---

22 Diana Eck, "Two Buddhism or One," Kenneth Kenichi Tanaka, Charles S. Prebish ed., *op. cit.*, p. 63.

국 불교에 타격을 가하는 불행한 스캔들이 발생하고 있었다. 1983년을 기점으로 불교 공동체 안에서 외국 태생의 스승이거나 미국 스승이거나 간에 상당한 부분의 미국 내의 불교 스승들이 그들의 권위를 행사하며 제자들과 바람직하지 못한 관계를 맺은 사실이 드러났다. 그리고 그 결과 미국의 불교공동체내에 급격한 민주화를 요구하는 계기를 불러오게 되는 것이다.[23] 따라서 이 사건을 현안 문제로 미국 승가의 민주화가 전면에 대두되고 다음과 같은 민주화 방안이 마련되는 것이다.

1] 권위의 유형은 달라질 수밖에 없으며 승가 공동체와 재가 공동체 사이의 관계를 재설정, 재평가할 수밖에 없다. 2] 미국 불교에서 젠더(Gender, 性) 역할의 변화, 특히 여성의 지위가 상승되어야 하는 점을 확인한다. 3] 각 개인의 비전통적인 생활양식을 추구하는 점도 확인한다. 곧 성(Sex) 관계의 양태를 개인의 선택에 맡겨야 한다. 결혼하거나 독신을 지키는 일의 선택을 개인에게 위임하는 것이다. 크게 세 가지 개선점을 미국 불교 공동체의 특징으로 부각시킨 셈이다. 이런 민주화 과정을 거쳐 아시아 불교의 위계적이고 권위주의적인 성격을 벗어나 서구의 민주적 경향에 일치되는 평등주의적 면모를 갖는 계기를 마련하게 되었다.

일종의 문화적인 상충이 가져온 결실이기도 하지만 또 동양에서의 권위의 전승이 미국에서는 스승과 제자 사이의 정신 관계가 성적 관계로 타락한 예기치 못한 행태 변화의 한 모습이기도 하다. 전통이 수립되지 못하고 제도가 안정되지 못한 불교 공동체가 노출시킨 사태의 전형적인 예일 수밖에 없었다. 따라서 서구 불교의 민주적인 개혁은 지극히 현실적이고 생활양식과 결부된 면모를 보인다. 동양과는 현격한 차이를 보이는 생활양

---

23 David Van Biena, "Buddhism in America", *Time 13*, Oct, 1997.

식을 지닌 서구에서 어떤 특징들이 미국의 승가 공동체의 성격을 결정하는 것일까? 먼저 현장적인 접근부터 시도해 보자.

찰스 프레비시 교수는 '60년대 초기 미국 불교 공동체는 한마디로 재가 공동체(Lay Community)였으며 또 도시 불교 공동체(City Buddhist Community)였다'고 지목한다. 그러나 시간이 흐르며 동양의 승려들이 미주에 상주하거나 승려가 된 서구인들이 승가를 형성하기에 이르러, 초기의 모습을 벗어나 점차 불교 본래의 승가의 면모를 갖추기 시작했다. 그러나 어느 정도의 균형 있는 승가의 모습을 지니고 있음에도 불구하고, 항상 강조점은 재가 불자들의 도시 중심의 공동체이고, 그곳에서는 개인적 명상 수행을 강조하고 그것에만 집중한다. 한마디로 서양 사회에서는 동양의 사원 조직에서 보는 것과 같은 엄격한 공동체적 수행 생활이 거의 불가능한 것으로 나타나고 있다. 릭 필즈는 이렇게 말한다.

> 미국 불교는 재가 불교로 변화될 것이다. 혹심한 수행과 수련을 요구하는 출가와, 재가 생활의 혼란스러움과 그 요구를 균형 있게 할 전략이 미국 불교도들에게 도전으로 다가올 것이다.[24]

릭 필즈와 같은 입장에서 잭 콘필드(Jack Kornfield)는 실생활과 수행의 조화로운 균형, 그리고 미국적 특색을 살리는 의미에서 동양의 전통적 승가나 전통적 수행 방식은 극복해야 한다고 말한다.

우리는 어떻게 미국적인 삶 속에서 실천·수행을 할 것인가, 우리의 실

---

24 Rick Fields, "The Future of American Buddhism", *Vajradhatu Sun* 9, No. 1., 1987, p. 26.

천·수행은 세속에서 물러나는 것이 아니라 세속적인 것과의 조화로움(integrity)을 마련하는 일을 강조한다. 그리고 우리의 일상생활 속에서 지혜를 찾는 일이다. 북미 불자들은 이미 이 조화로운 통합의 수단을 개발하고 가족 구성원으로서, 가장으로서의 실천·수행의 삶을 살고, 직장을 지닌 사람으로 법(法, Dharma)의 깊은 경지까지 이르기를 원하고 있다. 동굴 속으로 달려가는 것이 아니라 그들의 매일 매일의 삶에 실천·수행을 적응시키려는 것이다.[25]

곧 미국인들은 승려가 되기를 원하지 않고 마음을 변화시키는 수행을 원할 뿐이라고 미국 불교도들의 재가성(在家性)을 특징짓는다. 일상성 속에서의 불교의 실천 수행을 강조하는 것이다.

현장에서 여러 형태의 서양 불교의 모습을 지켜보고 있는 산 증인이라 할 헬렌 트월코브는 단언적으로 이렇게 말한다. "지금으로서는 우리의 불교 공동체가 승원 제도가 제거된 그런 불교가 지배적이라고 말할 수는 없다. 이 불교는 가사(袈裟)를 벗어버리고 있으며, 거리에 존재하며, 기구 속에 존재하며, 작업장 속에 존재하며, 가정 속에 존재한다."[26]

일상생활과 직장과 가정과 유리될 수 없는 미국 불자들의 수행 생활은 이토록 재가적일 수밖에 없다. 그리고 그것은 또 도시적일 수밖에 없다. 곧 미국 불교는 도시 재가 불자 운동으로부터 시작되는 것이다. 그리고 도시 중심에 불교 공동체가 설립되고 큰 도시들을 따라 하나씩 설립되어 성

---

25 Jack Kornfield, "Is Buddhism Changing North America," *Buddhist America: Center, Retreats, Practices*, ed by Don Morreale, John Muir Pubns, 1988.

26 Helen Tworkov, "The Formless Field of Buddhism", *Tricycle* 1, No. 3. Spring, 1992, p. 4.

장함으로써 서로 다른 도시 중심의 멤버들과 연락망을 갖고 서로의 경험과 수행을 공유하는 것이다. 산 속이나 교외 중심의 독자적인 전통 사찰 수행처와는 단절되는 면이 강하다. 실제로 큰 도시 중심으로 법당과 수련처를 마련하고, 신도의 증가와 재정적 안정이 이루어지면 그다음 단계로 교외나 산 속에 분원으로서 또는 수도처로서의 산속 사찰이나 명상처를 마련하는 것이다. 산속이나 한적한 교외에 사찰 수도처가 형성되어 있고 도시의 포교당이나 설법 장소 혹은 간편한 수행처가 지부로 형성되는 우리와는 반대가 되는 것이다. 뉴욕의 법안스님의 법당, LA의 도안스님의 포교당이나 행원스님의 여러 곳에 산재한 포교·수련소의 경우 도시 중심에 먼저 포교당을 설립하고 나중에 교외와 산속에 좀 더 큰 규모의 수련처와 사찰을 설립하는 패턴이었다.

이런 도시 포교당이나 수련처는 전통적인 불교의 형태를 수용하기에는 많은 문제점이 있다. 그리고 이미 미국 불자들은 수행자이기를 자처하지만 재가 불자로서의 활동이 강한 것이지 승려가 되려는 형태와는 거리가 멀다. 초기부터 미국에 불교를 잘 적응시키며 선(禪)을 전파한 일본승 스즈키 슌류는 그들의 이런 독특한 모습을 이렇게 묘사하고 있다.

> 미국 (불)제자들은 승려도 아니지만 또 완전한 재가인도 아니다. 아마도 그들은 지금 알맞은 적절한 생활 방법을 찾아가고 있는 중일 것이다. 우리가 재가 혹은 출가라고 하는 이분법적인 분류로 차별화하는 것과는 또 다른 하나의 양태를 감지하고 있는 것이다.[27]

---

27 Shunryu Suzuki, *Zen Mind, Beginner's Mind*, Weatherhill, 1970, p. 133.

그래서 수리야 다스(Surya Das) 같은 수행승은 이런 형태를 "사이 승가/혹은 틈새 승가"(in-between Sangha)라는 말로 특징 짓고 있다. 이런 도시형의 틈새 승가에서는 어떤 구조로 수행을 실천하는 것일까? 현장에서 다양한 양태를 드러내고 있지만 이제껏 우리가 예상하는 전통적인 위계질서와 엄격한 계율을 준행하지는 못한다. 불교 공동체의 권위와 위계는 다시 제정·수립될 수밖에 없으나, 전통적인 사원의 것을 모두 부정하고 버리는 것은 아니다. 오히려 민주화에 기반을 둔 전통적인 것의 흡수라고 할 수 있는 형태를 취한다. 곧 행정권과 결정권을 불교 공동체 전체에 민주적으로 위임하는 것이다. 승려를 포함한 재가 신도, 여성 신도에게도 모두 동등한 권리와 소임을 주어 유연한 권위의 이동을 가능하게 한다. 그것이 앞서 스캔들 이후 제시된 1], 2] 항목의 내용들이다.

리타 그로스(Rita Gross) 교수는 이러한 형태의 위계와 권위 그리고 소임의 분담을 '자연적인 위계'(natural hierarchy)라 부르며 어느 누구나 중심에 위치할 수 있고 또 그 누구도 주변에 위치시킬 수 있으며 유연한 위계(fluid hierarchy) 속에서 동등하게 자리바꿈을 할 수 있어야 한다고 말한다. 일견 우리 승가 전통에서도 잘 운영되었던 소임을 그대로 표현한 말이 된다. 그러나 문제는 오늘의 우리 승단이나 사찰의 현실이 그렇지 못한 점에 우리 불교의 심각성이 있고, 동시에 서구 승단의 이 새로이 태어나는 모습을 보고 전통적인 시각으로 평가할 수 없는 우리의 한계를 의식하게 된다. 그러면 이런 틈새적 승단에서 계율은 어떻게 운영될 것인가는 관건이 아닐 수 없다. 모든 면에서 변화를 일으키고 승가의 형태마저 변형된 미국의 불교는 흔히 말하듯 미국화(Americanization)이거나 문화변용(acculturation)을 일으킨 것이다. 문제를 해결한다기보다 더 복잡한 근대성의 문제를 일으키는 것이 사실이다. 엠마 레이만(Emma Layman) 교수는 이와 관련하여 "미국적 형태의 불교는 어떤 특징을 띠는 것일까?"라고 되묻는다.

> 미국의 불교는 더 이상 아시아인들을 위한 불교로 간주해서는 안 된다. 미국 불자들은 어떻게 '미국적 불교'(American Buddhism)의 틀을 짜야 하는지에 관심을 기울여야 한다. 미국 불자들은 미국 사회의 문제들에 대한 해답을 줄 수 있는 불교의 원리들을 적응시키려고 노력해야 한다. 이런 적응을 얼마나 성공적으로 이끌 수 있느냐 하는 것이 북미 대륙에서의 불교의 미래를 결정할 것이다.[28]

서구 사회 속의 동양적 시대착오는 극복되어야 한다는 주장이다. 말하자면 미국 불교의 독립선언을 선포하는 것이다. 마치 18세기 구대륙에서 독립하여 미국적 정신과 프래그마티즘을 선포했던 에머슨이 "이제 우리의 노래를 부르자"고 한 것과 동일하게 미국적 불교의 자립을 선포하는 것이다. 더 이상 동양의 불교를 원형으로 생각하고, 그 모형을 액면 그대로 수입하는 행태를 지양하려는 것이다. 다시 말해 미국적/서구적 적용(adaptaion)이 오히려 불교를 새롭게 하고 그것이 불교의 새로운 본질일 수 있다고 주장하는 것이다. 한국의 불자들에게도 친숙한 스티픈 배츨러(Stephen Batchelor)의 최근의 인터뷰 내용은 이 점을 적시하고 있다. 그는 『삼륜지』(*Tricycle*, 2010, 봄호) 기자의 "왜 우리(서구인)는 새로운 불교(New Buddhism)를 필요로 한다고 생각하느냐? 일종의 오만한 생각은 아닌가"라는 질문에 대해 이렇게 답변한다.

---

28 Emma Layman, *Buddhism in America*, Chicago, Nelson-Hall, 1976, pp. 12-16.

만일 어떤 특정한 전통적인 수련이 그 사람에게 잘 맞는 것이라면 그 방법을 지속하라고 권장할 것이다. 그러나 나의 경우-그리고 또 수많은 다른 사람들(서구인)의 경우에도-전통적인 아시아 불자들의 접근 방법이 제대로 작동하지 않고 있다는 것이 분명하다. 불교의 역사를 통해 보아도 불교의 강력한 힘은 불교를 수용한 문화의 요청을 따라 성공적으로 그 자체(불교)를 수없이 재 창안하고 있다. 오늘날 서구에서 일어나고 있는 일 역시 다르지 않다고 본다. 역사적으로 볼 때 승직의 불교 엘리트들은 재가 수행자들에 대해 점차 권위를 중대시키고 또 수행자들 자신은 얼마간 수행의 자율성을 지니고 있어야 하는데 그런 점을 상실하고 있다. 대신 우리는 대단히 특정한 전문 집단에 대해 매우 공경하고, 심지어 의존하는, 무엇을 바치는 그런 문화를 지니고 있다. 곧 라마승, 고승(高僧), 노사(老師), 아잔(ajahn)들에게 말이다. 그러한 공경과 헌신은 불교 수행에서 중요한 몫을 하는 것은 분명하다. 그러나 법(法, Dharma)을 우리 자신의 언어, 우리의 시대적 맥락에서 활용한다면 우리 자신을 승직에 연계된, 교리적 권위로부터 벗어나게 하여 자신의 본래의 목소리를 찾게 할 필요가 있다. … 나는 더 이상 전통적인 아시아 스승들의 발 밑을 찾아 앉을 필요를 크게 느끼지 않는다.

이런 입장이라면 이제 서양 불자가 '사이적'(in-between)이었건 미국 승가가 '틈새적'이었건 새로운 승가와 새로운 승려, 또는 새로운 형태의 서구 재가인이 출현하는 것이다. 넘리치(Paul David Numrich) 같은 사람은[29] 전세기에 있었던 테라바다의 〈아나가리카(anagarika)〉라는 수계의 계위를 설

---

29 Paul D. Numrich, *Old wisdom in the New World: Americanization in Two Immigrant Theravada Buddhist Temples*. Univ. of Tennessee Press, 1996, pp. 125-126.

정한다. 곧 전통적인 재가인과 출가 승단 사이의 중간 위치인 독신 수도인의 위계이다. 승려의 수계를 받으나 재가에 머물러 세속적인 직업을 수행하는 재가인이다. 비승(非僧), 비속(非俗)이며 동시에 승려이기도 하고 재속인이기도 한 불자의 위치를 설정하는 것이다. 중간적/중도적 수계인 것이다. 아마 한국 전통 승단에서 항상 비판의 대상으로 지목되었던 숭산스님의 보살승(菩薩僧, Bodhisattva monk)도 이런 개념 가운데 하나일 수 있다. 어떤 형태가 적합한가는 결국 서구의 문화적 틀 속에서의 수용일 수밖에 없다. 그것이 불교의 역사이었고 부처님의 마지막 말씀이었던 자등명(自燈明), 법등명(法燈明)의 뜻을 그대로 자기가 처한 현장에서 발현시키는 일이기 때문일 것이다. 부처님의 말씀을 믿고 따르는(法燈明) 내 자신이 주도적으로 밝혀 갈 (自燈明) 수밖에 없는 것이다.

결국 상황과 여건에 따른 계율의 재해석이 불가피한 것이고 그것은 이미 원효대사의 『범망경보살계본』(梵網經菩薩戒本)의 주석에 나오는 "계율 자체는 본질이 없으나 여건과 상황에 따라 계율은 적용될 수 있고 또는 철폐할 수도 있다(戒體本無 隨緣生 隨緣滅)"는 말과도 그대로 상통하는 것이다.

그래서 요즈음 서구인들은 새로운 시대에 걸맞는 승(乘, yāna)으로서의 신승(新乘, Navayāna)을 요청하고 있다. 과연 유행어로서의 신승이 아니라 실제로 새로운 형태의 불교로서의 신승은 가능한 것일까? 가능성의 문제를 진단하는 단계를 넘어, 자신의 현실에서 일어나는 모든 불교적 행위는 신승일 수밖에 없다는 절대 명제로 서구 불교인들은 자기 주장을 하는 것이다.[30]

---

30 최근 한국을 방문하여 자신의 참여불교의 입장을 밝힌 Christopher Queen에게서 전

마지막으로 우리가 주목해야 할 사항은 지금의 이런 서구에서의 불교
운동의 정착과 함께 기존의 불교학은 어떤 위치를 지니게 될 것인가 하는
점이다. 한걸음 더 나아가 불교학은 새로운 전환을 마련해야 되지 않겠는
가하는 문제가 제기된다. 불교학의 발단이 서구였고 서구의 학문적 불교
학이 곤경에 처해 있다는 것은 이미 오래전부터 지적되어 왔다. 이와 관련
하여 언어 문헌학적 연구의 한계성을 벗어나는 일이 심각히 논의되고 있
다. 곧 학문의 이종교배적 새로운 불교학 영역의 확대를 시도하고 있다.
불교신학(Buddhist Theology)이란[31] 새 개념을 불교학 속에 도입하면서 불
교학 연구자들의 수행적(遂行的, performative), 변모적(變貌的, transformative)
인 실존적 변화의 시도를 꾀하는 것이다. 그리고 이제 우리가 앞서 예증적
으로 관찰한 서구 나름의 신행의 현장이 자리 잡았다면, 불교에 대한 학문
적 접근도 새 방향에서 시도될 수밖에 없다. 아직 확실한 틀을 잡고 일관
된 연구 방법까지 제시되는 단계는 아니지만 심각히 논의되는 것은 사실
이다. 곧 서양/미국에서의 불교는 불교학의 어떤 카테고리 속에 위치 지우
기보다 독립시켜 새로운 종교운동(New Religious Movements, NRM)으로 간
주하자는 것이다. 곧 신종교(New Religions)로 불교를 분류하여 접근하는
것이 실질적이라고 주장한다. 미국에서의 불교운동이 어느 경우에서건
가시적으로 드러나고 있으며, 그것에 정당성을 부여해 주어야만 하고 또

형적인 예를 본다. 그의 발표문 "Service Dharma: Varieties of Social Engagement and
Spiritual Practices in the Global Buddhism"에 의하면 서구의 불자들은 모두 교육받
은 전문인들로서 마음 챙기기를 통한 스트레스 제거 명상이나 참선의 열락에 더 이상
몰두하지 않는다. 그보다는 부처님의 가르침을 인권, 경제적 정의, 소수민에 대한 관
용, 인종차별의 치유, 환경보호와 같은 매일 매일의 사회변화와 관련시키고 있다.
31 이민용, 「학문의 이종교배: 왜 불교신학인가?」, 『종교문화비평』 제3호, 한국종교문화
연구소, 2003, 168-175쪽.

이 가시성을 더욱 돋보이게 하기 위해서도 미국불교운동의 초기 단계인 지금 불교를 신종교운동으로 연구하는 것이 합당하다는 주장이다. 폴 넘리치 교수는 이렇게 주장하고 있다.

> 신종교는 근자에 형성된 것인데 기독교나 유대교 등의 전통종교에서 나와 개종한 소수집단의 종교 그룹들이다. 불교는 분명히 세계적인 '신'(New)종교는 아니다. 그러나 1960년 이래 비아시아-미국인(Non-Asian American)들 사이에서 새로운 관심을 불러일으키며 NRM(신종교운동) 연구라는 전망을 지닌 분야로 나타났다. 따라서 개종자들의 경험에 초점을 둠으로써 신종교(NRM) 연구라는 하나의 규범을 지니게 하고 하나의 종교의 이민적 표현과는 차별화하자.[32]

불교의 서구/미국적 적응과 변용을 인정하며 그것을 아시아의 전통적 불교나 이민 그룹이 지닌 불교의 성격과도 차별화하자는 것이다. 곧 서구화/미국화된 불교의 성격을 독립적이고 고유한 것으로 인정하고 더 나아가 미래를 위한 전망까지도 시도하는 새로운 학문 분야로 정착시키자는 것이다.

동일한 맥락에서 L. 프리드만(Lenore Friedman) 같은 사람은 불교가 실질적으로 서구/미국에 정착하기 위해서는 전수 받은 형태의 의존성에서 벗어날 필요가 있고 대신 현장의 불교가 자라고 있는 바로 그 토양을 볼 필요가 있다고 주장한다. "그것이 우리(서구)가 도달한 시점이다. 미국 불교

---

32 Paul D. Numrich, *op. cit.*, p. 112.

는 자신의 고유한 성격을 찾는 과정에 있다."고 언명한다.[33] 따라서 이런 입장을 근거로 한 새로운 접근, 특히 인문학이나 의학, 물리학 분야에서 괄목할 만한 새 연구 분야를 발전시키고 있다. 또 우리가 응용 불교학이란 막연한 명칭 아래 한 묶음으로 처리하는 여러 형태의 불교에 대한 새로운 접근들, 곧 여성과 불교, 생태와 불교, 참여불교, 혹은 불교와 심리라는 타이틀 아래 세분화시킨 불교에 대한 여러 형태의 심리학적 접근들을 가능하게 하고 있다. 불교학이 심리학의 한 분과로 나타나기도 하고 불교학이 심리학의 여러 분야로 환원되는 듯한 느낌을 갖게 하는 것도 이런 불교에 대한 서구의 독립적 접근의 한 시도로 보인다.

이제 불교는 서구/미국에서 새로운 틀로 자리 잡고 있다. 발전만 거듭하는 것이 아니라 분야에 따라서 정체적(停滯的)이기도 하다. "선(禪)은 불황기(recession)에 들어왔다"고[34] 하는 농담이 나올 정도로 사회변화와 기호, 유행을 따른 부침(浮沈) 현상도 보여주고 있다. 그만큼 불교는 서구 사회의 체질의 한 부분이 되었으며, 시대 변화와 사회 변화를 따른 새 살을 돋게 하고 있는 것이다.

---

33 Lenore Friedman, *Meetings with Remarkable Women: Buddhist Teachers in America*, Shambhala, 1987, pp. 23-24.

34 Kenneth Kraft, "Recent Developments in North American Zen," *Zen: Tradition and Transition*, ed by Kenneth Kraft, New York: Grove press, 1988, p. 181.

미국의 일본 불교 수용의 굴절

—올코트, 폴 카루스, 샤쿠 소엔, D.T.스즈키의 경우

1. 머리말

　필자에게 주어진 '서구에 끼친 일본 불교의 영향'이라고 하는 주제는 필자의 전공과 한계를 훨씬 넘어서는 논제이다. 그러나 미주에 오래 거주한 불자/불교학자로서의 경험은 근자에 서구에서의 불교신행의 정착과 서구화에 대한 관찰기를 쓰게 했다. 필자는 이 관찰기에서 무엇보다도 불교가 서구/미주에서 일시적 현상을 넘어서 매우 서양화된 종교로 정착되어가고 있는 점을 지적하였다.[1] 오늘날 서구학계는 불교학이 태생적으로 지니고 있었던 서구 문헌 중심의 틀이 오리엔탈리즘의 형태로 자기 발목을 잡고 있는 것을 극복하려고 노력하고 있으며, 나아가 불교신학(Buddhist Theology)이란 학문상의 이종교배적인 기형적 범주마저 설정하고 있다.[2]

　한편 일본은 동양에서의 근대적 불교학을 선도적으로 이끈 동양 불교의 근대적 선발주자였다. 그것이 동양에서의 서구 제국주의의 모방/행사라는 정치적 비극을 초래하기도 했다. 그리고 이 제국주의의 일단으로 일본은 해외 전도라는 명목 아래 조선은 물론 중국·만주 등지로 일본 불교

1　이민용, 「서구불교운동의 전개와 서구적 불교의 탄생」, 한국 불교학회 2010 추계학술대회 발표문, 2010.11.
2　이민용, 「학문의 이종교배, 왜 불교신학인가?」, 168-175쪽.

를 진출시켰다. 그것은 일본의 다변화된 종파의 개별적 종교 활동으로 국한시킬 수 있는 범위를 훨씬 넘어선 국가적 차원의 선교 활동이었다. 이미 메이지 불교 개혁을 겪은 일본 불교는 자기주장을 펼치고 있었고, 그것은 국가주의와 긴밀한 관계에 있었음은 잘 밝혀져 있다.[3]

　한국·만주에로의 일본 불교의 전파와 동일한 맥락에서 서구/미주(필자의 한계로 미국으로 국한시킨다)로 일본 불교가 전파되는 것일까? 일본은 한국, 만주에 대해 지녔던 식민지적 우월 의식을 갖고 서구/미주에 대해서도 접근한 것은 아니지 않은가? 흔히 노동력의 이주를 따른 이주민의 신앙의 유입으로 서술하는 것이 미주에서의 아시아의 불교 내지 일본 불교의 전파 상황이었다. 그러나 불교의 전파 주체자로서 일본 자체의 문제와 전파 활동 계기를 설명할 수도 있겠으나, 수용자의 입장에서 그 전파가 어떤 모습으로 비치었는가를 따지지 않을 수 없다. 곧 일본 불교가 서구에 미친 영향을 수용자의 입장에서 어떤 감수성을 지니고 어떤 맥락에서 받아들였는가를 짚어 보고자 한다. 그리고 그것은 전파 주체의 시각과 어떤 차이가 있는 것일까 하는 점도 간과할 수 없다. 따라서 이 글에서는 일본 불교를 보는 서구의 시각과 일본 불교가 서구에 대해 무엇을 주장하는가 하는 것을 당시 일본 불교와 긴밀하게 연관된 몇 인물을 통해 시안적으로 짚어보려한다.

3　Robert H. Sharf, "The Zen of Japanese Nationalism", *History of Religions: An International Journal for Comparative Historical Studies* vol. 33 no.1 1993, August.

2. 미국의 불교 이해의 태도

불교가 학문의 대상으로 정착한 것은 근대 서구의 영향에 의한 것이라는 사실은 이제 하나의 정설이 되었다. 그 과정을 살펴보도록 하자. 근대적 학문으로서 불교학을 개창하고 정착시킨 것은 우연한 계기에 의해서였고, 그 시발자들마저도 자신이 무엇을 하는지 모르는 상황에서 불교에 대한 관심을 펼쳤다. 그래서 이 창안자들은 단순한 호기심에서 또 심각하게 따져보지도 않은 편향성(unargued preference)만이 지배하는 상태에서 일정한 학문의 정당성도 없이 불교에 대한 연구를 시작한 것이다.[4] 곧 불교학 개창에 결정적인 역할을 한 외젠 뷔르누프(E. Burnouf, 1801-1852)나 브라이언 호지슨(Brian Hodgson, 1800-1894), 리스 데이비즈(Thomas Rhys Davids 1843-1922)는 동양 언어·문헌학을 전공한 산스크리트 학자이거나(뷔르누프의 경우) 식민지 관료로서의 역할을 하다 때늦게 학문적 취향을 살려 팔리 연구를 한 것(호지슨과 리스 데이비즈의 경우)이 계기가 되었다.[5] 학문적 계기가 필연성을 지닐 필요는 없을지 몰라도 이런 우연성은 불교학이 얼마나 자기 정체성에 대한 확신이 결여된 학문 분야인지를 그대로 드러내고 있다. 특히 불교의 '표준'을 세우는 결정적인 계기가 이 문헌학자들의 사회문화적인 배경은 물론 각자의 개인적인 취향을 따라 불교에 대한 기준이 설정되었다는 데 또 다른 문제점이 내포되어 있다.

외젠 뷔르누프의 『인도불교사 입문(Introduction à l'Histoire du Bouddhisme

---

4   Gregory Schopen, "Archeology and Protestant Propositions in the Study of Indian Buddhism," *History of Religions* 31, 1991.

5   L. Ananda Wickremeratne, *The Genesis of an Orientalist: Thomas William Rhys Davids in Sri Lanka*, Motilal Banarsidass, 1985.

indienne)』(1844)과 그의 『법화경 역주(*Le Lotus de la Bonne Loi*)』(1852)는 오늘날까지도 불교학 연구의 전범과 같은 역할을 하고 있으나 그것이 왜 서구문헌학의 전범을 따라야 하는지, 그리고 그런 접근은 문제가 없는지의 의문도 제기되지 않은 상태로 이 언어·문헌학적인 연구는 근대 일본 불교학까지도 큰 영향을 미쳤다.

뷔르누프가 주로 산스크리트 경전을 사용하였다면 리스 데이비즈는 팔리 불전을 중요한 텍스트로 사용하였다. 리스 데이비즈에 의하면 팔리 텍스트는 부처님의 생생한 말씀이고 더 오래된 고대적 형태다. 따라서 그는 불교의 시원성과 원형에 대한 추구를 하게 된다. 그에게서만 이런 원형에 대한 전제가 있는 것은 아니지만 서구가 불교를 발견하고 창안하는데 결정적 가치 기준으로 설정된 것이 이 시원성과 원형에 대한 질문이었다.

신앙의 대상이기보다 부처님의 역사성 찾기나 부처님의 실존적 행위들을 색출하는 작업이 선행되고, 그런 표준을 따라 '불교란 무엇이냐'라는 질문을 하기 시작했다. 이런 질문은 각기 다른 지역에 존재하는 여러 형태의 불교국의 신행 양태들을 토속적이거나 미신의 지방적인 모습의 표현으로 보고 본래의 것이 변형된 것으로 간주하게 된다. 무엇인가 결여되고 역사 과정을 따라 지방적인 민속과 혼합된 퇴락한 모습이 현장 불교의 특징으로 규정되는 것이다.

또 빅토리아 조의 사상적 특징이기도 했지만 리스 데이비즈의 개인적 취향인 아리안(Aryan)적인 과거의 회복이라는 의미에서 불교의 시원을 찾았다. 곧 인도 대륙에서 아리안적인 여러 요소 가운데서 도덕적 개선, 사상적 개혁을 이룩한 것이 불교였다고 보고 불교의 원형은 이 아리안적인 것에 있으며, 본래의 인도의 아리안적인 것으로의 복귀를 시도하였다. 리스 데이비즈는 빅토리아적 아리안의 등장을 꿈꾸고 있었고, 그것에 걸맞은 것이 불교였다고 생각한다. 청순한 부처님, 높은 도덕적 가치를 내세우는 불교의 초기 모습들을 찾고자 한 것이다. 불교를 문헌 속에서 찾아낸 불교 창안자들은 오래전에 잊혀진 그리고 현장의 신행자들에 의해 일찍이 추구된 적도 없는 불교의 시원을 찾았던 것이다. 그로 인해 오늘날 불교학은 고전불교(Classical Buddhism), 초기불교(Original Buddhism), 원시불교(Primitive Buddhism), 순수불교(Pure Buddhism) 따위의 이념을 지니게 된 것이다.[6] 그의 입장에서 볼 때 불교는 아리안적인 원형과 시원에 맞닿아 있는 종교이기 때문에 가치가 있고 도덕적 완전과 과학적 지식을 충족시키는 종교였다.

미국은 이런 불교를 서구를 통해 받아들이고 있다. 곧 유럽의 불교 이해를 이차적으로 수용하고, 따라서 초기의 테라바다(Theravada) 불교를 불교의 원형으로 이해하는 것이다.

일본 이민의 정착과 함께 들어온 일본 불교의 특징인 대승불교 또는 이미 일본화된 불교와 이런 서구의 불교학적 틀에서 이해된 초기 불교와는 상당한 거리가 있다. 따라서 서구적 학문의 입장에서 볼 때, 일본 불교는 1893년까지는 (세계종교의회 개최를 동북아시아 대승불교의 선포의 기점으로 삼는다) 거의 미지의 것으로 되어 있었다. 그리고 그것은 '시원'이나 '본질'을 강조하는 동양학적인 발상에서는 배제시킬 수밖에 없는 종교였다.

---

6 실제로 리스 데이비즈가 『대영백과사전』(Encyclopedia Britannica)의 '불교(Buddhism)'와 '부처(Buddha)' 항목을 서술할 때 초판(1876)에서는 팔리 · 산스크리트 고전어는 물론 스리랑카와 미얀마의 지방어 자료까지 포함하였다. 그러나 1910년판에서는 불전 고전어(Classical Language)인 팔리 · 산스크리트어로 기술된 자료만 참고하였다. 이처럼 팔리어와 산스크리트어만 포함하고 지방어와 민속구전은 제외함으로써 불교는 특정 언어의 틀 속에 갇히게 되었다. Philip Almond, *The British Discovery of Buddhism*, 1988에서 관련 부분을 요약한 것임.

앞에 언급한 서구 불교학의 한 축을 담당한 리스 데이비즈의 학문적 입장과 그의 미국에서의 히버트 강좌(Hibbert Lectures, 1881)의 내용과 에드윈 아놀드의 막대한 영향을 끼친 『아시아의 빛』(1879)을 생각할 때 일본 불교는 지방적·향토적 표출로 생각될 수밖에 없었다. 곧 역사적인 부처님의 가르침에서 일탈된 후대의 변형된 모습으로 각인되었다.

3. 미국에서의 일본 불교 신행의 발단

미국 사회 속에 일본 불교가 본격적으로 모습을 드러낸 것은 중국 불교의 출현보다 늦다. 1850년대 중국 노동력이 대거 미주 대륙에 유입되면서 아시아인의 불교 신행 형태가 드러났지만, 일본의 경우 1870년대 일본 노동력의 이주를 계기로 불교 신행이 미주에 정착하기 시작한다. 곧 1868년의 관약이민(官約移民)이 시작되고 곧이어 계약이민(契約移民)을 거쳐 1898년대 자유이민(自由移民)의 시대로 접어들면서 일본인 이민은 급격히 늘어난다.

1868년 6월 첫 이민 그룹이 캘리포니아에 정착하여 1870년에 55명의 이민자가 미주에 존재했으며, 1900년대에 이르러 1만 명으로 늘어나고, 1919년에는 무려 237,121명으로 불어났다. 그러나 실제 1920년대의 인구 조사에 의하면 미국 본토의 일본인은 110,010명이고 이 가운데에는 미국에서 태어난 2세(Nisei)는 29,672명에 이른다고 보고되고 있다.[7] 어떻건 이

---

7 Alfred Bloom, "Shin Buddhism in America: A Social Perspective", Kenneth Kenichi Tanaka, Charles S. Prebish ed., *The Faces of Buddhism in America*, Univ. of California Press, 1998, p. 33.

이민 그룹을 따라 불교가 미주에 정착하게 되었으며 불교 사찰은 하나의 사회단체이자 위로처 구실을 한다. 그리고 일본 사찰이 존재하게 됨에 따라 승려들이 이주하여 이민자들을 정신적으로 인도하는 것은 물론 각 종파에 따른 승려들이 종단의 지원을 받으며 미주에 입국한다. 이들은 자신들의 출신 지역과 종파에 따른 일본 불자들을 정착시킨다. 불교 전도를 본격화한 것은 진종 본원사파로서 1889년 본원사파의 카가히 소류(曜日蒼龍)가 하와이에 불교전도본원(佛敎傳道本院)을 설치한 것이 효시였다. 이후 진종 대곡파에서도 1899년 개교사(開敎使) 사자나미 시즈카(遠靜), 야마다 켄류(山田見龍)가 하와이에 들어와 별원 및 포교소를 개설하고 정토종은 1894년 마츠오 타이죠(松尾諦定)를 파견한다.[8]

이어 조동종(1903), 일련종(1900), 진언종(1914)이 미국에 들어오게 된다. 그러나 미 본토인 북아메리카에 본격적인 진출을 하는 것은 역시 진종 본원사파였다. 1897년경 재미 일본인 35,000명 가운데 3,000명이 샌프란시스코에 거주했으며 1898년 본원사파의 혼다 에류(本多惠陸)와 미야모토 에쥰(官本惠順)이 파견되고 샌프란시스코에 불교청년회를 결성하였다. 이들은 곧 북미주불교선교회(Buddhist Mission of North America)를 설립하며 정토종과 연결되어 본격적인 포교 활동에 들어간다.

오늘날 동양인 불교 단체로 가장 미국화된 미국불교(Americanized Buddhism)로 발전한 미국불교교회(Buddhist Church of America, BCA)로 정착하는 것이 바로 이 선교회였다. 그러나 1924년 일본인 이민 금지법(Japanese Immigration Exclusion Act)에 의해 일본인의 이민과 활동은 크게 위축되고 2

---

8 카시와하라, 『일본불교사 근대』, 원영상 · 윤기엽 · 조승미 공역, 동국대학교출판부, 2008 참조.

차대전 중의 일본인 강제수용에 따라 큰 제약을 받기에 이른다. 2차 대전 종전과 함께 일본인의 불교 활동도 면모를 일신하고 다시 안정된 정착을 꾀한다. 그것의 하나가 '미국불교교회'(BCA)의 성립인 것이다.

그 사이 각종 불교단체와 기구들이 설립되어 일본 불교인들의 불교 전도와 문화 활동·생활 정착에 기여하게 된다. 이마무라 엠묘는 보이스카웃을 결성하고, 선데이 스쿨을 설립하고, 불교식 찬송가를 만들고, 영어로 설법을 하며, 법단 대신에 기독교와 같은 의자와 강단을 설치하여 개혁적인 현지 적응 방안을 마련한다. 그는 "진정한 종교란 어떤 나라나 민족에도 적용될 수 있고 또 초월할 수도 있어야 한다. 어떤 국가나 민족에도 동화되어야 한다. 본원사(本願寺)의 최초 목표는 아미타불의 가르침을 세계의 어느 곳에 존재하건 그 나라의 진정한 정신 속에 심는 것이다."라고 주장하며 적극적인 현지 동화를 위해 미국적 생활양식을 받아들인다. 이에 따라 YMCA와 맞먹는 YMBA(Young Men's Buddhist Association)가 샌프란시스코에 설립되는 것이 1898년 7월이다. 이 YMBA(불교청년회)는 후에 Buddhist Church of San Francisco로 명칭을 바꾸게 된다. 또 1920~1930년대의 선데이 스쿨은 후에 Dharma School(불교학교)로 명칭을 바꾸어 2세 학생들을 위한 영어 설법을 하며, YMBA 이외에도 YWBA를 젊은 여성들을 위하여 설립한다. 같은 시기인 1929년에 북미불교선교회(Buddhist Mission of North America)의 성직자와 재가 대표들은 샌프란시스코에서 미주 불교 포교 지원 목표를 세우고 성직자들인 승려들을 훈련시킬 방안을 마련한다. 1931년에는 33개의 사찰과 여러 개의 부속 기관이 북미불교선교회(BMNA)의 산하에 설립된다.[9]

---

9 Alfred Bloom, *op. cit.*, p. 33-35에서 선별적으로 정리하였다.

이와 함께 주목해야 할 것은 선종인 임제종의 활약이다. 아마 미국뿐만 아니라 서구에 끼친 일본 불교의 가장 큰 역할이 있었다면 그것은 임제선일 것이다. 미주에서의 불교 사상·신행 그리고 불교 전도의 절대적 영향을 미친 것이 바로 이 임제선이었다. 그 의의에 관해서는 후에 다시 다루겠지만 1893년 시카고 세계만국박람회(World Fair)와 함께 개최된 세계종교의회(World Parliament of Religions)는 일본 불교의 미주 진출에 결정적인 역할을 한다. 이 회의에 일본 대표로 참석한 샤쿠 쇼엔(釋宗演, 1859-1919)과 그를 수행한 스즈키 다이세츠(鈴木大拙, 1870-1966)의 활약 때문이었다. 그리고 일본 메이지 정부는 국가적인 차원에서 주도면밀한 계획을 갖고 이 회의에 참여하였다.[10] 일본 불교계로서도 동양 불교(Eastern Buddhism)를 내세우며 대승불교와 서양이 이해하는 불교를 차별화하는 작업을 추진했다.

무엇보다도 일본은 자신의 변화된 대외적 자세를 이 회의를 통해 표출시키고 있었다. 국제적인 차원에서 일본 자신을 동아시아의 대표로 정치적으로 드러낼 준비를 했다. 곧 아시아적인 것, 그리고 일본적인 것의 대변자로 불교를 내세웠다. 일본 문화·예술의 총화로서 봉황전(鳳凰殿, Hōōden) 건물을 그대로 시카고 박람회 전시장의 중앙에 설치했다. 동경 예술 아카데미 예술사가인 오카쿠라 가쿠조(1862-1913)를 기획관리자로 메이지 시대의 기술을 동원하여 일본 전통예술을 재현한 것이다. 이 전각 건물은 일본에서 제작되고 부분 부분으로 나누어 미국으로 배송된 다음 다시 시카고 전시장에서 재조립한 것이다.

---

10 Judith Snodgrass, *Presenting Japanese Buddhism to the World*, The University of North Carolina Press, 2003, pp. 21-65. 다음에 서술하는 회의 참석의 분위기는 이 책의 내용을 축약한 것이다.

일본 정부는 일본 문화의 고도로 발전된 모습을 보여 주려 했고 일본의 독립적이고 유니크한 국가 이미지를 심어주려 했다. 일본은 서구와는 분명히 다르나 서구와 동등하게 문명화된 나라이고 더 이상 야만적이고 원시적인 나라가 아니라는 것을 주장한 것이다. 비문명화되고 '이상한' 것이라는 인식을 불식시키고자 했으며 아시아 고유의 세련되고 섬세한 모습을 충격적으로 재현시키고자 했다.

그리고 종교회의장인 '종교의회'에 불교 종파 대표를 포함한 재가 불교인과 동지사 대학의 코자키 히로마치 같은 기독교 교수까지 참석시켰다. 특히 재가 불교인인 히라이 겐조(Hirai Kenzo)의 연설은 수많은 청중의 관심을 집중시켰다. 그의 연설은 일본에서 불교와 기독교의 상충적인 입장을 들어 서구와 맺은 일본의 불평등 조약을 호소하는 연설이었다. 곧 일본 도쿠가와 시대에 서양과 맺은 불평등 조약은 평등과 사랑을 대변하는 기독교 정신과도 위배되는 약소국에 대한 억압이라고 질타한 것이다. 청중을 감동시켰고 강대국의 부끄러움과 기독교 선교의 수치를 유발시키는 연설이었다.[11]

샤쿠 쇼엔과 스즈키 다이세츠는 이 종교의회에 참석 중인 독일계 미국 학자인 폴 카루스(Paul Carus, 1852-1919)와 긴밀한 관계를 맺는다. 그는 일리노이주의 라쌀(La Salle)에 있는 'Open Count Publishing Company'를 운영하며 한편으로 《Monist》라는 철학 잡지를 편찬하고 있었다. 그는 샤쿠 쇼엔을 자신의 집에 초대하여 출판사에서 계획 중인 아시아에 대한 총서를 만드는데 도와달라고 부탁한다. 이 제의는 거절하였지만 대신 제자인 스즈키 다이세츠를 추천하였고 그것이 인연이 되어 1907~1909년 사이 스

11　Hirai Kenzo, "The Real Position of Japan Toward Christianity".

즈키 다이세츠가 폴 카루스 밑에서 서구적인 훈련을 받으며 중요한 대승 경전들을 영문으로 번역하게 된다.

1905년 샤쿠 쇼엔은 다시 미국으로 입국하여 워싱턴 DC를 비롯한 일본인 거주의 여러 도시를 다니면서 대승불교를 표방하며 일본 불교를 전교한다. 영어와 미국적인 것에 익숙해진 스즈키 다이세츠가 통역을 겸해 샤쿠 쇼엔을 수행하였다. 1906년 샤쿠 쇼엔은 세 명의 제자들을 선정하여 미국 내 포교를 담당케 한다. 곧 스즈키 이외에 센자키 요겐(千崎如幻)과 샤쿠 쇼카츠(釋宗活)가 그들이다. 쇼카츠는 1906~1908년과 1909~1910년까지 미국에 거주했지만 큰 영향을 미치지 못하고 일본으로 귀환한다. 센자키 요겐은 1922년까지 포교를 위한 아무런 활동도 하지 않고 있었으나 후에 그에게서 많은 미국 불제자들이 배출되어 미국 선불교에 큰 기여를 하게 된다. 그는 상당히 비판적인 관점을 지닌 종교인으로 일본 기성 승단의 지나친 사업 지향에 대해 비판하고 러일 전쟁을 옹호하는 일본 불교에 대해서도 비판적이었다. 미국으로 와서도 천한 일부터 시작하여 스승이 지시하고 금지시킨 대로 17년간을 기다린 후 불교 포교를 시작했다. 소위 '떠다니는 선당'(Floating Zendo)이라는 개념을 만들었다.[12]

이후 미국의 제자를 두고 뿌리를 내리는 일본 불교는 1950년대에 소유 마주오카가 시카고에 사원을 설립하고 1959년 스즈키 순류가 샌프란시스코에 선 센터를 설립한다. 마에즈미 타이잔(1956), 야수타니 하쿠윤(1962)이 계속하여 미국인을 상대로 선을 가르치면서 영향을 미치고, 이미 우리에게도 잘 알려진 필립 카필로(Philip Kapileau)는 뉴욕의 로체스터에 확고

---

12 조은수, 「서구 속의 불교, 불교의 서구화」, 『서구 불교운동의 문화사적 조명』, 한국 불교학회 추계학술 발표문, 2010, 69쪽.

한 일본 선의 뿌리를 내린다. 소위 일본 불교의 미국 2세대로 칠 수 있는 경우이다. 로버츠 아이트킨(Robert Aitken)도 1959년에 하와이에 다이몬드 승가(Daimond Sangha)를 세운다. 1966년에 조슈 사사키는 로스앤젤레스에 씨마론(Cimaron) 선 센터를 설립하고 이어 또 다른 선 센터(Mount Baldy Zen Center)를 설립하는 것이다. 샤쿠 쇼엔에서 시작된 선불교는 이제 미국의 제자들에게 전수되어 미국적 선의 모습을 갖추게 된다.

이상에서 우리는 미주 속에 정착되어 가는 일본의 신행 현장을 연대기적으로 중요한 사항을 적출하여 살펴보았다. 그러나 이 연대기적 사건들 사이에 우리가 주목해야 할 사건들이 있다. 곧 동양의 불교가 이질적인 미국 사회에 전파되면서 어떠한 영향을 주고 받는가 하는 점이다. 이미 이러한 전파와 수용 과정에 관한 다양한 해석과 설명이 여러 학자에 의해 이루어졌다.[13] 그러나 일본은 단순히 각 종파의 해외 이민자들을 따른 전교라는 이유 말고도 일본 불교 자체의 문제가 더욱 컸다. 또 수용하는 입장에 있는 미국은 어떤 여건에서 불교를 받아들이는 것일까?

4. 미국의 일본 불교 수용의 태도

일본 이민 그룹의 이주와 정착을 따른 불교 유입이 미주에 불교가 정착

---

13 Charles Prebish and Kenneth Tanaka ed. *The Faces of Buddhism in America,* 1998; Dunkan Williams and Christopher Queen ed. *American Buddhism: Methods and Findings in Recent Scholarship,* 1999; Thomas Tweed, *The American Encounter with Buddhism: 1844-1912,* 1992; James E. Ketelaar, *Of Heretics and Martyrs in Meiji Japan: Buddhism and its Persecution*, 1990; Judith Sodgrass, *Presenting Japanese Buddhism to the West*, 2003.

되는 하나의 요인이었다면 미국 사회도 이미 오래전부터 불교에 대해 여러 면에서 노출되어 있었고, 유럽과 비교될 정도는 아니지만 상당한 반응을 보이고 있었다. 당시의 개신교 목사와 성직자들의 반응은 이런 점을 잘 적시하고 있다.

> 아마도 시카고 대표들(세계종교의회)의 접대를 통해 인도에서 받은 인상이 될 터이지만 우리 가운데 대단한 종교적 불안이 드러나고 있다. 사람들이 다른 형태의 더욱 만족할 만한 신앙을 갈구하고 있다. 그리고 지금이야말로 불교적 관점을 전파하는 데 가장 적절한 시기라고 볼 수 있다. 아마도 데이비즈(Rhys Davids를 말함) 교수의 미국 방문은 시기상으로 가장 적절하였다.[14]

헨리 킹(Henry King 1895)이란 프로비던스의 침례교 목사의 증언이었지만 불교에 대한 이해는 관심과 호기심을 넘어 개종의 단계에까지 이르고 있었다. 이 당시의 사회적 분위기는 산업화, 도시화와 이민의 활성화로 특징지어졌으며 지적·정신적 분위기는 다위니즘, 성서에 대한 비판, 비교종교적인 관점의 영향을 크게 받았다.[15] 1893~1907년 불교는 대중적인 관심을 끌며 확대되고 있었다. 더욱이 학자들과 자유로운 사상가들 사이에 크게 영향을 미쳤고, 개신교 목회자들에게 미친 불안한 의식 또한 큰 것이었다. 그런 가운데 에드윈 아놀드(Edwin Arnold, 1832-1904)의 '아시아의 빛

---

14 Thomas Tweed, *The American Encounter with Buddhism*, 1844-1912, Indiana University Press, 1992, p. 26.
15 *Ibid.*

(Light of Asia)'이란 시가 준 충격과 유행은 매우 컸다. 그에 대한 반응은 결국 격렬한 비판까지 낳고 있다. 인도와 스리랑카의 선교사로 활약했던 리차드 콜린스(Richard Collins, 1828-1900)는 아놀드의 부처님과 역사적 부처님을 대비하면서 "'아시아의 빛으로서의 부처님은 진정한 부처상(像)일 수 없다. 마치 알프레드 테니슨의 아서(Arthur) 왕이 진정한 아서왕의 상(像)이 아니듯 말이다."라고 반박한다.[16]

아놀드의 시의 대중성과 불교의 대중성은 당시의 조직 신학자이자 목회자이던 사무엘 헨리 켈로그(Samuel Henry Kellogg, 1839-1899)의 한 권의 책의 분량에 이르는 반박적인 논평에서도 극명하게 드러난다.

> 상당한 수의 지성인들의 최근의 불교에 대한 관심은 우리 시대의 가장 특이한 그리고 무엇인가를 연상시키는 종교적인 현상 중의 하나이다. 미국에서 일정한 부류의 사람들 사이에서 일정한 관심을 끌고 있는 것이다. 이 사람들은 자신들이 불교의 무엇인가를 알고 있으며 무엇인가를 생각하고 있다고 생각한다. 1879년 이래 E. 아놀드의 '아시아의 빛'의 출간으로 인해 이 주제에 대한 대중성은 눈에 띌 정도로 증대되었다.[17]

일반 지성인층의 불교에 대한 관심과 함께 유럽에서 발달되고 있던 서구 언어 문헌학적 불교 연구 역시 미국으로 본격적으로 유입되고 있었다. 특히 1877년을 전후로 미국 학자들에게 유럽의 불교학은 큰 영향을 미치기 시작했으며, 영향력은 계속 확장되어 1890년대에 이르러 미국 나

---

16 Philip Almond, *op. cit.*, p. 12-13.
17 Thomas Tweed, *op. cit.*, p. 29.

름의 불교학 연구를 정립하기 시작한다. 특히 미국 아시아학회(American Oriental Society)는 불교에 대한 '공식적'인 이해를 확대하는 데 기여한다.

예일대학의 에드워드 솔즈베리(Edward Salisbury)와 그의 후계자인 윌리엄 휘트니(William Dwight Whitney, 1827-1894)를 거치며 불교 이해의 폭은 증대된다. 휘트니는 하버드대학의 찰스 란만(Charles Rockwell Lanman, 1854-1899)을 가르쳤다. 란만 교수의 산스크리트어 교본은 지금도 하버드대학 산스크리트어 코스의 교재로 사용되고 있다. 한편 란만 교수는 예일대학의 헨리 워렌(Henry Charles Warren, 1854-1941)을 가르쳤으며 그에게서는 팔리 불전에 근거한 불교경전 영역본인 *Buddhism in Translation*(1896)이 나오고, 이 책은 아직도 재판이 나오고 있다. 보다 진척되고 복잡한 양상의 불교와 불교학에 대한 미국적 발전을 보게 되는 것이다. 그리고 이 시기에 개최되는 1893년의 세계종교의회는 일본만이 아니라 주최 당사국인 미국의 불교 발전에 결정적인 역할을 하게 된다.

이 회의는 1893년 9월 11일에 개최되어 9월 27일에 끝나며 「콜롬비아 전시회」(Colombian Exposition)와의 연관 아래 세계종교의회(World Parliament of Religions)가 개최된 것이다. 여기에 일단의 아시아의 불교인들을 위시한 유교, 신도(神道) 대표들이 참석하였고, 그 가운데 우리 한국 불교계에도 후에 익히 알려지게 되는 세일론의 아나가리카 달마팔라(Anagarika Dharmapala)가 참석하고 중국 대표로는 Pung Kwang Yu가 유교를 대표하여 참석한다. 일본은 신도를 대표하여 류키 시바타(Reuchi Shibata)가 참석하고 불교로서는 임제종의 샤쿠 쇼엔과 스즈키 다이세츠, 그리고 히라이 킨조가 일본 재가 불자를 대표하여 연설을 한다. 무엇보다도 미국의 폴 카루스(Paul Carus)는 미국 불교 대표로 참석하는 것이 아니라 '과학과 종교'(Two Views of Science and Religion)라는 주제 아래 '종교의 궁극적 현현으로서의 과학'(Science a Religious Revelation)이란 제목으로 연설을 한다. 그리고 곧이어 샤쿠 쇼엔과 연관을 맺고 일본 불교의 미주 진출에 결정적 고리 역할을 하는 것이다. 여기서 특히 주목되어야 할 사항이 있다. 토마스 트위드는 일본 불교와 미국 불교의 고리 역할을 하는 중요한 또 하나의 조사 결과를 발표하고 있다. 곧 1879년과 1912년 사이에 미국 정기 간행물이 큰 역할을 하는 것이다. 영어 잡지인 *"The Buddhist Ray"*(1888-1894)가 싼타크루즈에서 발간되고 *"The Light of Dharma"*(1901-1907)가 샌프란시스코에서 발간된다. 미국에서 발간되는 최초의 영어 불교 잡지이고, 후자는 일본 정토종에서 나온 것으로 수준 높은 글이며, 지식인 사이에 큰 영향을 미쳤다. 상당수의 필자가 참여했고, 불교에 대한 국제적인 담론이 실렸고, 영향력 있는 필자들인 스즈키 다이세츠, 샤쿠 쇼엔, 달마팔라 등의 아시아 불교인의 글이 실렸고 영국에서는 리스 데이비즈(1843-1922), 미국에서는 란만(Lanman) 교수의 글도 실렸다. 이 외에도 폴 카루스나 헨리 올코트, 마리 카나바로(Marie deSouza Canavarro, 1849-1933)의 글이 실렸다. 이 잡지는 미국의 중요한 대학과 종교학자들에게 발송되었다.[18]

일본 불교의 미주 전파는 우연적이 아니라는 점은 이렇게 도처에서 발견되지만, 한편 메이지 시대의 문호 개방으로 미국의 동양에 대한 낭만주의적 호기심이 또한 일본 문화와 불교를 접하게 되는 중요한 계기가 된다. 트위드는 미국인이 동양 취향에 경도되면서 드러나는 양태를 세 가지로 분류하고 있다. 곧 비의적(秘儀的, Esoterics)인 성격, 합리주의적(Rationalists)인 성격과 낭만주의적(Romantics) 성격을 따라 동양에 접근하는 것이다. 이 가운데 일본 문화와 일본 불교에 대한 접근은 주로 합리주의적인 성격

---

18 *Ibid.*, p. 33.

과 낭만주의적 부류에 속하는 것으로 특징짓고 있다.

전형적인 합리주의의 특색을 드러내는 폴 카루스는 물론이지만, 그 이외에 그의 영향을 받는 인물들도 이 부류에 속한다. 로버츠 잉거솔(Rohert Green Ingersoll, 1833-1899), 펠릭스 아들러(Felix Adler), 엘리노 무어(Eleanor Moore, 1859-1923), 다이어 럼(Dyer Dainel Lum)이나 토마스 B. 윌슨(Thomas B. Wilson) 같은 인물들이다.

이들은 대개 빅토리아 조의 정신적 환상에서 깨어나면서 기독교적인 신앙의 불합리성을 자각하고, 자신들을 무신론자이거나 회의론자로 자처하면서 종교적인 자유를 구가하였다. 그리고 당시의 자유사상 그룹인 「자유종교협회」(Free Religions Association)나 「윤리문화협회」(Ethical Culture Society)와도 연관되고 있었다. 이들은 자신을 직접 불교도라고 말하지는 않으나 불교 동조자인 것은 분명하다. 나아가 서구적 불교 이해를 따르고 있었으나 점차 일본의 영향으로 동양적 대승불교를 이해하며 대승 자비사상이나 관음 신앙의 이념 등에 공감을 표하기 시작한다.

이와는 달리 같은 시기에 낭만주의적 경향에 경도되어 일본 불교에 동조하는 일단의 그룹이 형성되고 있었다. 대표적인 인물이 어니스트 페넬로사(Ernest Fenellosa)이다. 그는 처음 직접적으로 불교 자체에 대한 관심으로 일본 불교에 접하는 것은 아니고 불교문화에는 관심을 갖고 있었으나, 비종교적인 영역에 심취하기 시작한 것이다. 곧 불교문화의 여러 형태들-미술, 건축, 음악, 연극, 관습, 언어, 문학 등-에서 출발하여 종교에 대한 관심을 드러내며 서서히 불교에로 경도되는 것이다. 따라서 합리적이거나 비의적인 측면보다는 미적(美的) 예술적 측면에 이끌리고 종교적 진리의 감추어진 초세속적인 표현이나 그 상상력이 그를 매료시키는 것이다. 이러한 미적인 관심과 상상력을 통한 것은 이미 빅토리아 조의 아시아에 대한 호기심에서 잘 표출되었다. 이런 일본풍에 대해서는 이미 프랑스, 영국, 독일에서 'Japonisme'으로 열기를 드러내고 있었다. 마치 프랑스적인 것에 열광하거나 그에 대한 호기심에 찬 사람들을 Francophile이라고 하며 빠져드는 것과 마찬가지로, 일본적인 것에 호의를 드러내는 것이 '일본풍'(Japonisme)이었다. 미국도 유럽의 이런 영향을 1865년에서 1895년 사이에 그대로 받아들인다. 특히 일본의 목각 판화는 미국 예술가들에게 큰 영향을 미쳤다. 우리에게도 잘 알려진 미국화가 프레드릭 처치(Frederic Church), 윈슬러 호머(Winsler Homer), 존 라팔지(John Lafarge, 1835-1910)는 대표적이다. 존 라팔지는 일본의 메이지 개항의 첫 수혜자였다. 일본 예술의 아름다움에 매료되어 1886년 헨리 아담스(Henry Adams, 1838-1918)와 함께 일본을 방문하며 자신이 접한 모든 예술품을 'An Artist's Letters from Japan'에 발표한다. 특히나 관세음보살상에 크게 감명을 받고 '열반의 명상에 들어 있는 모습'이라고 경탄한다. 자연히 불교에 대한 관심과 그것에 동조할 수밖에 없다.

그밖에도 조지 롯지(George Cabot Lodge, 1873-1909)나 윌리엄 비글로(William Sturgis Bigelow)는 모두 뉴잉글랜드의 명문으로 모든 면에서 미국 문화를 선도하는 인물들이었고, 이들이 일본 문화와 일본 불교에 호의적이었던 것이 일본 불교의 미국 정착에 결정적인 역할을 하는 것이다.

주목할 또 하나의 흥미로운 인물은 라프카디오 헌(Lafcadio Hearn, 1850-1904)이다. 비글로나 롯지와 같이 뉴잉글랜드 지성으로 일본 문화의 아름다움과 그 풍요함에 이끌리며 일본에 14년(1890-1904)이란 장기간에 걸쳐 거주한다. 그는 일본 여인과 결혼하며 이름까지 일본식(Yakunro Kaizumi)으로 바꾸었다. 결국 일본에서 일본 시민으로 죽고 동경의 불교 사원에 안치된다. 생전에 그는 일본 문화 전반을 서구에 전하고 해설하는 중요한 역할을 하였다. 그의 일본 관계 저술은 무려 12권에 이르고, 대표적인 것으로 *Glimpses of Unfamiliar Japan*(1894)과 *Japan: An Attempt at Interpretation*(1904)가 있다.

일본 불교의 미국 전달은 단선적인 것이 아니었다. 수용자 자신의 사회·문화적인 여건이 마련되어 있지 않다면 그것은 싹트지 못하는 씨앗에 지나지 않았을 것이다. 일본 불교가 영향을 준 것도 사실이지만 미국 자신의 수용을 위한 내재적인 요인이 큰 역할을 한 것이다.

5. 헨리 올코트와 일본 불교의 백인성

어떤 경로를 통해 알려졌건 신지학회를 설립한 헨리 스틸 올코트(Henry Steel Olcott, 1832-1907)는 일본 불교의 자기 정체성을 수립하는 데 중요한 역할을 한다. 앞서 언급한 재가 불교 신자인 히라이 킨죠의 청년불자협회의 초청을 받아들여 일본을 방문하게 된다. 올코트의 불교에로의 개종과 '씨일론'(스리랑카) 불교의 재흥을 위한 일요학교 개설, 불교교리문답서(*Buddhist Catechism*)의 편찬 등 일련의 반영(反英), 반기독교 운동을 전개한 그를 일본 불교가 주목하였고 그를 초청하기로 한 것은 당연한 일로 받아들여진다. 곧 킨죠는 올코트 대령이 인도 종교를 위해 한 것과 똑같은 일을 (일본) 종교를 위해서도 공헌해 주기를 바란 것이다.[19]

그가 백인 불교도(White Buddhist)로 스리랑카와 일본에서 이미 널리 알려져 있었기 때문에 그의 출현은 서구가 불교를 인정하는 하나의 표지로서의 역할을 하는 것이었다. 더욱이 그의 연설은 항상 불교를 현양시키는

---

19 Judith Snodgrass, *op. cit.*, p. 155.

언급뿐 아니라 기독교를 비판·공격하고, 서구 문화의 부정적인 면모를 경계하고 오히려 일본적인 전통을 수호할 것을 권하는 내용이었다. 그리고 서구에 대한 불교적인 선교와 전파를 권장하고 있으며, 일본 불교의 개혁에 전적으로 동조하였다. 또 그는 명치 헌법의 공표와 거의 일치하는 절묘한 시간인 1889년 2월 1일에 일본을 방문하여, 메이지 개혁과 문호개방, 서양의 흡수와 서구화의 이념과 잘 맞아 떨어진 상징적 의미까지 있다. 그리고 그의 이런 면모와 태도는 일본 불교의 개혁과 부흥, 그리고 서구의 정신적 침략에 대해 강하게 민족적 정체성을 드러내던 이노우에 엔료(井上圓了)나 시마지 모쿠라이(島地黙雷)의 사상과도 잘 부합하는 것이었다.

그러나 올코트가 이해하는 불교가 서양의 불교 이해를 대변하는 것도 아니었고, 오히려 그의 불교 이해는 남방불교에 국한되고 그것마저 이차적인 이해에 그치고 있어, 동아시아 대승불교를 대표하는 일본 불교로서는 그가 적절한 불교인/학자는 아니었다. 그러나 그의 '백인성'이라는 서구적 정체성은 그의 이런 결함을 보완하였다. 심지어 그를 '19세기의 보살'이라고까지 칭송하며 일본의 불교 재흥을 위해 지도적인 역할을 해주기를 바랐다. 그의 신지학(神智學, Theosophy)도 많은 문제점이 있는 혼성적인 성격의 것이었지만, 서구적인 것과의 접근과 조화를 꾀하는 일본 불교로서는 초기 단계에는 잘 영합할 수밖에 없었다. 그의 일본 방문은 데이비드 헤바비타라나(Don David Hevavitharana, 후에 Anagarika Dharmapala로 개명)와 함께 이루어지며 우리 한국과도 연관을 맺게 된다. 일본에 도착한 올코트는 아미타 불상 앞에서 5계를 음송하는 자신의 입지를 이렇게 표명한다.

'남방불교를 신봉하는 사람이 지켜야 하는 계율을 단조로운 음성으로 낭송하며 아미타불상 앞에 서 있는 한 미국인'을 17세기 청교도의 선조들은 어떻게 느끼겠으며 '내가 보스톤이나 하트포드에 다시 태어난다면 아마 나는 이교도로서 커다란 나무에 목을 매달았을 것'이다.[20]

《뉴욕타임즈》는 그를 "이성이 결여되었고 무해하기는 하지만 망상에 사로잡혔고 불행히도 치료 불가능한" 사람이라고 평하고 있으며 심지어 "바보같고 무뢰한이고 예언적인 인물이며 이 세 가지가 골고루 갖추어진 사람"으로 미국 인물사전(*The Dictionary of American Biography*)은 묘사하고 있다. 서구적 시각이 보는 서구 불교인에 대한 평가로서 그 시대의 올코트의 한 단면을 잘 드러내는 측면이기도 했지만, 동양과 깊은 연결고리를 지닌 인물에 대한 서구적 평가인 것이다. 일본은 그를 필요로 했기 때문이지만 또 다른 동양의 평가는 그를 "불교 신자이며 인도의 학자이며 동시에 용감한 사람"이라고 호평을 하고 있다.[21] 동서의 관점의 차이이며 필요의 간격인 것이다.

다면불적인 그의 면모는 동·서의 차이와 종교의 차이에서만 유래되는 것은 아니고 분명히 그의 개인 행동에서도 유래되고 있다. 일본 불교청년회의 초청을 받았을 때 그는 남방 불교와 북방 불교 곧 테라바다와 대승불교의 통일을 지향하고 있었고 그의 일본 방문의 초청 조건이기도 했다.

불교교단(Buddhist Church)의 두 거대한 반쪽은 왜 서로에 대해 무지하고 서

---

20 Stephen Prothero, *The White Buddhist: The Asian Odyssey of Henry Steel Olcott*, Indiana University Press, 1996, p. 4.

21 그를 가르친 히까두베 수만갈라(Hikkaduve Sumangala)도 그의 활동에 대한 동양적인 필요를 표현했다고 볼 수 있다.

로 무관심한 것일까? 이제 오래된 침묵을 깨자. 2300년의 간극을 우리가 연결시키자. 북쪽의 불교도와 남쪽의 불교도가 하나의 가족이 되게 하자.[22]

그러나 그의 불교 통일론은 일본이 생각하는 것과는 전혀 다른 맥락이었다. 그는 불교를 재흥시키고 그것의 부패와 타락을 정화시키는 일이 첫째이고, 불교 교사들과 선교사들을 파견하여 기독교를 믿지 않는 수백만의 사람들에게 그들의 이성을 확신하게끔 하고 불교 속에서 자신의 마음을 안정하게끔 하려는 것이 둘째 목적이었다.

우선 올코트의 외형상의 남·북 불교 통합에 대한 주장은 통합이라는 이념 때문에 당시 통불교(通佛敎)를 주장하는 일본 불교로서도 쉽게 받아들일 수 있는 내용이었다. 특히 반기독교적인 정서는 당시의 일본 불교 재흥의 가장 중요한 주장 중의 하나였다. 곧 이노우에가 표방하던 호국·애리(愛理), 배야(排耶)의 이념에 그대로 합치되는 구호였다.

그러나 "샤카무니 부처님이 가르치신 종파의 구분 없는 순수한 종교"로서의 불교를 지향하는 올코트의 주장은 일본 종파 불교에 대해 오해할 여지를 남기고 있었다. 따라서 그의 불교 선양을 위한 위원회가 비종파적이기를 원했고 그렇지 않을 경우 자신은 일본 여행을 포기하겠다는 방문의 약속을 얻어냈다. 그 대신 일본 불교의 민족주의적 정서에 공감하며 민족주의적인 정서를 적극 지지하였다. 그는 "일본 불교는 민족주의에 깊이 뿌리박고 있으며 그 어떤 나라도 그 어떤 시기에도 이 순간처럼 일본의 종교적 개혁이 성숙된 적이 없다"고 개혁 방안을 제시했다.[23] 그의 자유주의적

---

22 Stephen Prothero, *op. cit.*, p. 125.
23 *Ibid.*, p. 123-130.

프로테스탄트의 주제와 불교적 수사를 합친 개혁 방안인 것이다. 곧 반 성직(승려)주의, 절제와 봉사 정신인 것이다. 올코트는 이 재흥 방안이 일본에서 큰 걸림돌이 되고 있는 것은 분파(종파)주의와 나태한 승가때문이라고 지적한다.

> 초기의 완전한 건강과 활력을 되찾을 당신들의 불교를 재흥시킬 일은 전적으로 당신들의 승직을 걸고 승가의 계율의 오용을 올바로 고칠 의도가 있는가에 달려 있다. 바라건대 이 모든 종파적인 차이와 개인적 언쟁을 제쳐두고 다른 불교국과의 종교적 유대에 동참하여 석가모니 부처님과 그의 제자들 당시의 고귀한 서원을 재활시키고 모든 인류가 살아 있는 반석 위의 강성한 성곽처럼 불교가 확고히 서 있는 사성제를 알고 받아들이게끔 하는 일입니다.[24]

이런 그의 관점을 일본에 있는 기독교 선교사들이 잘 간파하고 있었고 그가 얼마나 일본 불교에 무지한지를 인식하고 있었다. "곧 그의 말을 듣는 일본 불교도들은 올코트 대위를 높이 평가하지 않을 것이고 그의 가르침을 훌륭한 불교라고 인정하지 않을 것이라."고 당시의 신학 잡지인 《*Missionary Herald*》의 사설에서 평하고 있다.

스티븐 프로테라가 지적하는 올코트가 새로 주장한 신앙은 일종의 '크레올'(Creole, 혼성적)적인 것으로서 당시의 선교사들은 그를 "그들(일본)과는 전혀 상이한 체계를 가르치고 있으며" "불교의 재흥이 아닌 낡아빠진 영성주의라 부르는 속임수"라고 평가하였다. 여하간 그의 이런 남방 불교

---

24 *Ibid.*, p. 126.

중심의 승가 교단관이나 부처님 당시를 찾는 시원성에 대한 집착으로서의 불교통일론은 후에 두 번째 일본 방문 때 모든 일이 예각적으로 그 차이를 드러내게 된다. 올코트를 일본으로 초청할 때의 일본 불교의 의도는 사회적 기적을 남긴 일꾼, 종교의 변호인, 인욕의 스승을 잠시 우리(일본)에게 빌려달라고 요청하는 것이었다. 그래서 "인도 종교를 위해 한 것처럼 우리나라 종교를 위해 똑같은 일을 해 주기를 바랍니다"라고 동행한 노구치 젠시로(Noguchi Zenshiro)는 요청한다. 곧 일본 사회에서 불교가 근대 세계에 적합한 종교라는 신념을 심어주는 일이 중요했다. 그런 점에서 동행자인 일본인 노구치에게는 불교 종파의 통일, 승려와 재가의 교육, 일본인들의 불교에로 복귀와 일본인들이 서구적인 것을 수용할 때 판별력을 갖게끔 하는 것들이 중요한 항목들이었다. 이러한 불교의 근대적 부흥을 위해 걸맞는 인물이 바로 올코트였다.

올코트로서도 동아시아 세계를 위해 아시아 불교도들이 연합할 것을 희망하고 있었다. 메이지 불교 개혁자들도 거의 같은 동기에서 통일적이고 비종파적인 공통의 장을 마련하여 연합하려는 의도를 지니고 있었다. 그러나 대승과 테라바다의 연합의 전망은 올코트가 제시하는 것처럼 낮은 단계의 공동 분모로 환원시키는 것이 아니라 대승불교의 궁극적 진리 속에 소승의 테라바다를 포용시키는 것이었다. 반면 올코트의 불교 통일의 프로그램은 신지학적 관점을 그대로 표출하고 있었다.

① 아시아에서의 기독교 선교주의에 대항하는 일, 곧 성서, 팜플렛, 일요학교, 선교처 등의 막강한 힘과 재정을 기반으로 하여 기독교에 대항하는 일
② 불교를 신지학적으로 해석하는 일, 부처는 신지학의 사도들 중의 하나이고 신지학과 부처의 가르침은 일치함

③ 올코트는 모든 불교적 실천 의례를 거부하고, 씨일론의 민속·토속화한 불교를 거부했다. 곧 그의 불교의 참여는 신지학에 대한 참여인 것이지 불교 자체가 아니다.[25]

그의 불교는 고타마 붓다의 불교이고. 그것은 아리안 우파니샤드의 지혜의 종교(Wisdom Religion of the Aryan Upanishads)와 동일한 것이다. 그리고 모든 고대 세계 신앙들의 정신(영혼)과도 통하는 것이다. 곧 올코트의 불교에 대한 수용은 그의 신지학에 대한 참여인 것이다. 따라서 그는 서구적 불교학의 경향을 변호하게 되고 근본불교(Original Buddhism)로서의 고행, 출가, 평등사상을 모델로 삼는다. 처음 그가 조동종 진종을 '일본의 루터교'라고 호의적으로 말한 것도 이런 맥락이었다. 결국 올코트의 신앙과 사상의 '크레올적 표현'이 일본 불교의 재흥을 위한 전형적인 도구 역할을 한 것이다. 특히 이노우에 엔료의 배야(排耶, Anti-Christianity)에 적중했던 것이다.

6. 폴 카루스와 미국의 Zen(禪) 유행의 고리

폴 카루스(Paul Carus, 1852-1919)는 1960년대 『원효사상 I』의 서설에서 처음으로 국내에 소개되었다. 대승기신론에 대한 최초의 번안적 저술인 고 이기영 교수의 『원효사상』은 대승기신론의 중요성을 언급하면서 서양 불교학자인 폴 드미에빌(Paul Demievielle)과 함께 그의 기신론에 대한 평가를 싣고 있다. 폴 드미에빌은 서구에서의 불교학 연구, 특히 중국을 위시한

---

25 Judith Snodgrass, *op. cit.*, pp. 160-162.

동아시아권 불교의 중요성을 언급하는 서구 불교학 연구의 중요한 몫을 하는 학자이다. 그러나 폴 카루스는 서구 불교학 연구를 개척·진척시키는 제1세대의 학자로 평가받는 학자는 아니었다. 그래서 나는 폴 카루스는 누구이며 왜 그의 기신론에 대한 평가가 중요한 것인지를 알지 못했다. 또 스즈키의 기신론 영문 번역(*Ashvaghosha's Awakening of Faith in Mahayana Buddhism*, 1900)에 대한 북리뷰를 써 준 것이 어떤 의미를 지니는 것인지마저 이해하지 못했다. 오랜 시간이 흐른 후 지금에서야 폴 카루스는 동양 불교의 현양과 미주에서의 대승불교의 전파를 위해 활동한 학자로 부각되어야 한다고 이해하게 되었다.

그는 불교학 자체의 연구나 서구 불교학 발달에 기여를 한 학자가 아니라 오히려 불교 전파와 수용이란 또 다른 몫을 담당하는 문화 전파의 연결 고리의 역할을 한 것이다. 아마 그 자신은 스스로 동양 불교, 특히 일본 불교를 전파하는 데 그토록 중요한 몫을 담당했다는 사실을 의식하지 못했겠지만, 그와 함께 작업을 한 스즈키와의 관계는 그로 하여금 동양 불교의 미주 전파에서 뚜렷한 위치를 지니게 한다. 그의 불교 관계 주저라 할 『부처님의 복음』(*The Gospel of The Buddha*)은 서구에서도 상당한 영향을 미쳤을 뿐아니라 일본어를 비롯한 동양의 여러 언어로 번역되면서 서양을 통한 동양의 불교 이해라는 오리엔탈리즘의 전형을 만들고 있다.

그는 독일계 미국학자였고 미국으로 이민 온 후 일리노이의 라쌀(La Salle)에 Open Court Publishing Co(1849-1933)를 열고 《Monism》이라는 철학 잡지를 발간하며 후기 칸트적인 이성 중심의 종교사상을 펼쳤다. 본래 기독교인이었지만 기독교의 신 중심의 비과학적인 세계관에 실망하고 당시의 시대 조류인 다윈이즘의 진보주의적 진보론에 공감하였다. 따라서 기독교를 도그마에 빠진 종교로 규정하고 자신의 사상적 전환을 시도하며 '과학의 종교'(Religion of Science)를 표방하였다.

그는 모든 종교와 사상을 관통하는 기저로서 진리를 원리로 삼고 그것은 모든 종교의 궁극적 총화라고 하며 일원론을 내세웠다. 그에게 있어 신은 '이성의 합리성'(The Rationality of Reason)이며 '이성의 궁극적 규범'(The Ultimate Norm of Reason)이며 '자연법의 확실성'(Never Failing Certainty of Natural Law)이었다. 그는 이미 기독교 전통의 신 개념을 떠났고 칸트적인 이성 내의 종교를 추구하고 있었다. 세계종교의회에 참석하여 발표한 글도 역시 〈종교의 궁극적 현현으로서의 과학〉(Science as revelation of religion)이었다.

그러나 그는 샤쿠 쇼엔의 발표와 동양 종교 대표자들을 만나며 사상적인 전환을 했다. 그가 불교를 접한 것이 이 회의가 처음은 아니었으나 샤쿠 쇼엔을 만난 것은 큰 전환점이 되었다. 그런 상황을 기독교적인 '거듭나는 체험'으로 특징지었다. 곧 그는 동양 불교를 통해 사상적인 거듭남을 체험한 것이다. 특히 샤쿠 쇼엔의 발표인 〈부처님의 교설, 원인과 결과의 법칙〉(The Law of Cause and Effect as Taught by the Buddha)을 듣고 자신이 추구하던 합리성과 이성에 근거한 종교가 바로 불교임을 인식했다. 따라서 그에게 인연법과 업(業)설은 자신의 철학적 관점을 충족시키는 과학의 종교 교설로 나타나고 있다.

> 과학적인 면, 종교적인 면, 윤리적인 면에서 실증적 일원론(Positive Monism)으로 특징지을 수 있는 철학이 있다. 곧 통일적인 세계 개념으로 그것은 사실을 체계적으로 조직화하는 진술이 될 수 있다. '과학의 종교'(The Religion of Science)는 부처님의 가르침과 일치하고 있으며 대반열반경(Mahāparinibbāna Sutta)에 기록된 제자들에게 마지막으로 말할 때 명확히 제

시된 것이다. 너희의 등불을 붙들고 있어라. 오직 진리 속에서 구원을 찾으라는 것이다. '과학의 종교'는 종교에 대한 철학적 근거를 윤곽 짓고 있으며, 모든 종교의 본질적 필요와 바람들을 추적하고 있으며…그리하여 '과학의 종교'는 불교처럼 깨달음(Enlightenment)을 통해 악으로부터 구원되려는 인간의 소망을 근거로 하는 종교이다.[26]

그러나 그의 사상적 전환은 또 한편으로 폴 카루스 자신의 철학 체계 속으로의 전환이라는 점을 묵과할 수 없다. 곧 불교에로의 전환만이 있는 것이 아니라 불교의 '과학의 종교'에로의 전환인 것이다. 그리고 그의 최초의 불교의 이해는 서구 불교학이 제공하는 초기의 원형 불교에 입각해 있었다. 리스 데이비즈의 팔리 불전에 의한 이해여서 업(Karma)을 이해하는 데도 남방불교인 테라바다적인 해석의 한계에 머무르고 있었다. 따라서 불교를 윤리적·수행적이고 합리적인 교설로 받아들였다. 열반에 대한 이해도 니힐리즘적인 부정적 시각이 지배적이었다. 절멸과 소멸이 열반의 의미라는 소승 불교적인 해석을 정통으로 받아들이고 있었다. 곧 그는 "불교는 신에 대한 신앙과 인간의 영혼이 결여된 종교로 특징지을 수 있고, 미래의 존재에 대한 희망이 없으며, 비관주의적이고 어두운 것이고 인생을 고통의 바다로 생각하게 한다. 윤리적인 면에서도 불교는 적정주의적이고, 최종적인 단계인 무(無)에로의 소멸에서만 위안을 찾는 종교이다."[27]라고 언급한다.

---

26 Paul Carus, *Karma: A Story of Buddhist Ethics*, Open Court Publishing Company, 1894, p. 21.

27 Paul Carus, "Karma and Nirvana: Are the Buddhist Doctrines Nihilistic?", *The Monist*, Volume 4, Issue 3, 1894, p. 417.

이러한 해석은 서구 근대 불교학이 추구하고 설정한 빅토리아 조의 불교에 대한 정의를 그대로 따르는 주장이었다. 그리고 샤쿠 쇼엔의 발표문 역시 이 서구 불교 해석에서 그리 일탈되어 있지 않았고, 동아시아적 대승불교의 내용을 많이 언급하고 있지 않았고 오히려 경험론적이고 인과 법칙에 근거한 자연적인 진화론적인 해석이었다. 즉 "우주는 시초도 없고 끝도 없다. 인과법은 원인에서 결과에 이르고 다시 결과에서 원인에로 이르는 논리적 순환 속에 위치해 있다"고 언급하는 것이다. 따라서 폴 카루스가 이해한 부처님은 "최초의 실증주의자였고, 최초의 인도주의자였고, 최초의 극단적 자유사상가였고, 최초의 우상 파괴자였고, 최초의 '과학의 종교'의 예언자였다."[28]

그러나 이러한 빅토리아 조의 서구적 불교 이해나 자신의 철학적 체계 속에서 불교를 수용하는 태도는 세계종교의회 참석 이후 변화를 일으킨다. 그는 회의에 참석했던 아시아의 불교인들을 신임하고, 종교에 대한 순수한 아카데미적 접근인 일종의 학문 위주의 광기(Scholarmania)를 혐오하고, 아시아에서 온 승려나 성직에 종사하는 사람들에게 경도된다. 그는 "나는 여러 나라의 수많은 높은 성직의 승려들과 소통을 해 왔다. 그래서 나는 현실의 순수한 불교도들에 대해 올덴베르그(Hermann Oldenberg) 교수보다도 더 많이 알고 있다"[29]고 선언한다.

그는 샤쿠 쇼엔뿐 아니라 그를 수행했던 스즈키와 동시에 종교회의에 참석했던 달마팔라를 통해 실제의 불교를 접함으로써 불교 이해의 폭을

---

28 Paul Carus, *Buddhism and Its Christian Critics*, Open Court Publishing Company, 1899, p. 309.

29 Martin Verhoeven, "Americanizing the Buddha: Paul Carus and the Transformation of Asian Thought", *The Faces of Buddhism in America*, 1998, p. 216.

넓히고 심화시켰다. 한편 샤쿠 쇼엔은 그를 "진리의 새로운 세계를 발견하려고 노력하는 두 번째의 콜럼버스"라고 말했다. 서구와 미국에 일본 불교를 전수하려는 의도를 지닌 그는 폴 카루스를 최대한 칭송하면서 "3000년 전에 살아 계셨던 부처님이 지금 인도에서 몸은 이미 죽었지만, 20세기의 부처님은 진리라는 이름을 지니고 신세계의 시카고에서 방금 다시 태어났다"고 그에게 편지를 썼다.

샤쿠 쇼엔은 서에서 동으로 움직였던 포교의 흐름을 역전시키려 하였고 폴 카루스는 이 경우에 적합한 최적의 인물이었다. 샤쿠 쇼엔은 『부처님의 복음』의 일본어판 서문을 쓰면서 폴 카루스를 "문학 서클에서도 뛰어난 명성을 지니고 있으며 동시에 철학자이고 비교종교학자여서 우리를 위해 이곳에서는 하나의 발판이 된다. 만일 그가 불교의 진정한 의미를 이해하는 단계에 이른다면 만 명의 평상인을 귀의시키는 것보다 낫다"[30]고 쓰고 있다.

샤쿠 쇼엔과 D·T·스즈키를 비롯한 회의에 참석한 일본 대표들은 일리노이즈 라쌀에 있는 폴 카루스의 저택에서 일주일간 머물며 대화를 나눈다. 스즈키가 후에 그의 집에 머물며 1893년부터 1908년까지 미국에 체류하는 계기는 이런 만남에서 이미 성숙되었다. 그리고 그의 『부처님의 복음』은 스즈키의 손을 통해 일본어로 번역되고 그것은 또 하나의 '백인 불교도'가 동양 불교를 이해하는 전례가 됨으로써 일본인의 자긍심을 높이고 불교의 보편성을 표방하는 데 큰 역할을 한다. 그의 불교 이해의 변화는 폴 카루스 자신에게도 원인이 있었지만 그 이전부터 샤쿠 쇼엔을 비롯한 일본 불교 전반의 해외 진출의 의도가 실현된 결과이기도 했다. 1892년

30　*Ibid.*, p. 216.

에 종교회의에 참석할 계획을 세울 때 이미 샤쿠 쇼엔에게는 그런 의도가 뚜렷이 드러나고 있었다.

> 소승 불교는 이미 유럽과 미국에 많은 추종자들을 갖고 있다. 그렇게 된 것은 신앙을 지닌 승려들에 의해서가 아니라 외국인들 그 자신에 의해서였다. 서구인들은 자신의 문명을 자랑으로 여기며 계몽되고 있다. 종교는 서구인들이 동양 제국에 대해 열등하게 생각하는 유일한 힘이다.… 대승불교를 서구 사상에 결합시키도록 하자. 하늘이 이제 우리들에게 그럴 기회를 주고 있다. 내년 시카고는 적합한 시기가 될 것이다.[31]

폴 카루스의 서구적 불교학에서의 전환과 샤쿠 쇼엔의 동양 불교로서의 대승불교의 서구 전파 의도가 맞아 떨어진 것이다. 따라서 폴 카루스의 일종의 고전 불전의 편집의 산물인 『부처님의 복음』에는 동양 불교의 요소들이 편입되는 것이다. 그리스도와 부처님, 관음보살과 마돈나와 아기 예수의 이미지는 '뚜렷한 유사성'이고 '틀림없는 영감의 일치'를 드러낸다고 주장하기에 이른다. 곧 불교와 기독교의 일치는 폴 카루스의 계획과 의도에 그대로 합치되고 있다. 따라서 대승불교의 삼신(三身, Trikaya) 사상과 기독교의 삼위일체는 카루스가 경탄하며 받아들이는 동양 불교의 진수였다. 그의 『부처님의 복음』의 혼성적이고 교리문답서적인 성격은 오히려 서구 문헌 중심의 원형 불교의 이념과 동양 대승불교의 결합, 그리고 궁극적으로 불교의 동·서의 연결을 꾀하는 접점이 된 것이다.

그 문헌이 일본어를 위시한 중국어, 타이어, 말레이어, 우르두어, 타밀어

---

31 Ibid, p. 217; *Journal of the Maha-Bodhi Society*, vol. 1, no. 11, 1893, p. 5.

이외에 독일어, 프랑스어, 네덜란드어, 스페인어로 번역되고 당시의 씨일론(현 스리랑카)에서는 불교학교 교재로까지 사용되면서, 서구가 만든 불교를 동양이 읽어 가는 오리엔트의 서구적 변용을 만든 것이다. 그러나 그 안에는 동양 불교가 만든 대승의 부처님을 서구가 읽어 가는 모습이 등장하고 있으며, 그 중요한 몫을 일본 불교가 담당한 것이다.

한편 폴 카루스의 최종적인 의도는 철학적 프로그램인 '과학의 종교'라는 그의 일원론(Monism) 속으로 이러한 불교를 환원시키는데 있음을 간과할 수 없다. 『부처님의 복음』의 저술 의도 속에 그의 사상이 표백되어 있는 것이다.

> 만일 '부처님의 복음'이 독자들로 하여금 불교를 보다 잘 이해하게끔 도움을 주려는 것이고 또 그 단순한 형태가 부처님의 인격의 시적인 장대함으로 독자를 감동시키려 했다면 그 결과는 오히려 우발적인 것일 뿐이다. 지금의 이 책은 독자들로 하여금 오늘의 종교적인 문제들에 대한 한 생각(a-thinking)을 주려고 했다. 먼 과거의 한 종교 지도자에 대한 하나의 사진을 그리려 하였다. 곧 지금 살아 계시며 미래에 형성될 하나의 요인을 고려하게끔 하는 시도를 지닌 사진을 제시하려는 것이다.

폴 카루스의 궁극적 의도에서 볼 때 불교의 위대성이나 부처님의 윤리적 청순성은 우연히 획득된 하나의 소득에 지나지 않았다. 오늘의 종교적인 문제, 전통 기독교의 극복과 합리성의 추구, 이성의 정점으로서의 진리, 곧 일원적인 것(Monism)에의 추구가 최종적인 목적이었다. 불교는 그것이 서구적 언어·문헌학적 기술이 되었건 동양적 대승 보살의 이념이 되었건 '하나인 것'의 다른 표현들이었다. 결국 그는 마크 베어호벤(Mark

Verhoeven)이 특징짓는 미국화한 불교(Americanization)와 서구화한 불교(Westernization)를 창안하고 있는 것이다. 또 한번 일본의 동양화된 불교(Eastern Buddhism)는 나름대로 서구/미주에서 굴절을 겪으며 폴 카루스를 통해 서구에 정착한 것이다.

7. 샤쿠 쇼엔과 동양 불교의 성립

일본 불교의 해외 접촉 그리고 그 영향력의 폭과 깊이를 생각할 때 우리는 샤쿠 쇼엔을 우선적으로 생각하지 않을 수 없게 된다. 실질적인 면에서 일본 불교의 해외 전파와 그것이 준 영향과 의의를 따질 때 그를 첫머리에 두어도 무리는 아닐 듯싶다. 적어도 미국에서는 그렇다. 샤쿠 쇼엔 자신의 활동은 물론 그의 조수격이었던 스즈키의 이후의 활동과 그 활동을 가능하게 했던 뒷받침이 모두 그에게서 발주되고 있기 때문이다. 그리고 아직도 그의 법맥에 속하는 임제종 선불교 인물들이 미주의 선불교 운동을 전개하고 있기 때문이다.

샤쿠 쇼엔의 활동의 결정적인 계기가 마련된 것은 앞서 언급한 1893년의 세계종교회의였다. 그러나 이미 일본은 국가주의적인 차원에서 치밀한 계획을 세워 일본이 서구 여러 제국주의 국가와 맺은 불평등 조약을 재협상하는 틀로 이 회의를 활용했다. 그것은 재가 불자인 히라이 킨죠의 연설을 통해 표명되었지만, 종교회의에서의 샤쿠 쇼엔의 역할이 인상적인 것은 아니었다. 오히려 그 이후에 전개된 활동이 일본 불교의 미주 정착에 중요한 역할을 하였다.

종교회의를 뒷받침하는 일본 불교 내부의 과제는 메이지의 폐불훼석(廢佛毁釋)을 극복하고 국가 시책에 보조를 맞출 수 있는 호법론(護法論)을 현양하는 데 있었다. 곧 호법, 호국, 방사(防邪, 排耶, 반기독교)가 메이지의 불교적 이념이었다. 종파에 관계없이 이 틀 안에서 각기의 종교적 활동을 펴고 있었다. 이념적인 개념은 이노우에 엔료(井上圓了, 1858-1919)와 시마지 모쿠라이(島地黙雷, 1838-1911)에 의해 마련된 호국(護國), 애리(愛理), 배야(排耶)의 원칙이었다.

서구의 팽창주의에서 벗어나며 일본의 정체성을 내세우는 틀로서 불교의 민족주의적 성격을 표방하는 것이 이노우에와 시마지의 입장이었다. 이노우에 엔료의 가장 많이 알려진 계몽적인 틀인 「불교활론서론」(佛教活論序論, 1887)에서는 이렇게 주장한다.

> 나는 일찍부터 불교가 세간에 펼치지 못하는 것을 개탄하고 스스로 그 재흥의 임무를 맡아서 독력실구(獨力實究)한 지 십수 년, 요즘에 처음으로 서구 철학 강의에서 이(理), 철(哲) 제학의 원리에 부합하는 것을 발견하고, 이것을 세상에 개시하고자 여기에 일대론(一大論)의 글을 쓰게 됐다.[32]

불교를 서양 철학과 사상에 근거시키고 진리의 보편성을 논한다는 것이 그의 학문의 태도였다. 곧 불교를 재 현양시키기 위해 애리(愛理)라는 서구적 보편적 진리에 근거하여 불교를 해석하는 방식을 취한 것이다.

> 내가 불교를 논하는 것이 철학상에서 공평무사(公平無私)한 판단을 그 위에 내리는 것이라면…오직 내가 사랑하는 바는 진리이고 내가 미워하는 것은

---

32 카시와하라 유센, *op. cit.*, p. 113.

비진리이다.[33]

　보편적 진리에 대한 사랑 곧 애리(愛理)는 서양 철학·사상에 근거한 불교의 보편화를 위한 표제였다. 한편 그는 이런 애리자(愛理者)는 '진정한 호국자(護國者)'이어야 한다고 호국과 애리를 일치시킨다. "국가가 성립하지 않고 인류도 만일 현존하지 않는다면 진리 혼자 존재하여도 누가 능히 이것을 알고 … 설명할 것인가. … 이것으로 호국의 임무는 진리의 책무에 한 걸음도 그 경중을 양보하지 않고 아울러 학자가 힘쓸 바는 호국·애리의 두 대사(大事)를 겸행하는 것에 있다"고 말한다. 호국과 애리 그리고 서구에 대한 비판으로서 반기독교적인 자세를 취하며 민족주의적 주장을 펼치는 것이다. 곧 메이지의 불교 개혁은 자신의 정체성 확립을 위해 호법·호국·방사라는 틀 속에서 반 서구적이고 반 기독교적인 자세를 강화하며 민족주의적 자기 주장을 하게 된다. 그것은 시마지 모쿠라이의 용어에서도 극명하게 드러나지만 이노우에 엔료의 호국· 애리· 배야(排耶)의 명제에도 그대로 나타나고 있다.

　이노우에 엔료는 서구적 지성과 보조를 맞추어 그것의 정점에 애리(愛理)라는 개념을 위치시키며, 불교의 진리=진리 일반으로 등식화한다. 특히 서구 근대 불교가 팔리 경전에 근거한 테라바다 불교에만 관심을 기울여 열반과 자기 수행이라는 소극적·부정적인 세계관을 지니게끔 하지만, 일본의 대승불교에 이르러 적극적인 자비의 사상으로 모든 것을 포괄하게 된다고 주장한다. 테라바다 불교의 과학적 해석만 갖고도 기독교의 세계관을 대체할 수 있지만, 한 걸음 더 나아가 일본 불교로 인해 더욱 불교의

33　*Ibid.*, p. 114.

우위성을 현양할 수 있다는 것이다. 곧 불교의 재흥은 일본 정신을 강화하고 국가를 방어(호국)하며, 서방 열강과 동일한 위치에 설 수 있는 세계적인 것이라는 주장이다.

이러한 일본 메이지 불교의 정신적 분위기를 대변하는 것이 세계종교의회에 참석한 일본 대표단의 기본 태도였다. 곧 일본 불교 대표는 불교의 새로운 카테고리로서 일종의 동양 불교(Eastern Buddhism)를 형성하는 것이다. 이 동양 불교의 대표자들은 종교회의에 대표성을 드러내는 기독교 신학자들이나 막스 뮐러와 같은 비교종교학자들, 그리고 기독교 선교사들 이외에 서구 팔리어 중심의 불교학자들에 대해서도 자신들을 차별화해야 했다. 그리고 그런 기독교적이고 소승 불교적인 것을 넘어서는 종교로서 동양 불교를 주장할 소임을 지니고 있었다. 그러나 회의 전체에서 이 대승 불교의 동양 불교의 대표성이 뚜렷이 부각되지는 못했고 오히려 주변적인 것으로 남아 있었다. 샤쿠 쇼엔은 그 대신 장외(場外)에서 폴 카루스를 만남으로써 전혀 새로운 입지를 확보하였다. 폴 카루스의 『부처님의 복음』이 준 파급 효과는 앞서 말한 대외적인 영향뿐만 아니라, 일본 내에서 불교에 대한 자기 확신과 활력을 주었다. 그러나 종교회의를 통해 일본 불교는 기대한 것 이상의 결실을 얻은 것 같지는 않다. 이 회의의 의의를 논평하는 글들 대부분이 '일본 불교는 여전히 주변화되어 있었다.'고 말한다. 그러나 일본 불교는 샤쿠 쇼엔을 통해 불교 전파 활동을 지속하였다. 이때 불교와 기독교 사이에 논쟁이 벌어진다. 전체 회의를 주관한 개신교 목사였던 존 H. 배로우즈(John Henry Barrows, 1847-1902)와 뉴욕 시립대 비교종교학 교수인 프랭크 F. 엘린우드(Frank Field Ellinwood, 1826-1908)와 샤쿠 쇼엔 사이에 불교에 대한 서구적 이해를 놓고 논쟁이 벌어진 것이다.

배로우즈가 시카고 대학 해스켈 강좌(Haskell Lecture)를 통해 계속하여 불교를 비판하자(1896.1.13자 시카고 트리뷴지) 샤쿠 쇼엔이 반론을 제기했다. 샤쿠 쇼엔은 '한 기독교인의 비판에 대한 응답'(Reply to a Christian Critic)이란 글을 발표한다. 배로우즈에 대한 답변이지만 그 내용은 서구적 불교 이해에 대한 대승불교의 전반적인 입장을 천명하는 글이다. 곧 소승 불교의 열반에 대한 서구 불교학적 이해인 '불길의 소멸'은 사랑과 생명의 지멸(止滅)을 내포한다고 주장한 배로우즈의 이해는 잘못된 것이라고 반박했다. 이 반박은 기독교적인 입장에 대한 반박이기도 하지만 리스 데이비스의 팔리 경전에 근거한 해석에 대한 도전이기도 했다. 곧 그것은 열반의 부정적인 측면의 해석이고 적극적이고 긍정적인 측면은 바로 대승불교적의 입장의 해석이라고 말한다.

> 열반의 긍정적 측면은 진리의 승인에 있다. 나쁜 욕망과 시기하는 마음, 증오하는 마음의 지멸, 이기적인 것의 소멸은 용서하는 것이고 모든 고통을 지니는 자비이다. 그리고 어떤 것에도 묶이지 않는 무한한 사랑이다. 곧 악의 지멸이지 존재의 지멸이 아니고, 이기적인 욕구의 지멸이지 생명의 지멸이 아니다. 인간의 마음속에 있는 악한 모든 것을 소멸시키는 일, 진정한 불교인이라면 자신의 생명을 적극적인 일에 바칠 것이고 자신의 친구이거나 이방인, 심지어 적일지라도 거절해서는 안 된다.[34]

그의 배로우즈에 대한 반론은 남방 불교의 특징만을 강조하는 서구의 불교 이해에 대해 동양 불교를 차별화하는 결정적인 역할을 했다. 계속되

---

34 Soyen Shaku, "Reply to a Christian Critic", *Zen for Americans*, The Open Court Publishing Company, 1906, pp. 121-122.

는 그의 강연과 설법은 동양 불교 곧 일본 대승불교를 선양하는 역할을 했다. 특히 그는 대승불교의 삼신(三身) 사상 가운데 법신(法身, Dharmakāya)을 들어 대승불교의 적극적인 윤리관을 제시했다.

> 법신은 영원하고 어느 곳에나 존재하고, 또 뛰어난 영광스러운 몸이다. 그 것을 아버지의 상으로 드러내기도 한다. 고타마 붓다만이 이 법신의 현현이 아니고 높거나 낮은 단계의 모든 위대한 사람들에게 현현한다. 가장 뛰어나게는 예수그리스도에게서 현현된다. 조지 워싱턴, 아브라함 링컨에게서도 드러난다고 본다.[35]

법신의 현현으로서의 예수그리스도를 제시하는 그의 의도는 배로우즈의 기독교 계시에 대한 정면 도전이며, 불교를 하위 단계로 설정하는 것에 대한 반응이다. 대승불교의 우위성을 주장하는 일련의 논박은 동양에 대한 서양의 편향적 인식에 대한 비판으로도 이어진다.

> 동양 문화를 흔히 인내와 무관심, 자기절제 이외의 아무것도 아닌 수동성으로 규정하는 것은 불교에서 기인한 것이 아니다. 그것은 아시아인에 대한 인종적 편견을 지적하는 데서 온 것일 뿐이다.[36]

계속되는 다음과 같은 주장은 그의 입장을 극명하게 드러낸다.

---

35 *Ibid.*, p. 123.
36 Soyen Shaku, "Buddhist Ethics", *ibid.*, p. 76.

흔히 불교는 하나의 종파뿐이고 서구 오리엔탈리스트들이 쓰고 편찬하고 번역한 불전들에서 배운 불교만이 유일한 것이라고 생각한다. 이 오리엔탈리스트(동양학자)들은 여러 면에서 교리에 대해 편견을 지니고 있다. 이 교리는 가장 공평하게 연구되어야 하는 것인데 말이다. 이런 불행한 여건들 때문에 외부 사람들에게 불교의 진정한 모습은 무시되거나 전혀 잘못 알려져 있다. 서양인들에 의해 이해되는 불교는 중요한 분파 가운데 하나에 지나지 않고 그것은 개창자의 정신을 부분적으로만 표현하고 있다. …소승은 따라서 다소간 비관적이고 고행적이고 윤리적이고 금욕적이다. 소승은 인간의 종교적 열망을 완전히 충족시킬 수 없다. 부처님의 정신을 완전히 해석하지 못한다. … 한마디로 서구에서 부처님의 가르침으로 알려져 있는 것은 불교의 진실한 특색을 드러내지 못하고 있다. 왜냐하면 그 경향이 소승적이기 때문에 배타적이고, 포용적이지 못하고 좁고 제한되고, 흡수하거나 동화시키지 못한다. 나는 오늘 저녁 이 강의를 통해 대승불교, 소위 동양의 불교 학자들이 그렇게 부르는 대승불교를 설명하려 한다.”[37]

이는 남방 테라바다 불교와 북방 대승불교와의 차이를 드러내는 주장이기도 하지만 이제껏 서구가 이해한 서구 불교학의 한계를 지적하는 것이기도 하다. 또한 그 배후의 의도는 서구화된 오리엔탈리즘적 이해에 대한 동양적 반응이기도 하며 일본 자체의 자기 정체성의 주장일 수도 있다. 그것은 보는 시각에 따라 차이가 있을 수 있으나 적어도 서구 불교 이해에 대한 일본 불교로서의 동양 불교의 정립을 천명하는 것은 분명하다.

---

37 Shoen Shaku, "What is Buddhism," ibid, 1906. 4; 워싱턴 D.C 미국지리학회(National Geographic Society)에서 발표한 내용.

섬 같은 불교, 피자 같은 불교*
—미주 불교의 현장과 미주 한국 불교의 전망

* 이 글은 2006년 5월 29일 대한불교진흥원에서 "해외불교 포교 현황과
  문제점"이란 주제로 발표한 내용을 정리한 것이다.

1. 부처가 없는 땅

　서양은 본래 부처가 없는 땅이었다. 한 세기 반 전만 해도 서양에서 불교는 미지의 것이었고, 몇몇 여행가나 동양학자들에 의해서 그 존재가 가끔 확인될 뿐이었다. 그러나 20세기 중반으로 들어서면서 불교는 갑자기 서양 땅 이곳저곳에서 얼굴을 내밀기 시작했다. 이곳저곳에서 가끔 눈에 띄던 민들레꽃이 어느 봄날, 갑자기 온 뜰을 뒤덮은 듯 시선을 돌리는 곳마다 활짝 피어나고 있는 것과 같다.

　이제 불교는 서양 땅 어느 곳이건, 그것이 유럽 대륙이 되었건 신대륙 미주가 되었건, 심지어 유럽의 유형지였던 호주에서까지 손쉽게 눈에 띄는 종교가 되었다. 그러나 어느 정원에도 초대되지 않는 꽃이 민들레이다. 생명력이 강한 야생화인 이 민들레는 어떻게 그 씨앗을 뿌렸으며, 어떤 경로를 밟아 퍼져나간 것일까.

　회색 장삼을 걸친 파란 눈의 서양 승려를 거리에서 목도하거나, 템플스테이 프로그램으로 우리의 전통 사찰에서 수련하는 서양 청신사, 청신녀들을 쉽게 조우한다. 이제 이런 모습은 더 이상 신기로운 장면도 못 되고 새로울 것도 없다. 아마 우리의 스님은 빙그레 미소를 지으며 이들을 맞이하고 있을 듯하다. 그러나 여기까지 다다르기에는 단순히 보아 넘길 수 없는 우여곡절의 역사가 그 배면에 깔려 있다.

우리가 손쉽게 발설하는 몇 가지 자부심에서 돌출된 논법이 있다. 이제 우리 불교의 위대성이 그렇게 발현됐다거나 서양의 한계가 그렇게 만들었다고 말하는 것이다. 그러나 아직도 이런 단순 논법과 자기 만족감 속에 빠져 있다면 우리는 또 한 번 신라 시대의 마라난타나 묵호자를 받아들이던 시절로 역행하고 있다고 생각해야 한다.

파란 눈의 수행자이건 템플스테이의 서양 불교 애호인이건, 이들은 자신의 문제해결과 자신의 확대를 위해 이러한 일들을 한다. 불교는 그들의 문제이고 그들의 화두일 뿐 우리의 불교와는 아무런 상관이 없을지 모른다. 스님들의 은근한 미소나 우리의 자부심은 우리가 세계 불교를 얼마나 안이하게 바라보고 있는지를 그대로 노출시킨 한 단면에 지나지 않는다.

지금은 만발하고 있지만, 불교가 불모의 땅인 유럽에서 관심의 표적으로 떠오른 것은 가톨릭 예수회 선교사들의 선교를 목적으로 한 불교 이해가 시발점이 된다. 그러나 본격적인 발단은 식민지 정책에 깊이 관계한 식민 관료이자 동양학자들에 의해서였다. 불교는 이들에 의해 '발견'되었고 이들의 학문적 관심에 따른 연구의 대상이 되었다. 그들이 이해하는 폭에 따라 불교는 그때마다 재정리되고 다시 규정되기 시작했다.

마치 미국 대륙이 콜럼부스 이전에도 그곳에 엄연히 존재했지만, 미 대륙 발견 이후 그때마다 다시 정립되고 서구의 취향에 따라 재규정되는 것과 같다. 이들의 불교에 대한 이해 태도에 일관성이 있었던 것도 아니고, 이해의 폭이 좁고 우호적인 태도가 결여되었던 것은 물론이다. 그리고 그 배경에는 빅토리아 조의 동양 문물에 대한 호기심과 그것을 이상화·낭만화한 영향이 지배적이었다. 곧 책상 위의 학문적 대상과 타지역에 대한 자

기 투영적 이상화의 결실이 불교 발견의 관건이 되었던 것으로 생각된다.[1]

어떤 학자는 호의적인 태도를 갖고 호기심 가득 찬 낭만적 상상력으로 불교를 대했고, 어떤 학자는 소위 종교적인 황화론(黃禍論)의 입장에서 불교가 서양 기독교에 어떤 재해를 불러올 것은 아닌가 하고 생각했다. 곧 의구심 가득 찬 배타적 태도와 불교 폄하, 기독교 찬양의 태도였다. 전자의 대표적 인물로서는 외젠 뷔르누프(E. Burnouf)가 있는데, 그는 근대 불교학의 개창주로 알려진 프랑스 동양학자였다. 후자로서는 영국의 인도 식민 통치의 한 유산이며 인도학 연구의 한 주축을 이룩한 모니어 모니어 윌리암스(M. Mornier Williams)를 들 수 있다.

또 당시의 사회문화적 배경을 그대로 자신의 몸으로 체현한 정치인 겸 언론인인 바르텔레미 생틸레르(Barthelemy Saint-Hilaire, 1805-1895)를 들 수 있다. 학자적인 호기심과 빅토리아 조의 상상력이 그들의 불교에 대한 호의적 태도였다면, 그들의 배면에는 타자에 대한 차별화와 타자 지배의 의도가 자리하고 있었다. 기독교의 반응과 선교주의는 그 대표적인 예증이었다. 당시에 풍미하고 있던 인도학의 열풍은 슐레겔의 "모든 것, 그렇다. 거의 예외 없이(서양의) 모든 것은 인도를 시원으로 하고 있다"는 언표에서 절정을 이룬다.

그리고 이런 열광적 분위기에서 에드윈 아놀드(Edwin Arnold, 1832~1904)의 『아시아의 빛』(1879)이 간행되고 공전절후의 인기리에 판매된다. 외형

---

1 서구에서의 불교의 발견과 학문 대상으로의 불교학의 대두를 다룬 논서들이 많다. 특히 비판적 입장에서의 대표적 저술로 Philip Almond, *The British Discovery of Buddhism*, Cambridge Univ. Press. 1988은 주목할 만하다. 필자의 「불교학 연구의 문화 배경에 대한 성찰-구미 불교학 연구 동향」, 한국종교학회, 『종교연구』 제19집, 2000년 봄호 참조.

상 열광의 배후에는 전통적 서구의 싸늘한 반응이 기다리고 있었다. 아놀드는 부처님과 역사적 부처님을 대비시키면서 아시아의 빛인 부처님은 "진정한 부처님의 상(像)일 수는 없다. 마치 알프렛 테니슨의 아서 왕이 진정한 아서 왕의 상이 아니듯 말이다."라고 말한다. 한 걸음 더 나아가 이렇게 야유한다. "어떻게 가장 조악한 암흑을 만들어내는 것이 '아시아의 빛'일 수 있겠는가. 신사 숙녀 여러분, 나는 감히 여러분에게 이 지구상의 그 어떤 사람이 되었건 불교의 추종자들보다 더 철저하게 유혈과 인간의 고통에 대해 무관심한 사람들이 있겠는가를 묻겠습니다. 동시에 인간의 고통과 인간 생활에 대해 이토록 사악하고 끔찍한 무관심을 지닌 이들이 동물의 생활에 대해서만은 알뜰하게 생각하는 이율배반적인 모순이 바로 『아시아의 빛』으로부터 유출되는 '암흑'이라고 봅니다….(박수)"[2]

불교를 처음 접한 서구 상류사회 반응을 보여주는 한 사례이기도 하지만 또한 불교학 형성의 일익을 담당했던 모니어 모니어-윌리암스의 경우도 예외는 아니었다. 그는 오늘날까지도 최고의 산스크리트 사전으로 여겨지는 『Sanskrit-English 사전』의 편찬 책임자이며 당시 영국 사회의 교양과 지식을 뒷받침한 옥스포드 대학의 보든 석좌교수(Boden Chair Professorship)직을 역임했다. 또한 불교학 연구에 몰두한 학자이면서 동시에 불교를 직접적으로 비판한 연구자였다.

우리는 당시의 사회문화적 분위기에서 그마저 자유로울 수 없었던 사실을 주목해야 한다. 불교 개론서에 해당하는 저술을 쓰면서 그는 서문에서 이렇게 언급하였다. "나는 불교를 기독교 신앙자의 입장으로부터 서술하였다. 나의 공정하려는 열망에도 불구하고…나의 생각에서 연원될 모

---

2   Steven Collins, *Buddhism and Light of Asia*, 1987, pp. 178-179.

든 편견을 불식하려고 노력했고…불편부당한 판단의 태도를 견지하려 했다." 이러한 태도가 그의 언어-문헌학적 불교학 연구를 지탱하는 축이었다. 이런 자세는 이후 서구 불교학 연구의 대가들에게서도 면면히 흘러내려오는 전통이었다. 그러나 이런 객관적 문헌학적 태도의 이면에는 간과될 수 없는 또 하나의 서구적 에고가 자리 잡고 있었다.

> 불교는 초기부터 그 자체 속에 질병과 부패와 죽음에 이르는 씨앗들을 내포하고 있다. 그리고 불교의 현재 상황은 급속히 분해되고 퇴락하는 면모를 보이고 있다.[3]

> 불교는 서서히 그 활력을 상실해 가고 있다. 한때 불교 지배의 충직했던 막대한 인구를 지탱하던 장악력이 이완되고 있다. 그렇다. 불교의 저항적인 능력이 강력한 힘 앞에서 길을 비켜가고 있으며 이 강력한 힘은 종국에 가서 불교를 지상에서 쓸어버릴 운명을 지니고 있는 것이다.[4]

인용구의 내용이 스스로의 성격을 드러내는 것이기에 또 다른 설명을 필요로 하지 않는다. 특히 마지막 인용구는 그의 서언 마지막 구절로서 장중한 자신의 심정을 토로하고 자신의 저술 목적을 극명하게 표명하는 글이다. 그리고 그의 서언은 대부분 불교 인구에 관한 논의와 누구를 불교 추종자로 규정할 것인가 하는 문제를 다루고 있다. 단순하게 보이지만 이

---

3 Sir Monier Monier-Williams, *Buddhism, in its Connection with Brahmanism and Hinduism and in its contrast with Christianity*. 1889, p. 15.
4 *Ibid.*, pp. 15-6.

런 질문은 서구의 불교에 대한 기본적인 태도로서 오늘날 서구 불교학자들마저 아직도 불교 이해의 관건적인 이슈로 지니고 있는 질문들이다.

그리고 될 수 있는 한 불교인의 숫자를 축소하고 있으며, 아시아 전통의 특징인 유교적 생활인이면서도 불자가 된다거나 민속 전통에 젖어 있으면서도 불교 신자인 경우를 불교인의 범주에서 제외하고 있다. 전형적인 기독교적인 규정에 편의적으로 맞추려는 시도를 행한다. 그리고 그 결론에 이르러 장중한 어투로 불교가 이 지상에서 소멸될 것을 언표하고 있으며 그 소멸의 불전적 전거마저 법멸(法滅) 사상에 두고 있다.

서구의 대표적인 불교학자에게서 나온 태도와 언표가 이렇고 보면 서구의 불교에 대한 태도의 이면을 충분히 감지할 수 있다. 그리고 그가 과연 대표적 불교학자인가 하는 점은 그가 즐겨 거명하는 당대 석학들의 이름으로도 충분히 뒷받침된다. 알렉산더 커밍햄(Alexander Cummingham), E.B 코웰(Cowell), 리스 데이비즈(Rhys Davids), 올덴베르크(Aldenberg), 벤겔(Wengel), 제임스 레게(James Legge), 사무엘 빌(Samuel Beal), 아벨 레뮈자(Abel Remusat), 스타니스라즈 줄리엥(Stanislas Julien)만 해도 급히 들쳐본 그의 저술에 나타난 이름들이다.

영국의 분위기가 그러했다면 프랑스의 상황은 어떠했던가? 앞서 언급했던 불교학의 개창주로 간주되는 외젠 뷔르누프와는 동료학자였고 함께 산스크리트를 공부했던 생틸레르가 좋은 예이다. 그는 불교에 대해 해박한 지식을 지녔으면서도 불교에 부정적인 태도를 보였다. 불교에 대한 해박한 지식에도 불구하고 불교에 대한 그의 태도는 부정적이기만 했다. 이러한 부정적 태도는 불교의 열반에 대한 이해에서 도출된 결과였다. 열반에 대한 당시의 이해는 서구 지성인들은 물론 수많은 선교사와 기독교인의 공포 대상이었다. 불교 교설의 오메가라 할 열반은 '무명의 공포'

(nameless terror)로 다가왔다. 불교의 종교성은 서구 지성과 신학 체계에 대한 큰 도전으로 비쳤다. 열반과 무아(無我), 무상(無常)을 주장하는 불교는 공포의 '무(無)의 종교'였다. 소위 무(無)와 무화(無化), 또는 공(空, Sunyata)을 신봉하는 불교는 끔찍한 종교였던 것이다.[5]

불교에 대한 서양의 이해와 불교를 대하는 태도는 결코 호의적이지도 않았고 올바른 것도 아니었으며, 오히려 그 태도는 부정적인 것이라고 하는 편이 온당할 것 같다. 그리고 기독교의 관점에서 볼 때 불교라는 이단적인 신앙은 또 하나의 공략해야 할 선교의 목표였다. 이와는 반대로 유화적인 태도가 있었다면 그것은 자기 신앙을 확인하고 다변화하는, 글로벌화한 세계 정황에서 자신의 신앙 내용을 확대하고 심화시키는 좋은 대상이었다. 아마 이런 후자의 태도의 상당한 부분이 오늘날까지도 서구에서의 불교와의 대화에 임하는 기본 입장이거나 유명한 대학과 연구기관에서 불교에 대한 강좌와 세미나가 개설되는 중요한 이유의 하나일 것이다.

나는 여기서 굳이 불교와 기독교를 대치시키고, 그것이 역사적으로 어떤 길항관계를 지녔던가를 강조하려는 생각은 추호도 없다. 오히려 공통점이나 공감되는 부분, 그래서 앞으로 다가올 시대에 어떻게 동등한 종교인으로서 동반자적인 입장으로 평화로운 관계 설정과 미래 개척을 할 수 있느냐에 더 큰 관심을 두고 있다. 그러나 그러한 작업의 선결 조건은 엄밀하게 과거를 되돌아 보고 또 우리의 입지를 분명히 하는 일이다.

막연하고 근거 없는 호혜주의나 과도하게 일반화한 개념들, 즉 서양은 물질 위주의 세계이고 동양은 정신 주도의 세계이니 서양에서의 불교 유

5　*Le Culte du Neant:Les Philosophes et le Buddha*, 1997. (영역본, *The Cult of Nothingness: the Philosophers and the Buddha*, Univ. of N. Carolina Press)

행은 동양 정신성의 승리라고 치부하는 우(愚)는 다시 되풀이하지 말아야할 것 같다. 서양은 결코 불교의 위대성을 드러내기 위한 우호적 역할을 한 것은 아니다. 다변화된 서구는 서구 나름대로 자신의 고민을 하며 모든 것이 지구화되어 가고 있는 차원에서 동양의 종교를 어떻게 서구적으로 수용하느냐의 화두를 갖고 있을 뿐이다. 아마 그 일단이 우리가 쉽게 조우하는 파란 눈의 불자들일지도 모른다.

2. 불교 신행의 발단

서양에서의 불교와 불교학에 대한 발단이 과거의 역사적 정황과 맞물려 있었고 그것은 신대륙 발견과 같은 긍정적이고 호의적인 것만은 아니었다고 하면 과연 오늘날의 서구, 특히 미국에서의 불교 발현은 어떤 것을 시발점으로 삼을 것인가? 여러 측면에서의 검토가 이루어져 있지만, 현상적으로 드러난 사건으로서 세계종교의회(World Parliament of Religion)를 들지 않을 수 없다.

1893년 세계만국박람회와 함께 시카고에서 열린 세계종교의회에서의 세계 종교지도자들의 만남은 서양에서 불교를 공식으로 인지하는 결정적 계기가 되었다. 이 회의의 의의는 여러모로 평가되고 있지만, 일본의 임제종 승려인 샤쿠 쇼엔의 연설은 이 회의에 참석했던 미국의 기독교인은 물론 많은 타 종교인들에게 불교에 대한 인상을 각인시켰다. 거기에는 인도인 아나가리카 달마팔라(1864~1939)의 강력하고 유려한 연설이 큰 도움을 준 것은 물론이었다.

그리고 이보다 앞서 미국에서 아시안계 이민 사회의 발생과 성장은 불교 신행 모습을 보여주는 계기가 되었다. 중국계 이민이 이미 1850년대에 철도 부설을 위해 미주에 상륙했고, 이들과 함께 불교는 중국 이민 사회 속에 들어와 있었다. 이후 일본인들의 이민으로 불교는 더 널리 퍼져나갔으나 이때까지는 아직 이민 그룹 속에 갇혀 있는 형국이었다. 그러나 미국의 주류사회에 그 존재를 알리며 공개리에 자신을 표출시키는 계기는 바로 이 세계종교의회였다.

폴 카루스(Paul Carus, 1851~1919)라는 독일계 미국학자는 광범위한 불교에 대한 지식과 그 전파에 적극적이었을 뿐 아니라 이미 몇 권의 불교 저술들(The Gospel of Buddha와 The Karma)을 내고 있다. 자신의 출판사인 'Open Court Publishing Co.'를 통해 불교 관계 글을 쓰는 일은 물론 철학 잡지인 《Monist》를 통해서도 불교를 선양하고 있었다. 일본 샤쿠 쇼엔의 글을 영문으로 만들며 그를 수행했던 스즈키는 이후 1897년에 폴 카루스의 출판사에 취업하여 조수로 일하게 된다. 이때 폴 카루스를 위해 『부처님의 복음(The Gospel of Buddha)』을 위시한 동양의 문헌들을 번역하는 데 조력한다. 한편 쇼엔은 1905~1906년에 다시 미국을 방문하고 스즈키가 동행하는 가운데 미주를 여행하고 각지에서 강연을 한다. 이후 스즈키는 불교에 대한 일관성 있는 번역서를 만들었으니 대표적인 작업으로 『대승기신론(大乘起信論)』 주해 영역본이 있다. 또 선(禪)에 대한 개요서를 만들었다.

『Essays in Zen Buddhism』도 이때의 결실이다. 한마디로 스즈키와 선에 대한 미주의 관심과 인기는 이 회의로 발효되는 셈이니 세계종교의회가 미주에서 행한 관건적인 역할은 의미심장하다고 볼 수밖에 없다. 그리고 무엇보다도 폴 카루스의 영향은 토마스 트위드가 지적하듯 "미국의 불교에 대한 지속적이며 충동적인 자극에서 폴 카루스 만한 사람도 없다"고 말한 그대로이다. 그의 문하에서 수련을 받은 스즈키의 순수정신과 동양적 선도 어느 면에서는 서구적 취향과 미국적 입맛과 무관할 수 없는 상관

관계를 지닐 수밖에 없다.[6]

어떻든 미주에 소개된 동양의 불교는 이런 맥락에서 시작되었고 환영을 받았다. 그럼 카루스는 왜 이토록 불교에 대해 관심을 표하고 불교를 선양하기 시작했는가? 19세기 후반의 서구 지성인들은 전통적인 기독교 신앙이 광범위한 정신적 위기를 맞고 있으며 그 중요한 계기는 과학적 방법과 과학적 전망에 있다고 간주했다.

이 문제와 관련하여 폴 카루스는 자신의 경우를 이렇게 심정적으로 말하고 있다. "나는 어려서부터 경건심 강한 열렬한 신자였다. 나의 신앙은 시몬처럼 확고부동하였으며 그리스도께서 당신의 교회 반석이라고 부를 그런 확고함이 있었다. 성장함에 따라 나 자신도 기독교에 대한 봉사로서 선교사가 되려고 하였다. 그러나 어쩌랴! 내가 방어하려 한 성채의 기반을 추궁했을 때 나는 이 전체 구조물이 붕괴되는 것을 알았다." 그래서 그가 선택하고 확신을 갖기 시작한 것이 과학이란 종교였고 그것에 가장 가까운 것이 불교였다고 술회한다. 곧 기독교에 대한 확신을 무너뜨린 것이 과학이었고, 다른 신앙인 불교를 확신하게 한 것도 과학이었고 불교의 합리성이었다. 이것은 카루스 한 개인에게 국한된 문제가 아니고 당시의 정신계를 대변하는 하나의 예중이 과학정신과 합리성이었고, 그것을 가장 가깝게 논증하는 종교가 불교였다.

오늘날 불교가 과학과 밀접한 관계를 갖게 되는 연유는 과학이 서구에서 불교를 접근하게끔 한 하나의 통로였기 때문이다. 또 주목해야 할 현상

---

6 D.T. 스즈키가 서구에 선불교를 알리고 선(禪, Zen)의 독자성을 주장하고 있으나 그에 대한 재평가와 그의 일본 군국주의의 참여에 대한 비판의 글들이 발표되고 있다. 필자는 이 문제에 대한 평가로 B. Faure의 *Chan Insights and Oversights*, Princeton Univ. Press 1995 가운데 2장을 권하고 싶다.

은 뉴잉글랜드를 중심으로 한 초절주의(Transcendentalism), 즉 에머슨이나 소로우(Thoreau)의 자유주의적인 종교의 분위기의 등장이다. 미국의 이러한 사회문화적 분위기의 전제 없이 불교가 저절로 미주 땅에 안착한 것은 아니었다. 불교를 서구에 이식시키려는 노력이나 계기보다는 서구나 미국 자신이 자기 필요와 자신의 계기에 의해 불교를 요청한 것이 더 중요한 요인이었던 것으로 보인다.

3. 미국 속의 불교의 양태

얀 내티에(Jan Nattier)라는 한 미국의 불교학자는 미주 속의 불교를 세 유형으로 나누어 불교의 존재 양태를 적시하고 있다. 수입 불교(Import Buddhsim), 수출 불교(Export Buddhism), 수하물 불교(Baggage Buddhism)가 그것이다. 다른 형태의 분류들, 즉 아시아 이민불교(Asian Immigrant)/코카시안 아메리칸 불교(Caucasian American), 백인 불교(White Buddhist)/소수인종 불교(Ethnic Buddhist), 아시아 아메리카 불교(Asian-American Buddhist)/서구 아메리칸 불교(Euro-American Buddhist)로 나누는 방법도 있지만, 내티에의 분류 방법이 미주 내의 불교도들을 포괄적으로 수용하는 점에서 더 유익하다.

첫째, 수입 불교는 말 그대로 실수요자의 요청과 필요에 따른 것으로 각자의 취향을 따라 받아들인 불교이다. 이 수입 불교는 또 '엘리트 불교'(Elite Buddhism)라고도 호칭되고 있으며, 대개 미국 중상류의 고등교육을 받은 계층이 대종을 이룬다. 특징을 이렇게 범례적으로 가시화해 볼 수 있다.

1960년대 미국 중서부에 거주하는 고등교육을 받은 사람이 어느 날 동네 도서관에 가서 우연히 선(禪)에 관한 책을 읽는다. 그리고 '불교라는 일찍이 듣지 못한 굉장한 것이 있구나'하고 생각한다. 몇 년쯤 관심을 두고 책방을 갈 때마다 선이나 불교에 관한 책이 있으면 기웃거린다. 그리고 선과 관계된 강연이나 수련회에도 몇 번 참석해 본다. 그러다 어느 날 비행기표를 사들고 일본의 교토나 태국의 방콕, 혹은 한국의 송광사로 날아가 참선 수행에 참여한다. 몇 년 후 돌아올 때쯤 해서 선 센터(Zen Center)를 설립한다. 또는 자신이 수련 받은 스승을 이곳으로 초빙한다.

곧 모든 일을 자기 필요에 따라 자신이 주선하고 불교를 수입하는 것이다. 이 모든 과정을 위해 그는 사회의 중상류에 속하는 고등교육을 받은 사람이어야 하고, 돈과 여유로운 시간을 할애할 수 있는 사람이어야 한다. 아마 불교계의 인기 스타 현각스님(폴 몬즌, 속명)도 결정적으로 이 부류에 속할 것이다. 예일대 학부와 하버드대 대학원 출신이고 중상류 가정에서 성장했으며, 사회정의를 위한 데모에도 참여했다. 불교를 알기 위해 대학원 강의는 물론 한국에 나와 많은 참선 수행을 했다. 현각스님은 전형적인 미국 수입 불교 신자인 셈이다. 그리고 이 수입 불교에 해당하는 미국의 불교도가 미국 불교의 대종을 이루고 있다. 이 엘리트 불교의 특성은 항상 참선 수행에만 관심을 두고 있으며 남방 불교의 관법수행(觀法修行, Vipassana)이나 동북아시아의 참선, 간화선이거나 묵조선 등의 명상에만 사로잡혀 있을 뿐, 좀처럼 사원 제도나 윤리적 계율 실천에는 관심이 없고 있어도 미약할 뿐이라는 점이다.

이 수입 불교 신행의 내용을 좀 더 자세히 들여다보면 흥미로운 요인들이 돌출된다. 취침 전에 명상 수행서를 읽고 벽을 향해 수십분 명상을 하기 때문에 이런 불자들을 '침실 조명등 불교도'(Nightstand Buddhist)라고도 부른다. 불교단체나 사찰에는 관여하지 않고 불교 수행과 신앙에 대한 책만 읽고 불교의 영향을 받은 불교도들이기 때문에 '책방 불교도'(Bookstore Buddhist)라고도 한다. 또는 불교라는 대상물을 놓고 그것이 나에게 필요한 것인지, 어떻게 소용이 되는 것인지 끊임없이 따지며 상품 품목 고르듯 한 입장에 있다고 하여 '구매자 불교도'(Shopper Buddhist)라고도 한다. 이런 법회, 저런 수행 명상회를 따라 다닌다고 하여 '법메뚜기 불교도'(Dharmahopper Buddhist)라고도 한다. 이런 저런 형태의 불교를 접하며 나름대로 불법을 추구한다고 하여 자신을 독각승으로 자처하는 불교학자도 있다. 그러나 이런 부류의 불교도들은 한결같이 자신을 불교도라고 못을 박고 있지는 않는다. 편하게 자신의 입장을 "아직은-아닌-불교신자"(Not-Just-Buddhist)로 자처한다.

불교전문잡지인 《Tricycle(三輪)》의 정기구독자 6만 명 가운데 절반은 자신을 불교 신자라고 생각하지 않는다고 편집장인 헬렌 튀르코브(Helen Twarkov)는 추산한다. 또 평균 9년 반 이상 불교단체에 관여한 사람 가운데 1/3이 아직도 자신의 정체성을 불교 신자로 밝히고 있지 않다. 오계도 받고, 참선 수행을 정기적으로 실천하고 일정한 불교단체를 9년 반이나 다닌 사람들이 "아직은 불교 신자가 아니라고" 말한다면 이들의 종교 정체성은 어디에 있을까? 불교도이며 불교도가 아닌 듯한 불교도. 유대인으로 독실한 불교 수행인인 어느 여류 심리학자는 이런 저술을 내고 있다. 『이상한데, 너는 불교도같이 보이지 않네(It Is Funny, You Don't Look Buddhist)』이다. 이것이 수입 불교의 큰 특징이다.

두 번째, 수출 불교는 기독교와 똑같이 선교를 통해 미국 땅에서 불교로의 개종 운동을 전개하는 경우이다. 우리의 경우 서양에서 기독교가 한국 땅에 들어와 우리들을 개종시켰지만, 이번에는 한국의 불교 본부에서 미국 땅에 불교를 수출하고 그곳의 현지민을 불교로 끌어들이는 것을 말한다. 기독교처럼 이것을 '복음주의적 불교'(Evangelical Buddhism)라고 명명할 수 있으며 일본의 창가학회가 대표적 예가 될 것 같다.

원불교가 본부(중앙총부)에서 일정한 목적과 계획을 수립해 놓고 불교 교당을 미주에 설립한다면 역시 이 경우에 해당할 것 같다. 또 불교 조계종 총무원의 경우도 마찬가지 경우이겠으나, 그 목적과 계획, 그리고 실행 사항들이 얼마나 일관성을 가지고 실천되느냐에 따라 수출 불교의 범주에 속할 것 같다. 어떻건 공급 위주의 불교이고 모체가 되는 교단에서 현실적 물질적 보조를 제공하며 일정한 직업과 직책까지 부여한다.

앞서 언급한 수입 불교의 신행자가 여유 있는 백인 상류층으로 구성된 것이 특징이라면, 이 범주의 신행자는 사회 하류층에 속하며, 구체적으로는 아프로아메리칸, 라틴계 중남미인들 혹은 동양계 미국인들로 교육 수준과 생활 수준이 뒤떨어진 유색인종인 것이 통계로 밝혀지고 있다. 그러나 흑인들 전체, 유색인들이 모두 이 부류에 속하는 것은 아니다. 전형적인 아프로아메리칸 불교도로 벨 후크스(Bell Hooks)와 같은 교수이자 저명한 시인이 있고, 잰 윌리스(Jan Willis)와 같은 뛰어난 여류 교수도 있음을 기억해 두어야 한다.

마지막으로 수하물 불교는 짐작이 가겠지만 우선 필자가 이 부류에 속한다. 그리고 현재 미국에 진출해 있는 대다수의 한국 불교 사찰이 이 범주에 귀착되고 있다. 이민 보따리 속에 불교라는 집안 전래의 종교를 그대로 가지고 들어온 경우로, 1850년대 중국 이민자들, 1890년대의 일본 이민자들의 불교 신행은 바로 이 이민 불교의 선조적인 위치에 놓여 있는 셈이다. 다른 말로 '이민 불교'(Immigrated Buddhism)라고 부를 수 있는 이 부류는 실제로는 종교적인 것과는 상관이 없다.

대부분의 이민 그룹이, 초기 청교도의 경우를 제외하고는, 신천지에 발을 디딘 것은 종교적인 이유는 아니었다. 세속적인 이유, 곧 경제적 기회, 정치적 박해, 개인 혹은 가정의 안정을 위한 것이 일차적인 이유였다면, 종교는 부수적으로 첨가되어 따라왔을 뿐이다. 곧 이민의 경험이 이민 보따리의 구성 내용이 되겠는데 그 가운데 불교라는 또 하나의 내용물이 들어 있었던 셈이다.

1850년대를 시점으로 중국 이민자와 일본 이민자들이 이민 불교를 선호했다면, 1965년의 새 이민법 발효로 이번에는 교육받은 전문 계층의 이민 그룹의 새 물결이 들어왔다. 그러나 이들은 빈약한 영어에다가, 미국 주류 직업에 종사할 수 있는 능력이 결여됐으므로 사회경제적으로 하류에 속할 수밖에 없었다. 아마 이전 세기에 하와이 사탕수수 밭이나 서부 철도부설 '꾸리'(苦力)로 이민 온 사람들과 사회 계층상 신분의 차이는 실제로 별로 크지 않은 듯 보인다. 이런 여건에서 이민 불교는 일정한 특권적 위치를 부여받지 못하는 조직을 갖고 불교 모임을 시작하는 것이 상례이다. 따라서 이민 불교의 승단은 불교 교리에서 말하는 그대로 '피난처', 곧 삼귀의례의 불법승 삼보에로의 귀의처 역할을 한다.

이 이민 불교 조직은 앞서 말한 백인 엘리트 불교이거나 복음주의적 선교대상의 불교 유형과는 달리 광범위한 기능과 목적을 지니게 된다. 곧 생존을 위한 것이 일차적이어서 마치 미주 한인 교회들이 초기 이민자들을 위한 '생존의 출발점' 역할을 했듯이 베트남, 태국 등 동남아시아 이민자들이 살아남기 위한 중요한 거점 역할을 한다. 미주 한국 사찰에도 주류 이민 그룹에 잘 적응하지 못하는 사람들이 많이 모인다. 따라서 또 다른 기능이 발달되고 있다. 곧 문화적인 충족이라는 기능이다. 같은 언어를 사용하고 같은 행동 양식과 고국의 문화·사회적 유산을 함께 나눌 수 있는 적

합한 장소가 이민 불교의 모임인 것이다.[7]

이처럼 이민 사회를 위한 좋은 기능을 이 이민 불교가 담당하고 있는 셈이지만 그것은 또 전혀 상반되는 측면도 반영하고 있다.

4. 섬 같은 불교, 피자 같은 불교

이민 불교의 순기능이 '피난처' 역할을 하여 초기 이민자들에게 안정을 갖게 해준 것도 사실이다. 그러나 그것은 섬과 같은 기능을 한다. 거대한 땅에서 홀로 물 가운데 떠 있는 섬과 같은 역할을 하는 것이 '피난처' 이민 불교의 모습이다. 주류사회와 서로 교섭하지 못하고 동화되거나 대등한 교차 관계를 유지하지 못하고, 자신의 고유한 것만을 유지하는 배타성을 지닌 역기능을 하는 것이다.

이민 불교에 밀착할수록 주류사회에서는 소외되고 만다. 아마 한국 불교가 해외로 확대된 가장 좋은 예로 적산법화원을 들고 있으나, 그것이 거대한 당토(唐土)에서 어떤 기능을 한 것인지는 막연하다. 당나라 땅에 신라방이 형성되고 그곳에 거주하는 신라인들이 다니던 절이 적산법화원이라고 역사는 말해 주고 있으나, 그것이 당 불교에 어떤 영향을 준 것인지 아니면 거꾸로 그곳의 불교와 문화의 영향을 받은 것인지 그 내용은 알 길이 없다. 신라 땅을 넘어서 당나라까지 진출한 것은 대단한 일이지만 미상불 그것은 거대한 당토에 하나의 섬처럼 떠 있었던 것은 아닌가 하는 생각이 든다. 섬처럼 떠 있는 피난처로서의 한국 이민 불교 현장은 많은 문제

---

7 미주 불교의 양태에 관해서는 필자의 「미국 속의 불교와 불교의 미국화」, 『종교문화비평』 제2호, 2002.

점을 노출할 수밖에 없다. 앞서 제시한 ① 부처 없는 땅인 서구에서의 불교 발단이나 ② 미주 속의 불교 발아와 그 전개, 그리하여 ③ 현재 3단계로 나누어 볼 수 있는 미주 불교의 존재 양태는 우리의 미주 불교 현장을 짚어 보기 위한 서언적 시도에 지나지 않는다. 미주에서 한국 불교의 포교 필요성이 요청되는 것인지 혹은 현상적으로 이미 피어나고 있는 꽃이라면 어떻게 가꾸어야 하는지를 짚어볼 수밖에 없다.

이민 불교는 자신이 본래 위치하던 장소를 떠나 전혀 이질적인 다른 문화사회권으로 옮겨졌다는 의미로 흔히 ‘유민불교’(Diasporic Buddhism, 流民佛教)라고도 부를 수 있다. 불교의 발전 역사는 그 자체가 이미 다른 문화·사회권으로의 유입과 적응의 역사라고 해도 좋을 만치 적응력이 뛰어났으므로, 군이 유대교나 기독교의 이동과 상관시킬 필요가 없을지 모른다. 그러나 여기서 서구기독교적 디아스포라(Diaspora)의 어휘를 차용한 것은 이민 불교의 문제점이 이민 교회의 문제점을 더욱 확대한 느낌이 들기 때문이다. 곧 우리 자신의 문제점을 적출하기 위한 방편적 개념의 필요성 때문이다.

다른 지역으로 옮겨온 불교는 문화적·사회적으로 세계화된 분위기에 위치하게 된다. 따라서 시원이 되고 있는 고국과, 옮겨 정착된 미국 사이의 이중적 상황에 처한다. 이중적 상황은 상당한 부분 모순된 입장, 상치되는 상황을 연출하게 된다. 법회의 편의에 따른 왜곡이거나 생략 혹은 불필요한 부분의 확대가 아무런 정통적 교리상의 고려 없이 집행된다. 그리고 대개의 경우는 고국의 것의 축소모방형(mimicry)으로 귀착된다.

이민 불교는 어떤 면에서는 상황에 따른 기회도 주지만 차별적인 체험을 겪는 것이 불가피하다. 또 이동이 야기하는 일시성이나 잠정성을 띠게 되고, 지역적 국소성을 면치 못한다. 고국 불교의 모습, 주류의 사찰과는

달리 이중적 장소성과 이중적 시간성을 이민 불교는 항시 의식하고 있어
야만 한다. 곧 사찰 자신의 정체성을 어디에다 둘 것인가 하는 문제가 항
상 내재해 있다.

사찰의 정체성만이 문제가 아니라 신도들의 의식구조도 큰 변화를 겪게
된다. 우선 고향에 대한 그리움의 노스탈지어(Nostalgia)에 사로잡혀 있는
가 하면 동시에 미래를 보는 희망찬 의식에 차 있으며, 조그만 자치공동체
적 의식을 지니기도 한다. 이런 부분은 긍정적 측면의 일단이기도 하지만
신도들은 항상 고향 상실과 실망 속에 무엇인가 결핍된 것을 느낀다. 이민
불교 신도들의 정체성의 위기라고 볼 수 있다.

신도 구성(승보)은 어떻게 되어 있는가? 이민 불교가 마련한 불교 행사에
엘리트 불교도가 동참하여 서로 교류하는 집회를 갖는 경우는 극히 드물
다. 간혹 외국인이 참석하는 경우가 있으나 그것은 집안 제사, 불탄일 같은
큰 행사 때 혼인 관계를 가진 외국인 혹은 집안과 혈연관계로 연계된 외국
인이나 그들의 혼혈 자제들이 참석하는 경우일 뿐이다. 그리고 신도 구성
은 대개의 경우 장년 이상의 늙은 계층이 주류를 이룰 뿐이다.

물론 보스턴과 같은 교육 도시의 경우 인근 대학과 연구소 등 교육 연관
기관이 많아 젊은 지식 계층이 다수 참가하는 예외적인 경우도 있다. 그러
나 이런 이민 불교 사찰에 참석하는 학생, 연구생, 교수들은 잠정적인 기
간 동안만 머무를 따름이어서 신도의 순환이 다른 도시에 비해 매우 빠르
다. 따라서 사찰 자체의 정체성과 그들을 중심으로 한 장기적 프로그램을
안정적으로 진행하기가 어렵게 된다.

어떻든 이민 1세대의 늙은 계층이 사라지면 다음 세대가 얼마나 이 이민
사찰의 행사(법회)에 참석할 것인지는 문제일 수밖에 없다. 영어는 물론
미국의 사회문화적 변화와는 차단된, 섬 같은 이 '귀의처인 피난처'를 즐겨

찾을 2세대, 3세대는 드물 것 같다.

신도들을 지도하는 스님들의 양태는 어떠한가?[8] 미주의 섬 사찰에서 스님들이 고군분투하는 모습을 우선 상기하고 싶다. 이들은 어떤 형태의 종단 지원이나 연관 없이 미주에 도착하였고, 모든 일을 소위 자작(自作)으로 계획하고 수행하는 것이 현실이다. 따라서 많은 문제점을 노출시키고 있다고 해서 놀랄 일도 못 된다. 계율의 준수, 신도와의 갈등, 독선적 행정이 스님들 측의 문제라면 신도회나 이사회를 통해 사찰 운영에 계속 신도들이 직접 간여하며 스님들을 고용인의 한 사람으로 여긴다. 이민 온 스님들이 현지에 적응되기 전에 수시로 갈아 치우고, 스님들의 일거수일투족 행태를 짧은 시각으로 판정하려 하고 세속적 행정 운영 방침만 결정의 기준으로 삼는 경향이 농후하다.

법회의 내용은 무엇으로 구성되는가? 제사와 집안 행사를 대행하는 일이 규모가 작은 사찰일수록 절 행사의 대부분을 차지함으로써 내생담이나 사후에 대한 설법, 복 짓는 일에 대한 설법이 주메뉴로 등장한다. 이러한 '옛날 옛적의' 이야기는 엘리아데적인 신화에 대한 시간 철폐의 기능을 강화하여 역사적 현실적 무력감에 떨어지게 한다. 따라서 현실에서의 일탈을 조장할 가능성을 증대시키고 있는 것도 사실이다.

사회참여, 타종교와의 연대, 신도들의 복지와 안녕을 위한 현실적 설법은 희소한 주제가 되고, 불교인 자신의 수행 정화를 위한 법회 프로그램도 약소하다. 청소년, 어린이를 위한 교육 프로그램 역시 열악하기 이를 데 없는 것이 대부분 사찰이 겪고 있는 모습이다. 예외적으로 L.A에 있는 도안 스님(2006.8.28 입적)의 관음사는 그 규모나 역사에서 미주 사찰의 모범

---

8 여기서 스님에 대한 개인적 비판이나 결점을 지적할 의도는 전혀 없다.

이 되는 사찰로 유치원, 불교대학, 불교서점, 전시장, 강연장 등 외형상 하나의 종합적인 문화기관, 교육기관으로서도 손색이 없다.

그리고 주지 스님의 뛰어난 사회적 기여와 참여는 다른 어떤 사회 정치인 못지않은 역할을 하고 있다. 그러나 이 모든 활동은 스님 한 개인의 탁월한 능력으로 운영되고 인정될 뿐, 지금으로서는 이 활동이 제도 속으로 승화되어 다음 세대를 위한 확대나 활동의 대물림이 이루어질 것처럼 보이지 않는다. 제도적 정비나 행정적 지원, 그리고 재정적 지원 없이는 모처럼 발주된 이런 교육 문화 활동은 지속되기 어려운 처지에 놓인 것처럼 보인다. 이 사찰은 개인의 소유로 되어 있어 다음 세대에 계속 사찰로 존속될 수 있는지도 미지수이다. 하나의 예로 든 경우이지만, 미주 사찰의 거의 대부분이 재정적·법적 이유, 개인적 소유권 문제 때문에 사찰이 사찰로서 전승되는 일을 어렵게 만들고 있는 것이 현실이다. 미주 한인 기독교계의 일부에서 교회를 매매하는 형태가 발생하는데, 구조적으로 불교도 그런 상황에서 자유로울 수 없다는 것이 또 하나의 현실이다.

섬과 같은 미주 불교는 피자와 같은 불교로 전화되어야 한다고 생각한다. 잘 알듯이 피자는 이탈리아 음식이고 미국으로 건너와 대중 음식이 되었으며, 그 과정에서 질과 맛이 크게 바뀌었다. 이 바뀌고 개량된 피자가 이탈리아 원산지의 원조 피자보다 더 이탈리아인이 선호하는 현대적인 피자가 되었다. 불교는 철학적 어휘로 구성된 개념적인 사상인 것만은 아니다. 불교는 무엇보다도 종교이고 그것은 하루하루의 생활, 나의 일거수일투족과 관계되는 '생활양식'(a way of life)이다.

미주에 거주하는 이민자들의 일거수일투족을 담을 수 있는 불교, 불교를 통해 이민자들의 생활을 표출할 수 있는 불교로 변해 가야 할 것 같다. 한국 이민불교는 섬처럼 외롭게 떠 있어서 모든 것을 차단하고, 소외시키고, 배타적으로 존재할 수는 없다. 해외라는 현실, 미국이라는 현장을 배제하고는 불교는 이해될 수도 없고 생존할 수도 없다. 시간이 경과하면서 2, 3세대가 참석하지 못하면 사라질 수밖에 없다.

불교의 역사는 변화의 역사이고 동화의 역사이고 변용의 역사라는 사실을 불교사는 여실히 보여준다. 티베트로 들어가서 티베트 불교 내지는 라마 불교가 되고, 중국으로 건너와 중국 불교가 되었다. 그러나 우리가 지금 미주에서 봉행하는 법요 의식과 불교 행사의 내용은 한국사찰에서 행해지는 것을 그대로 편의에 따라 베끼고 있는 실정이다. 축소모방형의 전형이다. 한국 불교의 정통성(Orthodoxy)이 어디 있는지 또 그것은 전통(tradition)에 따라 전수되고 있는 것인지, 전통은 그대로 모사하는 일뿐인지를 현장적으로 검토할 필요가 있다.

하나의 예로 '미국불교교회'(Buddhist Church of America)를 들 수 있다. 변화에 적응한 전형적인 불교교회로서 여기에서는 이민적인 성격보다는 오히려 엘리트 불교적인 성격이 강하게 드러난다. 이 불교교회의 뿌리는 일본 이민이 만들어낸 불교 사찰로서 전문인들과 고등교육, 좋은 직업을 가진 이민 2, 3세대로 구성된 사찰로 가장 성공적으로 미국화된 불교이다.

그간 숭산 스님, 삼우 스님과 같은 분들이 다분히 수입 불교적 경향을 띤 활동을 했다면, 법안 스님을 위시한 도안 스님, 도범 스님 등 미주에서 활동하는 수많은 스님들은 이민 불교를 선도하고 있는 것으로 보인다. 원불교는 이미 수출 불교를 시작했다고 생각하지만, 조계종에서는 아직 일정한 계획을 가지고 주도적으로 수출 불교를 지향하고 있는 것처럼 보이지도 않는다.

이제 우리가 스스로를 들여다볼 수 있는 단계에 와 있으나 불행하게도 미주 한국 불교의 현황에 대한 보고서 한 편 없는 것이 현실이다. 최근 현대미주불교사장 김형근 씨의 개인적인 노력으로 미주 불교 40년 자료집이 연대기적으로 기술되어 몇몇 사람에게 나누어졌다. 필자와 김형근 선생은 그것을 근거로 잠정적이나마 『미주 불교현황』 편찬을 시도했다.

그러나 이 시도가 성공하여 하나의 평가서가 제출되려면 우리 불교계의 인적 지원, 재정적 지원, 사찰의 협조 없이는 요원한 과제로 남을 수밖에 없다. 실로 많은 과제가 산적해 있다. 동일한 문화 배경, 사상 배경, 사회 배경을 지닌 한국 기독교가 미주에 정착하는 데 얼마나 많은 실수를 저지르고 있는지는 잘 알려져 있다. 아마 불교는 더 큰 실수와 시행착오를 겪고 있는지도 모른다. 앞서 보아온 것처럼 부처 없는 땅이 미주이고 이나마 정착하는 데 수많은 우여곡절이 깔려 있었다. 그럼에도 불구하고 미주에 거주하는 우리 한 개인 한 개인은 미국화의 변모를 겪고 있다. 그리고 미국 속에 불교가 들어와 있고 그것은 '우리 속'에 들어 있다. 그리고 알게 모르게 불교는 우리 자신을 통해 미국화되어 가고 있다. 제도로서의 사찰은 한국의 그것과 다름없이 그대로 존속되고 있으나 그 속에 담긴 불자들은 미국화의 변모를 겪는 모순에 빠져 있는 것이다. 우리는 과감한 변화를 시도해야 하고 이 변화를 위한 엄밀한 평가나 계획이 선행되어야 한다.

"중국이 불교를 변화시킨 것처럼 불교가 중국을 변화시켰다"는 라이샤워의 발언처럼, 미국이 한국 불교를 변화시킨 것처럼 한국 불교가 미국을 변화시켰다고 또다시 되풀이할 수 있을지는 미주 불교인으로서 초미의 관심이 아닐 수 없다.

제3부

한국 근대불교와 불교학

불교의 근대적 전환

—이능화의 문화론적 시각과 민족주의

1. 한국 불교의 근대적 기점

한국 불교의 근대적 각성 혹은 불교 근대화라는 주제 아래 일제 식민지 하의 불교의 모습이 여러 각도에서 조명되었다.[1] 어떤 주제가 되었건 이 논문들에서 공통으로 다루고 있는 소재는 조선조 억불정책의 현안인 승려 도성 출입이란 문제였다.[2] 이 승니(僧尼)의 도성 출입을 불허했던 제재

---

1 불교사학회 편,『근대한국불교사론』, 민족사, 1988; 정광호,『근대한일불교관계사연구』, 인하대학교출판부, 1994; 김광식,『한국근대불교사연구』, 민족사, 1996; 김광식,『한국근대불교의 현실인식』, 민족사, 1998; 김경집,『한국근대불교사』, 경서원, 1998; 정광호,『일본침략시기의 한일불교관계사, 아름다운세상, 2001; 김광식,『새불교운동의 전개』, 도피안사, 2002; 김순석,『일제시대 조선총독부의 불교정책과 불교계의 대응』, 경인문화사, 2003; 불학연구소 편,『불교근대화의 전개와 성격』, 2006; 동국대 불교문화연구원 편,『동아시아 불교, 근대와의 만남』, 2008; 동국대 불교문화연구원 편,『근대 동아시아의 불교학』, 2008. Starr, Frederick, *Korean Buddhism: History-Condition-Art,* Boston, Marshall Jones Co. 1918; Sorenson Henrik, "Korean Buddhist Journals during Early Japanese Colonial Rule", *Korea Journal,* vols 30-31, 1990; Robert E. Buswell, "Buddhist Reform Movements in Korea during the Japanese Colonial Period: Precepts and the Challenge of Modernity", *Buddhist Behavioral Codes and the Modern World-An International Symposium*, ed. by Charles Wei-hsun Fu and Sandra A. Wawrytko, Greenwood Press, Connecticut, U.S, 1994; Hwansoo Ilmee Kim(김환수), "Strategic Alliances: The Complex Relationship between Japanese and Korean Buddhism 1877-1912", Ph. D Dissertation, Harvard University, 2007.

2 뒤에 언급하겠지만 도성 출입의 의미를 처음 부각시킨 인물은 이능화였고, 이후 한국 불교학계에서도 불교근대화의 가장 중요한 이슈로 떠올렸다. 주 1)에 소개한 논저들도

는 일정한 기간 시행됐던 금지 조처가 아닌 조선조 전 기간에 걸친 것이었다. 조선왕조의 불교에 대한 일관된 정책이었으며, 불교 자체가 왕조의 정책을 따라 반응을 보여준 가장 오랜 현실적인 문제였다. 따라서 그 문제는 포괄적이었으며, 도성 출입을 해금했을 때의 상징적 의미도 그만큼 큰 것이었다.

조선조 후기인 개항기에 불교가 근대적 전환을 이룩하는 시점에서 불교가 처했던 사회적 위상이며, 개항 이래 일어난 불교계의 여러 사건들 또한 이 도성 출입을 전후하여 발생하고 있다. 곧 불교의 외부의 변화에 대한 수용과 적응의 근대적 변모는 도성 출입이라는 사건을 둘러싼 논의와 맞물려 돌아가고 있다. 그것은 단순한 통행 자유에 관한 문제를 훨씬 넘어선, 불교계가 근세에 이르러 맞이한 최초의 제도적, 정치적 현안의 문제이기도 했다.

먼저 도성 출입의 허용 시기와 그것이 이룩된 정책적인 배경에 대한 논의는 관건적인 문제로 떠올랐다. 곧 개항을 맞은 왕실의 주도하에 성사된 일이었느냐 아니면 일본의 한반도 진출을 위한 종교-문화적 접근의 일환이었느냐의 문제가 논의된다.[3] 동학혁명 이후 대한제국 정부는 개혁안의 한 부분으로 불교에 대한 유화적인 정책으로 불교계의 제도적 정비와 불교를 정부 관리의 행정 체제 밑에 두어 개선을 시도하였다. 1902년 정부는 사사관리서(寺社管理署)를 설치하고 '국내 사찰 현행 세칙'(國內寺刹現行細則) 36개조를 선포한다. 이제껏 방치되어 여러 형태의 침탈과 거의 노예

강조점의 차이는 있지만 모두 도성 출입 문제를 한국 근대불교의 전환점으로 삼는다.
3 도성 출입 허용이 일본승의 권유에 의해 성사된 것이냐 아니면 구한말 정치개혁의 하나의 개선책으로 허용된 것이냐의 해석의 문제는 이후 불교계의 친일적 경향과 내부적 근대 개혁의 문제와 연결되고 있어 친일/반일의 쟁점이 된다.

적 위치에서 벗어나지 못했던 불교를 독립시켜[4] 불교의 자율적 운영을 위한 법령을 마련했지만, 효과가 발생하기에는 이미 뿌리 깊이 내린 불교 천대의 관습을 역전시킬 수 없는 상태였다. 그러나 도성 출입은 이미 1895년 일본 일련종(니치렌종, 日蓮宗) 승려인 사노 젠레이(佐野前勵)의 건의에 의해 김홍집 내각이 입성해금(入城解禁)을 실시한 상태였고 그것을 받아들이는 시각은 조선과 일본 그리고 승려와 학자들 사이에 이미 큰 간극이 있었다. 이능화는 "서울 안의 승려의 자취-사노(佐野)가 글을 올려 청함"이란 항목을 이렇게 서술하고 있다.

> 조선 李太王[高宗皇帝] 32년 을미년[1895] 여름 4월에 승려의 서울 입성 금지를 풀어주도록 명령하였다. 이보다 앞서, 일본 일련종 승려인 사노 젠레이가 서울에 와서 총리대신 金弘集에게 글을 올려 승려의 입성 금지를 완화하도록 청하였고 김홍집이 임금께 청하여 이와 같은 명령이 나온 것이다.[5]

이 사건을 보는 일본인 학자인 다카하시 도루(高橋 亨)는 사노가 해금을 건의한 중요한 계기는 한국 승려들의 낙후된 지위를 향상시키기 위한 것만은 아닌, 일련종 종지로 개종시켜 조선 불교를 병합하려는 시도가 중요

---

4   당시 불교 및 승려의 사회적 신분의 몰락과 천민에 가까운 착취의 양상을 서술한 정광호의 글은 매우 설득력이 있어 보인다. 정광호, 『일본침략시기의 한일불교관계사』, 아름다운세상, 2001, 20-41쪽.

5   李能和, 『朝鮮佛敎通史』(이하 통사) 下篇, 927쪽; 한글역, 『조선불교통사-근대편』, 2001, 이병두 역주, 75쪽.

한 계기였다고 말한다.[6] 한편 용주사(龍珠寺)의 상순(尙順)이란 승려는 해금 사실을 "널리 만리 밖까지 자비의 큰 은혜를 베푸시어 우리나라의 승려들이 오백 년 이래의 원통함과 비굴함에서 쾌히 일어나게 하여 비로소 왕궁을 볼 수 있게 하였습니다. 실로 우리나라의 승려 모두가 한결같은 마음으로 감사드리는 바입니다"[7]라고 칭송하며 사노에게 공을 돌리고 있다. 후대 학자들은 한국 불교의 처우 개선에 대한 승려 상순의 이러한 태도를 친일적인 사례의 전형으로 삼는다. 그리고 이 사건은 이후 조선 불교계가 일본 불교를 호의적으로 받아들이는 종교적 계기로 여긴다.[8]

도성 출입 허용이란 사건의 의미는 보는 시각과 입장에 따라 다변화되고 있다. 그러나 무엇보다도 이 사건에 착목하여 역사적 기술을 처음 시도한 것은 이능화였고 그것을 그는 앞에 인용했듯이 객관적인 사실 기술에 그치고 있다.

도성 출입 허가를 계기로 조선 불교 승려들은 종단 설립을 위한 전 단계로서 불교연구회를 결성하고 이후 1908년 원종(圓宗) 종단 설립을 시도한다. 그리고 신 학문상의 교육제도를 연구할 목적으로 명진(明進)학교라는 근대적 교육기관을 설립한다. 곧 종단의 구성, 교육 기관의 발주 등 불교의 '스스로 서기'의 기틀이 마련되고 있다. 그러나 이 근대적 전환을 마련한 틀들은 지속되지 못하고, 불교계로서는 또 한번 결정적인 사건을 맞게 되고 그것은 일본의 직접적인 영향과 관여 아래 이루어진다. 1905년 을사늑약 이후 통감부는 '종교의 선도에 관한 규칙'을 공표하여 한반도에서의

6　다카하시 도루, 『李朝佛敎』, 893쪽.

7　*Ibid.*, p. 898.

8　김경집, 『한국근대불교사』, 135-136쪽.

일본 불교의 포교를 적극 지원하게 된다. 1908년 이회광의 주도 아래 시도된 원종(圓宗) 성립은 따라서 일본 불교의 한반도 진출과 표리 관계를 이루게 된다. 원종의 대표인 이회광은 조선 불교의 발전을 위한 방안으로 일본 조동종과의 연맹을 시도한다. 소위 친일·항일의 문제를 일으키며 반대쪽에 민족주의적 임제종의 창립이 한용운에 의해 주도된다. 1911년 사찰령(寺刹令) 공표로 총독부 자체가 조선 불교를 장악, 30본사(本寺) 체제를 만들고 인사권과 재정권을 행사하며 해방에 이르기까지 불교계를 규제하게 된다. 불교 근대화의 전 과정과 그에 연루된 사건이 그대로 식민 통치와 맞물려 있는 것이다. 물론 그 가운데 3·1운동을 정점으로 불교계의 항일운동과 독립운동이 연결되는 것이다.

따라서 불교학계와 사학계의 관심은 상당 부분 이 도성 출입 이후에 전개된 한국 불교계의 정치적 연관성에서 근대적 계기를 유발하는 움직임이 일본과 어떻게 연계되었느냐 혹은 누가 이 역할을 담당했느냐에 초점을 두고 있다.[9] 따라서 침략과 저항이라는 식민지적 도식이 그대로 적용되고 있어, 불교의 근대적 전환은 식민지 통치하의 지배/피지배(Colonizer/Colonized)적 시각에서 다루어질 수밖에 없는 단선적인 민족주의론에 빠지고 있다.

이능화는 앞에서 서술된 불교 근대화 시기에 일어난 이 사건들, 곧 3·1운동 전야인 1918년까지의 사건을 그의 『조선불교통사(朝鮮佛教通史)』

---

9 근대불교에 대한 민족주의적 접근은 김환수의 논문을 제외하고 일반화되어 있다. 자료의 측면에서도 일본 각 종파의 한국 진출 의도를 기록한 자료들이 생략되고 한국측 기록과 증언에만 의존하고 있어 그 한계가 뚜렷하다. 민족주의적 접근의 가장 전형적인 것은 임혜봉의 『친일불교론』이 될 것 같다. 임혜봉, 『친일불교론』, 2권, 민족사, 1993.

(1918)에서 거의 빠짐없이 증언적으로 기술하고 있다. 지금의 시각에서 보면 그는 불교의 근대적 전개이거나 근대적 전환이라는 과제를 자신의 학문적 소재로 삼는 듯 보인다. 자신이 겪고 수집한 불교적 사건들을 객체화하고 근대적 학문의 소재로 대상화하는 것이다. 도성 출입 허가 문제로부터 시작하여, 불교의 새로운 근대적 제도 설립, 일제 식민지 정책을 따른 사찰령에 의한 한국 불교계의 변모와 적응, 일본의 한국 불교에 대한 지배적 영향으로부터 3·1운동 주도자인 한용운, 백용성의 활동에 이르기까지 동시대의 관찰자로서 한국 승려들의 행태에 대한 구체적인 서술과 평가를 하고 있다. 또한 한국 불교의 정통성에 관한 논의인 선교 양종과 종파 불교에 대한 인식, 임제종의 정통성에 대한 논의를 일제의 사찰령의 맥락 아래에서 현장적으로 접근하고 있다. 근대 한국 불교의 전개와 관련된 거의 모든 사항이 일제 치하라는 정치적 식민 통치의 배경과 연관되면서 언급되고 있다. 아마 식민 통치와 근대화라는 이슈가 가장 전형적으로 맞물려 있는 것이 이능화가 다루었던 근대 불교사론이라 볼 수 있다. 그리고 그의 그런 관점과 진술이 가장 명확하게 드러난 것이 바로 그의 『조선불교통사』였다.

한편 그는 동시대의 다른 개화기의 인물들과는 달리 일찍 서구문화에 노출되어 영어학당, 중국어(漢語) 학교, 관립 불어(法語) 학교와 일어 야학사에서 4개 국어를 익힌, 근대적 문물에 숙달된 진보적 인물이었다. 자신이 이 외국어 교수를 역임하는 일은 물론 관립 한성법어학교장과 관립 한성외국어학교 학감을 지내고, 의정부의 명을 받고 일본의 관청을 시찰한다.

소위 근대적 시각과 학문의 도구를 지니고 근대로의 전환점에 서 있는 인물로 부각시켜 손색이 없는 학자이다. 그리고 유교적 전통을 거부하여 과거시험을 포기하는 일은 물론 유교적 통치가 이 땅을 얼마나 황폐화시켰는지를 그의 글 도처에서 표출한다. 그러나 한국 문화의 잔존물이라 할 무속, 풍수, 상제례(喪祭禮)이며 타기의 대상이었던 조선의 여속(女俗), 기생의 풍습, 그리고 우리의 종교 일반에 대한 광범위한 자료를 모으고 있으며, 일관되게 '나의 것'의 가치를 인지한다. 그의 최초의 저술이라 할『백교회통』(百敎會通, 1912)을 위시하여『조선무속고』(朝鮮巫俗考, 1927),『조선여속고』(朝鮮女俗考, 1926),『조선해어화사』(朝鮮解語花史, 1927),『조선도교사』(朝鮮道敎史, 1959, 유고) 등을 발표하는 것이다. 또 그는 일찍이 기독교의 유입을 외교사의 한 부분으로 이해하며 개화의 한 축을 담당하는 것으로 평가한다. 동시에 기독교를 인류 공유의 정신적 가치로 이해하면서도 한편으로 서구의 동양 진출을 위한 정신적 침입으로까지 논변하고 있다. 곧 조선 기독교의 역사를 외교와 밀착된 것으로 파악한 그는 기독교 유입의 역사를『조선기독교급외교사』(朝鮮基督敎及外交史, 1928)란 책으로 저술한다. 개인적 차원에서 아버지(李源兢)와의 종교적 갈등도 인지된다. 이원긍은 이조참의(李朝參議)와 홍문관교리(弘文館校理)를 지냈고, 또한 독립협회 회원으로 이상재, 이승만 등과 정치범으로 감옥에 있으면서 기독교로 개종을 하게 된다. 그것도 열렬한 장로로서 연동교회를 중심으로 공개적으로 일반 대중 앞에 나서서 선교 활동에 앞장선다. 자신을 불교인으로 자처하고 불교 잡지의 편집인으로 활동한 이능화로서는 갈등의 요소가 될 수밖에 없다. 그러나 이능화는 선친을 위시한 당시의 개화 인물들의 기독교로의 개종을 담백하게 서술한다.[10] 일종의 한국의 지식계층(京鄕紳士)의 기독교 유입의 첫 장면마저 불교인이며 학자인 그를 통해 객관적으로 서

10 『조선기독교급외교사』, 1928, 203-204쪽.

술되고 있는 것이다.

이능화는 개화기의 격변을 겪는 한국사회의 다변성만큼 다면불적 면모를 지니고 있었다. 당시에 그를 면담한 한 서양인의 증언은 그의 복합적인 입장을 여실히 표현한다.

오늘날 한국 불교의 관심들을 다루는 잡지가 출간되고 있다. 지금껏 6년째 출판되고 있다.[11] 편집자인 이능화의 개인 역사는 흥미롭다. 그의 부친은 서울의 모든 선교교회 가운데서 가장 성공적인 장로교회의 하나의 기둥과 같은 분이다. 젊은 이분(이능화를 가리킴) 자신은 서울의 가톨릭 학교에서 외국인으로부터 교육을 받았다. 그리고 지금 그는 벨기에 영사의 공식적인 통역관으로 일하고 있다. 그러나 그가 즐겨 일하고 있는 것은 한국 불교의 현양을 위한 잡지 발간이다. 장로교 장로의 아들로서 가톨릭 학교에서 교육을 받고 불어, 한국어, 중국어, 영어, 일본어를 구사하며, 외국 영사관에서 자신의 전문성을 발휘하고 또 불교 포교를 위한 잡지 편집인인 그를 생각해 보라! 내가 그를 만났을 때 그는 또한 아직은 출간되지 않은 『한국 불교역사』(『한국불교통사』를 지시함)의 저자이기도 하다. 내 생각에는 이 책이 한국 불교의 전 분야를 다룬 유일한 저술이다.[12]

---

11 면담자인 스타(F. Starr)의 책의 출간 연대가 1918년이므로 6년 전이면 1912년부터 잡지를 발간하고 있다는 말이 된다. 그때의 잡지는 권상노 편집의 『朝鮮佛敎月報』인듯하고 이능화는 1915년부터 『佛敎振興會月報』 편집을 맡고 있어 스타가 혼란을 일으킨 것이 분명하다. 아마도 스타와 영어로 대화할 수 있는 거의 유일한 불교계 인사였기에 이전에 나온 불교 잡지마저 이능화의 편집으로 생각했을 것이다.

12 Frederick Starr, *Korean Buddhism: History-Condition-Art*, Boston, 1918, pp. 37-38.

그러나 이 모든 관심과 다양한 학술 활동은 그가 처했던 역사적 맥락에서 깊이 있게 다루어지지 못했다. 그가 참여했으며, 또 여러 분야를 통해 남긴 학문적 실적마저 백과사전적 지식의 축적으로만 평가된다. 사학계의 분류 방식에 의하면 전근대적 계몽적 사가로, 사관이 결여된 학자로 간주될 뿐이다. 한 걸음 더 나아가 일제시대의 조선사 편찬에 참여한 학적 활동을 이유로 친일 성향의 지식인으로 분류된다. 심지어 학계의 관심에서 삭제하거나 축소시켜, 불교계 내부의 하나의 에피소드로 다루고 있을 뿐이다. 한 인물의 망각된 평전적 기록들을 회복시키는 일도 중요하지만, 그가 관심을 보였던 근대 학문의 다양한 분야와 일제하에서의 그의 학문적 정향은 주목해야 할 필요가 있다. 곧 그의 문화론적 시각은 식민지하의 지배/피지배, 친일/반일의 정치 영역의 전형적인 범주로 환원·귀속시키고, 그가 시도한 문화적 차원의 정치성(민족주의)을 배제시키고 있는 점은 재고되어야 한다. 반식민적 민족주의는 단지 정치 투쟁의 장에서만 일어나는 현상이 아니고 일상적 문화 활동, 종교 활동에서도 정치적 의미의 반식민주의·반제국주의적 민족주의는 주장되고 실행될 수 있다는 점을 이능화는 실증하고 있다.

동아시아의 의식 각성은 서양과의 대비에서 시작되었다. 개항 이후 전개되는 조선의 근대화 개혁은 서구 문명의 수용을 불가피한 것으로 생각하였고, 그것을 수용하는 명분과 자기주장이 필요했다. 곧 동도서기(東道西器), 중체서용(中體西用), 화혼양재(和魂洋才)라는 정신적 차원의 주체성을 강조하며 서양의 압도적 물질적 우위를 기술과 활용의 실용적 단계로 제한시켰다. 그래서 서양 기술문명의 수용을 통해 사회개혁을 이룩하자는 부국강병론으로서 동도서기론이 제시되었고, 표현을 달리한 중체서용, 화혼양재가 나타났다. 또 후천개벽의 이념인 "물질이 개벽되니 정신을 개벽하자"는 구한말 신흥종교들의 정신적 자각의 구호에서도 동도서기적 표현이 극명하게 표출된다. 곧 식민/반식민지적 제국주의적 힘이 지배하는 사회 내에서 자신의 고유한 민족적 주권과 주체의 영역을 확보하려는 입장이 나타난 것이다. 제국주의적 권력에 대한 정치적 투쟁과 함께, 혹은 그런 투쟁 이전부터 정신 영역을 물질적 영역으로부터 분리함으로써 피지배적 민족주의를 주장하기 시작한 것이다. 물질적인 것은 외부의 영역이며 경제, 국가, 과학, 기술과 같은 것이 이 외부 영역에 포함되는데, 서구가 이미 그것의 우위성을 확보하였고 동양은 그것을 따를 수밖에 없다. 이 외부 영역에서는 동양은 서양의 성취를 인정할 수밖에 없고 따라서 서양을 연구하고 서양을 모방한다. 그러나 서양의 기술(西器)과 서양적 실용(西用)을 차용할 뿐 민족적 주체성은 움직일 수 없는 불변의 것이다. 동양의 정신성은 내적 영역으로 문화적 정체성을 함유하고 "자기 고유한 특징들을 지닌"(essential marks of cultural identity) 것이기 때문이다.[13] 따라서 물질적 영역에서의 서구의 기술을 습득 모방할수록 자신의 정신적 문화의 고유성을 간직할 필요는 더욱 더 증대된다. 아시아·아프리카 지역에서 나타나는 반제국주의적 민족주의의 전형적인 표출 방식이 바로 정신/물질의 이원화 작업이다.[14]

정신적 영역의 확보는 외부의 관여를 배제할 수밖에 없다. 특히 민족문화에 영향을 미치는 일에 제국주의적 관여와 침해가 있을 때 그것을 배척한다. 그것은 이미 민족주의의 시작일 수밖에 없다. 이러한 태도에서 정신

---

13 Partha Chatterjee, *The Nation and its Fragments: Colonial and Postcolonial Histories*, Princeton Univ. Press, 1993, p. 6.

14 Partha Chatterjee, *Nationalist Thought and the Colonial World: A Derivative Discourse,* 1986, pp. 1-30.

적 영역의 확보와 새로운 형태로의 확대 혹은 변형된 근대적인 민족문화의 창안까지도 예상할 수 있다. 이렇게 상상되고 창안된 정신 영역은 비록 왕조와 국가는 제국주의적 식민 체제로 편성되었을지라도 자신의 주체성을 강력하게 주장하는 것이다. 신채호의 단군론, 박은식의 국혼론(國魂論), 장지연의 수시변통(隨時變通)론에 의한 한국통사(韓國痛史)는 이런 창안된 민족론, 상상된 공동체로서의 자기 정체성에 대한 주장으로 보인다. 한용운의 불교적 입장에서의 평등주의적 구세론이나, 최남선의 불함문화론 혹은 민족문화론은 이제 다루어갈 이능화의 『조선불교통사』를 통한 문화론적인 시각과 맥을 같이 하는 것으로 여겨진다. 그의 불교통사는 단순한 한국 불교에 대한 역사 기술이 아니고 불교라는 민족문화의 한 틀을 통한 민족혼의 주장으로 비친다.

2. 조선불교통사의 구조와 서술 방식

1) 선행연구의 검토

이능화의 학문적 위치는 독특하다. 그의 주저라 할 『조선불교통사』(朝鮮佛敎通史, 1918)를 저술할 의도를 지녔을 때는 경술(庚戌) 국치의 1910년이었다. 그는 외국어 학교장의 교편을 사직하며 종교 연구와 사회사 연구를 시도한다. 나라 잃은 것을 계기로 우리 문화 연구에 몰입하는 것이다.

> 졸자는 去 庚戌年 秋間부터 學校의 교편 잡기를 쉬고 其時부터 우리 朝鮮의 宗敎方面과 社會事情을 좀 연구하야 보기로 心算을 정하야 十年의 積功을 들이여 無價値하나마 『朝鮮佛敎通史』를 著述하고 硏究를 계속하야 『朝鮮道敎史』 1책 (未 出版), 『朝鮮神事誌』 1책 (未 出版), 『朝鮮祖先敎』 1책 (未

出版),『朝鮮迷信思想史』 1책 (未 出版),『朝鮮佛敎分類史』(有材料 未 編纂),
『朝鮮儒學思項史』(有材料 未 編纂),『朝鮮基督敎 及 外交史』上·下編 …(以上
은 宗敎部朝),『朝鮮女俗考』 1책 (己 出版)『朝鮮 鮮語花史』 1책 (己 出版)『朝
鮮巫俗考』 1책 (己 出版) (이상은 社會史의 女子部)을 저술하고 현금은『朝鮮社
會史』(一般社會史) 1책의 起草에 착수하야 今夏 이내에는 役을 완수할 예정
으로 좀 다망한 중에 在한데…[15]

이는 1942년에「불교와 조선문화」란 글에서 자신의 일생 작업을 요약한
것이다.

그는 근대 한국학 분야의 여러 학문 영역을 자신의 학문 대상으로 개척
하였다. 자신의 말년의 진술을 통해 나타난 저술의 목록만 보아도 국학 분
야의 '개척의 아버지'라 불러도 좋을 만치 여러 분야에 걸친 학문적 발단을
트고 있다. 마치 막스 뮐러(Max Mueller, 1823-1900)가 비교언어학·비교신
화학·종교학·불교 연구라는 서구 근대 학문을 발주시켜 E. 사이드로부터
'개창의 영웅'(inaugural hero)이란 호칭을 듣는 것과 맞먹는다. 확실히 이능
화는 한국의 국학 연구에서 개창의 영웅으로 불려도 좋을 만치 다양한 근
대적 학문 분야를 개척하고 업적을 쌓았다. 신통하게도 이능화는 막스 뮐
러를 알고 있어 그를 '馬庫斯彌由拉魯'로 표기하고 있으며 그의 서구적 결
실을 소개하고 있다.

이러한 그의 한국 인문학 분야에서의 개척성은 제대로 인정받지 못하고,
오히려 근대적 학문의 도입이나 그것을 수용하는 식민지 지식인의 한계를
드러낸 것으로 평가된다. 그래서 오늘날의 해당 분야의 성과와 비교할 때

---

15 이능화 전집(속집), 587쪽.「佛敎와 朝鮮文化」,『佛敎』, 新42, 1942. 11쪽에서 재인용.

그가 얼마나 '나이브' 하였는지, 또는 그를 대상으로 당시의 우리의 근대 학문 분야의 후발성이나 낙후성만을 논의한다. 곧 이능화는 그의 개척적인 업적에도 불구하고 또 그 개척성 때문에 그에 대한 평가는 부정적인 측면이 강조되고, 설혹 긍정적인 평가를 받는다하여도 상당한 진폭을 지닌다. 역사적인 한계에 갇혀 있던 학자이고 일종의 과거 유물과 같은 참고 사항으로 전락하는 것이다.

그가 학적 데뷔를 했으며 이후 그의 모든 저술의 근거가 되는 『조선불교통사』는 이기백의 언급을 통해 역사학계에서 정형화된다. 이기백은 "이능화는 당시 계몽사학 시대의 대표적 분류사가이고, 그의 서술 방법은 동양의 전통적인 방법을 추종하면서 사료의 수집·정리에 치우친 한계성을 나타낸다"고 평가한다. 장효현은 "이능화는 사학자로서 일반사보다는 사상사 및 풍속사 등의 특수사 분야를 개척한 인물이며, 그의 역사 연구 방법은 지식주의적 계몽사학이라고 지칭할 수 있다고 보며, 이능화(나 장지연)은 동양의 전통적 역사 서술 방식을 그대로 추종하고 있다"고 말하고 있어, 이기백의 간결한 논평을 연장·확대하고 있다. 한 걸음 더 나아가 "이능화의 언표와 그의 인습화된 고루한 인식과는 실상 결합되지 못한 채 … 그의 저작의 대부분이 한문으로 되어 있다는 점이 우선 이를 반증해 준다"[16]고 이능화의 "이념적 갈등·혼돈의 한 모습"을 지적하고 있다. 또 다른 사학계의 그에 대한 평가는 김수태에게서 보이는데 "이능화는 전 시대로부터의 전통을 충실히 이어 받아서 한국 근대 사학으로 넘기는, 즉 전근대와 근대 사이의 교량 역할을 했다"[17]고 평한다. 사학계에서의 이능화에 대한

---

16 장효원, 「이능화의 國學」, 『어문논집』 제24-25합집, 1985.
17 김수태, 「이능화와 그의 史學」, 『동아연구』 제4집, 1984, 96쪽.

평가는 따라서 이기백의 선상을 따르는 "한계를 지닌 자료 수집적·백과사전적 지식의 역사가"로 귀결되고 있다. 이후 역사학계에서 이보다 더 진전된 분석이나 텍스트에 대한 세밀한 분석을 보지 못한다.

한편 그에 대한 불교학적 입장에서의 평가는 상당히 진폭이 커서 일반화하기가 어렵다. 그의 불교관을 종합적으로 연구한 이재헌은[18] 그를 "최초로 한국 불교를 진화론적 진보사관에 입각하여 역사학적으로 연구함으로써 객관적인 불교 연구의 길을 연" 학자로 여기고 있다. 그러나 앞서 보았던 사학적 평가와 동일하게 『조선불교통사』는 "자료의 집대성이라는 점에서 한국 불교학의 근대화에 기여"한 저술로 보면서도 또한 "다만 사관(史觀)이 약하고, 전거 제시(典據提示)가 뚜렷하지 않으며, 순 한문으로 씌어져 대중성을 확보하지 못하고 있다는 점과 이 책이 학문적인 엄밀성이라는 면에서 아직도 전근대적인 틀을 완전히 벗어나지 못한 것"으로 비판하고 있다.

길희성은 좀 더 구체적으로 통사에 대한 분석을 시도하며 중편(中編)에 대한 평가에 이르러 "오늘날의 비판적 불교사와는 너무나 거리가 먼 전통적이고 도식적인 불교사이기 때문에 학문적 가치가 거의 없다 해도 과언이 아니다"고 말한다. 그러나 "상·하편의 가치는 실로 높이 평가하지 않을 수 없다. 상권은 마치 권상로의 약사를 풍부한 자료로서 보충하여 엮어 놓은 것과 같으며, 하권의 자료적 가치 또한 매우 높다. … 불교학자가 한국 연구에서 이러한 정도의 자료를 수집해 놓았다는 것은 … 한국 불교 연구에 없어서는 안 될 초석"[19]이라고 말한다. 또 다른 평가가 있으나 본인

---

18 이재헌, 『이능화와 근대 불교학』, 지식산업사, 2007.
19 길희성, 「한국 불교사의 어제와 오늘」, 『한국종교 연구』, 제1집, 1999.

의 조사에 의하면 이재헌과 길희성의 논평의 어느 한 부분이거나 이 두 논평 사이의 스펙트럼 속에 모두 포함시킬 수 있는 평가들이다. 한마디로 요약하면 자료적 가치는 있으나 일관성이 결여되었고 사관이 없는 전근대적 저술이라는 평가에서 사학계와 동일한 노선을 취한다.

다음으로 앞에 인용된 이능화의 다양한 저술을 일관하고 있는 특징을 한마디로 묶어 말한다면 종교에 관한 것일 수 있다. 곧 종교학적 입장에서의 그에 대한 평가는 무시할 수가 없다. 신광철은 이능화가 "당대의 종교적 상황을 '종교들의 공존'과 '종교 영역과 사회(정치) 영역의 분리 현상'으로 인식"하여 '비교종교학적 관점'과 '한국 종교(사회)사학적 관점'의 대두를 가져왔다[20]고 평가한다. 따라서 이능화의 종교 저술들은 '종교다원 현상'과 '세속화 현상'이라는 현대 종교적 상황을 압축적으로 설명한 것이며, 현대 종교학의 현상을 그대로 반영한다고 평가한다.(정진홍) 따라서 이능화를 '한국 종교학의 아버지'로 자리매김할 수 있다고 보는 것이다.(김종서) 이능화의 첫 저술인 『백교회통』에서 제시된 것처럼 불교를 주안점으로 놓고 여러 종교와의 비교적 관찰을 시도한 점에서 『조선불교통사』 또한 다종교적 상황 인식의 출발을 보이고 있다. 그리고 『조선불교통사』에서 드러나는 여러 종교에 대한 방대한 자료들, 또는 저자 나름대로 계보화하고 정리한 작업은 그가 종교학자로서 손색이 없다고 평가하게 한다.

종교학적 입장에서의 그에 대한 평가는 비교적 공정하여 '자료 수집가'라는 비판을 면하게 하고 있는 듯 보인다. 그러나 그것은 종교 현상학의 '있는 것을 그대로 유형화하고 나열하며 가치 판단을 유보한다'는 명제에 합치하고 있기 때문인 것으로 생각된다. 실제로 그 배면에는 객관적 자료

---

20 신광철, 「이능화의 종교학적 관점」, 『이능화 연구』, 집문당, 1999.

의 집성과 분류라는 특징을 근거로 그를 평가한 것이다. 곧 역사학에서 내린 평가나 불교학의 접근과 별로 다르지 않은 것으로 생각된다.

그렇다면 이제껏 이능화의 통사를 비롯한 그의 저술들에 대해 내려진 해당 분야에 대한 '종합적 자료집' 또는 '사료 모음'이란 평가는 정당한 것인가? 그의 주저라 할 『조선불교통사』는 자료의 집대성에 지나지 않고 자신의 일관된 관점 혹은 뚜렷한 저술의 의도가 결여된 사관 부재의 저술에 지나지 않는 것인가? 한 걸음 더 나아가 일제강점기에 그가 조선사 편수관으로서 일한 것은 일제 통치에 순응한 반민족적 연약한 학자로서의 모습에 지나지 않다는 역사학계의 평가는 온당한 것인가? 경술국치를 겪으며 민족문화와 그것의 골격을 이루는 불교사를 비롯한 종교사의 서술이 콜로니알리즘적 지배 하의 지식인의 나약한 모습이기만 한 것인가?

이런 질문에 대해 일괄적으로 답변을 할 수는 없다. 그러나 『조선불교통사』라는 한 텍스트의 구조와 그 서술상의 특징을 탐색할 때, 이제껏 우리가 지녀왔던 평가는 정당치 못하다는 것이 발견된다. 오히려 우리는 그에게서 신채호나 장지연 못지않은, 민족문화의 정신적 영역을 확보하려는 일관된 노력을 발견한다. 그리고 일제 치하의 검열을 피해 가는 방법이며 전통적 서술을 통한 '내 것의 현양과 보전'에 헌신하였으며, 나아가 일제의 불교 정책을 통렬히 비판했다고 생각한다. '통사'에 대한 전반적인 이해, 특히나 서술상의 특징을 텍스트 자체를 놓고 따져보지 못했던 사학계나 불교계의 결함의 결과가 그를 미완의 학자, 자료 수집가, 역사적 책임감에서 자기도피 내지는 일제에 순종한 부역자적 인물로 낙착시키고 말았다. '통사'의 구성과 구조를 볼 때 오히려 그 반대의 결론에 이를 가능성이 보인다.

2) 통사의 저술 의도와 방법

먼저 그의 『조선불교통사』 저술 의도와 서술을 위해 채택한 방법을 짚어볼 필요가 있다. 상편의 〈자서〉와 〈범례〉, 그리고 하편의 〈삼국려선국사고거(三國麗鮮國史考據)〉 항목에서 저술 의도와 서술 방법에 대한 저자의 뚜렷한 관점이 피력된다. 곧 이 부분은 세 편(상, 중, 하편)의 큰 항목들의 각개의 서문에 해당하는 글이어서 그의 저술 목적과 방법을 상세히 말하고 저자의 의도를 드러내고 있다.

첫째, 그는 상편 범례에서 이 책의 서술 방법상의 특징을 진술한다. 그는 "편찬용강목법 안년수사 적기요령(編纂用綱目法 按年逐事 摘其要領)"이라고 편찬 방법을 설명한다. 곧 편년체(編年體)를 따라, 사건을 기술하는 일을 기본 틀로 하면서[按年逐事], 사물의 중요한 점을 묶어서 여러 사항으로 제시하는[提綱而衆目張] 방법인 강목법(綱目法)을 중요한 방법으로 차용하였음을 말한다[摘其要領]. 그리하여 중국의 전통적 역사서술법인 기전체(紀傳體)적 서술임을 밝힌다. 그리고 기전체의 기년(紀年)의 시발에서는 전통적인 중국의 연대기[紀年]를 따르지 않고, 우리 조선의 것[本史國之紀年]으로 과감히 바꾼다는 점도 선언한다.[21]

소위 기년의 전개의 표준이 종래에는 중국의 역대기년(歷代紀年)을 중심으로 하였으나 『조선불교통사』는 우리 역사를 기술하고 있으므로 조선을 역사서술의 중심으로 한 연대 구성이 된다는 점도 분명히 하고 있다. 종합하면 이능화는 통사의 편찬 방법은 동양 역사 서술의 정통적 사서(史書)문체인 기전체적 구성을 하고 있으며, 그 중심은 조선으로 삼는다고 말하는

---

21 통사, 상편 1쪽, 皆先書支那 歷代紀年 今本書則變其例 次書本土紀年 首書本史國之紀年, 而排次夾書余國紀年, 以明主客近遠之別云爾.

것이다. 그리고 이 점은 이능화 자신의 편찬 의도의 발언이기도 하지만 이능화를 위해 서문을 써준 예운혜근(猊雲惠勤)의 〈서문〉이 그런 특징을 확인해 주고 있다. 아마 이 서문 작성자는 가장 가깝게 통사를 읽고 그 성격을 기술했다고 믿어도 좋을 것 같다. 그는 "때로는 편년강목지서법(編年綱目之書法), 때로는 전기서지지서법(傳記叙志之書法), 때로는 연의패관지서법(演義稗官之書法)을 사용하였다"고 이 통사의 특성을 평해주고 있다. 따라서 통사는 전통적 정사(正史) 편찬 방법인 기전체적인 기·지·전(紀·志·傳)의 삼분법으로 나누어 불교사를 전개하고 있어 본기(本紀), 연표(年表), 지(志), 열전(列傳)의 정사의 골격을 그대로 따른다고 말한다.

둘째, 하편의 서문에 해당되는 〈삼국려선국사고거〉(三國麗鮮國史考據)에서 그의 저술 의도를 또다시 분명히 밝히고 있다. 그는 비록 우리 과거의 불교는 극성하였지만 참고할 만한 불교사가 전무하여 멸실되고 잊힌 우리 불교의 역사를 밝힐 필요성 때문에 이 책을 쓴다[22]고 자신의 집필 의도를 피력한다. 그리하여 그는 근거 자료로서 『삼국사기』, 『삼국유사』, 『고려사』, 『동국통감』, 『여사제강』, 『국조보감』, 『대동야승』 등을 참고하였고 그 서술과 편찬방식은 기전체적 편년사를 채택하였다고 언급한다[仿史紀編年之法]. 또한 문집, 고승의 비문들의 오류와 탈락을 교정/보완하는 것이다. 그래서 그는 10여 년간의 시간을 두고 한국 불교사 자료를 수집하고 오랜 기간 자료들을 편람한다.[23] 이 시기에 그가 처한 상황과 입지는 곧 한일합방으로 인하여 외국 학교장직 등 모든 공직에서 사퇴할 수밖에 없었

---

22 통사, 하편, 2쪽, 不由不考究 朝鮮佛教之所自來焉 按自古來 海東佛法可謂極盛 而無
    教史之可考, 如寶藏物 於漆室之中 余于時 有感焉 爰以發心 輯述佛史 .
23 『朝鮮佛教叢報』 6호, 1917, 33쪽, 余가 朝鮮佛教通史의 資料蒐集에 着手함은 距今 十
    年前 卽韓 隆熙元年境이라.

고, 그에 따라 유념하고 있던 불교 연구에 몰입하는 것이다.

앞서 인용한 대로 "지난 경술년(1910) 가을부터 학교 선생(교편)을 쉬고 그때부터 우리 조선의 종교 방면과 사회 사정을 좀 연구해 보기로 마음을 정하여 10년의 적공을 들여『조선불교통사』를 저술"[24]하였다고 하면서, 다른 지면에서도 다음과 같이 조선 왕조 시기 불교와 왕조의 관계를 약술하겠다는 뜻을 밝힌다.

> 余는 恭惟컨대 故前韓國 隆熙께옵서는 이 堪忍(娑婆) 國土를 버리시고 저 극락세계로 往生하옵셨다…余는 玆에 李氏五百年間 왕실과 불교와의 관계를 약술하야 최후의 奉悼哀詞로 하랴 한다.[25]

이상의 언급을 통해 그의 불교사 저술은 조선왕조를 애도하는 한 학자로서의 마지막 헌신이라는 민족적 의의를 추구하는 것임을 천명한다. 내면적 동기는 그러한 것이었지만 앞서 인용되었듯이 불교의 역사를 서술하는 것은 외형상으로는 망실된 우리 문화와 역사를 복원시켜 회복하는 종교적, 학문상의 이유에서였다. 이능화는 아래와 같이 우리의 불교의 역사를 복원하여 알게 하는 일이 중요함을 강조한다.

> 何以故로 人民이 佛敎를 忘却함은 고사 물론하고 僧侶까지도 佛敎歷史에 如斯히 茫昧한가. 比現象에 對하야 余는 感想이 奮起함을 不禁하얏노라" (라고 개탄하며) "今也에 朝鮮佛敎가 千五百年以來로 系統的 歷史가 絶無함

---

24 「불교와 조선문화」,『別乾坤』, 12-13号, 1928.
25 「이조왕실과 불교와의 관계」,『新民』, 14, 1926. 6.

은 彼系譜를 不知하야 常漢되는 者에 鑑照하여 可히 寒心치는 안이한가
　…. [26]

　그는 각고의 노력으로 자료를 수집하였다. [27] 또 자신의 뿌리를 확인하는
민족 자존 파지와 한 불교인으로서의 긍지까지 지니게 하는 작업이 통사
편찬의 의도였음을 천명하고 있다. 자료는 자료대로의 역사적 가치를 유
지하여야 했으며 동시에 민족문화의 한 그루터기로서 불교사의 복원의 소
임을 할 수 있는 저술이어야 한다는 사명감으로 편찬한 것이 통사였다.

3) 사서적 글쓰기의 이점

　그는 통사 집필에 앞서 이미 불교에 대한 호교론적인 저술을 냈다. 최초
의 저술인 『백교회통』(1912)이 그것이다. 이 책은 당시 한국에 들어온 종교
들을 객관적 입장에서 해설한 비교종교학적 저술의 효시로 평가되고 있
다. 그러나 이 저술은 전통적인 불교 변호론적 입장을 대변하는 것으로,
기화(己和)의 『유석질의론(儒釋質疑論)』(1537/1582)과 같은 성격을 지닌, 불
교와 다른 종교/사상의 동등성 내지는 불교의 우위성을 주장하는 글을 모
은 것이다. 그는 이런 불교 포교를 위한 『백교회통』류의 근대적인 글쓰

---

26 「조선불교통사에 就하야」, 『조선 불교총보』, 제6호, 1917.
27 "此等(불교에 관한 사항)에 관한 事蹟이라 하면 言說로도 聽取하고, 文字로도 接收하
　며, 市上에서 寓目하는 것도 佛書요, 架上에 貯置하는 것도 佛書요, 燭下에 抄寫하는
　것도 佛書요, 甚至 枕上에서 夢寢하는 것도 佛書라. 一個痴獃漢과 如히 百不知百不問
　하고 晝夜로 從事하는 것은 佛書뿐이 았셨는 故로…然而 余는 朝鮮佛敎史에 진귀한
　材料가 入手한 것을 恒常 心中에 自負하고 得意하노라…." 「조선불교통사에 就하야」,
　『조선 불교통보』, 제6호, 1917.

기 요령을 잘 알고 있었다.[28] 실제로 그가 당시로서는 가장 앞선 개화인이었다는 것은 숙지의 사실이다. 영·불·일어에 능통하였고 이미 몇 개의 불교잡지 편집인으로서 활동을 했다면 더 이상 그가 근대적인 글쓰기에서 뒤떨어졌다거나 시대적인 조류에서 낙후된 인물은 아니었다. 적어도 종교 일반, 또는 불교사에 관해서도 그는 상당한 지식을 소유하고 있었다. 그가 인용하는 학자들, 막스 밀러(Max Müller, 馬庫斯彌由拉魯)나 외젠 뷔르누프(Eugene Burnouf, 菩遊拉魯)는 당시로서는 대표적 서구의 불교학자였다. 일본의 근대적 불교학자인 난죠 분유(南條文雄, 1849-1927), 오다도구노(織田得能, 1860-1911)의 저술을 인용하고, 중국의 태허(太虛)를 언급한다. 그 밖에 구한말 가장 유행하고 영향력이 컸던 사회사상으로서 찰스 다윈(Charles Darwin, 達佑仁)의 『종의 기원』(Origin of Species, 種源論)과 사회진화론(天演論)을 거론하는 그의 지식 체계는 가장 진보적이었다고 보아도 좋다. 그래서 오히려 우리를 당황하게 만든다.

문제는 이처럼 방대한 자료를 수집하고 가장 근대적인 지식을 소유하고 있었으며, 또 자신의 저술의 의미가 민족문화 복원이라는 긍지를 지닌 학자가 왜 그것을 저술할 때 가장 전통적인 『사기』의 역사 기술 방법을 취하였을까 하는 것이다. 사학계에서 비판하듯 전통에서 탈피하지 못한 그의 전환기적 한계 때문이었을까?

그러나 부정적으로만 치부하기에는 그의 근대적 글쓰기는 그 당시 가장 뛰어난 글들이었다고 생각된다. 그의 불교잡지에 실린 많은 시사적 논설

---

28 실제로 그는 『불교진흥회월보』(1915년 3월 창간)나 『조선 불교총보』(1917년 3월 창간) 편집인으로 많은 국한문 논설을 쓰고 있다. 대표적인 불교호교론적 글로 「諸敎之中 佛敎最舊하고 諸.敎.之.中에 佛敎最新論」, 『불교진흥회월보』 3집, 1915가 있다.

을 제외하더라도, 오늘날의 칼럼과 같은 글은 위트가 번득이는 유머가 담긴 글이 많다. 곧 호랑이 담배 피우던 시절 이야기(虎喫煙時話)[29]이며 자신의 전기 가운데 상투와 유교의 억압적 윤리의 은유적 비판의 글들을 싣고 있어[30] 그의 근대적 글쓰기를 웅변해 주고 있다.

그럼에도 불구하고 『사기』의 기전체를 채택함으로써 그가 저술가로서 얻을 수 있는 이점이 있다면 무엇이었을까? 이능화 자신도 자료를 수집하고 그것을 어떻게 정리해야 하는가 하는 방법을 고심했다고 상정할 수 있다. 그의 이런 고민은 도처에서 목도된다.

> 불교 통사는 그 체제에도 불구하고 의도는 유통하는데 두고 있다.[不拘体裁 意在流通] 마치 하나의 등불이 천년의 암흑을 깨뜨리듯, 어두운 방안의 보배를 비추어 주는 것으로 만족한다. 세상 사람들이 이 책을 읽고 바라건대 나의 이런 고심(苦心)을 양찰해 주기를 바란다.[31]

그는 자신의 전통적 글쓰기가 한계가 있음을 분명히 인정하는 듯 보인다. 곧 그것은 책의 체재에 있음을 지적한다[不拘体裁]. 기전체적 사기 편찬방식의 체재는 문제가 있지만 어떻든 뜻이 유통될 수 있다면 그보다 나을 것은 없다는 저자의 의도를 피력한다. 통사가 사기를 모방하여 기전체로 쓰였고 또 불교사라는 개별 분류사인데도, 그는 굳이 전통적 사서의 방법을 고집하고 있다. 그는 왜 불교의 역사를 다루면서 세속 왕조사의 기

---

29 『불교진흥회월보』, 2호, 1915, 64-68쪽; 3호, 50-54쪽.
30 소설 牧牛歌, 『조선 불교총보』, 제1호, 1917, 41-48쪽. 이글은 자신의 전기이자 유교에 대한 우화적 비판의 글이다.
31 통사, 하편, 2쪽.

전체적 방법을 시도하고 있을까? 바로 이 점도 지금의 우리를 혼란스럽게 한다. 그는 고구려 시대, 백제 시대, 신라 시대의 통시적 기술 방법도 숙지하고 있어[32] 시대 순으로 불교사를 서술하는 방법을 알고 있었다. 그가 전통 사서 기술 방법을 채택한 데에는 그만한 이유가 있었으리라 짐작된다. 그리고 그러한 방법이 가져다 줄 수 있는 집필 상의 이점이나 편의가 있었고, 그 목적을 위해 의도적으로 전통 사서 방법을 택했다고 생각된다.

나는 『조선불교통사』의 서술 방식과 구조를 생각하며 현대에도 이런 한문으로 된 기전체적 글쓰기가 가능한가 하는 점을 생각했다. 그리고 반갑게도 하나의 경우를 발견하였다. 중국의 나이강(羅爾綱)이 쓴 『태평천국사고』(太平天國史稿)는 이런 경우에 적중한 예이었다. 곧 근세 중국의 역사를 사기의 체제를 복원시켜 쓴 시말(始末)을 밝힌 글이었다.[33]

나이강은 기전체의 편년적 구성과 왕조사적 전개가 기본 틀이면서도 "비슷한 것을 함께 묶고 구분하는 것"도 이 기전체의 특징임을 착안하여 왕조를 따른 시대 배열만 중시하는 기전체의 단점을 보완하며 개편을 시도하였다. 곧 그는 전체를 개괄할 수 있는 서론을 첨가하고, 강목체(綱目體)를 채용하여 큰 글자로 표제적인 간략한 설명을 달아 강(綱)으로 삼고, 작은 글자로 사건을 기록하는 목(目)으로 삼아 조각조각으로 떨어진 사건을 묶어 조직화하였다. 사건의 내용을 역사적 기록에 부합하게 하면서도

---

32 「李朝佛教抑佛史」, 『불교진흥회보』 제4호(1914)부터 시대사를 따른 불교사 집필을 시작하고 이후 각기 다른 제목으로 이조 불교사를 서술한다.

33 1951년에 출판된 羅爾綱의 글로서 현대에서 사서체 글쓰기의 특징을 드러내고 있어 큰 도움을 받았다. 민두기 編, 『中國의 歷史認識』 下(1985)에 수록된 「紀傳體의 現代的 應用」으로 중국 전통사서 편찬의 의의, 사서의 구조, 사서의 서술 방법 등 도움을 받았다.

사건과 전체를 조망할 수 있는 내용으로 변조시킨 것이다.[34]

이것은 나이강의 글에만 해당하는 것은 아닐 것이다. 사기는 역사적으로 수없이 많은 재편제가 이루어졌다. 반고(班固)를 거쳐 강목체로 이행되었고, 우리 한국의 경우 『동사강목(東史綱目)』과 『여사제강(麗史提綱)』에서도 강목체가 이룩되었고, 사기의 틀 안에서 그 편제를 바꾸고 있다. 소위 지방사나 특수사, 분류사의 한 부분으로서 강목체가 활용될 수 있고 불교사 역시 이 틀에 적응시킬 수 있는 가능성이 있음을 한학에 능한 이능화는 착안했다고 본다.

무엇보다도 그의 학문적 수련은 전통적 한학에서 시작된 만큼 그의 중국 사서에 대한 전문성은 새삼 우리가 강조하지 않아도 좋을 것 같다. 그는 개화 사상가이기에 앞서 한학을 자유자재로 구사할 수 있는 한문이 몸에 밴 전통주의자였다. 또 개화적 지식인이 되었다고 전통 지식을 버리는 것은 아니다. 그의 뿌리와 인식 근거는 전통에 근거하고 있다. 이처럼 이능화는 사기 편찬 방법에 조선의 불교 역사를 적극적으로 편찬해 갔다고 볼 수 있다.

『조선불교통사』 상편의 구성은 사기의 편성을 그대로 따르고 있다. 그러나 해결해야 할 몇 가지 문제점이 있다. 주목되는 점은 사기 편성에 의한 시대배열과 왕조를 따른 배열이 목록으로만 제시될 뿐 사건의 배열이 없다는 것이다. 예컨대 고구려의 동명왕을 위시하여 고국원왕까지의 16대 동안은 아무런 불교 관계 기사가 없다. 소수림왕에 이르러 부견(苻堅)을 파견하는 기사가 처음 나온다. 그런데도 통사의 목록에서는 불교 관계 기사가 전혀 나타나지 않는 불필요한 16왕을 열거한다. 삼국·고려·조선시

---

34 민두기 편, 『중국의 역사인식』 下, 1985, 824쪽.

대나 왕력(王曆)은 시대구분과 왕조사를 위한 참고 사항으로만 보이고 있어, 전통적 시대구분만을 우리에게 제시해 준다. 여기서 왜 이능화가 왕력에 배당되는 불교 사건이나 관련 사료가 없는데도 불구하고 외형만 존재하는 왕조사와 왕력을 나열하였을까 하는 의문을 갖게 된다.

첫째, 그의 저술 의도에서 밝히듯이 망실되는 우리 불교문화 유산과 역사의 전 과정을 되찾아 회복하는 일이다. 특히 조선조의 억불정책에 시달려 일실되고 왜곡된 기록과 전승들을 우리 문화의 정사(正史)에 편입시키는 일이 중요하다고 생각했을 것이다. 그는 불교의 내용을 일상적 역사 속에 위치 지우기를 원했고, 왕조사와 불교의 연관관계를 역사의 현장에 뚜렷이 각인시키고 싶었다. 그런 태도는 그의 다른 논문에서도 나타난다. 우선 「불교와 조선문화」(『불교』, 신42), 「이조왕실과 불교와의 관계」(『신민』, 1926), 「조선승려의 사회적 지위」(『조선 불교총보』) 등의 논문이 그런 면을 적나라하게 보여준다. 그는 불교사를 일반 왕조사와 같은 선상에 위치시킴으로서 신이(神異)·기적·황당한 이야기 거리[荒誕]라는 세간의 평가로부터 불교를 끌어내어 종교의 발전된 국면이 불교이며, 우리 삶의 중요한 영역의 한 부분으로 불교를 역사의 현장에 재현하려는 의도가 있었다.[35] 한 걸음 더 나아가 그의 감추어진 의도인 포교적인 효과마저 극대화하고 싶었다.[36] 곧 그는 사기의 역사 편찬 방법에 조응시킴으로써 한국의 불교사를 일반사와 동일선상에 위치시키는 효과를 내고 있는 셈이다.

둘째, 사기 편찬 방법을 채용함으로써 그의 최대 약점으로 지적되는 사

---

35 통사, 상편, 1쪽, 擧多神異荒誕之說 不避冗贅 一槩收之 以驗宗敎進化之程度 信仰思想之因由云爾.
36 통사, 상편, 1쪽, 名雖藉乎歷史之体 實兼寓於布敎之用.

료의 수습 정리에서 저자의 의도를 극소화시킬 수 있다. 흔히 통사의 약점으로 옛 사료의 수집 정리에 그쳤다는 점과 국한문 혼용을 사용하지 않음으로써 근대적 글쓰기에서 뒤떨어진 점을 지적하고 있다. 그러나 오히려 이런 약점은 그의 장점이며 의도로 부각될 수 있는 면이 있다. 한국의 불교역사는 장구하지만 그 자료의 영세성은 누구나 지적하는 점이다. 그가 수집한 자료는 대체가 불가능한 귀중한 자료들이다. 그것을 자기 방식대로 번역·해석하는 일은 동양의 문헌 전통에서는 상상할 수가 없다. 더욱이 고전에 대한 "기술은 하되 새로 만들지 않는다[述而不作]"는 원칙은 그대로 고수될 수밖에 없다. 그리고 자료를 있는 그대로 제공하고 우리 문화의 유산을 현시해 주어야 할 이능화의 입장에서는 국한문 번역이나 나름대로의 해석에 근거한 글쓰기나 서술은 그가 의도적으로 피한 방법이었다. 한문체의 원형자료 그대로의 기술은 그가 오히려 적극적으로 채택한 방법이었다.

그는 통사를 두고 "이 책은 순 한문을 사용하였다. 본래의 면목을 보존하려고 했기 때문이다"[37]라고 선언하고 있다. 자료를 원형대로 서술하는 작업은 "현금의 사찰령에 이르러서는 30본사의 본말사법 및 기타 법령·규칙 등의 문장은 그것들이 언문과 한문이 섞어서 사용되었으므로 율법을 존중하여 그대로 두었다"[38]는 단계에까지 이르고 있다. 그가 한문 제일주의자이거나 중국 전통에 매달려 있었다면 이런 한글로 된 부분마저 책의 체재에 일관성을 주기 위해 한문으로 바꾸었을 것이다. 그것은 그가 원문의 중

---

37 통사, 상편, 1쪽, 本書用純漢文 爲存本來面目.

38 통사, 상편, 1-2쪽, 至於近今寺刹今 三十本寺 本末寺法 及其他律法今規則寺文 乃用諺漢文雜之件 以示尊重律法….

요성을 인식한 결과이며 사기 전통에 입각해 있어 결과적으로 자료로 하여금 역사 현장을 말하게 하는 사기적 필법의 효과를 극대화시키고 있다. 그리고 이 사찰령이 가져올 정치적 현안까지 고려에 두고 있다. 따라서 그의 한문체 사용은 한계가 아니고 적극적 저술 의도에 따른 결과이다.

장효현은 "그가(이능화) 언표(言表)로서 강조하고 있는 것과 인습화된 고루한 인식과는 실상 결합되지 못한 채로 그에게 공존하는 듯이 보인다. 그의 저작의 대부분이 한문으로 되어 있다는 점이 이를 반증해 준다"고 평가하였으나, 이는 이능화의 텍스트를 온전히 읽지 못한 단견에 지나지 않는다.

셋째, 그는 전통적 사기 편찬 방식의 이점을 최대한 활용하고 있다. 곧 그는 사기의 강목법을 사용하지만 편년 기사체의 단점을 극복하고 자신의 자료 수집과 그 배열의 자의성과 의도를 갖고 있는 것으로 볼 수 있다.

> 본서는 綱目法을 사용하고 按年逐事하였다. 그 要領을 적어 綱으로 하고 旁係(備考) 및 (參考)로서 目을 삼았다. 비고는 綱文에서의 인용한 출처를 밝히고, 참고는 비슷한 사항을 나열하고 동류의 사항을 묶어(比類屬事) 증명한다.[39]

알다시피 사기는 단순한 편년체의 기사의 묶음이 아니라 그 서술 가운데 춘추필법(春秋筆法)이 드러나도록 하는 것이 서술의 특징으로 되어 있다. 소위 주자의 『자치통감강목(資治通鑑綱目)』 이후 강목체는 춘추대의(春秋大義)의 명분과 전통이 살아나게 하는 가치 판단이 배어 있는 서술 방

---

39 통사, 상편, 1쪽.

법이다. 더욱 이능화는 자신이 의거하는 저술의 목록 가운데 『동국통감』, 『여사제강』을 열거하고 있어 통감류의 춘추대의의 가치 평가가 그의 저술에 배어 있다고 볼 수 있다. 그는 포폄(褒貶)이나 호오(好惡)의 자세를 숙지하고 있어 객관적인 기술에 불과한 사건이나 인물에 대해 기술자의 자료 선별과 평가 의도가 깃들어 있음을 피력한다. 그의 통사 서문 범례에서의 '비류속사'(比類屬事)란 표현은 사기의 춘추필법의 속사비사(屬事比辭)란 말과 동일한 어구이다. 사기 필법을 따른 특징인, 같은 사건과 기사를 묶어 종합하여 읽을 때 거기서 포폄호오(褒貶好惡)의 숨긴 뜻이 드러나도록 되어 있다는 점을 강조하여 자신의 사관을 피력하는 것이다. 이 '비류속사'의 예증은 결국 통사 전체를 관통하는 서술 방식일 뿐 아니라 그가 천명하는 사관이다.

넷째, 전통적 방법의 이점으로 채택된 또 하나의 방법은 '상현왈'(尙玄曰)로 나오는 '논찬' 형식이다. 논찬은 사기의 특징으로 사기가 창안한 저자의 논평을 유도하는 하나의 방법이었으며, 사기 이후 사서 편찬에 큰 영향을 주어 정사(正史)의 역사서에서 빼놓을 수 없는 형식이 됐다. 즉 사기에 이르러 술이부작(述而不作)이라는 역사의식은 변화되었다. 사마천은 "저술들은 모두 마음속에 맺힌 것이 있어서 된 것이다. 그 맺힌 것을 풀 수 없었기에 지난 일을 설명(述)하고 앞으로 다가올 일을 생각한다"고 하며 사기 성립의 내력을 말한다.[40] 곧 사마천은 춘추학적인 포폄호오의 사가 자신의 견해가 개입됨을 주장하게 되었고, 그것이 '태사공왈'(太史公曰)이라는 형식의 논찬으로 나타나고 있다.

이능화 역시 통사에서 '상현왈' 혹은 '상현안(按)'으로 자기의 견해를 개

---

40 민두기 편, 『중국의 역사인식』, 上, 264쪽, 가지 노부유끼의 '사마천의 세계', 1985.

입시키고 있다. 곧 사료의 객관성을 그대로 유지하여 원전으로서의 가치를 지니게 하면서 동시에 자신의 견해를 피력하는 것이다. 이능화는 통사의 서술을 위해 수많은 자료를 발굴·인용하면서, 자신이 이런 역사를 지어낸 것이 아니라는 술이부작의 태도를 견지하여 이미 있는 것의 정리와 기록이라는 객관성을 표방한다. 그러나 다른 한편 그런 자료의 선별과 배열에는 궁극적으로 기술자의 가치판단이 개입될 수밖에 없다는 점을 유효 적절하게 드러내고 있다. 그것을 논찬(論贊)의 형식으로 표출시켰다. 특히 '상현왈'의 논찬이 하편에 집중되어 있다는 사실은 그에게 있어서 현금의 불교 사건에 대해 자신의 견해가 많다는 것을 입증한다. 현장을 보고 느낀 현장인으로서, 그리고 고대의 단편 기록에 그친 사항들보다는 그와 시대적으로 가깝게 근접해 있던 근세의 사항들에 대한 저자의 논평이 많았다는 것은 그의 현실 인식을 드러내는 점이다. 가장 두드러진 사례는 임제종에 대한 그의 견해다. 조선 불교의 전통은 선종에 있으며 그 법맥은 임제종에 있다는 사실을 중편의 〈조선선종임제적파(朝鮮禪宗臨濟嫡派)〉 항목에서 길게 다루고 있다. 임제종에 대한 이슈는 그가 기회가 있을 때마다 〈범어일방임제종지(梵魚一方臨濟宗旨)〉(하편, 935-964쪽)에서 한국 불교의 특징으로 내세우고 있는 한국 불교 정통성에 대한 문제이다.

하편에 이르러 일본 불교의 유입에 대한 대항 조처로 한용운이 임제종을 내세워 항일적인 교계의 움직임을 이끄는 부분을 기술하는 가운데 이 임제종 설립의 문제를 다루고 있다. 그리고 결론에 이르러 평창(評唱) 조의 말로 자신의 견해를 그대로 노출시키는 것이다. "벽암록을 제창하여 임제종을 일으켜 세우는 것, 이것이 내가 바라는 바이다. 이것이 내가 바라는 바이다(提唱 碧巖錄 扶起臨濟宗 是余之所望也 是余之所望也)"라고 두 번씩이나 반복하여 강조한다. 임제종의 설립은 정통의 복원이자 항일의 불교적 의지이다. 그는 분명히 자신의 사관을 피력했고, 그런 만큼 사학계에서 비판하고 있듯 자료나 수집한 무색투명한 문헌학자는 아니었던 듯하다. 그리고 하편의 200품제(二百品題)에서 그는 한국의 불교사를 쓴다고 밝히고 있다.

"이제 나는 불교의 역사를 찬집한다(今余纂輯佛史也)"라고 하면서, 그 방법은 일연의 『삼국유사』를 모방한다고 진술한다. 200개의 항목을 제강(提綱, 사물의 주요한 점을 제시)과 평창(評唱, 논평)의 방식으로 서술하는 다양한 항목들은 그 제목만 따라가면 아무런 상호 연관성이 없는 무질서한 나열로 보인다. 그러나 실제의 분류와 전개 방식은 나름 구조적이다. 우선 서론적 성격의 불교 시대 구분사를 도입부에서 기술한다. 곧 첫 품제(品題)의 내용에서 최초의 한국 불교사의 시대구분이 제시되고 있다. 곧 제1 경교창흥시대(經敎創興時代), 제2 선종울흥시대(禪宗蔚興時代), 제3 선교병융시대(禪敎並隆時代), 제4 선교통일시대(禪敎統一時代), 제5 선교보수시대(禪敎保守時代)로 한국 불교사를 구분짓고 있다. 그의 이 시대 구분이 타당하냐 하는 것은 논의되어야 할 이차적 평가 문제이다. 중요한 것은 불교가 한국에 유입된 이후 오늘에 이르기까지의 흐름을 시대에 따라 특징짓고 개념화시키고 있다는 점에서 그의 통사 저술이 분명히 역사의식에 기초하고 있음을 보여준다는 점이다. 하편의 서론 부분에서 먼저 한국 불교사의 시대구분, 한국 불교의 성격, 그리고 불교 종파사를 언급한다는 것은 적어도 그에게 이 잡항이 혼잡스런 사건의 나열만은 아니라는 것을 분명히 말해 준다.

세 편으로 구성된 통사가 일관성 있게 사기 편제에 배대되는 것은 아니어도 세 부분 각개에서 드러나는 특징은 사기적인 편성 서술이라고 보아 틀림이 없다. 그리고 무엇보다도 이능화의 사기 편성을 따른 의도를 적나라하게 읽을 수 있는 것은 그 자신의 전기에 대한 부분이다. 주지하다시피

통사에는 그의 전기에 해당하는 것이 하편의 마지막 항목에 실려 있다.

〈성불도승이무능(成佛道僧李無能)〉이란 품제(品題)로 제시되고 〈목우가(牧牛歌)〉라는 표제 아래 이능화는 자신의 전기를, 그 화자(서술자)를 제삼자로 타자화하여 기술하고 있다. 무능(無能)은 이능화의 여러 호 가운데 불교적 당호이다. 여기에 자신의 행적과 자신의 심정, 당시 처했던 상황까지 비교적 자세히 서술하고 있다. 사기의 마지막 부분에도 역시 사마천의 전기가 실려 있다. 자신을 제삼자화하여 전기를 서술하는 것이 사마천의 사기의 특징이다. 이능화의 통사도 동일한 구조이다. 이능화는 통사의 마지막 부분에 자신의 전기를 쓰면서 아마 사마천의 통한의 사기 편찬을 의식하고 있었을지 모른다. 통사의 구조로 볼 때 사기 편찬을 주도면밀하게 의식하면서 이능화 자신의 입장, 통사의 의도, 그리고 주장점을 피력한 편성을 구상하였다고 볼 수 있다.

끝으로 주목하고 싶은 것은 이런 사기의 편제를 따른 고전적 편찬 방법은 그가 일제의 검열을 피해 갈 수 있는 최선의 방법이었다고 생각한다. 이능화는 『조선불교총보』에 실린 통사 발간의 의의를 밝힌 「조선불교통사에 취(就)하야」라는 글의 끝부분에서 이 책 출간에 기여해 준 분들에게 감사를 돌린다. 겉보기에는 지극히 형식적인 문구로 보일지 모르나 당시의 역사적 현장을 짚어 볼 수 있는 부분이다. 우선 "최남선(崔南善) 육당씨(六堂氏)에게 교열견정(校閱鑒正)을 의뢰(依賴)하였고 계우조선총독부(繼又朝鮮總督府) 내무부장관(內務部長官) 우사미카츠오(宇佐美勝夫) 각하(閣下)에게 증견(呈鑒)하야 분외(分外)의 장차(獎借)하는 서문(序文)을 사(賜)하는 광영(光榮)을 득(得)하얏고…"로 시작되는 그의 감사의 말 가운데 인용되는 인물은 모두 일본관리이고 또 편집에 직접 관련된 인물도 역시 일본인이라는 점이 주목된다. 곧 이마제키 텐보오(今關天彭)의 열독(閱讀)과 오다

쇼고(小田省吾)라는 편집과장(編輯課長)의 「찬성(贊成)이 유(有)하얏고」라고 쓰고 있다. 또 매일신문 사장 아베 미쓰에이(阿部無佛)는 열심히 출판을 "기성(期成)하얏고", 덕당난봉(德當難峰)에게도 "감정(鑑正)을 소개(紹介)하고"라고 언급하고 있어 대부분 출판에 실질적 영향을 미친 사람은 일본인들이었다. 이능화에 대한 전제된 부정적 시각이 있어 일본인에게 군이 출판을 의뢰할 것이 무엇이었겠느냐고 묻는다면 역사적 현장을 도외시한 이념적 판단이 될 것 같다.

같은 해에 출간된 영문 한국 불교사의 저자인 프레드릭 스타(Frederic Starr)는 이 검열의 문제를 전면에 내세워 불교 통사의 출판을 위한 검열을 우려하고 있었다.

한국에서 출간되는 모든 인쇄물은 일본 정부의 검열을 통과해야만 한다. 그리고 허락 없이는 아무것도 인쇄될 수 없다. 그것이 세속적인 문헌이건, 종교적인 것이건, 사회, 경제, 문학, 정치적인 것이건 아무런 차이도 없다. 우리가 그의 책(불교통사)을 놓고 이야기하는 이 시점에서도 그 책은 검열을 위해 정부에 보냈다. 그 책이 승인되고 출판 허가가 나왔으면 하는 것이 바람이다. 이런 종류의 책은 실로 가치가 있고, 그 현대적인 형태로 보나, 일반 독서인을 위해서도 전무후무한 저술일 수밖에 없다.[41]

---

41 F. Starr, *Korean Buddhism: History-Condition-Art*, 1918은 같은 시기에 보스턴에서 출판되었다. 스타는 이능화에게서 한국불교에 대한 많은 자료를 청취했던 것으로 보인다. 그를 자신의 책에서 여러 번 인용하고 그의 입지를 흥미롭게 생각했다. 식민통치를 위해 일본은 한국 불교계를 회유할 필요가 있음을 강조한 그의 관점도 이능화의 견해와 상통하는 점이 있으므로 이능화의 정치의식이 단순한 친일적 관점을 유지했다고 보기는 어렵다.

외국인이 불교 통사의 출간 허락을 우려했다면 저자 자신의 우려는 더욱 컸을 것이다. 이런 검열의 현장을 돌파할 수 있는 최상의 방법은 아마 이능화가 기술적으로 채택한 전통적 역사 서술 방법이 아니었을까 생각된다. 자료가 자료로 하여금 말해 주고 역사적 포폄호오의 비판을 할 수 있는 결실을 꾀하며 현실적으로 한국의 불교 역사서를 출간하여 불교의 현장을 알리는 일이다.

3. 맺음말

불교의 근대적 전환의 기제의 역할을 한 배경에는 일제 불교의 한반도 진출이 있다. 흔히 주장되듯 억불정책이 도성 출입을 금지했고 이 금령을 풀어 헤친 관건적 역할은 개화기의 조선 왕정의 시책이었다고 말한다. 그러나 계속된 불교의 개혁과 근대화의 과정은 일본 불교의 영향 없이는 상상할 수 없다. 그만큼 근대에서 우리 불교의 전환점을 이룬 것은 일본 불교의 영향과 그 식민정책에 의해서였다. 그동안 우리 학계는 주로 일본 불교의 유입과 영향이 한국 불교에 얼마나 해악적인 영향을 미쳤는가에 관심을 두고 한국 불교사를 연구해 왔다. 이 과정은 특히 근대성이 내포하는 폭력성이며 제국주의적 억압이 우리 문화를 얼마나 변용시키고 말살시켰는가를 논의하는 작업에 집중되었다. 곧 불교의 근대적 전환은 일제의 식민지적 경험과 맞물려 있다. 그러나 한편 불교는 식민지적 경험을 통해 자신을 들여다보는 시각마저 얻었다. 소위 불교를 학문적 대상으로 떠올리게 되었고, 자신에 대한 객관적 시선을 갖게 되었다. 이능화의 문화적 시각이 그것이었다. 그와 함께 개혁의 필요성도 역설하게 되었다. 한용운의 『불교유신론』은 전형적인 예가 된다. 그리고 이회광을 위시한 행정 승려들이 제도 정비를 시도하는 행정적 개혁들도 시도되었다. 그러나 이런 제도 정비는 한편으로 식민 통치와 맞물려 있다. 그래서 식민 통치하에서 이루어진 근대적인 사항들은 '식민지 근대화론'이란 표제 아래 우리의 의식을 끊임없이 지배하고 있다. 그래서 정부의 어느 행정 비서관의 친일 불가피론이나 "간디의 토착적 생산 양식은 근대화의 역행" 같은 식민/피식민의 역학관계 담론을 끊임없이 재생산시키고 있다.

항일/친일이라는 행위를 평가하는 형식이 오히려 서구 민족주의 담론에 의거한 획일적인 도식에 빠진 것처럼 보인다. 파르타 챠터지(Partha Chatterjee)가 지적하듯 오히려 탈식민 세계에 살고 있는 식민지 경험을 겪은 우리들을 근대성의 지속적인 고객으로 남아 있게 한다는 주장은 주변에서 일어나는 이런 사건의 의미를 정확하게 짚어 준다. 곧 서구 중심의 역사학은 반식민주의적 저항과 후기 탈식민지적 비참함도 동시에 안겨주고 영원한 식민지적 상상을 하게끔 하는 것은 아닌가 하고 반문한다.

반식민지적 민족주의의 증거는 단일할 수 없다. 한용운의 경우처럼 민족의식의 제고와 항일투쟁 그리고 그것을 종교적 구세(救世)라는 보편적 이념으로까지 승화시킨 식민지적 극복은 3·1운동의 하나의 꽃일 수 있다. 그리고 이 민족주의의 단일성을 극복한 또 하나의 사례로 이능화의 경우를 제시해 보는 것이다. 근대나 근대적 전환을 전통 자체의 '내부'에서 찾고 그것을 근대적 학문의 틀로까지 제고시키는 작업을 시도한 이능화의 학적 성과는 주목되어야 한다. 단순히 식민지 지배를 통한 서구/일본의 오리엔탈리즘의 결실로만 규정지을 수 없다.

『조선불교통사』의 구조는 완전한 전통의 재현이었다. 그리고 그 서술 방법은 민족문화의 유산을 자료의 집대성처럼 "보일 정도"로 재현시키고 있다. 그러나 그 서술의 목적은 과거에로의 복귀가 아니고 지금 여기의 현장성을 텍스트를 읽는 독자들에게 호소하고 있다. 민족문화의 복귀와 재현이라는 이능화의 평생의 화두는 결국 그의 근대적 자각에 의한 신학문의 호기심만은 아니었다. 오히려 시발점은 국치가 결정적 동인이었고 그 결실로서 그는 국학의 "개창의 영웅"으로 떠오르게 된다. 사학계가 단정하듯 그는 "친일적 계몽주의"의 자료 수집가가 아니었다.

근대기 호교론으로서의 『백교회통』

─교상판석의 근대적 적용

1. 머리말

근대 시기의 최초의 종교론적 저술인 『백교회통』(1912)은 많은 문제점을 지닌 저술이다. 무엇보다 이 저술을 접근하는 우리 학계의 다양한 입장이 이 저술의 문제점의 다양성을 말해 주고 있다.[1] 『백교회통』(이하 『회통』으로 약칭)은 그 구성과 서술 방식부터 오늘날의 저술 또는 근대기 이전의 전통적 저술들과 확연한 차이점을 드러낸다. 전통적 불교의 서술 방식과도 차별화되고 근대기의 저작들과도 다르다. 전통과 현대의 그 어느 범주에도 귀속시킬 수 없는 저술이다. 외형상 국한문 혼용으로 생각되지만, 원문을 읽으면 실제로는 한문 전용으로 서술되어 있다.

또한, 근대기까지 우리에게 알려진 여러 종교에 대한 비교론적인 종교론이라고 하지만, 내용을 분석하면 오히려 전통적 불교교설을 요령 있게

---

1 신광철, 「이능화의 宗敎學的 觀點」, 『이능화연구-한국종교사학을 중심으로』, 집문당, 1994; 이재헌, 『이능화와 근대 불교학』, 지식산업사, 2007은 이능화의 『백교회통』에 대한 종합적 평가로서 지금까지 나온 학계의 다양한 관점을 인용하고 있다. 두 저술에 포함되지 않은 주목할만한 논문으로 이병욱, 「이능화 종교관의 변화」, 『정신문화연구』 제28권 제4호, 한국학중앙연구원, 2005과 김영호, 「이능화의 종교회통론」, 『한국학연구』 8권, 인하대 한국학연구소, 1997가 있다. 그 이후에는 새로운 관점이 거의 눈에 띄지 않기 때문에 『백교회통』에 대한 학계의 평가는 앞에 제시된 논문들을 최종적인 것으로 생각할 수밖에 없다.

편집해 놓은 불교 교의 문답서적 성격을 띠고 있다. 이 저술의 대부분의 내용 구성이 불교의 입장에서 다른 종교들과의 대론(對論)을 시도하고 있다고 하지만, 오히려 다른 종교들이 불교에 문제제기하는 사항에 대해 불교적 교의학을 펼친 변증론적 성격마저 드러낸다. 곧 전통적인 호법론/호불론[2]의 전형으로 간주될 수도 있다. 이러한 전통과 근대의 상호 모순되는 이율적인 특징을 지닌『회통』을 한국종교사 서술의 발단이라 평가하고 있다. 그래서 비교종교학적 서술이란 가정 아래 그것의 종교학적 의의를 점검하는 작업이 행해졌고 그 결과 한국 최초의 비교 종교론의 결실로 평가되었다. 당시로서는 드문 근대기의 지적 소양을 지닌 이능화가 우리 전통의 종교 자료와 근대기의 외래적 요인(주로 기독교)을 객관적인 입장에서 비교하는 것이『회통』이라고 평가하는 것이다.

그러나 그는 오히려 전통적 불교에 일치된 서술을 충실하게 따르며 호교론적 변호론에 빠진 모순을 보인다. 곧 우리 재래의 종교와 외래 종교와의 만남/충돌 과정에서 그의 입장은 전통과 근대의 어디에 위치하는지 관건이 아닐 수 없다. 근대기 불교로 변용되었는지 혹은 자기 변호적 논리 구축으로 전통으로의 복귀를 주장한 것인지 짚어 볼 필요가 있다. 여러 종교를 포용하는 이 저술의 회통적 논리 구성의 핵을 이루는 그의 불교적 교상판석(敎相判釋)은 과연 무엇을 의도하는 것인지, 곧 동아시아 전통적 불교 해석학인 교상판석은 이 과정에서 어떻게 활용되었는지는 관건이 아닐 수 없다. 단선적 전통의 주장이거나 종속적 외래 수용이 아닌 것이 분

---

2   호법론(護法論)은 불교 교설을 자체의 교리를 따라 설명하는 논리이고 호불론(護佛論)은 불교에 대한 외부의 부당한 평가를 변호하는 논리로 구분되기도 하지만, 일반적으로는 불교교설의 정당성을 표방하는 논리로 혼용된다.

명하다면, 이 수용과정을 통한 자기 변모는 충분히 설명되어야 한다고 생각한다. 그런 면에서 『회통』은 흔히 종전의 학계에서 지적하는 "사관이 약하고, 전거 제시가 뚜렷하지 못하며, 순한문으로 씌어 대중성을 확보하지 못하고 학문적 엄밀성에서 전근대적 틀을 벗어나지 못한"[3] 결함투성이의 근대적 저술로 평가되었다. 그러나 그것이 '결함과 전근대적 틀'의 산물인지를 단정적으로 결론 지을 수 없다. 이 모순에 대한 문제제기는 달리 말해 '근대성'(Modernity, Modernism)이란 개념이 초래한 모순이기도 하다. 근대적 특징으로 얘기되는 '변화'(Transformation), '적응'(Adaptation), '적용'(Application)이란 개념을 두고 우리는 전통에 대해 구체적 사례를 통해 무엇이, 어떤 맥락을 통해, 어떻게 변화했는지를 따져 보거나 검토하지 못했다. 개념상의 문제가 아니라 근대기의 변화를 검토하는 우리 시각의 문제와 역사학계의 가치 판단들을 '문제시'하지 못했다.

『회통』이 근대기에 출현한 최초의 '종교론'이라면 이 책이 지난 시대의 전통적 저술과 다른 점 및 내용 구성상의 차이점이 무엇인지 그리고 그것은 왜 그런 차이를 보이게 되는지가 검토되어야 한다. 마치 지금 우리의 것과 다르니 무엇이 '결여'되었고 우리에게 익숙하지 못하니 '결함'과 '미숙'이 노출된 것으로 단선적으로 평가할 문제가 아니다. 전통의 재해석은 단순할 수 없다. 과거 유산의 지적 '인식소'(認識素, episteme)를 확인하고 적출하여 그것이 어떤 틀을 통해 자기주장을 하는지를 검토하고 따라서 근대적 지식 체계로 전환되는 그 전화(轉化) 과정을 확인할 필요가 있다. 오히려 우리는 근대성이란 표제 아래 근대기와 유사한 사건들, 혹은 전용

---

3   이재헌의 『이능화와 근대불교학』에서 저자는 주로 사학계의 평가를 이렇게 축약하여 수용한다.

가능한 개념들을 적출하여 자신의 학적 전개를 위해 새로 편집하고 있다. 이런 여러 관점에서의 접근과 검토의 가능성이 『회통』에서 충분히 인지되고 있다. 기존의 신광철의 논문 「이능화의 종교학적 관점」과 이재헌의 저술 『이능화와 근대 불교학』 및 이병욱의 논문 「이능화 종교관의 변화」에서 다룬 백교회통론은 위에 제기한 문제점들을 공유하고 있다. 따라서 이 글에서는 이러한 기존 연구를 보완하는 입장에서 『회통』에 대한 일차적 문헌분석과 해석의 다변성을 시도할 것이다.

2. 『백교회통』의 구성

　『백교회통』은 크게 대조목차(對照目次)와 대변목차(對辨目次)의 두 부분으로 나뉘어 있다. 그리고 저자인 이능화가 저술의 주 목적 대상으로 삼는 작업은 다른 종교들에 대한 비교론이고 불교적 논변이었다. 그리고 그런 목적은 대조(對照)와 대변(對辨)이란 비교론적인 항목에서 나타나고 있다.

　대조 항목 아래 1) 도교, 2) 귀신술교, 3) 신선교, 4) 유교, 5) 기독교, 6)회회교, 7) 파라문교(婆羅門敎), 8) 태극도, 9) 대종교(大倧敎), 10) 대종교(大宗敎), 11) 천도교, 12) 종합제교(總合諸敎)로 나누고 마지막 항목 13)장에 불교요령(佛敎要領)이 배치되어 있다. 이 분류는 이능화가 당시에 인지한 종교들이거나 그가 논의의 대상으로 삼은 종교 혹은 종교 현상들이라 생각된다. 일견 무질서한 나열로 비칠 수 있으나 개별 종교들 혹은 민속 종교 현상들의 분류 묶음에는 저자의 분류 의도와 나름의 고유한 특징이 보인다. 1)~4)의 분류는 조선조의 불교가 접하고 있는 전통적 사상과 종교 및 민속 기반이다. 유교는 도교와 함께 통치이념이거나 정통적 사상으로 해석되는 한편 당시의 지배적인 정신 풍토이거나 종교 현상으로 간주되어 지식 계층이거나 일반 대중이 불교에 대해 제기하는 질문들이 다루어진다. 불교를 인식하는 일반 민중의 의식과 사회적 관행과 종교의식이 밀착되어 있기 때문에 유교와 도교는 오히려 귀신술수, 신선교와 동일한 범주에 귀속시킨다.

한편 귀신술수와 신선교는 민간 서민의식이 수용한 도교의 종교 현상이기도 하다. 실제로 도교 항목에서 이능화는 『도덕경』의 사상적 내용과 불교의 어구를 병렬시키며 도덕경 사상을 불교적으로 환원하여 해석하고 있다. 따라서 귀신술수와 신선교는 도교가 어떻게 민중종교화하였는지를 보여주고 있어, 도교의 연장선에서 이해되도록 짜여 있다. 이 첫 항목은 결국 크게 나누어 도교와 유교로 구성했다고 볼 수 있으며 이 분류는 전통사상으로서의 도교와 유교를 불교와의 대조적 비교를 위해 묶은 것이다. 5)~7)의 분류는 전형적 외래 종교들이다. 그러나 그 내용이나 분량은 기독교에 집중되어 있고 타 종교들과의 비교에서도 기독교는 유교와 함께 그 서술의 양이나 깊이에 있어 거의 비슷한 중요한 위치를 차지한다. 그만큼 기독교의 위상은 높이 반영되고 있으며 기독교와 유교는 불교가 처한 과거와 현재(그 당시)에 대한 대척적인 위상을 차지한다. 8)~11)의 분류는 우리 자생의 근대기 종교들의 묶음이고 전형적인 근대기의 민속 종교를 대변한다. 12)는 앞에 제시된 종교들/종교현상에 대한 종합적 평가와 결론에 해당된다. 곧 앞에 열거한 종교들의 공통 특징으로 하늘(天)을 제시하며[4] 불교의 4천(天: 世間天, 生天, 淨天, 義天/性天)의 틀에 포섭된다고 결론짓

---

4   第十二障 總合諸敎 與佛對照의 항목이고 이 부분은 실제로 대조 항목의 결론에 해당된다. 이곳에서의 첫 구절을 "悉皆以天 爲主也 故今論天之種類"라 제시하며 하늘의 범주를 네 가지로 나눈다. 『백교회통』(이하 인용의 경우 『회통』으로 약칭) 56쪽 참조.

는다. 그리고 전형적인 변신론적인 입장을 표명하며 불교의 십주보살(十住菩薩)의 고양된 정신적 영역과 불(佛) 자체를 "초월적 존재(超而過)"로 상정하며 불교야말로 이 모든 종교의 공통분모인 하늘(天)을 대변할 수 있다고 제시한다.

첫 번째 대조 목차의 마지막 항목인 불교요령은 거의 독립적인 장으로 오히려 불교 개론서적인 성격을 지녔다. 위치상 첫 항목의 결론 부분에 해당한다. 따라서 그는 결론으로 불교개론을 제시하는 셈이다. 곧 다른 종교들과의 비교론적인 관점을 제시한 말미에 이르러 불교개론을 요약한 그의 편찬 방식은 주목의 대상이고 그 중요성을 간과할 수 없다. 이 부분은 거의 독립적 내용을 지니고 있으며 타종교에 대한 일종의 불교 '교의서'적인 역할을 하는 것으로 보인다. 불교요령에서 다룬 주제로서 유교의 기본 교설인 "인간 본성(性命)"과 기독교의 "영혼(靈魂)", 그리고 종교 일반에서 추구되는 "선악(善惡), 길흉화복(吉凶禍福)"과 "생사 인과(因果)", "하늘(天)"의 문제를 내세운다. 이 각각의 종교 교의의 개념에 대해 시종일관 불교적 입장에서의 해석을 시도한다. 다른 종교들이 제기하는 주제를 불교교설의 입장에서 변론하는 것이다. 그리고 불교요령 후반에 이르러 하늘에 대한 불교적 해석으로 법계(法界)의 개념을 도입하며 화엄사상의 법계론(法界論)을 제시한다. 곧 규봉(圭峰) 종밀(宗密, 780-841)에게서 완결되는 전통적 4법계론을 적시한다. 하나의 항목으로 설정된 이 불교요령은 내용이나 형식에 있어 앞뒤 부분과는 전혀 어울리지 않는 자체의 논지를 이끄는 독립된 내용으로 구성되어 있다. 그것을 첫 대조목차의 결론으로 삼은 것이다. 따라서 이능화의 이 저술의 집필 의도가 이곳에서 그대로 드러나고 있는 것으로 보인다.

두 번째의 대변(對辨) 목차는 불교에 대해 제기된 질문들을 10개의 항목으로 나누어 답변한다. 이 부분은 다시 2개의 단원으로 나뉘었으니, 10개의 질문과 그에 대한 답변에 이어 결론에 해당되는 총변(總辨)이 따르고 있다. 이능화의 견해와 불교사상을 가장 뚜렷하게 논증하는 부분이다. 역시 문답 형태로 되어 있어 타 종교에서의 불교 이해 방식이 그대로 드러나게 하고, 이능화 자신의 타 종교 이해의 틀과 폭, 그리고 그의 논지를 확인할 수 있다. 그러나 그의 불교 변론은 외형상 전형적인 호교론이자 호법적 성격을 지니고 있어 『회통』의 특징이 그대로 노출되고 있다.

이능화가 구성한 독특한 편목을 서평하듯 다시 요약한 이유는 이제껏 『회통』 텍스트 자체에 대한 우리의 분석과 이해를 위해 인용하거나 강조한 내용들이 텍스트와의 연관속에서 이루어지지 않은 방법상의 문제가 심각했기 때문이다. 이 텍스트는 앞에서 지적했지만 거의 유례를 찾을 수 없는 서술과 독특한 구성을 하고 있다. 그래서 우리는 『회통』에서 근대기적 특징을 읽는 데 필요한 구절이나 전문 어휘를 부분적으로 적출하며 자의로 활용하였다. 따라서 텍스트 자체의 맥락을 무시하거나 단절시켰다. 그러나 오히려 저자는 전통적 불교교설을 자신의 불교학적 관점을 따라 일관성 있게 서술해 갔다. 그리고 『회통』의 표제에 나타난 '인경상조 전도 필휴'(引經相照 傳道必携)란 제목에 그대로 적중하는 저술의도와 그에 따른 서술을 시도했다. 그가 풍부하게 인용하는 불교 경전전거들의 취사선택이나 질문의 설정, 또는 개념화 작업은 전적으로 이능화 자신의 불교학적 혹은 종교학적 관심일 수밖에 없다. 따라서 그가 활용한 경전 전거는 이 저술의 성격을 특징 짓는 중요한 역할을 한다. 또 그의 불교 교학에서의 교리적 관심과 강조점을 지시할 수도 있다.

필자의 조사에 의하면 약 45개의 경전(禪家의 語錄에 대한 분류로 증감이 있다.)을 인용하고 있으나 가장 많은 빈도로 나타나는 것은 『능엄경(楞嚴

經)』(39회), 『화엄경(華嚴經)』(38회), 『법보단경(法寶壇經)』(16) 및 선가어록(禪家語錄)(35회)이다. 그러나 실제로 『능엄경』의 경우 불교요령의 항목에서 이 경전 전체 내용을 해체하여 전후 구분 없이 자유자재로 인용하고 있어 『능엄경』은 압도적인 인용 횟수를 차지한다.[5] 다음 불전 그룹으로는 『금강경(金剛經)』, 『유마경(維摩經)(혹 淨名經)』이 각기 13회, 『사십이장경(四十二章經)』 12회, 『원각경(圓覺經)』 10회, 『법화경(法華經)』 9회, 『능가경(楞伽經)』 8회, 『열반경(涅槃經)』 7회를 차지하고 있으나 문맥상 내용의 강조점을 고려할 때 『사십이장경』은 그가 중요시한 경전이다. 인용 빈도수는 작지만, 내용에서의 강조점이나 자신의 논지 전개를 위해 중요한 역할을 하는 경전은 『천태지자(天台智者)』(5회), 『선원제전집도서(禪苑諸詮集都序)』(4회), 『대승기신론(大乘起信論)』(4회), 『부모은중경(父母恩重經)(2회)』으로 나타난다. 특히 『부모은중경』은 유교와 기독교의 부모, 형제, 자매에 대한 효와 보살핌이라는 윤리적 관점에서의 불교 현실관을 드러내기 위한 경전적 근거로 활용됐다. 『도서(都序)』와 『기신론(起信論)』 및 천태의 교설은 이능화 자신의 불교사상의 틀과 그의 불교적 관점에서의 해석을 주도한 대표적 경전들이다. 특히 불교요령에서 『능엄경』을 인용하는 부분에 대해서는 다시 『기신론』의 유식학적 해설을 각주(脚註)로 첨가하여 기

---

5 『능엄경』은 『회통』의 인용에서 절대적 위치를 차지하므로 『회통』의 이해를 위해 먼저 『능엄경』의 내용과 특성을 이해할 필요가 있다. 고려시대에 이미 전래된 『능엄경』은 조선시대에 『기신론』과 함께 전통 강원의 이력과목으로 편입되어 한국불교 교학 전통에서 중요한 역할을 하였다. 한글 창제 후 세조에 의해 언해(諺解)본이 등장하기도 했다. 이능화가 『회통』에서 『능엄경』을 중요한 의거 경전으로 삼은 것은 교학적 필요성 때문이기도 하지만 조선조 불교에서의 영향력 때문인지도 모른다. 『능엄경 언해본』(동국대학교 간행); 『역주능엄경언해』(세종대왕기념사업회 간행, 1996); 『수릉엄경』(경북대출판부 고전총서 2집, 1998); 『능엄경』(민족사 간행, 1999); 『수릉엄경』(동국역경원 간행, 2012) 참조.

신론적 관점의 해석을 유도하고 있다.

여하간 그는 이렇게 수많은 경전을 활용하면서 좀처럼 자신의 고유한 의견을 전면에 내세우지 않는다. 단지 경전들과 기존의 설을 적절히 인용하는 것에 그치고 있다. 곧 그의 전문적 논술문은 일정한 경론의 인용에서 시작하여 또 다른 인용으로 옮겨간다. 그것마저 한문 불전 원전에서 거의 자구 변경 없이 그대로 원용하고 있다. 오늘의 시각에서 볼 때 일종의 표절적인 서술로 보인다. 지나친 한문 원전 인용에 의존하는 그의 태도는 어떻게 이해되어야 할까? 다른 곳에서 이미 다루었지만[6] 일반적으로는 그의 창의적이지 못한 인용에 의한 서술의 이유를 그의 근대 전환기의 계몽적 사고방식에 돌리고 있다. 곧 전통적 지식 체계가 아직 근대적 서술로 전환되지 못한 지적 한계가 초래한 결과라고 지적된다.[7] 과연 그럴까? 오히려 그의 전통에 입각한 서술이 근대기의 지성인의 한계이기도 하지만 그의 특징으로 여길 수는 없을까? 그리고 어떤 면에서 보면 그의 인용의 의미를 파악하지 못한 것은 우리 현대 불교학의 결함이 낳은 오해는 아닐까?

3. 인경상조(引經相照)의 서술 방식

경전을 인용하여 서로 비교하는 작업(引經相照)이 『회통』을 일관한 서술 방식이다. 이 책 제목 위에 바로 이 "인경상조 전도필휴"(引經相照 傳道必

6 　이민용, 「조선불교통사의 구조와 서술 방식」, 『한국현대불교학 100년, 그 성과와 과제』, 불연 이기영 박사 10주기 추모기념 국제학술세미나, 한국불교연구원, 2006.

7 　한국의 사학계는 이능화의 학문의 특징을 그의 서술상의 한계에서 비롯된 것으로 여기고 한문전용의 서술과 자료수집에 몰두한 '근대성의 한계'로 낙착짓고 있다. 이재헌, 앞의 책 참조할 것.

携)란 구절이 붙어 있다. 곧 전체 제목은 "인경상조 전도필휴 백교회통"(引經相照 傳道必携 百教會通)인 셈이다.

이능화는 한문체 서술의 특징을 그 문장이 작성된 맥락에서 적출하여 가감 없이 그대로 인용한다. 그렇다면 우리는 그가 인용한 구절을 전체 맥락에서 적극적으로 해석할 필요가 있다. 분명히 근대기 우리의 언문체이거나 국한문체의 논술이 당시의 사상, 의사 전달에 한계를 지닌 점은 이 시기에 출간된 잡지들의 논설문을 통해 짐작할 수 있다. 그러나 서술된 내용은 1918년대의 『유심(唯心)』과 『선원(禪苑)』 잡지에 이르러서야 오늘 우리가 읽는 국한문 혼용의 서술문의 특징을 지닐 뿐 그 이전에 출간된 잡지는 거의 한문 위주의 전통적 서술이다. 심지어 한문을 독해할 수 없는 독자들의 요청에 의해 『조선 불교월보(朝鮮佛教月報)』(이하 월보(月報)로 약칭)는 언문(諺文)란을 설정할 정도였다. 이 시기의 언문과 한문 혼용은 당시의 학술논문 작성을 위해서도 안정되지 못한 한계를 지닌다.[8] 따라서 근대기의 지식 계층을 위한 문자는 한문이었고 한문이 실어나르는 텍스트의 내용은 과거의 한문 문장의 지식 체계가 주종을 이룰 수밖에 없었다.

서술상의 특징과 한계는 내용을 규제할 수밖에 없다. 더욱 표의(表意) 문자인 한문의 경우 서술 양식과 표현 내용의 상호 관계는 서로 밀착되어 있

---

8 1910-1920년대 불교계에서 발행된 잡지는 약 8종이다. 1.『圓宗』(1910년 12월 간행, 김지순 편집), 2.『朝鮮佛教月報』(1912.2-1913.8, 權相老 편집), 3.『海東佛教』(1913. 11-1914.6, 朴漢永 편집), 4.『朝鮮佛教振興會月報』(1915.3-1915.12, 李能和 편집), 5.『朝鮮佛教界』(1916.4-1916.6, 李能和 편집), 6.『朝鮮佛教總報』(1917.3-1921.1, 李能和 편집), 7.『唯心』(1918.9-1918.12, 韓龍雲 편집), 8.『禪苑』(1931년 10월 간행) 등이 있다. 모두 단명으로 끝났으나 불교의 근대적 매체 기능과 관보 역할을 하면서 불교지식의 대중화와 소통, 일반지식 및 타종교와의 관계를 밝혔다. 그중 이능화가 편집주간을 맡은 것은 셋으로 4, 5, 6번이다.

다.[9] 오늘날까지 중국의 논설문에서도 그대로 답습되고 있는 형태이지만 텍스트 자료의 내용을 개념적으로 요약하기보다는 자료로부터 직접 해당 구절을 인용하는 형태로 기술되고 있다. 곧 전체 자료를 장황하게 인용하는 대신 중요한 핵심 구절만 그대로 인용한다. 따라서 본질적인 핵심 부분을 전달하기 위해서 저술자의 의도와 말을 통해 개념적으로 요약하여 전달하지 않고 텍스트로부터 해당 부분의 원문을 축약 발췌하는 것이다. 곧 각기 따로 떨어진 해당 어휘나 구절들을 끊어내어 최소한의 문자로 축약시켜 문장을 구성시키는 것이다.[10] 더욱 중국 한문은 개인적 서술이거나 추상적 사고를 통해 종합적 사고로 이끌지 못한다. 한 개인의 행위와 사고는 존재하지 않고, 한 집단 속에서 개인은 소멸되고 개별적 사건은 세부적인 사항들만 언급될 뿐이다. 동일한 사건의 반복적 언급만 되풀이되고 그 사건의 일반화나 보편화를 결여하여 추상적인 종합에 이르지 못한다. 따라서 이런 역사 서술 방식이나 고전에 근거한 기술은 "그 텍스트를 활용하는 사람의 창의성을 제한할 뿐 아니라 문헌과 자료는 방대한 종이와 먹의 바다로 침몰시키고…, 계속된 복사와 빈틈 없는 정확한 복사는 결국 정신을 질식시키는 것"[11]이라고 지적된다. 그리고 '씌어진 것(述而)'에 대한 경건한 자세는 텍스트를 신성한 것으로 여기고 어떤 형태로건 '변용시킬 수 없는 전통고수(不作)'의 태도를 지니게 된다. 따라서 텍스트는 암송하

9　Etienne Balazs, *Chinese Civilization and Bureaucracy*, Yale Univ, 1979과 나카무라 하지메(中村元), 『中國人의 思惟方法』, 東京, 春秋 社, 1966은 한문문자의 형식이 내용과 표현 방식을 규제한다는 점을 실증적 예문을 통해 잘 설명하고 있다.

10　예컨대 『회통』의 경우 『도덕경』의 첫 구절을 3부분으로 분절한다. (1) 道可道 非常道 名可名 非常名, (2) 無名天地始 有名萬物之母, (3) 故常無欲 以觀其妙 常有欲. 여기서 각 부분에 대한 해석은 이능화 자신의 의도를 따라 전혀 다른 맥락에서 행해진다.

11　E. Balazs, op.cit., pp. 129-130.

게 되어 있으며, 일단 전승된 고전을 변형한다는 일은 거의 무의식적인 공포에 가까운 의식 속에서, 불가한 일로 여기는 것이다. 이런 인용 전통은 그것을 기술한 언어의 성격 때문이다.[12] 곧 한문의 표의성과 극도의 문법적 규칙의 제한이며 사실에 대한 정밀한 표현방식들, 곧 한문 특성들 때문인 것이다. 이런 역사 서술 표현 방식은 사마천의 『사기(史記)』 편찬 이래 한문권의 역사 기술의 전형이 되었다. 연대기적 순서를 따른 사실의 정치(精致)한 기술은 고전에 의거하며, 따라서 끊임없는 인용과 술이부작(述而不作)의 저술 태도로 일관하는 것이 동아시아 한문권의 저술 양식이 되었다. 이 전통의 구체적 예증이 이능화의 주저인 『조선불교통사』의 서술 방식에 그대로 드러나고 있었던 점을 이미 지적했다.[13] 물론 『회통』이 『조선불교통사』보다 앞서 집필된 그의 최초의 저작이지만 그의 저술 기본자세는 앞에서 지적한 사항들과 조금도 다르지 않으며 시종일관 같은 방법을 유지하고 있다. 따라서 『회통』의 분석 역시 그가 사용한 방법을 통해 접근할 수밖에 없다. 곧 텍스트 자체가 제공하는 원전들의 인용 조각들을 재구성하는 내적 접근만이 그의 의도를 파악할 수 있게끔 한다. 곧 그가 타 종교와의 비교론에서 표명하려는 불교의 교설 내용이 무엇이었는지, 무엇을 강조하려 했는지 또 불교의 어떤 교설을 근거로 자신의 주장을 정당화하는 것인지 다시 원전에 근거하여 재조사할 수밖에 없다.

---

12 나카무라 하지메는 『중국인의 사유방법』에서 예문을 통해 문장 구성과 사유의 틀의 상관성을 잘 지적한다. 그는 중국 한문의 서술 방식의 특징으로 1) 구상적 지각(具象的 知覺)의 강조 2) 추상적 사유의 결여 3) 개별적 예증적 사례에 의한 서술 4) 고전적 사유방법의 묵수 5) 훈고의 관습 6) 형식적 정합성 7) 절충 융합성을 꼽고 있다.

13 이민용, 「불교의 근대적 전환: 이능화의 문화론적 시각과 민족주의」, 『1919년 3월 1일에 묻는다: 주체, 문화, 기억』, 성균관대학교 동아시아학술원, 2009.

4. 인용구에 나타난 불교교의학

『백교회통』을 구성하는 세 개의 큰 단원인 대조(對照), 대변(對辨)과 불교요령(佛敎要領)은 대부분 경론의 인용 구절로 성립되어 있다. 그리고 그 내용은 인용의 형태로 나타나지만, 이 인용의 맥락에 따라 그의 불교 사상이 표출되는 것이다. 앞서 지적했지만 불전 전거들은 이 작은 소책자에 45개나 원용되고 있다.

교리적인 분포 역시 초기 부처님의 생애를 서술하는 『불본행집경(佛本行集經)』, 『불유교경(佛遺敎經)』을 위시하여 난숙하게 발전된 대승경전들인 『금강경』, 『유마경』, 『열반경』, 유식사상과 불성론을 담은 『원각경(圓覺經)』, 『능엄경』, 『기신론』을 폭넓게 활용한다. 그리고 선종의 계보와 선가의 어록들, 곧 『법보단경』(16회)을 위시하여 『선요(禪要)』(5회), 『종경록(宗鏡錄)』(5회), 『전등록(傳燈錄)』(8회) 등 선(禪) 문헌은 35회에 걸쳐 최대한 원용된다. 거의 모든 불전, 대승, 소승과 선종의 텍스트들이 망라되어 있는 셈이다. 어떤 면에서 보면 그가 활용한 경전의 분포가 일정한 사상을 대변하는 경론에 집중되어 있지 않기 때문에 경전 활용 빈도를 따라 그의 사상 경향과 특징을 드러내는 작업을 무의미하게 만든다. 그러나 분명한 점은 활용된 불전 텍스트는 오늘날 흔히 사용되는 참고문헌으로서 인용된 것이 아니다. 그가 일정한 텍스트를 어떤 맥락에서 어떤 부분을 적출하여 인용하는가에 따라 그의 불교 사상에서의 강조점과 변론의 주장점이 달리 나타난다.[14]

---

14 『사십이장경』의 경우 중국에 전해진 최초의 번역 경전이지만 잡다한 불경 원전으로부터 편집된 초기의 위경으로 일상적 수행과 도덕적 행위의 중요성을 예증적으로 설

예컨대 '악마의 유혹에 빠진다'는 기독교의 교설에 대해 옥녀(玉女)를 부처님께 바쳐 유혹하는 항목과 대비시키거나, 재부를 소유한 자의 천국행의 어려움을 말하는 기독교 교설에 부유함이 도를 터득하기 어려움과 같다는 『사십이장경』의 예증을 대비적으로 사용한다. 유사한 사건의 비교이거나 생활 주변에서 발생하는 같은 유형의 일들을 상호 비교한다. 또 사변적인 논의가 필요한 경우 이능화는 그것과 비교적으로 논의될 수 있는 경론을 제시한다. 곧 『도덕경』에 대한 『능엄경』, 『기신론』에서의 인용구는 그대로 철학적 비교 논쟁으로 이끈다. 『도덕경』의 첫 명제인 "도가도 비상도(道可道 非常道), 명가명 비상명(名可名 非常名)"을 대비시키는 부분에 대해 『사십이장경』의 도는 "안에서도 밖에서도 구할 수 없고, 마음과도 연결되지 않고, 업(業)과도 결박되지 않고, 생각을 끊고 수증(修證)을 통해서도 그 어떤 정신적 형태를 거쳐서도 도달할 수 없는 것"(內無所得 外無所求, 心不繫道 亦不結業念念無作 非修非證 不歷諸位)으로 인용 해석한다. 곧 도는 어떤 형태이건 추구의 대상이 아님을 설명하는 것이다. 또 『도덕경』에서의 "비상도 비상명(非常道 非常名)"이 의미하는 바 도에 대한 정의(定義)의 표현 부적합성과 개념의 불가능성을 『사십이장경』에서 적확히 적출하여 대비시킨다. 또는 『기신론』에서 "일체법 종본이래 이명자상"(一切法 從本以來 離名字相, 모든 事象은 본래 명칭과 언어를 떠나 있다)을 적시하여 도(道)의 개념화와 관념으로의 불가 파지성(不可把持性)을 말한다. 계속되는 도교에

명하고 중국적 사상과 신행에 불교교설을 적절히 적용시켰다. 따라서 이 경전은 도(道)에 대한 언급이 풍부하고 불교의 근본 뜻이 도교적 도(道)와 상통하도록 일치시켰다. 도교(4회)와 유교(3회)의 대조항목에서 주로 도를 비교주제로 선정하고 있으나 기독교(5회)와의 대조에서는 일상적 행실의 올바름을 비교하기 위해 다른 부분들도 즐겨 인용한다.

대한 불교경론의 인용은[15] 그의 일관된 유식 사상과 불성 사상에 근거하고 있으며, 특히 그의 기신론의 언어관에 의한 진리(實在)의 불가파지성을 강조하고 있다.

이렇게 『회통』에 인용된 불교경론은 단순히 종교 간의 외형의 비슷한 교설이나 이미지에 상응되는 불교의 교설을 제공하는 구절 나열에 그치는 것이 아니다. 이능화로서는 다른 종교의 주장과 특징을 명확히 확인한 다음 그것에 상응하는 교설과 불교의 이미지를 배치하며 자신의 불교 교의적 주장을 펼치는 것이다. 곧 그 자신의 고유한 불교사상의 입장에서 타종교 해석을 시도 한다고 볼 수 있다. 이런 그의 서술 방식을 타종교에 대한 '다종교 현상의 인식'이라는 종교현상학적 관점의 표현으로 처리하는 것은 지나친 단순화의 논리이고, 근대기 종교 간의 대치 현상을 안이하게 처리하고 있는 것으로 비친다.

오히려 근대적 충격과 새로운 문화접변을 겪은 이후의 변형된 호불론이자 회통론으로 해석될 수도 있다. 그에게 근대라는 시대 상황이 초래한 사건은 사회 문화적인 차원에서뿐만 아니라 그 자신의 신변에 대한 정신적 도전이기도 하고 또 모순으로 다가왔다. 곧 그를 근대적 개명으로 이끈 선친의 기독교 개종과 선친과는 상반되게 자신이 불교로 귀의한 사건은 오늘의 우리의 종교 갈등이나 사상적 상충의 상황과도 크게 다르지 않다.[16]

---

15 『능엄경』(6회)을 원용하는 경우나 선가의 어록(11회)을 인용하는 빈도수는 다르지만 그 내용은 거의 차이 없이 언어와 문자를 통한 진리의 불가파지성을 주장한다. 곧 『기신론』의 '이언진여(離言眞如)'적인 특징을 강조한다.

16 불교연구에 전념하겠다는 이능화의 결심은 목우가(牧牛歌)란 제목의 소설 형식으로 『조선불교총보』(창간호, 1917.3)에 실렸다. 같은 내용을 지닌 자신의 전기는 『조선불교통사』(1918년 간행)의 마지막 부분에 다시 확장된 형태로 실린다. 자신의 전기를 제3자화시켜 통사 끝에 수록한 것은 사마천의 『사기』 형식을 따른 것이다. 『사기』에서

이능화는 이 문화 상충을 인지하였고 그것에 대한 대응의 첫 작품으로 저술한 것이 『회통』이다. 따라서 그는 타 종교를 인지한 만큼 자신의 종교를 변호했다. 그런 만큼 그의 『회통』은 호불론이었고, 그것은 전통적 삼교 회통론과도 동일한 선상에 위치한다.

『회통』이 항목을 바꿀 때마다 주제로 삼은 발제의 질문들은 주로 유교와 기독교에 의해 촉발되었다. 곧 질문의 소재는 근대기의 여러 문제를 배경으로 삼고 이들 종교가 제시하는 질문들을 전면에 배치한다. 따라서 그는 유교와 기독교를 중요한 대상으로 여기고, 다른 종교들은 하나의 범주로 묶어(但言儒耶 例括諸敎)[17] 설명을 시도한다. 곧 유교의 성명(性命), 기독교의 영혼이 각각 주요 주제이고, 앞에서 제시된 여타 민속 또는 외래 종교들의 공통된 주제로 선악화복과 생사인연이라고 규정한다. 이 성명과 영혼, 길흉화복, 생사인연은 모두 천(天)에 근거를 두고 있다. 천(天)이 근거인 이유나 천의 근본에 대해서 유교나 기독교가 밝힌 것이 없다고 그는 지적한다. 그리고 모든 종교의 공통 근거인 천(天)에 대한 언급은 오히려

도 사마천의 전기는 제3자화되어 『사기』 끝에 실린다. 이는 『통사』가 전형적인 한문 문헌 전통에 서 있음을 증명하고 자신의 지적 전통이 어디에 뿌리를 둔 것인지 여실히 드러낸다(이민용, 앞의 논문 참조). 이능화는 15세 전후에 불교에 귀의했으나 자신의 전기를 집필할 때(49세)는 일종의 오도송을 짓는 단계에 이르렀다. "一平生을 世界를 두루 도라 政敎風俗을 硏究하야 보랴든 生覺은 一時에 사라져 이때로 브터 佛語갓흔 學問은 모다 내던져버리고 佛敎硏究에 從事하기로 決心하고 몸을 다 朝鮮佛敎界에 밧첫다." 이어 그는 「總頌曰」이란 표제 아래 자신의 심정을 읊는다. "牧牛歌任運騰騰 八萬法門聞指月 空花生處看眞妄 四十九年何所得 一個江湖有髮僧 百千公案讀傳燈 道果成時驗愛憎 依然還是李無能". 자신을 유발승(有髮僧)으로 표현하고 일종의 오도송을 짓는 그는 불교를 통해 세계를 해석하는 전형적 불교인/학자이었다.

17 '불교요령' 첫 부분에서 유교, 기독교와 여타 종교로 양분하고 자신의 주(注)에서 儒耶(유교와 기독교)를 중요한 관심의 표적으로 삼는다는 의도를 명백히 한다. 『회통』, 57쪽.

불교에서 이루어짐을 강조한다. 곧 "천지는 나와 하나의 뿌리이고 만물도 나와 하나의 몸이다. 나의 마음에 뿌리를 두고 있으며 나의 마음과 일체를 이루고 있기 때문이다."[18] 『능엄경』의 "모든 현상과 진리는(諸法所生) 마음의 작동에서 발현되는 것(唯心所現)"이기 때문이라는 구절을 인용하며 천(天)의 근거로 마음(心)을 제시한다. 곧 천의 근거를 불교적으로 해석하면서 『회통』의 첫 대조(對照) 부분의 결론에 해당하는 12장의 '통합제교여불교대조'(統合諸敎與佛敎對照)에서 모든 종교의 공통 교설로 하늘(天) 유형을 제시한다. 모든 종교를 일관하는 근본 주제로 하늘을 설정한 것은 이능화의 견해이고 그의 종교학적 탁견일 수밖에 없다.

이능화는 하늘을 (1) 형체(形體)로서의 하늘, 곧 창천(蒼天)과 천복(天覆) (2) 주재자(主宰者)로서의 하늘, 곧 천제(天帝), 황천(皇天) (3) 명운(命運)으로서의 하늘, 곧 사람의 힘으로는 어쩔 수 없는 것, 운명(運命)과 같은 하늘 (4) 의리(義理)로서의 하늘, 곧 천리(天理), 천도(天道)로 분류한다. 그리고 불교와 유교의 하늘은 이 네 종류의 범주 모두에 해당되지만 기독교, 회회교, 바라문교, 대종교, 대종교와 천도교의 하늘은 2번째 범주인 주재자(主宰者)로서의 하늘에 귀속됨을 지적한다. 그러나 최종적 결론으로는 불교 고유의 네 종류의 하늘을[19] 각각에 배대시키고 불교의 네 번째 하늘로 의천(義天) 혹은 성천(性天)을 제시하며 이 하늘은 십주보살(十住菩薩)의 정신적 영역인 등각(等覺)과 묘각(妙覺)의 마음의 상태라고 하여 불교적인 해석

---

18 皆屬於天 而但罕言天之所以爲天之根本矣. 佛敎則曰天之與我同根, 萬物與我一體 根於何同 根於我心 體於何一 體於我心. 『회통』, 57쪽.

19 불교의 4종류 천(天); 第一種天 世間天 諸國王, 第二種天 生天 欲界六天 色界18天 無色界4天 共合18天, 第三種天 淨天 四果 辟支佛, 第四種天 義天 或 性天 十住菩薩 法雲地 이상의 等覺 妙覺卽 佛也. 『회통』, 56쪽.

으로 통합한다. 더 나아가 불(佛)은 이 "모든 하늘을 초월하는 것"(並超而過
之)으로 하늘 중의 하늘이며, 제일천(第一天)인 형체로서의 하늘은 단지 불
교의 허공(虛空)의 개념에 해당될 뿐인 물리적 하늘이라고 정의한다. 결국
불교의 네 번째 하늘인 성천(性天/義天)의 의미론적 하늘을 비교 우위론적
으로 강조하며 결론을 맺는다.

이능화의 『회통』을 일관하는 비교론의 중심 주제는 하늘(天)이다. 이 하
늘의 내용을 설명하고 해석하는 불교적 주제는 마음(心)으로 집약된다. 마
음의 강조와 이해는 동아시아 불교사상 가운데 화엄사상의 중요한 특징의
하나로, 특히 화엄사상은 이 마음을 포괄적 개념으로 활용하고 있으며 이
능화도 자신의 논지를 화엄적 마음의 포괄성에 기반하여 펼치고 있다. 화
엄사상의 기본 주제는 일체유심(一切唯心)이지만 결국 이 심(心) 주제는 이
능화 자신의 불교사상의 입각점이기도 하다. 따라서 이 심(心)을 자신의
교의서(敎義書)인 불교요령(佛敎要領) 항목의 출발 논지로 삼은 것이다. 독
립적 성격을 지닌 불교요령의 중심 테마가 마음인 것은 『회통』 전체의 중
심에 마음이 위치한다는 것을 말한다.

그리고 그는 모든 현상적인 것의 원천으로서 마음을 해석해 가는 불전
원전 자료로 『능엄경』[20]을 채택했다. 이 경전의 내용 구성은 마음의 활동
과 기능을 여래장 사상을 통해 해석하고 있어, 일종 마음현상학적 불전이
라 할 수 있다. 곧 우리의 의식구조를 형성하는 6식(識), 12처(處), 18계(界)
를 설명하며, 일체 현상은 오음(五陰; 色, 受, 想, 行, 識)으로 구성됐음을 말하

---

20 『능엄경』은 중국 찬술의 위경으로 평가되며 난숙하게 발전된 유식사상에 근거한 여
　　래장 사상이 표명된 경전이다. 현실의 근거로서의 마음(心)에 대한 현상적인 설명은
　　불교의 우주창생론을 설명해 준다.

고, 그것들의 배합구성이 우리의 인식을 낳았다고 해석한다. 그리고 우리의 인식에 의해 객관 세계는 표상으로 나타나고 그것이 우리가 매일 접하는 현상 세계임을 말한다. 곧 불교에서 보는 인식과 사물의 형성 과정이나 현상 세계를 지각하는 인식의 틀을 설명하는 것[21]이 능엄경의 교설이다.

기독교나 유교가 현실의 객관성을 주장하며 불교의 유심적 주관성에 대해 비판할 때 이에 대응할 수 있는 경전으로 그가 유독 『능엄경』을 선택한 것은 그의 불교학적 관심을 적확하게 드러낸다. 불교요령에서의 그의 『능엄경』 인용은 능엄경 자체를 분해하여 자신의 의도를 따라 재구성할 정도로 활용하고 있다는 점은 앞에서 이미 지적했다.

무엇보다도 기독교의 천당과 지옥, 선행과 악행에 따른 인과응보적 보상에 대한 변론을 위해서도 능엄경은 적합한 내용[22]을 지니고 있다. 그리고 이 경전의 우주 창생의 '우주발생론'적 마음의 전변이론은 기독교와 유교의 객관세계에 대한 유심론적 반론으로서도 적절한 불교교리가 된다. 이능화는 이 점을 십분 잘 활용한다.

그는 불교요령을 통해 우주발생론적 마음의 전변이론을 반대 이론으로 제시하기 위해 각각 '세계의 형성'(世界起續之由)과 '인간의 태어남'(衆

---

21 유식사상에서의 세밀한 의식구조와 인식의 형성은 단일한 경전에 의거하는 것은 아니다. 『능엄경』에 근거한 단선적인 설명은 자칫 비약을 초래할 수도 있다. 그러나 『회통』에서는 강조하는 부분을 설명하기 위해 『능엄경』의 구절을 그대로 단순화하여 불교의 인식과 사물 형성의 특징만 강조한다.

22 『능엄경 주해』, 이운허 역해, 동국역경원, 1974. 359-407쪽. 일곱 가지 존재 양식인 地獄, 餓鬼, 畜生, 阿修羅, 人道, 天道등의 七趣에 대한 설명을 통해 일체 중생은 본래 깨끗한 마음(本眞淨)이지만 망견(妄見)으로 인해 일곱 가지 존재 양태를 겪는 것으로 설명한다. 곧 기독교의 천당과 지옥의 유물적 세계관을 윤리적 유식(唯識)의 유심(唯心)의 세계로 환원시켜 설명한다.

生起始)이라는 주제를 자신의 의도를 따라 새로 설정하고, 세계 창조 이론을 유식(唯識)과 유심론(唯心論)적으로 이끌어 해석한다.[23] 곧 자신의 불교 이론을『능엄경』의 주제인 마음(心)=묘명(妙明)=성각(性覺)=본각(本覺)이란 여래장 사상의 핵심에 근거하여 전개하며『능엄경』구절에서 세계 발현(=우주창생, cosmogony)과 마음의 전개, 마음과 현상 세계의 상관관계를 우주창생이라는 주제에 맞추어 발췌하여 설명한다. 앞에서 지적한 동양 고전의 술이부작(述而不作)의 태도를 견지하지만, 발췌 편집하는 시각과 의도는 자신의 관점으로 읽히게 한다. 곧『능엄경』을 자의적으로 분절시키고 편집을 한 것이다. 이 과정을 통해『능엄경』전체가 완전히 다른 체제로 전환, 재편집되어 새로운 설, 곧 이능화의 불교학적 학설로 탈바꿈된다. 특히 기독교를 의식하는 이능화로서는 창조 신화에 대응되는 불교적 우주론을 오음(五陰)에서 시작되는 불교적 의식 구조의 형성, 또 의식이 객관 현상을 만드는 유심론적 관점을 펼친다. 그리고 기독교의 죄와 벌에 대한 종교적 응징이란 교설에 대해 불교의 7취(지옥, 아귀, 축생, 인간, 신선, 천

---

23 오탁(五濁)의 세계, 오음(五陰)의 상태, 4대(大)와 7대(大)에 대한 유식론적 불교교학을 능엄경을 따라 해설한다. 능엄경 해당 부분 참조. 87-127쪽. 우주 창생과 사물의 형성과 변화에 대한 전형적인 구절은 다음에서 확인된다. "만일 세간의 온갖 근(根), 진(塵), 음(陰), 처(處), 계(界) 등이 모두 여래장(如來藏)이어서 청정(淸淨)하고 본연(本然)의 것이라면 왜 홀연히 산하 대지의 모든 유형적인 모습들이 생겼고 점차로 변천하며 흘러가고 또 다시 돌아오는 것입니까? … 지수화풍(地水火風)의 본성이 원융(圓融)하여 법계에 두루 편만(周遍)해 있고 담연(湛然)하여 상주(常住)하는 것이지만 땅의 성품이 주편(周遍)한 것이라면 어떻게 물을 용납하고, 물의 성품이 주편(周遍)하다면 불은 어떻게 생기는 것이며 물과 불의 두 가지 성품은 함께 허공에 주편하며 서로를 배제하지 않는 것입니까." 사물의 형성에 대한 기독교적인 질문이자 근대적 유물론적 세계관에 대한 답변을 마련할 수 있는 구절이다.『능엄경 주해』, 147-168쪽. 이능화는 이 부분에 대한 이해를 돕기 위해 또 각주를 달아『기신론』을 인용하며 기신론적 관점의 유식적 해석을 부연한다.

상인, 아수라)의 존재 양식이 욕계(欲界) 6천, 색계(色界) 18천, 무색계(無色界) 4천의 개념을 낳았고 결국 악의 응징, 혹은 악업의 결과로서의 아수라(阿修羅)=지옥은 현실적으로 존재할 수밖에 없는 인간 존재 양태로 결론짓는다.

이 논증의 중요한 대상은 유교이기보다 기독교에 대한 불교적 대치 이론으로 보인다. 결국 이능화는 전통적 불교교설을 펼치고 있으나 문제의 제기, 문제의식의 발단은 근대적 도전에 대한 이능화 자신의 사상적, 문화적 대응으로 불교의 정통 교설을 제시하는 것이다. 다시 말해 그의 반응은 단순한 전통적 호불론이라기보다는 밖으로부터의 사상적 도전에 대한 나의 것의 대응으로 불교의 유식이론에 근거한 유식학의 사물 형성과 인식의 출발이란 세계관을 제시하는 것이다. 단순히 종교 간의 교리상의 대칭적 논쟁이 아닌 것은 분명하다. 곧 논쟁을 통한 우열을 다투는 것이 아니라 비교론적으로 사유 틀의 차이를 부각시키는 것이다. 그럼으로써 이제까지 무시된 불교라는 지식 체계를 문화적 차원으로 제고시키는 역할을 하고 있다. 그러한 작업을 통해 불교의 세계관과 그 이념을 제시한다고 볼 수 있다. 그가 처한 당시의 불교 현장은 그때 비로소 도성 출입이 허용되고 불교가 하나의 종교로서 사회적인 위상을 회복해 가는 초기의 단계임을 고려할 때 그의 사상적 입지와 불교 이념의 제시는 그리 폭이 넓거나 깊이가 있고 설득력 있는 것은 아니었다. 그의 변론이 외형상 단순한 호불론으로 비치고 있는 이유이기도 하지만,[24] 하나의 전통의 회복이고 사상적

---

24 호불론, 호법론이란 말은 전통적으로 사용된 개념 어휘일 뿐이다. 불교 자신을 변호하고 대척적 입장을 제시하는 전통의 틀로서 호불론/호법론이 적절할 것이라는 전제로 사용했다. 이능화는 그런 전통 속에서 불교를 설명하고 있다. 불교만을 변호한 것이기보다 새로운 문화적, 종교적 도전에서 불교를 어떻게 표출해야 할 것인지가 그의

정체성의 확립의 과정으로 해석될 여지가 있다.

5. 근대적 교상판석

　동아시아 불교 전통에서 다른 종교나 사상을 자신의 입장과는 다른 상대적 입장에 놓고 그것을 수용하고 종합하려는 태도는 중국 당시대의 규봉(圭峰) 종밀(宗密, 780-841)에게서 전형적으로 나타난다. 그의 『선원제전집도서(禪源諸詮集都序)』(이하 도서로 약칭)와 『원인론(原人論)』의 회통적 교상판석이 그것이다. 교상판석은 이미 중국 불교의 정립을 위한 일종의 해석학으로 중국 불교 사상 형성에서 결정적 역할을 했다. 따라서 교상판석은 기존의 전통사상을 어떻게 자신의 체계로 수립하여 어떤 지위를 부여할 수 있는가를 판별하는 기준이기도 하다. 불교 경전의 이론을 중시한 교학적 승려이거나 새로운 종파를 형성한 학승들에게 이 교상판석은 자신의 저술의 사상적 배경을 자리매김하는 것이었으며 자기 종파 우위의 이론적 틀로 삼았다.[25]

　불교요령의 결론 부분에서도 이능화는 종밀의 교상판석을 활용한다. 곧

관심사였다. 불교의 비판적이거나 비교론적인 입장을 제시하는 틀로서의 호불/호법론이지 불교제일주의는 아니다. 또 우리가 오늘날 쉽게 사용하는 "종교다원주의"이거나 "내포주의"는 지금의 우리가 차용한 개념일 뿐 당시의 이능화의 다종교 인식에 대한 틀을 어떻게 현장화하고 개념화할 것인지는 과제일 수밖에 없다. 아래의 6항 참조.

25　교상판석은 중국 불교 종파/학파 형성의 기본 틀이다. 기무라 기요타카, 『中國華嚴思想史』(한글역), 민족사, 1992, 66쪽 이하 참조. 이민용, 「오늘의 교상판석은 어떻게 가능한가; 불교종파의 새로운 계승을 위한 전제들」, 『嶺南學派의 현대적 繼承과 새로운 學派成立의 가능성』, 영남퇴계학연구원 공공철학공동연구소 주최 국제학술대회, 2014, 40-44쪽 참조.

불교의 관점에서 유교와 도교를 포용하며 자신의 이론 틀을 만든 종밀의 교상판석을 차용하는 것이다. 종밀의 『도서(都序)』의 삼종교(三宗敎)와 삼종선(三種禪)의 분류[26]에 대한 도식을 가감 없이 그대로 인용한다. 따라서 도서의 이 두 개념의 도입은 종밀에게서뿐만 아니라 이능화에게서도 자신의 회통론적 이론 전개를 위해 중요한 기능을 한다. 곧 다른 종파, 종교, 사상, 이론을 어떻게 수용하고 자기 체계 속에 위치 지우는가 하는 관건적인 문제이다. 종밀의 교판에서 주목되는 점은 특히 선종(禪宗)의 여러 종파를 자기 체계 속에 위치 지우는 특징을 보여준다는 점이다.

　종밀은 삼종선을 1) 식망수심종(息妄修心宗) 2) 민절무기종(泯絶無寄宗) 3) 직현심성종(直顯心性宗)으로 나누고, 이 삼종선 분류에 삼종교를 배대시켜 A) 밀의의성설상교(密意依性說相敎) B) 밀의파상현성교(密意破相顯性敎) C) 현시진심즉성교(顯示眞心卽性敎)의 교가의 중심사상들을 특징지어 선과 교의 교리상의 연결을 시도했다. 이렇게 선과 교의 개념상의 연결고리를 수립함으로써 문자(文字)적인 교가의 주장을 부정하는 선종은 실제로 문자에 의거한 교가의 논리적 성격을 배경으로 삼고 있다고 설명한다. 따라서 거꾸로 교가의 이론 전개란 결국 문자에 의해 달을 가리킨다는 선종의 지적처럼 실제로 선종의 1), 2), 3)의 세 범주 중 어느 한 유파에 속하게 됨을 논증한 것이다. 곧

　　1)-A)는 소승의 무아(無我)를 주장하는 범주이고

　　2)-B)는 법공(法空)을 주장하는 중관(中觀)사상의 범주가 되고

26　大正新修大藏經, T. 2015, 禪源諸詮集都序, p. 397 c 3-6; 기무라 기요타카, 앞의 책, 249-256쪽.

3)-C)는 유식적 화엄사상의 범주에 귀속되게끔 하였다.

주지하다시피 종밀은 이렇게 선교(禪敎)의 종합을 꾀했고 이 전통은 한
국 불교의 선교의 통합을 위해서도 중요한 역할을 한다. 이능화에게도 이
통합의 틀이 필요했다. 낙후된 조선조의 교학과 교리적 체계를 무시하고
수행만 앞세운 당시의 선 위주의 불교는 일정한 교학적 틀을 필요로 했고,
한 걸음 더 나아가 근대기에 나타난 이교인 기독교와 그가 착목한 여타의
민속종교들까지 수용해야 하는 입장이었다. 따라서 종밀의 분류 중『도
서』의 교가 분류의 밀의의성설상교(密意依性說相敎, 곧 선종의 息妄修心宗)
는 더 세분화되고『원인론』의 분류와도 서로 연결된다.

[都序][原人論]

a. 人天因果敎〈----〉1] 人天敎

b. 斷惑滅苦敎〈----〉2] 小乘敎

c. 將識破境敎〈----〉3] 法相敎

위의 비교표에서 각각의 항목이 종밀 당시의 도교, 유교 및 외도적인 허
무주의적 사상과 영원 불멸주의적 사상을 포괄 비판하는 역할을 했다. 이
교판을 이능화는 적확하게 파악한 것이다. 두 가지 범주의 종교들의 통합
곧 불교 이외의 다른 종교들인 유교, 도교, 민속종교 그룹과 기독교를 위
시한 서양종교 그룹을 수용할 틀이 필요했다. 종밀의『도서』와『원인론』[27]

27　종밀의『원인론』은 회통적 특징을 극명하게 드러낸다. 이능화가『원인론』을 직접 인
　　용하지는 않고『도서』에만 의거하고 있으나『원인론』을 읽었을 개연성은 높다. 그가

의 교판은 그의 의도를 충족시키는 도식이 될 수 있었다. 『도서』와 『원인론』의 교판을 도표화하면 다음과 같다.

[선원제집도서]   [원인론]

禪三宗   敎三宗   五敎   종교들의 귀속관계

(이능화의 의도를 따른 필자의 첨가)

1. 息妄修心宗 ↔A. 密意依性說相敎

    a. 人天因果敎 1] 人天敎 유교, 도교, 外敎(기독교, 민간종교)

    b. 斷惑滅苦敎 2] 小乘敎 유교, 도교, 外敎(기독교, 민간종교)

    c. 將識破境敎 3] 法相敎 불교(法相唯識宗)

2. 泯絶無寄宗 ↔B. 密意破相顯性敎 4] 破相敎 불교(法相空宗)

3. 直顯心性宗 ↔C. 顯示眞心卽性敎 5] 顯性敎 불교(華嚴宗, 禪宗)

잘 알려져 있다시피 교종의 입장에서 선종의 교외적(敎外的) 특징을 어떻게 수용하고 그것에 배대시키느냐는 문제는 교종학자들의 관건이었다. 선종 역시 불설에 근거하여 자신의 종파의 특징을 주장하기 때문에 교가적(敎家的) 성격을 드러낼 수밖에 없다.[28] 특히 종밀에 이르러 선종과 교종

편집 발행한 『불교진흥회월보』 8호(1915년 12월호)의 교리강좌란에 자신이 뽑은 선종 종파의 선집(選集)가운데 종밀의 『원인론』이 현토를 달아 수록되어 있다. 유교와 도교 및 외교(外敎)의 위상을 불교의 교상판석 내에서 명확히 특징짓고, 인천교(人天敎)의 범주에 귀속시킨 것이 『원인론』이다. 흔히 말하듯 타종교에 대한 호, 불호(好不好)이거나 한 종파나 학설의 우위를 나타내기 위한 가치판단적 비판만이 목적은 아니고, 그것들이 지닌 성격을 자신의 불교 사상내에 위치 지우는 것이 선결적인 과제였다.

28 '교(敎)는 부처님의 말씀이고 선(禪)은 부처님의 마음'이란 표현은 선과 교의 상호성을 표현한 것으로 종밀에게서 시작되어 조선조의 서산대사(西山大師)의 『선가귀감

의 이론을 상호 배대시키는 작업은 절정에 이르렀고, 그의 불교적 경향이 이 점을 특히 부각시켰다. 종밀은 선종을 궁극적인 것으로 생각했기 때문에 선종의 일차적 분류에 따른 교종의 이차적 배열이 그에 상응되게끔 위치하게 된다. 곧 선종의 식망수심종(息妄修心宗)은 오류를 저지르는 우리의 생각(妄念)을 그치고 마음을 닦는 수행이다. 그에 상응되는 교리적 배경은 교종의 밀의의성설상교(密意依性說相敎)이다. 감추어진(密意) 본질인 불성이 내재해 있어 그 본성에 의거하여(依性) 밖으로 드러난 현상의 모습을 교리적으로 문자를 통해 설명하는(說相) 단계이다. 이 현상적 모습(相)은 다시 다음의 3단계의 형태로 분류되어 설명할 수 있다.

a. 인천인과교(人天因果敎)[人天敎]; 선악의 업과 과보의 원인과 결과를 식별하는 단계, "그리고 지옥과 아귀와 축생으로 떨어짐을 두려워한다."[29] 고통이기 때문에 하늘의 즐거움을 희구하고 보시, 지계, 선정을 수행하는 단계로서 모든 선행을 함으로써 인도(人道)와 천도(天道) 또는 색계(色界)와 무색계(無色界)에 태어나기 때문에 인천교라 한다.[30]

(禪家龜鑑)』에까지 이른다.

29 " "부분의 설명은 종밀의 교판에 이능화가 각주로 첨가한 그의 해설에 해당한다.

30 종밀의 주석 밑에 비교적 긴 이능화의 각주가 첨가되어 있어 기독교를 위시한 다른 종교들의 경지를 설명하려는 그의 의도를 엿보게 한다. 곧 선악의 업보는 3종류가 되며 1] 악업: 탐진치가 극성한 상태로서 살생, 도둑질, 사음, 망어(妄語), 기어(奇語), 양설(兩舌), 악구(惡口), 탐욕, 진애(瞋愛), 사견 등 10악업이고 2] 선업: 미래의 부(富)와 즐거움의 과보를 가져오는 선업을 만드는 일이고 3] 부동업: 위(上)의 상태를 희구하고 아래의 것을 혐오하는 것으로 4선(禪)과 8정(定)을 닦는 일이다. 곧 우리의 일상성 속에서의 악행을 피하고 선행을 추구한다는 점을 유교와 기독교의 특징으로 파악하여 인천교에 귀속시킨다.

b. 단혹멸고(斷惑滅苦敎)[小乘敎]; 세상은 불안하고 화택(火宅)의 고통으로 차 있으니 업에 의한 미혹(迷惑)을 끊고 수도(修道)를 행하고 자신의 능력을 따라 사정(邪正)을 구별해야 한다.[31]

c. 장식파경고(將識破境敎)[法相敎]; 앞에서 설명한 생멸과정에 대한 단계는 불교가 말하려는 본질적인 것(眞如)의 관점과는 떨어져 있다. 그것은 우리의 의식 구조인 8식(識)의 구성 때문이다. 곧 8식을 통해 사물을 대상화하여 파악하는 것을 터득해야 한다. 객관세계는 주관에 의해 형성된다는 유식 사상을 설명한다.[32]

계속하여 인용되는 종밀 교판의 양은 불교요령의 4분의 1을 차지한다. 불교교리의 이론 전개로서도 가장 핵심적인 부분을 차지하고 선과 교의 연결, 그리고 각 교설의 위계를 판별하는 종밀 교판의 설명 부분이다. 아마 대승불교의 사상사적 종합으로서도 가장 중요시해야 할 부분이 종밀의 삼종선과 삼종교의 분류이고 그것들의 상호 연관관계이다. 결국 선종의 분류와 교종의 분류가 연결되며 불교사상을 하나의 거대한 선교의 통합체계로 이끈다.

결국 그가 불교요령의 해설을 종밀의 화엄 사상에 입각한 교판을 채택

---

31 이 부분에서 이능화는 역시 각주를 첨가한다. 곧 범부와 외도는 사정(邪正)을 알지 못한다. 장아함경에서 이것을 잘 설명한다고 말한다. 종밀의 해설은 더 계속되지만 이능화의 강조점을 위해 단축한다.

32 종밀의 유식적(화엄) 선사상을 잘 보여준다. 그것은 또 이능화가 동조하는 사상이기도 하다. 『도서』의 다음 귀절은 이런 유식적 특징을 명시한다. 此上三類都爲第一密意依性說相敎 然唯第三將識破境敎 與禪門息妄修心宗而相扶會 以知外境皆空故 不修外境事相 唯識忘修心也 息妄者 息我法之妄 修心者 修唯識之心. T 2015. 403 c 13-17 참조.

한 것은 이 교판이 교와 선, 그리고 유교, 도교, 한 걸음 더 나아가 외교까지 자기 체계 내에서 위치지울 뿐 아니라 자신의 근대적 지식과 그것에 대한 반응으로도 적합했기 때문이었다고 생각된다. 근대기에 전수된 외래 종교에 대한 인지는 그것을 어떻게 수용하느냐의 학문적 자세와 해석의 필요성이 제기될 수밖에 없다. 동시에 전통적 종교 지식 체계 내에 현안으로 나타난 타종교들을 어떻게 적용시키느냐의 문제였을 것이다. 단지 다종교 현상을 인식하고 종교별로 묶거나 분류한 작업 자체를 근대기 종교학의 성립으로 연결시킨 평가는 너무 소박하다. 그런 작업의 이론적 근거나 내용설명이 요구된다. 이능화는 거기에서 한 단계 더 진척시키고 있었다고 보인다. 또는 이능화의 이런 불교학의 자세를 전통적 호교론이나 호법론이라고 단순화하여 불교에로 귀속시키려는 불교 환원주의로 평가할 수도 있다. 곧 전통으로의 복귀라는 전통주의로 평가할 수 있다. 그러나 서양 문물에 노출된 그의 행적과 그의 지적 활동[33]은 전통회귀의 입장은 아니다. 그런 평가보다는 근대기까지 우리가 지닌 종교/철학적 지식 체계로서 불교에 관한 한 교상판석은 훌륭한 사상 체계였으며 이능화로서는 외래 종교를 수용하는 적절한 '지적 틀'(intellectual frame)로 차용할 수밖에 없었다고 생각된다. 불교에로의 환원이라기보다 외래 종교 수용의 틀로 교상판석이 활용된 것이다.

---

33 이능화가 영어, 불어, 중국어, 일본어를 구사할 수 있으며 불어학당 교장과 벨기에 영사관의 전속 통역관을 지내고, 초기의 우리 불교사를 집필한 Frederic Starr와 인터뷰를 하며 이후 막대한 양의 우리 문화관계 저술을 집필한 그의 경력을 볼 때, 그를 단순히 전통 복귀주의자이거나 불교지상주의자로 평가하기는 힘들다.

6. 호교론의 변형

    백교회통의 마지막 부분인 대변(對辨)은 이능화의 저술가로서의 개인적 의견과 그의 사상이 가장 많이 표출된 항목이다. 그리고 그 과정에서 호교론/호법론적 특징이 강하게 드러난다. 이 호교론과 호법론은 불교를 교의적으로 설명하며 불교적 관점을 표명하는 변호학적 논의이다. 주로 불교가 왕조나 국가정책에 의해 제한되거나 핍박을 당할 때 대두된 이슈이기도 하다. 불교에 대한 핍박은 중국의 여러 왕조 때마다 되풀이되었고, 당 현종 때의 폐불훼석(廢佛毁釋)은 전형적 예가 되었다. 이후 호법론/호불론은 동아시아 3국에서 정치적 핍박의 상황에서 간단없이 되풀이되었다. 그리고 호교론/호법론이 제기되는 중요한 계기는 교리적 이유에서이기보다 왕조나 국가의 현안 문제를 근거로 가해지는 불교 탄압에 대한 항변에서 시작된다. 곧 통치이념의 문제, 사회관행(慣行) 문제, 일상생활 양식과의 차이, 재정 고갈, 식산(殖産)의 문제, 인구감소가 중요한 이슈였다. 그러나 그때마다 다루고 있는 소재는 거의 현실적인 문제가 주요 항목이었고, 그에 대한 답변 역시 교리상의 정당성을 표방하기보다 현장에 대한 관점의 차이에서 비롯된 오해라는 점을 반론의 근거로 삼았다.[34] 그러나 이능화가

---

34 고려, 조선조의 불교에 대한 비판 항목을 함허(涵虛 得通,1376-1433)의 『현정론(顯正論)』 및 『유석질의론(儒釋質疑論)』과 백곡(白谷 處能, 1617-1680)의 『간폐석교소(諫廢釋教疏)』를 통해 보면 반불, 폐불의 이유가 지극히 현실적인 이슈였음을 간취하게 된다. 『현정론』은 (1) 출가의 불효, 불충 (2) 불살생에 근거한 육식의 금지는 비례(非禮) (3) 불음주도 비례(非禮) (4) 財布施는 재물 탕진 (5)윤회설을 따른 보응설은 두려움을 준다. (6) 화장풍속에 대한 비판 (7) 三世설은 유교의 가르침과 어긋난다. (8) 외래(夷狄)에게는 도가 없다. (9) 불교는 재앙을 초래 (10) 승려는 출가 무위도식하며 타락해 있다. (11) 불교는 실제적 효용성이 없다. (12) 유교 도교 불교는 서로 계합(契合)되어 우열의 대상이 아님을 결론짓는다. 『유석질의론』은 유교와 불교

대변에서 10개의 항목으로 다루고 있는 불교 호교론은 이런 전통적 호불론과는 차이가 있다. 『회통』에서 근대기까지 불교에 대해 제기된 문제를 항목화하면 다음과 같다.

(1) 허무적멸의 종교 (2) 불골표(佛骨表, 곧 사리 신앙)의 유교적 비판 (3) 참선에 대한 비판 (4) 참선은 세속의 일(世務)를 방치한다는 비판 (5) 불교는 소극적, 염세적이라는 비판 (6) 대처(帶妻) 불허 (7) 식육(食肉) 불허 (8) 귀의불(歸依佛)은 신비한 효험(神通 靈應)을 바람 (9) 불교는 하나의 종교일 뿐 학술은 아님 (10) 우상을 숭배한다는 비판으로 제시된다. 그리고 열한 번째로 총변(總辨)이란 항목에 이르러 최종적인 결론을 짓는다. 이 총변 결론에서도 11개의 항목으로 나누고 적지 않은 분량[35]에 걸쳐 불교 변호적 논증을 펼친다. 곧 이능화 자신의 고유한 독창적인 논술이라 볼 수 있다.

앞의 『현정론』, 『유석질의론』, 『간폐석교록』의 전통적 호교론이 현실적 이유를 근거로 변론하였다면, 이능화의 호불론은 상당한 부분 사상적인 논변으로 전개된다. 특히 (1)항의 불교의 허무적멸에 대한 그의 논변은 특징적이다. 불교사상을 허무적멸로 특징 지은 것은 근대기 서구에서 불교

의 성(性)의 차이와 동일함을 논한 후 역시 불교에 대해 제기된 비판항목을 제시하나 함허 자신의 『현정론』에서 이미 다룬 항목을 확대하거나 반복한다. 백곡의 『간폐석교소』 역시 큰 틀에서 앞의 것과 차이를 보이지 않으나 참고로 목록만을 제시한다. '폐불에 대한 반론'으로 (1) 異邦域(외래의 것) (2) 殊時代(夏殷周시대의 것이 아님) (3) 誣輪廻(윤회설의 誣告함) (4) 耗財帛(재물을 소모) (5) 傷正敎(국법과 政敎를 손상) (6) 失偏伍(세금과 노역을 상실), '불교무용론에 대한 반론'으로 (1) 崇佛君臣의 사례와 그 과보 (2) 폐불군신의 사례와 그 과보 (3) 유자의 척불과 숭불사례 (4) 무불설 (5) 유해론 (6) 조선의 숭불사례를 제시하고 불교의 유효성을 정연하게 제안한다. 김기영 역주, 『현정론, 간폐석교소: 조선시대의 호불론』, 한국불교연구원, 2003, 참조할 것.

35 총변 전체의 7쪽으로 총변 분량의 절반을 차지한다.

의 철학적 사유의 발견 과정에서 비롯되었다. 그리고 그것은 서양철학과 불교 사상을 구분 짓는 결정적 구분점 역할을 했다. 서구에서 불교의 정신성과 윤리적 청순성을 높이 평가했지만 그(불교) 결함으로 무아(無我)와 공(空)의 교리를 들고 불교는 허무를 표방하는 종교라고 비판하기 시작했다.[36] 이능화도 불교에 대한 외부에서의 최대의 공격을 허무와 적멸로 생각하였다. 따라서 그에 대한 사변적 반론을 편다. 곧 "마음은 일정한 장소에 위치하는 것이 아니고(無方所) 무형상(無形相)이고 유형적 틀(無色象)이거나 수량으로 측정되지도 않는다. 무엇과의 상대적인 것(絶對待)으로 존재하는 것도 아니고 언어와 개념을 초월해 있고(超名言) 어떤 하나의 진리나 사물에 의해 파악되지도 않는다"라고 정의한다.[37]

따라서 불교가 마음을 추구하는 종교로서 마음의 이런 초월과 내재성, 그리고 언어를 통한 불가파지성을 허무라 지칭한 것은 당연하다고 말한다. 이능화는 이 허무의 내용과 허무의 주장은 무엇을 의미하는지를 따진다. 먼저 유교와 기독교 역시 그 깊은 내용은 바로 현실을 부정하고 현상의 허무함을 주장한다고 논변한다. 이어서 "깨달은 마음의 모습은 그 본성이 청정하니 어떤 사물이나 비유로도 표현될 수 없다"고 주장한다.[38] 끝으

---

36 서구에 불교가 충분히 알려지며 서구 불교학의 창시자인 외젠 뷔르누프가 소르본 대학의 교수로 임명되자 일종의 '無(空)의 공포'가 일어났다고 소개된다. Roger-pol droit, *The Cult of Nothingness: the philosophers and the Buddha*, Univ. of North Carolina Press, 2003. 불교의 최고의 목표인 열반(Nirvana)도 무(無)와 공(空)의 또 다른 표현으로 부정과 허무의 이념으로 이해됐다. Guy Welbon, *The Buddhist Nirvana and Its Western Interpreters*, Univ. of Chicago Press, 1968.

37 대변(對辨)의 문제 제기로 '혹인'(或人)의 말로 시작되는 구절이지만 이능화 자신의 설로 생각된다. "實無一法可得故." 『회통』, 80쪽.

38 "菩提心相 自性淸淨 無物無喩 不可覩示", 『法無我義經』의 구절로 이능화에서 재인용.

로 다음과 같은 결론을 짓는다.[39] "마음이 허무하다는 것은 그러한 의미에서이다. 불교가 어떻게 일괄적으로 허무적멸을 말하겠는가? 허무라고 하는 그 말은 바로 이러한 진실의 모습을 드러내는 것일 뿐이다."[40]

불교에서의 공이란 없음(無)이거나 허무가 아닌, 진공(眞空)으로서의 공이며 유(有)는 부정을 넘어선 묘유(妙有)로서의 유인 것을 말하며 "이 공은 유와 다르지 않은 공(是眞空者 是不違有之空也)인 것"을 지적한다.[41] 그는 불교사상의 부정에 의거한 이론인 중관사상의 대변자로 용수(龍樹, Nagarjuna ca. 150-250)와 제바(提婆, Aryadeva ca. 3세기)를 언급하며 이 사상 체계를 파상교(破相敎, Madhyamaka)로 이해한다. 한편 그에 반대되는 유론적인 성격의 유식사상의 대변자로 무착(無着, Asanga ca. 4세기)과 천친(天親, 혹은 世親 Vasubandhu ca. 330-400)을 지목하며 유식교(唯識敎, Vijnanavada)라 호칭한다. 유식 이론에서는 본질과 현상(性相)이 동일하지 않음을 분석하여 염정(染淨)이 다른 것을 분별한다. 곧 유와 공은 달리 존재하고 나의 의식(唯識)이 그것의 염정을 결정한다. 그러나 공이기만 하다고 집착하는 것에서 벗어나 공과 다르지 않은 다른 경지의 유인 묘유(妙有者 是不違空之有)를 인정하게 된다. 유무의 이런 지양은 결국 동아시아 불교에서 원효나 원측, 또는 중국의 법장에 의해 하나의 종합된 사상체계로 성립된다.[42] 곧 유무

---

39 『금강경』은 "凡所有相 皆是虛妄"이란 의미의 허무를 말하고 『능가경』에서는 "無心之心量 我說爲心量"이라고 말하는 의미에서의 허무로 현상적인 상태를 거부한 초월적 진실(眞諦)의 영역에서의 허무라고 지적한다.

40 『회통』, 80쪽. 이능화 자신의 발언이다. "佛敎何嘗一向 言虛無寂滅者哉 其言虛無者 正爲顯其眞實故也".

41 『회통』, 81쪽.

42 이민용, 「원측(圓測, 613-696), 법상종(法相宗)의 아류인가」, 한국종교문화연구소 월례발표문, 2006.

의 지양과 염정의 혼연일체라는 화엄종의 통합의 세계관이 형성된다. 무척 사변적인 논리를 거치며 대치적 갈등을 지양하는 종교적 화쟁의 논리인 것이다. 이 동아시아 불교의 총화가 이능화에게서 그대로 발설되고 한 걸음 더 나아가 이 화쟁의 통합적 논리는 유교뿐만 아니라 근대기에 수용된 종교인 기독교에도 적용할 수 있다고 말하는 것이다. "불교에서의 마음의 본질(心性)인 허와 실, 유와 무를 모든 경론에서 다룬다. 오늘날 다른 종교 역시 도심(道心)과 덕성이 그렇다고 말할 수 있다. 도심과 덕성이 그 극단에 이르면 허무적멸이란 말을 피하기 어렵게 된다. 곧 유교에서의 도심과 덕성은 의도(意圖)와 내(我)가 없는 경지이다. 따라서 그 경지는 적연부동(寂然不動)의 경지이다. 또는 무사(無邪)이며 무위(無爲)의 경지이다. 그것을 형이상(形而上)이라 하고 … 빈 신령함(虛靈)이라거나 무극(無極)이라 하고 선악도 없음(無善無惡)이라 한다. 기독교 성경에서는 신(神, 上帝)은 형태나 상이 없다 하고 묵시(默示)를 받는다 하고 마음이 가난한 자는 복을 받는다(虛心者 福者) 한다. … 그렇다면 이 종교들이 말하는 허무(虛無)는 불교가 말하는 허무(虛無)와 글자의 모습이 다른 것인가? 그 독법이 다른 것인가? 그 뜻하는 의미가 다른가? 마치 한자(一尺)를 10촌(十寸)이라 하는 것과 10촌을 한 자라 하는 것과 무엇이 다르겠는가!"라고 힐난하며 반박한다.[43] 그의 불교 사상사적 지식이나 논지 전개는 오늘의 그것과 조금도 다르지 않다. 이능화의 이런 불교사상적 특징을 어떻게 해석해야 하는지 그의 학문적 위상을 다시 생각하지 않을 수 없게 한다.

다음으로 참선에 대한 비난 항목이다. 참선 자체의 교리적 설명이거나 교종과의 차이를 말하는 것이 참선에 대한 설명이 된다. 그러나 그는 "좌

---

43 『회통』, 81쪽.

선이 고목 같은 형태이거나 마음은 죽은 재(灰)와 같은 것은 아니고 오히려 선은 움직임이고 움직임이 아니면 선이 아닌 것(禪者是動 不動 不禪)”을 지적하며, 참선 형태에 대한 외부의 비난에 대응할뿐 아니라 잘못 행해지는 참선 자체에 대해 동조하는 태도를 취한다. 그리고는 오히려 다른 종교들, 곧 예수의 40일간 사막에서의 금식기도, 마호메트의 히라이산에서의 수도와 번뇌, 노자의 정독(靜篤)의 자세, 안자(顔子)의 어리석음(愚)의 태도나 특히 기독교에서 묵도(默禱)하며 신을 추구(求神)하는 모습을 비교한다. 곧 기도와 간구를 참선의 자세와도 일치시킨다. 참선의 자세와 외교(外敎)에서의 경건(敬虔)과 정려(靜慮)의 상태를 동일시하여 일종의 기도(祈禱)론으로까지 확대한다. 그가 참선 자체를 불교의 종파의식이나 참선의 파행적 행태를 정통적 선종의 입장에서 변호하는 것이라면 그의 입지는 전형적 호교론으로 그친다. 그러나 그는 참선과 기도의 행태상의 문제를 여러 종교와 수행으로 확대시키고 종교의식 일반과 종교수행의 보편적인 행태로까지 확대·승화시킨다. 이런 관점에서 그는 일부 선수행자들의 막행막식을 통렬히 비난하는 입장으로까지 발전한다. 심지어 한용운에 대해서도 그의 결혼과 육식 허용에 대한 비계율적인 주장을 비판하였다. 따라서 이능화의 참선에 대한 자세는 계율의 준수와 불교현장에서 나타나는 파행성을 구분하는 학문적 입장의 엄격성을 지니고 있다. 대처(帶妻)를 금지한 것에 대해 종족 유지라는 이유로 비판하는 점을 그는 사회 윤리 실천의 사표로서 각 종교의 성직자들의 위상을 논한다. 결혼을 하지 않는다는 사실은 불교에 국한된 문제가 아니고 다른 종교들 그리고 더 나아가 철학자, 과학자, 문학가, 사학자들 같은 전문인들에게도 일어나는 현상으로, 완전히 한 개인의 선택의 문제라고 처리한다. 그런 생활 태도는 오히려 윤리와 행동 준칙의 사표로 삼을 수 있는 요건임을 강조한다. 결코 인류의 흥망성

쇠가 불교 승려의 결혼 금지와 연관된 문제는 아니고 신부와 목사 일부가 결혼하지 않는다고 일반 신도 역시 결혼을 하지 않는 일은 없다고 논변한다. 이 결혼에 관한 이능화의 관심은 확대되어 종교 분류의 중요한 범주로 나타난다. 곧 그는 종교를 다처교(多妻敎), 일처교(一妻敎), 무처교(無妻敎)로 형태를 나누고 그 종교적 의미를 기술하는 것이다.[44]

불교는 종교인가 또는 철학인가라는 불교의 학문적 위상을 묻는 오늘날의 초미의 문제도 다룬다. 학문의 길을 선택한 이능화 자신의 문제이기도 하지만, 그가 불교의 학문적 성격과 종교적 위상을 천착한 반증으로도 보인다. 곧 그의 종교적 태도와 학문 수용의 태도에서 드러나는 차이이다.

불교의 학문성에 대한 담론은 이미 『월보』16호에 예운산인(猊雲散人)이란 필명의 「불교는 철학을 포함한다」는 글이 게재되고, 박한영 번역의 글로 「불교여학문(佛敎與學問)」도 발표되고 있다.[45] 이런 분위기에서 그가 불교의 학문성 곧 철학과의 상관관계를 논의하는 것이다. "기독교에는 신학이 있으며 동시에 종교로 삼고 있다. 성령의 이론적 진실성(理諦)을 언급하고 명확지 않은 창조설(界說)을 내세운다. 이해가 안 되는 사람에게는

---

44 성직자의 결혼문제를 종교유형을 나누는 표준으로까지 발전시켰다. 『월보』 5호, 1915년 12월호에 처음으로 성직 결혼 문제를 언급하며 이 관점은 『통사』로 까지 확대된다.

45 앞에서 몇 가지 사례를 『월보』에서 참고했지만 『회통』의 출간과 『월보』의 발행은 거의 같은 시기에 일어나고 그의 주저인 『통사』도 이 월보 이후에 바로 출간된다. 그의 중요한 논술들은 세 곳에서 거의 3년간의 간격을 두고 동시에 발표되는 것이다. 이 시기의 불교잡지에 불교를 학문의 대상으로 삼는 활발한 논의가 소개 된다. 村上專精의 「불교통일론」을 권상노가 번역하고 담사동의 「仁學節目」 역시 번역 수록된다. 織田得能의 「佛敎大意講義」 역시 수록되고 있다. 무엇보다 이능화 자신은 포교서적에 대한 관심까지 피력한다. 곧 기독교 성서가 포교용의 Catechism적 편찬 방식을 채택한 것을 강조한 사실은(朝鮮佛敎布敎書籍에 대한 管見, 『월보』 8호) 바로 『회통』이 동일한 전도 목적을 위한 불교의 교의학적 형식으로 편찬된 배경을 잘 설명하고 있다.

그것을 모두 하늘로 돌리고 일반의 지식에 가장 적합한 것이라 여긴다. 불교는 곧 종교이고 동시에 철학이다. 모든 법의 근본에 그대로 적응되어 미진한 부분이 없다. 따라서 일반적 지식을 초과한다. 근세 과학이 철학을 기본으로 함께 나아가는 것이기 때문에 불교 역시 철학의 기본으로 근본의 근본이 된다."[46]

이런 단계의 논의를 전통적 호교론의 범주에 귀속시킬 것인지 다른 시각으로 평가할 것인지는 우리의 과제일 수밖에 없다. 불교를 옹호하는 입장이라면 호교론으로 귀속되겠으나 근대적 지식 체계를 수용하며 그에 대한 비판적 시각이거나 자신의 논리를 구축하는 것이라면 오히려 근대기의 외래 종교·사상 수용에 따른 변모이거나 적응의 한 유형으로도 생각된다.

7. 전도서로서의 『백교회통』

『백교회통』은 근대기의 불교 전도서임을 표방한다. 이능화가 책의 부제로서 그렇게(傳道必携) 명명하였지만 일관된 구성 역시 바로 불교에 대한 상식적 이해나 일반교양으로서의 불교에 대한 지식을 교정하기 위함이었다. 대조(對照), 대변(對辨), 불교요령(佛敎要領), 총변(總辨)으로 구성한 책의 체제가 그것을 말해준다. 그리고 결론에 해당하는 총변의 구성은 기독교를 의식한, 타종교에 대한 불교적 변호론의 내용으로 되어 있다. 총변의 첫 발제는 바로 기독교 선교의 중심 교리인 지옥과 천당을 주제로 삼았다. 곧 불교에는 얼마나 많은 지옥과 천국이 존재하는지를 오히려 기독교적

---

46 「계속되는 불교의 학문성을 심리학, 철학과 생리학 분야까지 확대·비교한다」, 『회통』, 88쪽.

입장에서 반문한다(佛敎所言天國地獄種類 何其多也). 당시에 도전했던 기독교에서의 질문을 반어적인 방법으로 질문한다. 오히려 지옥 천당의 교리는 기독교의 특징적 교리이기 때문이다. 곧 "중생의 마음의 상태가 무량한 차별을 만들고 있기 때문이고 따라서 그 결과의 과보 역시 무량할 수밖에 없다. … 지옥과 천당도 그럴 수밖에 없다. 선악의 행위가 각기 그 양을 따를 수밖에 없고 그에 상응된 과보 역시 그러하다. 정토에 상품, 중품, 하품의 우열이 있고 지옥에 경중의 차이가 있는 것은 이런 이치에 근거한다."[47] 곧 불교적 업에 의한 과보론을 펼친다. 또한 총변의 두 번째 주제는 기독교적인 관점의 "세계 삼라만상의 조화와 배려는 주재자(主宰者)가 있어야 하며 … 하늘(하느님, 天)이 명하는 것(所命)이 없으면 어떻게 가능하겠는가? 오히려 중생의 마음에서 지은 것이라고 말한다면(衆生自心所造則其辭) 모순이 되지 않겠는가. 누가 누구의 마음을 쓰고 누구의 뜻을 따라 움직이고, 누구의 허물을 후회하고, 누구의 잘못을 고치고 누가 말하고 … 이 모든 일을 내 스스로의 힘으로 한 것이다. 그것을 왜 하늘의 명(命)한 바라고 하는가. 불교는 이 모든 것은 일체유심조라 한다." 그는 계속 기독교에 대해 도전하는 발언을 한다. "내가 후회를 하고 내가 죄를 지을 때 하늘은 어데 있었는가? 혹자는 말한다. 하늘은 곧 내 마음속에 있었다고…."[48]

계속된 기독교에 대한 비판적 질문은 거의 드라마적 효과마저 유발시키고 있다. "하늘이 전지, 전능, 전선(全善), 전권(全權)이라면 세상 사람에게 명하여 선행을 하고 복을 구하게 할 것이지 사람들로 하여금 악행을 저지르게 방치하였다가 성신과 천사를 보내 감화시켜 뉘우치게 하니 마치 무

---

47 『회통』, 90쪽.
48 『회통』, 91쪽.

슨 연극을 연출하는 것과 같지 않은가? 처음부터 일을 방지하고 차단시키며 악을 짓지 않게 하고 본래 일을 일으키지 말아야 할 것이다. 혹자는 이렇게 말한다. 인간이 짓는 행위는 악마의 소행이지 하느님의 소명은 아니라고. 그러나 악마의 행위도 마음이 초대한 것이지 밖에서 들어온 것은 아니다. 그러니 예수님은 악마를 쫓고 부처님은 악마를 조복시킨다고 했다. 따라서 바른 지혜와 바른 견해야말로 스스로의 마음을 동요시키지 않게 되어 악마를 퇴거하거나 항복받게 한다."[49]

나머지 항목들 역시 당시 기독교가 불교에 대해 제기한 질문에 대해 자신의 논지를 진척시키는 것이다. 전통적인 불교를 변호하는 호교론의 입장이기보다 적극적으로 불교교설을 인용하며 기독교를 불교적으로 해석하며 교리적 회통성을 강조한다. 이런 이능화의 태도는 지금(그 당시)의 불교보다 앞으로의 가능성에 기대를 거는 것이다.[50] 이 미래의 가능성이, 불교를 가장 오래되었지만 가장 최신의 종교로 간주할 수 있는 근거가 되고 이를 토대로 여러 학문을 포괄할 수 있기 때문이라고 단정한다.

곧 『회통』이 표방하는 불교교설에 의한 타종교, 타학문 영역의 포용이라는 과제 혹은 전망은, 불교의 이론적 배경은 완전한 것이나 현실로서의 불교의 위상은 그렇지 못하기 때문에 미래로 지향되어야 한다고 결론짓는다. 그리고 이능화가 서문에서 "한 사람마다 하나의 종교를 주장하는 다종교 상황에서 오히려 같은 점과 다른 점을 드러내어 차이를 분명히 하지만 자신의 학문적 입지가 불교이므로" 마지막의 항인 대변에서 자신은 변호

---

49 『회통』, 92쪽.

50 『월보』에서 그는 불교는 가장 오랜 종교이지만 일제에 의해 이제 막 제도적인 틀을 갖춘 최신의 종교로서 장려되어야 하고 진흥되어야 하는 종교라고 자탄적인 평가를 한다. "諸宗教之中 佛教最舊하고 諸宗教之中 佛教最新論", 『월보』 3호, 1914년 4월.

적인 입장에 서 있음을 분명히 한다. 그리고 자신이 서 있는 정신적 상황
은 "우리들의 마음의 상황(衆生心想)이 무한히 차별되어 있어 세계종교 역
시 각각 차별되고 더 나아가 그것들의 분파 역시 더욱 차별되는 상태이니
이 종교 저 종교가 모두 한결같이 기울어짐이 있음"[51]을 인정하지 않을 수
없는 점을 지적한다.

그리고 이 마무리하는 부분에서 의식 작용의 설명 부분은 그의 유식학
적 천착을 뚜렷하게 보여준다. 곧 그는 서양철학에서의 현상과 본질에 대
한 이분법적 사유 방식을 정확하게 파악하고 있었다. 스펜서에 의거해 '생
각할 수 있는 것과 생각할 수 없는 것'의 영역을 구분하고, 칸트에 의거하
여 영혼 영역의 이성적 사유불가능성을 말하며, 영혼의 불가득성을 말한
다. 곧 이성 한계 내에서의 사유만이 가능하고 유식(唯識)의 활동 역시 이
성 한계 내의 활동임을 간취하고 있다.[52]

따라서 그는 "우리가 사물을 본다는 것은 의식의 산물이고 학자들이 말
하는 의식이란 드러난 현상이고 이 의식은 본질에서 나온 것으로 현상은
작용이고 본질은 본체이므로 작용을 통해 본체를 추구하게 된다"고 설명
한다. 또 우리가 "무엇을 아는 것(得見)은 이 의식에 의해서이다. 이 현상이
나타난 근거로서의 본질이 반드시 존재한다(斷其必有所自出之本質)는 것이
다. 나의 의식이 나의 주관적 단순 무잡(無雜)한 의식을 능히 파악하고 있

---

51 "世界宗敎 皆各差別 各宗敎中 又分各派 差別之中 又有差別 彼敎此敎 均同此斃", 『회
　　통』, 97쪽.
52 "康德 以爲靈魂 非實驗之所能決也 任如何反觀內照 窮搜極素 慾求見所謂靈魂者 亦不
　　可得." 이 구절에 대한 이능화의 각주는 "如佛說心理符合"로 되어 있어 심리현상으로
　　서의 유식적 의식 활동을 지시하고 있다. 곧 의식의 형성과 그것에 근거한 이성적 정
　　합성의 추구는 가능해도 이 영역을 넘어선 영혼, 본질의 영역은 불가파지의 것으로
　　여긴다.

다. 또 나의 의식이 도달하지 못하는 것으로의 본질 역시 단순 무잡한 것이다. 이 모든 것은 의식계의 일(意識界之事)이며 현상 중의 현상인 것이다. 만일 내 몸 가운데 소위 영혼이라는 것이 있다면 그것은 사념(思念)으로 도달될 수 있는 것이 아니다. 왜냐하면 사념이란 이미 나타난 작용이고 영혼은 아직 나타나지 않은 본체이니 두 가지는 전혀 다른 사물인 것이다. 곧 내 눈으로 볼 수 없는 것은 나의 의식으로도 헤아릴 수 없다. 내가 알 수 없는 가능의 영역일 뿐이다. 따라서 나로서는 성인(聖人)이 된 이후에 성인을 알아볼 수 있다고 말할밖에 없다. 범상인의 느낌으로 성인의 불가사의한 경계를 측정할 수는 없는 일이다.”[53]

이능화에 대한 접근은 이제껏 우리가 파악한 것 이상의 작업을 필요로 할지 모른다. 근대기의 서양의 철학과 지식 체계가 그대로 그의 저술에 반영되고 있다. 그리고 단순히 외래의 것을 수용하려는 입장만을 취하는 것도 아니다. 불교라는 거대한 사상 체계를 자신의 비판적 배경으로 삼고 서양근대에 대해 반응하고 있다. 『회통』의 마지막 구절도 상징적 의미를 띠고 있으며, 그것도 능엄경의 한 구절의 인용으로 마감하고 있다. “‘물이 얼음이 되고 얼음이 다시 물로 변하듯’ 불교가 조명하는 세계의 백 가지 종교인들의 마음의 얼음이 변화하여 백 가지 강물의 지혜의 물로 변하기를 바란다”는 기원의 말이 그것이다. 그의 선친의 기독교 개종과 그 시대에 창궐하는 기독교에 대해 백교가 회통되어야 한다는 말은 수사적인 말인지 아니면 다종교 현상에 대한 근대기 불교의 비판적 수용의 반응이 될지 계속 따져 볼 문제이다.

---

53 『회통』, 97쪽의 해당구절에 대한 필자의 의역.

8. 맺음말

이 발표의 의도를 『백교회통』에 대한 독법으로 시작했다. 일차적으로 텍스트에 대한 이해와 분석이 선결문제였다. 그러나 많은 문제점을 일으키는 실증사학적 접근이 일반화되어 있어 문헌 분석과 이 문헌이 언급하는 정신 상황에 연결시키는 작업이 더 앞서서 진행되었다. 본론에서는 이 『회통』이 위치한 시대적인 상황과 그것이 현시하는 내용을 충실하게 재현하려 노력했다. 무엇보다도 『회통』은 불교 텍스트를 십분 활용하고 있으며 무려 42개의 경론에서 적출 발췌된 구절을 통해 이능화 자신의 정신사적 관점을 피력하는 것이었다. 보기에 따라서 이능화의 저술은 인용에서 시작하여 인용으로 끝난 표절이거나 자료 수집의 호사 취미의 결과로 이해되기 쉽고 실제로 그렇게 평가되는 것이 불교학과 역사학계의 이능화 저작에 대한 통념이었다. 그래서 역사학을 비롯한 대부분의 인문학 분야에서 그를 '근대기의 전환기적 계몽주의 학자'로 근대기의 '결함'과 '미숙'의 표본으로 결론지었다. 이런 오해는 결국 텍스트의 표기성과 전통 문헌의 서술 방법을 파악하지 못했던 역사방법론의 결정적 결함이었다. 그는 동양고전의 술이부작(述而不作)의 원칙과 선현의 문헌을 전범(典範)으로 삼는 전통적 자세를 충직하게 따랐고, 자료를 자의적으로 일그러트리지 않고 인용과 인용의 연결 속에서 자신의 사상을 표출하였다.

실제로 에티엔느 발라즈(Etienne Balasz)의 중국문헌 전통의 특징이나 나카무라 하지메(中村 元)의 중국인의 사상(事象)에 대한 표기/표현 방식은 이능화의 전통 문헌 다루기의 성격을 극명하게 드러낸다. 곧 끊임없는 인용의 연속들은 그의 박학과 깊이를 말하고 있을 뿐이다. 따라서 인용된 전적들에 대한 문헌의 내적 비판과 평가가 선결문제였다. 그리고 이능화를 다종교 현상을 인지하고 종교 현상을 객관적으로 서술한 최초의 종교학자로 상찬하고 있다. 곧 『회통』의 첫 항목인 대조목차에서 제시된 여러 종교를 다루는 것을 그의 저작(『회통』)의 특징이라고 말한다. 그런 특징이 나타난 것은 인정되나 그것이 근대 종교학의 객관성의 표출인지는 다시 검토되어야 한다. 왜냐하면 대변항목에 이르러 앞서 자신이 요약 제시한 각 종교/현상들의 내용들에 대해 논박하거나 불교와 대비시켜 불교적 해석으로 이끌고 있기 때문이다.

실제로 그가 표방한 내용은 오히려 불교 호교론적인 입장이 주를 이루는 것으로 나타난다. 곧 인용된 경전들의 맥락을 추적하면 전통적 불교교설을 주장하는 면이 더 강력하게 작용하고 있다. 그에 따라 종밀의 교상판석을 우리의 종교현장에 다시 적용시키며, 이 틀 안에서 다종교 현상, 곧 수입된 기독교를 위시하여 재래의 민속 종교, 유교의 종교적 측면들을 수용하는 이론의 틀로 확장시킨다. 그렇다고 정통적 교설의 발췌와 인용 행위 그 자체를 두고 불교의 근대적 표현이라고 할 수는 없다. 인용의 근거이며 연관점과 그에 따른 "맥락적 해석"(contextual interpretation)만이 그것을 가능하게 한다.

따라서 이능화가 활용한 질문의 제시와 답변의 도출 방식은 이능화의 것일 수밖에 없다. 곧 의도된 질문과 그에 따라 답변으로 서술된 내용은 근대기의 문제의식으로 강조될 수밖에 없다. 그것을 위해 『회통』에 나타난 몇 가지 철학적 담론을 예증적 사례로 검토하였다. 그러나 서술 방식은 철저하게 전통 고수의 입장이고, 그에 따른 답변의 내용은 근대기에 변용/적용시킨 교상판석으로 나타났다. 그것은 시대적 상황을 따른 이능화의 근대기의 또 다른 새로운 '판석'(判釋, Interpretation)일 수밖에 없었다.

일제강점기 한국 근대 불교(학)의 전개[*]

―관견(管見)적 시론

* 『한국종교』 45집, 원광대 종교문제연구소, 2019.

1. 한국 불교에서의 근대란 무엇인가?

근대(modern)는 동경의 대상이나 실현되어야 하는 목표가 아니다. 근대주의(modernism)가 내포하는 폭력성은 흔히 근대 시기라는 역사적 시간 속에 전개된 거대한 발전과 진보에 의해 은폐되고 있다. 서구의 아시아 지배는 근대화라는 이념으로 포장되어 동양으로 하여금 서구를 열망을 갖고 쫓아야 하는 동경의 대상으로 삼게 했다. 일본의 메이지유신은 근대를 향한 첫 아시아적 모델을 제시하였고, 뒤이은 일본의 팽창은 일본이 축소모방적인 형태로 한국과 중국을 석권할 수 있게 했다. 일본의 한반도 침략은 아시아적 근대가 우리에게 가져온 전형적 사례이다. 한국사의 경우 한말·일제강점기·해방을 거치며 근대 민족국가를 건설하는 여정 속에서 우리가 경험한 이 근대의 내용을 그대로 보여준다.

더욱이 이 시기에 한국의 불교가 겪은 역사적 상황에 초점을 맞추면 근대주의의 바람직하지 않은 표본을 보게 된다. 우리 민족문화의 한 부분으로 체질화되어 있던 불교가 스스로 각성하고 민족의식과 민족문화의 반열에 오르고자 했을 때 그것은 자신의 내적 힘에 의해서가 아니라 타율적인 힘에 의한 것이었다.

조선조 때는 억불 정책에 의해 승려의 도성 출입을 금하고, 여러 형태로 불교에 가한 정책과 편견 때문에 불교가 주변화되어 '불교적인 것'은 한국

문화종교의 변두리에 잔존할 뿐이었다. 불교는 부정되고 거부되어야 하는 대상이었다. 나에게서 부정되어야 하는 대상이 타자에 의해 인정되어 자신의 정체성을 확립해야 한다는 모순적 자기주장, 그것이 근세에 한국 불교가 처한 위상이었다. 근세의 한국 불교는 민족 전통문화였으나 타기하고 매도해야 할 유산이었으며 동시에 일제에 의해 그 위치를 돌려받고 자기주장을 펼쳐야 하는 자기모순적 이중성을 지니고 있었던 것이다.

한국 승려의 도성 출입이 다시 허용된 것이 1895년 일본인 승려 사노 젠레이(佐野前勵)의 상서 하나에 의한 것만은 아닐지 몰라도 이미 그 시기에 일본 불교의 영향과 예속적 상황에 빠져 있었다. 용주사 승려 상순(尚順)은 사노에게 감사장을 보냈고 이러한 예는 상순으로만 그치지 않았다.

승려 도성 출입 허용이란 사건은 근대기 한국 불교의 성격을 규정짓는 상징적인 의미가 있다. 그리고 이 사건을 통해 우리는 반일·친일이라는 단선적 이분법적인 평가를 따르지 않고 역사 맥락상의 다양한 해석을 할 수 있다. 따라서 근대 한국 불교에 접근하는 새로운 틀이 필요하다.

2. 근대 한국 불교를 보는 시각

승려의 도성 출입이 허용된 이후 불교의 종교적 자유를 구가한 이면에는 전통적인 것을 근대적인 것으로 전환시켜야 하는 당면 과제가 있었다. 그러나 당시의 한국 불교는 일본 불교를 근대 문명의 산물로 인식하며 일본을 모방해야 할 대상으로 보고 일본 불교에 대해 추종·의존의 속성을 드러냈다.

불교의 근대화라는 명목 아래 불교의 공인 및 관리, 포교의 확대, 교단(종단)과 교정(승정)의 설립, 신교육제도 도입, 시찰 및 유학, 학교 및 포교당의 설립 등이 추진되었다.

이러한 일들을 추진하는 데 관건이 된 것은 종단의 설립이었다. 1902년 설립된 원흥사(元興寺)에서 홍월초(洪月初)·이보담(李宝潭)이 주도하여 〈불교연구회〉를 만들어 종단의 형성을 꾀했고, 1908년 3월 6일 원종(圓宗)을 발주시켰다. 대종정으로 선출된 이회광(李晦光)은 종무국(宗務局)을 설치하여 원종 종단을 출범시켰다. 당시는 일제의 식민지 체제였기 때문에 그는 1910년 일본 조동종과의 연합을 시도했다. 이에 반발한 불교계 자주 세력들에 의해 임제종 설립 운동이 전개되어 한국 불교계는 양분되었다.

한국 근대 불교의 형성은 이렇듯 외래의 영향과 지배에 대한 반대급부적 자기 각성으로 출발했다. 소위 저항성과 근대성의 문제로 제기된다. 전통문화는 타자에 대한 차별성과 자기 확인의 중요한 근거가 된다. 그리하여 조선적=반일적=민족적=저항적이라는 도식을 상정할 수 있다.[1]

그러나 근대적 제도와 설비를 제정하는 근대성은 문화적 수용을 전제하지 않으면 안 된다. 곧 원종 종단의 설립은 근대성을 지닌 것으로 평가된다. 이제껏 근대 불교와 이 시기 불교의 행태에 대한 이해는 친일과 반일의 양분적인 잣대에 의해 획일적으로 접근하는 경향이 있었다. 원종 종단설립과 임제종 설립의 대항 조치에 대한 해석은 표본적인 예로 볼 수 있다. 이러한 친일과 반일의 지나친 단순화는 역사적 실상을 은폐할 뿐만 아니라 다음 단계로의 해석을 차단하는 면이 있다.

임제종의 형성과 한용운 등의 활동은 일부 역사학계에서 주장하는 저항적·민족적=전근대적, 타협적·종속적=근대적이라는 논리를 벗어나는 사례이다. 임제종 설립 운동은 한용운의 조선불교 유신론에 의해 전통 계승

---

1 이지원, 『한국 근대 문화사상사 연구』, 19쪽.

과 근대성이라는 두 마리 토끼를 잡은 운동으로 평가될 수 있다.

3. 진화론 수용과 한국 불교

불교계가 사회진화론을 수용하는 문제는 역사학계가 제시한 저항과 근대 혹은 반일과 친일이라는 이분법적 문제를 구체적으로 드러내는 또 하나의 계기였다.

개화기의 불교 잡지와 신문에서 크게 부각된 논조로서 사회진화론만 한 것이 없었다. 그리고 이 주제는 그것이 지속적으로 논의된 점에서, 또 불교계에 광범한 영향을 미치며 불교의 개량과 사회 적응성을 따졌다는 점에서 그 유례를 찾을 수 없다. 개화기 전 기간과 일제강점기에 현실 여건을 어떻게 돌파할 수 있느냐의 현안 문제로서 사회진화론은 근대 한국의 모든 분야에 수용된 이념이었다. 그러나 이 사회진화론의 골격이 적자생존과 약육강식 또는 우승열패를 기본 틀로 하고 있기 때문에 그것을 수용하고 해석하는 데는 해당 분야마다 나름대로의 자기 특징이 드러날 수밖에 없었다.

예컨대 김소하(金素荷)는 이렇게 사회진화론에 대한 반대 의견을 피력한다.

개인주의라든가 이기주의자라든가 적자생존의 사상 같은 것은 절대로 취하지 못할 바이다. 왜냐하면 이기주의는 이기주의로 망하고 殺伐을 행하는 자는 살벌로서 패하는 법이다. 불교에서는 화합주의를 주장하며 이타사상을 창도하여 不殺戒를 가르치는 바이다. … 적극적으로 愛生主義, 생명 존

중 사상으로서 창도한 것이다.[2]

김소하의 불교적 입장이 서구의 '야만인'에 대한 우위의 입장과 제국주의적 논리를 간파했는지도 모른다. 한 걸음 더 나아가 서구를 대체하여 진화의 이념을 표방한 일본의 정치적 의도를 보았는지도 모른다. 그러나 힘의 논리에 대한 그의 반대 논리는 불살계(不殺戒)와 애생주의, 생명 존중 사상이다. 사회적 맥락에서 이 반대 논리의 해석이 필요하다. 같은 노선을 주장한 김경주(金敬注)의 글도 주목된다.

> 국가 존망·흥패를 보면 强國이 自利만을 위하여 무죄한 양과 같은 평화국에 不義無名의 군을 加하여 幾千無辜의 蒼生은 공연히 강도적 행위를 행하나, 어떤 사람이든지 此를 無怪이 생각하고 도리어 고상한 美名하에 此를 장려함에 이르르는 나는 말할 바를 알지 못하겠다.[3]

사회진화론이 내포한 근대화의 폭력성을 배경으로 한 제국주의적 침략 행위를 지적한 발언이다.

한용운에 이르러 일제의 강점과 제국주의적 야만적 문명을 비판하는 발언은 정점에 달해 "침략주의는 인류의 행복을 희생시키는 가장 흉악한 마술"이라고 지적하며 "오직 군함과 총포의 수가 적은 이유 하나 때문에 남의 유린을 받을 수 없는 것"이라고 규탄한다. 아마 사회진화론에 대한 일차적 반응으로서 반일·반제국주의적이라는 측면이 잘 드러난 경우일 것

---

2   金素荷, 「현대사조와 불교」, 『불교』49.
3   金敬注, 「인생관」, 『불교』17.

이다.

사회진화론이 제국주의적 지배 이념으로 차용될 때, 그것은 선도·개발이나 후진 지역 교화를 표방하며, 특히 종교(불교)를 앞세워 사랑과 평화의 보편성을 내세우는 것의 부당성(기만성)을 지적한 발언이다.

사회진화론의 사회·정치적 맥락을 정확히 파악한 것은 오히려 불교였다고 생각된다. 반면 1890년 중반 구미 지역에서 사회진화론을 배운 서재필과 유길준의 경우는 불교적 입장과는 상당한 차이를 보인다. 유길준은 국가의 '교화'와 '국가에로의 헌신', '충군애국'을 강조하면서도 동시에 '정부의 직분이란 인민으로 하여금 각자 자주하는 생애를 경영하고 타인에게 의탁함이 없이 하는 일'로 규정하고 있어 서구적 자유주의의 기본을 소화하고 있다. 국가에 충성하여 국권을 회복하는 일이 일제에서의 탈출이라는 자강론적인 입장을 펼쳤으며 일반 개인의 권리라는 서구적 개념을 도입한 것이다. 특히 윤치호는 기독교적인 관점에 서서 퇴폐한 전통이야말로 사회 진보에 걸림돌이 되므로 자강의 길로 나아가기 위해 불교와 같은 전통은 부식시켜야 하는 것으로 주장했다. 문명화된 서구적인 것(기독교)의 도입과 그것에 의한 자강적인 수단을 통해 국권을 회복할 것을 말한 것이다.(윤치호 일기) 그는 문명 종교인 개신교를 배경 삼아 타 종교를 잡신 숭배나 우상숭배로 규정하며 기독교 우위의 문명론을 펼쳐 또 하나의 지배적 사회진화론에 빠지고 말았다. 곧 대체된 서구 지배론에 빠질 위험을 지니고 있었다. 사회진화론이 당시 우리에게 유입된 경로의 다양성을 그대로 노출시킨 셈이다. 따라서 서구의 경로를 통한 유길준, 서재필, 윤치호 등의 사회진화론은 제국주의 이론의 대체적 성격을 지닌 수입된 사회진화론의 자기모순을 그대로 노출하는 한계를 보인다.

또 하나의 형태는 일본 유학생들에 의한 사회진화론의 이해이다. 그들은 국망(國亡)의 현실을 본 지식인들의 눈에 비친 국가 간의 경쟁, 경쟁을 통한 자강을 생존의 문제로 설정하고 이 진화론을 구국의 방편으로 생각했다. 유학 지식층은 민족 생존을 위한 당위로서 개인의 자유를 단체에 귀속시키고 공동의 자유를 보장하는 국가에 복종할 때 자유가 얻어진다는 국가사상과 민족공동체 의식을 북돋았다. 일본의 가토 히로유키(加藤弘之)가 소화하고 새롭게 해석한 일본적 유형의 사회진화론을 피압박민의 독립과 자립의 이념으로 전용한 셈이다. 량치차오가 중국적 현실에 적응시킨 것을 우리도 량치차오적인 입장에서 그대로 수용한 것이다. 곧 집단 생존을 명분으로 단결을 강조하고 서세동점의 시대에 알맞은 국력·단결 우선주의 이념으로 받아들인 것이다.

마지막 형태는 한용운이나 이능화에게서 보이는 특성으로서 아직 일정한 패턴으로 특화시킬 수 있는 뚜렷한 개념적 특징을 드러내기는 힘들다. 그러나 적어도 앞에서 지적한 두 패턴의 한계를 인식하고 있다는 점에서 새로운 유형으로 제시할 필요를 느낀다. 이능화는 그의 『조선불교통사』에서 천연론(天演論)을 비교적 객관적으로 소개했다.

지금의 이 전쟁(1차 세계대전)을 비유로 든다. 유럽의 교전국들은 한결같이 예수의 기독교를 받들고 있다. 독일인들은 하나님(천주)께 기도를 드리고 승리를 거두기를 원한다. 러시아인도 하나님(上帝)께 기도드리고 도움을 받기를 원한다. 러시아가 승리하면 곧 하늘은 러시아를 돕고 독일을 버렸다고 할 것인가, 독일이 승리하면 하늘은 독일에 대해 무턱대고 러시아를 박대한 것인가, 절대 그렇지는 않다. 러시아가 승리하면 그것은 러시아인의 지식의 힘이 우세했기 때문이고 독일이 승리하면 독일인의 지식의 힘이 우수했기 때문이다. 승패란 진화 발전[天演]에 달려 있다….

계속하여 사회 진화론적 약육강식의 논리를 편다.

> 약자의 고기를 강자가 먹는다. 큰 고기는 작은 고기를 잡아먹는다. … 생존은 경쟁이고 우승열패(의 논리)이다. 곧 과학자들은 진화 발전과 도태의 법칙을 연구하니 그것도 역시 같다. 이 두 학설을 절충하여 말할 수 있다. 행위[業]의 결과가 상속되는 것을 통찰하면 진화 발전과 도태에 대해 명확히 논의할 수 있으니 결코 모순이라 할 수 없다. 오히려 조화로운 일이라 하겠다. 개별적인 사물 가운데 정교한 의미가 들어 있고 융통하여 무애하다. … 출세간 법에 의하면 삼세(三世)의 인과가 명백하다. 따라서 계율을 엄수하여 살생을 금하고 중생을 교화 제도하여야 한다. … 그러나 해충을 없애고 미친개를 죽여 없애고 닭과 돼지를 키우는 일 등 … 이것은 세간 법으로 어쩔 수 없고 … 모든 것은 스스로의 행위[業]에 의거한다.
> 하늘과 자연 재난에 의한 도태의 연결망에 이르러서는 부처님도 어쩔 수 없다. … 생존경쟁과 진화 진보의 법칙은 인간과 인간 사이의 관계이니 극렬한 관계이다. 붕당은 알력을 빚어 서로 죽이고 해친다. … 세계에는 적들이 서로 충돌하여 서로 투쟁하여 죽인다. 오늘의 구라파전쟁이 그것이다. 불법을 통해 본다면 같은 업[同業]에 의해 서로에게 감응된 것이다. 진보 발전[天演]에 비추어 보면 소위 우승열패인 것이다.[4]

사회진화론의 자연과학적 입장을 불교의 업(業)론에 의해 수용한 것이다. 모든 것은 자신의 업에 의해 상속되므로 작의(作意)적인 해석을 피할 것을 강조한다. 인간과 역사의 심판은 신과는 아무런 상관도 없으며 인간

4　『조선불교통사』 下編, 82-84쪽.

소작의 결실로 해석한다. 세계대전마저 서구인들의 행업에 의한 결과로 냉정한 과학적 원인 결과로 관찰한다.

어떤 면에서는 자연과학적 법칙인 진화론과 도태론을 불교의 행위의 원인·결과와도 일치시켜 불교의 자연과학적 영합성을 주장한다. 따라서 이능화에게서 사회진화론은 불교의 업설을 과학적으로 논증하는 하나의 도구로 화한다.

그러나 이 불교적 업설(業說)에 의한 사회진화론의 해석이 그에게 '있는 그대로 받아들인다'는 결정론적인 현실 순응적 역할을 한 것은 아닌가 하는 의심도 제기해 볼 수 있다. 일본에 대한 견문과 량치차오를 통해 사회진화론을 이해한 그가 당시의 지배적인 사회 담론이었던 사회진화론을 이렇게 불교적으로 수용한 사실을 단순하게 업설이 지닌 결정론으로 결론짓기에 앞서 업설에 대한 사회 맥락적인 연관성을 좀 더 깊게 살필 필요가 있다.

한용운이 사회진화론을 수용한 경로는 분명 량치차오의 논설(파괴는 유신의 어머니다.)을 통해서였다. 량치차오 자신마저 사회진화론에 대한 입장이 변하고 있었기 때문에 어느 시기의 것을 수용하느냐 하는 점이 논구되어야 하지만, 한용운의 『불교유신론』이나 현실 개조적인 주장들은 계몽주의적 현실 타파를 목전에 두었던 것이 분명하다. 과거의 역사적 질곡에서 벗어나지 못하고 일제의 동화정책에서 파행을 거듭하는 불교계를 질타하는 이론 틀의 역할을 한 것이다. 그에게 내면화된 이 사회진화론적 관점은 윤치호나 유길준이 기독교적 도구로 사용한 것과는 분명한 차이가 있다.

> 종교는 자체에 있어서 신성할 뿐 아니라 그 목적은 전 인류의 행복과 평화를 달성함에 있는 것이다. 그러한 종교가 인류 평화의 적이 되는 침략 정책

의 실현에 보조적 전위대가 된다면 실로 종교로서의 치욕이어서 더 할 자가 없는 것이다. 종교는 마땅히 자체의 신성을 스스로 존경하여 이러한 치욕에 빠지지 말지니 정치는 삼가 종교의 신성한 자유를 철저히 옹호하기 위하여 일체의 간섭을 하지 말지어다.[5]

이 주장은 약육강식의 진화론을 수용할 때 빚어지는 조선인의 자의식 및 갈등에 대한 반성과 제국주의적 침략에 대한 비판 의식의 둔화와 문명개화론이 지닌 함정을 종교를 통해 표출시키고 있다. 일차적으로 불교계가 동화를 향해 치달리며 일본 불교와의 합병 연대를 표방할 때 내세우는 것이 평화와 인류의 안녕이라는 보편적 이념이므로 그것을 앞세워 침략을 합리화시킬 가능성을 차단하려는 주장이다. 기독교를 전 시대의 유물로 치부하는 불교나 토속적 신앙 형태를 사회 개량이나 계몽을 위해 사회진화론적 입장에서 비판하는 것은 또 하나의 모순을 불러온다. 본의 아닌 '침략 정책의 보조적 전위대' 노릇을 한다는 것이다. 가령 윤치호가 "문명의 이기를 사용하지 못하는 인종은 결국 한계에 도달하여 더 이상 존재의 의미를 상실한다."(윤치호 일기, 1893.10.14.)고 한 것은 한용운이 지적하는 문명개화론의 함정과 기독교의 불교 비판이 지닌 모순을 지적하고 있다.

당시의 사회 담론으로 광범위하게 유포된 사회진화론의 다면성, 각 이해 집단의 입장과 그것을 차용할 때의 그 집단의 이념 및 현실적 효용성에 다각도로 접근할 필요가 있다.

---

5 『한용운 전집』 2, 143쪽.

4. 불교의 자기 인식과 불교학의 대두

불교의 근대성은 무엇보다도 자신의 위상을 인식하는 자기 각성에 있다. 이러한 자기 주체성의 인식은 불교계에서도 일부 식자들을 중심으로 확산될 수밖에 없다. 불교가 신앙과 신행이라는 종교 실천에 근거를 두고 있지만 그것의 주체성과 사회적 평가를 시도할 때는 객체화될 수밖에 없다. 소위 타자화를 통한 자기 인식이라는 과정을 겪는다. 그것을 가능하게 하는 것이 불교를 학문의 대상으로 삼는 불교에 대한 학문적 접근이다.

일제강점기를 겪으며 일부 각성된 불교인(승려, 재가신도)들이 한국 불교에 관해 역사적 고찰을 시도하여 자기 인식을 꾀했다. 이능화의 『조선불교통사』가 가장 방대한 불교사라면 이보다 한 해 앞서 출간된 권상노의 『조선불교약사』는 그 효시라 할 수 있다. 그리고 이후 일본 유학생 및 3·1 운동을 전후한 프랑스·독일 유학의 개명한 인사들의 해외 지식 유입을 주목하지 않을 수 없다.

서구 사상의 소개라는 측면에서 불교학계가 소화하고 있는 사상들은 당시 철학계의 관심과 다르지 않았다.

金素荷, 「현대 사조와 불교」, 『불교』 49, 1928.

鐵啞, 「근대 철학의 비조 르네 데카르트」, 『불교』 46·47합호, 48, 1928. 5-6.

鐵啞, 「헴의 종교론」, 『불교』 52, 1928.10.

金素荷, 「희랍 철학의 비조 소크라테스」, 『불교』 57, 1929.3.

金素荷, 「쇼펜하웰의 염세철학과 그의 불교 사상」, 『불교』 56, 1929.2.

朴東一, 「칸트로부터의 흄까지 因果問題의 발전」, 『불교』 61-70, 1929.7.

金泰治, 「불교실천 도덕의 원리」, 『불교』 53, 1928.11.

또한 일본 불교학계의 결실만 소화한 것이 아니라 서구 불교학의 성과
도 흡수하여 서구 불교학 연구 현황을 발표한 논문도 적지 않았다.

鐵啞,「구미 학계와 불전의 연구」,『불교』 49, 1928.7.

경오,「유럽 사회에서 시현된 불교」,『불교』 66, 1929.12.

김법린,「프랑스의 불교학」,『불교』 100, 1932.10.

이외에도 앞서 언급한 사회진화론의 이슈는 가장 애호하는 논술로,

발용당,「진화와 불교」,『불교』 70, 1930.4.

화산여수,「불교와 현대 사회 사조」,『불교』 79, 1931.

유엽,「불교와 사회 사조,『불교』 80, 1931.2.

김진원,「불교와 사회문제」,『불교』 101, 102합호, 1932.12.

김태흡,「종교와 과학의 사회적 관계」,『불교』 106, 1933.4

으로 옮겨가고 결국 사회주의적 유물론과의 이데올로기적 관점에 대한 이
해도 피력된다.

김태흡,「물심불이의 理」,『불교』 63, 1929.9.

일주,「부르조아와 프롤레타리아」,『불교』 71, 1930.5.

자경,「불교에서 본 사회주의」,『불교』 79, 1931.1.

동우,「유물론적 종교비판」,『불교』 79, 1931.1.

오봉산인,「현대의 무신사상과 불교」,『불교』 17, 1925.11.

불교가 어떻게 하나의 학문으로 자리 잡을 수 있는가 하는 인문학적 평가는 시대적 편차 이외에도 일제강점기라는 역사적 상황과 맞물려 있다. 곧 근대 불교학의 형성과 내셔널리즘(nationalism)은 동시적으로 다루어질 수밖에 없었던 점에서 일본의 진속(眞俗) 이제론(二諦論)적 정치와 불법의 혼융적인 영향을 그대로 받아들였다고 할 수 있다. 정부와 국가의 프로파간다로서 국수주의 운동, 국체사상의 선양이라는 일본 정부의 목표를 말단적으로 수용하는 모습도 간과할 수 없다. 소위 친일 불교의 색채를 띤 논설과 변절 불교 인사들에 대한 논의 역시 고찰의 대상일 수밖에 없다. 그러나 앞서 지적했듯 친일과 반일, 저항과 근대라는 이분법적 시각의 지양은 절실히 요청된다.

5. 맺음말

한국 근대 불교에 관한 연구는 이제 시작되었다고 해도 과언이 아니다. 우리는 한국의 근대라는 시기가 지닌 문제점과 그 시기를 바라보는 시각 자체를 차단당하는 역사적 경험이 있다.

무엇보다도 침략과 저항이라는 틀이 이 시기에 접근하는 시각을 한정시켰고, 저항성과 근대성이라는 양가(兩價)적인 판단이 반일적=민족적=저항성이며 민족문화운동=저항운동이라는 도식에 빠지게 했고, 전통 무시=타협적=문명개화=근대 지상주의로 일제강점기를 특징짓는 논리를 전개하게 했다.

불교는 이 두 도식에 그대로 적용시킬 수 있는 표본이 되었다. 그러나 근대 불교의 개념이나 그 성격, 특히 내면을 흐르는 사상적·종교적 성격은 밝혀진 적이 없었다. 이능화의 저술마저 제대로 분석된 경우가 드물고,

한용운은 민족·국가라는 틀에 가두어 친일·반일의 도식에서 한 걸음도 벗어나지 못하게 하고 있다. 사회·정치적 맥락을 잘 표출시킨 자료로 당시의 신문·잡지보다 더 나은 것은 없다. 자칫 불교 연구가 빠져들기 쉬운 교리적·문헌적 연구를 지양하고 현장의 행태를 분석할 필요성을 느낀다. 그것을 사회·정치적 맥락에서 해석한다면 근대 한국 불교의 현실적 위상을 짚을 수 있을 것이다. 이 신문·잡지를 통한 불교의 현장 분석이야말로 한국 불교의 현재를 가늠할 수 있는 최적의 연구 방법이라고 생각한다.

한국종교의 근대적 각성

—원불교의 새로운 회상을 중심으로

1. 머리말

종교학을 나의 전공 학문 분야로 선택한 이후 원불교는 줄곧 나의 관심의 대상이었다. 나의 스승인 이기영 교수는 이미 1960년대에 새로운 회상을 전개한 원불교에 대해 관심을 피력하며 후학들에게 이 신흥 종단의 배경과 그 활동 양상을 주시하도록 환기시켰다. 이분의 원불교에 대한 각별한 관심은 이후의 다른 종교학자들로 하여금 이 새로운 종단에 대해 호의적인 논평과 함께 비판적인 견해들을 이끌게 한 중요한 계기가 되었다고 생각한다.

그 이후 거의 반세기가 지나 원불교 개교 100주년을 맞은 지금, 원불교는 종교학이 다룰 수 있는 거의 모든 분야에서의 접근을 가능하게 하는 면모를 갖추게 되었다. 이제 원불교는 그 발생과 교리 체계의 형성을 시작으로 역사적 상황, 문화적 연관, 종교적 맥락에서 그것이 지닌 신앙 내용이며 상징들에 이르기까지 다양한 분야에서 학문적 접근이 가능한 종교가 되었다. 특정한 분야로 한정시키거나 특정 국면을 단절시켜 원불교에 접근하여 평가하는 일은 이제 거의 불가능하게 되었다. 원불교는 이제 다양한 종교학적 접근이 가능한 다면불(多面佛)인 셈이다.

원불교를 어떻게 이해하느냐 하는 문제는 마치 기독교를 어떻게 이해해야 하느냐, 이슬람교를 어떻게 접근·파악해야 하느냐, 더 나아가 우리 문화와 삶의 양태와 밀착된 불교를 어떻게 이해해야 하느냐의 현실적인 문제와도 맞물려 있다. 요컨대, 원불교는 이제 역사화되었고 따라서 객체화되었다. 개인적 관심뿐만 아니라 학문적 관심 대상이며 가치 평가적인 대상으로 노출되어 있다. 이것은 원불교가 성숙하였다는 것을 의미하는데, 이는 100년이라는 시간적인 성숙뿐만 아니라 비판과 평가의 대상으로서의 성숙을 의미하는 것이기도 하다.

원불교를 아주 특징 있게 표현한 말이 있다. '한국의 종교'이기도 하고 '한국으로부터의 종교'이기도 하다는 것이다. 한국 문화와 토양에서 자라난 민족·민중 종교로서의 '한국 종교'이며 또 세계종교로서의 보편성이 있는 '한국으로부터의 종교'라는 것이다. 곧 원불교는 민족종교와 세계종교의 두 면을 함께 지니고 있다는 것이다. 그러나 이 두 가지 면의 정체성 주장이나 인식과 더불어 신흥종교로서의 특징이 부각되기도 한다. 이러한 이중적 정체성이 어떤 때는 장점으로 작동하지만, 어떤 때는 취약점으로 비추어질 수도 있다.

이제껏 원불교에 관한 가장 중요한 주제는 '원불교 형성의 역사적 정황'에 관한 것이었다. 곧 한국의 개화기와 민족의 고난 시기인 식민지 시대에 원불교가 어떻게 형성되었느냐 하는 발생론에 관한 문제이다. 다시 말해 소위 근대성이 내포하는 폭력성과 제국주의의 억압 속에서 민족종교로서 원불교는 어떤 전통을 잇고 있으며, 그런 전통의 계승은 어떤 정통성을 지닐 수 있느냐 하는 문제이다.

첫째, 원불교의 선행 사상은 한국 개화기의 민중 사상과 의식의 분출로 형성된 동학·증산교·정역사상을 이어 그것들이 결합 혹은 종합(혼성)된 것으로, 다른 한편으로 한국의 전통적 종교 사상인 유·불·도의 전통을 계승한 것이라고 주장한다. 둘째, 무엇보다도 정통 불교의 유산을 개혁한 신흥 불교로서의 새로운 종단이라고 주장한다. 이 주장은 곧 '불교적 시원성'의 문제와 연결된다. 소태산 대종사의 종교적 친근성과 그가 초기적 교단 형태로 명명한 '불법연구회'(佛法硏究會)와 그로부터 연원된 원불교(圓佛敎)란 명칭의 문제라고 볼 수 있다. 곧 불교와의 연속/비연속에 관한 주장으로 원불교를 불교의 근대적 각성으로 여기는 문제이다. 셋째, 불교 개혁론과 연결된 공동체 운동의 문제이다. 지방 소공동체 운동을 발판으로 식민 통치하에서 정치적 중립을 표방하며 새로운 종단으로 발전하였다는 것이다.

이런 복합적 요인을 원불교에서 어떻게 파악하느냐 하는 것은 바로 원불교의 정체성에 관한 문제이다. 그것들은 항상 유동적이고 창의적으로 해석될 소재가 많다. 해석될 소재가 많다는 것은 이미 원불교가 객체화되어 있다는 것을 말한다. 앞서 지적한 세 가지 문제는 모두 원불교의 정체성 문제로서 각각 개별적으로 독립된 항목이 아니라 안팎으로 서로 긴밀하게 연결되어 있다. 그것을 편의상 구분하여 이 글에서는 1) 혼합성으로서의 발생의 문제, 2) 불교적 시원성의 문제, 3) 새로운 회상으로서의 불교 개혁론, 즉 불교 개혁론으로서의 공동체주의와 새로운 종단의 성립 문제 등을 종합적으로 검토함으로써 원불교에 대한 새로운 회상으로서의 평가를 개관해 보려 한다.

2. 혼합성으로서의 문제

모든 새 종교나 신흥 종단의 내용은 그 창시자들의 생애와 밀착된 이야기일 수밖에 없다. 원불교의 형성과 소태산 대종사의 관계 역시 예외일 수 없다. 원불교의 발생 계기나 그 구성 내용은 그대로 소태산의 생애이고 이 창설자의 인생사가 곧 원불교의 역사이다. 소태산이 살았던 시대의 정황과 그것에 따른 그의 반응과 행위는 바로 원불교의 구성 요건이 된다. 그리고 한 사람의 인생은 단일하지도 않고 항상 일관성이 있는 것도 아니다. 혼란스러울 정도로 수많은 사건과 행동으로 직조되어 있는 것이 상례이다. 더욱이 한국 개화기 상황에서 당시의 복합적이고 혼성적인 사회적·정신적 유산을 소태산이 어떻게 소화해 갔느냐는 원불교의 정체성을 이해하는 데 관건이 될 것이다.

한국 개화기의 정신적·종교적 상황에 대한 기술은 이미 '일제강점기의 민중종교 의식'이나 '민중종교 사상론'의 표제 아래 다각도로 다루었다. 곧 최제우의 동학사상, 김항의 정역사상, 강증산의 신명(神明)사상 등은 소태산이 물려받은 정신적·종교적 유산이다. 그리고 그것을 전수 계승한다는 입장을 밝혔다. 원불교에서는 한국 근대 민중종교인 동학, 정역, 증산교, 대종교의 전통 등이 소태산에 이르러 결실을 맺고 완성되었다고 하는 동시에 서구의 기독교 유입에 대해서도 호의적 반응을 보이며 새로운 시대의 도래를 예언했다. 또한 원불교가 한국의 재래 전통에서 물려받은 가장 큰 유산은 유교·불교·도교이며, 나아가 이 유·불·도 삼교와의 긴밀한 관계를 적극적으로 수용했다. 따라서 원불교는 '한국 종교'의 총화(總和)와 같은 성격이 있다. 근대기의 민족주의적 경향을 띤 동학·정역·증산교의 정신적 유산과 동아시아의 전통인 유·불·도의 종교, 그리고 한 걸음 더 나아가 기독교에 대한 호의적인 평가를 더함으로써 미래의 구세주격인 미륵신앙까지 수용했다. 곧 태생적 문제로서의 모든 정신과 종교전통을 수용한 이 같은 혼합성은 원불교가 지닌 본질적 문제이다.

호교론적 입장이 되었건 비판적 입장이 되었건 소태산이 살아서 겪은 여러 전래의 요인들이 혼성적으로 구성된 것이 원불교라고 할 수 있다. 이러한 지적은 소태산의 인생 과정의 구성 요인과 원불교의 역사가 뒷받침하고 있다. 이런 점이 원불교의 성격에서 가장 특징적으로 부각된다. 따라서 호교론적 입장에서였건 비판적인 입장에서였건 원불교는 이런 '혼합성'(syncretism)과 분리되기 어렵다. 호교론적인 입장에서 보면, 이러한 혼합적 전통의 전수라는 성격에 내재되어 있는 논리는 다른 전통들과의 '차별화'와 원불교의 독자성에 대한 주장이 강조됨으로써 원불교의 상대적인 우위성을 말하고자 한다. 그 결과 원불교는 전수된 전통의 완성으로서 이 시대에 가장 적합한 종교로 규정되고 있다. 반면, 비판적인 입장에서도 원불교는 유·불·도 세 종교의 '잔유물'이고 민중 전래의 유산을 승계한 종교적 '구성체'라고 규정할 수 있다. 이렇게 볼 때 원불교에서의 혼합성 문제는 내부적인 입장이건 외부적 시각이건 다루기 불편한 개념으로 떠오를 수밖에 없으며, 또 그것은 반드시 짚고 넘어가야 할 문제이기도 하다.

종교에서 혼합성의 이슈는 원불교만이 당면하는 문제는 아니다. 이 혼합성의 문제는 새롭게 발생하는 모든 종교에 적용되는 일반적인 현상이다. 어느 종교이건 그것의 발생과 역사적 전개를 다룰 때 항상 제기되는 것이다. 그리고 종교학에서 '혼합성'이란 문제는 역사적 사실로부터 감추어져 있던 이전 요인들을 발견하거나 그것들을 해석하기 위한 방법의 하나로 채택된다. 즉 과거의 종교적 전개 과정을 조명하는 데 도움을 얻기 위한 해석 방법인 것이다. 다시 말해 한 종교가 지닌, 고유한 역사적 발전의 흔적을 찾아내고 역사 속에서의 '잔유물'들을 추론해 가는 방법이다. 그럼에도 불구하고 이 혼합성의 문제가 가치판단적인 평가 기준으로 작용하는 경우가 적지 않다. 곧 혼합성이란 개념은 '순수하지 못하다'는 관념을 불러일으키고, 그것은 기존 형태의 본질적인 것이 무엇에 의해서 '물든 것'이라 하거나, '침투되어 있는 것'으로 여긴다. 그리하여 그 이전에 있던 순수한 원형(originality)을 찾거나, 이 신흥종교 현상을 분해하여 과거의 잔존물로 처리하려는 환원론적 의도에 종종 사로잡히곤 한다. 곧 혼합성의 문제를 역사적 전개 과정으로 설명하고, 그 종교만의 고유한 역사적 맥락 안에서의 추동력을 설명하는 일은 회피하고, 권력과 결부된 사회·정치적 관점의 환원론적 평가 절하의 태도로 일관하기도 한다. 아마 이에 가장 대표적인 사례는 기독교의 역사일 것 같다. 기독교 이외의 다른 종교는 열등하다는 전제 아래 종교를 규정하는 요인으로 기독교를 원형으로 삼거나 서구적 종교의 표준을 다른 종교현상, 특히 동양 종교에 적용시켜 무엇인가 결여되거나 변형된 모습을 찾는다. 이는 일종의 오리엔탈리즘적인 접근 자세이다.

한편, 혼합성의 문제는 이미 역사적 자료로서 주어진 자명한 사실을 단순히 역사적 전개를 따라서 기술하는 것만을 뜻하지는 않는다. 문제는 혼합된 것이 무엇이냐에 있는 것이 아니라, 그렇게 혼합된 과정이 오늘날 그 종교가 현재의 상태로 존재하게끔 한 그 이유와 방법이 과연 무엇이냐 하는 것을 묻는 데에 있다. 한 종교나 종단의 형성 과정과 그것이 역사적 정황 속에서 오늘의 그런 모습으로 존재하게 된 창의적이고 독창적인 근거를 묻는 방식이 바로 '혼합성'에 관한 본질적인 논의인 것이다. 이렇게 접근하면, '혼합성'의 문제는 다루기 힘든 껄끄럽고 복잡한 것이 아니라 원불교 형성을 타자에게 객관화시킬 수 있는 훌륭한 방법이 된다. 곧 원불교가 역사 과정을 통해 이룩한 자신만의 고유한 성격을 부각시키고 그 창의적인 독특성을 드러내는 좋은 계기로 삼을 수 있다는 것이다. 혼합성의 특징은 역사적으로 더는 되풀이되지 않는 혼성이라는 점에서 유일성을 지니게 된다는 것이다. 곧 다른 종교 및 전통과의 차별성이나 독자성을 드러내는 전거이고, 그것은 원불교에 긍정적으로 작용할 수밖에 없다. 이같이 본다면, 원불교는 한국 전통 사상과 근세 민중운동의 맥락에서 파악될 수 있는 새롭고도 창의적인 혼성 종교라고 할 수 있다.

이제 혼합성이 제기하는 현실적인 부정적 측면들, 즉 환원성과 원형성이라는 두 가지 측면에서 심도 있게 검토해 보기로 하자.

1) 환원성의 문제

종교사에서 신흥 종단이 비판의 대상이 되는 것은 일반적인 양상이다. 이는 신흥종교가 대부분 이전 종교의 전통과 연결되지 않거나 정통에서 일탈되어 있기 때문이다. 이러한 가치판단적인 평가는 실제로 정치적인 권력과의 관계에서 유래되는 경우가 많다. 그래서 신흥 교단은 비판을 피하기 위해 자신을 전통 속으로 환원시켜 기존 개념의 틀을 가지고 평가하려 한다. 이것은 일종의 환원주의적 자세이다. 이러한 현상을 놀랍게도 불교 사상 발전 과정에서도 손쉽게 찾아볼 수 있다.

한국 불교의 전통 속에서 원효의 교판상 위치에 관한 것이 좋은 사례가 된다. 일반적으로 원효를 해동화엄의 창시자라고 상찬한다. 그의 창의적인 사상을 여러 측면에서 조명하여 그를 불교의 모든 이론을 종합한, 불교 사상을 원융회통시킨 통불교적인 가장 뛰어난 학승으로 서술한다. 그러나 정작 원효 사상의 실체를 분석한 내용은 과거의 정통 불교 사상으로 환원시켜 설명한다. 이 같은 분석은 전통의 계승과 창의성, 즉 원효의 원융사상(圓融思想)과 화쟁론(和諍論)을 불교의 중관(中觀)과 유식사상(唯識思想)의 결합으로 분해하여 환원시킨다. 또는 중관·유식의 종합 지향으로 화엄사상(華嚴思想)을 설정하고 원효 역시 화엄의 일단으로 여겨 전통 학파에 포용되는 것으로 생각한다. 그리하여 원효를 해동화엄(海東華嚴)의 창시자라는 일견 새로운 종파의 창립자로 설정하기는 하지만, 실제로는 화엄종이 중국에서 형성된 학파라는 점에서 정통 중국 불교의 한 지파로서만 인정하고 있을 뿐이다. 일종의 전통과 정통에로의 위치 지움에 지나지 않는다. 그렇게 함으로써 일종의 종파주의의 전형적인 한 유형이 탄생하는 셈이고, 전통으로 환원되고 정통을 잇는 하나의 고리가 될 뿐이다. 발현이라는 성격을 지니는 것이 되기는 하지만 전통과 정통의 환원적인 논리에 빠질 위험성은 항시 내재되어 있다.

여기서 잠시 원불교의 고유한 개념들과 한국의 사상사적인 전통을 연결시키려 한 글들을 살펴보고 싶다. 이미 지적되고 있듯이 유병덕 교수는 '전통 사상과 문화에 대한 관심을 가지고 원불교와의 접목을 시도한' 여러 논문을 발표하였다. 그는 개화기와 일제강점기의 민중종교 사상, 전통 사상과 한국 종교 등의 논문과 『한국 민중종교 사상론』, 『원불교와 한국 사회』 등 일련의 저술을 출간했다. 이들 논문은 '전통문화와 사상 속에서 원불교 사상의 기반 형성과 접목 과정을 시도한 글들'이다. 그러나 그의 주장은 구체적이지 못하고 설득력이 없다는 평가를 받고 있다. 예컨대, 그는 원불교 특유의 사상인 은(恩) 개념은 민족 사상의 뿌리 깊은 전통과 상통된다고 주장한다. 그러나 은 사상과 민족 사상 전통과의 막연한 상관성만 제시할 뿐 구체적인 전통 사상과 문화와의 실례와 실증이 없는 주장들이 적지 않다.

이처럼 원불교는 자신이 표방하는 교설의 내용을 기존의 다른 종교·사상적 개념들과 일치시키거나 같은 맥락 안에 위치 지우려는 노력을 부단히 한다. 예를 들면 박중빈의 일원사상(一圓思想)에 대한 해설은 한국 민중종교 사상의 주류(主流)라는 항목 밑에 동학사상이나 정역사상, 신명사상(강증산의 사상), 나철의 삼일사상 다음에 위치시켜 앞선 사상들이 제시한 내용을 부연 설명하거나 그것들을 확대·재생산한 것이다. 당시에 한반도를 휩쓴 질병을 종말적 병리 현상으로 해석한 수운이나 강증산의 사회 진단 예언을 소태산도 그대로 사회적 질병으로 받아들이고, 소태산은 한 걸음 더 나아가 이를 인간의 실존 상황으로 설명했다. 곧 돈의 병, 원망의 병, 의뢰의 병, 가르치고 배울 줄 모르는 병, 공익심 없는 병으로 해석하여 이전의 육체적인 병을 정신적인 차원으로 승화·확대한 것이다. 당시 사회에 만연되어 있던 전염병은 결국 소태산의 해석을 통해서 사회 질병 현상을 거쳐 인간 실존의 종교적 차원에서 구원의 단계로 이끌어 완성되었다. 또한 소태산의 실천실학사상도 동일한 정당화의 과정을 거쳤다. 그의 실학사상은 이미 알려지고 공인된 실학사상으로의 환원을 시도한다. 그 결과 원불교 특유의 소공동체 운동은 실학사상이 소태산 시대에 발현한 것으로 해석되도록 한 것이다. 이러한 사례들은 원불교의 여러 면모가 초기 단계에서 점차적으로 발전하는 모습을 보여주는 것이 아니라, 소태산이 이미 이루어 놓은 것이 그 뒤의 시대와 여건에 따라 각기 다르게 표출되고 그 시대에 알맞게 내용을 드러낸다는 사실 추수(事實追隨)의 해석 틀을 보여준다. 이런 해석 방법은 종교 연구에 알맞은 '호교론과 종교사'와의 만남을 어렵게 하고, 서로의 차이만 만들어 낸다.

요컨대, 현재 원불교에서 환원성의 문제는 원불교 고유의 것을 다른 사항으로 변모시키는 외부인 작업의 문제점이기도 하지만, 동시에 내부 호교론적인 입장에서 다른 종교에 좋은 모델은 '나에게도 있다'(me-too-ism)의 문제이기도 하다.

2) 원형성의 문제

모든 종교는 나름의 고유성을 지니고 있다. 어느 종교이건 역사 과정을 통해 변천을 겪으면서 현실 속에 존재한다. 각기의 신학 체계가 그 종교의 성격을 만들어 주겠지만 그것의 역사 과정이 무엇보다도 그 종교의 고유성을 만들어 준다. 그리고 어떤 종교나 종단이건 교리에서 규정하듯 완전한 형태로 존재할 수는 없다. 현실, 현장의 종교는 항시 무언가가 결여되어 있고, 완전한 것으로부터 떨어져 나와 일정한 부분만이 현존하는 단편화된 상태로 되어 있다. 또 그것은 현장의 여건을 따라 변형되어 존재하게 된다. 즉 역사 속의 종교는 분리된 조각들로 단편화되고 각기 다른 문화적인 요인과 혼성되어 결국 혼합적 창안물이 되는 것이다. 현실, 현장의 종교는 여러 형식으로 이루어진, 즉 혼성화되어 가는 것이다.

그런데 우리는 이런 현장의 종교를 어떻게 생각하는가? 실제로는 존재하지 않는 이상적인 '원형'의 종교를 상정하고 상상 속의 종교와 실제 종교의 모습을 대비시킨다. 이런 의식은 제국주의적인 시각에서 동양 종교를 이해한 영국 빅토리아 조의 불교관에서 가장 잘 드러난다. 이는 불교를 서구의 시각과 상상력으로 이해한 경우였고, 그것은 오늘날 불교학의 발달과도 긴밀한 관계가 있다. 불교는 동양이라는 광범위한 지역에 여러 형태로 존재하는 다양한 종교현상이다. 그것들을 한데 묶어 파악할 수 있는 유일한 방법은 경전 문헌들을 통해서이다. 소위 불교학이 문헌학으로 출발하는 단초를 열게 된 것은 원전(元典)을 불교의 원형으로 삼기 시작하면서부터이다. 불교의 정전(正典)과 다른 것은 지역적인 것에 의해 물들고 오염된 것으로 여겼고, 따라서 그것은 변질된 것으로 간주했다. 오늘날 서구 불교학의 개창자로 알려진 초마 드 코로스(Csoma de Koros, 1784-1842), 뷔르누프(Burnouf, 1801-1852), 그리고 리스 데이비즈(Rhys Davids, 1843-1922) 등의 연구에서 공통점이 바로 이 원전과 문헌 중심의 태도였고, 동시에 현장 부정의 태도였다.

불교를 문헌 속에서 찾아내려 한 이 불교학 개창자들의 의도와 맞물려 오히려 오래전에 잊힌, 그리고 현지인들에 의해 추구된 적도 없는 불교의 '시원'을 찾게 되었다. 이런 '시원성'과 '원형'에 대한 갈구는 고전 불교(Classical Buddhism)라는 표제 아래 초기 불교(Early Buddhism), 원시 불교(Primitive Buddhism), 순수 불교(Pure Buddhism) 등과 같은 불교학의 이념을 설정하게 된다.

이 같은 문헌과 경전 중시 그리고 현장의 무시는 현실적으로 존재하지 않는 또 다른 실재로서의 불교를 창안하는 것이다. 그것이 서구에서의 불교에 대한 접근 방식이었고 이해 방식이었다.

불교라는 전통 종교를 어떤 시각으로 바라보고 접근하느냐에 따라 그 표출 양식은 다양하게 드러날 수밖에 없다. 불교의 시원성을 따지면 불교는 브라흐마니즘(Brahmanism) 전통의 산물이다. 기독교가 유대 전통으로부터 떨어져 나온 혼성적인 창안이고, 이슬람은 또 구약의 기독교 전통으로부터 분화된 또 하나의 새로운 혼성물인 것과 마찬가지이다. 그럼에도 불구하고 순수한 원형을 갈구하여 이렇게 시원적인 것을 상정하게 되고 이 시원적 것으로부터 독자적인 것이 존재하게 된다고 생각한다. 그러나 독자적이거나 시원적인 것이라 해도 그것이 반드시 순수한 것이라는 보장은 없다. 하지만 유일한 것일 수는 있다. 그런데 무엇과 혼성되어 있는 전통들도 모두 유일한 것일 수 있다. 왜냐하면 그런 전통들은 한결같이 독특하고 고유한 나름대로의 역사적 과정을 거친 것들이고, 이 다양한 혼성은 다시는 역사적으로 되풀이될 수 없는 유일한 것들이기 때문이다.

이제 우리는 원불교의 태생적 문제와 결부된 독자성이나 원형의 역사적 허구성에 사로잡혀 있을 필요는 없다. 한 걸음 더 나아가 그런 원형과 순수성을 추구하고 전통과의 연결 고리를 찾는 것이 원불교가 아직도 주변 의식에 사로잡혀 있음을 반증하는 것이라고 생각한다. 물론 이런 주변 의식은 원불교만이 지닌 문제는 아니고 기독교나 거대 종단으로서의 조계종도 함께 지니고 있는 문제이다. 그것은 이런 기성 종단들이 정통에로의 의지를 표방하고 있는 한 항상 자신의 불안한 주변 의식을 떨쳐 버릴 수 없기 때문이다. 그렇다면 원불교는 시원성과 나름의 독자성을 어디에 두고 있는지를 살펴보기로 하자.

3. 불교적 시원성의 문제

앞에서 우리는 신흥 종단이나 새로운 교단 성립에 대한 종교학적 평가의 몇 가지 가능성을 짚어 보았다. 혼합성의 문제가 안고 있는 환원의 위험성, 또는 원형과 순수에 대한 갈구, 그리고 그런 것들을 통해 독자적 성격을 찾는 노력의 허실을 따져 보았다. 그런 평가 기준은 비단 원불교에만 적용되는 것이 아니고 종교 일반에 해당되는 것이었다. 따라서 이제 100년의 역사를 지닌 원불교는 자신의 역사적·종교적 구성 요건에 대해 적극적이고 긍정적인 자세를 지닐 충분한 근거를 갖고 자기주장을 할 필요가 있다고 본다. 원불교의 불교적 시원성에 관한 논의부터 살펴보도록 하자. 우선 원불교를 불교의 근대적 각성으로 바라보는 시각이 있다. 이러한 발단은 소태산 대종사가 "깨달음"(覺)을 경험한 이후에 대중에게 한 첫 설법 내용에 담겨져 있다. 그는 불교를 적극적으로 수용하는 태도를 보였다. 깨달음을 이룩한 그는 오도송과도 같은 말로 자신의 정신적 경지를 피력한다.

만유가 한 체성이며 만법이 한 근원이로다. 이 가운데 생멸 없는 도와 인과 보응되는 이치가 서로 바탕하여 한 두렷한 기틀을 지었도다.

그리고 자신의 불교적 시원성을 이렇게 밝힌다.

내가 스승의 지도 없이 도를 얻었으나 발심한 동기로부터도 얻은 경로를 돌아본다면 과거 부처님의 행적과 말씀에 부합되는 바 많으므로 나의 연원을 부처님에게 정하노라. … 장차 회상을 열 때에도 불법으로 주체를 삼아 완전무결한 큰 회상을 이 세상에 건설하리라.

그리하여 그는 불교와의 일치를 주장하면서 자신의 입장과 불교의 현실적 존재 양태를 제시한다.

불교는 무상대도(無上大道)라. 그 진리와 방편이 호대하므로 여러 선지식이 이에 근원하여 각종 각파로 분립하고 포교문을 열어 많은 사람을 가르쳐 왔으며, 세계의 모든 종교도 그 근본 되는 원리는 본래 하나이나, 교문을 별립하여 오랫동안 제도와 방편을 달리하여 온 만큼 … 이는 다 모든 종교와 종파의 근본원리를 알지 못하는 소치라. 이 어찌 제불 제성의 본의시리요.

소태산은 불교는 이제 과거 불교와는 차별된 것이어야 하고, 승려 중심의 출세간을 지양하고, 세간 생활인에게 적합한 신자 중심의 것이어야 하며, 세속 생활에 대한 의무와 책임, 그리고 직업까지도 고려한 불법이어야 한다고 주장했다. 이러한 선언을 하기까지 그는 불교를 가장 특징적으로 만드는 『금강경(金剛經)』을 위시하여 『선요(禪要)』, 『불교대전(佛教大典)』, 『팔상록(八相錄)』 등을 통하여 현행의 불교를 연구하였다. 주지하는 바, 이 불전들은 소태산 당시 한국 불교 사원에서 광범위하게 읽히는 일반적인 불교 문헌들이었다. 다시 말해 그는 정통적인 경전 해석이나 종파적인 이해에 대한 관심보다는 오히려 불교를 일상성 속에서 이해하고 실천하는 일에 더 관심을 두었다고 볼 수 있다.

유병덕 교수가 적절하게 지적했듯이 "소태산의 눈에 비친(당시의) 불교
는 부분적이고 편파적이고 지엽적인 데 치우쳐 지극히 편벽된 신앙과 수
행을 하는 종교였다." 소태산의 종교적·사상적 연원은 불교 이외의 그 어
떤 것도 아니었으나 현장에서 불교를 보는 그의 시각은 전혀 다른 것이었
다. 그는 자신의 고유한 시각과 방법을 통해 불교를 이해하고 해석하려고
하였다. 기존의 불교이기보다 자신의 이해와 해석(곧 깨달음)을 통해 새로
운 불법을 구상화했던 것이다 .

한편 동학농민운동이 일어날 당시 한국 사회가 처한 상황은 알려진 대
로, 정역이나 대종교, 증산교가 진단하는 역사 현장이기도 했다. 그것을
진단하고 표현하는 방식이 각각의 종교운동에 따라 달리 표현되고 있었을
뿐이다. 즉 수운의 인내천(人乃天) 사상이나 증산의 해원상생(解寃相生) 사
상, 그리고 정역의 후천력 사상 등은 현실을 진단하기 위한 종교적 표현일
수 있다. 공통되는 것은 후천개벽이라는 후천시대를 정하고 종교적 참여
를 통해 새로운 시대를 연다(개벽)는 점에 있다. 수운과 증산과 김항 등이
활동했던 시기는 말 그대로 민족 수난의 시기였다.

연대상으로 가장 늦게 출발한 소태산의 활동 시기 역시 일제강점기로서
더욱 가혹한 현실 아래 있었다고 볼 수 있다. 민족의 고통을 종교적 차원에
서 대물림하고 그것을 새 시대를 여는 계기로 삼는 방안으로 삼았다. 따라
서 소태산의 정신개벽에 관한 서술은 수운, 증산, 김항의 후천개벽 사상과
는 성격을 달리한다. 전자가 사회 개혁과 정치 변혁을 시도한 종교적 메시
지라면 후자는 사회 개량과 미래에 대한 점진적인 기대를 제시하는 것이
다. 곧 "묵은 세상의 끝이요, 새 세상의 처음"이라고 말하며 "어두운 밤이
지나가고 바야흐로 동방에 밝은 해가 솟아오르려는 때"라고 진단한다. 소
태산은 민중·민족 종교가 진단하는 현실 의식을 공유하고 있기는 하나, 이

런 현실에 대한 사상적·종교적 표현과 구원의 내용은 오히려 불교(불법)에 근거를 두고 있었다. 따라서 그의 현실 진단은 개화기의 불교가 비판적으로 현실을 보는 시각이고, 그것은 불교의 근대적 각성에서 비롯되었다.

소태산이 처음으로 결성한 종교 집단의 명칭인 〈불법연구회〉와 『정전(正典)』의 표어로서 제시된 다섯 가지 이념은, 원불교가 한국 개화기에 이룩된 가장 혁신적인 불교의 변용임을 보여준다. 소태산은 1) 불법시생활(佛法是生活)을 제시하여 생업과 불법의 분리를 지양하고, 생활을 중심으로 한 불교의 대중화를 꾀하며 시대에 적응할 수 있는 불교의 시대화를 지향한다. 2) 처처불상(處處佛像)·사사불공(事事佛供)이란 표어도 선가적인 표현으로 이해될 수 있지만, 그것은 오히려 불교와 일상생활이 밀착된 불교의 현장화를 꾀하는 표어로 풀이된다. 3) 무시선(無時禪)·무처선(無處禪) 또한 전통적 좌선을 통한 종교적 실천 생활의 고식적 형식과 교조적 이해를 부정하여 일상생활 속에서의 종교적 실천을 강조한다. 이러한 소태산의 새로운 해석은 전통적 불교를 거부하는 혁명적 전환을 선언하는 메시지이다. 개화기와 일제강점기에 한국 땅에서 이런 불교의 전환적인 선언이 있었다는 것은 거의 불교의 종교 혁명에 가까운 사건이다. 이보다 앞선 시기에 불교 개혁론이 등장하지만, 그것과는 전혀 성격을 달리한 새로운 교체의 선언으로까지 평가될 수 있는 전환인 것이다. 그리고 이런 선언과 함께 실천 사항으로 제시된 활동으로는 소공동체 운동에 해당되는 지역 저축조합운동과 방언공사 사업과 이 공동체를 종교적 근거로 결속시키는 혈인기도 수행 등이 있다.

새로운 교체의 선언과 새로운 회상의 설립이기 때문에 오히려 전통적인 체제에 대한 직접적인 도전이나 충돌적인 계기에는 관심이 없었다. 그래서 새로운 결사 운동과 같은 불법의 수행에 더 많은 관심을 집중하였다.

그것이 현실 순응적인 자세로 비추어질 수는 있어도 친일성이라는 해석은 과대한 것이다. 일제하에서도 자기의 삶을 영위해야만 하는 고통받는 민중이 광범위하게 존재하고 있었다는 점과 이미 정교분리의 체제가 정착해 종교의 역할이 제한되어 있는 당시의 사회적 상황을 고려한다면 더욱 그렇다.

당시 사회적으로 정착한 기성종교를 새로운 맥락으로 이끈 원불교의 방향성은 오늘에도 여전히 유효한 것으로 보인다. 근자에 미국에서 서양 불자들이 점차 증가하면서 그들이 자신의 현실적 여건에 비추어 소태산 대종사가 제시한 것과 다름없는 일상성 속에서의 불교 실수행(實修行)을 꾀하고 있음을 볼 수 있다. 더욱이 의거할 전통 유산이 없는 서양인들에게, 생활 현장을 통한 불법의 현실화는 불교의 현대적 적응과도 상통한다.

서양에서의 불교 신자는 정체성을 규정하기 어렵다. 그들은 기독교를 믿으면서도 불교 수행에 적극적으로 참여한다. 유태인이면서도 불교 신자라고 고백하는 사람도 적지 않다. 예컨대, 실비아 부어스틴(Sylvia Boorstein, 1936-현재) 같은 심리학자는 자신은 유태교인이면서 동시에 불교 신자라고 고백한다. 심지어 그는 『이상한데, 너는 불교도처럼 보이지 않는데(That's Funny, You Don't Look Buddhist)』라는 저술을 쓰기도 했다. 그런가 하면 오계(五戒)를 수지하고 일정한 참선 수행에 동참하면서도 불교 신자라고 자신의 정체성을 밝히지 않는다. 소위 아직은-아닌-불교 신자(Not-just-Buddhist)이다. 불교 전문 잡지인 《삼륜(Tricycle: The Buddhist Review)》의 정기 구독자 6만 명 가운데 절반은 자신을 불교 신자라 생각하지 않는다고 편집자 헬렌 트워르코프(Helen Tworkov)는 추산한다. 또 불교 단체에 평균 9년 반 이상을 관계한 사람 가운데 1/3이 아직도 자신을 불교 신자라고 생각하지 않는다. 오계를 받았고, 참선 수행을 정기적으로 실수행하고 있으며, 일정한 불교 단체와 9년 반이나 관계한 사람이 불교 신자가 아니라면 그들은 과연 어떤 종교적 정체성을 지닌 사람일까? 기성의 무슨 종교 신자라는 결정은 어떤 규범을 적용시키느냐에 따라 다르다. 아마 한국의 조계 종단이나 혹은 다른 불교 종단에서 이들을 불교 신자라고 인정할 수 있을지는 여전히 문제로 남는다. 얀 나티에르(Jan Nattier) 같은 불교학자는 미국 불교를 규정할 때 따르는 불교 신자 규정의 모호성을 이렇게 지적한다.

> 미국 불교란 무엇인가? 최근에 유럽계 미국인으로 불교에 귀의한 사람을 두고 하는 말인가? 혹은 아시아계 미국인을 부모로 하는 불교 가정에서 태어난 사람을 지칭하는 말인가? 아니면 일정한 이념에 공감하는 사람인가? 혹은 일정한 실천 수행에 참여하는 사람인가? 그것은 참석을 하는 일인가? 기도(불공) 드리는 일인가? 아니면 이 두 가지를 동시에 수행하는 일인가? 혹은 자유로운 참여자(Free-Lancer)들도 포함될 수 있는 것인가?

그는 이렇게 불교인의 정체성을 물으며 현대의 지구촌화되어 있는 세계에서 전통과 지역에 묶인 불교 신자의 규정에 대해 도전한다. 그리고 그것에 "대표성의 정치"(Politics of representation)의 문제까지도 개입될 수 있음을 우려하고 있다. '불법시생활'(佛法是生活)이란 강령 아래 '처처불상 사사불공'(處處佛像 事事佛供)의 장소와 형식에 구애되지 않는 현장의 불교적 행위이거나 또한 형태와 장소, 시간을 가리지 않고 수행할 수 있다는 '무시선 무처선'(無時禪 無處禪)의 개방적인 수련 행위라면, 오늘날 미국의 불교 행위도 불교인의 정체성 기준으로 수용될 수 있을 것이다. 원불교의 이러한 전통 불교로부터의 방향 전환은 불교의 근대적 각성에 의한 시대화·대중화를 통한 현대적 적응의 한 표본으로 볼 수 있다.

4. 새로운 회상으로서의 불교 개혁론

한용운(韓龍雲, 1879-1944)의 『조선불교유신론』(1913)이나 권상로(權相老, 1879-1965)의 『조선불교혁명론』, 이영재(李英宰, 1900-1927)의 『조선불교혁신론』 등 불교 개혁 논저들이 당시의 불교 현실을 진단·비판하는 대표적 주장으로 제시되었다. 이들에게 한국 불교의 개혁은 지난 시대의 불교를 다시 살려 내는 의의가 있고, 제도를 정비하거나 실천적인 방법을 개량하는 것 이상의 의미가 있다. 불교 개혁은 당시 모든 불교인들에게 당연한 사실로 받아들여졌고, '불교인의 자기 정체성 확립과 근대사회에의 적응'이라는 한국 불교의 부활을 의미하는 현안적 과제였다. 『조선불교혁신론』을 발표한 소태산도 역시 불교 개혁의 의지를 지닌 사람으로서 한용운이나 권상로와 같이 불교 개혁의 방안론을 제시한 인물이다. 그러나 소태산이 불교 개혁론에 동참한 것은 분명한 사실이나 그의 불교 개혁은 그 이전의 개혁론과는 전혀 성격을 달리한 것이다.

무엇보다도 소태산의 개혁론은 이들보다 시간적으로 후에 나타났고 또 점진적으로 형성되었다는 특징이 있으며, 1920년대에 초안이 작성되어 1935년에 완결된 모습으로 공개되었다. 개혁론이란 이제껏 일어난 사항에 대해 비판하면서 변화를 요구하는 이론이다. 그러나 그의 개혁론에는 15년의 시간 간격이 개재해 있다. 그 내용은 이미 한 종단의 종지와 사상이 포괄된, 종단 설립을 위한 요건들로 채워져 있었다. 또한 그의 개혁론은 한용운의 개혁 주장이나 이영재, 권상로의 개혁 내용과는 현격한 차이가 있다. 그의 개혁론은 외형적인 제도의 개혁이나 불교 중흥을 위한 수행 방법이나 교육을 개선하여 시대에 조응시키는 것과 같은 부분적인 혁신을 시도한 것이 아니다. 기존 불교에 전면적인 도전이 될 정도로 불법의 내용을 새롭게 해석함으로써 새로운 회상을 출발시켰다. 다시 말해 소태산이 생각하는 개혁은 새로운 부처님에 의한 새로운 시대를 전망하는 회상이다. 그것은 소태산 고유의 독자적 불법의 전개이며, 후에 성립될 원불교를 위한 사상과 교리 체계였지, 기존의 개혁론에 실행 요목을 덧붙여 구성한 실천 방안의 개혁은 아니었다. 그러므로 소태산의 개혁론이 불법의 새로운 현대적 교상판석으로 간주되는 것은 지극히 당연한 일이다.

불교에 대한 소태산의 새로운 해석과 방향은 전통 불교의 내용을 '불교'와 '불법'으로 나눈 것이다. 전통 불교를 '불교'로 규정하고 석가모니의 깨달음의 근본 진리를 '불법'으로 정의한다. '불법'은 깨달음을 통해 재해석이 가능한 것으로, 새로운 교판과 새 종단의 길을 열어 놓은 것이나 다름없다. 여기에서 개혁의 대상에 대한 본질적인 문제에 주목할 필요가 있다. 그것은 개혁의 대상인 불교 자체의 정체성 문제이다. 개혁이란 말은 무엇을 바꾼다는 것인데 거기에는 정체성을 어떻게 유지할 것인가 하는 문제가 제기된다. 한용운을 위시한 개혁론자들은 전통 불교에 정체성을 두고 기존 불교의 전통적 이해를 그대로 따르고 그것의 정통성을 인정하는 입장이다. 즉 기존의 종단이나 체제에 정체성을 두고 운영 및 행정 방침의 방법론적인 개선을 요구하는 것이다. 예를 들어, 한용운의 〈조선불교유신론〉은 승려의 교육, 참선, 염불당 폐지, 포교, 사원 위치, 의식, 승려 인권, 극복, 자생, 승려, 주지 선거, 승려 단체 사원 총괄 등의 제도 교육, 경영 개혁을 요구한다. 이영재의 〈혁신론〉은 본말제도 타파, 사찰령 폐지, 포교 교육, 경전 번역, 금융기관 설립, 사회사업 등과 같은 현실적이고 직접적인 항목들의 개혁을 제시한다. 곧 의식 개혁, 제도 정비, 승려 교육, 선풍 진작, 포교 개혁 같은 것이 기존의 개혁론의 내용이다.

그것에 대비되는 소태산의 개혁 프로그램은 포괄적이고 이념적인 것으로, 외방 불교를 조선의 불교로, 소수인의 불교를 대중 불교로, 분열된 교리 과목의 통일, 등상불 숭배를 불성 일원상(一圓相)으로 바꿀 것을 제시하였다. 이는 불교 전체에 대해 방향 전환을 시도하는 새로운 교리 체계를 제시한 것이나 다름없다. 따라서 이런 개혁 지침은 신앙 내용과 상징의 대체와 함께 시대에 조응할 수 있는 대중적인 불교로의 전환을 모색한 새로운 불법 해석이다. 요컨대, 새로운 종단의 출현을 예고하는 개혁이다.

소태산은 오랜 시간을 두고 고심하며 창안한 새 교단의 형성을 위한 교상판석을 한 것이 분명하다. 이 기간 동안 그는 불교의 현실과 일제 통치하의 한국 현실에 대한 이해를 기존의 개혁론을 통해 철저히 파악한 것으로 알려져 있다. 대각(大覺) 후 열람한 『금강경』을 비롯한 여러 종교 전적을 봉래산 주석 시기에 항시 휴대하고 참고하였으며, 한용운의 주저인 『불교대전』을 해석함은 물론, 선지식과의 교류를 통해 불교계의 실상을 충분히 알고 있었다. 특히 이른바 반농반선(半農半禪)과 작무선(作務禪)을 전개한 계종(啓宗, 1867-1929)은 소태산의 혁신 운동 내지 새로운 교단 창업에 깊은 이해와 협조를 아끼지 않은 것으로 보인다. 불교 전반에 걸친 교상판석 시도에서 이루어진 개혁론은 다른 개혁론과는 본질적으로 성격을 달리할 수밖에 없었다. 그것은 새로운 교체를 요청하는 새로운 회상의 설립이다. 소태산의 도전은 '불교란 무엇인가', '깨달음의 내용은 무엇인가'라는 불교의 정체성을 재정의할 필요성을 요구한다. 그것은 새로운 불교의 출현 때마다 불교사를 통해 끊임없이 되풀이되는 문제이기도 하다. 분명한 것은, 소태산이 개혁의 대상으로서 불교의 본질에 대해 질문함으로써 불교의 정체성을 재정립하겠다는 의지를 보이고 그것을 다시 정의하였다는 것이다.

〈예문1〉 불교는 무상대도(無上大道)라 그 진리와 방편이 호대하므로 여러 선지식(善知識)이 이에 근원하여 각종 각파로 분립하고 포교문을 열어 많은 사람을 가르쳐 왔으며, 세계의 모든 종교도 그 근본 되는 원리는 본래 하나이다. 교문을 별립하여 오랫동안 제도와 방편을 달리하여 온 만큼 교파(教派)들 사이에 서로 융통을 보지 못한 일이 없지 아니하였나니, 이는 다 모든 종교와 종파의 근본 되는 원리를 알지 못하는 소치라, 이 어찌 제불제성(諸佛諸聖)의 본의시리요. … 그러므로, 우리는 우주 만유의 본원이요, 제불제성의 심인(心印)인 법신불일원상을 신앙의 대상과 수행의 표본으로 모시고, 천지·부모·동포·법률의 사은(四恩)과 수양·연구·취사의 삼학(三學)으로써 신앙과 수행의 강령을 정하였으며, 모든 종교의 교지(教旨)도 이를 통합 활용하여 광대하고 원만한 종교의 신자가 되자는 것이니라.

〈예문2〉 과거에 모든 교주(教主)가 때를 따라 나오시어 인생의 행할 바를 가르쳐 왔으나 그 교화의 주체는 시대와 지역을 따라 서로 달랐나니, 비유하여 말하자면 의학 가운데도 각기 전문 분야가 있는 것과 같나니라. 그러므로 불가(佛家)에서는 우주 만유의 형상 없는 것을 주체 삼아서 생멸 없는 진리와 인과보응의 이치를 가르쳐 전미개오(轉迷開悟)의 길을 주로 밝히셨고, …과거에는 유·불·선 삼교가 각각 그 분야만의 교화를 주로 했지만, 앞으로는 그 일부만 가지고는 널리 세상을 구원하지 못할 것이므로 우리는 이 모든 교리를 통합하여 수양·연구·취사의 일원화(一圓化)와 또는 영육쌍전(靈肉雙全), 이사병행(理事並行) 등 방법으로 모든 과정을 정하였나니, 누구든지 이대로 잘 공부한다면 다만 삼교의 종지를 일관할 뿐 아니라 세계 모든 종교의 교리며 천하의 모든 법이 다 한 마음에 돌아와서 능히 사통오달(四通五達)의 큰 도를 얻게 되리라.

소태산은 불교의 새로운 해석을 통해 교리 체계, 그리고 상징 체계를 새롭게 한 것이다. 그러나 그 내용이나 개념, 상징은 한결같이 전통 불교가 지니고 있는 요소들 속에서 선택했다. 전통 불교의 입장에서 이러한 새 교상판석과 회상을 아직도 불교로 수용할 수 있느냐의 문제는 전통 불교가 자신의 정체성을 어떻게 규정하느냐에 달려 있다. 즉 끝이 열려 있는 지금부터의 과제일 수밖에 없다. 전통과 정통은 역사적 산물이기도 하지만 현실적인 권력과 정치성의 문제이기도 하다. 그리고 새로운 회상을 전통과 연결하거나 정통의 의지를 표명하는 일은 온전히 원불교 자신의 선택일 수밖에 없다. 그런 목표를 지향하는 소태산은 다른 개혁론이 현실과 충돌하거나 외세와 길항 관계를 빚고 있는 것과는 전혀 다른 길로 옮겨 갔다. 저축조합을 통해 근검절약 운동을 하고 방언(防堰) 사업을 통해 협동 정신을 키우고 재정 기반을 형성하여 지방의 소공동체 운동을 전개한 것이다. 그것은 불교의 새로운 결사 운동이기도 하다.

일부의 시각은 원불교가 식민 치하에서 항일운동에 적극적이지 않았고, 현실에 영합하기 위해 종교의 보편성을 주장함으로써 비정치화하였다는 점을 들어 비판하기도 한다. 그러나 그것은 원불교의 개혁 내용이 다른 종단의 개혁 이념과 전혀 달랐던 점을 이해하지 못한 데서 기인한 것이라 할 수 있다. 소태산은 새로운 회상을 열기 위해 오랜 시간을 두고 정치적 충돌을 극복할 수 있는 교리와 이념을 구축하려고 하였다. 특히 도산 안창호 선생과 소태산 사이의 면담에서 이루어진 대화의 내용에서 일제하에서 원불교의 민족운동이 어떠한 것이었는지 분명히 알 수 있다. 도산의 '무실역행'(務實力行)과 교육 실현을 통한 '독립운동'은 원불교가 공동체 운동을 통해 독립국가의 미래를 설계하려는 것과 일맥상통하고, 두 사람의 상봉이 지닌 상징적 의미 자체를 원불교가 일제하의 종교적 독립운동으로 삼았다고 하겠다.

5. 맺음말

원불교는 한국의 개화기와 일제강점기의 서구적 근대가 한국을 예속시키고 억압하는 시기에 출현하였다. 동학운동이나 증산교의 활동, 정역적 해석 등 민족·민중 전통의 영향을 받으며 동양 유·불·도의 혼성적인 특징도 전수받았다. 그리고 기독교나 사회진화론(强者弱者 進化上要法) 등 당시 한국에 유입되는 외래 사상의 영향도 긍정적으로 수용했다. 그러나 소태산은 자신의 정체성을 불교에 두고서 불법의 근대적인 변용을 시도하였다. 전통 불교의 개혁론이라는 표제 아래 외방의 불교를 조선의 불교로 내면화/자기 것화하고 소수인의 불교를 대중의 불교로, 등신불 숭배를 불성 일원상의 포괄적 상징으로 개혁하여 분열된 교화 과목에 일관성 있는 통일을 추구하였다. 그는 만년의 결실인 불법의 시대화·대중화·생활화라는 기치를 내세워 불법을 새롭고 근대적인 고유의 어휘로 전환시켰다. 전통 불교의 시각으로 볼 때 이것은 새로운 회상, 새로운 교상판석이며 따라서 새로운 교체의 설립으로 생각할 수 있다.

조선조의 불교 억압에서 초래된 불교의 정체성 상실을 회복하기 위해, 구전통으로 복귀하지 않고 새로운 불법 해석을 시도함으로써 불법의 실천적인 새 방향을 제시한 것이다. 소태산의 불교 개혁론은 부분적으로 제도를 수정하거나 개량하고자 하는 방법론적인 접근이 아니라 새 회상으로서의 종교 혁명이었다. 그것은 소태산의 시대 의식의 소산이었다. 구한말 당시의 사회를 진단한 수운의 괴질(怪疾)이나 증산의 병겁(病劫) 등에 의한 사회질병설을 근거로 한 전면적인 불교의 개혁론이었다. 이런 면에서 원불교는 당시의 종교적 전통만을 전승한 것이 아니고 개화기의 사회·정치적 유산을 모두 물려받았다고 하겠다. 그것은 전통의 잔유물을 새로운 틀로 구성시키는 일이었고, 따라서 그것은 소태산만이 지닌 고유성이고 창의성일 수 있다. 그리고 그런 한국의 현장에서 새 회상을 지향한 소태산은 다른 개혁론이 전통과 충돌하거나 외세와 길항 관계를 빚고 있는 것과는 전혀 다른 행동으로 옮겨 갔다. 소공동체 운동으로 저축조합을 통해 근검절약 운동을 전개하고 방언 사업을 통해 협동과 재정 기반을 쌓았다. 이것은 바로 근대의 불법으로서 새로운 결사 운동의 면모를 분명하게 보여준 것이다. 이는 종교적 결사 운동일 뿐 아니라 근대 종교로서 현실 정치 참여 방식이 그런 형태로 나타났다고도 볼 수 있다.

한편, 우리는 여기서 식민지하의 독립운동과 민족주의에 대한 시각을 다시 살펴볼 필요가 있다. 일제에 대한 전면적 도전과 그 희생물이 되지 않으면 안 된다는 시각과 평가를 좀 더 생각해 보기로 하자. 식민지 경험을 겪은 민중들이 민족주의란 말에 지나치게 얽매여, 그 말이 지시하는 어의(語義) 그대로 정치적 운동으로만 주장할 때 현실적으로 많은 어려움이 제기된다. 식민지 경험이 있는 인도인 학자는 이렇게 말했다. "영원한 피식민성의 의식을 반식민주의적 민족주의의 증거물로 삼을 수 없으며, 또한 근대 역사는 탈식민주의 세계에 있는 우리를 끊임없이 근대성의 고객으로 남아 있게끔 한다. 역사의 유일하고 진실된 주체가 되는 것은 유럽과 미국뿐이고, 그 역사는 아시아의 피식민지 국가들을 위해 식민지적 계몽과 착취의 대본(台本)을 생각해 내었고, 동시에 아시아인들의 반식민주의적 저항과 탈식민주의 비참성의 대본을 만들어 내었다."

근대화에 대한 저간의 역사학의 평가, 특히 한국의 식민지 근대화론이 두 가지 함정이 있는 논의라는 것은 이미 잘 알려져 있다. 한국의 근대화는 이미 전통 속에 내재해 있었다는 내재론이나 식민 통치의 결실로 주어진 기반 조성이 근대화의 동인이 되었다고 하는 것은 역사학이 제시한 근대화론의 양날이다. 그리고 한국의 개화기 근대는 외세에 대한 저항과 식민지 경영에의 영합이라는 정치적 두 극단을 설정하고 있다. 이는 일반화될 수 없는 근대화의 표준을 두고 설정한 것에 지나지 않는다(박맹수, 「한국 근대 민중종교와 비서구적 근대의 길-동학과 원불교를 중심으로」). 따라서 근대화에로의 지향은 앞서 인용한 식민지 출신의 학자가 탄식하듯 우리를 근대화의 고객으로 만들고 그 이념을 계속 재생산하여 탈식민주의 시대의 수많은 갈등과 모순을 겪게 한다. 저항과 영합, 근대화의 내재성이나 식민 통치의 필요성과 같은 극단의 이원적 시각은 서구적 상상과 서구적 근대화론을 근거로 설정된 '사고의 틀'이다.

반식민·반제국주의적 민족주의는 제국주의적 힘과 정치적 투쟁이 시작되기 훨씬 이전에 이미 식민지 사회 내에서 자체적으로 창안된 것이다. 이러한 민족주의는 사회제도와 그 제도가 행사하는 일들을 두 개의 영역으로 나눈다. 곧 물질적인 영역과 정신적 영역이다. 물질적인 영역은 경제·행정·자연과학·공업기술 등 '외부'의 영역으로 이 영역에 관한 한 서양이 우월하며 동양은 그것을 따를 뿐이다. 물질적 영역에서의 서양의 우월성은 인정되어야만 하고 그것을 연구하여 복제하여야만 한다. 다른 한편 정신적 영역은 '내적' 영역으로 문화적 정체성의 특징이 있다. 물질적 영역에서의 서구의 기술 모방을 성공하면 할수록 자신의 정신적 문화의 고유성을 유지할 필요를 느끼게 된다. 이런 형태가 아시아와 아프리카의 반식민지적 민족주의 전개의 기본 양태라고 본다.

여기서 우리는 동학농민운동을 상기할 필요가 있다. 정치적 힘의 논리에 의한 예속을 받아들이지만 '서'(西)에 대해 '동'(東)으로서의 문화적 정체성을 강인하게 주장하며 서와의 차별화를 시도한 것이다. 이러한 '내적이며 순화적인 정체성'은 원불교가 민족주의적 자기주장을 통해 가장 특징 있게 표출시킨 것으로 볼 수 있다. 곧 식민지 사회 내에 자신의 고유한 주체적 통치 영역을 창안한 것이다. 문화적 정체성을 지니고 정신문화의 고유성을 유지시키는 것이다. 그래서 소태산의 최대 모토인 "물질이 개벽되니 정신을 개벽하라"는 개교 표어가 출현한다. 서양의 물질적 영역의 발달과 그 우위성을 인정하는 "물질의 개벽"으로부터 정신 영역의 차별화로서 "정신의 개벽"을 주장한 것이다. 이 동(東)의 정신은 이 시기 보편화된 동도서기(東道西器)라는 말로 특징지어지지만, 그것은 민족주의의 주장일 수밖에 없고 동양 자신의 정체성의 확인이기도 하다. 그것은 단순한 초월적 종교적 구호이거나 종교적 보편성의 전형이 아니다. 그것은 정신개벽을 위한 프로그램들을 조직적으로 뒷받침하고 있다. 곧 자력양성(自力養成), 지자본위(智者本位), 타자녀교육(他子女敎育), 공도자숭배(公道者崇拜)의 사요(四要)의 내용은 종교공동체의 실천 방안인 것 이외에 식민지의 '외부' 영역으로부터의 정신 영역의 '내적' 차별화이며, 동시에 문화적 정체성을 천명한 것이 된다. 이 같은 피지배 식민지의 민족주의는 이 정신 영역을 자신의 주재(主宰) 영역으로 선포하며, 이 고유 영역 속에 제국주의적 힘의 틈입을 거절하는 것이다. 이처럼 제국주의적 요소를 민족문화의 내적 영역에서 배제시키는 것은 물론 자신의 역사에 근거하여 의미 있는 계획을 시도하는 것이고 그것을 발주시키는 것이다. 곧 하나의 '근대' 민족문화를 주조(鑄造)하는 일이고, 이 정신 영역은 결코 서구적인 것일 수가 없는 것이다.

원불교에서 사은(四恩)은 일원상진리(一圓相眞理)의 표현이고 전통적 불교의 불성(佛性)의 현현이라고 말하고 있지만, 그 실천 방안인 사요와 마찬가지로 사은 또한 민족문화에 근거를 둔 강력한 민족적 표현이다. 천지은(天地恩)은 생존의 본원을 말하는 것이나 개화기 당시의 천지개벽이라는 변혁 이념을 수용하는 개념이다. 우리를 생성시키고 당시의 여건에서 변혁을 주도하는 천지개벽의 천지를 은혜의 당체로 받아들이고 그것에 감사를 돌리라는 해석은 지극히 민족문화적인 표현이다. 또한 천지의 도를 지명(至明)·지성(至誠)·지공(至公)·순리자연(順理自然)·광대무량(廣大無量)·영원불멸(永遠不滅)·무길흉(無吉凶)·응용무념(應用無念)의 여덟 가지 도로 풀어서 설명하는 방식도 민족문화를 표출하는 한 양상으로 이해할 필요가 있다. 그 외 부모은(父母恩)·동포은(同胞恩)·법률은(法律恩) 또한 유교적 윤리에 기반을 둔 것으로 해석할 수도 있으나, 앞서 지적했듯이 환원론이나 시원성의 위험에 빠지지 않는 한 이들 개념도 지극히 민족주의적인 정치적 고안물인 것은 분명하다. 곧 근대 민족문화의 주조물이다. 그러므로 원불교를 비정치적인 종교라고 단정하는 것은 "정치적 운동"인 근대 식민 민족주의가 규정한 제한된 시각의 접근에 지나지 않는다. 원불교는 "물질이 개벽되니 정신을 개벽하자"는 강령 아래 새 교체의 설립과 함께 강력한 민족주의 운동을 전개한 종교이고, 근대 한국 종교의 근대적 각성의 산 증거로 볼 수 있다.

불연 이기영(不然 李箕永)*

―시대를 앞선 전환점 위의 학자

* 2010 대원문화의 달 기념 「불교와 사회포럼」 특별발표회, (재)대한불
교진흥원.

1. 머리말

오늘날 불교학계에서 불연 이기영 교수(이하 존칭 생략)를 모르는 사람은 없다. 불교계뿐만 아니라 한국의 인문학계를 통틀어서도 불연 이기영을 전혀 알지 못한다는 학자가 있을 것 같지는 않다. 1960~1970년대를 얼마간의 문화 의식과 사회의식을 지니고 산 세대라면 그에 대한 인지도는 더 높을 것 같다. 불연 이기영은 우리 세대에게 잘 알려져 있는 불교학자다. 그의 저술은 양과 질 모두에서 상당한 수준에 이르고, 에세이류와 논설문의 양도 한국의 어느 문필가 못지않다.

그 영향력도 대단했다. 법정 스님의 『무소유』가 준 영향력과 불교적 감수성을 따르지는 못하지만 문화·사회·정치를 달리 보고 평가하는 새로운 불교적 관점들을 제시했다. 그리고 무엇보다도 우리 민족사에서 '원효'를 언급하게 되면 피할 길 없이 불연 이기영을 연상하도록 되어 있다. 원효는 그의 학문적 아이돌이었고 원효는 그의 별칭으로 따라다녔다.

불연 이기영이 타계(1996)한 지 14년째인 오늘도 그의 전집은 계속 출간되고 있다. 2006년에는 그가 세운 한국불교연구원에서 그의 10주기를 기념하는 국제회의를 주관하여 국내외 석학들과 제자들이 그를 학문적으로 추념하였다.[1] 한 평범한 인문계 학자로서 사후에 이만큼 추모되고 그 정신이 기려진다면 불연 이기영은 무척 성공적인 학자이자 선현이라고 평가할 수밖에 없다. 불교계의 다른 분들, 특히 혜안 서경수와 비교해 보아도 불연 이기영은 계속 주목받고 각광받는 분이다.

지금 다시 〈불교진흥원〉에서 추진하는 중요한 사업 중 하나인 묻히고 잊힌 재가 불교인을 발굴·조명하는 작업의 일환으로 불연 이기영을 선정했다. 그를 새삼 선정한 데에는 또 다른 의미가 있지 않을까 생각한다. 한국 불교사에는 '승려사'와 '사찰사'는 존재하지만 한국의 문화·사회와 직결되는 재가 불교의 활동과 인물사는 없다는 점을 불연 이기영은 일찍이 갈파했다. 아마 〈불교진흥원〉도 이런 점에 착안하였고 그런 뜻에서 그를 선정한 것 같다. 또 다른 이유는 종교계 일반에 해당되는 사항이지만, 혁신적 재속·재가 신앙인의 활동은 항상 잊히거나 실패한 것으로 되어 있다. 그리고 기성 종단에서의 성취와 전통적 보수적 관점에서의 특질을 드러내는 것만이 하나의 몫을 하는 것으로 되어 있다. 사회적 외견으로도 뚜렷하게 인식되고 학문적으로도 두드러진 면을 드러낸 불연 이기영도 불교계에서는 실제로 실패한 경우로 인식되는 것이다. 오히려 이런 부정적인 측면에서 다시 조명할 때 불연 이기영을 상찬하고 영웅시하는 일보다 소홀히 다루어 온 한국 불교의 흐름을 달리 짚어 볼 수 있지 않을까 하는 기대를 건다.

---

1   불연 이기영 박사 10주기 추모 국제학술회의는 "한국 현대불교학 100년, 그 성과와 과제-불연 이기영의 학문 세계를 중심으로"라는 표제로 동국대학교에서 개최되었다. 나는 그의 첫 제자로 사회를 담당했고 또한 한국 근대 불교학의 효시로 간주되는 이능화에 대한 최초의 불교학적 입장의 분석을 시도했다. 곧 한국에서의 근대적 불교학의 발주자로 이능화를 부각시키고, 오늘날 한국 불교학을 서구적 오리엔테이션으로 이끈 인물로 이기영을 부각하려고 시도했다.

2. 파행의 한국 불교―이능화에서 이기영까지

한국 문화와 사회, 그리고 정치적 영역에 걸쳐 불교를 주어(主語)로 놓고 한국의 역사·문화·철학을 언급한 학자는 극히 드물다. 1960년대에 근대적 조류가 물밀 듯 닥쳐 올 때, 불교를 한국 문화의 근간으로 삼으며 논의의 소재로 삼은 학자로 불연 이기영을 내세워도 좋을 듯싶다. 그는 단연 불교를 앞세워 말하기 시작했다. 곧 그는 과감히 불교를 주어로 불교의 소재를 한국의 문화, 역사, 정치적 이슈에 접근하며 나름대로 불교적 전망을 펼쳤다.

무엇보다도 근대적인 학문의 틀이 서구 주도적인 방향을 지향하고 있을 때, 불연이 자신의 학문적 정향을 어디에 설정할 수 있었는지는 관건이 아닐 수 없다. 왜냐하면 해방 이후 불교학계로서는 드물게 이른 시기에 해외 유학을 했기 때문이다. 아무런 표준 삼을 기성의 틀도 없이 서구의 영향을 받은 불연은 어떻게 서양적인 것과 동양적인 것의 상충을 이해했을까? 당시로서는 수입 일변도적인 종속적 의식을 어떻게 극복할 수 있었을까? 이러한 면을 조명해 봐야 한다. 곧 서구적인 것에 의한 영향·충격과 그에 따른 그의 반응, 그리고 그 충격을 극복한 과정을 상정해 볼 수 있다. 그리고 종국적으로 서구적인 것의 지양으로서의 '내 것'에 대한 주장이 드러나고 그것이 편협한 민족주의적 표현에 갇힌 결과를 초래한 것이 아니라면 그는 어떻게 지역성(locality) 즉 한국적인 것을 지양하였는지를 심각하게 따져 볼 수밖에 없다. 불연의 원효에 대한 주장이며 한국 불교를 민족문화의 표백으로만 평가한다면 그는 시류를 따른 시대 영합적인 학자로 남게 되기 때문이다.

학자의 고독은 흔히 진리를 추구하는 싸움, 현실의 곤궁함, 그리고 그 누구도 인정하지 않는 절대 고독감과 현실 거부의 독단성 등으로 설명된다. 불연에게 이 삼박자는 그대로 맞아떨어졌다. 그래서 나는 불연을 불운한 학자였다고 판정하는 것이다.

가톨릭 집안의 인연으로 유럽으로 유학을 갔다. 당시로서는 해외 유학이라는 것이 학자로 성숙하기 위한 가장 큰 혜택일 수 있었다. 그리고 해외의 학연(學緣)으로 인해 수입된 학문의 내용이 해외 유학자들을 끝내 서구 학문의 수입상 내지 자신이 사사받은 학자의 대변인 역할을 하게끔 하는 것이 오늘의 현실이다. 그러나 불연의 경우 이런 경향을 전변시켰다. 그는 오늘도 불교학에서 유효한 위치를 점유하는 에티엔 라모트(Etienne Lamotte, 1903~1983)라는 서양 불교학의 대부 밑에서 연구를 했다. 그러나 그는 귀국하자마자 원효를 내세우며 강의를 펼쳤다. 민족의식과 내 것 찾기에 몰두했던 4·19세대에게 불연은 불을 지피는 것이었다. 불연의 한 추모사는 그를 이렇게 기술한다.

개명한 서양 땅, 프랑스에서 학위를 받으셨다니 저희 젊은 세대의 바람은 컸고, 새로운 '서구의 무엇'을 갖다줄 것으로 기대했습니다. 그러나 선생님은 놀랍게도 우리에게 '본래 있던 것'을 되돌려 줄 뿐이었습니다. '받아들이는 것'만이 새롭고, 창의적으로 보이던 그 시기에 때 묻은 우리 '본래의 것'을 주장하다니, 우리는 우리의 천박함을 부끄러워해야 했습니다.(1996년 이민용 조사)

지금은 은퇴한 사회 지도자들이고, 이미 성숙한 학자·문인들이 되었지만 많은 4·19세대는 불연 이기영의 강의를 청강하고 그 영향을 받았다. 불연의 강의는 인기가 있었다. 그러나 그는 한국 불교에서 어느 특정한 인물을 중요시하여 그것을 척출하여 그 사상과 행적에 의탁하여 자신의 학문적 내용을 형성시키지는 않았다. 인기를 끌던 서구적 유행 사조의 소개도 가급적 자제했지만, 서양의 특출한 인물이나 사상을 부각시킴으로써 전체를 설명하려는 단편적 시도 역시 자제했다. 이런 점은 그의 초기 논문과 논술에 그대로 반영되어 있다.[2] 원효에 관한 연구를 불연의 최대 실적으로 여기고 있으나 그것은 전혀 다른 맥락에서 성취된 결과일 뿐이다. 불연 자신의 학문적 지향이 선행하였고 그 속에 원효라는 거대한 별이 빛나고 있었다. 불연은 그것을 놓치지 않았을 뿐이다. 오히려 해외 유학과 기독교적인 영향에도 불구하고 그의 전반적인 학문의 성향은 민족적인 것이었다고 보는 것이 합당할 것 같다. 그의 학문적 성향은 그가 가난한 유학생으로 활동하던 시기부터 성숙되고 있었음을 동료 학자들은 증언하고 있다.[3] 특히나 종교 재단의 후원으로 유학을 한 학생으로서 그는 종교적 이상보다는 사회적·역사적 책무와 민족의식의 자각을 표출시켰다.

1960년대 초기의 불연의 글들은 이런 경향을 반영하고 있으며 젊은 패기를 보여준다.

가톨릭 신도로서의 생활을 지켜나가야 하지만 우리의 활동을 교회 내 활동에만 국한시키는데 만족할 수 없으며 그렇게 되어서도 안 될 줄 믿는다…

2　그의 박사학위 논문은 「참회(懺悔)의 기원과 전개-회개(悔改)의 불교적 양태」(Aux Origines du Tchan Houei: Aspects Bouddhiques de la Pratique Penitentielle, Louvain, 1960이다. 이후 그의 글은 원효를 위시한 한국 불교에 관한 것이 대부분이며 서구사상의 한 경향으로는 종교학의 교과서 격인 멀치아 엘리아데를 소개하고 있을 뿐이다.
3　같은 루뱅대학에서 동양학을 전공한 변규룡 교수는 이기영이 그곳 대학 써클과 가톨릭 모임에서 동양적인 것의 현양을 위한 다양한 활동을 한 것에 관해 증언하고 있다.

그것을 가장 순수한 것이라고 느끼는 경향이 있는 것 같은 것은 불만스러운 일이다. 우리는 현실 사회를 통하여 우리가 할 수 있는 제 선행을 쌓기 위해서… 학문적 빈약성을 엄폐하기 위한 이유로 신앙을 끌어들인다는 것은 적어도 나로서는 참을 수 없는 일이다.(1954년 7월 14일 일기)

계속되는 루뱅대학 유학 시절의 술회는 그가 무척 민족주의적인 입장에 서 있고, 인종주의와 제국주의적 지배가 초미의 문제임을 부각한다. 대표적인 경우가 콩고 흑인 유학생들과 아시아 유학생들을 일괄적으로 처리하여 "콩골레(Congolais, 콩고 식민지에서 유학 온 학생들)"와 "시네제(Chinésé, 동양계 유학생들을 통칭하는 모멸적인 호칭)"로 놀리는 것을 보고 보편성을 주장하는 종교 속에도 식민주의-제국주의-가 깊이 뿌리박은 것을 절감한 일이다. 그의 초기의 에세이와 논설문에 이런 기술이 빈번히 등장하는 것은 불연 자신의 반식민주의적, 민족주의적 의식을 여과 없이 투영하고 있는 것이다. 그러나 반제국주의적 입장을 견지하는 것이 극단적 자기주장과 민족 제일주의로 함몰되는 경향에 대해서는 경계했다. 불연은 이 시기 젊은 콩고 학생들이 정치적으로 반(反)식민지적 의식을 지닐 수밖에 없음을 인정하나 그것이 반대급부적으로 행사되는 정치적 성향 또한 비판했다.

반발에 대한 반발은 결국 우리의 열등의식의 표현 이외에 아무것도 아니었기 때문이다. 그들 서양인의 콤플렉스에는 노틀담과 빵테옹(Pantheon)이 뒷받침하고 우리의 콤플렉스에는 불국사와 초가집만이 있을 뿐, 어처구니 없는 힘의 열세에 직면하여 색채는 묵묵히 무관심을 가장하는 수밖에 없었

다.[4]

오늘날 사이드(Edward W. Said, 1935-2003)의 『오리엔탈리즘(*Orientalism*)』 (1977)의 체험을 벌써 20년 앞서서 말하고 있는 셈이다. 오리엔탈리즘이 서양의 식민주의·인종차별주의·자민족중심주의와 결합된 지배 양식이겠지만, 그것에 대한 항거가 또 다른 오리엔탈리즘을 재생산하여 역오리엔탈리즘을 불러와 편협한 민족주의와 자기 열등의식의 과잉포장으로 귀결됨을 적시했다.

불연은 이미 1960년대에 서양과 서양인의 핵심을 꿰뚫어 보고 있었으며 그것을 뼈아프게 느꼈다. 그리고 동시에 서양적인 것에 대한 우리의 반응과 우리의 허위의식 또한 속 깊이 들여다보고 있었다. 그는 거의 예언적으로 동양에서의 서양의 입지를 진단하고 있었다.

이러한 현실 분석, 현장 비판은 그로 하여금 제3의 길로 나아가게 했다. 불연은 여기서 또 하나의 정치적 견해와 행동으로 이끌어 가지 않고 오히려 가난하고 핍박받는 사람의 입장에 서 있는 종교인과 지식인들의 표본을 제시하며 정치적 행위의 종교적 승화를 꾀했다. 그래서 정치의 행태가 종교적인 세계에서 지양되고 해결되기를 간구하는 것이다. 불연은 불교의 명색(名色, Namarupa)은 다양성의 표현이며 "색채의 교착"으로서 광범한 세계 속에서 다양한 문화·문명이라는 상이한 길을 통해 빛을 모색하는 것이라고 보았다.

다양성이란 인간적인 것의 저 피안, 한없는 곳에다 아기자기 펴면서 또한

4　이기영, 「색채의 비극」, 『새벽』, 1960년 11월호.

그 숨은 의미를 인간적인 것 안에까지 주어 무아(無我) 본 것이 불교의 명색
(名色)이다.[5]

라고 불교적 명색론(名色論)으로 회통시킨 것이다. 불연은 인종주의에 근거한 동서의 차이, 그리고 지난 세기의 식민주의가 초래한 극단적 민족주의의 편협성과 후발 국가들의 증오에 찬 자기주장이 불러올 난제들을 예견했다. 불연은 정치적 소신도 지니지 않았고 어떠한 정치적 행태도 기피했다. 그러나 그의 종교적·불교적 발언은 정치화되고 정치적 현실 참여 이상으로 그의 관심을 표출했다.

이러한 한반도 개화기와 전쟁의 참화라는 시대적 배경과 가톨릭 재단을 통한 유학, 그리고 아프리카와 아시아 지역에 대한 서구의 모순된 태도를 겪으며 그는 불교 연구를 진척시킨 것이다. 그의 불교 연구의 지향점은 단순한 민족문화의 발굴·색출 작업만은 아니었다. 흔히 학자들이 말하듯 연구하다 보니 한국 불교의 중요성을 인지한 우연의 산물이라거나 그 과정에서 원효의 위대성을 인식했고 그래서 원효를 빌미 삼아 자신의 학적 토대를 쌓아 간 것도 아니었다. 서구 근대 학문 방법론을 익히며 직업적 학술인으로 자리 잡은 서구적 패턴의 학자는 아니었다. 그는 앞서 서술한 다양한 처지와 체험을 겪으며 성장했으며 그 과정에서 민족주의적 씨앗이 성숙되었던 듯하다. 그러나 오늘날 우리가 말하는 내 것 제일주의로서의 민족주의는 아니었다. 그는 원효에 대한 폭넓은 탐색과 깊은 사색을 통해 원효 제일주의를 표방하기에 이른다. 이기영=원효, 원효=이기영의 트레이드마크는 그렇게 만들어졌다.

5　위의 글.

나는 이기영을 이능화와 등치시키기를 좋아한다.[6] 그가 겪은 사상적 학문적 편력은 물론 한 개인의 신변마저 어느 면에서 이능화와 무척 닮아 있다. 이능화(李能和, 1869-1943)는 개화기의 외국 문물을 수용하면서 영어, 불어를 위시하여 중국어 등의 외국어를 숙지했고, 선친인 이원긍은 개신교로 개종하여 선교 활동에 적극적으로 참여하며 그와는 대척적인 위치에 서게 된다. 한편 이능화는 『조선불교통사(朝鮮佛敎通史)』라는 한국 최초의 방대한 불교사를 저술했다. 그러면서도 기독교의 중요성을 인지하여 역시 최초의 기독교사인 『조선기독교급외교사(朝鮮基督敎及外交史)』를 저술했다. 또한 이능화는 근대적 지식 체계를 잘 이해하였고 동시에 우리 문화의 근간이 되는 불교의 모습을 우리 역사 현장 속에 재현시키려 했다. 곧 우리 문화사의 한 부분으로 편입하고자 했다. 그러나 불행하게도 이능화의 학문적 성과는 아직도 인정받지 못하고 오히려 잊히고 있다. 근대 한국 불교학의 발주자로 부각해도 부끄럼이 없는데도 말이다. 이기영의 기독교와 가톨릭에 얽힌 가계며 서양 사상과 동양 사상을 균형 있게 탐색한 과정, 그리고 결국 불교 제일주의를 표방하는 그의 학문적 오리엔테이션은 이능화를 빼닮았다. 두 인물 모두 학계의 망각의 변두리에 처해 있는 입지마저 그렇다.

---

6   필자는 이능화에 대해 재평가하는 글을 몇 편 썼다. 「조선불교통사의 구조와 서술방식」, 이기영 10주년 기념학술회의 발표문, 2005; 「불교의 근대적 전환-이능화의 문화론적 시각과 민족주의」, 성균관대학교 동아시아학술원 발표, 2009; 「이능화-한국 근대 불교학의 발주자」, 『불교평론』 2014, 6월호.

3. 대체 불가능의 학자—라모트와 이기영

주지하다시피 불연의 학문적 기반은 에티엔 라모트를 지도교수로 삼으며 시작됐다. 라모트 교수는 현대 서구 불교학계에서 "대체가 불가능한 거인"으로 평가받고 있다. 그의 『인도불교사』(1976)는 서양 불교 연구의 결실이 낳은 기념비적 저술이다. 서양이 불교를 본격적인 학문의 대상으로 삼으며 그 첫발을 내딛은 것은 외젠 뷔르누프였고, 그의 주저인 『인도불교사』와 『법화경 역주』는 이후 서구 불교학 연구의 전범이 되었다. 라모트 교수는 1세기 반 이전에 뷔르누프가 인도 불교를 해석한 학문적 노선을 그대로 따르고 있었다. 라모트 교수의 본격적 경전 연구인 『유마경 연구』는 뷔르누프의 『법화경 연구』의 유형을 따랐다. 곧 서구에서 불교학 연구는 그 창안자 이래로 한 걸음도 다변화되지 못했다는 아이러니가 있는 것이다. 어쨌든 그것이 서구 불교학의 주류이고 그 학문적 성격은 그대로 유지되고 있다.

「참회(懺悔)의 기원에 관한 연구(Aux Origines du Tch'an Houei)」(1960)로 학위를 받은 불연의 연구 방법은 라모트와 뷔르누프의 유형을 따랐다. 그것은 철저한 언어·문헌학적인 연구 방법이었고 이후 불연이 귀국한 후 초기 연구 논문들은 대개 이 방법을 따랐다. 그러나 그후 불연의 논문은 변화를 일으킨다. 언어·문헌적 분석을 통한 역사적 실증주의적인 천착은 축소되고 오히려 경전과 문헌의 내용을 역사적 맥락에서 해석하고 그 종교적 의미를 부각시키는 일에 주력한다. 곧 내용상의 의미 전달이 주목적이 되고 언어·문헌학적 분석은 이차적 단계에 머문다. 이런 변화의 첫 번째 이유는 서구적 접근 방법을 한국에서의 불교 연구 현장에서 그대로 재현시키기에는 여건이 맞지 않고 현실적으로 거의 불가능하기 때문이었다.

산스크리트어, 팔리어, 티베트어 연구는 단순히 고전어를 숙달하고 습득하는 일 이상의 작업이다. 그것은 이 언어들에 대한 총체적 문화·사상을 숙달하는 작업이어야 한다. 또한 어휘를 분석하는 데 막대한 시간과 노력이 필요하다. 그 때문에 오늘날에도 이 언어들에 대한 연구가 한국에서 큰 성과를 얻지 못하고 있다. 불연은 이 점을 간파했다. 연구에 필요한 도구인 사전, 기초 문헌들을 제대로 갖출 수가 없었던 것이다. 그나마 다행인 것은 고 김법린(金法麟, 1899-1964) 총장이 이미 프랑스 학계의 현황을 몸에 익히고 유식 이십송(二十頌)에 대해 서구 학계의 방법을 사용했다는 점이다. 그는 동국대 총장으로 부임하면서 불교학과에서의 재래적인 연구로는 근대적 불교학 연구가 불가능하다는 것을 숙지하고 있었다. 따라서 불교대학에 인도철학과를 개설하고 비교사상연구소를 설립하여 그 책임자로 불연 이기영을 임명하였다. 본격적으로 서구적 방법에 근거한 새로운 연구를 발주한 것이다. 그러나 3년 후 그가 사망하여 모든 것은 막을 내리고 인도철학과와 비교사상연구소는 학문적으로 표류하게 되었다. 대처승 계열의 교수들과 비구승단의 갈등이 그대로 인도철학과와 불교학과, 그리고 불연 이기영, 혜안 서경수에게 영향을 미쳤다. 두 분은 거의 축출에 가까운 수모를 겪고 여러 대학을 표류하며 학계를 전전한 것이다. 이런 현실적인 캠퍼스 정치와 한국 불교계의 파행 때문에, 혜안 서경수는 때늦게 교수직에 임명되었고, 불연 이기영은 현란할 정도로 수많은 대학에 교수로 재임용되었다.

이런 와중에 불연은 불교 현장의 중요성을 간파하고 독자적인 불교 연구의 틀을 잡았다. 그리고 그의 서구 불교학의 정통을 이으면서 그것을 동양 불교 현장에 조응시켰을 때 불연은 자신이 생각한 것 이상의 학문적 정향성을 확립시킬 수 있었던 것이다.

4. 책장 속의 불교와 현장의 불교

불교는 동양에서는 역사적으로 존재했고 현장에서 실천되는 현존의 종교이지만, 서구인에게는 불교가 발견되고 색출되는 종교였다. 그리고 그것은 학자들의 머릿속에서 창안되고 책장 속에 보존되는 종교였다. 마치 아메리카 대륙이 '그곳'에 엄연히 존재하였지만 서구에 의해 '발견'되어 새로운 미국으로 창안된 것과 흡사한 과정을 겪은 것이다. 그리고 이 창안자들은 대부분 시발자에게서 흔히 드러나듯 자신이 무엇을 하는지도 모르는 상황에서 불교에 대한 관심을 드러낸다. 처음에는 단순히 호기심 어린 관심에서 시작되었고 따라서 논란 없는 관심만이 지배하는 상태에서 어떤 학문적 정당성도 없이 불교에 대한 연구를 시작한 것이다.[7]

불교학의 발단은 영국 빅토리아 조 후기인 19세기 중반이다. 빅토리아 조에 불교학이 학문으로 정착했다는 사실은 불교학 연구 내용과 그 방향을 결정짓는 중요한 단서가 된다. 곧 낭만주의의 배경과 영국의 인도 지배라는 제국주의적 통치 형태가 맞물려 있다. 지적 호기심과 낭만적 상상력만이 불교를 발견한 것이 아니라 인도 현지 지배가 불교를 발견한 또 하나의 요인이 된 것이다. 그리고 그 과정에서 학문적 체계가 성립되기까지는 전통적 문헌 속에서의 조직적 색출 작업이 수반되었다. 소위 서구가 아시아를 석권할 때 드러나는 두 가지 패턴, 곧 한편으로 선교 활동을 통해 서구적 가치를 밀어 넣고 다른 한편으로 문헌적 작업을 통해 역사적 현장의 맥락을 끊어 버리면서 불교를 끄집어내는 이원적 작업이 추진되었다. '밀

---

7   서구 불교학의 발흥과 전개에 대한 비판적 글 참조. 이민용, 「서구 불교학의 창안과 오리엔탈리즘」,『종교문화비평』8호, 2005.

어 넣고' '끄집어내어' 창안하는 일이 거의 동시에 행해졌고 그것이 오늘날 서구 불교학의 탄생을 가져온 것이다. 그런 작업의 결실로 인해 오늘날 우리가 아무런 검토도 없이 불교의 '시원성'과 '원형'에 대해 탐색하게 되었다. 그리하여 고전 불교(Classical Buddhism)를 설정하고, 역사적으로 원시 불교(Primitive Buddhism)나 초기 불교(Early Buddhism)라 명명하고, 순수 불교(Pure Buddhism)의 이념을 표방하게 되었다. 그런 것은 역사적으로도 현장적으로도 존재해 본 적이 없었는데도 말이다. 따라서 현행의 불교를 신행하는 사람들로 하여금 원형에서 일탈되어 있고 순수한 형태에서 일그러져 있고 역사적으로 변천을 겪은 무엇인가 잘못된 의식을 지니게끔 한다. 현장의 불교를 믿는 우리 불자들은 따라서 무엇인가가 잘못된 불교를 믿는 것으로 내몰리고 있다. 서구적 불교학이 의도적으로 이런 의식을 조장한 것은 아니지만 서구적 방법론이 우리를 그렇게 평가하게 하는 것이다.

이런 현장 결여적이고 신행의 실상이 제거되고 역사적 변천을 도외시한 진공관 속의 불교, 곧 문헌 속의 불교로 추상화시킨 것이 서구 불교학의 모순이다. 곧 서구 불교학의 한계와 그 태생적 곤경은 서구가 자랑스럽게 주장하는 언어·문헌학을 강조하는 그 방법론에 있다.

불연은 누구보다도 서구 불교학의 강점 못지않게 그것이 지닌 태생적인 한계까지 숙지하고 있었다. 동시에 한국적 여건 속에서 그것을 어떻게 활용해야 하는지도 알고 있었다. 그러나 일개 학자가 추진하고 발주하기에는 너무 벅찬 일이었다. 또한 김법린 총장 사후에는 그나마도 그런 프로젝트를 뒷받침할 만한 행정적 재정적 지원이 전무한 상태였다. 심지어 불교대학장 임명마저 대처 계통의 일단의 교수진이 반발하여 3개월 만에 사표를 내야 했다면 행정적 근대적 불교 연구의 시도는 허상일 수밖에 없었다.

5. 문제의 학자, 교차점 위의 학자

불연이 처했던 학자로서의 곤경이며 그의 창의적 입장이 어떤 굴곡을 겪었는지는 오히려 밖에서 그를 지켜본 외국인의 시각에서 선명하게 드러난다. U.C. 버클리대학의 루이스 랭카스터(Lewis Lancaster, 1932-현재) 교수는 불연의 오랜 동료 학자였으며 그를 잘 인지하고 있었다. 그리고 랭카스터 교수는 무엇보다도 한국의 불교 현장을 잘 이해하고 있었다.

> 동국대에서 그의 위치는 평화스러운 삶을 보장해 주지 못했습니다. 그는 간혹 논쟁의 소용돌이에 휘말리고…. 학생과 동료 교수들에게 환영받지 못하는 정부의 편에도 서게 됩니다. 그의 관점과 지위는 호된 비판의 대상이 되기도 했지만 반대 세력에 의해 꺾이지 않았고 결국은 자신의 지위 향상을 희생하게 되는 것이었습니다. 그의 학자로서의 경력은 20세기 한국의 역사만큼이나 험난한 것이었습니다.[8]

불연의 성격과 그가 학문적으로 처했던 입지와 현실적 여건을 극명하게 지적하는 글이다. 곧 주변에서 이해받지 못한 학자로서의 불우한 처지, 조금도 굽힐 줄 모르는 고집스런 태도며 결국 아무런 혜택도 받지 못하고 자신의 길을 꿋꿋이 걸으며 후학과 불교의 도반들을 이끈 그의 자세가 전형적으로 지적된 추모사였다. 여기서 랭카스터 교수의 예절 갖춘 표현인 "논쟁의 소용돌이" "반대 세력" "지위 향상" 등의 표현이 한국 불교계의 현장에서 무엇을 말하는 것인지는 여러분이 더 잘 이해하리라 짐작한다. 그 가

---

8   한국불교연구원 주최, 불연 이기영 10주년 기념 국제학술회의 발표문, 2005.

운데 빠뜨릴 수 없는 것은 그의 종교적 정체성에 관한 문제이다. 가톨릭 재단의 도움으로 루뱅대학에서 가톨릭 신부의 지도 아래 불교학을 공부했는데, 그의 집안이 기독교 집안이었다는 것은 반대 세력에게 좋은 빌미를 제공했다.

그는 이미 종교학(Religionswissenschaft, History of Religions)을 공부했고 그런 방향에서 불교학 연구를 진척시키고 있었다. 그러나 그의 개혁 프로그램에 반발하는 세력들은 계속 그의 종교적 정체성을 들어 비난했다. 불연의 종교적 정체성이 이중적이라고 몰아세웠다. 이런 정치적 공세 앞에서 너무 괴로울 때 불연은 이렇게 말했다.

나 개인이 어느 종교로 귀의하는 것은 간단하다. 그래서 이 곤경을 벗어나는 일이 얼마나 쉽고 가벼운 일인지 또 거기서 오는 여러 혜택이며 편리한 점은 이루다 말할 수 없다. 그러나 그것이 학자의 도리는 물론 종교를 실천해야 하는 사람들의 자세는 아니다.(이민용의 증언, 추도사)

한 걸음 더 나아가 이렇게까지 자신의 심정을 토로했다.

아, 나는 범종교인이요, 기독교도 불교도 모다 믿고 있소. 그런 마음에 무슨 잘못된 일이라도 있나요?! (이민용 추도사)

결국 당시 승단의 어른이었던 청담 스님은 불연의 사가(私家)를 방문하여 밤을 지내며 불연을 불자로서 받아들이며 깊이 격려했고 불연은 확고한 불자로서 자신감을 갖게 된다. '논쟁의 소용돌이'라는 메타포의 실제 내용은 이렇듯 혹독하고 전혀 다른 실상을 보여주고 있다.

그의 이런 면모를 드러내는 한 토막의 일화로 그의 후학들이 즐겨 부르는 별명이 있다. 불연을 "순쌩(순진한, 완전한 신경질/성냄)"이라 불렀다. 불연이 강의실이나 연구실에 나타나면 일단 모두 긴장했다. 우리에게 내 준 과제를 우리가 제대로 준비하지 못했거나 소화시키지 못했기 때문이었다. 불연의 요구는 너무 크고 깊었다. 우리의 능력으로는 어떻게 할 수 없는 양이고 내용이었다. 그렇다고 그가 권위주의적이어서 명령과 지시만 내리고 자신은 쉬고 있는 그런 학자는 아니었다. 평생을 연구와 학문적 천착을 지속한 그였다. 그것이 우리를 두렵게 했다. 불연을 어떻게 평해도 부정할 수 없는 일관된 면모가 이것이었다. 말년까지 가깝게 지낸 랭카스터가 말한 불연에 대한 면모를 다시 들어 보자.

그는 자신의 기질을 따라 산 사람이었습니다. 그리고 드물게 자신의 신념을 지키며 산 사람이었습니다. 그 신념들을 위해서라면 어떤 보상이나 재보도 다 희생시켰습니다. 그의 생활과 경력들은 외부의 사건에 의해 침해받았습니다. 그리고 그런 경험들에 근거하여 형성되었을 터이지만 그의 원칙들은 난공불락의 움직이지 않는 대상이었습니다. 이 원칙들은 그의 충직성, 정의에 입각하지 않으면 안 되는 것, 한국 전통에 대한 애정, 부패에 대한 혐오감, 종교적 가치에 대한 깊은 믿음들입니다. 그는 이런 것들을 지키기 위해 어떤 대가를 치러도 아깝지 않았습니다. 다른 사람들이 그에게 일신상의 편의를 위해 누그러지기를 권유하고 좀 가라앉기를 청해도 자신의 내면의 덕(德)을 가치 있는 것으로 여겨 그 원칙들을 지키며 살았습니다.

불연의 "순쌩"은 자신의 어쩔 수 없는 충실성, 정의, 혐오, 깊은 불심에 근거한 어떤 것과도 타협할 수 없는 자신의 심정이었다. "순쌩"은 제어가

안 된 원초적인 감정의 발로가 아니었다. 외국 동료 학자에게 비친 그의 자세는 어느 일면 객관적 관찰과 시간의 검증을 통해 걸러진 것이기에 오히려 신빙성이 있는 것이 사실이다.

6. 한국불교연구원과 이기영

오늘날 불연 이기영 하면 학문적으로나 신앙적으로 원효 전문가를 연상하지만 또 하나 연상하게 되는 것은 한국불교연구원이다. 1974년 개설된 당시로서는 불교계의 하나의 사건이었다. 당시로서는 거의 초유의 활동 단체였다. 불연의 시각으로는 불교대학으로서의 동국대의 역할과 기능이 이미 파행을 거듭하고 있었다. 그것은 앞서 지적한 서구 불교학의 방향과 문제점, 우리의 현장 불교의 중요성을 염두에 둘 때 불연이 마지막으로 시도한 학문적, 신행상의 도전이었다. 불연은 원효 스님의 접근 방법으로 불교 사상에 접근하여 서구적 불교 연구의 틀을 극복하려 했다. 그는 서구의 방법론에 지나치게 경도할 때 이렇게 말했다.

내용을 드러내기 위해 방법이 있는 것이지 방법의 틀에 맞추기 위해 내용이 굴곡을 갖는다는 것은 본말전도이다. (이민용 증언)

그러나 이러한 시도가 새 시대를 위한 의욕적인 희망에서 출발한 것은 아니었다. 이때쯤 불연은 모든 면에서 지쳐 있었다. 그는 이전까지의 서구 불교학의 장점과 결함, 그리고 우리 것에 대한 비전을 이 시기에 와서 서서히 거두어들이고 거의 자포자기의 심정에 빠진 듯했다. 거의 같은 시기에 쓴 글들에서 이 시기의 그의 인간적 좌절과 불교계의 암울한 전망을 담담하게 표출했다.

> 한국의 불교사를 더듬어 보면… 승려 위주의 불교, 사찰 중심의 불교였음을 통감하게 된다. 한국 불교사는 승려사이요 사찰사인 느낌이다. 원효의 대중 불교, 화랑의 불교수행, 그밖에 산발적으로 출현한 김시습 같은 아웃사이더가 있었을 뿐… 모두 승려 중심이었다. 사회와는 동떨어진 간접적 관계, 가정도 국가도 내 생활권이 아니라는 고답적이요 초월적인 처지가 되고 마는 것이다. 중요한 것은 법맥이라는 이름의 종적 계보이지 사회와의 횡적 연결은 아닌가 싶다.[9]

오늘날의 불교 현장을 지적한 논평이라 해도 전혀 빗나간 관찰이 아니다. 그러나 불행하게도 이 글은 1974년 1월 새해의 소원이란 제목으로 「법시(法施)」에 실린 내용이다. 같은 해 5월《불교신문》에서 불연은 또 이렇게 좌절감에 빠진 술회를 한다.

> 나는 이 난에서 아무 말도 하지 않았으면 좋겠습니다. 할 말도 없고 말할 만용도 없어서 사실, 야박하게 아무 말도 하지 않기로 결심하였습니다. 붓을 들면서 나는 왜 이렇게도 이 난이 긴가를 원망합니다.

강의와 문필을 전문업으로 하는 학자이자 교수의 글이 이렇게 시작된다면 이 글쓴이의 입장이 어떻다는 것은 짐작하고도 남는다. 그러나 새로운 출발을 예시한다. "우리들 사이에는 무언가 새로운 발돋움을 하기 위해 몸

---

9 『法施』, 1974년 신년호.

부림치는 사람들이 많이 있습니다. 때때로 거친 표현을 쓰기도 하고, 때로는 한탄하는 긴 한숨을 내쉬기도 하지만 그 마음속 깊은 곳에서 아직 햇볕을 받지 못한 갸륵한 불심이 약동하고 있음을" 보고 있다. "지혜의 빛, 내면의 빛" "산빛"이 "각 사람에게 각각 그 사람의 길"로서 나타난다고 예언 같은 심정을 토로한다. 그래서 불연은 "자기의 발밑을 보는 일부터 서둘러야 하겠다. 용서 하십시오." 하고 글을 맺는다.

한국불교연구원은 이렇듯 현실적 좌절과 내면적 심화의 자기 입지를 조용히 표출하면서 출발했다. 외형적인 프로그램과 거대한 프로젝트를 갖고 우렁차게 출발한 것이 아니다. 한 시대의 뛰어난 학자이며, 풍부한 종교적 경험과 한국적인 새로운 출발을 위한 비전을 지닌 국제적 인물을 담아 줄 그릇은 아무 곳에도 없었다. 결국 불연은 한국불교연구원을 설립하여 자신의 마지막 귀의처로 삼았다.

그리고 「한국불교사찰 시리즈」라는 초라하기 짝이 없는 프로젝트 사업을 진행시켰다. 그러나 연구원의 이상은, 서구적 불교 연구의 틀을 극복하는 것은 물론 지역성(Locality)으로서의 민족문화를 글로벌한 가치로 이끄는 고원한 것이었다. 이 프로젝트는 재정적 규모는 초라했으나 한국 불교의 활력을 확인하는 작업이었다. 이전까지의 유물 관리적 사찰 소개, 승려 소개와는 전혀 다른 시도를 한 것이다. 곧 불교는 서구적 방법론에 의해 재단되는 것이 아니라 나의 사상, 나의 것의 재활이어야 하고 그것이 재생성되어야 함을 모토로 하였다.[10]

더 이상 불교학은 서구적 학문만의 대상은 아니었다. 근자에 서구 불교

---

10 사찰 탐방과 사찰과 얽힌 인물, 사상, 지리적 의미에 대한 서술과 평가는 이후 사찰연구의 표본으로 삼게 되어 사찰 시리즈를 유행시킨다.

학 2세대들이 이런 불교학 연구의 자기모순을 발견하여 심지어 '불교신학'
(Buddhist Theology)의 가능성마저 제기하고 있다.[11] 그리고 불교학 연구는
기독교 신학과 같이 신행과 결부되지 않으면 안 된다는 점을 강조하기에
이른다. 즉 서구 불교학 연구는 한계성이 있는 것이다. 그러나 불교학이
오직 객관성만 표방하고 있어야 한다는 그런 이해 방식이 아직도 우리 학
계에 상존하고 있다.

불연 이기영은 한국불교연구원에 과감하게 구도회를 부설했다. 연구와
신행이라는 단순한 이원 조직으로 보일 수 있는 형태이나 여기에는 실로
불교 연구의 획기적 전환을 시도하는 의미가 깃들어 있다. 종래의 불교 연
구가 서구의 언어·문헌학적 지적 작업이었다면, 신행의 강조는 그것에 현
장성을 부여하는 새로운 지향의 불교/학 연구다. 곧 이론과 실천이란 두
날개를 함께 펴는 일이기도 했지만, 그보다 서구 문헌 속에 갇힌 도서관
속의 불교, 화석화된 불교와 호교론적 사찰에 갇힌 불교를 극복하고자 한
것이다. 변화하는 사회와 생동하는 생활 속에서 불교가 어떻게 재현되어
야 하는지를 지향했다. 단순히 신앙 단체를 설립한 것이 아니었다. 실제로
일부에서는 이 방향 전환에 대해 오해도 했고 아직도 연구와 신행의 결합
을 두 이질적인 것의 불편한 조합으로 생각하는 서구 중심의 사고방식에
빠져 있다.

이러한 방향 전향과 자리매김을 한 이후 불연은 거의 모든 활동을 한국
불교연구원의 목적과 사업 안에서 전개한 것으로 보인다. 그가 말년에 이
끈 경주 관통 고속철도 반대 캠페인을 그의 정치적 행위로 간주할 수도 있

---

11 불교신학이란 기이한 형태의 전문 어휘의 발주에 대해서는 이민용, 「학문의 이종교
　　배-왜 불교신학인가?」, 『종교문화비평』 3호, 2003.

다. 그리고 때때로 현실 발언을 할 때마다 은퇴한 교수의 한가한 현실 참여 정도로 이해했다면 나의 과단이었기를 바란다.

그는 한국불교연구원을 자신의 총화로 생각하고 그의 모든 학술 활동, 사회참여를 이 기구를 통해 표출했다. 불연은 생의 마지막 순간마저 한국불교연구원과 함께했다. 한국불교연구원이 주최한 국제학술회의(불교와 국가)에서 원장으로서 주제 발표를 마치고 그 자리에서 임종을 한 것이다. 나의 동료이며 함께 제자였던 목정배 교수는 이분의 이런 임종을 "학문 열반"(Scholarly Nirvana)이란 새로운 열반 개념으로 추모한다. 상징적이라 하기에는 불연 이기영의 후반기 활동은 한국불교연구원의 활동과 표리를 이루는 것이었고, 그의 업적은 이 연구원을 통해 평가될 수밖에 없다.

7. 맺음말

나는 불연 이기영을 나의 시각과 오늘의 시점에서 서술하였다. 다양한 활동과 다면불적인 면모를 지닌 인물임에 틀림 없다. 그리고 그는 세속적인 의미로 성공했다거나 대성(大成)을 이룬 인물은 아니었다. 그리고 그의 비전과 그가 끼친 학문적 충격이 큰 것이기는 했지만 그런 그의 업적이 다른 차원에서 이 시대에 재현되리라는 보장도 없다. 이렇게 볼 때 그는 실패한 불우한 학자였고 그의 높은 비전에 대해 우리의 현실은 이기영에 대해 지나치게 가혹했다고 생각된다.

그러나 그는 몇 가지 씨앗을 뿌렸다. 그는 서구 근대 불교학의 도입과 그것의 극복, 한국적 사상으로서의 불교 사상의 현대적 발현, 그리고 종교적 심성의 재활을 통한 우리 민족과 인류 공동체의 평화로운 미래를 꿈꾸었다. 그리고 좁게는 한국 불교 공동체가 부처님이 하신 말씀 그대로 사부 대중(비구, 비구니, 청신사, 청신녀)의 공동체이기를 지향했다. 승단의 전횡이 극복되기를 진심으로 바랐다. 그는 실로 지금 이 회의를 주관하고 있는 불교진흥원이 지향하는 재가 불교 운동의 학문적 근거와 행동의 지침을 마련한 기수였다. 새로운 종교운동에서 외관상 항시 패자로 전락될 수밖에 없는 재속 신앙인의 한 표본이 불연 이기영이었다.

외로운 나라, 왜곡된 한국

─인문학 속의 한국학을 생각하며

1. 머리말

예전부터 외국(인)은 한국을 표현하는 말로 'Morning calm'(고요한 아침의 나라)과 'Hermit kingdom'(은둔의 왕국)이라는 말을 즐겨 사용하였다. 그리고 이 표현은 평화를 사랑하는 우리의 특징을 잘 드러내는 말로 받아들여졌다. 이 두 말은 우리가 기대하는 것 이상의 함의를 지니고 있지만 세계 속에서 우리의 위상과 우리가 어떻게 비치는지를 별로 따져 보거나 검토해 보지 않은 표현이었다. 그 사이에 서양인들은 그들에게 비친 우리의 갖가지 모습을 서술하고 묘사하기 시작했다.

한국은 아름다운 나라다. 대지는 풍요롭다. 이집트의 나일강에서처럼 수확이 넘친다. 한국에서는 일본보다 더 많은 쌀이 생산되고 넘쳐난다.…금·은 그리고 광석은 부지런한 유럽인들의 손길을 기다리고 있다. 그리고 석탄과 대리석도 있다. 꿩·오리·거위·백조들이 강물 위에서 떼지어 노닌다. 사슴, 영양, 염소 그리고 산돼지들이 무리를 지어 다니는 한국은 사냥꾼을 위한 천국이다. 그러나 조심해야 할 것은 호랑이도 있다는 사실이다.…공손한 국민들은 기꺼이 세금을 내고 정부 관리들을 존경한다.…사람들이 조금 깨끗하지 못할 뿐이다. 그러나 여인들은 아름답고 몸매는 늘씬하다. 그녀들의 젖가슴은 출렁이고 엉덩이는 풍만하다. 한국 여인들의 아름다움은 극동의 모든 여성들의 아름다움을 능가한다. 드디어 한국의 해안이 시야에 들어왔다. 아름다운 일본의 해안에 비해 한국의 해안은 더럽고 황량해 보였다.

1903년 부산항에 도착한 폴란드의 기행 작가이며 군인인 시에로셰프스키(Waclaw Sieroszewski, 1858-1945)가 쓴 『한국 풍물기』의 한 부분이다. 1903년이면 우리의 개화기에 해당되는 시기이고 일본에 합병되는 때가 얼마 안 남은 시기이기도 하다. 이 묘사가 정확하게 한국을 그려 낸 것인지 또 한국의 실정을 잘 파악한 것인지는 둘째 문제이다. 서양인의 눈에 비친 한국은 그들의 상상과 환상에 의해 창안되고 그 기대를 충족시켜야 한다는 데 문제가 있다. 서양인들의 환상과 필요에 따라 한국은 타자화되고 다시 태어나는 것이다.

그로부터 한 세기가 지난 지금, 어느덧 한류의 바람이 불고 배우 '배용준'은 근대 한국인의 자랑스러운 모습으로 영상화되고 가수 '비'의 공연은 미국을 위시한 여러 나라를 강타하는 것으로 미디어는 전하고 있다. 한국은 이제 더 이상 고요한 아침의 나라가 아니다. 은둔국도 물론 아니다. 아시아 국가 중에서 가장 격동적인 나라이고 요동을 치고 있다. 그래서 우리 스스로를 Dynamic Korea로 불러 주기를 요청하는 구호를 내세웠다. 이 지역마저 Dynamic Daegu로 보아 주기를 요구하고 있지 않은가!

그러나 우리는 이 지역 대구와 경산이 우리 전통문화의 중심이며 유교가 살아 움직이는 현장이고 원효와 일연 스님을 배출한 불교 사상의 요람인 것을 주장해 본 적이 있는가? 또 그렇게 주장할 근거를 검토하거나 연구하여 세계를 향해 현양해 본 적이 있는가? 혹 그러한 연구와 검토가 시도되고 일정한 성과를 이룩했다면 그들(서양)은 그것을 무엇이라고 평가하고 있으며 그것을 우리는 온당한 평가로 받아들이는가?

한류의 현상을 일시적인 상업적 효과로 몰아 표피적 유행으로만 평가절하하려는 의도는 없다. 오히려 한류 현상을 브랜드화하는 정부의 시책은 한국학을 더욱 진척시키는 동력이 될 가능성마저 보인다. 정부 주도로 「韓 브랜드화」 지원 전략이 수립되었고, 문화관광부·경상북도·성균관대학교 동아시아학술원·한국국학진흥원의 공동 주최로 「아시아 민족문화 진흥 방안과 韓 브랜드화」를 주제로 한 학술회의(2005.12)가 개최되었다. 한류의 확산과 그것에 힘입어 어떻게 한국학의 발전을 연결시킬 수 있느냐 하는 가능성도 타진하였다. 한국의 상품 현상으로서의 한류를 하나의 문화 현상으로 간주할 수 있다면 그것을 한국에 관한 학문적 역할이나 위상과 연결할 수 있는 것이다. 한국학이 한국과 연관된 전반적인 문제들을 소재로 삼은 것이라면 한류의 확대는 한국학 확대와 상관관계를 지닐 수밖에 없다. 그러나 현실은 어떤가?

국내적인 이슈로는 인문학이 위기에 처해 있다고 진단을 하고 있다. 그리고 외국에서의 한국학 문제도 단순하지 않다. 지역학 연구(Area Studies)의 발주와 그것의 현실적 필요 때문에 한국학이 설립되고, 한국의 경제 부흥과 한류의 영향으로 외국에서의 한국학은 응당 발전 확대되기를 예상해야 하지만 오히려 실제의 행정과 경영은 거꾸로 가며 축소·위축되는 현상마저 보이고 있다. 한 조사를 따르면 미주를 위시한 유럽의 대학들에서 한국학 교수들의 직위가 폐지되고 한국학 강좌 역시 폐강하는 사태가 벌어지고 있다. 이런 다양한 국내외적인 한국의 위상 변화에 따른 한국학의 위치를 재검토하는 일은 당연한 일로 여길 수밖에 없다. 한국학이 어떤 면에서는 전환의 시기에 접어들었다고 볼 수 있다. 이러한 전환은 사회·정치의 외적 요인들뿐만 아니라 학문 내적인 변화와 필요성에서도 요청되는 것이다. 앞으로 인문학의 틀 안에서 한국학이 새로운 학문적 정향을 찾아야 한다는 점에서도 무척 시의적절한 세미나로 생각된다.

2. 미국에서의 한국학의 발단

한국학은 지역학 연구의 한 분야로 출발했다. 지역학 연구란 인문학이나 사회과학 분야에서 특정 지역, 국가(연방), 혹은 문화권역에 관한 연구를 학제간 연구 방법을 통해 추구하는 학문 분야를 말한다. 곧 상호 이질적인 다양한 연구 분야를 실제의 연구 활동에 적응시키는 것을 총체적으로 기술하기 위해 설정한 것이 지역 연구이며 여기에는 주로 역사학·정치학·사회학·문화학·언어·지리·문학 등의 학문 분야가 소속되어 있다. 그리고 이러한 연구 경향은 주로 제2차 세계대전 이후 미국과 서유럽에서 점차로 발전·확대되고 있다. 이와 같은 정의는 일종의 사전적 뜻매김이기도 하지만 지역학 연구의 범주 속에 한 분과로 아시아학 연구(Asian studies)가 포함된다. 곧 아프리카학(Afreican studies)·미국학(American studies, 주로 북미주가 대상이고 미국에 초점을 둔다)·라틴계 미국학(Latin American studies)·유럽학(European studies) 그리고 태평양학(Pacific studies)의 하나로 아시아학 연구가 포함되고 아시아학 연구는 다시 다음과 같이 세분화되어 있다.

① 중앙아시아 연구(Central Asian studies)

② 중동아시아 연구 혹은 근동 아시아 연구(Middle Eastern studies or Near Eastern studies)

③ 남아시아 연구(South Asian studies) *주로 인도학 연구(Indian studies)

④ 동남아시아 연구(Southeast Asian studies)

⑤ 동아시아 연구(East Asian studies) *우리의 한국학이 편성되어 있는 연구

그리고 동아시아 연구는 다시 중국학(Sinology), 일본학(Japanology), 한국학(Korean studies), 오키나와학(Okinawan studies)으로 세분화되어 있다.

이 분류 방식은 상당히 정치적인 배경을 지니고 있으며 그 분류 방식도 확정된 것은 아니어서 또 다른 분류와 호칭이 존재하는 것이 현실이다. 그러나 적어도 한국학이 이 광범위한 지역학 가운데 어디쯤 위치하는지 짐작하는 데는 부족함이 없다. 따라서 한국학은 한국이라는 지역의 정치적·문화적·사회적 입장에서 학제간의 총체적 연구가 이루어진다는 것을 말한다. 그리고 현실적으로 한국에 관한 연구가 일어나고 있는 곳은 각 대학의 연구 기관이기 때문에 그 대학들의 지역학 연구의 한 부분으로 한국학이 존재하는 것이다. 곧 동아시아라는 광범위한 지역 문화에 속하며 특히 중국과 일본이 주도하는 영역의 일부분으로 한국학이 존재하는 것이다. 주지하다시피 지역학 연구는 그것이 차지하는 지역의 크기가 학문 분야의 전통 및 폭과 상응하고 있으니, 한국에 관한 연구는 상대적으로 중국이나 일본에 비해 규모가 작고 또 그들의 연구 방법의 틀에서 크게 벗어나지 못하고 한 지역의 지역사적인 성격을 띤다. 곧 한국학은 독자적인 학문 분야가 아니다. 따라서 미국의 대학에는 독립적인 한국학과가 없으며 대부분 동아시아학과가 있을 뿐이다. 그래서 동아시아학과의 한 부분으로서 한국학 연구를 시도하거나 또는 그 한 프로그램으로 한국학 연구가 존재한다.

하버드대학의 경우 "동아시아 언어 문명학과"(Department of East Asian Languages and Civilizations) 속에 중국학·일본학 전공과 함께 한국학 전공이 있으며, 근자에 베트남학 전공이 정착되었고, 부분적으로 만주학·몽골학 전공 학생들도 이 학과에서 수용하고 있다. 따라서 이 학과의 주도적인 전공은 중국과 일본이어서 한국은 일종의 주변적인 전공이지만, 베트남이나 만주 등에 비해서는 상대적으로 중심적인 성격을 띠고 있다. 주변성과 중심성의 교차적인 위치를 차지하는 독특한 성격을 지닌다고 하겠다. 따라서 한국학 연구의 성격을 바로 알기 위해서는 중국학이나 일본학 연구를 분석하는 것이 첩경일 수 있다.

이러한 동아시아의 지역학은 그 성격상 근대기 서구 세력의 동양 진출과 맞물려 출발한다. 특히 미국의 아시아 정책의 근거를 마련할 현실적 정치상의 필요에 따라 동아시아의 지역학이 발주되었다. 소위 제국주의적 관점과 식민정책을 뒷받침하는 현장·현실 분석을 전제로 하면서 서구의 정치적 필요에 따라 이 지역의 중요한 국가들인 중국과 일본이 우선적으로 연구 대상이 된다. 따라서 불가불 오리엔탈리즘적인 접근이 주도하게 되고 한국에 관한 관심도 그것의 한 부분으로 등장했다.

여기서 일차적으로 중국에 접근하는 서구의 입장이 무엇이었는지를 묻지 않을 수 없게 된다. 그것은 그대로 한국에도 적용될 것이기 때문이다. 서구적 입장과 서양의 확대, 그리고 제국주의적 관점은 피할 길 없이 중국사 연구가 취해야 하는 입장이었다. 중국의 근대사를 의미 있는 것으로 하기 위해서는 과거의 현실을 이해하고 또 그것을 명료하게 하는 지적 작업이 필요했다. 그러나 그 같은 목표를 추구하는 데는 일정한 개념의 정리가 필요했고 그 과정에는 정치적 배경과 왜곡의 요인이 개입될 수밖에 없었다. 그런 과정에서 하나의 작업 틀이 제기되었고 역사학자들이 가장 영향력 있는 개념 틀로서 받아들인 것이 충격-반응 접근법(impact-response approach)과 전통-근대성 접근법(tradition-modernity approach)이었다. 곧 중국의 전통적인 문화와 사회에 대해 서양의 근대화의 충격이 가해지고 그에 따라 중국의 전통 사회는 반응을 일으켜 변화한다는 도식이다. 이런 접근법들의 근저에는 근대적인 것은 서양적인 것이고 서양적인 것은 중요하다고 간주하는 지적 편견이 작용하고 있었다. 곧 중국에 근대화를 가져다

준 것은 서양으로 간주되고 근대화란 무엇인가 하는 문제를 서양 중심과 서양 표준으로 해석해 버린 것이다. 그래서 충격-반응이란 해석의 틀이 근 대화론의 내용을 이루고 결국은 제국주의를 합리화시키는 결론으로 이끌 고 있는 것이다.

동아시아 지역학의 발단이 이런 서구 중심의 충격-반응과 근대성 이론 에서 시작되었지만 그곳에 그대로 머물러 있는 것은 아니다. 1960년대 후 반에 이르러 전 세대의 이론적인 결함을 극복하려는 시도들이 나타났고 그것은 제국주의 접근법(imperialism approach)이나 내재적 발전론으로 전 개되었다. 근대화에 실패한 중국의 경우에 대한 다양한 해석은 한국학에 도 그대로 적용된다. 따라서 한국의 역사와 문화를 이해하는 한국 이해의 틀도 진통을 겪게 된다.

3. 한국학과 오리엔탈리즘

이미 지역학 연구가 일종의 오리엔탈리즘적 성격을 지닌 것이어서 한 국학 연구에서도 오리엔탈리즘을 재생시키고 있는 점을 짚어 볼 필요가 있다. 앞에서 인용한 "은둔국"(Hermit)으로서의 한국 이미지가 서양의 상 상력과 환상에 의해 만들어졌고, 한 걸음 더 나아가 한국에 대한 본격적 인 연구마저 중국과 일본 연구의 패턴을 따르기 때문에 한국학 연구는 서 양의 오리엔탈리즘적 사고의 틀에서 벗어나지 못한다. 하버드의 동아시 아학은 이미 1950년대의 선구적인 학자인 페어뱅크(John K. Fairbank, 1907-1991)와 라이샤워(Edwin O. Reischauer, 1910-1990)에 의해 기초가 닦였다. 이 들은 근대화론(Modernization theory)을 체계적으로 적용하며 동아시아학의 이론적 틀을 짰다. 지역학 연구를 근거로 이 지역들이 근대적으로 변화·

발전하는 모습을 탐색하는 근대화론은 오리엔탈리즘의 전형이라 할 수 있다. 하버드대학의 사회학자인 탈콧 파슨스(Talcott Parsons, 1902-1979)의 이론적 근거인 근대화론은 20세기 중반까지 미국의 사회과학을 지배하는 패러다임이었다. 그리고 당시의 사회·정치적 배경은 미국의 등장과 소비에트 연방 중심의 공산권의 형성이었다. 냉전의 대결 구도가 소위 저개발국(underdeveloped countries)으로 확산되면서 미국은 마르크시즘을 대체할 대안을 제시할 수 있는 이론을 발전시킬 필요가 있었다. 동아시아 국가들의 자본주의에로의 발전을 유도할 성장의 진화 모델이 필요했다.

소위 근대화론은 그 모델이 되었다. 이 모델에 의하면 모든 국가는 동일한 역사 단계를 거쳐 근대성을 획득한다. 근대사회로 발전하기 위해서는 이 동아시아 국가들이 지닌 전통들은 걸림돌이 되므로 반드시 제거해야 하는 대상이다. 중국에서의 유교 전통이나 한국의 유교적 생활양식이 근대화에서 항시 문제의 소재로 떠오르는 것은 이런 이유에서이다. 일본은 명치유신을 겪으며 재빨리 유교·불교 전통의 정체적 요인을 개혁하였기 때문에 근대화에 성공한 유일한 아시아 국가로 간주되는 것이다. 어쨌든 이 근대화론은 전통 사회가 나름의 고유한 방법으로 자신의 사회를 발전시킬 역량을 지니지 못하며 따라서 자본주의 세계시장이 제공한 세계 환경에 적응할 수 없다는 것을 암묵적으로 전제하고 있다. 페어뱅크와 라이샤워는 앞에서 언급했듯이 근대 아시아 사회를 '충격'과 '반응'의 역동성으로 개념화하며 아시아와 서구와의 만남이 전통의 동아시아 사회를 변화시키는 자극제 역할을 했다고 정리한다. 이런 시각에서 볼 때 일본은 도전에 응전하며 성공적으로 적응하였고, 중국 곧 공산주의 중국은 실패한 경우에 해당된다. 한국을 연구하며 이런 패턴을 따라간 학자들 가운데 대표적인 인물이 에드워드 와그너 (Edward Wagner, 1924-2001) 교수이며, 제임스 팔레(James Palais, 1934-2006)는 특히 근대화론을 한국학에 결정적으로 도입하여 미국의 한국학 발전에 전환점을 마련했다.

팔레의 『전통 한국의 정치와 정책(*Polities and Policy in Traditional Korea*)』에서 극명하게 근대화론이 표출된다. 이 책은 대원군의 개혁 정책을 연구한 것으로 대원군은 개혁 성향이 보수적이었음에도 불구하고 양반들의 반대를 극복할 수 없었고 따라서 근대화에 실패했다고 결론짓는다. 이런 서술의 배후에는 한국은 스스로 개혁할 수 없으며 외부 세력의 도착 곧 충격이 주어질 때까지 기다려야 한다는 것이 전제되어 있다. 팔레는 내재적 발전론을 비판하는 입장을 취한다. 그는 전근대 시기의 사림파와 실학에 대한 기존 해석을 반박한다. 또한 근대사 연구에서 자본주의 맹아론을 반박한다. 따라서 한국사에 근대화론을 적용시킴으로써 일제 식민 사학의 정체성론이 더 강화된 형태로 부활하는 것처럼 보인다. 같은 틀에서 존 던컨(John Duncan, 1945-현재) 같은 교수는 고려에서 조선으로의 왕조 변화를 융통성 있는 변화, 그러나 주변적 변화 과정으로 본다. 곧 전근대 중국과 한국에 변화는 있었지만 총체적 변화와 같은 발전은 없었다고 주장한다. 한국학 연구의 몇 사례에 대한 것이지만 이들은 서구의 영향과 서구적 패턴을 따르는 오리엔탈리즘의 전형이다.

그러나 브루스 커밍스(Bruce Cumings, 1943-현재)가 한국학 연구에 또 한 번의 전환점을 마련하며 이런 서구 중심의 오리엔탈리즘을 극복하려는 시도를 한다. 그는 1968년에 조직된 '우려하는 아시아 학자 위원회'(Committee Concerned Asian Scholars: CCAS)의 일원으로 냉전 정치와 미국의 외교정책에서 탈피하려 했다. 소위 서구 중심의 단선적이고 진화론적인 시각을 지닌 근대화론을 거부한 것이다. CCAS 멤버들은 동아시아 역사 자체에서 역동성을 찾으려 했다. 진화론적 성장과 발전 대신 아시아 내부에서 근대로 전환되는 시기의 분열과 내재된 갈등을 강조했다. 이들은 동아시아 역사를 서술하는 새로운 방법론을 강구하기 위해 미셸 푸코(Michel Foucault, 1926-1984), 프레드릭 제임슨(Frederic Jameson, 1934-2024), 헤이든 화이트(Hayden White, 1928-2018), 에드워드 사이드(Edward Said, 1935-2003) 등의 이론적 성과를 광범위하게 활용했다. 이런 지적·이론적 확장을 통해 오리엔탈리즘을 극복하고, 냉전을 비판하는 입장을 미국의 엘리트 대학으로 확장하고 있다. 브루스 커밍스는 한국전쟁의 기원이 미국에게도 책임이 있음을 논증했다. 곧 일본을 중심으로 한 지역 경제 창출의 중요성에 대해 미국이 동의했고 그에 따라 한국 전쟁을 지원했다는 것이다. 또 북한을 이데올로기적인 냉전 시기에 학문 연구 대상으로 삼았다. 그는 북한이 고유의 정치 논리와 합리성을 가진 사회라고 인식하고 따라서 북한의 행동 양식을 설명할 수 있는 이론을 수립해야 한다고 역설했다. 그리고 실제로 『한국현대사』(*Korea's Place in the Sun*, 김동노 외 옮김)에서 학자로서는 처음으로 북한을 다루었다. 그런 특징을 드러내는 점에서 그는 내재적 발전론과 같은 선상에 서 있었고, 한민족의 역동성에 주목하고 있었다.

이러한 서구적 오리엔탈리즘의 극복은 한국학을 여러 관점에서 접근하게 했다. 포스트모더니즘적 입장에서의 접근도 그런 움직임의 하나이다. 그리고 이제 그것은 학계의 중요한 동향이 되었다. 포스트모던 학자들은 민족이나 민중을 주장할 때 드러나는 국민적 표상에서 배제된 억압받는 그룹이나 소수집단에 주목한다. 국가 내의 다중 정체성을 강조하고 다각적인 행동에 중점을 둔다. 그러면서 식민지 문화 속에 반서구, 저항의 잠재력이 있는 주체성이 존재한다고 가정한다. 가령 위안부 문제와 같은 특별한 주제 이외에도 근대 한국문학과 영화 등 문화 비평에 관해서도 논문을 쓰고 있다. 이 작업의 초점은 특정한 서술, 특히 민족주의가 어떻게 특정 그룹 혹은 숨겨진 억압의 형태를 배척하였는지를 보여주려 하는 데 있다. 새로운 연구 방향과 새로운 패러다임으로 한국의 역사를 비롯한 문화·생활의 여러 면모를 밝히려 노력하는 것이다.

4. 한국문화 전통으로서의 불교(학)과 오리엔탈리즘

지금까지 한국 역사를 중심으로 한국학에 초점을 두고 인문학적 학제간의 방법이 어떻게 적용되는지를 살펴보았다. 그러나 이 오리엔탈리즘의 문제는 지역학에만 국한되는 일이 아니다. 종교사에서도 그런 경향은 전형적으로 드러난다. 불교와 불교학에 관하여도 그렇다.

최근 동서양을 막론하고 근대 불교학(Buddhology 또는 Buddhist studies)에 대한 반성과 더불어 불교학에 내재된 태생적인 오리엔탈리즘적 성격에 대해 많은 문제를 제기하고 있다. 동양의 전통적 종교인 불교가 오히려 서구적 시각, 서구적 학문 방법론(scholarship)에 의해 분석, 연구, 평가됨으로써 '근대 불교학'이라는 독특한 학문분과가 형성되었다는 것이다. 불교학뿐만 아니라 한국의 근대 인문·사회 학문체계는 대부분 밖으로부터의 자극과 수용에 의해 결정된 타율적 성격을 지닌 것이 상례여서 불교학도 근대적 학문 체계의 형성을 따른 또 하나의 서구적 학문 분야의 출현으로 본다. 그러나 한국문화와 사상의 근간을 형성하고 있으며 또 현행 신앙 형태의 하나로 사회와 문화에 직접적으로 관여하고 있는 불교 신앙을 하나의 학문대상으로 삼는 일은 학문 분류체계나 단순한 대학의 학과 형성 이상의 의미와 문제를 지니는 것으로 생각된다.

전통적으로 한국 문화사와 나란히 존재해 온 불교는 '전통'이나 '정통'의 이름 아래 자신을 자명한 사실 이외의 다른 어떤 것으로도 생각하지 않았고, 따라서 불교는 자기 모습을 비춰 보는 일을 은폐하거나 등한히 하였다. 자기 성찰, 자기 평가, 자기 지향이 자명한 일이었음에도 불구하고 그러한 작업이 소홀히 취급되어 왔던 것이다. 그리고 불교에 대한 학문적 접근 역시 다른 근대적 학문 체계의 향방을 따라 타율적으로 주어진 방법과 시각에 의해 '자기 모습 비춰 보기'가 일쑤였다. 곧 불교 혹은 불교학은 오리엔탈리즘적인 타자의 시선을 통한 '자기 모습 보기'였으며 타 문화 시각을 통한 자기 정체성의 확립이었다.

근대 학문의 주류 접근 방법의 하나인 역사주의는 불교학을 객체화된 과거의 것을 살펴보는 일로 화석화시키고 있으며, 불교학을 역사학의 한 분과에 지나지 않는 것으로 축소시키고 있다. 사상사적인 입장에서 볼 때에도 불교학은 극심한 환원주의의 표본으로 부각된다. 서구 사상의 조류에 따라 불교 사상은 칸트적 관념론의 해석을 필두로 하여 언어·분석학적 연구는 물론 심지어는 비트겐슈타인적 해석에 이르기까지 서구 사상의 폭과 학자들의 기호에 따른 스펙트럼의 한 끝에서 다른 끝으로 폭넓게 환원되고 있다. 이렇게 우리에게 주어진 틀은 서구적인 것이 지배적이었고 그런 틀 속에서 한국의 불교와 불교학이 자기 정체성을 찾아야 한다는 것은 모순으로 비추어진다. 바로 그 점에서 불교·불교학과 오리엔탈리즘의 상관관계가 지닌 문제점이 드러나며 오늘날 우리에게 불교학이 하나의 난제로 다가온다. 우리의 것으로서의 불교와 불교학이 타자의 시각에 의해 정의되고, 평가되고, 연구된다는 사실은 충분히 자각되고 극복되어야만 한다.

동양에서 긴 시간을 두고 광범위하게 엄연히 존재해 온 불교였지만 이해의 대상, 인식의 대상으로 대두된 것은 서구적 배경에서였다. 불교가 '발견되고' '창안되기' 시작한 것이다. 마치 미대륙이 '그곳'에 엄연히 존재해 왔지만 서구에 의해 '발견되고', '새로운' 오늘날의 미국으로 '창안'된 것과 흡사한 과정을 겪은 것이다.

　서구의 '틀'과 서구인의 '머릿속'에서 불교는 새롭게 태어나고 나름대로 인식되었다. 이 서구적인 틀에 의해 오늘날 '불교학'으로 지칭되는 학문으로 정착된 역사는 고작 2세기를 넘지 못한다. 그리고 이 짧은 시기 중에도 그때마다 단락 짓는 특징이 있었고 그 매듭 하나하나를 특징짓는 인물들이 등장했다. 또 당시의 정치적·문화적인 배경이 그들의 특징을 뒷받침하고 있다. 근대적 학문으로서 불교학을 개창하고 정착시킨 공헌자들이 아시아를 고향으로 하는 불교의 내용을 결정지은 것이다. 외젠 뷔르누프(E. Burnouf, 1801-1852)나 리스 데이비즈(T. W. Rhys Davids, 1843-1922), 또는 종교학의 개창자로 추대되고 있는 막스 뮐러(Max Muller, 1823-1900)와 같은 학자들이 그들이다. 그러나 대부분의 시발자에게서 흔히 드러나듯 자신들이 무엇을 하는지도 모르는 상황에서 불교에 대해 관심을 피력했다. 이 시발자들은 처음에는 단순히 호기심 어린 관심(curious preference)을 갖고 논란 없는 관심(unargued preference)만이 지배하는 상태에서 일정한 학문적 정당성마저 결여한 채 불교를 이해하고자 했다.

　그리고 후대의 학문적 체계와 이해의 틀이 마련되기까지는 불교 전통 문헌 속에서 언어·문헌학적인 방법을 통한 조직적 색출 작업이 수반되었다. 오늘날까지도 불교학 연구의 전형으로 자리 잡고 있는 언어·문헌학적 방법은 빅토리아 조 학문의 특징이었다. 그 당시의 불교 연구는 불교 원전을 찾아내어 그 불전에 쓰인 교리와 이론을 연구하는 것이었다. 그리하여 불교는 책상 위의 불교, 책장 속의 불교로 화했다. 불교는 다루어질 수 있으며 서구적 틀을 따라 분류할 수 있는 대상인 것이다. 곧 불교의 현주소가 동양이기 때문에 아시아에서는 현행의 종교이지만, 서구에서는 학자들에 의해 수집·번역·출판이라는 문헌적 과거로부터 출현하였고 서양의 동양학 도서관과 연구소 그리고 문헌들 속에만 존재한다. 심지어 신행이 일어나고 있는 현지인의 증언마저 쉽게 묵살되었다. 그것은 빅토리아 조 이데올로기의 의지였다.

그러면 빅토리아 조의 이데올로기는 무엇이었던가? 무엇보다도 타자에 대한 상상을 통한 자기 확대, 그리고 결과적으로 빚어진 제국주의적 지배가 빅토리아 조의 성격이었다면 서구의 불교의 발견은 이 경우에 그대로 맞아떨어진 경우였다. 지금도 서양에서 불교의 발견과 불교에 대한 열정적인 찬양의 예로 에드윈 아놀드(E. Arnold, 1832-1904)의 『아시아의 빛』(1879)을 들고 있다. 이국적인 것에 대한 상상력을 그대로 대변했고 그 주제는 불교와 부처님의 청순함이었다. 이 열광적인 상상력 이면에는 타자에 대한 배척과 지배가 내포되어 있었다. 기독교의 반응과 선교주의가 그것이었다. 인도와 스리랑카의 선교사로 활약한 리처드 콜린스(Richard Collins, 1828-1900)의 반응은 이 점을 잘 웅변하고 있다. 그는 아놀드의 부처님과 역사적 부처님을 대비시키면서 "아시아의 빛으로서의 부처님은 진정한 부처상(像)일 수 없다. 마치 알프레드 테니슨의 아서(Arthur)왕이 진정한 아서왕의 상(像)이 아니듯 말이다."라고 말했다. 불교에 대한 열광적인 찬사와 비판적인 배척의 태도는 서구가 불교를 받아들이는 야누스적인 이중성이었다.

결국 우리는 불교의 발견이 서구의 종교·문화적 배경 아래서 이루어졌고 낭만적 빅토리아 조의 열광과 냉혹한 제국주의적 필요에 따른 것이었다는 점을 간과할 수 없게 된다. 나아가 여기서 소위 서구가 아시아를 석권할 때 드러나는 두 가지 패턴, 곧 선교 활동을 통해 서구적 가치를 밀어넣는 한편 언어·문헌학적 작업을 통해 역사적 현장의 맥락을 끊어 버리면서 불교를 끄집어내는 이원적 작업이 추진되었다고 볼 수 있다. '밀어 넣고 '끄집어내어' 창안하는 일이 거의 동시에 행해졌고 그것이 오늘날 서구 불교학을 탄생시켰다. 그러나 그와 동시에 그로 인한 곤경을 동시에 안겨 주었다.

서구와의 지리적인 거리와 문화적 이질성을 지닌 오리엔트라는 '그곳'(out there)에서 '타자'(other)로 표명되고 예증된 대상(object)이 서구에서의 불교의 출현이었고 그래서 불교는 서구적 취향을 따라 창안되었다는 것이다. 불교가 이러한 추상화 과정을 겪을 때 서구의 불교학자나 동양의 호교론적 학자들은 교리적(철학적) 연구를 행함으로써 복잡한 역사적·문화적 현장의 실제 상황을 끊임없이 무시했다.

이렇게 되면 서구만이 유일하게 불교의 과거와 현재, 그리고 미래까지 예견하는 입장이 된다. 과거의 전거(典據)를 지배하는 서구 불교학 연구의 향배에 따라 불교는 그 방향이 정해지고, 그들의 기호에 의존할 수밖에 없게 된다. 이 과정을 겪는 불교학 연구는 법(法, 眞實, dharma)을 탐구한다는 명분 아래 초월적 진리라는 이념에 사로잡힌다. 소위 "불교란 무엇인가?" "불교의 본질은 무엇인가?" 하는 본질적인 불교의 초역사적 정체성을 찾게 된다. 이에 따라 역사 과정을 뛰어넘고 지역적·문화적·시대적 상황을 초월한 완결된 정체성과 순수 이념에 사로잡힌다. 아마 서구에서의 불교 이해를 자신의 화두로 삼은 D. T. 스즈키(Daisetsu Teitaro Suzuki, 1870-1966)의 선(禪, Zen) 이론은 이 경우의 대표적인 예일 것이다. 사이드의 오리엔탈리즘 논의가 다루는 문제의 범위는 주로 아랍권과 이슬람 문화를 초점으로 한 중근동 문화에 대한 담론이었지만 그의 담론은 동일한 역사 경험을 한 불교학으로까지 확대되었다. 그리고 오리엔탈리즘의 담론은 이미 식민주의와 연계되어 제국주의 영향 아래 있던 동아시아의 문화와도 결부될 수밖에 없는 것이다. 곧 불교가 역사적으로 실제로 어떠했느냐의 문제가 아니라, 불교를 보는 '관점의 문제' 그리고 그것을 다루는 '내적인 틀이나 논리'가 있다면 그것은 무엇이겠느냐 하는 점이다.

5. 맺음말

한국학은 한국의 위상과 표리를 이루고 있다. 한국학에 내포되어 있는 모든 인문·사회학적 주제가 총체적으로 다루어질 것이기 때문이다. 한국은 이미 전 세기에 평가되던 한국이 아니다. 그러나 사회 구성이 다변화되고 중층적인 한국을 어떻게 보고 평가할 것인가는 전적으로 우리의 시각에 달려 있다. 더 이상 구한말의 오리엔탈리즘에 근거한 서양인의 호기심을 자극하는 한국일 수는 없다. 혹시 한류가 이런 타자의 호기심을 북돋는 대상으로만 역할을 한다면 바람직스럽지 못하다. 한류는 그 내실을 갖추어야 한다. 그러기 위해서는 한국학의 창발적인 연구와 뒷받침이 있어야 한다. 그 내용은 우리 전통의 유교일 수도 있고 불교일 수도 있다. 아니면 이미 구한말 이래로 우리 땅에 단단히 뿌리내리고 있는 기독교 전통일 수도 있다. 그러나 선교주의에 몰두해 있는 일부 파행적 개신교는 우리 전통과는 아무 상관이 없다.

지역학이 태생적으로 지니고 있는 오리엔탈리즘과 제국주의적 국가 이익을 대변하는 정치적 속박에서 벗어나야 한다. 한편 우리 것이 제일이라는 민족주의를 극복하며 민족 우월주의에서 벗어나야 한다. 평화 애호 민족이라거나 한 핏줄 한 동포의 의식에서도 벗어나야 한다. 서구 근대에서 민족주의는 식민주의·제국주의와 표리를 이루고 있다. 이런 민족주의는 곧바로 식민주의와 제국주의로 달려간다. 일본의 예에서 전형적 사례를 보고 있다. 그러나 우리는 어떤가? 자칫 식민주의적 경험과 그 콤플렉스에 사로잡혀 만주 대륙을 꿈꾸는 제국주의적 의식에 빠져 있는 것은 아닌가? 그래서 못사는 나라에서 온 외국인은 물론 같은 민족인 조선족이나 북한의 새터민을 대하는 우리의 인권 의식은 어떠한가? 근대화라는 식민화에서 소수민족, 하층민, 유색인종, 여성을 대하는 태도는 변화되고 있는가? 오히려 우리는 이 내적 식민화에서 자유로울 수 있는가? 인문학에서의 한국학은 단순히 지역에 관한 연구이기만 한 것은 아니다. 한국의 정체성 확인의 과정이다. 한국은 일정한 실체를 지니고 존재하는 것도 아니다. 다중적 주체를 지니고 있고 그것은 항시 변하고 있다. 동아시아학에서 우리의 독특한 위치는 중국·일본에 비해서는 주변적이지만 베트남을 비롯한 동남아시아 여러 나라에 비해서는 중심부적인 위치에 있다. 중심성과 주변성이 교차하는 탄력은 우리가 지닌 다변성과 중층성을 창의적으로 활용할 훌륭한 자리매김이다.

불꽃을 다시 묻다

제4부

한국 불교와 종교에 대한 성찰

오늘의 교상판석(敎相判釋)은 어떻게 가능한가?[*]

―불교 종파의 새로운 계승을 위한 전제들

* 영남퇴계학연구원과 공공철학공동연구소가 주최한 국제학술회의 (2014년 8월 14-15일)에서 발표한 글을 수정한 것이다.

1. 불교에서의 학맥이란?

한국의 전통 학맥들 가운데 불교학맥(佛敎學脈)이라는 새로운 분야를 설정하고 이 전통적인 학술이 어떻게 역사적으로 전개되어 왔는지 또 그 형성 요건들은 어떠했는지를 기술하는 것이 나에게 부여된 소임이라고 생각한다. 오늘날의 학문 분류 방법의 하나로서 불교/학의 형성 과정이나 발전에 따른 불교의 역사적 학맥 형성이 가능하였을 터이고 그것이 오늘의 우리에게도 전승되는 것이 아니겠는가라는 지극히 타당한 문제의식을 가지고 있다. 곧 불교 교학 체계나 교리의 역사적 전개 혹은 불교사상사의 교학적 체계를 벗겨 내 불교를 오늘의 학문적 계보의 틀에서 재구성하라는 요구로 이해하는 것이다. 그런 관점에서 불교의 학문적 위상, 곧 오늘의 학문적 계보에서 불교가 어느 곳에 위치하는 것인지 확인하고 그것의 미래적 지향을 따져 보라는 시도라 이해한다. 제기된 질문을 이렇게 변형시킨 내 자신의 이해의 타당성도 문제일 수밖에 없다. 그리고 질문은 항상 답변의 틀을 규정하고 있어 질문과 답변은 서로 대응할 수밖에 없으니 내가 받아들인 문제 제기는 나의 답변이 한계를 지닐 수밖에 없게 만든다.

학맥이란 학문적/학술적 맥락이나, 학문의 계보(系譜) 또는 유파(流派)를 말할 터인데 불교에서도 이런 것에 해당시킬 만한 것이 있겠는가를 물을 수밖에 없다. 왜냐하면 불교 전통 속에서 오늘날 제기되는 "학맥"(學脈)이란 것에 대응시킬 항목을 색출하거나 이 개념에 알맞게 전통적인 자료를 재정리하여야 하기 때문이다. 곧 지금 우리의 시각과 가치 평가가 과거의 자료를 제기된 질문에 따라 재배열해야 하는 학문적 가공의 과정을 거쳐야 하기 때문이다.

나는 불교/학이 다른 분야와 유별나게 다르다고 주장하거나 불교만의 특징을 강조하기 위해 학맥/학파라는 어휘를 놓고 따지는 것은 아니다. 일찍이 불교학에 학맥(學脈)이나 학파(學派)라는 개념을 적용시켜 불교의 내용을 풀이한 경우는 드물다. 지금 불교학에 대해 제기된 이런 작업을 전통적 불교학에 대한 반성적 기회로 삼고 싶으며, 불교를 학문의 대상으로 삼는 불교학자들의 자기 비판적 계기로 삼고 싶다.

어떤 과정을 거쳤건 그리고 그 발단이 어디 있건 학맥/학파라는 개념의 틀이 근대적 지식 체계로 활용된 것은 분명하다. 학문의 체계이거나 학술인의 집단화이거나 그 이념이 학맥이 되고 학파가 된다고 정의하지만 실제로 개별적인 전통으로 들어가면 그것이 과연 오늘날 우리가 기대하는 학맥/학파적 특징을 지니고 있는 것인가? 아마도 이 전통 자체의 역사적 전개나 전통 속에서의 상황에 따른 설명 방식일 수밖에 없을 것이다. 곧 각개 전통의 자기 설명 방식이고 그것이 전통에 대한 정통의 주장으로 발전한 것이 학맥이라고 생각한다.

유교 전통에서의 “직하”(稷下)나 중국이나 한국 불교에서의 “교상판석”(敎相判釋)/“교판”(敎判)을 오늘날의 학맥이나 학파와 등치시켜 그에 따라 불교사상사를 정리해 가는 것이 타당하겠는가 하는 점을 상정할 수 있다. 그리고 이러한 학파/학맥에 대응되는 전통의 색출을 통해 우리는 지금 과연 무엇을 새롭게 현시할 수 있는가 하는 점을 염두에 둘 수밖에 없다.

잘못하면 “조각 맞추기 게임”이 되거나 “우리에게도 있다”는 식의 근대성론의 틀에 빠지기 쉬운 것이 사실이다. 실제로 서구 불교학이 근대 불교학 연구를 선도적으로 이끌면서 서구적 틀에 맞추기 위해 손쉬운 "환원적 처리"를 시도했고 아직도 이런 경향은 강하게 뿌리박고 있다. 문화 역사적 배경에 대한 고려 없이 서양 철학이나 서양적 개념의 틀을 그대로 적용하는 것은 하나의 예일 뿐이다. 그래서 맹목적 일치를 시도하거나 일반화의 작업이 시도된다. 이런 서구화의 위험성은 바로 서양 불교학자들에 의해 지적되었다. 곧 에드워드 콘즈(Edward Conze, 1904-1979)의 『불교 철학과 서구적 대비(*Buddhist Philosophy and its European Parallels*)』나 『불교 철학에 대한 의사(擬似) 대비(*Spurious Parallels to Buddhist Philosophy*)』는 이미 고전이 되었지만 이런 점을 정확하게 적시하고 있다. 결국 동서의 비교론적 접근은 "유사 근접"일 뿐, 동일한 사항의 비교론은 아니라고 지적한다. 어느 한쪽이 다른 한쪽에 대한 예비적 단계가 되거나 결국은 잘못된 오해(deception)의 결론에 빠지는 것이다. 따라서 불교는 서양 철학과는 상관이 없다는 결론에 도달한다.

서양이 주도적으로 발전시켜 온 근대 불교학은 다음 세대에 이르러 다음과 같은 자기 비판적 증언을 하기에 이른다.

불교학이란 비서구적인 문화 산물에 대한 서구적 작업을 지속하는 일이며, 고도의 전문적인 비불교도인 청중을 위한 비서구적 맥락 속에서 일어나는 불교에 대한 담론이다. 이 전문인들의 지적 작업은 서구의 문화, 예술, 철학의 주류적 경향에서도 떨어져 나와 있으며, 또 경우에 따라서는 현행의 불교 교리상의 흐름에서도 격리되어 있다. 불교 연구와 그 청중은 공동의 언

어와 그에 대한 확신마저 결여되어 있다.[1]

비교론적 관점이 되었든 서구적 입장의 접근이 되었든 불교학에 대한 접근은 이런 태생적 모순과 위험성을 내포하고 있는 것이다. 무척 우울한 모습이기도 하지만 극복되어야만 하는 사항들일 수밖에 없다. 그러나 이 해나 해석은 "자세"를 전제로 한다. 우리에게 자료가 부족하다거나 비교적 지식이 결여되어 있는 것은 아니다. 어떤 자세로 어떻게 읽어 가느냐가 관건일 뿐이다.

2. 종파/학파의 분화

서구적 접근을 고려할 때 불교의 학맥/학파에 배속시킬 수 있는 불교 학문 전통 속의 항목들은 무엇이 가능할까? 아마도 "종파"(宗派)나 무슨 "종"(宗)일 수밖에 없을 것이다. 그러면 불교에서의 종(宗)이나 종파(宗派)는 무엇이었나? 이렇게 환원시키려 하면 실로 불교/사상 발달의 전 과정을 개관할 수밖에 없는 광범위한 문제를 내포하게 된다. 따라서 여러 갈래의 철학적 담론이나 종교적 실천 수행을 포용하는 것이 종이고 종파이기도 하다. 그리고 그것은 언제 시작된 것이고 누구에 의해 발단이 된 것일까? 불교이기 때문에 당연히 부처님에 의해 발단이 된 것이니 부처님 당시로 소급할 수밖에 없다. 그러나 문제는 부처님에게 귀결시킴으로써 해결되는 것이 아니고 그로 인해 문제가 제기되는 것이다. 곧 교단의 형성과 파승(破僧,

---

1   Luis Gomez, "Unspoken Paradigm: Meanderings through the metaphors of a field," *Journal of International Association of Buddhist Studies*, vol 18, No. 2, p. 190.

Sanghabheda)을 겪으며 발생하는 종파의 분화 과정과 부처님 말씀의 핵심은 어디에 있으며 무엇을 강조하는가에 따라 또 학파는 분화된다. 곧 부처님 자신이 처음부터 종과 종파, 교학과 학파 분화의 길을 열어 놓은 것이다.

『열반경』에서 언급되듯이 부처님은 열반에 즈음하여 자등명(自燈明), 법등명(法燈明)이란 유훈을 남김으로써 자신의 가르침에 대한 여러 갈래의 이해와 해석의 길을 터놓았다. 곧 "자신을 등불로 하고 자신을 의지하고 타인을 의지하지 말라. 법을 등불로 하고 법에 의지하고 타인을 의지하지 말라."는 말을 남겼다. 부처님 자신이 남긴 말들은 대기설법(對機說法)으로, 여건에 따른 가르침인 법(法, Dharma)은 단일한 의미를 지니는 것이 아니다. 그래서 불교는 때와 장소에 따른 맥락적 방편설(方便說, Upaya)이라고 했으며, 또 그것을 이해하는 사람의 능력에 따른다고 했다. 이해하는 사람의 관점의 폭과 깊이가 개입되는 지극히 해석학적(hermeneutic)인 이해를 따를 수밖에 없다고 단언했다. 소위 초기 불교인 부파불교의 발생 근거와 교설의 분화는 당연히 역사적 실존적 여건에 근거하고 있다.

한 걸음 더 나아가 불교가 동아시아 불교로 변모를 겪는 과정은 이런 분파인 학파와 종파의 다양성을 더 촉진시켰다. 더욱이 불교 경전이 중국으로 번역 소개되는 과정은 혼성적이었다. 경전이 성립한 시대적인 순차에 대한 지식이 없었고 사상적 일관성마저 결여된 가운데 전혀 다른 언어로 번역 소개되는 혼란을 겪었다. 따라서 전후 관계나 성립 순서에 대한 일관된 체계화가 요구되는 것은 자연스러운 일이었다. 이 결과 "교상판석"(敎相判釋)이란 경전의 체계화가 이루어진다. 불교 승려/학자는 자신의 견해를 기반으로 경론을 평가 분류하여 "교판"(敎判)을 만드는 것이다. 천태종(天台宗)의 교상판석의 교학적 분류는 그런 면에서 동아시아 불교를 이해하는 최초의 전형적인 틀이다.

이전까지 전승된 교설들 또는 경우에 따라 와전되고 변형된 교설들이 하나의 일관된 틀을 지니고 불교를 본격적으로 해석하고 그 정착을 시도한 것이다. 즉 동아시아 최초의 종합적 불교 해석의 틀과 발단이 되고 있다. 물론 천태종/학 이전에도 인도 전래의 불교를 수용 이해하는 틀이 여러 번 시도되었고 그것은 특색 있는 동아시아 불교를 창안하고 있다. 공(空, Sunyata)에 대한 중국의 도교적 이해 방식에서 출발하여 중관(中觀, Madhyamaka) 사상이라는 일관된 체계에 이르기까지 불교는 방편설로 동아시아에 성공적으로 정착되어 가고 있었다. 그러나 천태(天台 智顗, 538-597)의 남북조시대에 이르러 불교의 가르침 전반을 대상으로 한 본격적 체계화와 해석이 시도되었고, 그것은 이후 전개되는 동아시아 불교 해석의 준거 틀이 된다. 소위 천태대사에 이르러 교상판석의 결정적인 형태가 정착되어 "오시팔교"(五時八敎)라는 교학 체계의 해석 틀이 만들어졌다. 이후 불교 학승/학자들이 나름의 새로운 해석을 시도할 때마다 혹은 자신의 고유한 학설을 제시할 때마다 이 오시팔교의 틀은 수정되거나 그것들의 각기 다른 조합을 거듭하게 된다. 일체의 경전을 자유자재로 활용하며 교학 체계를 상호 연관시키며 모순 없이 회통시키려 했다. 경전의 분류 방식이라고도 볼 수 있지만 불설을 다섯 시대구분[五時]으로 만든 ① 화엄시(華嚴時), ② 아함시(阿含時), ③ 방등시(方等時), ④ 반야시(般若時), ⑤ 법화열반시(法華涅槃時)로 나누고 있으나, 이미 경전 성립 시대 전후의 모순을 드러낸다. 그러나 그의 해석학적 이해에는 조금도 모순이 없었다. 부처님이 설법한 다섯 시기는 설법 방법과 그것을 이해하는 방식을 기준으로 한 돈교(頓敎)·점교(漸敎)·비밀교(秘密敎)·부정교(不定敎)의 넷으로 나눈 화의사교(化儀四敎)에 의거하거나 설법 내용을 기준으로 한 삼장교(三藏敎)·통교(通敎)·별교(別敎)·원교(圓敎)의 넷으로 나눈 화법사교(化法四敎)에 의거할 때, 불교 교설의 해석에 일관성이 부여되며 의미론적인 회통이 이루어지는 것이다. 그리고 앞에 지적한 부처님 유훈의 법등명, 자등명을 실현한 것으로 간주한다.

실제로 이런 교상판석이란 해석의 형태는 이미 대승불교 경전에서 광범위하게 활용되고 있었다. 대표적인 경우로 『능가경(楞伽經, Lankavatarasutra)』에 돈교에 대한 점교의 상호 대치적인 입장을 질문하는 구절이 나온다. 곧 부처님에게 질문하는 대담자인 대혜보살(大慧菩薩, Mahamati Bodhisattva)은 마음을 청정하게 닦는 일은 점차적[漸敎]으로 이루어지는 것인지, 일순간[頓敎]에 성취되는 것인지를 묻는다. 이때 부처님은 청정한 정화의 단계는 절차를 따라 이룩된다는 점교적인 설명과 함께 중생의 여래장, 곧 청정한 마음은 어떤 식별이나 차별, 또는 어떤 상(像)에서도 자유로운 돈교(頓敎)적인 것이기도 하다고 설명한다. 마치 불빛과 태양이 한순간에 비치는 것과 같다고 예시한다. 그것은 여래장(如來藏)이고, 알라야식(阿賴耶識, alayavijnana)이고 법성불(法性佛, Dharmakaya)이고 응신불(應身佛, Sambhogakaya)이기도 하며 화신불(化身佛, Nirmanakaya)이기도 하다고 설명한다. 곧 유(有)와 무(無)=비유(非有)의 이원론적인 관점을 떠난 불이(不二)의 단계인 돈교(頓敎)라고 설명하는 것이다.

『열반경』에서 말하는 다섯 가지의 맛[五味]에 대한 비유도 전형적인 교상판석의 해석학인 것이다. 곧 우유가 락(酪)이 되고 생소(生酥), 숙소(熟酥), 제호(醍醐)로 바뀌는 것과 같다고 비유적으로 설명한다. 또는 『유마경』에서는 "부처님은 하나의 목소리[一音]로 설법하지만, 중생은 각기의 종류에 따라 이해한다."[佛以一音演說法 衆生隨類各得解]라며 상대적 이해와 다변화된 해석의 길을 열어 주었다. 그러나 후에 다시 논의하겠지만 결정적인 경우는 『해심밀경(解深密經)』의 예이다. 전형적인 대승 경전임은 물론 중론의 공 사상에 대한 안티테제로서의 유식(唯識) 사상을 천명하는 경전으로서 중관 사상에서 자신의 입장을 차별화한 경전이다. 곧 불교 사상의 교판적 차별화의 모태적인 형태가 선명히 제시되었다. 부처님이 설법한 교설을 세 단계로 나누어 각 단계마다 새로운 입장이 드러나게 했다. 곧 3단계의 전법륜[三時轉法輪]의 설법이다. 부처님이 성도한 후 베나레스에서 직접 접한 제자들인 성문(聲聞)을 위해서 처음으로 4제(諦)의 법문을 설했지만[四諦法輪] 그것은 아직 완전한 설명이 아닌 미요의(未了義)의 설법이었다. 다음 보살의 대승으로 나아갈 때 모든 법이 무자성(無自性)하여 영원하지도 않고 실체도 없는 것이라는『반야경』의 무상법륜(無相法輪)의 공(空)을 설명했지만, 그것도 아직 완전한 의미인 요의(了義)의 최종적인 법문은 아니라는 것이다. 마지막으로 유식(唯識)의『해심밀경(解深密經)』을 설하였다. 이것을 제3의 최종적 의미를 드러낸 요의대승(了義大乘)이라고 말하며, 따라서 유식 이론이야말로 부처님의 최종적인 의미가 드러난 것으로 유식의 우월성을 주장하는 것이다. 불교사상사에서 가장 특징적으로 자신의 학설과 주장의 탁월성을 내세우며 이전의 이론을 상대화시킨 경전이 바로 이『해심밀경』이고 따라서 불교 사상의 교상판석적 전형을 보여준다.

곧 학파/종파의 성립을 의식한 경전에서 나타난 전형적인 예로 삼을 수 있다. 따라서 후대의 소승, 대승의 역사적인 과정을 거치며 그 이전의 이론과 주장을 상대화시키는 근거를 제공하고 있다. 이 삼시교(三時敎)의 틀에 의거한다면 과거의 관점들에 대한 해석과 더불어 앞으로 전개될 해석의 가능성마저 무한대로 열어 놓고 있다.

위에서 인용한 예들은 일종의 경증(經證)으로 대승 경전을 통해 드러나는 새로운 해석의 길을 제시하는 경우였다. 곧 불교 교설은 주하는 맥락에 따라 재해석이 가능하다는 대기설법(對機說法)을 지시하고 있다. 그것을 다섯 가지 맛[五味]으로 비유적으로 표현했고, 하나의 목소리[一音], 혹은 완전한 목소리[圓音]를 제시하며 듣는 사람의 입장에 따라 내용이 달라진다고 했다. 각자의 경지에 따라 구원은 이미 이루어졌을 수도 있고 또는 오랜 시간이 요구되는 과정이 필요하다는 다양한 이론이 제시되는 것이다. 무엇보다도 경전 속의 불교 사상 발전의 최종적인 단계를 제시한 『해심밀경(解深密經)』의 유식(唯識)의 입장은 경증의 대표적인 예이다. 따라서 부처님은 이미 경전 속에 불교 학파의 다양한 분화를 마련해 놓은 셈이다.

그러나 동아시아에서 성립된 한역본 논소(論疏)들에 이르러서는 인도 원전 자체의 경증(經證)을 이끌어 자신의 이론을 입증하기 위한 논증(論證)으로 활용한다. 더욱이 중국적 문화 배경으로 성립된 교상판석이 큰 역할은 한다.

이미 천태 이전에도 도생(道生, 360-434)이 소박한 형태의 교판을 제시했다. 경전을 4단계로 분류하여 ① 선정(善淨, 소승 경전) ② 방편(方便, 『반야경』) ③ 진실(眞實, 『법화경』) ⑤ 무여(無餘, 『열반경』)로 분류한 교판을 만들었다. 또 도생의 동료 학승이며 구마라집(鳩摩羅什, Kumarajiva, 344-413)의 제자인 혜관(慧觀)은 돈점(頓漸)의 이론을 적용한 교판을 제시했다. 결국 천태 이전까지의 불전 해석이나 부처님 말씀의 분류는 남삼북칠(南三北七)이라는 10개의 교판인 학설/학맥으로 분류하는 것이었다.

이런 분류학이 정착되고 그에 따른 각각의 입장과 해석이 따르고 결국은 천태에 이르러 오시팔교(五時八敎)라는 종합적이며 전형화된 교상판석이 정착된다. 그렇다고 그의 교판이 절대적인 것이 되었다는 말은 아니다. 하나의 모델이 된 것이며 이후 동아시아 불교의 학설은 각자의 입장에서 남삼북칠의 어느 하나이거나 그것들의 종합, 배합 또는 천태의 교판에서 어느 한 부분을 자신의 경전 이해의 틀로 차용한 것이다. 그래서 동아시아 불교의 학맥 또는 학파의 형성은 어느 면에서 이 교상판석적인 틀에서 벗어날 수 없으며 또한 그 특징을 최대한 활용하는 것이었다. 그리고 그것은 종파를 형성하는 근간을 이루기도 했다. 따라서 천태종 이후 열반종(涅槃宗), 법상종(法相宗), 화엄종(華嚴宗), 정토종(淨土宗) 등의 종파로 다변화되는 모습을 본다. 일본 불교의 정통으로 되어 있는『팔종강요(八宗綱要)』는 그런 종파들을 대변하며 각 종파의 특징을 서술한 전형적인 종파 분류학 문헌의 전형으로 간주되는 것이다.

따라서 자신이 채택한 종파와 자신의 학설을 일정한 틀에 따라 전개하는 것이 정형이 되었고, 종교적 실천 수행의 입장뿐만 아니라 학문적 전개에 있어서도 일정한 입장을 견지하고 자신의 종파/학파의 전제 조건들을 충족시켜야만 했다. 오늘날까지도 동아시아의 불교에 대한 이해나 해석은 이 전통적인 종파/학파의 맥락을 잇는 작업이었다. 소위 법상 유식학, 화엄학 등의 분류가 그것이고 이 노선을 따라 해석하며 주석해 간 것이 동아시아의 불교학 전개였다. 그것이 중국의 종파와 학파에 표준을 둔 한국과 일본의 종파불교학 전개이고 아직도 이 공고한 틀을 유지하며 전통의 정통성을 표방하는 이유도 거기에 있다. 그리고 이런 종파적 특징은 근대 서구 불교학 연구와 충돌을 일으키며 종파불교학의 한계를 노출한다. 다른 한편 서구 불교학이 지닌 한계마저 드러내며 서구 불교학자의 제3세대에 속하는 학자들로 하여금 "불교신학"(Buddhist Theology)이라는 학문적 이종교배의 새로운 분야마저 제기하고 있다.[2]

---

2 불교의 역사적 전개를 문헌적, 객관적으로만 다루는 한계를 극복하기 위해 서구 불교 학자들은 새로운 시도를 한다. 곧 신학이란 학문이 학자들의 신행의 참여를 전제로

그러나 이러한 외형적인 틀에 의한 접근 방식은 분류상의 문제이고 실제의 내용은 좀 더 복잡한 양상을 띤다. 대표적인 경우가 현장(玄奘, 602-664)의 유식 경전의 도입과 그 원전 번역에서 발생된 문제들이었다. 주지의 사실로 나타난 것이 인도 유식의 수용을 둘러싸고 파생된 문제들이었다. 그 가운데 가장 중요한 문제가 불교 사상의 근간인 공(空)에 대한 유식적 해석을 둘러싸고 일어났다. 곧 공유(空/有) 논쟁에 관한 것이다. 용수(龍樹, Nagarjuna 150?-250?)의 공 사상에 대한 해석이 4세기경 인도에서 유식학의 대두로 새롭게 방향을 전환한다. 중관 사상에 대한 유식학적 해석이 대두되며 모든 것이 공(空)하다는 것을 인지하는 그 의식의 존재만은 인정할 수밖에 없다. 그것이 유식(唯識, vijnaptimatrata)이라는 새로운 해석이 무착(無着, Asanga, 310?-390?)과 세친(世親, Vasubandhu)에 의해 주창된다. 그러나 그 식(識)은 다시 공(空)일 수밖에 없다는 중관적 입장에서의 비판이 제기된다. 다시 유식적 해석의 유론적 입장이 재수정되며 반론이 일어난다. 이 과정에서 정치한 논리적 전개가 진나(陳那, Dignaga, 480-540)를 이어 법칭(法秤, Dharmakirti, 600-660)를 거치며 발전한다. 그리고 유식 불교의 경전들이 현장(玄奘, 602-664)에 의해 중국으로 본격적으로 번역되며 현장의 제자이자 법상종(法相宗)의 창건자인 자은규기(慈恩窺基, 632-682)가 『성유식론술기(成唯識論述記)』를 저술하며 적극적으로 유식학을 수용한다. 그리고 이 과정은 복잡한 양상을 띠고 전개된다. 여기에서 교상판석은 다시 중요한 역할을 하며 중국적 해석의 틀과 새로운 종파 형성의 계기를 마련하

한 학문이듯 불교학 역시 신행참여를 배제한 순수한 문헌적, 철학적 접근은 불가능하다고 실토하며 새로운 학문 분류학으로 불교신학을 제안한다. 이민용, 「왜 불교신학인가-학문의 이종교배」, 『종교문화비평』 3호, 154-175쪽 참조

며 새로운 학파를 구성시킨다. 곧 법상종의 형성과 이 학파의 이파(異派)
로서의 원측(圓測, 613-696)의 독특한 유식 불교가 대두되는 것이다. 법상
종의 교판은 후대에 이르러 화엄의 교판에 의해 재정리되고 종합되며 한
단계 지향된 새로운 영역을 설정하게 된다. 그리고 원효 교학의 출현과 그
영향에 크게 힘입고 있는 법장의 화엄종이라는 동아시아 종파불교 또는
학파불교의 최종적인 꽃을 피우는 것이다.

3. 동아시아적 종합으로서의 화엄의 교판

화엄이란 경전의 이름이 말해 주듯 동아시아 종교의 꽃 혹은 사상의 결
정판으로 상찬되는 화엄종의 형성은 단순하지 않다. 화엄 사상의 형성이
방대한 양의 『화엄경』에 의거하고 있으나 다양한 사상을 내포한 이 방대
한 경전을 근거로 화엄의 사상적 틀이 형성된 것은 아니다. 일종의 동아시
아적 사유와 수많은 학승들의 사상적 또는 종교 수행상의 작업이 여러 형
태로 이 경을 중심으로 결집된 것이다. 그리고 화엄종이란 하나의 종파를
형성함으로써 빚어지는 정통에 대한 주장 또한 중요한 역할을 했다. 법장
(法藏, 643-712)에 이르러 화엄학의 기본적인 틀이 완성되었으며, 그 근저에
는 법장 이전의 교판을 그가 어떻게 수용 종합하며 자신의 입장을 세워 갔
느냐 하는 점이 강조되어 있다. 법장이 수립한 교판에 대해 오늘의 불교학
계가 끊임없이 논의와 천착을 시도하고 있다는 사실은 이 교판의 다양성
과 함께 그것의 중요성을 잘 말해 주고 있다.

법장의 교판을 근거로 할 때 화엄종의 형성은 분명 그 이전의 사상적 경
향을 수용하며 발전시킨 것이다. 당연한 말이 되겠지만 종파를 형성할 때
는 그 창시자인 중심인물의 초월적인 신이한 능력이나 특정한 경전의 뛰

어난 사상의 특징을 강조함으로써 종파 형성의 계기로 삼는다. 그래서 창시자의 신행이나 그의 주도적 사상의 근간을 정통으로 삼아 다른 사상이나 유파를 부속적인 것이나 이단 혹은 변질된 것으로 여겨 그것들과의 비교 우위론적 입장을 표방하며 자신을 정통으로 삼는다. 화엄종의 경우도 예외일 수 없다.

그러나 법장의 경우 그의 사상적 특징이 형성되는 과정에 주목할 필요가 있다. 특히 그의 교판은 법상종의 교판을 거의 그대로 수용하고 있다. 그가 주장하는 교판의 마지막 단계만이 법상종과 다르고 이 다른 부분이 법장 사상의 특징을 드러내고 있다. 따라서 이 달라진 부분의 내용이 그의 독창성일 것이고 또한 화엄종으로의 도약을 드러내는 부분일 것이다.

그래서 그의 교판이 화엄종/학파의 특징을 드러내는 요인들이라면, 그와 동일한 패턴의 사유나 동일한 유형의 교상판석이 또 다른 종/학파에서도 드러나거나 또는 다른 학승들의 저술에서도 거의 동일한 내용이 표명된다면 그 계보를 우리는 어떻게 자리매김하여야 할까? 법장과 동일하니 법장계이고 화엄종과 동일한 교판이니 화엄종의 계열로 귀속시키고 분류시키면 충분한 것인지?

이런 문제점을 지닌 가장 전형적인 예가 원측의 경우에서 드러난다. 그리고 같은 문제 제기와 논리를 원효에게 적용해도 거의 동일한 문제점을 일으킨다면 종파불교가 지닌 한계와 문제점을 드러내는 것이다. 전통과 정통이라는 문제는 동일한 사항을 다루는 경우가 많다. 곧 동아시아 불교의 교상판석이 고유한 전통을 수립하기 위한 학문의 계보화일 수도 있지만, 그것을 후대 학자들이 정통으로 주장하면 자기 정당성만 표방하는 엄격주의에 빠지게 되고 도그마화된다. 특히 근대의 일본불교학이 표방하는 일본 불교에 이르러서 종파불교가 비로소 완성됐다는 학문적 성과는 오히려 교상판석의 도그마화를 공고히 하는 역할을 한다고 생각한다.

나는 근대 서양 불교학이 빠진 한계 못지않게 정통을 계승하고 그것을 복원하는 작업이 오히려 전통 자료를 탄력 있고 폭넓게 해석하는 것을 저해하는 역기능을 할 수도 있다고 생각한다. 이 전형적인 예증은 원측과 원효의 교상판석에 대한 비교론적인 탐색을 통해서도 극명하게 드러나는 것이다.

4. 원측은 법상종의 아류인가? 화엄종의 선구자인가?[3]

중국의 불교 해석의 뛰어난 창안인 교상판석은 그 장점 못지않게 결함을 내포하고 있다. 전형적으로 드러나는 경우가 원측(圓測, 613-696)이고 원효(元曉, 617-686)이다. 이 두 학승의 사상을 기존의 교상판석을 따라 해석한 내용을 분석할 때 종파불교의 교상판석이 저지를 수 있는 모순이 그대로 드러난다.

당초(唐初) 현장이 수입하고 규기(窺基, 632-682)가 이론적 기틀을 마련한 인도의 유가유식(喩伽唯識, yogacara-vijnana)학이 중국의 법상종으로 정립되면서 원측은 이단적인 인물로 부각되었다. 그의 학술적 업적이 뛰어난 것이었다고 인정하더라도 그가 차지하는 중국 불교에서의 위상은 바뀌지 않는다. 곧 "유식종(唯識宗)의 이파(異派)—조선계(朝鮮係)의 유식종(唯識宗)"(羽溪了諦의 주장)이라는 것이 원측이 숙명적으로 끌고 다녀야 하는 꼬리표이다. 중국 법상종이나 한국적 유식학의 정계(正系)라는 "위치 지움"

---

3 이 장은 한국종교문화연구소에서 발표된 논문, 「원측 사상; 동아시아적 전개인가, 법상종의 아류인가?」(종교문화포럼 21회, 2003년 2월)를 축약시켜 쟁점을 부각시킨다.

에서 벗어나 있다.[4]

1916년 하타니 료타이(羽溪了諦, 1883-1974)는 원측의 입장을 학계에 본격적으로 소개했다. 그의 원측에 대한 효시적인 연구는 일본 근대 불교학 연구의 특징인 역사적 접근과 종파적 연구 방법을 따른 것이었다. 그의 「唯識宗の異派: 朝鮮係の唯識宗」이란 논문은 원측 연구를 결정적으로 방향 지은 글이다. 원측에 관한 사항을 언급할 때 그 전기에 빠짐없이 등장하는 도청설을 뒤집어 읽게 한 것도 그를 통해서였고, 그것은 이후에 등장하는 모든 논문의 원측 전기를 결정지었다. 원측은 외국인으로서 능력이 뛰어났기에 주변의 시기를 받았으며, 그것이 종파를 형성시키는 과정에서 주류에서 벗어난 것으로 비판되어 이파(異派)로 주변화되는 과정을 겪었다는 것이다. 현장의 신 번역서의 영향을 받은 원측은 현장을 승계하는 규기(窺基, 632-682)와 얼마나 다르냐 하는 점에 집중되었다. 그리고 중국적 유식학파인 법상종이 규기 이후의 전승인 혜소(慧沼, 650-714), 지주(智周, 668-723)를 거치면서 원측과의 차별점이 부각되었다. 차이가 크면 클수록 원측의 특징은 부각되고 그럼으로써 원측은 정통의 법상종과는 거리가 더욱 멀어진 지류로서의 특징을 드러낸다고 해석되었다.

하타니의 논문에서 교판론(教判論), 종성론(種性論), 팔식론(八識論) 등은 이런 교판상의 차이점/공통점을 극명하게 부각시키는 것을 특징으로 하

---

4 "1300년 동안의 고독을 견뎌온 한 佛學者의 초상"(고영섭)이라는 그의 입장에 대한 시적 표현으로부터, "중국에서 잊히고 서장에서 발견된 승려"(Lost in China, Found in Tibet, John Powers)라는 그의 종파적 성격 매김은 이런 사실을 잘 반영하고 있다. 또한 당 시대의 활력에 찬 종파/학파 활동들, 곧 三論宗의 형성, 攝論宗, 地論宗의 이론들, 天台宗의 대두, 禪宗 대두의 정치성, 華嚴宗의 형성 등의 역동적인 사회와 종교 활동 속에서 원측은 오히려 잊히고 있다. 그리고 당나라불교의 주류에서 벗어난 법상종의 지엽적인 문제로 주변화되거나 하나의 이단으로 간주될 뿐이다.

고 있으며 또 그것은 교판과 종파에 의거한 근대 일본불교학의 연구 방향이었다. 곧 전통적 교상판석이 준거 틀의 역할을 하며 불교의 상이한 특징을 종파로 규정하는 것이다. 이렇게 되면 원측은 결정적으로 중국 법상종의 지파(支派)=이파(異派)로 주변화되고 또 그것은 경우에 따라 한국적인 특색이 깃들어 있는 것이 아니겠느냐 하는 지방성의 특징까지 언급되고 있다.

교판론의 삼시(三時) 교판의 해석이 정통적 해석이나 법상종과 다르게 제시되었다면 그것이 의미하는 것은 무엇일까? 흔히 한국 학계에서 그의 사상적 특징을 종교적 포용성이나 융합적인 사변이 표출된 것으로 설명하나, 이 융합적인 내용의 실체는 무엇인가 하는 질문은 던지지 못한 듯하다. 또 요/불요(了/不了)에 대한 해석에서 왜 원측은 그것을 회통적으로 해석할 수밖에 없었는지에 대해 역사적, 사상적 의미 연관은 밝히지 않았다.

하타니 료타이의 논문은 그 개척적인 특징만큼 한계를 지니고 있다. 그는 법상종이라는 완결된 원형을 상정하고 있으며 법상종이라는 정해진 해석의 틀을 지니고 있다. 곧 정통이라는 이념 틀이다. 정통의 역사적 적용은 규기와 그를 잇는 혜소, 지주에게 이어졌으며, 성유식론(成唯識論)은 이 법상종 원형의 전거가 되었다. 그리고 그것을 원측과 비교하는 잣대로 삼고 있으며, 계속하여 전승되는 법상종의 일본 전승을 이 정통의 연장선으로 간주하고 있다.

현장에 의해 중국에 본격적으로 유입된 유식학은 규기의 세대에 이르러 법상종이라는 종파적 성격을 띤다. 현장 자신은 물론 규기까지도 하나의 종파로서 법상종을 주창하거나 정착시키려 하지는 않았다. 마치 화엄종이나 선종이 그 당대의 지엄(智嚴, 602-668), 법장(法藏, 643-712), 신수(神秀, 606?-706), 혜능(慧能, 638-713)에 의해 주장, 정착되지 않은 것과 같다. 그것은 후대의 창안이며 정통성에 대한 욕구이다. 곧 전통을 정통으로 확립하려는 강한 욕구가 이러한 종파 전통을 만들 수밖에 없었다. 이러한 종파 형성의 전통과 해석상의 비교 잣대에서 꼬리표 달린 원측이 차지하는 위상은 무엇일까? 종파적 관점과 정통 확립이라는 면에서 그는 이파(異派)로 분류되거나 주변화되어 지방적인 독특한 해석자로 전락될 수밖에 없다.

원측에 대한 학문적 신임도를 평가할 때 얼마나 정통 종파에 가까울 수 있느냐에 그의 사상의 존재 이유가 있거나, 전통이나 정통과 더는 가까워질 수 없는 치명적인 차이점들이 노출되면, 그는 정통에 대한 참고 사항으로 처리되어 방계(傍系)의 이파로 분류된다. 이 두 가지 면을 하타니 료타이가 개척적으로 잘 정리했고 또 그것을 그대로 유지, 확대해석하고 있는 것이 현대 일본 학계 요시즈 요시히데(吉津宜英, 1943-2014)의 원측에 대한 이해와 규격화된 틀이라 생각한다.

특히 원측에게 공·유(空·有)의 문제는 그가 불전을 주석할 때 최대의 소재이며 해석 방법에 창의성을 부여하는 것이기도 하다. 그의 현존하는 저술인 『해심밀경소(解深密經疏)』, 『인왕경소(仁王經疏)』나 『반야심경찬(般若心經贊)』에서는 한결같이 공·유(空·有)를 대변하는 청변(淸辨, Bhāvaviveka, 500-578)과 호법(護法, Dharmapāla, 530-561)을 언급하고 있으며, 그의 전 저술을 통해 일관성 있게 대조적으로 원용되고 있다. 유식 경전이나 반야 경전을 해석할 때 항상 상반되는 이 공종(空宗)과 유종(有宗)의 입장을 청변과 호법을 통해 대비시키며 각각의 입장과 서로 상치되는 해석을 싣고 있다. 원측은 인도에서 공유(空·有) 문제의 심각성을 일찌감치 간파한 학자였고, 일조(日照, 地婆詞羅, Divakāra, 613-687)·보리류지(菩提流支, Bodhiruci, ?-535)·제운반야(提雲般若, Devaprajna, ?-692)·실차난타(實叉難陀, Siksananda, 652-710)의 역장(譯場)에서 증의(證義)의 역할을 담당했다. 그가 6개 국어에 능통하였다는 기록도 참고해 두어야 한다. 한마디로 원측에게는 인도 불교의 문제점과 그 현장이 그대로 노출되어 있었다고 생각된다. 원측은 새로운 유식 사상을 현장에게서 입수한 것과 함께 유식 사상이 초래한 문제점도 의식하였다고 생각된다. 그는 유식 사상만을 받아들인 것이 아니고 유식이 제기하는 중관 사상과의 갈등도 정확히 파악한 것 같다. 규기가 유식 일변도의 해석에 의해 공·유(空·有)의 문제를 해결하는 것과는 전혀 다른 입장에 서 있었으며 문제의식이 전혀 달랐다. 이러한 원측의 사상적 입장을 잘 대변하는 것이 『반야심경찬(般若心經贊)』에 나오는 글이다.

천 년 이전에는 불법이 하나의 맛이었는데 천 년이 지난 후 공·유(空·有) 대립의 논쟁이 있었다. 부처님이 돌아가신 지 이미 천 년이 지난 후 남인도 건지국(健至國)에 두 보살이 나타났다. 곧 청변과 호법이 함께 나타났으니 중생이 모두 불법을 깨달아 들어가게 하기 위함이다. (그 둘은) 공종(空宗)과 유종(有宗)을 세웠으며 모두 부처님의 뜻을 이룩했다. 청변 보살은 공(空)을 세워 유(有)를 버리고 있어 유(有)에 대한 집착을 제거하여 준다[立空撥有 今除有執]. 반면 호법 보살은 유(有)를 세워 공(空)을 버리고 있어 공(空)에 대한 집착을 제거한다[立有撥空 今除空執]. 그러나 (그 둘의 주장은) 곧 공(空)이지만 유(有)와 다르지 않으니 곧 공(空)의 이치(理致)가 되고[然則空不違有 卽空之理], 무(無)가 아닌 것[有]은 공(空)과 다르지 않으니 곧 유[有(色)]의 설명이라 할 수 있다[非無不違空卽色之說]. 공(空)이기도 하고 동시에 유(有)이기도 한 것이다[亦空亦有]. 이체[二諦(眞諦와 俗諦)]를 따라 성립되고 있으니 공(空)도 아니며 유(有)도 아니다. 그것이 중도(中道)에 이르는 것이니 부처님의 대종(大宗)이 이것이 아니고 무엇이겠는가[順成二諦 非空非有 契會中道 佛法大宗 豈不斯矣].

질문	유(有)와 무(無)가 서로 다투어 논쟁을 하고 있으니 (그것을) 어떻게 부처님의 뜻에 순응(順應)한다고 하겠는가?
답변	나의 논지가 뛰어나다고 집착하는 것은 심히 가르침에 어긋난다. 부처님이 해탈된 보살들을 위해 이미 허락한 일이니 두 보살이 서로 영향을 주어 중생들로 하여금 이해를 하게 하는 일이 어떻게 부처님의 뜻에 어긋나겠는가. (『般若心經贊』, 2쪽)

유식 사상이 성립된 역사적 배경을 정확히 기록하고 있으며 그에 따른 중관 사상과의 대립적 양상을 잘 표현해 주고 있다.

초기 유식학자들은 용수(龍樹)나 성천(聖天)에 대해 자신들이 경쟁적인 입장에 서 있다고 생각하지도 않았고, 오히려 자신들을 중관 사상의 충실한 해석자이며 그것을 발전시키고 있다고 생각하였다. 곧 이들은 자신의 유식의 이론 틀 속에서 더욱 확고하게 중관 공을 근거시킨다고 생각했다. 물론 이러한 유식적 중관 공 이해를 모든 중관 사상가들이 받아들인 것은 아니었고 그에 따라 반론과 논쟁이 일어났다. 지금 원측이 인용하는 청변(淸辨)과 호법(護法)의 논쟁은 이런 역사적 사실을 잘 반영하고 있으며 논쟁의 쟁점까지 정확히 지적해 주고 있다. 그러나 이 공·유(空·有)는 지양되어야 하고 회통(會通)시켜야 하는 것으로 원측은 생각했다. "미혹된 사람은 공(空)을 말하면서도 유(有)에 집착하고[迷謬者說空而執有] 깨달은 사람은 유(有)를 말하면서도 공(空)에 통달되어 있다[悟解者辨有而通達]. 부처님의 법(法)의 깊은 원천이 어찌 이렇지 않겠는가."[5] 더 확대하여 자신의 사유의 틀로 정착시키는 언급을 한다. 곧 원측은 "존불위견(存不違遣, 긍정하지만 부정하는 것과 다르지 않고)이 유식(唯識)의 입장이고, 견불위존(遣不違存, 부정하지만 긍정하는 것과 다르지 않은 것)"이 중관(中觀)이 지닌 성격으

---

5   解深密經疏, 123쪽.

로 서로를 회통(會通)시키고 있다. 곧 유식이 지닌 특징과 중관이 지닌 특징을 살리면서 다시 둘이 지닌 입장을 환치(換置)시키고 있다.

원측은 철저하게 중관과 유식을 회통시키려 노력했으며 중관과 유식 각자의 특징적 입장을 살렸다. 특히 중관 사상을 대변하는 청변의 『반야등론(般若燈論)』, 『장진론(掌珍論)』, 지금은 티베트에만 현존하는 『Tarkajvāla(焰擇論)』를 인용하여 그 사상의 특징을 부각시켰다. 그리고 호법이 청변의 도전을 물리치기 위해 저술한 『광백론석론(廣百論釋論)』 10장(章)의 핵심 부분을 『해심밀경소(解深密經疏)』에서 자유롭게 인용하면서 중관 공 사상의 특징과 그 단점을 정확히 지적했다.

이러한 중관과 유식의 지양이라는 점과 청변과 호법의 공·유(空·有) 논쟁의 문제점을 직접 다루고 있는 점에서 원측은 당 불교에서 효시가 되었다. 우리는 그와는 얼마간 떨어진 시대에 활동한 화엄종의 이론가인 법장(法藏, 643-712)에게서 이와 동일한 관심과 중관·유식의 지양을 마주치게 된다.

법장의 현존 저술 가운데 가장 초기에 성립되었다고 생각되는 『오교장(五敎章)』, 『십이문론종치의기(十二門論宗致義記)』, 『탐현기(探玄記)』, 『기신론의기(起信論義記)』, 『무차별론소(無差別論疏)』 등 그의 논소의 거의 절반가량이 원측과 동일한 문제를 제기하고 있다. 곧 청변·호법(淸辨·護法)의 공·유(空·有) 논쟁을 이 논서들을 풀이하는 중요한 틀의 하나로 삼고 있다. 그리고 법장은 청변·호법의 공·유(空·有) 문제를 당시에 입당한 지바하라(池婆訶羅, Divakara, 日照)에게서 들은 것을 『탐현기(探玄記)』에서 밝혔다. 내용이 상세한 십이문론종치의기(十二門論宗致義記)의 해당 어구를 보자.

근래 중천국(中天竺)의 나란다사(寺)에 두 대덕론사(大德論師)가 있으니 한 사람은 계현(戒賢, Silabhadra)이고 다른 하나는 지광(智光, jñānprabha)이다. 각기 다른 종파에 귀속되어 있어 서로 모순이 된다. 계현은 멀리 미륵(彌勒) 과 무착(無着)을 계승하고 가깝게는 호법(護法)이나 난다(難陀)를 계승하며, 『해심밀경(解深密經)』의 경전이나 유가등론(瑜伽等論)에 의해 법상대승(法相 大乘)을 밝힌다. 두 번째로 지광(智光)은 멀리 문수나 용수를 계승하고 가깝 게는 청목(靑目)과 청변(淸辨)을 품수하며 반야등(般若等)의 경전이나 중관 등(中觀等)의 론(論)에 의해 무상대승(無相大乘)을 밝힌다.

이러한 공·유(空·有) 문제는 법장에게도 경전을 주석하는 두 개의 틀이 되었다. 법장의 초기 저술인 『오교장(五敎章)』의 의리분제장(義理分齊章) 은 청변과 호법의 공·유(空·有) 문제를 풀이한 부분이다. 공(空)을 단(斷)으 로 유(有)를 상(常)으로 표현하며 공과 유가 각각 지닐 수 있는 공타(空墮) 와 유집(有執)의 모순점을 제기했다. 곧 법장에게서도 중관 공(中觀 空) 사 상이 빠질 수 있는 허무적인 공타(空墮)와 유식(唯識)이 집착할 수 있는 유 론적(有論的)인 경향의 유집(有執)이 지양되어야 한다는 것을 지적했다. 이 공유의 지양을 용융(鎔融)이나 교철(交徹)로 표현하며 화엄 사상의 특징을 드러냈다. 법장이 문제시하는 화엄 사상의 기본적인 구조는 이 공·유(空 ·有)의 지양을 어떻게 보느냐에 달려 있었던 것이다. 달리 말해 법장에게 공·유(空·有)의 지양은 그의 화엄 사상을 풀어 가는 기본 틀이 된다고 볼 수 있다. 『오교장(五敎章)』의 해당 부분은 다음과 같다.

의타기성(依他起性)이 궁극적으로는 공의 성격을 지니고 있으나 유정(有情) 이 통달하지 못해 "유와 다르지 않은 공[不異有之空]임"을 깨닫지 못하고 흔 히 말하는 "(세속의) 공[空(如謂之空)]"으로 받아들인다. 이런 까닭에 호법(護

法)이 세속의 공(空)을 깨뜨려 환유(幻有)로 존재하게 한다. 환유(幻有)가 주장되므로 "유와 다르지 않은 공[不異有之空]이" 성립된다. 색(色)이 곧 공(空)이므로[色卽是空] 청변의 뜻이 성립되고 공(空)이 곧 색(色)이므로[空卽是色] 호법의 뜻이 존재하게 된다. 이 두 뜻이 용융(鎔融)하여 온전한 체(體)를 완전히 포섭하게 된다. 만일 후대의 논사들이 이 두 이치를 교철(交徹)하지 못한다면 완전한 체(體)는 서로를 빼앗아 버린다. 깊은 연기(緣起)의 의타성(依他性)의 법(法)을 얻지 못하게 된다. 이것을 "서로를 부정[相破]함으로" 돌이켜 "서로를 성립시킴[相成]이" 되게 한다. (『五敎章』, 義理分齊)

의타기(依他起)의 공(空)은 없는 것이 아니라 유(有)와 같은 공(空)[不異有之空]이므로 공(空)과 유(有)는 서로 빼앗고 또 서로 형성시켜 주는 작용을 한다. 곧 상파상성(相破相成)이며 그것은 서로 교철(交澈)되어 있으며 동시에 용융(鎔融)되어 있다. 법장에게서도 원측과 동일한 공·유(空·有) 지양이라는 공통점은 이렇게 발견된다. 원측의 이 특징을 다시 원효에게 비교시켜 볼 필요가 있다. 원효의 사상적 특징은 여러모로 표현되겠지만 그의 『대승기신론소(大乘起信論疏)』 별기(別記) 및 소(疏)의 대의문(大意文)에 나타난 구절은 원측의 주장을 그대로 상기시킨다. 원효에게 있어서도 이 공·유(空·有)의 문제가 그의 기신론을 해석하는 기본 틀이 되었다는 것은 오늘의 한국 불교 학자들이 한결같이 동의하는 바다.

파[破(부정)]와 입[立(긍정)]이라는 두 축이 각기 중관과 유식을 대변하고 있으며 입(立)과 파(破)의 관점에서 대승기신론을 해석한 것이다. 곧 중관을 "모든 집착을 두루 깨뜨리고, 깨뜨린 것을 또 깨뜨린다. 능파(能破)와 소파(所破)를 다시 허락하지 않으니 이것을 보내기는 해도 허락하지는 않는 논(論)이라 규정한다."[徧破諸執亦破於破而不還許, 能破所破 是謂注而不

偏論也] 한편 유식을 "깊고 낮음[深淺]을 두루 세워 법문(法門)을 판별하되 자신이 세운 법(法)을 융견(融遣)하지 않으니, 이것을 허락하기는 해도 빼앗지는 않는 논(論)이라고 정의한다.[通立深淺判於法門而不融遣自所立法 是謂與而不奪論也, 別記]

중관과 유식의 두 입장을 깨뜨리는 일[所破]과 세워 주는 일[通立]이라는 두 말로 규정하고 다시 중관과 유식의 각각의 특징을 유식으로서는 "세우지 않음이 없으나 또한 스스로 버림"[無不立而自遣]이라고 보고, 중관은 "깨뜨려 부정함이 없지 않으나 오히려 허락하여 긍정하는 것"[無不破而還許]으로 본다고 설명하여 그 각각이 공타(空墮), 유집(有執)의 단·상(斷·常)의 허무주의와 영원주의의 편견으로 떨어지는 것을 지양한다. 원측의 "긍정하나 버리는 것과 다르지 않음"[存不違遣]의 유식의 뜻과 "부정하여 버리나 긍정한 것과 다르지 않은 것"[遣不違存]이라는 중관의 무상(無相)의 뜻과 일치되는 해석을 하고 있다. 이런 해석은 원측의 또 하나의 구절인 "공과 유를 논하며 양쪽을 모두 버리고[談空有而雙遣-중관], 진과 속을 설명하면서 긍정하는[說眞俗而亦存-유식] 일"과도 일맥상통한다.

원측(613-696)과 시간적으로 거의 같은 시기에 활동했으나 활동 장소가 달랐던 원효(617-686), 원측과 활동 장소와 시기가 거의 비슷했던 법장(643-712), 그리고 규기(632-682)의 이 네 사상가는 그들의 사상을 전개하는데 상당 부분 같은 문제점을 풀어 가고 있었다. 규기를 제외하고는 각각 서로 얼마간의 차이는 드러나지만, 원측·원효·법장은 동일한 문제의식을 지니고 있었다고 생각된다.

공·유(空·有)의 지양 문제를 융섭(融攝-법장), 공·유(空·有)의 회통(會通-원측), 화쟁(和諍-원효)으로 풀어 가고, 그것은 각각 인도에서 전래된 공·유(空·有)의 이슈를 당(唐) 불교로 이끌어 가고 있다. 이 점에서 규기는 공·유(空

·有)의 문제를 변주(邊主-중관)·중주(中主-유식)라는 차별적인 가치 평가 속에서 계보화를 추진하여 당 불교의 모순이라고까지 지적되는 법상종을 성립시켰다. 원측은 교상판석을 따라 법상종으로 계열화, 법맥화, 종파화하거나 혹은 법상종에서 파생된 하나의 이단적 지파일까? 오히려 독자적인 위치를 지닌 새로운 학파/법맥의 창안을 시도한 것인지 모른다.

5. 맺음말

요시즈 요시히데(吉津宣英)는 원측의 이러한 독자적인 공·유(空·有) 해석의 개척적인 성격을 들어 원측을 유식일승가(唯識一乘家)로 규정짓는다. 유식가의 경우 삼시교(三時敎)와 삼승가(三乘家)인 것은 움직일 수 없는 하나의 원칙으로 되어 있다. 그것이 법상종의 정통적 틀이고 교조이다. 외형상 원측은 삼시교(三時敎)를 설명하고 있지만, 그 설명의 내용은 방편적이고 지향점은 일승(一乘)에 두고 있다는 주장이다. 곧 원측에게 삼승(三乘)은 방편(方便)이며 실제로는 일승(一乘)이다.[實說一乘 仮說三乘] 이런 점이 원측으로 하여금 법상종(法相宗)의 삼승(三乘)에서는 볼 수 없는 오성각별(五性各別)을 부정하고 일성성불(一性成佛)을 주장하게 했다. 법상종의 원형을 설정하고 그것에서 일탈된 부분이거나 다른 점을 찾은 것이 유식일승가(唯識一乘家)라는 상호 모순된 규정을 창안한 것이다.

원측에게 내린 최초의 정의인 하타니 료타이의 "유식이파"(唯識異派)나 요시즈 요시히테의 "유식일승가"(唯識一乘家)라는 규정이 원측을 얼마나 정확히 드러낼 수 있으며 또 그것이 중국 불교 사상에서 원측의 올바른 자리매김이 될 수 있을는지 의문이다. 원측의 사상에서 현장이 전해 준 신유식과의 차이점, 혹은 구유식의 진제(眞諦, 499-569)와의 차이점을 밝히는 것만이 원측의 전모를 드러내는 것일 수는 없다. 진제(眞諦)와 현장(玄奘)의 특징과 장단점을 잘 알고 있으면서도 그런 차별점을 표출시키며 달리 해석해 간 원측에게는 다른 적극적이고 긍정적인 현실적 이유가 있었을 것 같다. 그를 단순히 유식가의 한 승려로 법상종에 귀속시킬 일이 아닐지 모른다. 아마 법장이나 원효처럼 당(唐) 불교의 중국적 적응이라는 큰 틀 속에서 유식과 중관의 문제를 새롭게 개척적으로 해석해 간 선구적 인물일지 모른다. 그리고 교상판석적 전통 불교의 해석이 어떤 오류를 만들고 있으며 오히려 발랄하게 전개된 사상을 정통이란 틀 속에서 얼마나 제한적으로 구속하는 것인지, 그리고 정치적(왕권적)·민족적(지방적) 해석이 얼마나 한 사상가를 망각시키는 것인지를 우리는 이 원측·원효·법장의 경우를 통해 극명하게 짚어 볼 수 있다. 법장의 경우는 동아시아 불교 사상의 꽃인 화엄종의 완성자이고, 원측은 법상종의 주변화된 이파(異派)이고, 원효는 그 어떤 것에도 귀속시킬 수 없는 불편한 무소속의 사상가로 낙착된다.

새로운 학파 학맥의 요청이 절실한 만큼 과거가 우리에게 전수한 학문적 전통을 어떻게 이해할 것인지는 관건일 수밖에 없다. 그리고 이미 서구 불교학의 영향 아래에 놓여 있는 우리의 해석이 얼마나 서구가 고민하는 틀에서 자유로울 수 있는지도 가늠해야 한다. 앞서 인용한 비서구적 산물을 서구적 지성이 서구적 방향으로 이끌어 간 근대 불교학 연구의 성격을 놓고 불교학자로서의 곤경을 실토한 점을 우리는 얼마나 피해갈 수 있는지, 아니면 나의 전통이란 명목 아래 이 모든 근대성의 모순을 거부하고 부정할 수 있는 것인지 관건이 아닐 수 없다. 좁게는 오늘의 불교학 연구의 문제점이 될 터이고 넓게는 동아시아 전통 전체에 대한 질문이 될 수밖에 없다.

원측(圓測)사상[*]

—동아시아적 전개인가, 법상종(法相宗)의 아류(亞流)인가?

[*] 한국종교문화연구소 제21회 종교문화포럼 2003.2.15.

1. 문제의 고승, 원측

원측(613-696)에 관해 이야기할 때 항상 꼬리표가 따라붙는다. 당나라 초기 현장(玄奘, 600-664)이 수입하고 규기(窺基, 632-682)가 이론적 기틀을 마련한 인도의 유가유식학(喩伽唯識學, yogacara-vijnana)이 중국의 법상종(法相宗)으로 정립되면서 이단적 인물로 부각된 사람이 원측이다. 그에게는 새로 번역 수입되는 유식학설을 도청하고, 그것을 나름대로 해석한 독특한 학승이란 부정적인 꼬리표가 붙어 있다. 사실의 진위와는 상관없으며, 또 그 도청설이 지닌 상징적 의미 때문에 오히려 원측의 진가가 달리 드러나 보인다는 것이 이제껏 우리가 이해하는 원측이었다.

그러나 이 도청설의 진위 여부를 떠나 그것이 내포한 상징성을 아무리 뒤집어 읽어도, 또한 그의 학설이 아무리 뛰어난 것이라 인정하더라도 그가 차지하는 중국 불교에서의 위상은 좀처럼 바뀌지 않는다. 곧 "법상종의 이파(異派)"라는 것이 원측이 숙명적으로 달고 다녀야 하는 꼬리표이다. 그는 또 한반도[新羅]의 유식학을 정립하는 개창자로서의 역할을 했다. 이는 한국 전통의 유식학을 주장하는 일부 민족적 불교학자들의 주장이기도 하다. 그러나 정통을 주장하는 법상종에서 일탈된 관점이나 그가 한반도 출신이라는 지역적 의미 부여 역시 법상종 지파라는 범주에 속할 뿐이다. 아무리 원측의 위상을 한국적 유식학의 정계(正系)라고 주장해도 이런 중국 법상종의 "위치 지움"에서 벗어나지 못한다. 흥미로운 현상은 그의 중요한 저술이 티베트어로 번역되어 『티베트대장경』에 포함된 사실을 놓고 또 다른 접근을 시도하는 것이다. 곧 티베트 불교의 맥락에서 그는 달리보여 재해석되어야 한다는 주장이다. 원측은 이런 처지로 인해 고승이나 명승에게 흔히 부여되는 온당한 호칭을 지니지 못하게 되었다. 고승전의내용이나 분류 식에 알맞은 긍정적인 일화나 호칭은커녕 망각의 변두리에서 간신히 소생하고 있을 뿐이다. "1,300년 동안의 고독을 견뎌 온 한 불학자(佛學者)의 초상"(고영섭)이라는 그의 입장에 대한 시적 표현과, "중국에서 잊히고 서장에서 발견된 승려"(Lost in China, Found in Tibet)(John Powers)라는 그의 성격 매김은 이런 사실을 잘 반영하고 있다.

당초(唐初)의 활력이 가득한 중국 불교계의 여러 활동, 곧 삼론종의 형성, 섭론(攝論)과 지론종(地論宗)의 유식론 해석, 천태종의 대두, 선종과 화엄종 형성의 정치적 배경 등의 역동적인 사회적·종교적 분위기 속에서 원측은 오히려 잊히고 있다. 오히려 당나라 시기의 불교의 문제점으로 제시된 법상종의 한 이단적인 인물로 소개될 뿐이다. 곧 원측에 대한 학문적입장은 긍정적으로 검토되고 수용되는 것 같지는 않다. 원측은 아직도 문제의 승려로 남아 있다.

2. 원측 연구의 문제점

원측의 입장을 최초로 학계에 본격적으로 소개한 사람은 1916년대의 하타니 료타이(羽溪了諦, 1883-1974)였다. 그의 원측에 대한 효시적인 연구는일본 근대 불교학 연구의 특징인 역사적 접근과 종파적 연구 방법에 의한것이었다. 그의 「唯識宗の異派 : 朝鮮係の唯識宗」이란 논문은 원측 연구

를 결정적으로 방향 지은 글이었다. 원측에 관한 사항을 언급할 때 그 전기에 빠짐없이 등장하는 도청설을 뒤집어 읽게 한 사람도 하타니 료타이다. 이후에 등장하는 모든 논문의 원측 전기를 결정지은 것이 그의 논문이었다. 원측이 신라인이란 외국인으로서 뛰어난 능력 때문에 중국 당나라에서 주변의 시기를 받았으며, 그것이 종파를 형성시키는 과정에서 주류에서 벗어난 이파(異派)로 비판되었다는 것이다. 근자에 연구된 양백의(楊白衣)의 「圓測之研究—傳記及其思想特色」(1983)이란 논문에서도 이 점이 크게 부각되었다. 양백의 교수는 그 자신이 중국학자라는 입장에서 자신의 부끄러움까지 표명했다. 원측에 대한 연구에서 비주류적이고 오해된 이단적인 입장에서의 자기 사상을 출발시켰다는 점에서는 하타니의 것과 조금도 다르지 않다. 오히려 이런 민족적 감정이 개입된 연구를 결정적인 것으로 만들었다. 원측 연구의 효시를 이루는 논문들이 민족적, 종파적인 입장에서 출발하고 그런 관점에서 해석된다는 점은 다시 평가되어야 할 것 같다.

하타니 료타이의 원측론은 논문 일반이 추구하는 '차이점/공통점'의 규명이라는 관점에서 시작한다. 그의 논문의 가장 큰 특징은, 현장의 방대한 유식 계통 신 번역서의 영향을 받은 원측이 현장을 승계한 규기(窺基, 632-682)와 얼마나 다르냐 하는 점에 집중되어 있다는 점이다. 또한 그의 논문에는 중국적 유식학파인 법상종이 규기 이후의 전승인 혜소(慧沼, 650-714), 지주(智周, 668-723)를 거치면서 원측과의 차별성이 얼마나 크게 전개되었느냐 하는 점이 부각되어 있다. 차이가 크면 클수록 원측의 특징은 부각되고 그럼으로써 원측은 정통의 법상종과는 거리가 멀어진 지류(支流)로서 자신의 특징을 드러내는 것이라고 해석되었다. 하타니 논문의 교판론(教判論), 종성론(種性論), 팔식론(八識論) 등에서 원측이 주장하는 차이점과 공통점이 잘 정리되어 있다.

원측에 관한 논문들은 거의 이와 동일한 노선을 유지하고 있으며, 양백의는 그것을 도표로 만들어 원측과 현장, 더 나아가 구(舊)유식을 대표하는 진제(眞諦, 499~569)와의 차이를 극명하게 보여주었다. 따라서 원측은 결정적으로 중국 법상종의 지파이며 그것은 또 보기에 따라 한국적인 특색이 들어 있는 것이 아니겠느냐 하는 지방성(신라)의 특징까지 드러낸다.

원측을 귀속시킨 법상종에서의 원측은 이토록 이질적인 차별성을 드러내고 있으나 이 차별성이 제시하는 내용의 실체가 무엇이냐 하는 점, 또는 무엇이 표준이기 때문에 법상종에서 일탈되었는지의 문제점은 별로 부각되어 논의되지 않았다. 곧 정통(正統)과 적통(嫡統)이라는 문제는 전통의 역사적 서술 속에서 그대로 묻혀 버리고 말았다.

한 종파의 사상적·종교적 핵심을 이루는 이론은 불교에서 교판론(敎判論)일 수밖에 없다. 따라서 법상종의 교판론에서의 삼시교판(三時敎判) 해석이 정통적인 법상종과 다른 관점으로 제시되었다면 그것이 주는 의미는 달리 해석될 가치가 있다. 한 승려의 해석이 종교적인 포용성을 띤다거나 흡수적이고 융합적인 특징을 지닌 것이라고 설명하나 그 흡수적이고 융합적인 내용의 실체는 무엇인가 하는 질문은 던지지 못한 듯하다. 또 요·불요(了·不了)에 대한 해석 역시 왜 원측은 그것을 회통적(會通的)으로 해석할 수밖에 없었는가에 대한 역사적·사회적 혹은 사상적 의미 연관은 밝히지 않은 것 같다.

하타니 료타이의 논문은 그 개척적인 성격으로 말미암아 그만큼의 한계를 지니고 있다. 그는 법상종이라는 완결된 원형을 갖고 있으며 법상종이라는 정해진 해석의 틀을 갖고 있다. 그 역사적 적용을 규기와 그를 잇는 혜소·지주에게 두고 있으며, 성유식론(成唯識論)은 이 법상종 원형의 전거가 되고 있다. 그리고 그것을 원측과의 비교 잣대로 보고 있으며, 계속하여 전승되는 법상종의 일본 전승을 이 정통의 연장선으로 간주하고 있다. 따라서 일본 불교의 종파성의 특징을 그대로 드러내고 있다.

현장에 의해 중국에 본격적으로 유입된 유식은 규기의 세대에 이르러 법상종이라는 종파적 성격을 띤다. 현장 자신은 물론 규기마저도 하나의 종파로서 법상종을 주창하지 않았고 이들 당대에 종파로서 정착되지도 않았다. 마치 화엄종이 그 당대의 지엄(智嚴, 602-668), 법장(法藏, 643-712)에 의해 주창되거나 선종이 신수(神秀, 606? -706)나 혜능(慧能, 638-713)에 의해 주장되거나 정착되지 않은 것과 같다. 그것은 후대의 창안이며 욕구이다. 곧 전통을 정통으로 확립하려는 강한 욕구가 이러한 종파 전통을 만드는 것이다.

이러한 종파 형성의 전통과 해석상의 비교 잣대에서 꼬리표 달린 원측이 차지하는 위상은 무엇일까? 종파적 관점과 정통 확립이라는 면에서 그는 이파로 분류되거나 주변화되어 지방적인 독특한 해석가로 전락될 수밖에 없다. 따라서 주변인의 특징을 드러내거나 이단적 성격을 지니는 만큼 원측에 대한 평가는 첫째, 얼마나 정통 종파의 주장에 가까우냐에 그의 사상의 특징과 그 존립 이유가 비교 잣대로 활용되거나, 둘째, 전통과 가까워질 수 없는 전혀 다른 관점들이 노출되면 그는 정통에 대한 참고 사항으로 처리되어 독특한 사상가로 분류된다. 이 두 가지 측면이 하타니 료타이 논문에서 시험적으로 잘 정리되었고 또 오늘의 학계도 이 종파적 접근을 거의 그대로 받아들이고 있다. 그것이 현재 우리가 원측을 이해하는 현장이라고 생각한다.

3. 교판해석의 문제

원측의 교판의 틀은 삼시교판(三時教判)에 있다. 유식학에서 제시하고 법상종이 하나의 강력한 종파를 주장하는 교판이 그것이다. 이런 유식의 교판의 전형적인 틀이 처음 제시된 것은 원측이 본격적인 주석을 단『해심밀경(解深密經)』에서이다.

> 처음은 성문승(聲聞乘)을 일으켜 펼치고 있으니 바라내국(波羅奈國)의 시록림(施鹿林) 가운데서 생사와 열반의 인과(因果)를 열어 보였다. 그것이 제1의 사제법륜(四諦法輪)이다. 다음은 보살승으로 나아가 펼치고 있으나 취봉산(鷲峯山)에서의 16회에 걸친 모임에서 여러『반야경(般若經)』을 설하였다. 이것이 곧 제2의 무상법륜(無相法輪)이다. 마지막은 일체승(一切乘)으로 나아가 펼치고 있으니 연화장(蓮花藏) 등의 정토(淨土)·예토(穢土) 가운데서 『해심밀경(解深密經)』을 설하였다. 이것이 곧 제3의 요의대승(了義大乘)이다. (『解深密經疏』, 이후『解疏』로 略稱)

부처님 설법의 특징을 세 번에 걸쳐 방향을 전환하여 제시하고, 앞선 두 번의 설법의 한계를 적시하며 세 번째인 요의대승(了義大乘)에 이르러서야 부처님의 설법이 온전한 의미를 드러냈다고 본다. 곧 전형적인 유식의 삼시교판(三時教判)으로 유식의 입장은 이 제3단계에서 최종적으로 나타나며, 불교 사상의 핵심을 이루는 중관(中觀)의 무상공(無相空)은 제2단계에 머물러 있다. 이와 동일한 삼시교판(三時教判)은 원측이 주석을 쓴『인왕경소(仁王經疏)』나『반야바라밀다심경찬(般若波羅密多心經贊)』에 거의 똑같이 제시되었다. 현존하는 세 경전의 첫머리의 교기(教起)나 경의(經意)

혹은 교흥(敎興) 부분은 앞으로 다룰 경전에 대해 주제와 문제 제기를 하는 부분이다. 한결같이 삼시교판의 분류 방식으로 문제 설정을 하고 유식적 입장인 요의대승을 최종적인 단계로 언급한다. 이 분류 방식을 따른다면 원측은 틀림없는 삼시교판의 유식가(唯識家)일 수밖에 없다.

원측이 자신의 입장을 그대로 최종 단계인 유식가로 귀속시키면 문제는 없다. 그리고 규기처럼 유식 문헌들이 번역되는 대로 그것을 따라 해설하면 된다. 그러나 원측은 그것으로 불교 해석의 문제가 해결되는 것이 아니라 바로 그 지점에서 문제가 제기되는 것임을 간파한 것이다. 곧 중관의 무상공(無相空)을 유식적으로 해석한다고 모든 문제가 해결되지는 않는다는 것을 누구보다도 잘 알고 있었다. 이미 인도에서는 청변(淸辨)과 같은 중관 학자들이 유식학설을 비판하고 있었다. 공(空)이 악취공(惡取空)으로 해석되는 경향을 지양했어야 한다.

이런 현안 문제를 두고 유식적 입장에서 그것을 해석할 때 그는 전혀 다른 입장을 취했다. 우선 원측은 삼시교(三時敎) 성립 순차의 시간적인 발전 단계를 부정했다. 초전법륜(初轉法輪)의 제1시교 다음으로 중관무상(中觀無相)의 제2시교가 성립되었고, 그 무상공(無相空)을 좀 더 발전시켜 불설의 최종적 의미[了義]를 드러낸 것이 삼시교의 요의대승(了義大乘)인 것이다. 따라서 이 삼시교는 불교 사상의 역사적 발전 단계를 말하는 교판이기도 하다. 가치 평가적인 면에서도 삼시교의 유식의 입장은 최종적인 가치를 지닌 것이고 성립의 순서에서도 유식은 마지막 단계에 발달을 본 최종적 불교 사상이었다. 규기는 이 점을 절대 표준으로 삼았으며, 그것에 근거하여 법상종의 종지(宗旨)를 세웠다.

그러나 원측은 이 삼시교적 교판에 대해 1) "중생들의 병을 따른 종"[隨病別宗], 2) "경전의 내용과 성격을 따른 종"[部別顯宗], 3) "시간을 따른 종"

[約時辨宗]이라는 각기 다른 각도에서 설명을 시도했다. 부처님의 설법 시간의 선후 관계로 말하는 사제(四諦), 무상(無相), 요의(了義)라는 순차적인 삼시교판은 시간을 따른 종[約時辨宗]에 합당한 설명 방식이 될 수 있다. 그러나 경전 내용을 따른 종[部別顯宗]에 근거하여 볼 때 각각의 경전이 지니는 특성들, 곧 『법화경(法華經)』의 일승(一乘)을 위주로 하는 경우, 『유마경(維摩經)』의 불이(不二)를 위주로 하는 경우와 같이 각 경전의 성격 내용에 따라 설법의 시기와 내용은 다 달라질 수밖에 없다. 또 병을 따른 종[隨病別宗]에 이르러서는 중생들의 근기와 중생 각각이 처한 입지에 따라 불법문(佛法門)은 달리 이해되는 것이니, 앞에 제시된 시차적인 삼시교의 원칙이 고수될 수 없다. 원측은 분명히 삼시교를 역사적이고 시차적인 근거로 받아들이고 있으나 그 해석을 완전히 자유롭게 시도했다. 이런 점은 특히 그의 "시"(時)에 대한 해석에서 두드러지게 나타난다. 원측은 어느 경전에서나 그 첫머리에 도입부로 나타나는 일시(一時)라는 말을 완전히 의미론적으로 해석했다.

곧 시(時)는 카알라(迦羅時, kāla)와 사마야(三摩耶時, samaya)로 구분할 수 있으며, 카알라시(kāla)가 선후 관계가 있는 세속적 시간이라면 사마야시(samaya)는 역사적 시간을 벗어난 시간으로 선후가 없는 시간이다. 곧 사마야시는 종교적 초월의 시간으로 "그때/한때"(In Illo Tempore)와 같은 의미를 지닌다. "그때/한때"는 역사적 시간일 수는 없고, 중생의 근기에 따른 설법을 필요로 하는 때이다.

원측에게 삼시교의 제1시의 사제(四諦), 제2시의 무상공(無相空), 제3시의 요의대승(了義大乘)이란 분류는 언제나 뒤바꿀 수 있는 융통성 있는 초월의 삼시(三時)이다. 구원의 해탈이 이룩된다면 제1시가 최종적일 수 있고, 이미 깨달음에 이르렀다면 제2시의 중관의 무상공(無相空) 경지에서 불법(佛法)은 완성된다. 마지막 최고의 경지가 반드시 유식의 요의(了義)의 단계가 아닐 수도 있는 것이다. 삼시(三時)와 일시(一時)라는 원측의 해석학적 관점이 제시된 원전의 내용은 그대로 현재에도 세속의 시간과 초월의 시간으로 읽힌다.

① 삼시라고 한 가르침은 그 의미의 깊고 얕음과 넓고 좁음에 따른 설명이지 시간을 따른 일월의 전후를 말한 것이 아니다.[言三時所說教者 約義淺深廣略義說 非約年歲日月前後 說三時也,『解深密經疏』, 133쪽]

② 부처님이 이 경전을 설법하는 바로 그때는 비록 일시(一時)라고 말했지만 일정한 연월일을 정해 말한 것은 아니다.[正是如來說此經時 雖言一時 不云某年月日故,『解深密經疏』, 139쪽]

③ 부처님은 왜 카알라시를 말하지 않고 단지 사마야시를 말씀하셨는가?[佛何不言 迦羅時分 而但說三摩耶時,『解深密經疏』, 139쪽]

④ 사마야시란 단지 가설적인 시간이고 실제의 시간은 아니다. 경전에서 일시(一時)라고 하며 사마야시에 의거하여 설명하는 것은 실제의 시간을 깨고 가설적 시간을 설정하는 것이기 때문이다.[三摩耶時 唯假非實 經云一時 依三摩耶說 以破實時 設假時故,『仁王經疏』, 22쪽]

⑤ 앞뒤로 시간 간격을 나눈 일은 시간의 나눔을 가설적으로 설정한 것이니 현장의 행위에서 빚어지는 일과는 상응시킬 수 없다.[前後分位 假立時分 不相應法行蘊所攝,『般若波羅密多心經贊』, 2쪽]

경전 성립을 종지를 따라 분류한 유식가적 해석이 역사적 현상을 설명하는 방식으로는 합당할 수 있다. 그러나 그것이 역사적 전개를 풀이하는 것이 아니라 구원론적 해탈을 지향하는 종교적인 것이라면, 원측의 해석은 정통을 주장하는 유식 법상종의 교의를 종파적 해석으로 전락시킬 수밖에 없다. 따라서 삼시교판(三時教判)에 대한 전통의 유식가적 해석을 상대화시키고 종파적 접근 역시 많은 방법 중 한 경우로 국한시켜 교조적인 해석 방법을 넘어서게 한다. 이 점에서 규기와 현격한 차이가 있을 수밖에 없고 원측은 비주류의 이파(異派)로 분류될 수밖에 없다.

4. 완전한 이해와 완전치 못한 이해

완전한 이해[了義]와 그렇지 못한 이해[不了義]는 『해심밀경』이 주장하는 교판의 내용을 단계에 따라 해석한 것이다. 세 번째 시기가 요의대승(了義大乘)이므로 그 이전의 제2시 무상공(無相空)은 완전치 못한 이해[不了]이니 제1시도 불요의(不了義)일 수밖에 없다. 따라서 교판론을 가치론적인 입장에서 그 우열을 따질 때 제시되는 개념이 바로 이 요·불요의(了·不了義)가 된다. 유식적 입장에서 삼시교판(三時教判)을 이렇게 요·불요(了·不了)로 분류 해석할 때 아무런 문제점이 없다. 그러나 이 세 단계로 설정된 순차적인 교판이 절대적인 것이겠느냐 하는 질문이 발생된다. 우선 무상공(無相空)을 주장하는 제2시의 입장에서 반야공(般若空)은 최종적인 것으로 반야 경전들에 제시되기도 하고 또 현실적으로 청변(清辨)을 중심으로 한 중관파(中觀派)에서 오히려 유식의 입장을 유론적(有論的)인 것으로 비판하기 때문이다. 원측은 이런 문제점들을 질문 형식으로 묻고 있다.

질문	모든 『반야경』의 종지(宗旨)는 무상(無相)을 밝히는 것이다. 이 경전(『반야경』)은 완전한 의미[了義]인가? 깊고 얕음[淺深]은 어떻게 되는 것인가?[諸般若宗明無相, 此經了義淺深何異]
淸辨은 이렇게 풀이한다	『해심밀경』은 "근거하는 것"[有所得]을 설명하기 때문에 얕고 깊지 않다. 반야 경전들은 근거하는 것이 없으므로[無所得] 가장 깊다.

護法은 이렇게 답한다	두 번째의 가르침인 무상(無相)의 이치는 그 이치에 얕고 깊음이 있는 것이 아니다. 그러나 『해심밀경』을 "완전한 뜻[了義]"이라고 설명하는 것은 삼성(三性)의 뜻에서 여러 경전을 결정(決判)하여 도리에 맞게 하여 완전함을 드러내는[顯了] 설명이 된다. 그러므로 완전한 이해[了義]라고 이름 지었다. 무상(無相)에 얕고 깊음이 있기 때문에 『해심밀경』을 완전한 이해[了義]라고 한 것은 아니다. (『解深密經疏』, 132쪽)

원측이 『해심밀경』을 해석하는 가운데 경의 종체(宗體)를 설명하는 부분에서 제기하는 문제점이다. 곧 무상공(無相空)의 중관의 입장을 삼시교판에서 볼 때 2단계에 지나지 않으니 가치판단이 가해져 유식이 중관보다 더 낫다는 뜻이 아니겠느냐고 질문한 것이다. 그리고 이 질문에 대한 답변을 공·유(空·有) 논쟁의 핵심으로 떠올라 있는 청변(淸辨)과 호법(護法)의 말로 답변한다. 원측으로서는 중관 공의 입장이거나 유식의 인식의 문제가 문제가 됨을 인식하고 문제를 제기한 것이다. 더 나아가 유식의 입장이 더 나은 것이라면 그 관점을 명확히 밝혀 주는 것이 학승으로서 자신의 입장 책무이기도 했다.

따라서 원측은 요·불요(了·不了)는 2단계, 3단계의 등급에 따른 것이 아니고 각자 입장에서 학문적 입장 판단[敎判, 혹은 決判]을 할 때 설명하는 또 하나의 방식에 지나지 않는다고 말한다. 뒤따르는 질문은 이런 점을 더욱 명확히 드러나게 해 준다.

질문	그렇다면 『반야경』을 제2시로 한 것은 어떻게 이해하여야 하는가?(如何得知 諸部般若爲 第二時).
원측	경전분류에 따른 종지[部別顯宗]으로 설명된다. 시간적 순차로는 비록 제3이지만 각각의 때[時]에 따른 많은 경전이 있을 수 있고 그 하나하나의 경전[部]의 종지(宗旨)에 대한 설명도 다르다. 예컨대 『법화경』은 일승(一乘)을 종(宗)으로 하고 열반경은 불성(佛性)을 종(宗)으로 한다.(『解深密經疏』, 132쪽)

무상공(無相空)을 제2시로 한 것은 종지를 나타내는 경전 분류 방식에 지나지 않고 각 경전이 지니는 특징과 성격은 각기 다르기 때문이라고 결론짓는다. 앞서 보았던 종지를 시간에 따른[約時辨宗], 경전에 따른[部別顯宗], 혹은 중생의 이해 근기에 따른[隨病別宗] 분류 방식을 참고하면 원측의 입장은 분명해진다.

원측에게 이 요·불요(了·不了)의 문제는 하나의 방편적 수단일 뿐 어느 한 해석이나 종지가 절대적일 수 없게 된다. 규기의 유식학의 입장인 삼시교판을 시대적인 분류로 고정시킨 삼시교판에서의 요·불요(了·不了)가 절대적인 가치를 지녀 제3시인 유식만이 요(了)이고 그 이전의 중관적 입장의 공(空)은 불요(不了)라고 교조적/종파적으로 말하지 않는다.

요·불요라는 개념은 한마디로 『해심밀경』을 성립시키는 이론적 근거이기도 하다. 『해심밀경』이 또 하나의 부처님 말씀으로 출현되어야 하는 이유는 바로 그 이전의 경전들이 완전치 못한 것[不了義]이었기 때문이다. 소승경이 완전한 의미를 드러내지 못했기[不了義] 때문에 대승 경전이 나타나고, 대승경 가운데서도 『반야경』의 무상공(無相空)은 완전한 것이 못되기[不了義] 때문에 지금의 유식(唯識)이 삼성(三性)과 삼무자성(三無自性)으로 무상공(無相空)을 설명한다고 주장한다. 곧 이 개념들, 삼시와 삼성, 요의와 불요의의 새로운 개념들 또한 『해심밀경』의 성립과 그 해석의 기본 틀이 되고 있다. 특히 이 요·불요(了·不了)의 두 축을 중심으로 경전의 내용이 풀이되고 있는 셈이다. 법상종의 이론가인 규기가 요·불요(了·不了)에 대해 긴 해설을 하고 있는 것은 이 때문이다. 규기는 법원의림장(法苑義林章) 서론 부분인 총료간(總料簡)에서 이 문제를 다루고 있으며 이 총료간의 상당 부분이 요·불요(了·不了)를 설명하고 있다. 곧 ① 교익유수(敎益有殊) ② 시리차별(時利差別) ③ 전종각이(詮宗各異) ④ 체성부동(體性不同) ⑤ 득명 현격(得名懸隔) 가운데 세 부분을 요·불요(了·不了)로 설명한다. 첫째, 교익유수(敎益有殊)는 요·불요(了·不了)를 네 가지 각도에서 해석한다.

1) 세 가지 진리의 특징[三法印]으로 모든 존재는 영원하지 못하고[諸行無常], 모든 사물에는 본질이 없으며[諸法無我], 열반은 고요한 것[涅槃寂靜]이라는 것은 완전한 이해[了義]이고 이에 반대되는 외도(外道)는 완전한 이해가 못 된다[非了義].

2) 처음[初轉]의 사법륜(四法輪)은 그 이상 가는 것이 있으므로 아직 완전한 것이 못 되고[未了], 그에 비해 대승은 완전한 경[了義經]이다.

3) 대승 경전마저 여러 형태의 해석을 하고 있어 아직도 의혹이 생긴다. 그것은 완전한 것이 못 되고[非了義] 대승 경전 가운데에서도 은밀(隱密)한 뜻을 모두 드러내는[顯示] 것은 완전한 것[了義]이다. 숨은 뜻을 감추고 궁극적인 뜻을 설명하지 못한다면 완전한 것이 못된다[不了義].

4) 말[語]의 광·약(廣·略)에 의해 요·불요(了·不了)가 정해진다. 말이 간략하여 광범하지 못하면 불요(不了)이다. 뜻을 설명하는 말이 광·약(廣·略) 여부에 따라 요·불요(了·不了)가 결정되고, 이치를 설명하는 데 궁극적인 것인지 아니면 궁극적인 것이 아닌지에 따라 요·불요(了·不了)가 정해지는 것은 아니다. 따라서 계경(契經)·응송(應頌)·기별(記別)과 같은 것은 부처님이 약설(略說)한 것이니 그 뜻이 완전치 못해 아직 다하지 못한 것[未了]이다. 계경(契經)들보다는 성문승(聲聞乘)이 완전한 것[了義]일 수 있다.

규기의 이러한 해석에 이어 법상종의 교설을 정통으로 수립하기 위한 요·불요(了·不了)에 대한 해설이 시리차별(時利差別)에서 극명하게 설명된다. 규기는 첫째로 『해심밀경』이 제시하는 설법한 때[所說時], 곧 세 번의 전환적 설법[三敎時]에 해당하는 사항이 있느냐 없느냐 하는 근거를 들고 있으나 이 경우에도 경전상의 기록[敎文]이 없는 경우는 배제하고 있다. 특히 중국에서 성립된 여러 형태의 교상판석을 전면적으로 거부하며, 교문(敎文)이 없다는 점을 이유로 내세운다. 둘째는『해심밀경』의 삼시의 교판 구절을 그대로 인용하며 이 교판을 교조적으로 채택할 것을 강조한다. 셋째로 공·유(空·有)에 대한 규기만의 주장점이 강조되고 있다. 곧 삼시교판에 근거할 때 제2시의 무상공(無相空)이 본래의 의미에서 벗어나 악취공(惡取空)으로 처리되는 점을 지적하며 중관 공의 입장이 불완전함을 드러낸다. 따라서 삼시교인 유식의 우월성과 함께 그 필연성을 강조하기 위한 근거로서 제2시의 무상공(無相空)이 전제 조건으로 제시된다. 종파적 입장의 유식 우위 해석인 셈이다.

> 법공(法空)을 설하며 유집(有執)을 깨뜨려 제거한다. 이때『반야경』을 설하였으니 모든 법의 본성은 모두 무[皆無]라고 말한다. 그들은 법공(法空)의 은밀(隱密)한 언교(言敎)를 듣고는 곧 모든 법의 성품과 모습[性相]이 무(無)라고 부정한다. (모든 것이 無라면) 무엇에 근거하여 수행을 할 것이며[何所造修], 무엇을 근거로 하여 그것을 부정하여 버린다고 하겠는가[何所斷捨]. 이러한 모습을 제거하기 위하여 다시 유식의 세 가지 성격[三性, 곧 偏計所執性, 依他起性, 圓成實性]의 가르침을 설법하였다. … 미혹된 사람에게서의 사구(四句, 곧 有/無/非有無/非非有無, Tetralemma)는 이 네 가지 범주[四句]가 모두 부정적인 것이고, 깨달은 사람의 네 가지 범주[四句]는 이 모두가 긍정적이다.[迷情四句 四句皆非 悟情四句 四句皆是]

 유식의 입장에 근거하여 중관 공의 본래의 의미가 완전히 이해되거나

충분히 해석되지 못하는 점[不了義性]을 드러내고 있다. 아무것도 없다[無]
는 것을 전면적인 부정으로 이해한다면 불교가 말하는 수행의 근거는 무
엇이겠으며 또 아무것도 없다면 부정할 대상마저 없지 않겠느냐 하는 허
무주의적 악취공(惡取空)을 중관공(中觀空)의 근본적 기조로 삼아 부정 일
변도의 주장으로 내세운다. 무상공(無相空)이 무엇을 표방하기 위해 공무
(空無)를 주장하고 있느냐 하는 중관의 온전한 이해를 배제시키고 공을 잘
못 파악할 때 빠질 수 있는 결점만을 지적한다. 곧 유식의 정당성을 주장
하기 위한 종파적 근거만이 제시되고 있다. 원측의 요·불요(了·不了)의 해
석과는 전혀 다른 입장이고 오히려 그 점이 규기를 한 종파의 개창자와 이
론가로 삼기에 충분하다.

원측은 요·불요(了·不了)를 법상종이 해석하는 것과 같이 깊고 얕은 단계
적인 것으로[深·淺] 보는 가치론적 분류는 불가능하다고 피력한다.[如是諸
敎 了·不了義 種種不同 故不可以了·不了 言判敎淺深,『解疏』, 290쪽]. 따라
서 제1법륜(法輪)은 단지 공(空)을 숨기고 유(有)를 겉으로 나타냈을 뿐이
고, 제2법륜은 유(有)를 숨기고 공(空)을 설명하고, 제3법륜은 공·유(空·有)
의 진리를 모두 드러내는 것이어서 완전한 의미[了義]이다. 의미하는 것이
낮고 깊은 뜻이 있어서 요·불요(了·不了)라고 하는 것은 아니다.[第一法輪
隱空說有. 第二法輪 隱有說空 第三法輪 具足顯示空·有眞理. 故名了義 非
謂所詮有淺深故名了·不了,『解疏』, 289쪽]

이 요·불요(了·不了)의 의미 규정을 통해 원측은 오히려 삼시교판(三時敎
判)이 빠질 수 있는 교조적인 해석을 풀어 내어 확대 해석한다. 따라서 삼
시교(三時敎)는 굳이 법상유식(法相唯識)을 주장하는 종파만의 전유물이 아
닐 수도 있다는 또 하나의 해석상의 가능성을 열어 놓고 있는 셈이다. 곧
이어 설명되는 원측의 주석은 무상공(無相空)의 중관적 해석이 오히려 완

전한 설명[了]일 수 있다는 법상종(法相宗)의 입장으로 볼 때는 도저히 용납될 수 없는 주장을 펼친다.

> 두 번째, 세 번째 법륜이 무상(無相)을 설명하는 점에 있어서 그 이치의 얕거나 깊은 것은 없다. 분별하여 나타내므로 그것을 완전한 것[了]이라 하였고, 갖추지 않고 은밀히 숨겨 설하기 때문에 아직 완전한 것이 아니라[不了]했다. 그러므로 요(了)이니 불요(不了)이니 하는 것은 그 설명 방식이 한결같이 같은 것일 수 없음에서 나온 것일 뿐이다.[所以者何 第二第三 所辨無相 理無淺深 而具分別顯故名了. 不具足說隱故不了. 由斯道理了與不了諸說不同,『解疏』, 289쪽]

요·불요(了·不了)의 문제는 단순히 불경 해석상의 문제이기만 한 것은 아니고, 중관과 유식이 자신의 우월한 입장을 주장할 때 관건적으로 제시되는 문제이기도 하다. 중관, 유식이 요·불요(了·不了)를 어떻게 해석하느냐에 따라 자신의 학설 혹은 자신의 입지의 정당성을 주장한 것이 대승불교 사상사에서 끊임없이 되풀이되어 전개되고 있다.

그것은 중관 사상을 불교의 궁극적 교설로 삼고 있는 티베트 불교에서 예각적으로 나타난다. 곧 티베트 불교의 입장에서 이 요·불요는 중요한 학문적 과제일 뿐 아니라 수행상의 쟁점이다. 티베트 불교의 원효라고 할 총카파(Tsong Khapa, 1357-1419)의 중요한 저술인 『Legs bsad Sning po』의 한문 역은 "辨了義 不了義說章論"(法遵 譯)인 점을 참고할 필요가 있다. 이 것을 서구 불교학자들은 "Treatise Differentiating the interpretable and the definitive: The Essence of Eloquence(해석 가능한 것과 궁극적인 것을 식별시키는 논: 변론의 본질)"로 영역하고 있다. 티베트 불교의 입장이 중관적인 입장을 내세우는 것이므로 당연히 유식/유심(sems tsam, citta-mātra)에 비판이 가해질 수밖에 없다.

원측의『해심밀경소』가 총카파에 이르러 주목의 대상이 되었고, 그것은 유식에 대한 중관적인 입장에서의 비판 자료로도 사용되고 있다. 티베트에서는 원측의『해심밀경소』를 "중국의 대주석(大注釋)"으로 호칭하고 있다. 더욱이 티베트에서 경전을 해석하는 과판(科判)의 전통은 원측에게서 전래된 것으로 알려져 있다. 중관적인 입장에서의 유식에 대한 비판적 관점도 흥미롭고 또 하나의 해석상의 가능성을 열어 놓고 있다. 그리고 총카파가 보리유지(菩提流地, Bodhiruci)나, 호법(護法, Dharmapāla), 진제(眞諦, Paramātha), 현장(玄奘)을 알게 되는 것도 원측을 통해서라는 것도 정설로 되어 있다.

티베트에서 원측의 사상적 영향은 물론 그 문화적, 정신적 영향이 어디까지 미치는 것이었든 간에 이 요·불요(了·不了)의 문제는『해심밀경』을 해석, 풀이하는 중요한 축이었다. 이 틀이 내포한 중요성을 원측은 간파하였고 그에 대한 가장 독창적인 해석을 시도했고 한 걸음 더 나아가 중관과 유식의 지양을 시도했던 것으로 보인다.

5. 공·유의 문제

원측에게 공·유(空·有)의 문제는 또 하나의 주석상(註釋上) 최대의 소재이며 해석의 방법이었다. 그의 현존하는 저술인『해심밀경소』,『인왕경소』나『반야심경찬』에서는 한결같이 이 공·유(空·有)를 대변하는 청변(淸辨, Bhāvaviveka, 500-578)과 호법(護法, Dharmapāla, 530-561)을 언급하고 있으며, 그의 전 저술을 통해 대조적으로 일관성 있게 원용했다. 유식 경전이나 『반야경』 경전을 해석할 때 항상 대치적 입장을 견지하는 이 공종(空宗)과 유종(有宗)의 입장을 청변(淸辨)과 호법(護法)을 통해 대비시키며 각각의 입장과 서로의 상치되는 이론을 싣고 있다.

원측은 인도에서 공·유(空·有) 문제의 심각성을 일찍이 간파했다. 원측의 전기를 통해 추측할 수 있지만, 원측이 활동한 시기에 인도에서 당나라로 입국하는 인도승들이 계속 있었고 그들은 원측에게 많은 정보를 제공하였을 것이다. 원측은 지바하라(地婆詞羅, Divakāra), 보리류지(菩提流支, Bodhiruci, 6세기?-535), 제운반야(提雲般若, Devaprajna, 691?-692), 실차난타(實叉難陀, Siksananda, 652-710)의 번역장(飜譯場)에서 중의(證義)의 역할을 담당했다. 이 인도승들은 화엄경을 위시한 유식 관계경과 논소들을 지었다. 그가 6개 국어에 능통하였다는 기록도 참고해 둘 필요가 있다. 한마디로 원측에게는 인도 불교의 문제점과 이론적으로 다변화된 현장이 그대로 노출되어 있었다고 생각된다. 현장 스님이 일차적으로 그런 정보를 제공한 것도 기억해야 한다.

원측이 새로운 유식 사상을 현장을 통해 입수한 것과 함께 유식 사상이 초래한 문제점도 의식하며 예의 주시하였다고 생각된다. 이미 당나라 초기에 길장(吉藏, 549-623)의 삼론종(三論宗)이 번창하였고, 진제(眞諦, 499-569)의 구유식이 제기하는 문제점도 의식하고 있었다. 그는 유식 사상만을 받아들인 것이 아니고 유식이 제기하는 중관 사상과의 갈등을 정확히 파악한 것 같다. 규기는 유식 일변도의 해석으로 공·유(空·有)의 문제를 해결하고 있어 원측과는 전혀 다른 입장에 서 있으며 원측이 지닌 문제의식을 공유하지 않았다고 생각된다. 중관 공 사상을 대변하는 『반야심경』에 대한 주석을 지으며 극명하게 이 문제점을 제시한 것은 이러한 원측의 사상적 입장을 잘 대변한다. 『반야바라밀다심경찬(般若波羅蜜多心經贊)』

에 나오는 글이다.

천 년 전에는 불법이 하나의 맛이었는데 천 년이 지난 후 공·유(空·有) 대립의 논쟁이 있었다. 부처님이 돌아가신 지 이미 천 년이 지난 후 남인도 건지국(健至國)에 두 보살이 나타났다. 곧 청변(淸辨)과 호법(護法)이 함께 세상에 나타났으니 중생이 모두 불법을 깨달아 들어가게 하기 위함이다. (그 둘은) 공종(空宗)와 유종(有宗)을 세웠으니 모두 부처님의 뜻을 이룩하고 있다. 청변(淸辨) 보살은 공(空)을 세워 유(有)를 버리고 있어 공(空)에 대한 집착을 제거하여 준다.[立空撥有 今除有執] 반면 호법(護法) 보살은 유(有)를 세워 공(空)을 버리고 있어 공(空)에 대한 집착을 제거한다.[立有撥空有 今除空執] 그러나 (그 둘의 주장은) 곧 공(空)이지만 유(有)와 다르지 않으니 곧 공(空)의 이치가 되고[然則空不違有卽空之理], 무(無)가 아닌 것(곧 有인 것)은 공(空)과 다르지 않으니 곧 색(色)의 설명이라 할 수 있다.[非無不違空卽色之說] 공(空)이기도 하고 동시에 유(有)이기도 한 것이다.[亦空亦有] 두 가지 진리[二諦, 곧 眞諦와 俗諦]를 따라 성립되고 있으니 공(空)도 아니며 유(有)도 아니다. 그것이 중도에 이르는 것이니 부처님의 대종(大宗)이 이것이 아니고 무엇이겠는가.[順成二諦 非空非有 契會中道 佛法大宗 豈不斯矣]

질문	유(有)와 무(無)가 서로 다투어 논쟁을 하고 있으니 (그것을) 어떻게 부처님의 뜻에 순응한다고 하겠는가? (有無乖諍寧順佛意)
답변	나의 논지가 뛰어나다고 집착하는 것은 심히 거룩한 가르침(聖敎)에 어긋난다. 부처님이 해탈된 보살들을 위해 이미 허락한 일이니 두 보살이 서로 영향을 주어 중생들로 하여금 이해를 하게 하는 일이 어떻게 부처님의 뜻에 어긋나겠는가. (執我勝論甚違聖敎 佛自許爲解脫菩薩 沉二菩薩互相影響 令物生解違佛意乎,『般若波羅蜜多心經賛』, 2쪽)

유식 사상 성립의 역사적 배경을 정확히 기록하고 있으며 그에 따른 중관 사상과의 대립적 양상을 잘 표현해 주고 있다. 중관 사상가들이 용수(龍樹, Nagarjuna, 150?-250?)와 성천(聖天, Aryadeva, 200-250)을 자파의 계통으로 존경하고, 유가유식가들은 미륵(彌勒, Maitreya)·무착(無着, Asanga)·세친(世親, Vasubandhu)을 존숭하고 있어 서로 다른 교설을 주장하여 상치되는 것으로 생각한다. 그러나 유식의 창시자 중 하나인 무착은 용수의 중론송(中論頌, Madhyamakakārika)의 첫 게송에 직접적인 주석을 했으며, 안혜(安慧, Sthiramti, 470-550)와 같은 후대의 유식학자도 중관 사상에 주석을 달고 있으나 직접 종파적 비판은 드러내지 않았다. 곧 유식학의 기본적 관점은 중관 공 사상이 내포하는 절대적 부정을 어떻게 인식의 장으로 이끌 수 있으며 구원의 근거로 어떻게 공(空)을 해석하느냐의 문제에 있다. 앞에 인용된 규기의 법상종의 우월성을 주장하는 논쟁적 질문들은 이 점을 잘 적시하고 있다. "(모든 것이 無라면) 무엇에 근거하여 수행을 할 것이며[何所造修], 무엇을 근거로 하여 그것을 부정하여 버린다고 하겠는가[何所斷捨]." (法苑義林章, 窺基)

초기 유식학자들은 용수나 성천(聖天)에 대해 자신들이 경쟁적인 입장에 서 있다고 생각하지도 않았고 오히려 자신들을 중관 사상의 충실한 해석자라 여기고 자신들이 그것을 발전시키고 있다고 생각하였다. 곧 이들은 자신의 유식의 이론 틀 속에서 더욱 확고하게 중관 공(中觀空)을 근거로 삼는다고 생각했다. 물론 이러한 유식적 중관공(中觀空) 이해가 모든 중관 사상가들에게 받아들여진 것은 아니었고 그에 따라 반론과 논쟁이 일어났다. 지금 원측이 인용하는 청변과 호법의 논쟁은 이런 역사적 사실을 잘 반영하고 있으며 논쟁의 쟁점까지 정확히 지적하여 기술해 주고 있다. 그러나 원측은 이 공·유(空·有)의 논쟁은 지양되어야 하고 회통(會通)시켜야 하는 것으로 생각했다.

> 자씨 보살(慈氏, 미륵의 다른 이름)은 궁극적 진리[眞諦]와 세속적 진리[俗諦]를 설명하면서 두 가지 진리(眞·俗)를 모두 긍정하였다. 용수는 공과 유를 담론하면서 둘을 모두 버렸다. 긍정하지만 버리는 것과 다르지 않으니[然則存不違遣] 유식(唯識)의 뜻이 빛나고, 부정하고 있으나 긍정하는 것과 다르지 않으니[遣不違存] 무상(無相)의 뜻이 항상 성립되어 있다. 공(空)이며 동시에 유(有)이기도 하니 두 진리(眞諦·俗諦)의 종지(宗旨)가 온전히 성립되어 있다. 유(有)도 아니며 공(空)도 아니므로 중도(中道)의 이치에 맞아떨어진다[契合]. 따라서 미혹된 사람은 공(空)을 말하면서도 유(有)에 집착하고[迷謬者說空而執有], 깨달은 사람은 유(有)를 말하면서도 공(空)에 통달되어 있다[悟解者辨有而通達]. 부처님의 법(法)의 깊은 원천이 어찌 이렇지 않겠는가. (『解疏』, 123쪽)

용수의 중관과 미륵(彌勒)의 유식론의 특징은 각각 부정[遣]과 긍정[存]에 있으며 이러한 중관·유식은 항상 어느 한쪽에 입각해 있는 자기 위치에서의 견해를 발설할 수밖에 없는 한계가 있다. 그것을 원측은 존불위견(存不違遣, 긍정하지만 부정하는 것)이 유식의 입장이고, 견불위존(遣不違存, 부정하지만 긍정하는 것)이 중관이 지닌 성격으로 지양시킨다. 곧 "긍정을 통한 부정과 부정을 통한 긍정"이란 변증적 과정을 통해 서로를 회통시키는 것이다. 유식이 지닌 특징과 중관이 지닌 특징을 살리면서 다시 둘이 지닌 입장을 환치(換置)시키고 있다.

원측은 철저하게 중관과 유식을 회통하려 노력했으며 중관과 유식 각각의 특징적 입장을 살리고 있다. 특히 중관 사상을 대변하는 청변의 『반야등론(般若證論)』과『장진론(掌珍論)』, 그리고 지금은 티베트어로만 현존하는『Tarkajvāla(焰擇論)』를 인용하며 중관적 특징을 부각시킨다. 그리고 호법(護法)이 청변(清辨)의 논리적 도전을 물리치기 위해 저술한『광백론석론(廣百論釋論)』10장(章)의 핵심 부분을『해심밀경소』에서 자유롭게 인용하면서 중관공(中觀空) 사상의 특징과 그 단점을 정확히 지적했다.

이러한 중관·유식의 지양이라는 점과 청변·호법(清辨·護法)의 공·유(空·有) 논쟁의 문제점을 직접 다루고 있는 점에서 원측은 당(唐) 불교에서도 효시를 이룬다. 우리는 거의 같은 시대에 활동한 화엄종의 이론가인 법장(法藏, 643-712)에게서 이와 동일한 관심과 중관·유식의 지양을 볼 수 있다. 법장의 현존 저술 가운데 가장 초기에 성립되었다고 생각되는『오교장(五敎章)』을 비롯한『십이문론종치의기(十二門論宗致義記)』·『탐현기(探玄記)』·『기신론의기(起信論義記)』, 후기의 것이라 생각되는『무차별론소(無差別論疏)』등 법장의 논소의 거의 절반가량이 원측과 동일한 문제를 제기하고 있다. 곧 청변과 호법의 공·유(空·有) 논쟁을 법장 역시 이 논서들을 통해 그의 해석의 중요한 틀로 삼고 있다. 특히 그의 화엄 사상의 틀역시 이 두 극단의 지양이라는 종합과 교섭, 원융의 세계를 제시하는 입장에서는 이 문제를 현안의 문제로 삼을 수밖에 없었다. 이 문제의 심각성을 그는 현장적으로 제시한다. 법장은 청변·호법의 공·유(空·有) 문제를 입당(入唐)한 지바하라(池婆詞羅, Divakara, 日照)에게서 들었다고『탐현기(探玄記)』에서 밝혔다. 내용이 상세한『십이문론종치의기(十二門論宗致義記)』를 통해 그 구절을 보자.

근래 중천축의 나란다절에 두 대덕논사(大德論師)가 있으니 한 사람은 계현(戒賢, Silabhadra)이고 다른 한 사람은 지광(智光, jñānprabha)이다. 각기 다른 종파에 귀속되어 있어 서로 모순이 된다. 계현(戒賢)은 멀리 미륵(彌勒)과 무착(無着)을 계승하고 가깝게는 호법(護法)이나 난타(難陀)를 계승하며, 심밀(深密)의 경전이나 유가등론(瑜伽等論)에 의해 법상대승(法相大乘)을 밝힌다. 두 번째로 지광(智光)은 멀리 문수나 용수를 계승하고 가깝게는 청목(青目)과 청변(清辨)을 품수하며 반야등(般若等)의 경전이나 중관등(中觀等)의 논(論)에 의해 무상대승(無相大乘)을 밝힌다.

이러한 공·유(空·有) 문제는 법장에게도 경전을 주석하는 두 개의 틀이 되었다. 법장의 초기 저술인 『오교장(五敎章)』의 의리분제장(義理分齊章)은 청변과 호법의 공·유(空·有) 문제를 풀이한 부분이다. 공(空)을 끊음[斷]으로 또 유(有)를 영원[常]으로 표현하며, 공과 유가 각각 지닐 수 있는 공에 떨어짐[空墮]과 존재의 집착[有執]의 모순점을 제기했다. 곧 법장도 중관공(中觀空) 사상이 빠질 수 있는 허무적인 공으로 떨어짐(空墮)과 유식이 집착할 수 있는 유론적(有論的)인 경향의 존재에의 집착[有執]이 지양되어야 한다는 점을 지적한다. 이 공·유(空·有)의 지양은 결국 용융(鎔融)이나 교철(交徹)로 표현되며 화엄 사상의 융합적 특징을 드러내게 된다. 법장이 문제시하는 화엄 사상의 기본적인 구조 역시 이 공·유(空·有)의 지양을 어떻게 보느냐에 달려 있다. 달리 말해 법장에게도 이 공·유(空·有)의 지양은 그의 화엄 사상을 풀어 가는 기본 틀이 된다고 볼 수 있다. 『오교장(五敎章)』의 해당 부분은 다음과 같다.

의타기성(依他起性)이 궁극적으로는 공(空)의 성격을 지니고 있으나 사람들[有情]이 통달하지 못해 "있음[有]과 다르지 않은 공[不異有之空]임"을 깨닫지 못하고 흔히 "세속에서 말하는 공[如謂之空]"으로 받아들인다. 이런 까닭에 호법(護法)이 세속의 공(空)을 깨뜨려 허구적인 유[幻有]로 존재하게 한다. 그것은 허구적인 유[幻有]라 주장되므로 유와 다르지 않은 공[不異有之空]이 성립된다. 색(色)이 곧 공(空)이므로[以色卽是空] 청변(淸辨)의 뜻이 성립되고 공(空)이 곧 색(色)이므로[空卽是色] 호법(護法)의 뜻이 성립하게 된다. 이 두 뜻이 서로 녹아 융해됨[鎔融]으로 온전한 본체[體]를 완전히 포섭하게 된다. 만일 후대의 논사들이 이 두 이치를 상호 뚫어 관통[交徹]하지 못한다면 완전한 본체[體]는 서로를 빼앗아 버린다. 깊은 연기(緣起)의 의타성(依他性)의 진리를 얻지 못하게 된다. 이것을 서로 깨뜨리는 것[相破]을 돌이켜 서로 이룩하는 것[相成]이 되게 한다.(『五敎章』, 義理分齊)

원인과 결과에 의한 상호 의존적 존재[依他起]로서의 공(空)은 없는 것이 아니라 유(有)와 같은 공[不異有之空]이므로 공·유(空·有)는 서로 빼앗고 또 서로 형성시켜 주는 작용을 한다. 곧 상파상성(相破相成)이며 그것은 서로 교철(交徹)되고 있으며 동시에 용융(鎔融)되어 있다. 법장에게서도 원측과 동일한 공·유(空·有) 지양이라는 공통점을 발견한다.

又彼有情聞說依他畢竟恬空. 不達彼是不異有之空 故卽執以爲如謂之空. 是故護法等破彼謂空以存幻有. 幻有立故乃得彼不異有之空.…以色卽是空淸辨義立. 空卽是色 護法義存. 二義鎔融擧體全攝. 若無後代論師以二理交徹全體相奪. 無有得甚深緣起依他性法. 是故相破返相成也. (『五敎章』, 義理分齊)

원측의 이 특징을 다시 원효에게 비교시켜 볼 필요가 있다. 원효의 사상적 특징은 여러모로 표현되겠지만 그의 『대승기신론별기(大乘起信論別記)』 및 『대승기신론소(大乘起信論疏)』의 대의문(大意文) 부분에 나타난 구절은 그대로 원측을 상기시킨다. 원효에게도 이 공·유(空·有)의 문제는 그가 『대승기신론』을 해석하는 틀이 되었다. 파[破(부정)]와 입[立(긍정)]이라는 두 축이 각각 중관과 유식을 대변하고 있으며 입(立)과 파(破)의 관점에서 『대승기신론』을 해석한 것이다.

곧 중관을 "모든 집착을 두루 깨뜨리고, 깨뜨린 것을 또 깨뜨린다. 능파(能破)와 소파(所破)를 다시 허락하지 않으니 이것을 보내기는 해도 허락하지는 않는 논(論)이라 규정한다."[徧破諸執亦破於破而不還許, 能破所破是謂往而不徧論也]

한편 유식을 "심천(深淺)을 두루 세워 법문(法門)을 판별하되 자신이 세운 법(法)을 융견(融遣)하지 않으니, 이것을 허락하기는 해도 빼앗지는 않는 논(論)이라고 정의한다.[通立深淺判於法門而不融遣自所立法是謂與而不奪論也]

중관과 유식의 두 입장을 소파(所破)와 통립(通立)이라는 두 말로 규정하고 다시 그 중관과 유식의 각각의 특징을 유식으로서는 무불립이자견(無不立而自遣)이라고 보고, 중관은 무불파이환허(無不破而還許)로 설명하여 각각이 공타(空墮), 유집(有執)의 단·상(斷·常)의 허무주의와 영원주의의 편견으로 떨어지는 것을 지양한다. 원측의 존불위유(存不違遣)의 유식의 뜻과 유불위존(遣不違存)이라는 중관의 무상(無相)의 뜻과 일치되는 해석을 하고 있다. 원측의 또 하나의 구절인 담공유이쌍유[談空有而雙遣(중관)]와, 설진속이역존[說眞俗而亦存(유식)]과도 일맥상통한다.

이처럼 이들은 각기 다른 경전(經典)과 논소(論疏)에 의거하고 있지만, 논지와 해석의 방향은 공통점을 지니고 있었고 그것이 그 시대의 시대정신이자 사상적 경향이라고 말할 수 있다.

6. 맺음말

원측에게 법상종의 대원칙인 삼승(三乘)은 오히려 방편(方便)이며 실제의 내용은 일승(一乘)을 표방하는 것으로 해석한다. 곧 실제로는 일승을 설명하나 임시적인 방편으로 삼승을 주장한 것[實說一乘假說三乘]으로 법상종의 주장을 뒤집는다. 이런 점이 원측으로 하여금 법상종의 삼승설에서는 용납되지 않는 오성각별(五性各別)의 부정이란 종지의 대강령을 부정하는 사태에 이르게 한다. 그리고 그런 결론은 일성성불(一性成佛)이란 결론에 이르러 모든 중생의 차별 없는 구원 가능성의 문을 연다.

원측에게 내린 최초의 정의인 하타니 료타이의 유식이파(唯識異派)나 요시즈 요시히데의 유식일승가(唯識一乘家)라는 규정이 원측의 유식학적 위상이나 사상적 특징을 얼마나 정확히 드러낼 수 있을지, 또 그것은 중국 불교 사상에서 원측의 올바른 자리매김이 될 수 있을지 문제이다. 원측의 사상에서 현장이 전해 준 유식학과의 차이점, 혹은 구유식의 진제(眞諦)와의 차이점을 밝히는 것이 원측의 전모를 드러내는 것일 수는 없다. 진제(眞諦)와 현장의 특징과 장단점을 잘 알고 있었으면서도 그런 차별점을 표출시키며 달리 해석해 간 원측에게는 다른 적극적이고 긍정적인 의도가 내재된 측면이 있는 것 같다. 단순히 유식가의 한 승려로 법상종에 귀속시킬 일이 아닐지 모른다. 아마 법장이나 원효처럼 당 시대 불교의 중국적 적응이라는 큰 틀 속에서 유식과 중관의 문제를 새롭게 개척적으로 해석해 간 선구적 인물일지도 모른다.

동아시아적 화쟁(和諍)의 유형

1. 머리말

화쟁(和諍) 하면 원효(元曉, 617-686)를 떠올리고, 원효 하면 그의 기본 사상이 화쟁인 것으로 생각한다. 화쟁과 원효는 서로 표리를 이루고 화쟁은 가히 원효의 트레이드마크처럼 되어 있다. 그는 모든 상반된 것, 길항(拮抗) 관계에 처해 있는 것, 이원적(二元的) 구성으로 된 것의 지양자 또는 종합자로 여겨진다. 속된 말로 모든 분쟁과 갈등의 해결사로 부각되는 것이다. 동서 사상을 상호 대항적(對項的) 입장에 놓고 비교론적 입장을 취할 때에도 그의 화쟁론은 동양 사상 특히 한국 사상의 한 특질로서 서양과의 대비론적 논의를 선도한다.

원효의 화쟁론이 그런 특징을 지닌 것은 분명하다. 그의 사상을 이런 통합이라는 입장에서 계속 천착하는 것은 하나도 이상할 것이 없다. 그러나 이 화쟁론의 구성이나 그것이 의미하는 것을 하나의 완결된 체계로 수용하여 앞서 말한 상반적인 것의 지양으로서의 틀이나, 심지어 정치·사회적인 현장의 갈등을 해소하는 잣대로 그대로 적용하는 데는 많은 문제점이 있다. 탈근대의 담론을 이끌어 근대성의 문제를 파헤치는 도구로 사용하는 것과도 흡사하게 보인다. 그러나 탈근대의 사상적·사회적 배경이 우리 학계에 충분히 논의되고 그것이 지닌 특징이나 적용 한계가 활발히 논의되고 있다. 화쟁 역시 그 발생 배경이며 사상적 맥락 그리고 그 지향점이 어디 있는지 다시 살필 필요가 있다. 맥락적 고찰이 필요한 것이다. 하나의 사상이 만병통치약은 아니지만, 그것이 창의적 사상이라면 전후 맥락 속에서 계속 되살아나야 한다.

원효 사상은 당시의 동아시아적 사유 형태와 사상적 틀에서 고려되어야 한다. 화쟁이란 것이 우리가 생각하듯 원효라는 천재에게서 갑자기 돌출된 사상은 아니라는 것도 염두에 두어야 한다. 원효는 천재성도 있었지만 시대의 산물이기도 하다. 그는 다른 사상과의 연관성 속에서 고민하며 자신의 틀을 다듬었다. 그에게는 자신보다 앞선 사상가, 종교가들이 있었고, 그 자신은 뒤이어 올 사상의 디딤돌 역할을 한 것이다. 원효를 전후한 사상적 맥락 관계를 밝히는 일이 필요하다.

2. 화쟁이란 개념의 출현

화쟁(和諍)을 화해시킨다는 의미로 생각할 때 그 말의 배경에는 불교의 2대 조류인 중관 사상과 유식 사상의 갈등이 존재하고 있다. 중관 사상의 부정주의적 접근은 불교 사상의 표피적인 신앙 일변도를 극복시킨 탁월한 해석상의 틀을 가져다주었지만, 그것은 또 허무주의적 경향으로 이끌어 현실 부정주의적 입장을 낳았다. 소위 모든 것은 무(無)이고 공(空, sunyata)하다는 주장은 공의 언표마저 부정하는 공공(空空)의 단계로 나아가 소위 악취공(惡取空)으로 이끌어 현실 부정은 물론 상대방의 주장을 무효화시키는 도구로 전락했다.

한편 유식 사상이 근거하는 기본적인 틀도 모든 것은 무(無)이고 공(空)이지만, 그것을 언표하는 우리의 의식(意識, vijnana)은 인정할 수밖에 없다는 논변을 펼친다. 모든 것을 부정하는 주체로서의 우리의 인식은 긍정할 수밖에 없다는 것이다. 따라서 유론(有論)적인 입장(sasvadavada)을 취하게 되어 중관 사상에 대치적인 입장에 놓이게 되었다. 전자를 대변하는 사람은 6~7세기 중국과 한국에서의 대표적 논변자인 바바비베카(Bhavaviveka, 淸辨, 500-578)였고, 후자를 대변하는 사람은 유가 유식(yogacara-vijnaptimatra, 瑜伽唯識)의 대표적 논변자인 달마파알라(Dharmapala, 護法, 531-561)였다.

종교 사상사에서 두 개의 상이한 이론이 제기되고 그것이 해석상 서로 상충되는 입장을 표방하는 일은 흔히 있을 수 있다. 그러나 이 중관과 유식에는 단순한 해석상의 차이를 넘어 실천적이고 구원론적인 심각성이 있었다. 곧 중관의 전면적인 부정적 주장 때문이었다. 상대를 완전히 무화·공화(無化·空化)시키는 명제 때문이다. 모든 것이 없다면 무엇을 근거로 수행을 할 것이며 도달할 목표마저 부정할 수밖에 없다면 왜 우리는 수행을 할 것이냐는 반론들이 있다. 더욱이 동양에서의 사유·사변은 지식에 대한 갈구[愛知]만은 아니고 실천과 참여를 요구하는 실천도이었다. 그것은 인간의 존재 근거와 이유, 그리고 구원을 위한 자비의 행위마저 부정하는 일이기 때문에 문제였다.

실제로 불교의 이런 특징을 확대하여 불교의 공(空)과 무(無)를 허무주의로 몰아간 서양의 불교 이해 방식도 또 하나의 후대 역사의 예증이었으니 언제든 재연될 소지가 있는 쟁점이었다. 이런 배경과 역사적인 사례를 지닌 이 두 사상이 단계적으로 중국에 유입될 때 동아시아 불교계로서는 심각한 문제가 아닐 수 없었다.

흔히 학문상의 논쟁이 그렇듯 두 개의 진영으로 나뉜 중관학파(中觀學派)와 유식학파(唯識學派)는 각자의 입장을 주장할 수밖에 없었고, 그것은 중국의 종파가 형성되는 데 큰 몫을 담당했다. 번역승인 현장(玄奘, 602-

664)이 관계 경전을 한문으로 번역한 것은 인도의 종교적 아포리아 자체를 그대로 중국 땅에 이식시킨 것이었다. 중국에서는 천태종(天台宗)이나 삼론종(三論宗)으로 중관 사상을 수용하고 법상종(法相宗)으로 유식 사상을 소화하려 했으나 문제는 해결되지 않고 오히려 쟁론만 확대 발달되었다.

이 점의 심각성을 인식한 것이 원효였다. 그리하여 그는 이 문제를 하나의 저술에 담았으며 그 표제가 바로 『십문화쟁론(十門和諍論)』이다. 그리고 그 내용을 간결하게 집어내었다. 곧 "'없는 것도 없다[空空]'는 이론이 분란하게 일어나 나는 이것이 옳다고 말하고 다른 사람은 틀렸다고 말하는가 하면 나의 입장은 당연하지만 다른 사람의 그것은 그렇지 못하다고 말한다."[空空之論 雲奔 或言我是 言他不是 或說我然 說他不然. 誓幢和尙塔碑 所載] 결국 각기 다른 입장과 상이한 주장을 대상으로 담론화하겠다는 의도를 담고 있다.

원효는 서로 상반되는 중관과 유식을 동일한 지평에 놓고 동등한 평가를 가한다는 입장을 표명한 것이다. 자기 우위론적인 종파성에서 벗어나고 각기 지닌 특징이 있다면 그것을 공정하게 평가하겠다는 것이다. 그는 이런 관점을 구체적으로 불교 사상 전반에 적응시켜 종합적으로 다루기 시작했다.

중관론(中觀論), 십이문론(十二門論) 등은 모든 집착을 남김없이 깨뜨리고 [破], 깨뜨림의 주체[能破]와 깨뜨려지는 대상[所破]을 모두 허용하지 않으니, 이것은 가기는 해도 두루 하지 못하는 이론[往而不徧論]이다. 유가론(瑜伽論)·섭대승론(攝大乘論) 등은 깊고 낮은 단계적 법문을 세우고 판석(判釋)하여 자기가 주장한 법을 융통성 있게 버리지 못한다. 이것은 주기는 해도 빼앗지는 못하는 이론[是謂與而不奪論]이다.(『大乘起信論疏記會本』券1)

곧 중관과 유식의 특징을 예각적으로 드러내고 각각의 사상이 지닌 문제점을 적출해 놓았다. 이러한 분석은 원효의 전 저작을 통해 일관성 있게 표명되고 있으며 그것을 한마디로 묶는 개념이 바로 화쟁론이다. 이런 공·유(空·有)의 논쟁의 심각성과 그것을 해결하려는 시도는 원효에게만 있었던 것은 아니다.

3. 원측의 경우—선구적 제기

원효보다 얼마간 앞서 태어났고 평생을 중국에서 수행·연구한 신라 출신의 원측(圓測, 613-696)에게서 이런 문제점은 더 뚜렷이 노출된다. 원측은 어느 입장에도 서 있지 않았으며 자신에게 아포리아로 제시된 문제들, 곧 모든 이론을 담론화하겠다는 중립적 입장을 견지했다. 동아시아의 불교를 수용하기 위한 번역 과정에 직접 관여한 원측이기 때문에 그의 입장은 드라마틱하게 극화된다. 당나라 초기 현장(玄奘, 602-664)이 수입하고 규기(窺基, 632-682)가 이론적 기틀을 마련한 유식학이 중국적 번안인 법상종(法相宗)으로 정립되면서, 그는 이단적인 인물로 비판받게 된 것이다. 그에게는 새로 수입된 유식학설을 도청하고 그것을 자기류대로 해석한 학승(學僧)이라는 승려 본분을 일탈한 부정적인 꼬리표가 붙어다닌다.[『宋高僧傳』, 圓測條]

곧 그는 법상종의 이파(異派)로 규정되어 정통에서 벗어난 것으로 평가된다. 다시 말해 종파적인 것을 정통으로 삼을 때 정통에서 벗어난 아류적(亞流的)인 지파(支派)에 위치하게 되고 그의 사상은 주변화되는 것이다. 그는 규기와 함께 현장의 직계 학통을 잇고 있으나 그의 공·유(空·有)의 회통(會通)이 인도의 유식의 적통과 중국에서 현장이 새로 번역하며 흥왕을 일으킨 법상종의 전통에서도 벗어났기 때문에 이단으로 처리되고 있다.

원측에게 이 공·유(空·有)의 문제는 그의 주석상 최대의 소재이며 또한 즐겨 다루는 해석 방법이자 불교적 구원론(救援論, soteriology)이기도 했다. 현존 저술인『해심밀경소(解深密經疏)』,『인왕경소(仁王經疏)』,『반야심경찬(般若心經讚)』은 한결같이 공·유(空·有)를 대변하는 청변(淸辨, Bhavaviveka, 500-578)과 호법(護法, Dharmapala, 530-561)을 언급하며 그 사상적 특징을 일관성 있게 대조적으로 제시했다. 원측이야말로 인도에서의 공·유(空·有) 문제의 깊이와 그 심각성을 일찍 간파한 학자였던 것이다. 그는 유식적 사유의 틀로 법상종이라는 또 하나의 종파(학파)를 수립한다고 하여 이 공·유(空·有)의 문제가 해소되는 것이 아님을 간파했다. 원측은 현장이 입수한 새로운 유식 사상과 함께 유식 사상이 초래할 문제점도 동시에 의식하였다고 생각된다.

천 년 이전에 불교의 진리는 하나의 맛이었는데 천 년이 지난 후 공·유(空·有) 대립의 논쟁이 있었다. … 청변(淸辨)과 호법(護法)이 함께 세상에 나타났으니 중생들이 모두 불교의 진리에로 깨달아 들어가게 함이다. 그 둘은 공종(空宗)과 유종(有宗)을 세웠으니 모두 부처님의 뜻을 이룩하고 있다. 청변(淸辨) 보살은 공(空)을 세워 유(有)를 버리고 있어 (有)에 대한 집착을 제거한다.[立空撥有 今除有執] 반면 호법(護法) 보살은 유(有)를 세워 공(空)을 버리고 있어 공(空)에 대한 집착을 제거한다.[立有撥空 今除有執] 그러나 그 둘의 주장은 곧 공(空)이지만 유(有)와 다르지 않으니 곧 공(空)의 이치(理致)가 되고[然則空 不違有卽空之理], 무(無)가 아닌 것[非無＝有]은 공(空)과 다르지 않으니 곧 모든 존재[色]에 대한 설명이라 할 수 있다[非無不違空卽色之說]. 공(空)이기도 하고 동시에 유(有)이기도 한 것이다.[亦空亦有] 두 개의 진리[二諦, 眞諦와 俗諦]를 따라 성립되고 있으니 공도 아니며 유도 아니다. 그것이 중도에 이르는 것이니 부처님의 대종(大宗)이 이것이 아니고 무엇이 겠는가.[順成 二諦 非空非有 契會中道](圓測, 『仁王經疏』)

현장이나 규기는 유식설을 수립하여 유식적 입장에서의 종파를 형성시키는 일에 몰두하였으나, 원측은 상반되게 제시된 두 입장을 회통시키는 데 오히려 더 큰 관심을 피력한 것이다.

질문: 유와 무가 서로 다투어 논쟁하고 있으니 그것을 어떻게 부처님의 뜻에 순응한다고 하겠는가?
답변: 나의 논지가 뛰어나다고 집착하는 것은 심히 성스러운 가르침[聖敎]에 어긋난다. … 두 보살(곧 淸辨과 護法)이 서로 영향을 주어 중생들로 하여금 이해를 하게 하는 일, 그것이야말로 어떻게 부처님의 뜻에 어긋나겠는가?(圓測, 『般若心經讚』)

그는 유식 사상 성립의 역사적 배경을 정확히 기록하고 있으며 그에 따른 중관 사상과의 대립적 양상을 잘 표현한다.

용수는 공(空)과 (有)를 담론하면서 둘을 모두 버렸다. 긍정하지만 버리는 것과 다르지 않으니[然則存不違遣] 유식(唯識)의 뜻이 두렷해지고, 부정하고 있으나 긍정하는 것과 다르지 않으니[遣不違存] 무상(無相)의 뜻이 항상 성립되어 있다. 공(空)이며 동시에 (有)이기도 하니 이제(二諦, 곧 眞諦·와 俗諦)의 종지가 온전히 성립되어 있다. 유(有)도 아니고 공(空)도 아니므로 중도(中道)의 이치에 계합(契合)이 된다. 따라서 미혹된 사람은 공(空)을 말하면서도 유(有)

에 집착하고[迷謬者 說空而執有], 깨달은 사람은 유(有)를 말하면서도 공(空)에 통달되어 있다[悟解者 辨有而通達空]. (『解深密經疏』, 123쪽)

원측의 현존 저술을 일관하는 입론적인 진술이 이렇게 항상 논소 첫머리의 대의[宗體]로 표명된다. 곧 원측은 용수의 중관과 미륵(彌勒, Maitreya)의 유식의 특징을 부정[遣]과 긍정[存]으로 나누고 이 중관과 유식은 항상 어느 한쪽으로 치우친 한계를 지닌 것으로 규정한다. 곧 그는 "긍정하지만 부정하는 것"[存不違遣]이 유식의 입장이고, "부정하지만 긍정하는 것"[遣不違存]이 중관이 지닌 성격으로 특징지어 서로를 회통하고 있다. 긍정·부정의 두 입장을 병렬시키며 다시 각각의 입장을 환치(換置)시키고 있다.

결국 우리의 개념의 틀과 말(언어)의 한계가 우리의 한계임을 지적하며 인간의 한계상황을 그대로 표출시킨다.

진리의 성품은 깊어 모든 상(象)을 초월하지만, 아직도 상(象)을 만든다.[眞性甚深超衆象而爲象] 그리고 진리를 드러내기 위해 우리는 무수한 말을 하지만 아무 말도 한 것이 아니다.[布群言而不言 斯乃卽言而言亡] 오히려 말을 한다고 하지만 말을 버리는 일이다.[卽言而言亡] 이치는 오히려 고요한 것이니 담론화할 수는 있다.[理雖寂而可談](圓測, 『解深密經疏』, 敎興題目 條)

따라서 원측의 경우 공유(空有)를 표현하고 그것을 지양시키려 하는 작업이 오히려 말을 부정하기에 이른다는 언표에 이른다. 원효의 화쟁적인 입장과 조금도 다르지 않다. 어떤 면에서는 원효의 화쟁론의 전 단계적 사유의 틀을 제시한다고 볼 수 있다.

우리는 두 사람에게서 공통으로 드러나는 각기 다른 대척적 입장의 상호 보완적인 역할을 확인할 수 있다. 긍정 부정을 넘어선 변증법적 지양과 다른 차원으로의 완성의 구조를 보는 것이다. 원효의 주저라 할 『대승기신론소』의 일심이문(一心二門)에서도 이 상호성과 그것의 변증적 체계를 확인하게 되며 이 공유 지양이란 과제는 원효에게서도 역시 자신의 사상적 근간으로 드러나는 것을 보게 된다.

> 세우지 않음이 없으면서 스스로 버리고, 깨뜨리지 않음이 없으면서도 도리어 허용한다.[無不立而自遣 無不破而還許] 허용한다는 것은 그 부정한 것[彼往, 그렇게 버린 것]을 드러나게 하는 것이고 부정한 것을 그 극단[極]에 이르러 다시 두루 성립하게 함을 나타내고, 스스로 버린다는 것은 이 긍정한 것[此與, 그렇게 준 것]으로 하여금 마침내 주고는 빼앗음을 밝힌다.[而還許者 顯彼往者 往極而徧立 而自遣者 明此與者 窮與而奪] 이것이야말로 모든 이론의 조종(祖宗)이요[是謂諸論之祖宗] 모든 다투는 논쟁을 평정하는 주체이다[群諍之評主也].(『起信論別記』)

우리는 원효와 동시대를 중국에서 보낸 한국 승 원측의 사상, 그의 논지 전개가 거의 동일함에 착안하게 된다. 여기서 한 걸음 더 나아가 동아시아 불교 사상의 꽃이라 할 화엄 사상의 구조를 살필 필요가 있다. 화엄의 형성은 무엇을 근거로 하였고, 그것의 원융적 근거는 어디에 있는지를 탐색할 필요가 있다.

4. 무엇을 위한 종합인가—법장의 화엄의 특징

우리는 거의 같은 시대에 활동한 화엄종의 이론가인 법장(法藏, 643-712)

에게서 이와 동일한 관심과 중관·유식의 지양을 본다. 법장의 현존 저술 가운데 그의 초기 사상을 반영하는 『오교장(五教章)』, 『십이문론종치의기(十二門論宗致義記)』, 『탐현기(探玄記)』, 『무차별론소(無差別論疏)』 등 그의 논소 절반가량에서 원측과 동일한 문제를 제기하고 있다. 『기신론의기(起信論義記)』의 주석의 틀이 거의 원효를 좇고 있는 점은 이 공유 해석 문제의 소재를 적확히 드러내고 있다. 곧 청변·호법의 공·유(空·有) 논쟁을 법장이 문제의 논서들을 풀이해 가는 중요한 사상적 틀로 삼고 있다. 그리고 법장은 청변·호법의 공유의 문제를 당시 당에 입국한 지바하라(池婆詞羅 혹은 日照, Divakara, 680년 入唐)에게서 들었다고 『탐현기(探玄記)』에서 밝혔다. 같은 내용이나 내용이 좀 더 상세한 『십이문론종치의기(十二門論宗致義記)』를 통해 해당되는 그 구절을 보자.

> 근래 중 천축국의 나란다사에 두 대덕논사(大德論師)가 있으니 한 사람은 계현(戒賢, Silabhadra)이고 다른 한 사람은 지광(智光, jñānprabha)이다. 각기 다른 종에 귀속되어 있어 서로 모순이 된다. 계현은 멀리 미륵(彌勒, Maitreya)과 무착(無着, Asanga)을 계승하고 가깝게는 호법(護法)이나 난타(難陀)를 계승하며, 심밀(深密)의 경전이나 유가론(瑜伽論)에 의해 법상대승(法相大乘)을 밝힌다. 두 번째로 지광(智光)은 멀리 문수(文殊)나 용수(龍樹)를 계승하고 가깝게는 청목(靑目)과 청변(淸辨)을 품수하며 반야경계통의 경전들이나 중관(中觀) 계통의 논소(論疏)들에 의해 무상대승(無相大乘)을 밝힌다.

좀 더 상세하고 세분화된 중관 계통의 논사들과 유식 계통의 논변자들을 열거하고 있으나 기본의 틀, 곧 공·유(空·有) 문제를 쟁점화하며 두 계열로 분류시킨다. 따라서 법장의 경우에도 경전을 주석하는 두 중요한 개념 틀이 바로 공유의 문제였다. 더욱이 법장의 초기 사상을 형성시킨 저술인 『오교장(五敎章)』의 의리분제장(義理分齊章)은 청변과 호법의 공·유(空·有) 문제를 풀이해 간 부분이다. 공(空)을 단(斷, uccheda)으로 유(有)를 상(常, sasvada)으로 표현하며 공과 유가 각각 지닐 수 있는 공타(空墮)와 유집(有執)의 모순점을 제기했다. 곧 법장도 중관공(中觀空) 사상이 빠질 수 있는 허무적인 공타(空墮)와 유식이 집착할 수 있는 유론적(有論的)인 경향의 유집(有執)이 지양되어야 한다는 것을 지적한다. 이 공·유(空·有)의 지양을 용융(鎔融)이나 교철(交徹)로 표현하며 화엄 사상의 특징을 드러내기 시작한다. 곧 법장이 문제시하는 화엄 사상의 기본적인 구조는 이 공유의 지양을 어떻게 보느냐에 달려 있다. 달리 말해 법장에게 공유의 지양은 그의 화엄 사상을 풀어 가는 기본 틀이 된다고 볼 수 있다. 『오교장(五敎章)』의 해당 부분은 다음과 같다.

의타기성(依他起性)이 궁극적으로는 공(空)의 성격을 지니고 있으나 유정(有情)이 통달하지 못해 "유와 다르지 않은 공"[不異有之空]임을 깨닫지 못하고 "흔히 말하는 (세속의) 공"[如謂之空]으로 받아들인다. 이런 까닭에 호법(護法)이 세속의 공(空)을 깨뜨려 "가상적인 유"[幻有]로 존재하게 한다. 가상적인 유[幻有]가 주장되므로 "유와 다르지 않은 공"[不異有之空]이 성립된다. "물질/형상적 존재들[色]이 곧 공(空)"[以色卽是空]이므로 청변(淸辨)의 뜻이 성립되고 "공(空)한 것이 곧 물질/형상의 존재[色]들"[空卽是色]이므로 호법(護法)의 뜻이 존재하는 것이다. 이 두 뜻이 "서로 녹아 융해되어"[鎔融] 온전한 체(體)를 완전히 포섭하게 된다. 만일 후대의 논사가 이 두 이치를 "서로에게 투입"[交徹]하지 못한다면 완전한 체(體)는 서로를 빼앗아 버린다. 깊은 연기(緣起)의 의타성(依他性)의 법(法)을 얻지 못하게 된다. 이것을

“서로를 깨뜨리고”[相破] 또 돌이켜 “서로를 형성시켜 주는”[相成]일이 되게

한다.(『五教章』, 義理分齊)

의타기(依他起)의 공은 없는 것이 아니라 유(有)와 같은 공(不異有之空)이므로 공과 유는 서로 빼앗고 또 서로 형성시켜 주는 작용을 한다. 곧 상파상성(相破相成)이며 그것은 서로 교철(交徹)되고 있으며 동시에 용융(鎔融)되어 있다.

법장의 화려한 혼융(混融)의 논지 전개는 원측이나 원효의 공유(空·有) 지양이라는 공통된 논법과 닮아있다.

5. 원효의 종합—화쟁

원효의 사상적 특징은 여러모로 평가되겠지만 그의 대승기신론 별기(別記)와 소(疏)의 대의문(大意文), 곧 자신의 저술의 대요(大要)를 드러낸 부분이 그를 특징짓고 있으며 또한 원측을 상기시킨다. 원효에게도 이 공·유(空·有)의 문제는 그가 기신론을 해석하는 틀이 되었다. 파(破, 부정)와 입(立, 긍정)이라는 두 축이 각기 중관과 유식을 대변하고 있으며, 입(立, 세움)과 파(破, 부정)란 두 상반적 관점에서 대승기신론의 해석을 시도한 것이다.

곧 중관(中觀)을 “모든 집착을 두루 깨뜨리고, 깨뜨린 것을 또 깨뜨리되” 깨뜨림[能破]과 깨뜨려진 대상[所破]을 다시 허락하지 않으니 이것을 보내기는 해도 허락하지는 않는 논이라 규정한다.[徧破諸執亦破於破而不還許, 能破所破 是謂往而不徧論也] 한편 유식을 “깊고 낮음”[深淺]을 두루 세워 법문(法門)을 판별하되 자신이 세운 법(法)을 “포괄하여 보내지”[融遣] 않으니, 이것을 허락하기는 해도 빼앗지는 않는 논이라고 정의한다.[通立

深淺判於法門而不融遣自所立法是謂與而不奪論也]

중관과 유식의 두 입장을 깨뜨림[所破]과 세움[通立]이라는 두 말로 규정하고 다시 그 중관과 유식의 각각의 특징을 유식으로서는 "세우지 않음이 없으면서 스스로 버림"[無不立而自遣]이라고 보고, 중관은 "깨뜨리지 않음이 없으면서도 모두 허락/긍정하는"[無不破而還許]입장으로 설명하여 그 각각이 공으로 떨어짐[空墮]과 집착[有執]에서 오는 단·상(斷·常)의 허무주의와 영원주의의 편견으로 떨어지는 것을 지양한다. 원측의 "모든 존재를 인정하지만 부정하고 버리는 일과 다르지 않은"[存不違遣] 유식의 뜻과, "모든 것을 버리지만 존재를 긍정하는"[遣不違存] 중관의 무상(無相)의 뜻에 일치되는 해석을 하고 있다. 원측의 또 하나의 구절인 "공·유를 논하면서 양쪽을 모두 버리고"[談空有而雙遣, 중관의 입장]나, "진·속을 설명하면서 그 모두를 긍정하여 존재케 하는"[說眞俗而亦存, 유식의 입장]과도 일맥상통한다.

지금까지 살펴보았듯이, 원효, 원측, 법장은 각자의 사상을 전개하는데 있어 동일한 문제의식을 보여주었다. 각기 다른 경전과 논소에 의거하고 있었지만 논지와 해석의 방향에 공통점이 존재하였다. 특히 공(空)과 유(有)의 이슈를 원효는 화쟁, 원측은 회통, 법장은 화엄적 융융과 교철이라는 새로운 개념으로 풀어 가면서 인도에서 전래된 문제를 당과 신라 불교로 이끌어 갔다. 이는 궁극적으로 화쟁이라는 새로운 동아시아적 사유의 틀의 생성을 의미한다.

불교와 성(性)[*]

* 『종교문화학보』 6호, 전남대학교 종교문화연구소, 2009.

1. 머리말

"성(性, sex, sexuality)이란 무엇인가?"라는 질문은 외형상 단순한 질문이지만 많은 함의를 지닌다. 이미 알려진 당연한 사실을 되묻는 어리석은 질문처럼 들리기도 하지만 성 질문에 대한 답변을 마련할 때 실제로 그 말이 지닌 의미는 무척 다의적이라는 사실을 알게 된다. 더 나아가 진솔하게 답변할 수 없는 어려움에 처한다. 곧 우리는 성에 대한 사항들을 접할 때 어떤 면에서 압박감을 받는 상황이 된다. 성에는 단순한 생리적 기능을 넘어 문화·사회적 맥락에서의 의미가 개입되기 때문인 것 같다. 그리고 성에 대한 발설 또는 담론을 시도할 때 발설자·담론자는 이미 성에 실존적으로 참여되어 있어 성을 대상화하거나 객관화하는 작업을 어렵게 만든다.

서구어의 'to have sex'와 'to have a sex'라는 표현은 성의 이런 이중적 개입을 그대로 드러낸다. 전자는 성행위를 하는 것(sexual intercourse)을 의미하고 후자는 자신의 성별을 말하고(gender) 있으니, 성에 관한 한 우리는 피할 길 없이 이 두 관계에 처하게 된다. 우리의 생성과 존재의 과정이 'to have sex'라면 그 결과로서 주어진 존재 조건, 곧 남성과 여성의 구분이 'to have a sex'이기 때문이다. 따라서 성이란 성적 재생산(sexual reproduction)과 성별 결정(sexual determination)이라는 존재 현상과 문화적 상황의 두 현상에 걸쳐 있다. 그것은 우리의 의지나 선택과는 상관없이 인간에게 주어진 하나의 복합적 실존 상황이다.

성에 관한 질문은 불교 전통에서 볼 때 불편한 대상으로 되어 있다. 아마 다른 종교들에서도 성을 언급할 때 불편함과 적대성을 표출하는 것은 마찬가지일 것이다. 유독 불교만이 성에 대해 기피하는 태도를 지니는 것은 아니다. 그러나 온갖 금기를 수반하는 수행은 불교 전통의 제일차적인 요건으로 되어 있다. 교조인 부처님의 가르침이 먼저이고 수행은 이차적 단계라는 도식이 성립되지 않는 것이 불교이다. 수행 자체가 교리의 출발이고 그것의 이행(履行)이어서 교리의 가르침과 수행이 분리되지 않는다. 따라서 청정 수행은 불교적 종교 생활의 알파이고 오메가이다. 세속적 삶과 청정 수행이란 이념의 실천, 그런 고행을 실천하는 청정한 수도승을 경배의 대상으로 삼는 불교와 성(sex, sexuality)은 세속[俗]과 성(聖)의 상관관계처럼 표리를 이룬다. 따라서 청정한 수도와 성의 관계는 서로 배타적인 관계를 드러내리라 생각되지만 실제로 이 두 관계는 배타적이지 않다. 오히려 불교의 역사를 통해 드러난 성에 대한 태도는 우리가 생각하는 것보다 유연하고, 불교와 성이 서로 밀접하게 연계되어 있고, 불교 교리의 세속성과 초월성을 드러내는 하나의 방편으로까지 승화되어 있다.

곧 청정함, 깨끗함에 대한 추구는 그 자체가 더러움에서의 탈출이므로 그것은 물듦을 전제로 하지 않을 수 없다. 깨끗함[聖]과 물듦[俗]이라는 이율배반성은 불교를 일관하는 주제이고, 깨끗함의 상징인 연꽃은 진흙의 더러움 속에서 핀다는 상징성은 지금 이곳의 주제인 성과 종교의 관계를 여실히 드러내며 불교의 성에 대한 태도를 상징한다.

2. 금기로서의 성—계율의 규제

불교 수행상의 금기에 관한 조목으로 비구 수행승에게 부과된 250계와 비구니 여승에게 부과된 348계가 널리 알려져 있다. 그것들은 행동 준칙과 규제의 항목들이다. 그리고 이 가운데 성에 대한 항목이 포함되어 있다. 성에 대한 문제는 일찍부터 제기되었다. 불교 교설에서 성을 주제로 한 체계적인 교리의 형성은 후대에 이르러 하나의 유파를 형성할 정도로 발달했지만 초기 경전에는 몇 가지 사례가 실려 있을 뿐이었다. 그리고 이 사례들마저 후대의 성과 연관된 교설의 근거가 되지는 않았다. 서구에서 보는 성학(性學, scientia sexualis)이라는 분야나 성애술(性愛術, ars erotica)이라고 할 만한 것이 중국, 일본, 인도에서도 찾아볼 수 있지만 불교 자체에서는 찾을 수 없다. 그러나 초기 불교 경전의 특색을 이루는 계율(戒律, vinaya)부에 속하는 경전군(群)에서 성과 관련된 사례들을 색출할 수 있다. 그러나 불전(佛典)의 계율은 일정한 교리 체계에 의해, 절대적 명제에 근거한 신앙상의 실천 항목으로 설정된 것이 아니었다. 계율의 형성 과정은 매우 상황적이고, 실제로 발생한 행동 양태를 따라 제정된 현장성이 강하다. 수범수제(隨犯隨制), 곧 잘못이 저질러지고 그 잘못에 상응하여 승단을 유지하기 위한 조건들이 만들어진 것이다. 따라서 초기 불교 교단이 실제로 어떤 모습으로 존재하였으며 성과 연관된 규범이 어떻게 만들어졌는지는 이 계율 조목들을 하나씩 짚어 갈 때 그 실상을 파악할 수 있게 된다.

성과 연관된 최초의 언급은 아마 초기 계율인 사분율(四分律)에 나오는 수제나(須堤那, Sudinna)라고 하는 젊은 비구가 잘못을 저지른 경우가 효시가 될 것 같다.

그는 부모와 처를 떠나 비구승이 됐다. 그의 아버지가 돌아가시자 가계의 혈통을 계승시키기 위해 어머니는 그가 집으로 돌아오기를 원했다. 그러나 그것이 불가능함을 알고 최소한 자식을 낳아 혈통을 끊기지 않게 해줄 것을 요청한다. 수제나는 어머니의 청을 따라 자신의 효(孝)를 다하고 다시 승단(僧団)으로 돌아온다. 그래서 그는 종자존자(種子尊子)라는 칭호마저 얻는다. 후에 부처님이 이 사실을 알고 그를 꾸짖으며 이렇게 말한다. "이 어리석은 자야, 너의 남근(男根)을 독이 가득한 무서운 뱀의 입에 넣는 것이 여성의 여근(女根)에 넣는 것 보다 낫다. 이 어리석은 자야, 너의 남근을 불이 활활 타는 난로 속에 넣는 것이 더 낫다. 그 일로 인해 너는 죽음에 이르든가, 죽음에 이르는 것과 같은 고통을 받을 것이다."

그리하여 그는 승단에서 축출되고 부처님은 이와 유사한 경우가 발생할 것을 대비하여 계율을 제정한다. 곧 그것이 초기 계율인 사분율의 바라이(波羅夷, parajika)죄가 성립되는 과정이었고, 승단에서 축출당하는 가장 엄격한 중죄가 제정되는 계기가 된다.

이 일화를 통해 승단에서 수행승의 성적 활동을 철저히 금지하고 엄격한 규제를 가하고 있음을 확인할 수 있다. 그리고 그 당시의 상황을 적나라한 모습으로 묘사하고 있어 당시의 상황이 여과 없이 드러난다. 그것은 선험적 명제나 절대자의 규제에 의해 지시되는 것이 아니다. 그리고 계율 제정의 현실적 이유들을 다음과 같이 10가지로 나열한다.

① 교단의 질서를 유지시키기 위함

② 대중을 안정시키기 위함

③ 대중을 기쁘게 하기 위함

④ 믿음이 없는 사람에게 믿음을 얻게 하기 위함

⑤ 그 믿음을 더 굳건하게 하기 위함

⑥ 다루기 어려운 사람을 잘 다루기 위함

⑦ 부끄러워 뉘우치는 이를 안락하게 하기 위함

⑧ 현재의 실수를 없애기 위함

⑨ 미래의 실수를 막기 위함

⑩ 정법(正法)을 오래 지속하기 위함 등이다.

어느 항목이건 현장적이고 현실적이며, 초세속적이거나 사변적인 해석을 볼 수 없는 것이 초기 불교 계율의 특징이다. 그런 면에서 다른 종교의 초월적 이유들과는 확연히 다르다. 계율 항목의 세밀함은 현장의 상황을 그대로 보여주는 것은 물론 이 계율을 집대성한 율장(律藏)의 내용이나, 또 후대로 내려오면서 작성된 그에 대한 주석서는 행위를 세분화하고 조목화하는 과정을 보여준다. 예컨대 다양한 성행위의 양태를 제시하면서 그 행위의 부당성을 지적하고 있어 당시까지 나타난 성 양태의 다양한 모습을 엿볼 수 있게 한다.

예컨대 『선견율비바사(善見律毗婆沙)』는 성교를 중죄로 처리함은 물론 은밀한 장소에서 두 사람이 교접하는 구체적인 사례를 서술한다. 그리고 성적 상대의 종류까지 언급하고 있으며 심지어 동물과의 성행위를 그대로 묘사한다. 우리가 오늘날 접하고 있는 성 상대의 다양함에 그대로 적용시킬 수 있는 예들이다. 현실적 성 양태에 대한 사실적 서술이 그대로 노출되는 반면 승려의 성행위 금지는 물론이고 승려가 자신의 성기를 훼손시키는 일 또한 금지된다. 성 기능의 훼손은 성적 충동의 근원을 철폐시킨다는 의미에서 계율상의 금지의 의도에 걸맞을 수 있다. 그러나 성의 근원을 부정하는 것이 불교 본래의 의도가 아니고 계율 제정의 목적도 아니라는 점을 분명히 한다. 따라서 거세된 내시에게는 승려가 될 수 있는 자격을 부여하지 않는다. 금욕을 표방하는 것과 성 기능을 절멸시키는 것이 동일하지 않다는 것이다. 따라서 앞에서 본 수제나의 일화는 성적 활동을 금지한다는 불교 교단 내에서의 계율의 엄격성을 말하고 있을 뿐 성에 대한 적대감이나 부정적 성문화를 주장하는 것으로 비치지는 않는다. 그리고 수제나가 처한 상황에는 가정, 가계의 보존, 부모에 대한 효(孝) 윤리라는 복합적 상황이 개입되어 있다. 그리고 이런 상황들을 어떤 입장에서 보느냐, 자신이 어떤 상황에 처해 있느냐 하는 문제는 상황적일 수밖에 없다.

실제로 그런 정황은 바로 불교를 성립시킨 부처님 자신에게로 소급되고 있으며, 부처님 자신이 그런 상황의 산물이고 전형적 예이다. 부처님의 생애는 성적 활동은 물론, 가정의 형성과 출가, 그리고 수도 생활을 통한 깨달음과 중생을 위한 구원 활동 모두를 포괄하는 인간 생활의 다양한 면모를 갖추고 있다. 이러한 부처님 삶의 마디마디에서 성에 대한 자리매김의 의미를 색출하게 된다. 곧 승단 내의 구성원에게 부과된 계율로서 성행위는 금지되지만, 한 인간의 활동 전반의 스펙트럼을 통할 때 불교는 성에 대해 부정적이지 않은 전혀 다른 입장을 제시하는 것이다.

인도적인 생활 양태와 생활 규범이란 확대된 시각으로 볼 때 부처님의 생애는 마누(Manu)법전이 제시하는 이상적 인간상의 전형적 틀에 맞추어져 있다. 부처님의 생애는 이 이상형에 맞추어 재구성한 것이 되고 그 과정 속에서 삶의 단락이 형성된다. 곧 학습기(學習期), 가주기(家住期), 출가기(出家期), 범행기(梵行期)라는 4단계를 거치는 것을 완전한 인간의 삶으로 간주한다. 따라서 부처님의 생애는 왕자로서의 학습기를 거쳐 야소다라(yasodara, 耶蘇多羅)라는 부인을 맞아 결혼을 하고 나후라(羅候羅, Rahula, 속박이라는 의미)라는 아들을 갖게 되며 가장으로서의 모든 역할을 이행한다. 그러나 사문(四門)을 통한 주변의 범속한 인생 과정을 통찰[四門遊觀]

한 후 그는 출가를 한다. 곧 출가하여 6년 고행을 행한 후, 수자타라는 여인의 도움으로 균형 있는 수행 생활로 복귀하게 되고 오히려 현실의 일상성 속에서 깨달음을 얻는다. 그리고 그는 자신의 깨달음의 내용을 밝히며 전법(傳法)의 범행(梵行, brahmacarya)을 계속하는 것이다.

부처님의 생애 가운데 성에 대한 제한이나 금기는 그의 수도생활기와 승단 지도자로서의 깨달음 이후의 전법의 시기에 해당된다. 그를 따르는 승단의 결속과 안녕, 그리고 혼란을 방지하기 위한 목적으로 승단 내의 금기 사항으로 제시된 것이다. 승단의 결속과 균형을 유지시켜야 한다는 필요성은 여성의 출가마저 지연시켰다. 그것은 여성에 대한 성차별이 아니라 현실적 문제였다. 성립된 지 얼마 되지 않은 승가 공동체에 여성을 받아들이는 일은 쉽지 않았다. 한 가정을 유지하는 데에 부인의 역할, 그리고 재생성이라는 면에서의 여성의 세대 지속이라는 입장은 달리 해석될 여지가 없었다. 그리고 독특한 공동 수행 단체인 승단에 대한 당시 사회적 시각도 무척 비판적이었다.

당시 불교 승단의 출현은 그의 아버지의 왕국(세속적 질서)을 거부하는 일이었고, 불교 승단은 가계(家系)의 지속(인간의 존속)을 거부하는 부정주의적 집단으로 비난받았다. 따라서 초기 불교는 계율에 묶인 반사회적, 반가족적인 성격을 지닌 것으로 비판되었다. 당시 마가다(Maghada)국의 유명한 아들들과 뛰어난 가계의 자손들이 세존의 말을 따라 종교의 세계로 달려간다고 비난하며 "그는 사람들의 자식을 데려가는 길[道]에 서 있는 고타마 승(僧)이고, 과부들을 만드는 고타마 승이고, 가정을 파괴하는 고타마 승"이라고 비난받았다는 것이 초기 불전에 서술되어 있다. 이런 상황에서 여성을 출가자로 받아들였다면 종족의 재생산과 가정의 유지는 심각한 사회문제를 불러일으켰을 것이다. 이런 논지는 오늘날 불교 여성학의 공통된 인식으로 불교는 남성 위주의 종교가 아님을 실증하는 것으로 제시되는 논점들이다.

초기 교단의 가정 유지와 사회 균형으로서의 성 문제는 불교가 외부로부터 받는 가장 큰 비난의 표적이 됐다. 신화적 표현이고 상징적 의미를 지녔다고 생각되는 마라(魔羅, Mara)의 유혹의 일화는 성생활로의 복귀를 설득하는 내용이다. 곧 부처님이 깨달음에 이르고 그 깨달은 내용을 설법하기로 작정했을 때 마라는 부처님에게 나타나 마지막으로 유혹한다.

결혼 생활을 유지하여 앞으로 많은 자식을 낳아서 그들을 또한 각각 깨달음에 이르게 하면 더 좋은 일이 아니겠냐고 말하는 것이다. 마라의 성생활로 되돌아갈 것을 주장하는 말이나 가정을 파괴한다는 세속적 비난은 오히려 인간의 존속과 세속적 질서의 유지를 항변하는 내용이고 세속 가치의 정당성을 주장하는 논리이다. 이때 부처님은 오직 승단의 존속과 승단을 통한 깨달음의 내용만을 말한다. 따라서 출가 수행 단체의 이념과 행동 양식을 피력할 뿐 가정의 의의나 세계의 질서, 우주의 균형을 포괄적으로 언급하지는 않는다. 성(聖, 초월)과 속(俗, 현실)의 전혀 다른 세계의 극명한 차이를 구분하며 수도자의 구원의 길(수행)을 제시한 것이다. 곧 세속의 연장 속에서 구원의 길이 열리는 것은 아니라는 것이다. 세속적인 것과 단절함으로써 초월의 세계가 나타난다는 것이다.

후대 5세기경 불교가 전파된 중국의 유교적 성격이 깃든 『부모은중경(父母恩重經)』이나 『범망경(梵網經)』 등의 경전에서는 가정 윤리에 관한 중요한 사건을 다룬다. 특히 중국적인 문화 전통에서 볼 때 효(孝)의 결여는 심각한 문제이다. 『부모은중경』에서는 천상(天上)에서 돌아가신 어머님을 위해 법(法)을 설하는 부처님을 설정한다. 또는 정반왕(淨飯王)이 죽었을 때 부처님과 그의 이복형제인 난다(難陀)는 아버지의 베갯머리에 나란히 있었고, 아난(阿難)과 라홀라(羅候羅)는 아버지 발밑에 꿇어앉게 했다. 그리고 부모의 사랑과 보살핌의 배려를 잊지 말 것을 설법한 것이다. 역시 대승의 위경(僞經)인 『범망경』의 48경계(輕戒) 가운데 35번째 계율은 바로 효(孝)를 따를 것을 서원하는 것이다. 효의 강조나 가정의 유지는 사회질 서를 회복하는 것이고 그것은 존재 조건으로서의 성에 대한 긍정적 시각 이라 볼 수밖에 없다.

초기 계율 경전의 계율 제정 배경을 통해 드러난 상황에서 성에 대해 부 정적 태도가 표명되는 경우가 있다 하더라도, 그것은 승단 자체를 위한 금 기적인 사항일 뿐 승단이 속해 있는 사회를 위해서는 성을 인정할 수밖에 없는 이율배반적인 태도를 보이는 것이 초기 불교의 입장이라고 생각된 다.

3. 구원으로서의 성—깨달음의 방편

초기 불교의 교설은 욕망을 끊을 것을 강조한다. 부처님은 항상 제자들 에게 욕망을 끊을 것을 가르쳤다. 인간의 기본적인 충동은 욕망에서 유래 된다. 불교의 기본 가르침인 무상(無常) 곧 모든 것은 소멸하도록 되어 있 고, 무아(無我) 곧 모든 것은 본질적으로 그 실체가 없는 것이므로 그러한 실상을 알고 그것들을 추구하지 말 것을 가르쳤다. 곧 욕망과 갈구의 결과 가 우리에게 고통[苦]을 안겨 주는 것이니 욕망을 지식(止息) 시킬 것을 강 조했다.

인간은 6가지 감각기관(眼·耳·鼻·舌·身·意)과 6가지 감각[六識]을 통해 색 (色)·성(聲)·향(香)·미(味)·촉(觸)·법(法)의 세상을 느끼며 살아간다. 불교 의 이상으로 되어 있는 열반적정(涅槃寂靜, Nirvana)도 이 6가지 감각기관을 통한 감각의 통제를 말하고 있다. 따라서 성적(性的) 욕구도 이 육식을 통해 이루어지므로 육식의 지식(止息)을 통해 성적 욕구를 자제시킬 것을 말한다고 볼 수 있다. 그러나 이 6가지 식과 기관은 인간의 존재 조건이므로 부정하거나 배제할 수 없다. 그리하여 이 감각적 욕구는 존재를 위한, 그리고 불교가 이상으로 제시하는 열반 곧 깨달음에 도달하기 위한 근거의 몸(asraya)이 된다. 열반에 이르기 위한 최소한의 몸의 구성 요건인 것이다. 열반을 무여의 열반(無餘依 涅槃)과 유여의 열반(有餘依 涅槃)으로 나누어, 인간적인 요건에 의지하면서 현재의 몸으로 열반에 이르는 것을 유여의 열반으로 규정한다. 모든 현상은 무아이고 무상이지만 그것은 현실적으로 존재하며, 감각기관을 통해 그 현실을 의식하고 그렇게 의식된 고통의 세계를 전변시키는 세계관이 대승의 관점이다.

욕망과 깨달음이란 이율배반적 대칭성은 오히려 대승의 교설에서는 상보적인 역할을 하는 것이다. 보살이 깨달음에 도달하여 부처[覺者]가 되기를 미루고 중생을 구제하려고 서원(誓願)을 세우는 것도 "욕구"이다. 종교적 이상의 희구 또한 욕구 없이는 불가능하다. 그래서 대승의 깨달음의 계기를 "깨달음을 위한 갈망"이라 하거나 "열정의 깨달음"이라고 표현한다.

계율을 지키는 일[守戒]은 그 종교적 행위 자체가 구원으로 이끌기도 하지만 거꾸로 그 계율의 엄격성을 파기하는 것이 구원의 계기가 될 수도 있다. 대승불교에 이르러 이러한 수계(守戒)와 파계(破戒)의 경계선이 허물어지고 오직 구원을 향한 인간의 몸짓들이 인간적인 차원에서 몸을 통해 표출된다. 전형적인 사례는 바로 우리의 『삼국유사(三國遺事)』에 나타난다.

달달박박(怛怛朴朴)과 노힐부득(努肹夫得)의 이야기는 계율의 엄격성과 파계의 구원성을 동시에 대조시킨다. 곧 사랑과 성(性)을 파계의 표현으로 본다면 그것이야말로 구원에로 이르는 길임을 상징하는 것이다.

산 하나를 사이에 두고 두 산협에 거주하며 고행을 하던 두 수도승에게 여인이 찾아와 유혹한다. 늦은 밤 깊은 산속 토굴 속에서 하룻밤 재워 줄 것을 청하나 달달(怛怛)은 자신이 지키던 계율을 깰까 두려워하여 거절한다. 그러나 노힐(努肹)은 그녀를 받아들인다. 심지어 목욕을 청하는 것마저 허락한다. 우리의 상상력이 미치는 한계까지 밀고 가는 것이다. 노힐은 모든 유혹, 혹은 사랑의 표현을 그대로 승화시킨다. 결국 목욕 욕조는 연꽃으로 변하고 그녀는 자신이 관세음보살의 현현(顯現)임을 드러낸다. 한편 다른 쪽 산록에 있던 달달이 친구의 파계를 예상하며 토굴로 들어선다. 그러나 그의 동료 수도승은 어느덧 금빛 나는 몸을 지닌 미래불인 미륵불(彌勒佛)로 화신되어 있는 것이다. 친구의 권유를 따라 남은 목욕물에 몸을 씻으니 달달 또한 부처님으로 화현(化現)되는 것이다.

여기서 우리는 계율의 한계, 어떤 성적 오류도 용인되지 않는 세계의 한계를 보는 것이고, 그 한계를 깨는 일이 바로 구원에 이르는 것이라는 상징적(혹은 교리적) 표현을 본다. 파계가 곧 구원이고, 사랑에 빠져 세속적 즐거움을 나누는 것이 곧 천상에 이르는 지름길이라는 역설을 몸소 터득한다.

계율을 엄수하거나 종교적 원리를 지키는 일은 한 개인의 인간적 요건을 부정하고 그가 속한 가정의 균형, 국가의 균형, 더 나아가 우주의 균형을 깨는 일이다. 그것에 대한 대가는 한 개인을 성화(聖化, Sanctification)로 이끌어 독각(獨覺)이나 성문(聲聞)이 되게 하는 것이다. 낱낱의 개인이 성불하는 것이다. 그러나 이 신화는 한 걸음 더 나아가 초탈할 것을 요구한다. 초탈이라 했지만 그것은 다시 세속과 지상으로 복귀하는 일이 된다. 곧 범부들과 같이 세속에서 사랑하고 성을 나눌 수 있다. 세속에서 벗어나기 위해 수행을 해야 하고 그러기 위한 도구로서 계율을 지키고 어떠한 성적 행위도 금해야 한다. 그러나 금계(禁戒)는 결코 최종적 단계가 아니다. 대승불교에서 그것은 초보적 시작에 불과하다. 여기서 수계와 파계, 성적 행위의 금지와 파계라는 사랑의 변증법적 관계가 적나라하게 그대로 현시된다.

가장 명쾌한 일화는 바로 동아시아 불교의 스타인 원효에게서 드러난다. 그의 행적은 역사적 사실이기도 하지만 그 행위는 철학적·종교적 의미는 물론 드라마적인 요소까지 갖추고 있다. 계율과 파계, 그리고 파계를 통한 구원과 중생 구제라는 모든 종교에 일관되는 구원론의 전형적 패턴이 제시된다.

원효는 도당(渡唐)의 계기마저 모든 것을 어떻게 보느냐의 마음의 문제[一心]로 지양시켰다. 곧 그의 종교적 단계는 심화되는 것이다. 이미 유·무(有·無)의 이원적 사고방식을 극복하여 화쟁(和諍)의 세계를 알고, 번뇌와 현실의 문제가 곧 깨달음의 근거가 된다는 경지[二障義]를 체득한 그는 스스로 승려이기를 포기한다. 곧 파계를 공공연히 공표한 것이다. 계율을 지키고 자신의 청정함을 지키고 어떠한 성적 행위도 자제해야 하는 원칙을 저버린다. 그것도 개인적인 차원에서가 아니고 세상에 밝힘으로써 객관화한 것이다.

『삼국유사』의 설화에서 원효는, "누가 자루 빠진 도끼를 빌려줄 터이냐. 내가 하늘을 받칠 기둥을 다듬겠노라."고 시장터에서 떠든다. 그의 의도는 곧바로 신라의 태종 무열왕에게 전달되고 요석 공주와의 로맨스가 시작된다. 통정을 한 후 설총을 얻게 되고 이 아들이 신라 문화를 현양시키는 이두(吏頭)를 창제한 것은 잘 알려진 사실이다. 그는 파계를 통해 우선 세속적으로 국가에 봉사한다. 그리고 집안의 가계를 지속시킨다. 그러나 그는 수행자로서 파계를 하였기 때문에 스스로를 세속인으로 격하시킨다. 자칭 복성거사(卜性居士 혹은 小性居士)라 폄하하고 천촌만락을 떠돌며 사창가도 넘나든다. 가장 세속적인 행태를 취하며 불법을 전한다.

세속인에서 성(聖)스러운 세계로 옮겨 가고 다시 그것을 깨는 것이다. 소위 무애행(無碍行)을 한 것이다. 이 이원적 단계, 즉 세속 부정을 통해 초세속으로 나아가고 다시 초세속을 거부함으로써 세속으로 복귀하는 것이다. 원효의 표현을 따르면 환귀본처(還歸本處), 곧 자신이 본래 있던 자리로 다시 돌아오는 것[還源]이다.

성(性)의 성화(聖化)와 성(聖)의 성화(性化)를 동시에 실현한 것이다. 그리고 그의 저술의 특징인 유·무(有·無)의 지양으로서의 화쟁(和諍)을 학문적 논리의 정합을 통해 논증하기보다 오히려 그의 성(性)행위를 통해 그대로 체현한다. 그리고 번뇌장(煩惱障)과 소지장(所知障)이란 인간이 지닌 불가피한 인식과 체험의 두 영역의 한계를 드러냄으로써 그것의 극복을 시도한다.

원효 행적의 성적 표현은 대승불교의 교리를 그대로 현시하고 있다. 대승불교의 골격이자 불교 사상을 가장 간명하게 서술한 이제론(二諦論)인 세속제(世俗諦, 현상적 진리)와 진제(眞諦, 초월적 진리)는 현실과 현상을 단선적으로 평가하는 일을 지양한다. 현실의 배면에 진리가 숨어 있다는 현상/본질의 칸트적인 이원론이 아닌, 현상 즉 본질, 본질 즉 현상의 관점이 대승불교의 중관 사상의 핵심이며 이제론의 내용이다. 일상적인 세계에 재가치부여(再價値賦與, revalorization)의 길을 열어 주어 세속의 의미를 승화시키는 것이다.

곧 중론에 나오는 세속이 곧 열반이고 열반이 곧 세속의 세계이다.[中論의 八不中道] 번뇌와 열정이 깨달음과 다르지 않으며 또 번뇌는 깨달음에 이르는 전제이기도 하다. 성은 지극히 세속적이고 몸이라는 육체와의 관계에 갇혀 있다. 그러나 성은 또 사랑과 자비의 정신적 세계로 도약하고 승화되는 행위이기도 한다. 성과 사랑이라는 세속적인 행위는 초월과도 맞닿아 있는 것이다. 세계와 몸과 욕망을 다시 평가할 수 있는 계기를 열어 주는 것이 불교의 설화화된 성과 사랑의 이야기인 셈이다.

특히 대승불교의 사회적 측면인 재가 불교의 출현은 현실을 탈출하여 초월적 세계로 이끌었던 승단 중심의 생각을 바꾸어 놓았다. 지상적인 세속의 차원을 강조하고 직접적인 현실의 이익에 몰두하게끔 했다. 내세에 좋은 곳에 재탄생한다거나 지금 이곳에서의 복락에 관심을 두는 일과 같은 직접적인 효과를 강조하였다. 승단 중심의 수행승들이 희구하는 개인의 완성을 추구하는 먼 이상과는 거리가 있는 것이었다. 이러한 경향은 교리적인 측면에서 무엇보다도 지혜와 자비는 하나일 수밖에 없는 대승의 불이론(不二論)의 표현을 부각시켰다. 지혜가 깨달음의 경지여서 완성에 이르는 초월의 상향적 단계라면, 자비는 세속과 어울려 중생과 고락을 함께 나누는 하향적 단계이다. 곧 어울림, 사랑, 성이 가능한 세계이다.

더 나아가 불성(佛性)은 누구에게나 들어 있어 부처가 될 수 있다는 불성의 내재성은 인간의 모든 행위를 긍정적으로 이끌 수 있다. 그것은 지혜[般若, Prajna]의 변증성이라고도 할 수 있어 세속의 죄이거나 죄가 아닌 것들을 모두 초탈할 수 있다. 세속적인 정(正) 반(反)의 관계를 무효화시키고, 전혀 다른 경지로 이끈다.

『유마경』의 일화와 그에 대한 주소(『維摩經義疏』)에 나오는 해석은 불성의 내재성과 지혜의 초월성을 잘 웅변하고 있다.

한 승려가 마을의 처녀와 성관계를 가진 사실을 감추기 위해 그의 친구가 처녀를 죽였다. 이 두 승려는 그들의 죄를 우파리(優波離, Upali)에게 고백하고, 계율 제일의 우파리는 그들은 도저히 용서될 수 없다고 말한다.

이 경의 주인공인 유마거사(維摩居士)가 그 대화가 진행되는 장소를 지나다가 전후 이야기를 듣고 이렇게 말한다. "우파리시여, 저 비구들의 잘못을 더 이상 부풀리거나 더럽히지 마시고, 그들이 속히 죄책감에서 벗어나게 인도해야 합니다. 죄는 안에도 없고, 밖에도 없으며, 안과 밖 그 어디에도 없습니다. 마음이 오염됨으로써 중생이 오염되고 마음이 청정함으로써 중생 또한 청정해집니다. … 죄 역시 그러합니다. 모든 존재 역시 그러하여 결코 진여(眞如)로부터 벗어날 수 없습니다. … 모든 사람의 마음은 바로 그 오염 없는 상태를 본성으로 삼습니다. … 일체의 존재는 물 위에 비친 달이고 거울에 비친 허상과 같으며 마음의 분별에 의해 생겨난 것입니다. 이러한 사실을 통찰하는 사람, 바로 그 사람을 일러 계율을 지키는 자라고 하겠습니다. 이와 같이 이루어진 사람이야말로 계율을 잘 지키는 사람이라 하겠습니다." 이 말을 듣고 두 승려는 스스로 혐오의 생각을 떨쳐 버리고 깨달음의 생각을 낸다.

대승불교의 궁극적 방편인 지혜와 자비는 소승의 계율을 어그러뜨림을 허용하고 구원으로 이끈다. 『대승기신론(大乘起信論)』은 대승의 난숙한 발전을 반영하는 경전이다. 그 교설의 주제가 되는 더러움[染]과 깨끗함[淨]은 우리의 주제인 성(性)과도 직접 연관되고 있다.

염·정은 또 속세(俗世)와 출세간(出世間)으로 갈라놓을 수 있어 전혀 다른 두 개의 세계로 분리시키고, 차등(差等)이 있는 우열의 차원으로 생각하게끔 만든다. 그러나 이 염·정은 둘로 갈라져 차별이 있는 것이 아니라 마음의 자세와 보는 관점의 차이를 따른 방편적인 가름일 뿐이다. 본질적으로 더러움과 깨끗함의 실체가 존재하는 것은 아니다. 곧 성·속(聖·俗) 불이(不二)의 세계인 것이다. 수많은 관세음보살이 여성으로 나타나 수도승을 구원하거나 세속인을 출세간으로 이끄는 다양하게 변신된 모습을 경전의 예화(例話)나 민간의 전승 설화 속에서 본다. 곧 성(性)과 성(聖)의 원만한 결합이 설화와 예술 작품을 통해 표현되어 있다. 그러나 세속과 열반이 둘이 아니고 하나라는 불이론의 세계는 보는 관점만을 전환시킨 결과는 아니다. 그렇게 보고 실천할 수 있는 전변(轉變, paravrti)이 한 개인에게서 이루어져야 한다. 이 두 세속·초세속이라는 세계를 경험하고 넘나들 수 있는 경지에 있는 사람[佛·菩薩]이어야 한다. 그리고 그런 경지에 도달해 있는 인물들은 우리와 조금도 다르지 않은 것이다.

『삼국유사』의 광덕(廣德)과 엄장(嚴莊)의 이야기는 이런 세속(世俗) 속의 초월성을 구현한 경우로 볼 수 있다. 곧 구원으로서의 성(性)은 우리의 매일매일의 일상 속에서 나타나고 있어 우리의 감각과 조금도 다르지 않지만, 그 질적 차이는 이미 초월의 세계인 성(聖)의 세계에 들어와 있는 것이다.

광덕(廣德)은 분황사 서쪽에서 신 삼는 것을 업으로 삼으며 처자와 함께 살고 있었고, 엄장(嚴莊)은 남악에 암자를 짓고 살면서 농사를 생업으로 했다. 이들은 수행 정진하며 살기를 작정했고 해탈에 이르기를 서원했으며 누구든 먼저 극락에 도달하면 왕생을 알리도록 약속했다. 어느 날 광덕이 죽어 아름다운 풍악 소리를 내며 빛을 발하면서 구름 너머 서쪽으로 가는 것을 엄장이 보았다. 장사를 마치고 얼마 지난 후 엄장은 광덕의 아내에게 남편이 죽었으니 이제 나와 함께 있는 것이 어떻겠느냐 했고 광덕의 처 역시 좋다고 했다. 그러나 밤이 되어 통정(通情)을 하려 하자 광덕의 처는 완강히 거부하는 것이었다. "스님께서 서방정토를 구하는 것은 가히 고기를 잡으러 나무를 오르는 것과 같습니다. 제 남편은 저와 십여 년을 같이 살았지만 하루도 일찍 잠자리를 함께한 적이 없습니다. 몸을 단정히 하고 십육관법(十六觀法)을 행하고 정좌(定坐)를 하고 수행을 했으니 서방정토로 간 것입니다." 엄장은 부끄러웠다. 이후 그도 역시 뼈를 깎는 수행을 하여 서방정토로 승천하였다. 광덕의 처는 분황사의 계집종인데 십구응신(十九應身) 중의 하나였다. 곧 십구형태의 관세음보살의 하나였다.

윤리적 규범이 되었건 종교적 계율이 되었건 그 계율의 항목이나 규정 자체가 중요한 것이 아니다. 대승 계율을 표방하는 『범망경(梵網經)』에서는 계율이나 규정을 위반하는 일은 일차적으로 자비의 결여에서 유래된다고 지적한다. 그리고 또 거꾸로 계율을 어그러뜨림은 자비를 실어 나르기 위한 방편이라고 역설적인 주장을 하며 파계의 승화(昇化)를 말한다. 윤리 항목에 대해 자유로운 창의적 해석을 하는 것이다.

이 『범망경』 계율에 대한 주석서가 바로 『범망경보살계본지범요기(梵網經菩薩戒本持犯要記)』이고 이 『지범요기』를 통해 원효는 계율에 대해 새로운 해석을 시도했다. 일견 그것은 오늘의 새로운 윤리관을 제시하는 것처럼 보인다. 곧 계율을 깨뜨리는 경우[持犯]에 대해 집약적 윤리적 해석[要記]을 시도한 것이다. 이러한 해석은 현대 기독교의 상황 윤리와도 상응한다. 곧 원효는 계율의 깨뜨림에는 경중(輕重)이 있을 수 있으며 거기에는 분명한 원인과 여건이 있다고 말한다. 그것이 범죄적이냐[有犯] 아니냐[無犯], 더러워진 것이냐[染汚] 깨끗한 것이냐[不染汚]의 사건이 벌어지는 것은 그 상황들(곧 여건과 원인) 때문이라는 것이다. 이러한 상황들을 고려하지 않고 나타난 결과만으로 범죄 또는 더러움[染]으로 단정할 수는 없다는 주장이다. 그는 계율을 파괴하거나 비윤리적 행위를 저질렀을 때의 당시 상황을 따라, 1) 복이 되거나 2) 범죄를 지은 일이 되거나 3) 더러움에 물든 행위가 되거나 4) 무거운 죄를 초래한 일이 되거나[福·犯·染·重]의 4가지 차별을 두고 상황을 읽어 갈 것을 말한다. 곧 그는 보살계의 제일 조목인 자신을 칭찬하고 남을 훼손 비방하는 계율을 어긴 경우[自讚毀他]를 예로 삼아 논증한다.

그는 이 자찬훼타(自讚毀他)의 경우가 발생하게 되는 여건을 다음과 같이 분석했다.

> 첫째, 다른 사람이 신앙심을 일으키게 하기 위하여 자찬훼타를 했으면 오히려 복업(福業)을 지은 것이 되어 계율을 깨뜨린 것이 아니다. 둘째, 마음이 방일(放逸)하였기 때문에 자신이 의식하지 못하고 자찬훼타를 했으면 그것은 죄과를 범한 것이기는 하나 마음까지 오염되었다고 할 수는 없다. 셋째, 남에게 대하여 특별히 좋아하거나 미워하는 마음을 가지고 자찬훼타를 했을 경우 그 마음은 오염되어 있다. 그러나 아주 깊고 중대하지는 않다. 넷째, 그러나 자신의 이익과 자신이 공경받기를 목적으로 그리했다면 그것은 결코 경미한 죄로 간주될 수 없고 중대한 죄과를 범한 것이 된다.

이런 상황 분석은 더욱 세분화되어 단순히 죄를 지었다고 벌을 받거나 파계로 확정되지는 않는다. 범죄나 파계에는 그 행위를 유발시킨 상황과 원인이 있으므로 나타난 결과만을 놓고 단정하는 결과론으로 떨어질 수는 없다고 한다. 원효의 계율에 대한 정의는 실로 이 시대의 법적 규정, 윤리적 차원에 관한 고려뿐만 아니라 계율이 지닐 수 있는 모든 가능성을 종교적 차원으로 이끌어 승화시킨 것이다. 그는 다음과 같이 계율에 대해 탁월한 정의를 내렸다. "계율의 본질에는 그 실체가 있는 것이 아니다. 그것은 여건을 따라 발생한다. 그런 상황이 소멸되면 계율도 성립될 수 없다."[戒本無体, 隨緣生, 隨緣滅] 계율이란 여건을 따라 제정되기도 하고 그런 상황이 없어지면 계율도 성립될 수 없다는 계율의 상대적 위치를 드러내며 본질론적인 입장을 거부한다. 그러므로 상황의 변화에 따라 그때마다 새롭게 상황 윤리적으로 해석할 수 있는 가능성을 열어 놓은 것이다.

　대승불교의 마지막 단계를 장식하는 밀교(密敎, Tantrism)에서는 성(性)에 대한 표현이 현저하게 드러난다. 따라서 이런 밀교 교리에서의 노골적인 성적 표현 때문에 탄트리즘을 불교의 타락으로 보는 시각마저 존재한다. 7세기 후반 『대일경(大日經)』이나 『금강정경(金剛頂經)』이 성립되고 그것은 진언승(眞言乘)으로 발전되었으며 중국이나 일본의 진언밀교의 근거가 되었다. 그리고 인드라부티(Indrabhuti, 687-717)에 의해 금강승(金剛乘)으로 창립된다. 힌두교 탄트리즘의 시바(Śiva, 男性神)와 샥티(Śakti, 女性神)의 관계를 불교적으로 전용 해석하는 것이다. 지혜(prajñā)를 여성으로 그리고 방편(upāya, 方便)을 남성으로 표상화시켜 남·녀의 성 교합을 통한 대락(大樂)의 경지를 보현보살의 경지에 이르는 것으로 해석한다. 어떻든 우리와 가까운 중국의 경우 이 탄트리즘은 일행(一行)의 대비로자나성불경소(大毘盧遮那成佛經疏)를 중심으로 한 대승의 해석을 통해 이해되고 있다. 이곳에서 석가모니 부처님을 세존(世尊, Bhagavat)으로 호칭하고 그것을 "여인"으로 삼는다.[謂女人爲薄伽] 그리고 이 여인은 인연을 구하고 번뇌를 지식(止息)시키고 있다.[是欲求因緣, 能息煩惱義] 또는 이 여인은 무엇을 낳는다는 의미를 지닌다.[又是所生義]

　또한 지혜에 대한 해석을 여성화시킨다. 반야(般若) 곧 지혜는 부처님의 어머니[佛母]라고 하고, 아무것에도 거침없는 지혜[無礙知見]는 바로 이 어머니를 통해 태어난다고 표현한다. 법신(法身)과 육신의 일치, 보리와 열반의 일치, 욕망과 깨달음의 일치를 언급하고 있는 밀교 경전들은 한결같이 그것을 남성·여성의 결합으로 상징화시킨 것이다. 그것의 사상적 배경은 물론 대승불교의 불이론(不二論)이나 지혜와 자비의 일치라는 이론이 뒷받침하고 있다.

아마 성적 표현의 솔직한 예는 밀교 가운데서도 좌도밀교를 따를 수 없을 것이고, 그 한 표본이 미국에서 히피 선의 유행을 만들었다. 그리고 티베트 불교의 일파인 투룽파를 통해 성(性)과 성(聖)의 일치를 유럽에 전파시키고 있어 어느 면에서는 성(性) 범람에 불교가 또 다른 차원에서의 본의 아닌 기여를 하고 있는 것으로 비친다. 그러나 앞에서 밝혔듯이 그렇게 보는 시각의 문제이고 그 세속의 성(性)의 단계에 고착된 관점의 문제일 뿐이다.

불교와 미래

1. 불교는 어떻게 서양에 전파되었는가?

1) 불교는 변화한다

불교는 변화의 종교이다. 남방으로 전파되었을 때 테라바다(Theravada) 불교가 되었으며, 티베트와 몽골에 전해졌을 때 티베트·라마 불교가 되었으며, 중국·한국·일본에 전해졌을 때 동아시아 특색의 북방 대승불교가 되었다. 전파된 지역의 성격을 따라 변화를 일으킨 것은 물론 시대에 따른 변모도 컸다. 근대라는 격변을 겪은 오늘의 현실에서 볼 때 불교는 오히려 원형을 고수해야 한다는 주장이 나올 정도로 변화를 거듭하고 있다.

불교는 전통에 매달려 과거만을 주장하는 종교가 아니다. 이미 참여불교(Engaged Buddhism)란 명칭 아래 현실·현장 속에서 새로운 신행 형태가 작동하고 있다. 또 새로운 불교의 움직임은 서구에서만 일어나고 있는 현상도 아니다. 동남아시아는 물론 우리에게서도 새로운 형태의 불교가 태동하고 있다. 또한 동양과는 전혀 다른 문화와 사회 속에서 새로운 불교가 적응해 가는 모습도 보인다. 서구의 불교가 대표적인 예이다. 일찍이 하버드대학의 라이샤워(E. O. Reischauer) 교수의 통찰 어린 발언은 서구에서의 불교의 변화를 지적한 것 같다. 그는 "불교가 중국을 변화시킨 것처럼 중국이 불교를 변화시켰다."고 지적했는데, 불교는 서구에서도 큰 변화를 일으키고 있다. 불교가 서구 사회 자체를 변모시킬 것 같다.

동양의 종교인 불교는 서구로 전파되어 갔다. 불교는 서구의 문화나 서구 종교 전통과는 조금도 닮지 않았다. 이런 이질적인 불교가 어떤 과정을 겪으며 서구로 전파되어 갔으며, 그 과정에서 불교는 어떤 모습으로 이해되었고 또 어떤 형태로 서구 현장에 적응되어 갔는지, 그래서 어떤 변모를 일으킨 것인지, 이 모든 과정을 살피는 일은 흥미로운 주제일 수밖에 없다.

무엇보다 주목해야 할 일은 서양에서 처음에는 불교를 이단의 종교로 여겨 개종의 대상으로 삼았다는 사실이다. 그러나 깊이 연구할수록 드러나는 불교의 심오한 내용은 하나의 철학 사상으로 수용될 정도로 철학적 종교 또는 종교적 철학의 성격이 강했다. 그러나 오늘날 불교는 한 걸음 더 나아가 불교는 새로운 문화 현상이자, 하나의 삶의 방식으로 정착되어 가고 있다. 그리고 이런 태도는 서양에서의 불교 연구에도 큰 영향을 미치고 있다. 또 현대의 여러 학문 분야의 경계선을 넘어 학문 상호 간의 통섭적인 역할을 하고 있다. 이제 전혀 다른 형태의 불교가 태어날 가능성마저 보이고 있다.

2) 불교가 없었던 땅 서양

서양에는 불교가 없었다. 그리고 불교는 서구 종교 전통과는 조금도 공통점을 찾을 수 없는 종교였다. 그러나 오늘날 불교는 서양 곳곳에서 손쉽게 눈에 띄는 종교가 되었다. 그리고 스스로 불교인이라고 자칭하는 파란 눈의 법복을 입은 서양 스님들과 마주치는 일이 많아졌다.

리처드 기어의 손에 항상 단주가 들려있다거나 흑인 가수인 티나 터너가 불교 수행을 한다는 사실이거나 캘리포니아 주지사를 역임한 제리 브라운이 독실한 불교 신자인 것은 잘 알려진 사실이다. 미국뿐만 아니라 세계의 저명한 불교인을 나열하는 일은 이제 흥밋거리를 지난 지 오래이다.

이제는 전문 직종에 종사하는 불교인들을 분류하는 일마저 가능해졌다. 영화배우나 영상 매체에서 인기를 끄는 불교인을 셀룰로이드 불교인(Celluloid Buddhist)이라고 하며, 예술에 종사하는 불교인을 일컬어 "예술 불교인"이라 하며, 사회봉사와 기증을 잘하는 록펠러와 같은 불교인은 "자선 불교인"이라 한다. 따라서 "문예 불교인", "과학자 불교인"의 분류도 가능하다. 1960년대 반전 문화의 상징이었던 게리 스나이더나 앨런 긴즈버그의 "비트 불교인"(Beat Buddhist)이란 말은 이제 서구 불교인을 지칭하는 고전이 되었다.

불교와 인연이 없었던 서양 땅에 들판의 민들레꽃처럼 불교는 이곳저곳에서 갑자기 피어나기 시작했다. 불교는 어떻게 불모의 서양 땅에 이토록 씨를 뿌려 퍼져 나가게 된 것일까?

3) 동서 접촉과 『나선비구경(那仙比丘經)』

동양과 서양의 본격적인 만남은 기원전 알렉산더대왕의 동방 진출(BC.334)에서 시작된다. 힌두쿠시산맥을 넘어 탁실라에 진출한 후 부장들에게 개척한 봉토를 나누어 준 후 퇴각한 것이 서양의 그리스와 동양의 인도의 만남이었다. 이후 계속된 통상과 외교 관계를 통해 인도의 갠지스 문명이 서양에 알려지게 되었다. 인도의 마우리아왕조의 찬드라굽타 황제 시절 외교 사절로 인도에 파견된 그리스의 메가스테네스(Megasthenes, BC.350?-BC.290?)의 기록은 이런 접촉에 대해 상세한 내용을 전해 주고 있다. 그의 저서 『인디카(Ta Indika)』에서 인도 철학자들과의 대담을 언급하며 최초로 브라만(Brahman)과 승려(Shramana)를 소개한다. 그리고 세계 최초로 국가 경영의 국부론(Arthasastra)을 주창한 마우리아왕조의 카우틸리아(Kautilya) 재상도 언급한다.

불교는 찬드라굽타의 손자인 아쇼카(Ashoka) 왕대에 이르러 급속히 팽창하며 북인도 전 지역으로 확대된다. 유명한 아쇼카 석주는 불교가 확장된 영역을 확인해 준다. 종교 간의 대화와 종교 공존이란 평화의 메시지는 그의 석주명을 통해 그리스 지역까지 전달되었다. 그후 그리스계 왕인 데메트리우스는 탁실라 지역을 점령하고 간다라(현 파키스탄) 지역을 안정시킨 후 부장을 파견하여 갠지스문명의 중심지인 파탈리푸트라(Pataliputra)를 통치한다. 이 지역의 왕이 메난드로스(Menandros, 彌蘭王) 왕이며 이때 불교 승려인 나가세나(Nagasena, 那仙比丘)와의 유명한 동서 철학 대담이 시작되는 것이다. 곧 『밀린다팡하(Milindapanha, 彌蘭王所問經 혹은 那仙比丘經)』라는 기록을 만드는 것이다. 이 동서의 철학적 대화는 각기 다른 동서 문화와 사상의 특징과 서로의 차이를 그대로 드러내고 있다. "모든 사물은 고유한 성질이 없으며[無我] 영원불멸할 수 없다[無常]."는 내용을 놓고 서양의 왕과 동양의 승려 사이에 철학적 담론을 펼치는 것이 『밀린다팡하』라는 경전이다.

이 기록은 동서의 사상적 접촉의 발단이자 가장 심오한 동서의 대화가 되었고, 서양이 불교를 접촉하는 결정적 순간이 되었다. 이후 불교의 영향이 서양으로 유입되어 동양의 흔적을 많이 남겼지만 대표적인 사례는 "바알람(Barlaam)과 조샤파트(Josaphat)"의 전승으로 동서에 걸친 넓은 지역에 유포되었다. 이런 전승들은 오늘날 동서 비교 사상 연구의 근거가 된다.

4) 불교 경전과 만들어진 불교

그리스 알렉산더대왕의 동양 접촉 이후, 몇몇 사건을 제외하고는 13세기까지 서양에서 불교에 관한 지식이나 기록을 거의 찾을 수가 없다. 이후

주로 가톨릭 예수회 선교사들이 접촉한 단편적인 사실들이 기록으로 전해질 뿐이다. 18세기 말에 이르러 해양로의 발달에 힘입어 서양의 동양 진출이 활발해지면서 서양의 팽창주의 정책에 의해 특히 기독교의 일방적 자기주장이나 우월적인 자세로 불교를 접하기 시작했다. 불교뿐만 아니라 동양 종교를 한결같이 이교적 우상숭배라 폄하하며 배척하는 태도로 대했다. 이런 태도는 19세기 초에 이르러 바뀌면서 두 가지 우호적인 태도로 나뉘게 된다.

첫째는 주로 영국의 인도 식민지 경영을 시작으로 영국 빅토리아 조의 낭만주의적 분위기와 동양에 대한 신비적이고 이국적인 환상을 지니게 된 것이다. 둘째는 불교를 합리적 과학적 지식의 분야로 다루기 시작한 것이다. 이것은 주로 인도와 스리랑카에서 팔리어와 산스크리트어로 된 불교 경전을 발견하여 이 경전들을 판독하면서 불교 내용의 합리성을 발견하였기 때문이다. 영국의 리스 데이비즈(T.W. Rhys Davids, 1843-1922)가 팔리성전협회(Pali Text Society)를 설립(1881)하여 방대한 양의 팔리어 불교 경전을 영어로 번역했다(1930). 한편 프랑스의 외젠 뷔르누프(Eugene Burnouf, 1801-1852)는 산스크리트 경전을 근거로 최초의 불교 입문서를 발간하였다. 그의 『인도불교개론(L'Introduction du Bouddhisme indienne)』은 불교학 개론의 표준이 되었고 오늘날까지 모든 불교 입문서의 모범이 되고 있다. 잇달아 『법화경(妙法蓮華經 Saddharmapundarikasutra)』을 프랑스어로 번역했다. 이런 번역 작업과 불교 연구는 영국의 막스 뮐러(Max Müller,, 1823-1900)에 의해 계승되며 동방성서(東方聖書, Sacred Books of the East) 편찬위원회가 결성되고 100권의 동양 고전이 번역되었다. 그리고 이로 인해 종교학(Religionswissenschaft, History of Religion)을 위시하여 비교신화학, 언어학이 발달하게 되었다. 이때 동양에서 개화에 앞장섰던 일본은 이것을 본받아 대장경 편찬사업을 진척시켰고 우리의 『고려대장경』을 기본으로 한문 대장경 100권을 편찬했다. 그것이 한국, 중국, 일본 등 동북아 대승불교권의 한문 경전인 『대정신수대장경(大正新修大藏經)』이 되었다. 또한 독일에서도 철학자인 쇼펜하우어(Arthur Schopenhauer, 1788-1860)나 니체(Friedrich Wilhelm Nietzsche, 1844-1900)가 불교를 찬양한 것을 계기로 19세기 후반 테라바다 불교에 대한 관심이 일어났다. 노이만(Karl Eugen Neumann, 1865-1915)이 팔리어 경전을 독일어로 번역했고 게오르크 그림(Georg Grimm, 1846-1887)과 같은 작가도 불교의 영향을 받았다. 불교의 영향은 독일어권으로 광범위하게 퍼져 나갔다.

불교와 접촉한 후 불교 경전의 이해를 통해 불교는 빠르게 서양인들의 호기심을 사로잡기 시작했다. 더욱이 당시 서양의 동양에 대한 낭만주의적 상상력을 발동시키며 부처님 생애의 청순함, 교리의 합리성, 개인적 수련의 청정함에 매료되기 시작했다. 이때에 발간된 에드윈 아놀드(E. Arnold, 1832-1904)의 『아시아의 빛(*The Light of Asia*)』(1879)이란 장편의 시는 부처님의 아름다운 생애를 영어로 표현한 당시의 대표적인 글이 되었다. 이 시는 100만 부 이상이 판매된 세기의 베스트셀러로 아직도 재판이 발간되고 있다. 이렇게 경전 번역과 문헌을 통해 불교에 접근하는 것은 서양 불교 이해의 정형이 되었고, 그것은 근대 불교학의 발전을 가져다주었다. 동시에 불교와 서양의 사상, 문화, 종교를 비교하는 비교론적인 입장의 학문이 대두되었다. 그리고 그런 서양적인 틀로 불교를 이해했다. 불교는 서양적 철학 사상을 통해 해석되었고, 기독교나 서양 철학과 비교되었다. 따라서 불교를 흔히 철학이라고 규정했으며, 절대적 신을 내세우지 않기 때문에 무신론적 종교라고도 특징지었다. 기왕에 성립된 서구의 철학이나 종교의 틀에 불교의 다양한 내용이 들어맞지 않기 때문에 불교는 철학이기도 하고 종교이기도 하며 더 나아가 불교는 종교이자 철학이라고까지 평가했다. 문헌과 사상만을 통해 불교를 이해하는 서구의 방식은 신행 현장이나 역사 현장이 결여된 이론에 의한 반쪽만의 접근이었다. 오늘날 서양의 불교학자들은 이런 불교 이해를 문헌을 통해 "만들어진 불교"라고 비판한다. 곧 문헌 속에 갇힌 불교로, 책을 펼칠 때만 나타나고 책을 덮으면 사라지는 이론 속에서만 존재하는 불교라고 한계 짓는다. 역사적 실제의 현장이 빠져 버린, 살아 생동하지 않는 불교라는 자기비판인 것이다.

5) 호수로 날아온 백조

서양이 살아 움직이는 불교 현장을 접한 배경에는 뼈아픈 역사적 현실이 깃들어 있다. 첫째로 19세기 초 서구의 제국주의적 팽창과 지배를 바탕으로 피식민지 현장의 종교인 불교를 접하고 불교의 위대한 정신성을 발견하게 된다. 앞에 언급한 불교 경전과 함께 불교 신행을 접촉하게 된 것이다. 한편 19세기 중엽부터 미국 대륙을 개발하며 인력을 동원하기 위해 이주민을 받아들이면서 아시아인들이 미주에 옮겨 살게 되었다. 1850년 대에 중국 인력이 미국 서부 지역의 샌프란시스코로 이주하기 시작하며 불교 사찰을 설립했다. 1870년대에는 일본인들이 하와이에 정착하며 역시 사찰을 세웠다. 자연히 이 지역의 이주민들을 중심으로 한 불교 신행이 따르게 되었고, 불교 사찰은 이주민의 정신적인 위안처가 되었고, 새로운 정착인의 문화생활과 사회생활의 중심 역할을 했다. 승려나 불교 지도자는 그들의 정신적 지주 역할을 했다. 불교는 아직 동양 소수민의 종교일 뿐 서구인이 불교로 귀의하는 일은 드물었고 관찰의 대상일 뿐이었다.

그러나 동양 종교 사상으로서의 불교는 이미 서구 지식층에게 깊은 영향을 미치기 시작했다. 미국 뉴잉글랜드 보스턴 지역의 지식인들은 불교 수용의 주역을 담당했다. 신학자이며 철학자인 에머슨(Ralph Waldo Emerson, 1803-1882)은 불교의 영향을 받아 초절주의의 문예, 철학 운동을 내세웠다. 『숲속의 생활』이란 저술을 내며 자연의 생태를 예찬한 소로(Henry David Thoreau, 1817-1862)도 인도 사상을 위시하여 불교 사상의 깊은 영향을 받았다. 에머슨은 또 당대의 시인 휘트먼(Walt Whitman, 1819-1892)에게도 깊은 영향을 준다. 결국 에머슨은 "불교는 초절주의다"라고 언명하기에 이른다. 그러나 에머슨 같은 지식인들은 불교라는 종교와 철학 사상을 탐구한 것이지 불교를 자신의 신행으로 받아들인 것은 아니었다.

일부 서구인들은 1870년대에 이르러 불교를 자신의 종교로 받아들이며 개종을 단행하고 불교 홍보에 적극 앞장선다. 대표적인 인물이 남북전쟁의 장교였던 미국인 올콧(Henry Steel Olcott, 1832-1907)이고, 그와 나란히 불교에 귀의한 유명인은 신지주의자인 블라바츠키(Helena Petrovna Blavatsky, 1831-1891) 여사이다. 특히 올콧은 뉴잉글랜드에 뿌리를 둔 자신의 청교도 전통을 포기하고 불교로 개종한 것이다. 종교의 "순수한 형태"를 추구하던 그는 불교가 바로 이런 순수함의 전형이기 때문에 1880년 직접 스리랑카에 가서 블라바츠키와 함께 불교로 개종했다. 기독교식 개종의 감행은 물론 한 걸음 더 나아가 불교 선교를 위해 불교 활동을 전개했는데, 기독교적인 틀에 맞춘 근대적인 불교 활동으로 탈바꿈시켰다. 곧 불교 일요학교와 기독교의 YMCA를 본뜬 YMBA(Young Men's Buddhist Association)를 결성하고 불교 교리문답집(Buddhist Catechism)을 편찬하고 세계 불교인들이 공동으로 사용하는 불교기를 제정했다. 그의 활동과 업적은 서구 불교 선교와 사회 활동의 모범이 되었다. 그래서 그는 '백인 불교도(White Buddhist)'라는 별칭으로까지 불린다.

6) 신천지에서 대승불교와 테라바다불교의 만남

서양 특히 미국에서 불교에 귀의하는 사람들이 증가한 것은 1893년 세계종교의회(World's Parliament of Religions)가 미국 시카고에서 개최된 것을 전환점으로 삼는다. 이해는 최초로 미국에서 만국박람회가 열림과 동시에 세계의 대표적 종교 지도자들이 동참하는 세계종교의회가 문화 행사의 하나로 개최된 것이다. 이 세계종교의회에 불교를 대표하여 테라바다 불교를 대변하는 스리랑카의 다르마팔라(Anangarika Dharmaphala, 1864~1933)가 참석했고, 북방불교인 대승불교를 대변하기 위해 일본 임제종의 샤쿠 쇼엔(釋宗演, 1858-1919)이 참석하였다. 한국, 중국, 일본이 대변하는 한자 문화권의 대승불교가 최초로 본격적인 자기주장을 펼친 것이다. 그때까지 서구인에게 불교는 석가모니 당시에 가까운 남방의 팔리 경전 불교만이 원형이고 북방에서 전래된 한자문화권의 불교, 또는 티베트 불교는 모두 지방으로 분파된 이차적인 변형 불교라는 인식이 강했다. 그러나 이 세계종교의회를 통해 한자권 북방불교라는 심오한 동양 고유의 불교 발전에 주목하기 시작했고 선불교의 특징에 경도되기 시작했다. 미국 대표의 한 사람으로 회의에 참석한 폴 카루스(Paul Carus, 1852~1919)는 선불교에 경도되어 이후 미국에서 불교를 전파하는 데 중요한 역할을 하게 된다. 곧 샤쿠 쇼엔을 따라 통역관으로 참석한 D.T 스즈키(Daisetsu Teitaro Suzuki, 1870~1966)를 자신이 경영하는 출판사(Open Court Publishing Co.)에 초청하여 불서의 영문 번역과 연구를 주도하게 하고 선불교 홍보에 큰 역할을 담당케 한다. 미국의 불교 전파에는 이렇게 사회 상류층과 사상가, 불교 활동가들의 지도적 역할이 큰 몫을 담당하였다.

한편 아시아계 이민자들이 점차 증가하며 불교는 서서히 그러나 확고하게 뿌리내리기 시작했다. 여러 종파가 각기의 사찰, 선방, 수련회를 조직

하였으며 일반의 눈에도 쉽게 뜨이는 종교로 부상하기 시작했다.

1950년대 이후 미국 특유의 문화 현상으로 비트 세대(Beat Generation)가 대두하며 그 대표적 예술 활동가인 잭 케루악(Jack Kerouac, 1922~1969), 게리 스나이더(Gary Snyder, 1930~현재), 앨런 긴즈버그(Allen Ginsberg, 1926~1997)와 같은 시인들이 불교에 귀의하며 불교 정신에 의한 예술 활동을 전개했다. 이때 그들에게 중요한 역할을 한 사람이 티베트 승려인 초감 투룽파(Chogyam Trungpa, 1939~1987)이다.

이제 불교는 선불교와 함께 티베트 불교, 전래의 남방불교까지 미국을 비롯한 서양 곳곳에 적극적으로 수용되며 다양한 모습으로 활발한 신행 활동을 전개한다.

2. 서구 불교인의 모습
　　─파란 눈, 회색 장삼의 그들은 누구인가?

1) 누가 불자인가?

서양 사회에서 누가 불교인이고 누구를 일컬어 불교를 믿는다고 할까? 듣기에 따라 모순되는 우스꽝스런 질문이 될 것 같다. 절에 나가고 적당한 불교 수행을 하면 불교 신자가 되고, 다른 종교를 믿는다고 자신의 종교적 정체성을 말하면 불교 신자가 아닌 게 되는 것 같다. 그러나 이런 정의가 서양의 불교인에게는 해당되지 않는다. 불교인이 되는 과정과 불교인으로 규정되는 현장은 무척 복잡하다. 어떤 면에서 이런 복잡한 과정과 기존의 고정적인 틀로 불교인을 정의할 수 없다는 현실이 이제까지 서양 중심의 종교 규정이 잘못된 것이었음을 반증한다.

불교는 회원 조직의 종교가 아니다. 세례를 받고 일정한 조직의 구성원이 되어 그에 따른 의무와 활동을 지속해야 되는 회원 조직인을 요구하는 종교가 아니라는 말이다. 기독교 계통의 종교들은 그렇다. 그러나 불교는 기존의 틀과 형식을 넘어선다. 또 이런 틀을 벗어나는 것이 동양의 종교들이다. 이렇게 회원 조직형태를 취하지 않기 때문에 서양인들이 불교를 택한다. 곧 서양 전래의 기독교를 믿으면서 불교 신자가 되고, 유대인이면서 불자가 되고, 이슬람교도이면서 참선 수행에 동참한다. 전형적인 유대교인이며 심리학자인 실비아 부어스틴(Sylvia Boorstein, 1936-현재)은 자신의 종교 정체성을 "유대 불교도(Jubu, Jewish-Buddhist)"로 자처한다. 그는 『이상한데, 너는 불교도처럼 보이지 않는데(*That's Funny, You Don't Look Buddhist*)』라는 저술을 내기도 했다.

서양의 불교인들은 사찰이나 일정한 수행 단체에 소속되지 않으면서도 적극적으로 불교 수행에 동참한다. 그런가 하면 오계를 받고도 자신을 불자라고 말하지 않는다. 오계를 수지하는 일은 불교인이 되기 위한 전제 조건이 아니라 불교 수행을 시작하는 발단일 뿐이다. 따라서 서양의 불교인들을 정의하는 일은 단순하지 않고 오히려 다양하며 그 모습도 다채롭다. 그래서 불교인을 정의하는 갖가지 재미있는 어휘들이 만들어졌다. "아직은-아닌-불자"(Not-Just Buddhist)로부터, 어떤 불교가 나에게 적합한지 상품 고르듯 하는 "구매자 불자"(Shopper Buddhist)나, 불교 수련회, 고승들의 법회를 부지런히 찾아다니는 "법메뚜기 불자"(Dharma Hopper Buddhist)에 이르기까지 여러 양태의 불교 추구자들이 존재한다.

일견 장난스러운 명칭으로 보일지 모르나 오히려 신행의 행태가 구체적이고 자신의 동기와 행동에 따라 직접 참여하는 모습을 보인다. 그러나 이들에게 공통되는 특징은 책을 통해 불교에 귀의한다는 점이다.

2) 책방 불교

서양에 처음 불교가 알려진 것도 불교 경전에 대한 이해에서 출발되었듯 서양에서는 거의 책을 통해서 불교를 접한다. 앞서 언급한 전 세기에 출판된 아놀드의 『아시아의 빛』이 100만 부 이상 팔린 베스트셀러이고, 헤르만 헤세의 『싯다르타』는 미국 명문 대학들의 필독서에 목록에 올라 있다. 불교 명상서나 수행 방법들, 달라이라마의 글이나 틱낫한의 수행 지침서들이 뉴욕 타임스 베스트셀러 목록에 오르는 것은 어제오늘의 일이 아니다. 이렇게 책을 통해 불교를 알고 불교에 귀의하는 모습을 두고 "책방 불자"(Bookstore Buddhist) 라는 애칭으로 부르지만, 서양의 거의 모든 불교인들은 교양과 독서를 통해 불교에 접근한다. 앞서 말한 불교인들의 분류도 기실 책방 불교를 거친 다음 다시 그 특징을 따라 분류한 명칭일 따름이다. 그리고 서양의 불자들은 수행과 함께 책을 읽는다. 따라서 직장에서 퇴근한 후 저녁 조용한 시간에 침실 조명등을 켜 놓고 수행 명상서를 읽으며 참선을 한다. 이런 형태를 "침실 조명등 불자"(Nightstand Buddhist)라고도 한다.

따라서 서양의 불자들은 한결같이 고등교육을 받은 교양인이고 전문직에 종사하는 중산층에 속한다. 그리고 자신의 종교전통에 대해 충분한 경험을 거쳐 불교에 귀의하기 때문에 종교 간의 갈등이나 타 종교를 무시하거나 압박하는 모습은 볼 수 없다. 불교의 가르침 그대로 이웃 종교에 관용과 자비의 태도를 견지한다. 그리고 과학적이고 합리적인 자세와 개인주의적 행위를 존중하며 남과의 공생[緣起, interdependence]을 표방한다.

3) 서양 속의 불교인가 서양화된 불교인가

서양 불교인들을 분류할 때 그 가운데는 최근 미국의 이민법을 따라 정착한 아시아계 미국인들이 존재한다. 지난 세기에 중국, 일본으로부터 이민 온 세대로부터 월남전 이후 최근에 이민 정착한 아시아의 불교인들도 서양의 불자일 수밖에 없다. 따라서 서양 불교의 판도는 인종적으로도 무척 다양하다.

그것을 크게 백인 불교와 이민 불교로도 나누고 있으나 인종주의 문제를 일으킬 소지가 있어 다른 분류를 사용한다. 곧 아시아계 미국 불자(Asian-American Buddhist), 유럽계 미국 불자(Euro-American Buddhist) 또는 아시아 이민 불자, 미국 개종 불자로 나누거나, 새로운 분류로 수입 불교(Import Buddhist), 수출 불교(Export Buddhist), 수하물 불교(Baggage Buddhist)로 나누는 등 다양한 분류 방법을 사용한다. 그러나 각기 다른 분류 방법을 사용한다 해도 지역, 인종, 소수민이란 분류 양태에서 벗어나기 어렵고, 또 분류된 내용마저 공허하게 들리는 문제점이 있다. 이른바 앞으로 다가올 새 시대의 미래 지향의 불교로 변화시키기 위해서는 "서양 혹은 미국 속의 불교"(Buddhism in the West/America)이기보다는 "서양화된 혹은 미국화된 불교"(Westernized/Americanized Buddhism)이기를 주창하는 것이다.

이제 불교는 신천지인 미국, 호주나 유럽에서 새롭게 태어난 종교이기를 원한다. 불교가 인도에서 발생된 이래로 지역과 문화, 인종을 따라 소승(테라바다), 대승, 밀교승으로 변모되어 정착되었듯 새로운 땅에서 이 시대에 알맞은 신승(新乘, Navayana)으로 거듭 태어나기를 기대하는 것이다.

3. 신승의 출현―새로운 불교 공동체

1) 도시속의 불교

서양에서의 불교는 새로운 문화, 새로운 생활양식에 적응해 가야 하는 과제를 안고 있다. 동양의 전통 속에서 태동하고 성장한 불교는 어느 한 면도 서양 기독교의 문화와 닮지 않았다. 그래서 초기부터 서구의 기독교는 은연중에 불교를 기독교의 최대의 걸림돌로 여겼다. 따라서 동양에 대한 선교를 위해서뿐만 아니라 근대화라는 명제를 내세워 사회, 문화, 경제의 모든 영역에 걸쳐 기독교의 우월성과 발전상을 증명하려 하였다. 그러므로 서구인이 불교에 귀의하고 불교적인 생활양식을 수용하려 할 때 여러 난관에 부딪히게 되는 것은 당연한 일이다.

전통적인 사찰도 없고, 생활화된 신행 공동체도 없고, 출가승과 재속 신자와의 상관적 관계도 설정되어 있지 않은 것이 서구 불교의 현장이다. 이러한 전통의 결여와 동양과의 차이점은 서양인들로 하여금 새로운 불교 공동체를 모색하게 한다. 전형적인 한 서양 불교 수행자는 이렇게 자신의 고민과 새로움에 대한 열망을 술회한다.

> 우리는 어떻게 미국적(서양적)인 생활 속에서 실천 수행을 할 것인가? 우리의 실천 수행은 세속을 버리고 물러나는 것이 아니라 세속적인 일과의 조화로움을 마련하는 일이다. 우리의 일상생활 속에서 지혜를 찾는 일이다. 미국(서양)의 불자들은 이미 이 조화로운 통합의 방법들을 개발하여 가족의 한 사람으로서, 가장으로서 실천 수행의 삶을 살고, 직장인으로서 법(法, Dharma)의 깊은 경지에 이르기를 원하고 있다. 동굴 속으로 달려가는 것이 아니라 매일매일의 삶 속에 실천 수행을 적응시키려는 것이다.(Jack Kornfield, 1988)

서양의 불교는 전통적 불교와의 단절을 걱정하지 않고, 새로운 전통의 개발에 힘을 쏟고 있으며 새로운 신행 양식을 창안하고 있다. 구체적으로 들여다보자면, 첫째로, 서양의 불교인은 성직자인 승려가 되는 일보다는 일반 신행자인 재가성을 강조한다. 곧 일상성 속에서 불교적 실천 수행을 강조한다. 그래서 이런 불교는 "거리에 존재하며, 조직 속에 존재하며, 작업장 속에 존재하며, 가정 속에 존재"하는 형태라고 말한다.

둘째, 서양의 불교는 도시 중심이다. 대개의 생활 활동이 도시 중심으로 이루어지기 때문에 도시 중심으로 불교 공동체가 설립되고 큰 도시를 따라 하나씩 만들어져 퍼져 가며 성장한다. 각기 다른 도시의 멤버들이 근대적인 연락망(Buddha-L)을 갖고 서로의 경험과 수행 및 불교 지식을 공유하는 것이다. 현대적인 통신 매체를 적극적으로 활용하는 것도 서구 불교의 특징이 되었으며 사이버승가(Cybersangha)까지 출현했다.

셋째, 이러한 도시 중심 재가자의 불교 내용은 자연히 개인적인 참선과 명상에 집중하거나 사회봉사의 보살행 성격을 띠며 정치적인 일에도 참여 적이게 된다. 한편 이들은 동양의 전통적인 위계질서나 엄격한 계율을 준행하기는 어렵다. 그리고 남녀평등의 민주적인 절차를 따르기 때문에 여성에게 남성과 동등한 권리와 의무를 부여하며, 따라서 많은 여성 불교 지도자들을 배출하게 된다.

서양 불교의 모습은 새로운 모습을 띠고 나타나는 셈이다. 이들을 지도한 동양의 한 스님은 이 독특한 형태의 불교를 다음과 같이 증언했다.

> 미국의 불제자들은 승려도 아니지만 완전한 재가인도 아니다. 우리가 재가, 출가라고 이분법적으로 분류하는 것과는 또 다른 하나의 양태를 감지한다.(스즈키 슌류)

2) 비승비속의 재가스님

서양의 불교는 더 이상 아시아인들에 의한 전통 불교의 한 분파로 간주할 수 없다. 그럼에도 불구하고 이 새로운 형태들은 한결같이 부처님의 말씀과 불교 사상에 근거를 두고 있다. 서양의 취향에 맞추어 마음대로 변형시킨 것은 아니다. 서양의 불교인들은 어떻게 부처님의 말씀, 부처님의 뜻을 서양적인 여건에 합치할 것인지를 고민한다. 부처님이 열반에 즈음하여 남긴 최후의 말씀인 "이제까지의 불법의 가르침을 등불로 삼을 것"[法燈明]과 "스스로의 수행에서 터득한 자신을 등불로 삼을 것"[自燈明]을 지표로 삼는다. 그러나 이 두 가지 등불이 쉽게 이해되는 것도 아니다. 따라서 새롭게 해석하려는 과감한 시도를 한다. 우리 전통의 한국 사찰에서 수행했고 서양의 불교 수행을 선도적으로 이끄는 스티븐 배철러(Stephen Batchelor) 같은 불자는 이렇게 말한다.

어떤 특정한 전통 수련이 그 사람에게 잘 맞는 것이라면 그 방법을 지속하라고 권할 것이다. 그러나 나의 경우와 또 수많은 다른 사람들(서구인을 지칭)의 경우 전통적인 아시아 불자들의 접근 방법이 제대로 작동하지 않는다는 것이 분명하다. 불교 역사를 훑어보아도 불교의 강력한 힘은 불교를 수용한 문화의 요청을 따라 불교 자체를 수없이 재창안하고 있다. 오늘날 서구에서 일어나고 있는 일 역시 다르지 않다고 본다. … 불법(法, Dharma)을 우리 자신의 언어와 우리의 시대적 맥락에서 활용한다면 승직에 연계된 교리적 권위로부터 벗어나 자신의 본래 목소리를 찾을 필요를 느끼게 된다.

동양의 불교를 원형으로 생각하고 그 모형을 액면 그대로 수입하는 형태를 지양하려는 것이다. 이러한 변화를 일으킬 때 기왕의 종교적 세계와 세속적 영역을 갈라놓는 승속(僧俗)의 차별과 출가와 재가의 한계를 철폐시킨다. 곧 초월적인 세계의 종교인도 아닌 비승(非僧)과 세속에 물들어 있는 일상인도 아닌 비속(非俗)의 새로운 형태가 가능해지는 것이다. 출가한 승려처럼 계행을 지키며 동시에 재가에 머물며 세속적인 직업에 종사하는 일상인으로의 삶인 것이다. 일찍이 미주와 서구 각국에 수행처를 설립하여 수많은 서양 불교 수행자를 배출시킨 숭산 스님의 "보살승"(菩薩僧, Bodhisattva Monk)이 바로 이 비승비속 개념에 해당되는 것이다. 결국 상황과 여건을 따른 계율과 불자 되는 일의 해석은 달리 정의될 수밖에 없다. 원효대사의 보살계(菩薩戒)는 서양의 이런 새로운 해석에 그대로 적중되었다. "계율 자체에는 본질이란 것이 있을 수 없다. 그것은 여건과 상황에 따라 적용될 수밖에 없고 또는 철폐시킬 수도 있다."[戒體本無 隨緣生 隨緣滅]

3) 현장 속의 불교-참여불교

이제 서양의 불교는 독립을 선언한다. 재가의 불교를 표방함으로써 열반과 깨달음을 목적으로 하기보다는 일상생활에서의 자비로운 행위와 남을 돕는 행위를 통해 덕행을 쌓는 일을 목표로 한다. 그것이 자신을 정화시키는 일[淨業]임은 물론이고 사회에 기여하고[共業] 결국 미래에 완전한 깨달음에 이르기를 바란다. "승복을 벗고, 거리에서, 직장에서, 가정에서, 그리고 각각의 제도 속에서" 존재하는 불교이기를 표방하는 것이다.(Helen Tworkov)

이렇게 해서 나타난 불교의 형태가 "참여하는 불교"이다. 사회 속에서 정치적 현장 속에서 작동하는 불교이다. 이 참여하는 불교는 월남의 틱낫한(Thich Nhat Hanh, 1926-2022) 스님이 처음 주창했다. "사찰 밖으로 나와 사람들을 돕고 동시에 마음 챙김(觀行, Vipassana) 속에서 그런 행을 실천해야 한다."고 하며 수행과 사회참여를 동시에 실천하는 것이 참여불교이다.

그리하여 갖가지 사회참여적인 보살행들이 여기저기에서 속출했다. 선 수행자가 빵 가게를 차려 이웃을 돕는 일을 시작하는가 하면 홈리스나 어린이 돌보기 집, 에이즈환자센터 등의 시설을 설립 운영한다.

"불교평화우의회"(Buddhist Peace Fellowship)는 이런 사회 봉사 활동 단체의 하나로 시작하여 병원, 형무소, 행랑인 식사 대접뿐만 아니라 한 걸음 더 나아가 정치적인 문제에도 참여하고 있다. 월남전, 이라크전, 아프카니스탄 전쟁뿐만 아니라 티베트나 동남아 각지에서 일어나는 종교적, 인종적 갈등에 대해서도 정치적 발언과 평화적 행동으로 참여하고 있다.

흔히 불교의 정치적 참여는 불법과는 상관없는 혼란을 가중시키는 일이고 명상을 방해하는 행위라고 오해되고 있다. 하지만 참여불교에서는 현실 참여 없는 불법의 수행은 삶의 현장을 무시한 초월적인 이상론이라고 비판한다. 2010년, 동국대학 초청으로 방한한 크리스토퍼 퀸(Christopher Queen)은 이제 서구의 불교인은 개인적인 "마음 챙기기" 수행을 통해 스트레스를 제거하기 위한 명상이나 참선의 열락에 몰두하는 것만은 아니라고 말한다. 그는 "부처님의 가르침은 인권, 경제적 정의, 소수민을 위한 관용, 인종차별의 치유, 환경보호와 같은 매일매일의 사회 변화에 관여하고 있다."고 증언한다.

불교는 이제 한 개인의 종교적인 신념과 수행 실천 단계를 벗어나 사회 규범과 정치적 이념과 정책이 되기를 표방한다. 과거 호불(護佛)의 왕이 불교 정신에 입각해 정책을 펼치거나 불교가 왕권에 영향을 미쳐 민생을 위한 시책을 펼친 것도 같은 맥락에서 이해될 수 있다. 서양의 불교는 변화를 추구하고 스스로의 독립과 독자성을 주장하고 다변화된 새 시대의 신승(新乘, Navayana)으로서의 불교이기를 주저하지 않는다.

4. 새로운 시대의 불교는 무엇을 지향하는가?

1) 불교는 삶의 양식

서구적인 표준에 의해 불교를 단순히 종교라고 정의할 때에는 불교가 지닌 포괄적이고 미래 지향적인 요인들을 담아낼 수 없었다. 그래서 불교의 깊은 사상에 공감하고 그 철학적 내용을 드러내기 위해 불교는 철학이라고 정의했었다. 또는 철학적 종교, 종교적 철학 혹은 철학적 윤리, 윤리적 철학이라고까지 말하였다. 그러나 이 모든 정의를 넘어 불교는 하나의 "삶의 양식"이라고 정의하기에 이르렀다. 인간의 삶은 앞으로 어떻게 펼쳐지고 발전되어 갈지 모르며 그것을 어떤 학문 분야로 다루어야 할지 알 수 없는 열려진 세계이다. 그러나 앞으로의 변화에도 불구하고 불교는 우리의 삶의 내용과 함께 어울리며 무한히 변화 발전될 가능성을 지닌다. 곧 미래적인 비전을 제시하는 것이다. 이러한 미래적 진단은 서구 주도의 불교에 대한 종합적 연구 결실이고, 그것이 바로 "삶의 양식이 불교"라는 것이다.

2) 전통 속의 현대와 현대 속의 전통

오늘날 삶의 틀이 새로운 방향으로 나아가야 한다는 말은 여러 영역에서 일어나고 있다. 이제 불교는 옛것에 대한 고고학적 취향으로만 접근하는 것이 아니라 현실의 삶의 모순을 극복한 현대적인 삶을 추구하는 것이 되었다. 가장 박물관적인 것을 가장 현대적 취향으로 접근하는 재미있는 현상이 가장 오랜 역사를 지닌 불교를 통해 일어나고 있다. 여기에는 이제껏 진행해 온 불교에 대한 이해와 접근의 전환이 전제되어 있다. 이런 점에서 두 가지 방향에서의 반성적 태도가 나타난다.

첫째, 불교 사상의 일정한 측면을 우리 시대의 새로운 이해를 위해 비판적으로 분석 접근하는 일이 필요하다. 둘째, 현대 사상의 일정한 측면을 불교의 비판적 관점에서 분석 접근하는 일이다. 달리 말해서, 불교라는 종교 자료를 전통에서 분리시켜 비판적으로 분석하고 현대의 학계가 관심을 갖는 이론들을 발전시키는 일이 첫째라면, 불교 전통 속에 위치하며 이 전통에 의해 훈련받은 학자와 불교인들이 불교적 관점에서 현대적 현장을 분석하여 새로운 이론을 창안하는 일이 둘째이다. 물론 이 반성적 태도가 요구하는 현대의 비판 방법과 불교 전통이 어떻게 결합될 수 있으며 그것을 정당화할 수 있는 근거는 무엇인지 등 풀어 가야 할 문제들이 있다. 그러나 적어도 이런 "전통과 현대"라는 화두를 앞에 놓고 새로운 작업들이 여러 분야에서 시도되고 있다.

3) 불교와 과학

우선 불교와 과학과의 관계이다. 기독교의 경우 자연과학의 기초가 되는 진화론마저 수용하는 일이 쉽지 않다. 불교의 기본적인 틀은 앞에서 공부하였지만, 원인과 결과에 대한 이해를 바탕으로 한다. 원인 없는 결과는 나올 수 없고 모든 결과는 그것을 만든 원인이 있어야 된다. 인연론(因緣論)이 그것이다. 그리고 모든 사물, 사상은 홀로 스스로 존재하는 것이 아니라 다른 것과의 연관 속에 존재한다. 곧 연기(緣起, pratityasamutpada)의 이론으로 모든 사물의 의존성을 말한다. 이 두 이론에 의거할 때 이제껏 오해를 불러일으켜 온 업(業, karma)도 자연과학적인 입장에서 풀이할 수 있다. 곧 원인과 결과가 상호 의존적으로 존재하는 틀이 바로 업이고 사물과 사건이 얽혀 구성되어 있는 상황인 것이다. 서양이 불교를 수용한 결정적 계기는 바로 불교의 이 과학적 인과관계에 대한 정확한 설명 방식이 있었기 때문이고, 합리적 사고에 근거하였기 때문이다.

특히 물리학이나 우주 천체론을 연구하는 과학자들이 불교에 경도하는 이유도 불교의 이런 과학적 통찰력 때문이다. 19세기에 미국에 불교를 전파하는 데 결정적 역할을 한 독일계 철학자인 폴 카루스도 당대 기독교회의 비과학적 태도에 한계를 느끼고 불교의 합리적 과학성에 감명되어 불교를 적극 수용하였던 것이다. 아인슈타인이 미래의 유일한 종교로 남을 것은 불교라고 한 것은 수사적인 꾸밈의 말만은 아니었다.

4) 두부와 같은 불교-불교와 심리학

불교는 또한 인간의 주관적 입장과 개인의 심리적 상태를 통해 사물을 파악하고 사건의 전후를 판단한다. 곧 우리의 주관이 객관적 사물을 이해하는 척도가 된다. 이런 입장은 철학에서 인식론의 발단이 되기도 했다. 오늘날 이 인식 주체인 인간의 의식에 대한 연구와 분석을 통해 심리학, 인지과학, 뇌과학의 발달을 가져왔다. 불교의 유식(唯識, vijnaptimatrata) 사상은 바로 이 인간 의식에 대한 철저한 과학적 분석이어서 새로 대두된 이 학문 분야들과 자연스럽게 결합되고 있다. 따라서 오늘날 "불교와 심리"라는 표제 아래 수많은 연구 서적과 실천 응용 방법이 나타난 것은 결코 우연이 아니다. 심지어 불교와 심리학은 표리 관계를 이룰 정도이고, 많은 서양 심리학자들이 불교적 심리 접근을 수용하고 있다. 심지어 한 심리학자는 불교가 어떤 음식과도 잘 어울리는 두부와 같다며, 불교는 심리학의 어떤 영역과도 잘 조화를 이룬다고 경탄한다.

5) 응용불교학-인지과학, 뇌과학

인지과학과 뇌과학의 발달과 함께 일찍이 달라이라마 성하는 이 분야의 전문가에게 공동 연구 프로젝트를 제안하여 불교와 과학의 동반자적 입장을 천명했다. MIT와 하버드대학 의과대학의 공동연구팀은 정례적으로 연구 발표를 지속하며 연구 결실을 공유하고 있다. 물리학이나 의학 등의 자연과학은 객관적 대상을 연구 소재로 한다. 그러나 실제로 이 객관화된 대상은 인간의 의식에 의해 그렇게 설정되어 탐구 대상으로 삼았다는 것을 전제로 한다. 푸엥카레의 "척도가 대상을 만든다."는 유명한 명제도 의식과 객관 세계의 상관관계를 지적해 준다. 우리가 전통적으로 생각하고 발전시켜 온 과학의 여러 분야도 기존의 척도에만 매달려 있을 수 없게 되었다. 뉴턴의 물리학 가설을 위시한 과거의 과학적 척도는 끊임없이 수정되기에 이르렀다. 그래서 인지과학이 나타났고 뇌의 기능 여하에 따라 사물을 보고 판단하는 우리의 인식의 틀도 바뀔 가능성이 있다. 그래서 이런 일련의 불교와 상관된 새로운 불교학의 분야를 응용불교학이란 이름 아래 묶어 새로운 연구를 진척시키려 한다. 불교심리학, 불교생태학, 불교여성학 등의 분야가 이러한 응용불교학 분야로 대두되고 있다. 그러나 응용학이란 이름 아래 함께 묶어 처리하는 방법은 또다시 묶인 틀 속에 갇힐 우려가 있다는 비판이 뒤따른다. 불교적 관점과 접근이 새로운 분야를 개척하고 새 영역을 열어 놓는 것이라면, 차라리 불교를 통해 "패러다임"을 바꾸는 것도 창조적이고 미래 지향적일 수 있다는 소리도 높다. 소위 "패러다임 전환"인 것이다.

6) 패러다임의 전환

이제 불교는 종교의 영역 속에 머물 이유가 없다. 불교로 인해 기존의 서구 중심의 종교 영역은 더욱 확대될 수밖에 없다. 과거의 종교의 틀 속으로 가두는 것이 아니라면 종교로부터 펼쳐 내어 새로운 영역으로 확대되어야 한다는 것이 불교의 미래이다.

선불교는 무엇이었나? 종교의 틀 속에 가둘 때, 선의 사고와 행위는 형태를 달리한 파격적인 종교 행위로 보인다. 자신이 믿고 있는 불상을 파괴하거나 길잡이였던 경전을 불사르며 교외별전(教外別傳)과 직지인심(直指人心)을 주창한다. 자신의 기존의 틀을 부정하는 것이다. 선은 이런 기성의 틀과 패러다임을 전환하며 새롭게 보고 다시 재구성할 것을 요구한다. 선불교만이 그런 것이 아니고 불교가 그런 것이고 이런 패러다임의 전환적 특징이 서구까지 포용된 새 시대의 새 세계관을 요구하는 것이다.

불교에 대한 종전의 이해가 거쳐 온 과정은 이제껏 우리가 살펴 온 것처럼 단순치 않았다. 이제 우리가 불교에 접근하는 길은 거의 무한대로 열려 있으며 자연과학적 관점을 거친 객관적 세계뿐만 아니라 인문학적 사회, 문화, 제도의 개선과 개량을 목표로 새 패러다임을 요구하고 있다. 불교는 종교일 뿐 아니라 삶의 양태이고 인간의 미래인 셈이다.

이제 우리는 어떤 불교유신을 처방할 수 있는가?

--서경수·이기영의 불교유신론

1. 머리말

한국 불교의 개혁과 진로 모색이라는 주제를 다루려 할 때 우리는 불가불 만해 한용운(이하 '만해'로 호칭)의 유신론을 떠올릴 수밖에 없다. 만해 스님의 유신론은 모든 유신 담론의 주어가 되기 때문이다. 그만치 만해의 유신론은 한국 불교를 개선하는 데 선구적 역할과 선언적 기능을 했다. 또 그의 유신론은 오늘의 불교 개혁을 위한 거의 모든 소재를 내포하는 것이어서 그에 따른 쟁점 또한 만만하게 해결을 볼 수 있는 것이 아니다. 그만큼 만해의 유신론은 선도적인 것이었으며 우리의 불교 현장을 꿰뚫는 것이었다. 그의 불교 개혁론이 발설된 지 백 년이 지난 오늘까지도 아무도 이 틀을 벗어난 새로운 불교 현장 파악의 시각이나 논지를 전개할 것 같지는 않다.

지금 우리와 가장 가까운 거리에 있었으며 같은 시대를 호흡한 혜안 서경수 교수, 불연 이기영 교수(이하 존칭 생략)의 경우도 이 틀에서 벗어나지 않는다. 그래서 우리와 함께 활동했으며 우리의 분신이라 할 수 있는 이 두 교수를 선정한 일에 대해 의문을 제기할 수밖에 없다. 직접 만해의 유신론을 접하며 그에 따른 논지를 펼치면 되었지 "왜 서경수, 이기영인가?" 하고 질문을 제기하게 된다. 유독 이 두 교수에 국한시켜 우리 시대의 유신론을 재론하는 이유는 무엇일까 하는 의문이 드는 것이다.

오늘의 한국 불교 현장에 대한 쓴 비판의 목소리는 이 두 교수에게서 시작된 것이 아니기 때문에 더욱 그렇다. 또 이분들이 쓴 단편적인 논설문들이 폭넓은 감명을 준 것도 아니었다. 또한 선언서 같은 성격을 띠고 일정한 운동을 이끈 것도 아니었다. 더 나아가 개혁과 유신에 대한 담론이 다른 유신 담론들과 차별될 만큼 특징을 지닌 독자적인 것도 아니었다고 생각된다. 아마 그런 특징과 호소력을 지닌 것이라면 법정 스님의 「부처님 전 상서」나 휴암 스님의 호소가 더 큰 감명과 파장을 일으킬 것이다. 적어도 불교인들 내부의 핵이라 할 스님들에 의한 발설로 볼 때는 더욱 그러했고 "부처님 전 상서"라는 수사적 표현은 거의 선언적 호소력마저 지녔다. 그래서 아직도 불자들 사이에서 회자되고 있다.

그럼에도 불구하고 이 두 교수를 선정한 배경에는 또 다른 이유가 있지 않을까 생각했다. 이 두 분을 선정한 타당성과 그분들의 위상, 그리고 주장한 배경은 분명히 짚고 넘어가야 할 점들로 생각된다. 그래야만 불교 개혁이란 표제 아래 앞으로도 계속 제기될 불교 현장에 대한 갖가지 비판적 담론의 정당성을 확보할 수 있을 것 같기 때문이다. 그렇지 않으면 재가자란 위치, 곧 불교 내부인/승려가 아니라는 상대적 위치, 또는 객관화시켜 볼 수 있는 제3의 시각을 지녔다는 이유만으로는 비판자의 입장을 확보할 수 없다. 또 하나의 대상화가 얼마나 현실을 적확히 드러내고 자기 개선의 방안을 마련하겠는가 하는 의구심을 일으킬 수밖에 없다. 곧 나 자신의 잘잘못에 대한 지적은 물론 그것을 주체적인 내면화를 거쳐 개선하지 않으면 결국 "지적 객관성이나, 투명성"을 이유로 잘못된 대상을 손가락으로 지적하며 질타하는 오류에 빠질 수밖에 없다. 이런 이유를 근거로 삼을 때 우리와 함께한 두 분의 불교 유신의 담론은 어느 면에서 분명히 재삼 음미할 소재를 지닌다고 생각한다.

무엇보다 이 두 분은 우리와 모든 면을 공유한 분들이다. 곧 세속의 재가 불자라는 점과 이미 작고하셨지만(서경수 1986년, 이기영 1996년 작고) 우리와 같은 시대를 살고 아직도 같은 사회 문화 정치적 분위기를 호흡한 분들이라는 점이다. 그리고 무엇보다도 근대적인 불교학을 자신의 학문 영역으로 삼았으며, 서구적 근대 의식을 그대로 반영시켰다는 점이다. 다시 말해 한국불교/학을 보는 시간·장소의 현실감/현장성이 우리와 동일하고 경우에 따라서 한국 불교에 접근하는 방법마저 큰 차이 없는, 우리와 동일한 틀에서 이루어지고 있는 것이다. 서경수· 이기영의 유신론은 지금의 우리들, 곧 재가 불자 교수·지식인들이 보는 불교유신론을 대변하고 있는 셈이고 우리의 분신이라 할 수 있다.

그렇다면 이 두 분의 해당 논설문을 그대로 읽으며 공감의 폭을 확대하면 되지 또 하나의 글로서 이분들의 진술이나 담론을 논의하는 일은 어떤 의미가 있는 것일까? 곧 "나"와의 공유성과 그것의 내용이 어떤 것인지 또 어떤 맥락에서 공유하는 것인지를 확인해 볼 수 있는 것이다. 무엇을 어떻게 "나"와 함께/다르게 보고 있으며 무엇을 비판하고 있으며 또 그 비판의 근거는 무엇이겠느냐 하는 것이다.

첫 번째 공유성의 특징은 소위 "불교의 근대성론"(Buddhist Modernism, Modernist Buddhism)이다. 한국 불교의 근대성은 많은 논의의 소재를 지니고 있지만 그 핵심은 우선 불교는 과거에서 벗어나 근대화되어야 하고 현대화되어야 한다는 것이다. 곧 전통적인 양태와 과거의 행태에서 벗어나 시대와 현실에 맞게 바뀌어야 한다는 것이 두 분의 유신론의 전제이다.

두 번째 공유성의 특징은 현장성이다. 한국 불교는 과거의 전통적 역사 현장이나, 지금의 현실에서도 일탈되어 있다. 한국 불교의 위상 변화는 개화기, 일제강점기와 맞물려 있고 해방 이후 한국 현실의 변화와 표리를 이루고 있다. 따라서 한국 불교의 전통은 구한말을 벗어나며 일제강점기와 해방 이후 큰 위상 변화를 일으켰고 그에 따른 불교의 변화는 과거와의 확연한 거리를 갖게 한다.

세 번째 공유성은 앞에서 제기된 근대성, 현장성을 근거로 할 때 한국 불교의 전통과 정통은 다시 논의될 수밖에 없다는 것이다. 특히 승가(僧伽)에 대한 재해석을 강력히 주장하는 것이다. 지금과 같은 승가의 존재 방식은 이미 부처님의 승단 형태나 역사적으로 변모되고 확대 해석된 공동체의 형태를 일탈했을 뿐만 아니라 불교 자체를 왜곡시키고 있다는 주장이다.

서경수·이기영은 불교유신을 위한 글을 어느 불교학자보다 많이 썼다. 이기영의 경우 『다시 쓰는 한국불교유신론』(1998, 한국불교연구원)이란 제목으로 한 권의 책으로 묶일 정도이고, 서경수는 많지 않은 유고 가운데 상당량의 논설이 한국 불교의 개혁을 주테마로 한다(『불교를 젊게 하는 길』, 活불교문화단, 2010). 나는 서경수·이기영의 유신에 대한 견해를 이분들의 모든 논설을 통해 종합적으로 보려 한다. 그리고 이분들의 종교적 행위까지도 포함시키려 한다. 행위도 하나의 텍스트가 되기 때문이다. 그러나 이분들이 지적하고 있는 파행적 현장, 일탈된 현실, 그에 따른 구체적 개선책의 나열을 중요시하기보다는 그러한 낱낱의 사항들이 앞에서 제시한 세 가지 관점이나 틀에서 어떻게 그 특징이 부각되고 있으며 그것이 의미하는 것이 무엇이겠느냐를 논의하고자 한다. 그것은 무엇보다도 이분들이 처한 사회적·문화적·정치적 맥락에서의 주장일 수밖에 없고 근대 불교 학자의 한국 불교 현장에 대한 해석이라 이해되기 때문이다.

2. 과거의 부정, 과거의 긍정

한국 불교에 대한 평가에서 두드러지는 점은 과거에 대한 부정과 거부에 있다. 현재 있어야 할 자리, 지켜야 할 자리에서 일탈되어 있다는 것이다. 현실 부정의 논지, 그것이 한국 불교의 위상이고 그것을 효시적으로 발설한 분이 만해이다.

서경수 역시 만해의 유신론을 기리는 글(「만해 사상과 오늘」, 법륜 122, 1979.4)에서 우리가 즐겨 인용하는 만해의 선언적 발언을 인용했다.

그는 "유신이란 무엇인가? 파괴의 자손이오. 파괴란 무엇인가? 유신의 어머니다."라는 말을 되풀이하며 자신의 논지의 출발점으로 삼았다. 곧 파괴란 새로운 창조의 어머니이며, 새로운 시작이라는 만해의 언표를 자신의 불교 현실에 대한 비판의 근거로 삼은 것이다. 따라서 파괴되고 부정된 마당에서 "불교가 무엇 때문에 존재해야 하는가?"라는 근본적인 질문을 제기한다. "구태의연한 불교가 왜 아직도 잔존해 있는지"를 묻는 것이다. 철저한 전통에 대한 부정과 거부, 그리고 한국 불교의 과거지향성에 대한 비판을 시도한다.

> 동양 역사와 함께 늙어 온 불교는 과거를 되돌아보는 회상 속에서 … 과거적 존재로 굳어 버린 인상을 지닌다. 모든 종교는 강한 보수성을 지니고 있기 때문에 과거지향적 성향을 농후하게 띠고 있다는 것이다.

과거에 안주하고 과거에로 역행하려는 한국 불교의 면모는 문화재적 가치만을 지닌 유형문화재로 전락했으며 그런 행태가 사찰 보수, 거대 불상과 거대 법당의 조성 같은 대작불사의 유물적 존재로 떨어졌다고 진단한다.

> 불교 교단은 결코 유형문화재가 아니다. … 오늘을 사는 종교라면 오늘의
> 시간을 호흡하며 오늘을 생각해야 한다. … 그런데 오늘의 불교는 어쩐지
> 오늘의 문제보다는 어제의 문제, 더 거슬러 지난 과거의 문제에 더 깊은 관
> 심을 쏟고 있는 것 같다. … (불교는) 어제의 시간에 사는 유물적 존재에 지
> 나지 않는다.(「과거지향의 불교에서」, 법륜 135, 1980.5)

따라서 과거에 대한 부정은 근대화되고 현대화된 여건에 합치되어야 한
다는 당위성으로 연결된다. 이 점에서 이기영의 경우는 "왜 불교는 현대
화되어야 하는가?"라는 근대화 담론의 질문을 던진다.(「불교 현대화의 길」,
『다시 쓰는 한국불교유신론』) 곧 과거 전통에 대해 서경수와 동일한 수준의
비판과 함께 근대성의 문제를 제기하는 것이다.

이 점에서 제기되는 불교적 근대/현대라는 것은 과연 무엇을 의미하는
것일까? 단지 연대상의 문제이거나 불교의 초기, 고대, 중세, 근대라는 표
준적인 시대상의 구분만을 지시하는 것은 아니다. 부처님 당시의 초기 불
교, 난숙한 발전을 거듭하던 부파불교, 중관·유식 불교 시기나 근대의 물
결 속에 타자화되어 학문의 대상으로 바뀐 근대기의 불교와 같은 사상적
변천을 겪는 불교 발전의 한 시기일 수도 있다. 그러나 무엇보다도 서경
수·이기영이 강조하는 불교적 맥락에서의 근대/현대란 근대성의 다양한
계획들과 그것이 가져다준 서구적인 틀을 공유하고 있다. 그것은 종교 행
태의 틀에서 나타나는 이전 시기의 전통적 의례·의식이나 미신적 요인들
이 제기하는 문제점들, 그래서 그런 요소들을 제거시킨 형태들을 지시한
다. 수직적 신분 관계보다는 평등한 관계와 지역성을 넘어선 보편성을 표

방하고 공동체적인 집단의식보다는 한 개인의 독립성을 존중하는 근대적 가치관들이다. 이 근대 불교가 미래를 향해 앞으로만 나아가는 진보주의적인 성격을 강조하는 것은 아니다. 오히려 이분들의 전통의 부정은 부처님 당시의 불교를 지향하고 있다. 그것은 과거의 부정과 과거의 긍정이라는 이율배반적인 지향점을 지니는 것이다. 먼 과거인 원형에 대한 부정이기보다는 가까운 과거에 대한 비판으로 아시아의 근대 불교가 안고 있는 문제들을 바라보는 것이다. 근대 불교에서 가까운 과거는 비판의 대상이 되지만 부처님 당시의 먼 과거는 오히려 소급하여 복귀되어야만 하는 원형이 되는 것이다.

이기영의 「불교 현대화의 길」이란 표제 아래 묻고 있는 "현대화의 필요성"과 "무엇이 현대인가?"라는 질문은 이러한 먼 과거와 가까운 과거에 대한 불교의 입장을 확연히 설명한다.

> 불교는 그 자체가 영원한 실상을 지닌 것인데 현대화와 같은 고식적인 수단이 필요한 것일까? … 어떤 사람은 불교의 영원성만을 논하여 역설적으로 현대화를 조소하는 입장을 취하고 있다. … 본질적으로 말하면 불교는 영원한 것이다. 그 영원한 것을 현대의 한계적 상황으로 끌어내릴 필요가 없는 것이다. … 그러나 현실적으로 불교는 시대적 영향을 너무 많이 받은 산물인 까닭에 현대와 동떨어진 것으로 나타나는 일이 많다. … 불교는 현대화되어야 한다.(「불교 현대화의 길」, 249-253쪽)

곧 우리가 안고 있는 불교의 근대적인 문제점만을 문제시하는 것이지 원형으로서의 부처님의 이상은 그대로 유지, 복원되기를 바란다. 이기영은 이런 문제점을 항목화하여, ①현대는 과학기술의 시대, ②현대는 자본주의 체제와 공산주의 체제의 이념 갈등의 시대, ③현대는 민주주의 정신의 개인주의의 시대, ④한국은 세계적 컨텍스트 속에서 주축의 변두리를 돌며 예속과 모방과 방황의 시기를 겪는 근대/현대 사회 등으로 구분했다. 그는 이 근대 속에서 한국 불교가 자기 몫을 다하기 위해 무엇을 어떻게 현대화할 것인지를 제시했다.

곧 불교 근대화의 프로그램을 제시한 것이다.

1. 과학적 이해와 적용을 위해서 ①불교 교리에 대한 합리적 연구와 이해, 곧 앞에서 지적한 신화적 도참·기복 불교의 극복은 선결 문제로 제기하고, ②승려 교육의 현대화와, ③현대적 적응 기제로서 승려의 노동과 보살행적 생산·분배에 관여한다.

2. 대중화의 방안으로 ①역경 사업과 출판물을 통해 홍보하고, ② 의식과 장엄의 과다한 전시적·미신적 경향으로 치닫는 일을 경계한다.

3. 현대 사조와의 대화라는 항목 아래 서양 사조의 적극적 이해는 물론 우리 것의 주체성을 확립하는 일이 급선무이고 따라서 사대적 모방은 지양되어야 함을 강조한다.

이 유신론을 작성할 때의 이기영은 해외 유학에서 귀국한 지 6년이 되는 시기였다. 따라서 상당 부분 서구적 근대성과 서구 불교학이 제시하는 프로그램이 밑그림을 이루고 있다. 과거에 대한 부정으로서의 근대성이란 기본과 서구 불교학적 관점에서의 한국 불교에 대한 관찰과 비판, 그에 따른 개혁 시도의 항목들이 거의 총괄적으로 들어있다. 그러나 불교 내부인(승려, 승단 소속의 직책 소임자)으로서의 현장과 현실에 토대를 둔 구체적 개선 방안들이냐 하는 지적이 있었는데, 그 지적 사항들이 얼마나 현실을 반영하는지 의문이 들고 오히려 지나친 서구적 근대화 이념형에 사로잡힌 느낌을 지울 수 없다.

　　그러나 이러한 이기영의 방안은 실제로 서경수의 현장에 입각한 비판에도 그대로 합치되는 내용이다. 곧 "부처님을 대신하여 부처님의 사상과 교리를 오늘의 사회에서 구현"하기를 희구하는 것이다. 서경수는 불교의 이념은 "탈현장적이고 탈현실적이고 초시간적인 유토피아"에 있는 것이 아니고, '이루어질 수 없는 꿈속의 나라'인 가상의 세계도 불교의 교설이나 불국토의 실현이 아니라고 단언한다. 곧 불교가 현실에 위치하기를 주장한다. 부처님을 과거에서 찾는 원형으로의 복귀가 아니라 부처님을 이 현실에서 재현시켜야 한다고 갈파한 것이다.

　　서경수는 가상의 세계는 복락이 충만한 그런 평화스럽고 안정된 세계일지 모르나 우리가 살고 있는 "현실적 장소"는 평화나 안정과는 너무 동떨어진 상황이고 고통으로 점철되었다고 진단한다. 따라서 원시 불교의 "모든 것은 고통스럽다."는 고(苦)의 철학은 부처님의 현장에서 나온 발설이며 불교의 기본 가르침임을 환기시킨다. 현실을 떠난 교설은 가공의 다리일 뿐 그 가상의 무지개를 따른다면 "현장을 상실한 허상의 종교로서 역사적 시간에서 소외된 토우적(土偶的) 존재로 남을 수밖에 없다."고 질타한다. 곧 "불교는 항상 현장에서만 존재해 왔고 그것이 불교의 본질이며 종교로서의 기능"이라고 강조한다. 이는 "현장 의식이야말로 종교 존재의 이유이고 그것의 결여는 불교이기를 거부한다."는 논리로 귀결된다.(「불교, 그 현재와 미래」,『불교를 젊게 하는 길』, 135-157쪽) 이러한 그의 발언은 오늘의 불교 현실에 대한 적확한 지적이기도 하며 동시에 본질론적 실체론을 극복한 불교 해석을 시도하고 있어 주목을 끈다.

　　서경수는 오늘의 한국 불교는 "자기가 설 자리조차 상실하고 역사의 미아가 되고 말았다. 역사의 미아가 된 종교는 자기 자신조차 구제할 힘이 없는 무력한 종교이며 대사회적 기능을 상실한 불구의 종교다."라고 단정한다. 과거에로의 복귀의 면모만 보이는 오늘의 한국 불교는 "오늘의 문제보다는 어제의 문제에 더 깊은 관심을 쏟고 있다. 그런 종교는 오늘의 시간에 사는 유물적 존재에 지나지 않는다."고 질타한다. 따라서 서경수의 현장의 불교는 가까운 과거의 부정이기도 하지만(근대론), 먼 과거에로의 복귀(부처님 당시)를 주장하고 또 무상·무아로서의 현장 속의 불법의 재현을 추구한다. 곧 부처님의 말씀은 오늘의 메시지(지금/여기)여야 함을 주장하는 것이다. 그는 어떤 면에서 새로운 불교론을 제시한 것이다. "불교는 과거의 유산을 자랑만 하는 것이 아니라 '현대의 문제'를 무어라고 한마디 변증할 줄을 알아야 한다. 불교가 '현대의 문제'를 변증한다는 말은 불타의 말씀이 현대에 와서 다시 정확히 발음된다는 뜻이다. 불타의 말씀이 현대에 다시 정확히 발음되게 하는 것이 현대 불교의 사명이다."(『불교를 젊게 하는 길』, 133쪽)

3. 현장의 거부와 현장 의식의 재현

　과거지향성을 비판하는 서경수는 그 반대급부로 현장 의식의 결여를 제기한다. 파괴와 거부 끝에 다시 회복되어야 하는 불교라면, 이 불교는 무엇 때문에 존재해야 하며 어떻게 존재해야 되는지를 되묻고 있다. 부처님의 가르침인 불교, 역사적으로 2,500년 이상 존속해 온 불교, 그래서 시대마다 불교가 있어 온 이유를 다시 되묻는 서경수는 현장 의식을 환기시키는 것처럼 보인다. 자명한 사실에 대해 되묻는다는 것은 역설적인 답변을 요구하는 질문인지도 모른다. 그는 역설적으로 불교를 현장에 위치시키려 한다. 시대마다의 불교의 존재 이유는 역사적인 사항이기보다는 역사적 요청과 실존적 계기에서 요구된다고 주장하는 것이다. 곧 불교는 부처님을 위한 것이 아니고 바로 불교를 요구하는 중생들의 몫이라는 것이다. 서경수는 만해의 〈님의 침묵〉 가운데 "중생은 석가의 님"인 것을 다시 부각시킨다. 석가가 중생의 님으로 생각되는 것이 아니고 중생이 오히려 석가의 님이라는 것이다. 따라서 석가가 님을 찾아서 중생의 편으로 와야 한다. 다시 말해 불교는 사회를 위해 존재하는 것이어서 불교가 사회와 중생에게 직접 다가와야 하는 것이다. 서경수는 불교는 왜 존재하는가의 역설적 질문과 항변에서 이런 현장 의식의 문제를 신랄하게 제기한다.

릴케가 전통적인 기독교의 신관을 거부하며 인간이 신을 위해 존재하는 것이 아니라고 말한 사실을 환기시킨다. 곧 신은 하나님의 현존을 요구하는 인간에 의해 존재하게 된다는 것이다. "오 하나님, 제가 없으면 당신은 어떻게 하시겠습니까?" 하고 릴케는 항변했다. 릴케는 만해나 서경수와 같이 중생의 입장을 강력히 주장한 것이다. 그것은 바로 서경수의 현장 의식이나 요청적 불교의 현존과도 일맥상통한다. 이 현장성은 서경수에게 이르러 철저한 자기 정체성에 대한 확인으로까지 발전된다. 파행적 불교 현상을 비판할 때 자신이 불교 신자이거나 단순한 불교 학자라고 정체성을 밝히면 대개는 불교 유신과 개혁에 대한 발언의 입지는 확보된다.

우리 앞에서 벌어지고 있는 객관화되고 타자화된 사건들에 대한 비판은 모든 사람에게 열려 있는 듯하다. 따라서 불교에 대한 비판을 서슴지 않는다. 그러나 서경수는 자신에게 허용된 불교 비판의 입지마저 비판한다. 소위 상식화된 비판 매너리즘을 질타하는 것이다. 그에게 주어진 글의 제목인 "불교계에 바란다"라는 말의 허구성을 지적하며 비판에 대해 비판자가 얼마나 참여되어 있는지를 따지는 것이다. 그는 "내가 내 가정에 바란다"거나 "내가 나에게 바란다"라는 말은 논리적 모순이기도 하고 아무런 의미 전달도 하지 못한다고 지적한다. 나는 나의 뜻과 의지에 따라 행동하고 참여하지 그것을 남에게 말로 발설하지는 않는다는 것이다. 불교의 현장이 객체화되고 타자화되어 비판과 담론의 대상이 되기도 하지만, 나의 참여 없이 언급되는 비판이나 담론은 마치 내가 나에게 바라는 허구적인 위선으로 떨어질 우려가 있다는 것이다.

> 바란다는 말은 어떤 이상을 설정하고 그 이상을 지향하는 심리가 저변에 깔려 있어 … 이상론에만 치우칠 우려가 있다. … 무지개 같은 것으로 보일 때가 있다. 미학적 계시를 가져다준다는 의미에서 현실에만 집착하는 사람들에게 이상론은 신선한 자극제적 구실을 한다.(「불교계에 바란다」, 『불교를 젊게 하는 길』, 173쪽)

서경수는 철저하게 허위성을 배제시키고 있으며, 나의 실존적 변화와 나의 참여가 결여된 어떠한 이상론도 불교 현실에 대한 온당한 비판이나 유신론이 될 수 없음을 항변한다. 서경수의 이런 발언은 이미 자신이 '참여된 현장'에 있음을 반증하는 것이다.

그의 글은 흔히 날카롭다거나 풍자적이라고 한다. 이런 투철한 현장 의식, 참여 의식이 그렇게 만든 것이라고 생각한다. 만해의 경우나 법정·휴암 스님 들의 경우는 더 이상 말할 것이 없다. 이분들은 바로 현장 속에서 말하고 참여 속에서 발언하는 것이다. 그리하여 이미 상투어처럼 되어 버린 유신·변혁·개혁이란 말의 진부한 객체성을 질타하며 정치화된 구호에 식상해 있다. 그것이 서경수가 지적한 "내가 나에게 바란다"는 류의 "불교계에 바란다"는 말의 허구성인 것이다. 서경수는 계속해서 말한다.

지금 이 시각에 살고 있는 현장이 나에게 주어진 삶의 전부라고 하면 나는

이 현장에서 나의 전부를 던져 전력투구할 수밖에 없다. … 오늘 이 현장에
서 내가 「어찌」 있는가 하는 것이 나의 인생 전부를 말해 준다. 내일이 없
다는 시간의 단점은 이 현장과 대결하는 각오를 요청한다. 언제 어디서 죽
음이 오더라도 선뜻 죽어 줄 수 있는 각오이다.(「오늘의 한국 불교는 어떠한 상
황에 놓여 있는가」,『불교를 젊게 하는 길』, 155쪽)

이런 현장 의식과 참여 의식에 이르면 그가 사용하는 불교 교설의 이상
적인 경지를 기술하는 관행어들인 보살·자비 등의 말은 전혀 다른 색깔을
띠게 된다. 소위 대승불교의 고정적인 교설의 상투어를 극복하는 것이다.
내가 참여되어 있는 보살행과 내가 함께 가고 있는 현장에서의 자비행은
이상적 관념어도 아니고 이상향의 무지개도 아니다. 그것이 서경수의 현
장 의식이다. 이런 발언 내용의 변화는 이기영에게서도 똑같이 감지된다.
초기의 불교 개혁안이 근대적 전환을 이룩해야 된다는 논지에서 전개되었
지만, 후기의 발언에 이르러서 이기영은 그와 동일한 참여된 그리고 실천
을 전제로 하는 발언을 한다.

나는 불교의 이상을 두 가지로 표현하기를 즐겨 왔다. 하나는 귀일심원(歸
一心源)이요, 또 하나는 요익중생(饒益衆生)이다. … 일심의 근원으로 되돌아
가는 것은 나의 삶의 목표요, 중생을 요익하는 것 또한 나의 삶의 목표인즉
… 하나는 좀 더 외면적이고 동적(動的)인 일면을 드러낸다면 하나는 좀 더
내면적이고 정적(靜的)인 일면을 드러낼 뿐이다. 이 두 가지는 분리해서 생
각해도 안 되고 분리해서 신행해도 안 된다.(「한국의 불교 어디로 가는가」,『월
간조선』, 9월호, 1981)

원효 사상의 대강령일 터이지만 이기영은 단순히 원효 사상을 종교 사상으로서 소개하고 한국 사상을 현양시키는 차원에서 이 주장을 한 것은 아니다. 무엇보다도 이 발언을 할 때 그는 우선 자신의 참여 현장으로서의 불교의 실천행을 말하고 있다. 그리고 그런 이상은 바로 신행으로 이끌고 있다고 고백한다. 그것은 단순한 신앙고백의 언표는 아니다. 바로 현실 참여에 대한 자신의 태도 결정이다.

> 나는 불교를 이렇게 이해하고, 이렇게 믿고 있으므로 우리 불교 전체에 대해 이 두 가지 일의 진전을 기대해 볼 수밖에는 없다. 1970년대에 기대했던 것이나 1980년대에 기대하는 것이 다를 수가 없다. 우리 불교계, 그런 것이 어디 따로 있는가? 불교를 믿고 수행하는 사람들이 만드는 세계가 그것일 따름이며 … 지금까지 해 온 일들을 살펴보고 … 그 허물을 발견하고 철저히 아파하자.(「80년대의 불교계에 바란다」, 1980년 1월 법시)

그는 일찍이 제안한 유신안과 개혁안이 아무런 작동을 하지 않음을 보고 또 자신이 지적한 사항들이 근대성의 객체화된 사항들일 뿐 그것이 종교적 내면화로 이끌기에는 먼 거리에 있음을 자각한 듯하다. 그는 어쩐지 우리 불교계는 밤낮 제자리걸음만 하고 있어 무엇을 어떻게 전망해야 할지 모르겠다는 곤혹스러운 발언을 한다. 그러나 이 곤혹스러움의 내용은 바로 외형적 변화의 시도를 내면화할 수밖에 없는 전환적 태도로 비친다.

이 내면화는 자기 참여를 전제로 한 발언이다. 그는 무엇을 안타까이 기대하고 무엇에 실망하고 낙담할 필요가 있겠는가 하며 "영원한 현재"를 상정한다. 이 "영원한 현재"란 아마도 부처님·선사들의 깨침의 경지이겠지만 그 경지는 정지된 것이 아닌 "흐름", "움직임", "일함", "말함", "생각함"이며 한마디로 "생활함"이라고 정의한다. 철저한 현실 생활 속의 참여된 불교적 생활을 지시한다. 이러한 참여 속의 "생활함"을 통하여 앞에 인용한 원효의 귀일심원·요익중생의 이념을 언급하는 것이다. 분명히 불교의 이상으로서의 객체화된 이념을 제시하는 것이 아니라 자신의 오랜 종교적 경험과 실천 그리고 궁극적으로 참여된 현장 의식에서 나온 발언인 것이다.

　실제로 서경수· 이기영의 현실 참여, 불교에로의 참여 행위에는 공통점이 있다. 무엇보다도 이 두 분은 서구적 불교학을 가장 선도적으로 받아들였다. 이기영이 이미 1950년대 중반에 유럽에서 근대적 불교학을 공부한 것은 주지의 사실이다. 그는 불교학계에서 "대체가 불가능(irreplaceable)"하다는 에티엔 라모트(Etienne Lamotte, 1903-1983) 밑에서 박사학위를 받고 귀국했다. 근대 서구 불교학을 그대로 온몸으로 체현하고 있다고 볼 수 있다. 오늘날 원전 중심의 중견 불교학자들 거의가 그의 영향을 받고 있다. 한편 서경수는 종교학적 입장에서 불교를 터득했다. 역시 서구적 종교학의 방법론을 몸에 익히고 있었으며 학위 논문 역시 불전 고전어를 통한 논문을 작성했다. 서경수는 무엇보다도 한국 근대 불교사의 중요성을 일찍이 간파하고 고승들의 행장을 수집하여 구술사의 중요성을 강조했다. 불교 백년사의 자료집 집성은 그의 한국 불교 현장에 대한 통찰 없이는 불가능했다. 그리고 두 분 모두 대학생 불교 활동에 깊이 관여하며 불교 실천 운동에 참여했다. 서구 근대 학문을 몸에 배게 하고 동시에 그것의 한계성을 간파한 것이다. 단순히 불교를 공부하다 보니 불교를 믿게 되었다는 학문의 신변적인 변화가 이분들에게 일어난 것으로 생각되지는 않는다. 서구적 불교학 연구의 한계를 숙지했으며 그것을 극복하려 노력한 흔적이 도처에서 드러난다. 주지의 사실로 불교는 동양에서는 역사적으로 존재했고 현장에서 실천되는 현존의 종교이지만, 서구인에게 불교는 발견되고 색출되는 종교다. 그것은 학자들의 머릿속에서 창안되고 책장 속에 보존되는 종교다. 마치 아메리카 대륙이 그곳에 엄연히 존재하지만 서구에 의해 발견되어 새로운 미국으로 창안된 것과 흡사한 과정을 겪은 것이다. 이 창안자들은 대부분 시발자에게서 흔히 드러나듯 자신이 무엇을 하는지도 모르는 상황에서 불교에 대한 관심을 드러낸다. 처음에는 단순한 호기심 어린 호의성에서 시작되었고 따라서 심각하게 따져 볼 틈도 없는 편향성만이 지배하는 상태에서 어떤 학문적 정당성도 없이 불교에 대한 연구를 시작한 것이다.

불교학의 발단은 영국 빅토리아 조 후기인 19세기 중반이다. 빅토리아 조에 불교학이 학문으로 정착했다는 사실은 불교학 연구 내용과 그 방향을 결정짓는 중요한 단서가 된다. 곧 낭만주의의 배경과 영국의 인도 지배라는 제국주의적 통치 형태가 맞물려 있다. 지적 호기심과 낭만적 상상력만으로 불교를 발견한 것이 아니라 인도 현지 지배가 불교를 발견한 또 하나의 요인이 된 것이다. 그 과정에서 학문적 체계를 성립하게 되기까지는 전통적 문헌 속에서의 조직적 색출 작업이 수반되었다. 소위 서구가 아시아를 석권할 때 드러나는 두 가지 패턴, 곧 한편으로 선교 활동을 통해 서구적 가치를 밀어 넣는 일과 다른 한편으로 문헌적 작업을 통해 역사적 맥락을 끊어 버리면서 불교를 끄집어내는 이원적 작업이 추진되었다고 볼 수 있다. '밀어 넣고' '끄집어내어' 창안하는 일이 거의 동시에 행해졌고 그것이 오늘날 서구 불교학의 탄생을 가져왔던 것이다. 그런 작업의 결실들이 오늘날 우리가 아무런 검토 없이 사용하는 불교의 '시원성'과 '원형'에 대한 탐색이다. 그리하여 고전 불교(Classical Buddhism)를 설정하며 역사적으로 원시 불교(Primitive Buddhism)나 초기 불교(Early Buddhism)라 명명하고 순수 불교(Pure Buddhism)의 이념을 표방하게 만들었다. 그런 원형의 순수한 불교라는 것은 역사적으로도 현장적으로도 존재한 적이 없었는데도 말이다. 따라서 현행의 불교를 신행하는 사람들로 하여금 원형에서 일탈되어 있고, 순수한 형태에서 일그러져 있고, 역사적인 변천을 겪는, 무엇인가 잘못된 의식을 지니게끔 한다. 따라서 현장의 불교를 믿는 우리 불자들은 무엇인가가 잘못된 불교를 믿는 것으로 내몰리고 있다. 서구적 불교학이 의도적으로 이런 의식을 조장한 것은 아니지만 서구적 방법론을 따를 때 우리는 우리 자신의 불교적 입지를 그렇게 평가하게 된다.

이런 현장 결여적이면서 신행의 실상이 제거되고 역사적 변천을 도외시한 진공관 속의 불교, 곧 문헌 속의 불교로 추상화한 것이 서구 불교학의 모순이었다. 곧 서구 불교학의 한계와 그 태생적 곤경은 서구가 자랑스럽게 주장하는 언어·문헌학을 강조하는 그 방법론에 있었다.

이기영과 서경수는 누구보다도 근대 불교학의 강점 못지않게 그것이 지닌 태생적인 한계까지 숙지하고 있었다. 동시에 한국적 여건 속에 그것을 어떻게 활용해야 하는지를 서구적 학문 전통 속에서 터득했다고 생각된다. 그것이 이 두 분으로 하여금 현장을 중요시하는 태도로 이끌었고 현실에 참여하게끔 했다. 그리고 이기영은 이미 1974년에 한국불교연구원을 설립하여 그 연구원에 구도회(求道會)를 병설시켰다. 서경수가 동참한 것은 물론이다. 두 분은 학문과 실천, 연구원과 구도회라는 근대 불교학의 모순점의 두 축을 구성했다. 학술 연구와 신행의 강조는 서구적 근대 불교학의 입장에서 볼 때 이율배반적이고 상호 모순적인 형태로 비추인다. 그러나 앞서 지적한 서구 불교학의 방향과 문제점, 특히 우리의 현장 불교의 중요성을 고려할 때 그것은 지극히 당연한 시도였다. 연구원의 모토는 공동 연구, 공동 수련, 공동 참여였고 이 이념은 아직도 유효하게 작동하고 있다. 최근 서구 불교학을 연구하는 신세대들이 오히려 이런 신행과 학술 연구의 결함을 보완하려는 시도를 하고 있다. 소위 불교신학(Buddhist Theology)을 창안하고 있다. 불교+신학이란 학문의 이종교배와 같은 신조어를 만들고 있다. 신학이 연구하는 방법을 불교학에도 적용하자는 것이다. 기독교 신앙인이 아니면서 신학을 연구하고 가르친다는 일이 얼마나 신학의 깊이와 폭을 더할 수 있을 것이며 현실적으로 그런 일이 가능할 것인가? 불교학을 언어·문헌학적 객관성만 표방하며 연구하고 가르칠 때 서구 불교학은 많은 한계에 직면한다. 불교학이 객관성만을 표방하고 있어야 한다는 그런 이해 방식이 아직도 우리 학계에 상존하고 있다. 또 우리는 쉽게 서구의 방법론을 이야기한다.

이기영은 그런 점을 한마디로 "내용을 드러내기 위해 방법이 있는 것이지 방법을 위해 내용이 굴곡을 갖는다는 것은 본말의 전도이다."라고 하며 서구 방법론에 대한 지나친 편향을 질타했다.(필자의 증언과 조사) 그것이 이기영으로 하여금 선도적인 원효 연구를 진척시킨 원동력이다. 재생성이 가능한 그리고 신앙을 심화시킬 수 있는 것 그것이 불교에 대한 연구이며 불교학이 아니겠는가? 결국 서경수·이기영은 근대적 서구의 학문을 통해 실천·참여·현장성을 터득한 지극히 한국적인 불교학자들이었고, 불교 유신에 대한 발언 역시 이런 현장/현실 참여적인 맥락에서 이루어졌다고 생각한다. 요즘 정착되어 가는 참여불교의 한국적 발단을 튼 것이다.

4. 전통의 거부와 정통으로의 복귀

한국 불교 1,600년은 풍성한 전통을 지니고 있다. 그리고 그것들은 지키고 보존해야 할 귀중한 우리의 자산이다. 이 전통은 우리에게 가치를 부여하고 신념을 주고 행동의 지침을 마련해 주면서 불교 공동체를 하나의 유기적인 단위로 만들고 있다. 그리고 무엇보다도 한 세대에서 다음 세대로 이어지는 연결 고리의 역할을 한다. 곧 전통의 부활이 주장된다. 그러나 이 전통은 또한 문제를 일으키고 있다. 근대화의 걸림돌이 되어 한편에서 전통의 사라짐을 목도하는 것이다. 전통의 부흥과 전통의 소멸이라는 두 가지 현상을 우리는 직시하고 있는 것이다. 살릴 전통과 폐기해야 할 전통을 동시에 지니고 있는 셈이다.

앞에서 언급한 과거지향적인 전통은 분명히 사라져야 할 전통이지만, 거기에 귀속되어 있으며 복원 또는 환원시켜야 하는 정통(authenticity, orthodoxy)이 어떻게 이루어져야 하는지는 문제일 수밖에 없다.

곧 한국 불교의 근대화라는 명제를 놓고 볼 때 우리와 가까운 과거에 속하는 항목들은 현실에 맞게 개혁해야 할 대상으로 떠오른다. 그러나 먼 과거, 부처님이 말씀하신 것, 곧 정통은 회복되어야 하고 환원시켜야 할 항목으로 제시된다. 서경수는 "오늘의 한국 불교는 부처님을 대신하여 부처님의 사상과 교리를 오늘의 사회에서 희생적으로 구현할 현대적 보살의 출현을 갈망하고 있다."고 주장한다. "부처님의 사상과 교리"는 불변의 것으로 본질을 변형시킬 수는 없다. 그것을 정통(authenticity)이라 할 수 있고 우리는 이 정통으로 복귀되어야 한다는 것이다. 그러나 그것은 과거의 전통으로 되돌아가는 일은 아니다. 그래서 오늘의 사회에서 현대적 보살의 출현을 기대하는 것이다. 서경수의 불교 개혁은 존중되어야 할 정통이 아닌 사라져야 할 전통에 대한 신랄한 비평이다. 우리에게 가치를 부여하고 신념을 주고 행동 지침을 마련해 주는 보존과 회복의 전통이 아니라 창의성과 인간의 가능성을 억압하는 구속적인 전통의 소멸을 주장하는 것이다. 만해가 말한 파괴는 오히려 창조의 어머니의 역할을 하는 파괴의 대상으로서의 전통인 것이다. 이 전통은 억압과 배제의 수단이 되고 있다.

부처님을 대신하여 부처님의 사상과 교리를 구현한다는 것은 정통으로서의 부처님을 대신하여 창의와 인간의 가능성의 구현을 가로막는 전통을 제거해야 한다는 주장이다. 그것은 개혁 의지이고 불교유신의 내용인 것이다. 이 전통과 정통의 갈림길에 위치해 있는 가장 중요한 이슈는 승가(Samgha)의 문제이다. 서경수는 오늘을 사는 승가가 우물 안의 개구리의 미망을 깨우치지 못하고 오히려 승가 자체가 우물 안의 개구리 위치에 빠져 있다고 말한다.

한 걸음 더 나아가 세속적 명예와 명성, 향락이 별로 의미가 없다고 보는 출가 수행자들의 집단이 승가이며, 승가의 권위는 세속적 정치 권위를 넘어서 있고 승가는 정치 권력과 밀착되어서는 안 된다. 그러나 한국의 불교, 승단은 호국 불교란 이름 아래 왕권의 비호하에 왕조와 밀착이 심했다고 진단한다. 호국(護國)이 호왕(護王)으로 바뀌고 민중의 안녕이 왕실의 안녕과 권력 유지의 염원으로 변질되었던 것이다. 전통적으로 존속해 온 이런 형태의 승가는 나의 이익, 내 가족의 이익, 내 나라의 이익을 표방하는 자세를 벗어나 정통의 승가인 세계 인류와 뭇 생명의 이익을 도모하는 자세로 바뀌어야 한다고 서경수는 항변한다. 한편 이기영은 새로운 현대적 승가관을 정립했다. 구태의연한 전통 승가관에서 벗어날 것을 요구했다.

하나의 상식으로 되어 있지만, 승가는 출가 비구·비구니만을 의미하지 않는다. 사부대중으로 구성되어 재가 남·여 신도들도 포함되는 것은 물론 광범위한 수행 공동체를 의미하는 것으로 해석된 지 오래다. 원효의 회통적 해석은 너무 잘 알려진 사실이다. 더욱이 찬불가에 이르러 귀의승(歸依僧)을 "스님들께 귀의합니다"란 현대문으로 번역한 횡포는 하나의 희극으로 보인다. 승가는 실로 다의적인 의미를 지닌다. 그리고 그것을 정신적인 수련 공동체로 자리매김할 때 불교 수련과 불교적 생활은 거의 모든 인간

활동에 걸친 무한한 가능성으로 확장되는 것이다.

이기영은 승가관을 한국적 오해를 넘어서 율장의 계율까지 확대하고 있다. 곧 계율은 소극적 금계 사항이지만 적극적 이타행의 실천을 위해 널리 중생을 섭수(攝受)하려는 목표가 설정되면 그것은 삼취정계(三聚淨戒)로 나아갈 수밖에 없다고 주장한다. 기본적인 계율의 준행을 위한 섭률의계(攝律儀戒)는 하나의 행동 지침으로서의 준거의 틀이 되겠지만, 섭선법계(攝善法戒)에서 이상적인 여러 규범을 제시하고 최종적으로 섭중생계(攝衆生戒)에 이르러 어떠한 행위·행동의 결과도 상황에 따른 해석과 포용의 이해가 필수적이라고 강조한다. 일종의 '상황 윤리'를 제시하여 인간의 모든 행위의 가능성을 열어 놓는 것이다. 이러한 승가관의 확대, 계율의 원융한 해석이 가능할 때 불국토는 실현된다고 말한다. 곧 이기영은 "많은 사람들이 그동안 불교를 헛믿었다. 그 믿음의 목표가 정확하지 못했고 뚜렷하지 못했기 때문이다. 열반이니 성불이니 하는 것의 의미를 관념적으로 해석해 온 경향이 강했다. 필자는 열반과 성불의 의미를 현실 속에서의 불국토 실현의 뜻으로 해석하는 것이 옳다고 생각한다."(「한국의 불교 어디로 가는가」)고 불국토에 대한 새로운 해석을 했다.

부처님의 정통으로의 복귀는 과거의 전통에 묶여 있는 것이 아니라 현대의 현장에 있음을 또다시 강조하는 셈이다. 서경수의 "역사적 현실에서 역사적 전환이 되는 사건이 일어나는 현장에 있어야 하는 것"이다. 두 분의 표현과 서술 방식은 달라도 그 의도와 뜻은 동일하고 서로의 생각을 공유하고 있다. 그리고 이러한 공유성은 두 분의 유신론을 읽을 때 현대의 우리들에게도 그대로 육박해 온다. 우리도 함께 공감되고 공유되어 있는 셈이다. 그리고 이 유신의 계보는 그대로 만해에 닿아 있고, 시대와 여건에 따른 서술 방식만이 차이가 있을 뿐이다.

5. 맺음말

이 글을 시작하면서 나는 왜 서경수와 이기영뿐이겠는가 하는 되묻는 질문을 제기했다. 그것은 이 두 분이 지금의 우리와 모든 면에서 공유하고 있는 요소들이 너무 많기 때문에 굳이 차별지어 특징을 찾아낼 이유가 없기 때문이라는 점을 지적했다.

불교 유신과 관련된 사항들, 곧 근대화를 거치면서 우리 전통 사회가 겪는 문제점들이 서경수·이기영에게서 그대로 제시되어 있었다. 한국 사회의 민주화와 자본주의적 체제, 빈부 격차와 계층 간의 갈등에서 유래되는 분배의 문제 등으로 인해 결국 보살의 이타적 행위와 부처님 말씀을 현장에서 재해석해야 할 필요가 있다고 지적하였다. 그러한 재해석은 근대적 불교학이 제공하는 개념들을 사용하였다. 상당 부분 서구의 근대성을 따라야 하며, 동양 사회의 전통과의 단절 또는 차단을 주장할 수밖에 없고, 그 맥은 결국 만해의 "파괴는 창조의 어머니"라는 표어와 맞닿아 있었다.

이분들의 선언서보다는 이들이 입각해 있는 맥락이 더 중요한 것으로 느껴졌다. 그래서 나는 이분들이 처해 있던 전통과의 차단과 서구적 근대성의 유입, 그리고 서구 불교학이 지닌 문제점 등의 맥락적 위상을 극복하려 한 그들의 현장 의식과 참여 의식을 찾았다. 불교의 현장 의식은 서구 것의 도입과 수용만은 아니었다는 특징을 추적해 보았다. 그들은 교설의 객관화보다는 부처님 교설을 자신에게 내면화하며 학자로서의 참여 의식에서 불교 고유 용어들을 재해석하려 시도했다.

살아 움직이고 재생이 가능한 한국 불교의 활력을 확인하는 작업을 엿볼 수 있는 것이었다. 그것은 서구 불교 연구의 틀을 극복하는 일이고, 지방적인 것으로서의 한국 불교의 민족문화적 가치를 글로벌한 단계로 이끄는 것이었다. 두 분은 한국불교연구원을 설립하여 구도회를 병설시키고 학생 재가 불자, 교사 불자 모임을 적극적으로 이끌고 전통문화 보전을 위한 개발반대 캠페인(경주고속철 통과 반대)에 적극 참여했다. 그러나 이것은 자신의 종교의 확대라는 고식화된 포교이거나 이어령식의 자신의 신변적 체험을 통한 간증적 종교 귀의를 권하는 선교적 내용은 아니었다.

이분들은 불교가 유물 관리적 상태로 소개되고 문화재적 가치만 현양시키는 것을 거부했다. 불교는 타자화시키고 사물화시키는 서구적 방법론에 의해 재단되는 것이어서는 안 되고 나의 사상, 나의 신행, 나의 것의 재활이어야 하고 그것이 재생성됨을 모토로 모토로 하였다. 또한 불교 교설을 내면화하고 적극적인 현실 참여를 시도했다. 가히 참여불교(Engaged Buddhism)의 한국적 유형을 제시하는 것이었다.

만해 한용운의 불교유신론은 일부 불교 종단에 대한 개혁이나 구한말 근대화의 물결 속에서 자신을 정비하는 행정적인 지침에만 영향을 미친 것은 아니다. 특히 서구 근대의 영향에서 파생된 근대 불교학의 훈련을 받은 이기영·서경수에게 만해의 유신 정신은 불교학 학문의 틀을 바꾸는 계기마저 주었다. 그러나 오늘의 중견 불교학자들 사이에서조차 그들을 인용하는 일은 인색하다.

이기영, 서경수의 불교유신론은 현대의 우리와 모든 점을 공유하며 불교 현장에서 함께 실천불교를 이끌고 있는 것이다.

함석헌의 울타리 벗기기[*]

─함석헌 접근을 위한 반성적 성찰

[*] 한국양명학회와 함석헌학회가 공동 주최한 춘계학술대회에서 발표한 글이다. (2013. 5. 11)

1. 머리말

함석헌(咸錫憲, 1901-1989)은 모든 분야에서의 접근이 가능하다. 이분은
열려 있는 분이기 때문이다. 이분이 살아온 한국 근대기의 시대적 다양성
은 물론이려니와, 이분이 겪은 현장의 수많은 굴곡 때문만은 아니다. 오
히려 오늘의 우리가 겪는 일들을 이분의 생각/사상과 행적을 통해 추체험
해 보면 더욱 그런 느낌은 강해진다. 우리의 행동과 생각을 이분에게 조응
시키면 곧바로 어떤 의미를 띤다. 곧 오늘의 학문의 틀이나 사회 문화적인
규범들에 이분의 생각과 행동을 적응시키면 그때마다 일정한 의미를 지
니게 되는 것이다. 우리가 정한 학문의 분류 방식과 인식의 틀, 그 모든 분
야에 광범위하게 걸쳐 있다. 그래서 함석헌을 서술하는 개념이며 용어들
은 그 모든 것에 해당된다는 함석헌 과잉 상태에 빠지기도 한다. 모든 것
에 해당된다는 것은 아무것에도 일치하지 않는 보편적인 것이 되어 버리
는 느낌마저 든다. 오늘 양명학회와의 공동 학술 발표회 주최의 연관성도
그런 느낌을 갖게 한다.

그가 겪은 세대는 한국의 근대기에 속하는 시기이다. 그에게서 전통적
교양과 교육, 근대적 지식과 체험이 혼용된 개화기의 계몽적 특징이 들어
있는 점은 당연하다. 이분이 동양 고전에 통달하였다는 것은 그의 노자를
통한 성서 해석이나 역으로 성서를 통한 노자 해석에서도 잘 드러난다. 동

양의 전통들, 유교, 도교, 불교며 그 전통들의 텍스트인 논어, 맹자, 도덕경과 불전들이 자유자재로 인용되고 재해석되는 점을 볼 때 양명학(陽明學)과의 연결 작업은 함석헌 사상의 조명을 위해 또 하나의 가능성을 타진하는 일이 된다. 더욱이「왜 양명학과 함석헌인가?」라는 핵심적인 연결점을 밝힌 최재목의 논문이 발표된 지금(2012년 추계학술대회) 이 시점에서 양명학과의 종합적 연관을 밝히는 작업은 당연하다.

2. 함석헌에 접근하는 길

그러나 이 시점에서 또한 인문학적 모든 적응이 가능한 함석헌을 다시 돌이켜 볼 필요를 느낀다. 반성적 평가의 필요성이다. 우리가 이제껏 진행해온 함석헌 접근 태도와 방법은 온당한 것이었는가 하는 점이다. 이제까지 함석헌을 이해하고 해석하기 위해 추구한 작업들은 다양했다. 이분을 동양고전 연구가라고 지칭함은 물론 역사철학자, 시민사회 운동가, 시인이자 문필가, 언론인으로의 활동을 펼친 일로 하여 그를 다면불 같은 분으로 말한다. 함석헌을 어떻게 자리매김해도 좋을 듯싶다. 그는 교육자, 평화운동가, 생태주의자, 생명 사상가, 기독교 운동가 혹은 종교 다원주의자로도 평가된다. 그를 접근하는 사람의 관심과 그를 자리매김하려는 초점이 어느 분야로 향하느냐에 따라 계속 외연이 확대되고 또 내면의 구석구석 감추어진 부분과 요인들을 조명시킨다. 이렇게 함석헌을 평가하는 작업은 인문학에서 시작되어 사회과학에까지 이르는 폭넓은 스펙트럼을 지닌다.

「함석헌의 종교 이해」(김경재),「새 종교 낡은 종교」(이진구),「함석헌과 샤르댕의 사상」(이병창),「함석헌의 탈민족, 탈기독교적 평화신학 연구」(이

정배), 「함석헌의 비폭력 사상과 한반도의 비폭력 통일」(이재봉), 「함석헌 사상의 신학적 유산」(이승구), 「토인비와 함석헌 비교」(노명식), 「함석헌의 조선사관에 대한 고찰」(지명관), 「풍류도인 함석헌」(유동식), 「함석헌과 인도 사상」(김영호), 「종교철학자 함석헌」(황필호)는 발표자가 접한 가까이 있는 글들의 제호(題號)로 그의 다양성을 그대로 적시하고 있다.

백승종은 함석헌 평전과 함석헌 관계 논저가 40종이 넘는 것을 밝혔다. 그리고 최근 이만열의 「신채호와 함석헌」과 김삼웅의 『저항인 함석헌 평전』을 비롯하여 그에 관한 글이 계속 나오고 있다. 같은 시대를 호흡하며 이분을 접했건 혹은 직접 접하지 못했건 기억을 통한 평자들의 다양한 자리매김도 놀랍지만 단지 함석헌이 남긴 글이나 함석헌에 "대하여" 언급되는 글들을 통해 접하는 새 세대가 함석헌을 평가하는 단계에 이르렀다. 일종의 "함석헌 비지니스(함석헌에 관한 일체의 일들)"를 다른 시각으로 바라보고 해석하는 단계에 이른 것이다. 2008년 세계철학자 대회에서 한국이 낳은 철학자로 함석헌을 선정하여 함석헌 사상이란 분과도 설정되었다. 함석헌은 이미 객관화되고 객체화된 것이다.

그러나 이 모든 규정을 포괄하고 그 내면의 근거로 "함석헌에게서 종교는 시작, 과정, 그리고 마침"이라고 자리매김하며 "종교는 함석헌 사상의 알파와 오메가이다."라고 확정 지은 김경재의 발언은 정확하다. 그를 규정한 모든 범주 가운데 "종교인이자 신앙인"이 그의 특징이자 내용이 된다. 곧 함석헌의 "드러난 외형"(prima facie)은 종교인 것이다.

이런 입장에서 우리가 함석헌을 일정한 틀로 자리매김한다는 것이 자의적이고 또 편의에 따른 것은 아니냐 하는 점을 반성하게 된다. 나의 이해와 나의 지적 욕구를 만족시켜 주는 일로 간주되겠기 때문이고 그런 과정을 통해 함석헌의 "나의 내면화"나 나를 통한 함석헌 "새롭게 만들기"

가 가능해지는 셈이다. 실제로 함석헌 생존 시에 출간된 저작집(20권, 1983-1988)과 2009년의 새 저작집(30권)의 출간 사이의 20년간, 그리고 다양한 함석헌에 대한 평가의 글들 사이에는 무엇이 존재했는가를 살필 단계에 이른 것은 아닐까? 함석헌을 직접 접하지 못한 다음 세대의 한 평가는 이런 사실을 "함석헌을 이해하는 데 간격이 새로 벌어진 것인가?" 하고 물으며 "함석헌을 보는 새로운 시선이 요청되는 것인가?"를 묻고 있다(신재식).

함석헌 접근의 다변성과 그에 대한 이해와 해석은 모든 것이 가능하다는 열려진 가능성 못지않게 함석헌 접근의 반성적 성찰을 요구하기도 한다. 객체화, 대상화와 함께 따라붙기 마련인 한 개인의 영웅화와 신화화, 그리고 해석학적 이해의 가능성을 정리할 필요를 느끼는 것이다.

본인이 소속된 한국종교문화연구소와 김영호는 이런 요청에 부응하여 함석헌에 대한 종교학적 접근을 시도했다. 곧 「함석헌이 본 종교, 종교가 본 함석헌」(『종교문화비평』 제17호, 2010)이 그것이었고, 그것은 함석헌에 대한 이제까지의 종교적 접근을 평가하는 작업이었다.

따라서 이 시대, 이 장소에서 새삼 "왜 함석헌인가?"라는 반성적 성찰이 제기되었다. 정진홍의 「〈함석헌 현상〉의 논의에서 기대하는 것」에서의 관점은 이전의 송석중의 「함석헌, 그는 누구인가」라거나 안병무의 「씨알과 평화사상」이란 표제 아래의 연대기적 평전이나 직접 체험을 통한 함석헌 알기와는 전혀 다른 다음 세대의 "함석헌 묻기" 작업이었다. 이런 반성적 질문은 황필호에 의해 다음과 같이 제기되었다.

함석헌은 누구인가? 우리는 이 질문에 대한 답변을 소상히 알고 있다고 생각한다. 그러나 우리가 그를 이렇게 규정하자마자 우리는 심각한 질문에 시달리게 된다. 그것은 마치 희랍 사상이 결국 인간을 어떻게 규정해야 하느냐에 따라서 이미 수많은 질문을 의도적으로 기피하는 것이 되는 것과 마찬가지이다. 희랍 사상은 사랑, 우정, 운명 등에 대한 광범위한 답변을 가지고 있기 때문이다. 이와 마찬가지로 우리가 함석헌의 사상을 어느 범주 안에 잡아넣을 때 이미 배반을 한 것이다.(황필호, 「종교철학자 함석헌」)

함석헌에 대한 질문은 "이제 무엇이다"라고 규정하거나 함석헌에게는 "모든 것이 있다"는 단계를 지나 있다. 그것은 개인의 숭모, 개인의 신화화와는 무관한 사항이라는 것도 여러 측면에서 조명되었다. 한 개인의 위대성이나 신화화 또는 한 개인의 뛰어난 업적을 통한 모범적, 예시적 보편화가 되어서도 안 된다는 인식을 공유하게 되었다. 뛰어난 인물에게서 찾기 마련인 본질적인 것(시원적인 것)의 색출, 환원주의적 해석, 원소론적인 요인 분석과 다면적인 구성의 해체 등이 한 인물을 어떻게 굴곡시키는지를 따져 보는 작업을 시도할 때가 되었다고 생각한다. 특히 한 개인의 사상/행위의 동기를 색출할 때 쉽게 빠지는 환원주의적 해석을 어떻게 극복하는가는 「함석헌이 본 종교, 종교가 본 함석헌」을 일관하는 모든 발표자의 관심의 표적이었다. 그 점을 고통스럽게 극복하려는 시도는 기독교적인 입장에서 먼저 시도되었다. 김경재의 「함석헌의 종교 이해」는 그 첫 장이 "종교를 허물어 버리는 신앙인 함석헌"이란 표제를 지닌다. 이진구의 「새 종교와 낡은 종교」에서 함석헌의 눈에 비친 한국 개신교는 낡은 틀에서 벗어난 새로운 종교=개신교로서의 신앙을 표방한다. 기성종교와의 일치가 아닌, 그래서 무교회에서 퀘이커를 편력하는 그를 기술한다. 그리고 함석헌의 타 종교 이해와 수용의 태도인 한국 전통을 포용하거나 활용하는 그의 자세를 종교 다원주의의 틀을 적용시키고 있다.(신재식) 함석헌의 인도 종교 수용이 그의 사상의 포용적 전환에 큰 영향을 미친 것은 주지의 사실이다. 송현주는 "함석헌의 사상의 후반부를 차지한 종교 다원주의적 사상의 형성에는 『바가바드 기타』가 많은 영향을 주었다고 본다. 혹은 반대로 그가 이미 찾고 있던 사상의 방향성에 확신을 주고 적절한 논리를 준 것이 『바가바드 기타』였다고도 본다." 함석헌의 동양 전통 활용에 대한 자세의 분석일 수 있다. 이 모든 함석헌 이해/해석이 종교학적인 접근이겠지만 소위 종교학의 방법론적인 틀이 그대로 적용되고 있어 종교학 이론의 개념사의 백과사전 같은 느낌이 들 정도로 다양하다. 함석헌의 종교적 다면성을 말하는 것이고 그의 사상, 신행의 깊이를 웅변하는 것이겠지만 한편 지나친 개념적인 틀로의 환원이란 함정을 어떻게 벗어날 것인지는 화두일 수밖에 없다.

3. 환원주의의 함정

이번 학회의 주제는 양명/학과 함석헌과의 상관성을 짚어 보는 일이 전제로 되어 있다. 앞서 지적했지만 "여기에도 있다"는 연관성 찾기나 유사점 찾기의 작업을 시도하는 일은 피할 수 없는 일차적 작업이다. 이런 비교론적인 접근이 가져올 수 있는 문제점 역시 검토의 대상으로 삼을 수밖에 없다. 비교론이 장점을 지니는 것만큼 그것이 지닌 단점도 동시에 부각시킬 필요가 있다. 우리가 함석헌을 이해하기 위해 이제껏 사용한 도구의 대부분이 이런 비교론적인 관점을 벗어나지 못하고 있다. 더욱이 그의 폭넓은 사상과 활동을 짚을 때 비교/대조의 틀은 그를 항상 새롭게 만들어 왔기 때문이다. 그런 접근은 우리의 정신적 영웅들(왕양명과 함석헌)의 입지를 활성화할 것처럼 보인다.

먼저 검토할 일은 비교론이 지닌 문제와 한계성이다. 비교적인 시각은 인식의 출발이자 학문의 발단이기도 하다. 하나의 사상(事象)은 그 자체만으로 파악되지 않는다. 다른 대상과의 비교를 경유할 때 그 사상(事象)의 특징들이 드러나기 때문이다. 일찍이 종교를 학문의 대상으로 삼는 종교학(Religionswissenschft, Science of Religion, History of Religions)의 개창자라 할 막스 뮐러(Max Müller, 1823-1900)도 "하나만 아는 사람이라면 그는 아무것도 아는 것이 없다.(One who knows only one knows none.)"라는 비교론의 금과옥조와 같은 말을 남겼다. 함석헌의 박학다식과 모든 사항을 거침없이 인용하고 자신의 관점과 일치시킨 발언도 어느 면에서 이런 비교론적인 시각을 지닌다. 특히 그의 타 종교와 동양 전통에 대한 깊은 이해는 보는 입장에 따라 불편해하는 것도 이 비교론적인 시각이 지닌 문제 때문이다.

무엇보다 비교를 통해 안다는 사실은 항상 가치 중립적이고 객관적으로 이루어지지 않는다. 거기에는 장단(長短), 우열(優劣)의 가치판단, 심지어 개인적인 기호에 따른 심리적 선택까지도 따른다. 비교 기준의 잣대가 전제되기 때문이다. 자기가 필요로 하는 것 혹은 선호하는 것만 모아 비슷한 요인들을 나열한다거나 나의 것과 일치시키기 위해 타자의 특징을 환원적으로 처리할 수도 있다. 환원론의 전형적인 예이다. 여기에는 나의 목적만을 위한 맹목적 일치(blind identification)의 작업을 시도하거나 나와 동일한 것으로 만들려 한다(homogenization). 또는 나의 특징이나 타자의 특징을 일반화시켜 같은 것으로 보이게끔 한다(generalization, universalization). 그러나 이런 과정을 겪으며 비교를 가능하게 하였어도 결국은 두 개의 사항은 끊임없이 접근만 할 뿐이고(tangential) 동일한 공간에 똑같은 두 사물이 존재할 수 없다는 모순에 직면한다. 따라서 어느 한쪽이 다른 한쪽에 대한 예비적 전 단계에 위치할 수밖에 없고 착시적인 환상에 빠져 속을 수밖에 없는 것이 비교론적 접근의 현장이다.(Edward Conze, 「Buddhist

Philosophy and its European Parallels」 또는 그의 「Spurious Parallels to Buddhist Philosophy」).

비교론이 빠질 수밖에 없는 한계이며 우리의 인식의 한계이기도 하다. 특히 종교에 관한 비교론적인 입장이 종교학을 발주시키고 정치 문화적인 영역에서의 제국주의와 기독교 선교주의를 가능하게 하였던 과거 역사는 큰 시사점을 준다. 함석헌의 행적과 사상을 이해/해석할 때 우선적으로 제기되는 문제점이 바로 이 비교론에 의한 환원주의라는 함정을 피해 가는 일이다.

김경재가 지적하듯 함석헌에게 종교=기독교는 존재 기반이었다. 그의 다양한 생각과 활동은 종교를 경유하지 않으면 어떤 접근도 허용되지 않는 관문과 같은 것이다. 30권에 이르는 방대한 기록 가운데 사회, 정치, 문화의 어떤 표제를 달고 있어도 그것은 종교 담론으로 이끌고 있다. 그의 사상의 표/리이고 함석헌 사상의 알파와 오메가이다. 종교는 함석헌의 "인간임"이고 "존재 기반"으로 정의된다. 그의 생각, 활동은 모두 종교에서 시작되고 우리의 그에 대한 평가도 종교에로 귀결 짓는 데 조금도 스스럼이 없다. 그만큼 함석헌의 종교는 그를 발주시키고 그를 귀결 짓는 전체이다. 적어도 종교적/기독교적인 입장에서는 그렇다. 그가 다룬 다양한 정치 사회적 이슈 등 그의 활동과 생각이 미친 어떤 분야였든 이들 분야의 핵심을 종교로 되돌려 놓는 듯 보인다. 이런 점에서 우리는 함석헌은 종교 담론의 환원적인 순환 틀에 들어 있다고 생각한다. 우리 자신마저 이 환원주의의 틀에 빠져 그를 이해하는 것은 아닌가 하는 의구심을 갖게 된다. 그러나 그는 결코 환원적 사고 틀에 빠져 있다고 생각되지 않는다. 우리의 해석의 틀이 환원주의에 빠져 있다고 보인다. 그는 종교/기독교를 시점으로 자신의 모든 생각과 활동을 펼치기 시작하지만, 그것은 "끝이 열린 시발점(open-ended)"이다. 곧 그는 끝이 열린 종교를 언급하고 있으며 그 도중에 어떤 형태가 되었건 종교란 틀로 되돌아감을 차단시킨다. 그의 시작은 종교였지만 귀결은 종교의 틀을 벗어남 혹은 전혀 다른 종교의 틀을 제시하는 것이다.

함석헌은 한국의 개화기 장로교를 자신의 선친보다도 앞서서 믿기 시작했다. 얼마 안 되어 무교회로 옮겨 가고, 마지막 단계로 퀘이커로 옮기고 그 사이에 모든 종교 전통을 수용한 사실을 고백한다. 곧 종교 혹은 교파 편력을 말하며 자신의 종교관을 이렇게 집약한다.

> 나는 어려서 내가 뭔지 모를 때 자연히 장로파에서 자라났고 그다음에 무교회에 속해 있었고 이제 지금은 퀘이커에 속해 있지요. … 사상적으로 한다면, 나 스스로 나는 보편 종교다. 모든 종교를 따지고 들어간 마지막 구경은 다 한가지다. … 사상적으로 하면 그렇습니다. 일관하게 꼭 뭐 처음부터 마지막까지 같다기보다 … 달라짐이 있더라도 내 종교라는 것이 있어야 하지 않을까? 내 종교라는 것도 그렇지요. 자기가 꼭 선택을 했어야 되는 건가 하면 그렇지도 않을 거예요. 내가 인도에 낳았다면 힌두교도가 됐을지 모르고, 또 다음 불교도가 됐을지도 모르지요. … 천상 그런 형식이라는 것은 온전할 수 없으니까 … 아주 생각이 달라져서 내 종교를 (아주) 의식적으로 변경을 하려면 그것도 하지 못할 거는 아니지요. (『신저작집』 14, 158쪽)

자신의 종교적 성장 혹은 변이의 과정을 담백하게 서술한다. 이런 그의 행적과 생각의 추이를 기독교에로 환원시킬 필요가 있는지 다시 한번 그를 평가하는 우리들의 환원적 틀을 검토해 볼 필요가 있다.

외형상 종교의 보편을 언급하는 그는 보편 종교란 새로운 영역의 종교를 설정하는 듯 보인다. "마지막 구경은 한가지다"라며 모든 종교를 일관하는 공통 영역(종교의 성스런 영역, 또는 homo religiosus)을 설정한다고 생각한다. 그러나 곧이어 그런 영역이 존재하지 않음을 확인한다. 그것을 부정하는 말이 바로 "마지막까지 같다기보다, 달라짐이 있더라도 내 종교라는 것이 있어야" 한다고 말한다. 보편 종교는 가상할 수 있으나 현실적으로 낱낱의 개별 종교만이 존재한다는 것이다. 곧 모든 종교를 일관하는 "구경의" 종교, 또는 에스페란토식의 보편 종교를 부정하는 것이다. 개별 종교마다 "그런 형식"들의 불완전성을 지니는 것이 현실이지만, 그런 (완전한) 형식으로서의 보편 종교가 없음을 못 박는다. 이런 발언을 할 때에 이미 그에게는 기독교는 물론 종교란 초세속적 영역의 세계가 존재하지 않음을 예견한다고 생각한다. "내 종교를 변경하려면 그것도 하지 못할 것은 아니다."라는 언표는 끊임없는 개종과 가종(加宗)(황필호)을 합리화하는 발언처럼 들리지는 않는다. 아마 속(俗)과 성(聖)의 넘나듦을 지시하는 듯하다. 엘리아데(Eliade)적인 성(the sacred)과 속(the profane)의 구분을 부정하는 것이다. 곧 종교학의 주장인 "종교적 인간", "종교만의 영역"(homo religiosus, sacred)을 철폐시킨다. 이런 주제는 오늘날 종교학 영역의 가장 중요한 뜨거운 이슈로 떠오른다.(Russell McCutcheon, 『Manufacturing Religion』; Talal Asad, 『Geneologies of Religion』)

함석헌의 발언 속에 종교의 보편성 강조가 오히려 기독교 팽창주의를 돕고 보편적 이념화나 이념화된 세계화가 형태를 달리한 제국주의의 양태라는 것이 예견되어 있다. 종교성이니 보편성이니 하는 말들의 허구와 그 의도를 적확히 지적하는 것이다. 오히려 개별성과 구체적인 사항만이 현존할 뿐이다. 그는 자신을 이단으로까지 몰고 가는 자신의 구체성=기독교를 인정하고 구체성을 찾아 편력할 뿐이다. 그것이 무교회이고 퀘이커이고 더 나아가 힌두교와 불교를 인정하고 노자를 통한 예수 이해, 예수를 통한 노자 이해를 가능하게 한다. 이런 함석헌의 입지를 환원시킬 때 어떤 기독교, 어떤 종교 개념에 일치시킬 수 있을까? 가장 표본적인 예는 장기려 장로와의 일화에서도 드러난다.

> 내가 노장 이야기를 자꾸 하니까 염려가 되셨던가 봐요. … 청년들이 (전하며) 묻기에 '내가 노자도 … 장자도 좋아하지만 내가 믿는 내 주님이 … 예수 그리스도지, 다른 이가 있겠느냐'라고 했더니 장 박사님이 우셨어요. 나는 '야, 말도 못하고 속으로 얼마나 염려했으면 그랬을까.' 이렇게 생각이 들어 고마웠어요.(『함석헌전집』-구판-3, 171쪽)

그에게 자신의 종교적 정체성을 어느 곳에 두느냐 하는 것은 전혀 문제시되지 않는다.그는 종교학적, 사상적 규범이라는 것도 상대적일 수밖에 없는 점을 지목한다. 그러나 현실적인 존재 양태를 부정하거나 추상화된 종교를 믿는 행태는 아니다. 장 목사를 대표시켰지만 그런 발설의 의도는 자명하다. 종교적 정체성이나 규범화하는 일은 그것을 발설한 사람 혹은 그 개념 틀에 의해 형상화하고 정한 사람들의 현실적 틀에 담겨 있을 뿐이다.

그는 종교의 선택을 결혼과 곧잘 비교한다. 성서에서 비유로 나왔기 때문이기도 하지만, 자신의 결혼과도 적확히 맞아떨어지는 경우이기도 했고, 사랑이란 보편성이 어떻게 구체화되는지를 여실히 보여주는 경우이다. 곧 존재하지도 않는 종교란 보편성이 어떻게 현장화하는지를 그대로 보여준다.

어느 것을 내 종교로 삼지요 … 종교는 그 가르침 중에서 집으로 말하면 저 마룻보 같은 그런 것인데 … 그런 의미에서 택하는데 혼인으로 말하면 내 짝을 택하지 않을 수 없고 … 택한 이상에는 택하기 전과 같을 수가 없어요. 전체를 한 사람 속에서 보아야 하니까. 내 종교를 절대화해서 '야, 이거만 이 진리다' 하는 것은 지금은 못하게 됐어. … 사람이란 자주 변하고 … 몸 이 변할 뿐 아니라 안다는 이 지식도 자꾸 변해요. … 체험도 고정이 돼 있 는 것이 아니고 … 변동이 올 수밖에 없지 … 종교의 아주 정통이라 해서 고 집하면 그렇게 잘못된 것이 없어요. … 뭐 내 종교라는 게 있느냐 그래서 모 든 종교를 한데 섞어서 비빔밥 모양으로 하면 그게 참종교냐 하면 안 그렇 지 않아요? … 마치 혼인하는 걸로 이야기한다면 … 내 남편 … 내 아내에게 충실한다 해도 그걸 절대화해서 그 사람이 제일가는 인물이지 그 이상은 없 다고 그럴 수는 없는 것과 마찬가집니다.(『함석헌전집』 14, 160-161쪽)

함석헌에게 종교는 최종적인 것이기보다 도구적인 것이고 과정적인 성 격을 띤다. 그렇다고 종교를 상대화하지도 않는다. 오히려 그에게 종교는 의상의 상징성이 있다. "문명은 옷"이란 글에서 그는 인간으로서 옷을 입 지 않을 수 없고 옷을 입어야 한 개인이 드러나듯 문명의 특징 역시 그러 하다고 했다. 전체의 한 부분으로서만 현존하는 것이 우리의 존재 양태이 고 그것이 우리의 운명(또 종교적 상황)이기 때문이다. "내가 교회에서 배운 것은 기독교란 하나의 형식이었다."(『신 저작집』 6, 243쪽)란 말은 우리의 종교적 존재 양태를 간명하게 말해 준다. 옷의 특징이란 바로 기독교, 불 교, 이슬람교라는 구체적인 현실의 종교를 지시하고 옷에 대한 호오적인 비판이 무신론, 거짓 종교, 반신론의 주장으로도 표출된다는 것이 또한 함 석헌의 종교 이론이다.

앞에 인용된 구절에 대한 해석은 다의적일 수 있다. 이런 복합적 입장을 표명한 함석헌을 놓고 "어떤 종교적 정체성을 지닌 것이냐?" 질문하며 "기독교의 한국적 심화"나 "기독교의 다변화"의 한 표본으로 삼는다면 그것은 함석헌을 기독교 제일주의나 종교 보편주의로 환원시키는, 함석헌이 거부한 모순에 떨어지게 한다. 또는 의상으로서의 종교를 설명하는 그를 우리는 종교 다원주의자로 규정한다. 또 다른 환원주의적 시각으로 보는 것이다. 종교 다원주의란 개념이 한국에서 정착되는 것은 1980년대 이후로서 함석헌의 다종교 상황에 대한 포용적인 자세 이후에 도입된 개념이다. 오히려 그의 타 종교 포용의 다종교적 태도는 종교 혼합주의적 성격을 띤다. 실제로 이분은 자신을 그렇게 규정한 것을 부정하려 하지도 않는다. 그렇다고 그런 자리매김을 수용한다는 것은 아니다. "나는 내 가는 길을 갈 뿐이지 그 자체를 규정할 자격은 없다." 다시 이 점에서 그를 그렇게 규정한 인식이나 개념의 틀을 발설자의 것으로 되돌린다. 앞서 인용한 장기려 장로에 대한 그의 반응은 그러한 태도와 자세를 적확히 보인 것이다. 곧장 장기려의 이해/해석이 그렇다면 그 해석에 일치시키라는 것이다. "전체를 한 사람 속에서 보아야 하는" 그의 입지는 한 사람의 시각일 수도 또 다른 시각일 수도 있는 다변적인 표출로 볼 수밖에 없다.

이 점은 전통문화와 기독교의 보편화를 주장하는 라이문도 파니카(Raimundo Panikkar, 1918-2010)의 입장을 연상시킨다. 비교철학의 한계와 극복을 지적하면서 파니카는 오늘날 비교철학(comparative philosophy)의 불가능성을 말하는 대신 새로운 형태의 Iimparative philosophy(예비적 마련의 철학)를 제시한다. 신조어로서의 imparative는 준비하고(prepare), 마련하고(furnish), 제공한다(provide)라는 라틴어에서 만든 새로운 조어이다. 곧 모든 사상, 문화는 유일하고 궁극적이다. 따라서 그것들을 "합리적으로 비교한다거나(justifiably compare)", "하나로 묶는다거나(bring together, com)", "동일한 것으로 만들 수(equal footing)"는 없다. 오히려 다른 사람들의 사상적 체험을 겪고 경험할 준비를 함으로써 배워야 한다는 입장이다. 따라서 이런 배움의 자세는 반성적이고 비판적이게 된다. 개방적이고 모든 것을 잠정적인 것으로 삼는다. 곧 "마련하는 것"으로서의 이 사상은 시/공을 초월한 어떤 지주(支柱)와 근거를 지니기를 거부한다. 자신의 입장이란 조건적이고 부수적이며 우발적인 여건을 따를 뿐이다.

파니카의 해석은 매우 상대주의적인 시각으로 비칠 수도 있지만, 두 사상이나 전통을 동시적으로 이해하거나 해석할 때 지닐 수밖에 없는 입장이다. 함석헌의 동양 전통이나 자신의 밖에서 일어나는 종교 전통들이며 심지어 자신의 이단성에 대한 규정마저도 그는 수용했다. 앞으로 더 나아가기 위한 과정적인 사항이고 "끊임없이 나아가고", "한없이 올라가기"일 수밖에 없기 때문이다. 함석헌과 파니카 이 두 사람의 이런 태도는 이질적인 타 종교, 다른 문화를 "마련해 주고" 그 종교나 문화는 경우에 따라 "조건적"으로 나타날 수밖에 없다는 점을 인지하는 점에서 서로 닮아 있다.

그의 이런 모습의 종교 다원주의적 태도를 다른 형태로 극복하려는 시도를 본다. 곧 탈향(脫鄕)과 귀향(歸鄕)이란 메타포를 사용하며 좁은 기독교의 울타리를 벗어남을 지적한다. 그리고 귀향이란 또다른 기독교에로의 복귀가 아닌 열린 것으로의 지향[脫/向]이라는 개방성을 제시한다(신재식, 「함석헌과 종교 다원주의: 탈향과 귀향의 구도자」). 이런 해석은 서구 종교학 개념을 차용한 축적적인 전통(cumulative tradition)과 물상화(物像化, reification)가 기성종교, 특히 기독교의 현존 양태라면 그런 기독교에서 삶의 내면의 신앙으로 옮겨간 것이 함석헌의 종교관이라 보는 것이다. 물상화에서 삶의 내용으로의 전이(轉移)라는 서구 종교학 이론을 적용시키며 함석헌의 종교의 특징을 부각한다. 곧 기독교의 확대와 심화의 한 모습, 또는 개별 종교의 보편화로서의 함석헌의 종교를 특징짓는다. 거의 비슷한 맥락은 기성종교와의 일치이지만, 그런 교단에서의 신행을 부정함으로써 낡은 틀을 벗고 전혀 다른 차원의 새 종교[改/新/敎]를 지향한다는 해석도 역시 기독교적인 전제와 보편 종교 혹은 세계종교란 개념의 틀을 벗지 못한다. 그러나 이러한 함석헌의 기독교를 초극하는 듯한 태도나 타 종교를 수용하는 자세는 기독교적인 전제를 기본으로 하지 않을 수 없다. 다종교 문화 또는 종교 다원주의라는 개념의 형성 자체가 이미 기독교적인 틀의 외연 확장과 종교 보편화를 예상하는 분류 방식이다. 모든 종교를 병렬적으로 위치시키고 그것들의 문화 역사적 지위를 인정한다는 것이지만, 그런 개념의 틀이 함석헌의 전통 수용과 노자를 통한 성서 해석이나 성서를 통한 노자(전통) 해석과는 같은 위치에 있지 않다. 그리고 한 걸음 더 나아가 그의 "종교 의상론"은 자신의 입지를 설명하는 방식이자 타 종교를 인정하는 기독교 유일주의의 극복으로 이해된다.

그렇다면 그의 장로교-무교회-퀘이커라는 연대기적 성장과 종교적 삶의 변화를 가져온 것은 어떻게 설명하고 이해해야 하는 것일까?

> 나는 지금 종교는 하나다 하는 생각이다. … 가까운 신앙의 친구들도 한때 의심을 하게 되었다. 그러니 교회에서 이단이라는 것은 말할 것도 없을 것이다. 이단이니 정통이니 하는 생각은 케케묵은 생각이다. 허공에 길이 따로 있을까? 끝없이 나아감, 한없이 올라감이 곧 길이지. 상대적인 존재인 이상 어차피 어느 한 길을 갈 터이고, 그것은 무한한 길의 한 길밖에 아니 될 것이다. 나는 내 가는 길을 갈 뿐이지 그 자체를 규정할 자격은 없다. 이단은 없다. 누구를 이단이라고 하는 맘이 바로 … 유일의 이단일 것이

다.(『신저작집』 6, 251-252쪽)

환원주의적 함석헌 해석은 한계를 지닐 수밖에 없다. 이 구절마저 함석헌의 기독교적인 사유가 심화된 것으로 이해한다면 우리는 심각한 오류에 빠진다. 함석헌의 "끝없이 나아감", "올라감", "무한한 길"이라는 "끝이 열린 것(open-ended)"을 종교 고유의 영역이 존재하고 현실과는 또 다른 영역이 존재하는 것으로 생각하는 것은 잘못일 듯하다. 곧 그를 종교만의 세계로 함몰시키는 것이다. 그런 종교적인 틀에 의한 개념화와 유형화의 표현들이 함석헌을 또다른 형태의 "무명의 기독교도"(anonymous Christian)라는 선교를 위한 수사적 게임의 범주로 떨어뜨린다. 환원주의가 우리의 인식의 틀이나 이해의 틀을 다변화시키는 일을 돕는 것은 사실이나 이런 틀의 위험성을 극복하는 작업이 함석헌을 바로 보게 하는 일이고 우리에게 계속 그의 또 다른 의미를 현시하는 일이 될 터이다.

4. 본질주의적 함정

함석헌의 무교회주의로의 전환이나 퀘이커로의 변신은 전통적 기독교에 대한 비판에서 시작되었고 또 신앙 공동체에 대한 요청에서 나타난 결과였다. 실제로 그의 전환이나 변신의 문제는 종교의 제도와 교회의 존재 방식, 그리고 신앙상의 회의에 대한 돌파구였다. 처음의 무교회로의 전환이 한국 교회의 관행적 제도와 교회 존재 방식에 대한 해결책이었다면, 퀘이커로의 변신은 대속(代贖)에 대한 오랜 개인의 종교적인 고민 끝의 해결책이었다.

의문이 차차 생겼다. 전에는 문제없는 것 같던 점들이 문제가 됐다. … 나도 자주(自主)하는 인격을 가진 이상 어떻게 역사적 인간인 예수를 신앙의 대상으로 삼고 '주여!' 할 수 있느냐 하는 것이다. 그다음은 자유의지를 갖춘 도덕적 인간에게 대속은 어떻게 이루어지는 것이냐 하는 점이다. … 복음주의 신앙의 대답, 우치무라 선생이 해 주었던 말을 잊어서가 아니다. … 내 마음이 달라졌다. 거기에 … 논리의 비약이 있는 것 같았다. 깊은 체험보다는 감정의 도취인 것같이 보이는 것이 있었다. 사실과 상징을 혼동하는 것이 있다고 보였다. 자기를 완전히 부정한다느니, 그리스도에게 완전히 항복한다느니, 자기가 죽는다느니, 완전히 새로 태어났다느니 하는 말을 지금도 모르는 것 아니다. … 분명치 않으면서도 서로 묻지 않기로 말없이 약속한 묵계가 있어 슬쩍슬쩍 넘어가는 것 같은 것이 있었다.(「이단자가 되기까지」, 296쪽)

대속 신앙에 대한 개인적 해결은 그의 기독교 신앙의 모든 것이라 해도 과언이 아닐 정도로 함석헌 신앙 내용의 모든 것이었다. 곧 "예수의 피만이 아니라 자신의 피를 흘리는 신행"이어야 했다.

나는 대속은 이해할 수가 없었다. 대속은 인격의 자주가 없던 노예 시대에 한 말이다. 대신은 못하는 것이 인격이다. … 인격 없는 자에게는 대속이란 말이 고맙게 들릴 것이나 자유로운 인격에게는 대신해 주겠다는 사실이 오히려 모욕으로 들릴 것이다. 대속이 되려면 예수와 내가 딴 인격이 아니란 체험에 들어가야 한다. 그러면 그것은 벌써 역사적 예수가 아니다. 그런데 대속을 감정적으로 강조하면 그 체험에 들어감 없이 대신해 주었다는 감정에만 그치기 때문에 인격의 개변이 못 일어나고 만다. 그래서 대속에 감격

하는 사람은 대개는 인격의 개변, 곧 죄의 소멸은 없이 그저 기분으로만 감사하다는 것이다. 그렇기 때문에 사실에서 그러한 감상적인 대속 신앙은 아무 실효가 없다. … 그것은 하나의 주관적 도취에 지나지 않는다. (함석헌 윗글, 296-297쪽)

대속 신앙은 일면 불교의 인과론이나 불성론과도 연결시킬 수 있으며 동양 전통과도 직결되는 중요한 신학상/불교학상의 연결 고리를 지니는 문제이기도 하다. 오히려 함석헌의 입장은 이 불교 전통과도 연결 지을 수 있는 중요한 계기를 지닌다. 그러나 불교와의 직접적인 상관관계는 없겠지만 그의 신앙상의 문제 해결 방식은 그에게 체질화된 동양 전통(유교, 도교, 불교)이 중요한 역할은 하는 것은 물론이다. 어떻든 이 대속 신앙은 "예수와의 인격적인 만남, 하나 됨"을 중요하게 여기고 하나님과의 깊은 신비주의적 일치를 주장하게 된다. 그는 "만남, 하나 됨"의 주관적 신비주의를 극복하기 위해 오히려 퀘이커의 "단체적 신비"에로 옮겨 간다.

『바가바드 기타』를 통해 주관적 신비 세계(아트만/브라만의 일치)의 중요성을 인지하고, 우치무라의 "해석을 거부하는 신비주의"를 비판하며 오히려 그는 적극적 공동체 의식에 참여하는 것이다. 바로 신비 체험이 가져올 허점이랄까 그것이 지닌 위험성을 공동체 속에서 구하는 것이다. 그는 신앙의 체험에서 신비주의의 중요성을 깊이 인지하였다. 김영태가 지적하듯 "동양의 신비주의와 서양의 신비주의 특히 퀘이커 신비주의에서의 단체적 공유를 중요하게 여겼다. 곧 개인주의적인 명상과 집단의 명상은 큰 차이가 있으며 그는 단체적 신비주의의 중요성을 감지했고 그것이 퀘이커에로 가게 했다."고 말한다. (김영태, 『신비주의와 퀘이커 공동체』)

그에게서 오히려 신비주의를 극복하기 위해 퀘이커를 선택하였다는 역

현상을 보는 것이다. 곧 퀘이커의 공동체적 신비주의라는 "단체적 신비"를 중요하게 여긴 것이다. 개인의 신앙의 최대 고민인 대속 신앙을 해결하자 그는 종교 생활의 공동체적 성격을 생각하지 않을 수 없었을 터이고 극단적인 개인주의적 이해는 그를 개인적 신비체험이라는 영역으로 빠뜨릴 위험성을 간파한 듯하다.

"내 종교라는 것"은 있어야 하고 "뭔지 모를 때 자연히 장로파에서 자랐"고 "그다음에 무교회에 속해 있었고 … 지금은 퀘이커에 속해 있다."라고 실토한 배경은 그의 종교적인 고민에 대한 해명이다. 〈흰 손〉이란 시의 "네 피 한 방울 없어 그저 남더러 대신 흘러 달래 살고 싶으냐?"라는 고백과 "기독교는 위대하다. 그러나 참은 더 위대하다."라는 〈대선언〉의 발언은 그의 이런 종교적 고민과 개인적 탈출과 해결을 예시하는 발언이다.

물상화된 제도로서의 기독교를 극복하는 일이 무교회였다면 대속 신앙에서 스스로의 나만에 의한 자속 신앙(自贖信仰)으로의 이행은 공동체 속에서 공유하는 "단체적 신비"로 옮겨 오는 것이다. 그의 퀘이커로의 이행은 단순한 개인의 종교적 이해와 자기만족만을 위한 일은 아니다. 그는 퀘이커로의 전향을 이렇게 증언적으로 말한다.

> 그들의 우의(friendship)에 대해 책임감을 느껴서 그렇게 결정했고, 회원이라 할 때는 크게 책임감을 가집니다. 전도 아니 하고, 강권하지 않아서, 퀘이커가 완전한 종교란 말은 아닙니다. 가장 훌륭한 종교란 말도 아닙니다. 그렇게 하는 것이 마땅하다. 그다음은 모릅니다. 길은 인간관계에 있습니다. 눈은 별을 보지만 가는 것은 땅을 디디는 발입니다. (『구전집』 15, 354-355쪽)

내가 이 글을 읽는 동안 새로 얻은 것 중의 가장 큰 것은 공동체에 관한 이론입니다. 나는 이날까지 대체로 자유주의 속에서 살았으니만큼 개인주의적인 생각을 면치 못했습니다. … 세상이 다 없어져도 나 혼자만으로도 기독교는 있을 수 있다고 했습니다. 못할 말이었습니다.

이제 전체를 떠난 개인이란 있을 수 없습니다. … 개인의 뒤에는 늘 전체가 있어서 그 하나하나의 행동과 사상을 규정하고 있는 것을 과학적으로 밝히고 있습니다. 나만 아니라 오늘날 되어 있는 종교가 다 개인주의적인 사고방식을 벗어나지 못하고 있습니다. 그런 의미에서 퀘이커들이 말하는 단체적 신비주의는 깊이 들을 필요가 있습니다.(『구전집』 15, 357쪽)

그는 퀘이커를 통한 "공동체에 관한 이론"에 공감한다. 종교의 신비는 공공의 영역으로 나와 사회 연관성 속에서 작동하여야 함을 의식하는 것이다. 종교는 개인적 심령에 속하는 신비의 영역이 아니었다.

또 한 가지는 퀘이커가 역사를 대하는 태도입니다. … 미래에 대해 진지하고 용감한 태도 … 세계 걱정 … 미래를 구할 수 있는 종교가 있다면 그것은 퀘이커 같은 … 방식의 생각을 하는 종교가 아닐까, 그렇게 생각됩니다.(『구전집』 15, 357쪽)

단순히 자신이 몸담고 있는 종교 공동체의 중요성을 강조하는 말이거나 자신의 종교적 영역을 확보하는 말이 아니다. 앞에서도 지적했지만, 종교경험이며 정신적 영적 체험은 세속을 초월하는 또 하나의 영역을 설정하도록 되어 있다. 종교만의 의식 세계를 설정하는 것이다. 곧 본질주의적 세계의 설정이다. 현실과 현상의 배후에 나타나 있는 것과는 다른 본질을 가정하는 일이다. 제도의 종교, 의례의 종교이거나 축적된 전통이라는 물상화 이외에 다른 본질이 있는 것처럼 생각한다. 외형으로 각질화된 제도와 의례, 형식들은 한 종교가 표방하는 내용과는 상관없는 것으로 보며 또 다른 본원적인 것을 전제로 한다. 특히 오랜 전통과 정치 사회적으로 깊은 연관을 갖는 기독교, 불교의 경우 이런 경향은 전형적으로 드러난다. 현실 현장에서 작동하는 불교와 기독교와는 다른 "본래의 기독교", "예수님의 기독교", "초기 불교", "부처님 당시의 불교"란 표현을 사용하며 본질주의적 추구를 한다. 있어야 할 자리에 위치하지 못한 종교들의 위상과 그 결함을 지적하고 그 현실태를 부정할 때 우리는 "순수"란 원형에 사로잡혀 그런 기독교와 불교가 어디엔가 존재하는 듯 상정한다. 이 원형 속에는 영적인 것, 정신적인 것, 종교적인 것이 작동한다고 생각한다. 원형으로의 복귀는 결국 "실락원"이나 "피안" 의식에 사로잡히게 한다. 함석헌은 이렇게 말한다.

불교인, 기독교인 그런 것은 없다고 합니다. 믿는다는 것은 구경(究竟)에 가잔 것인데 자리도 아닌 자리인데, 그 자리에 가려면 … 이때까지 타고 오던 물건은 버려야 할 터인데 못 버리고 정말 내 자리엔 못 들어간 것입니다. 그래서 참의미로는 종교인이란 것은 없습니다.

되찾고 돌아가야 할 그런 영역이 따로 존재한다는 것을 거부할 뿐 아니라 최종적으로 "종교인"마저 부정한다. 본질주의적 접근과 시각은 함석헌이 감추어 놓은 무엇이 있는 듯 오해할 빌미를 마련한다. 그는 본질을 찾은 것이 아니다. "모든 종교를 한 솥에 넣고 끓여서 거기서 승화된 것을 말해 보려는 … 도저히 불가능한 일을 하려 하지 않는다."라는 그의 자세는 분명 모든 종교를 일관하는 숨겨진 본질이나 승화된 것을 색출하는 본질 추구는 아니다. 그는 스스로 추구자이기를 표방하지만 퀘이커적 현장 속에서의 자신의 위상을 추구하였지 종교적인 새 영역을 추구한 것이 아니다. 오히려 그는 구체적 현장/현실로 되돌아온다. 그는 종교 고유의 영역과 성스러움의 세계로의 이원화를 부정하고 "지금 여기"(hic et nunc)의 현장만을 말한다. "역사에 대한 태도", "미래에 대한 태도", "세계를 향한 태도", "미래를 건지는 태도"를 예상하고 퀘이커적인 자세에 공감한다. 심지어 퀘이커의 종교적 불완전성을 짚으면서도 그들의 현장에 크게 공감하고 공동체적 참여를 하는 것이다.

퀘이커 참여가 함석헌을 그렇게 이끈 것이 아니라 이미 지적했듯이 대속을 거부하고 자속에서 "스스로 피를 흘리는" 민중과 민중 속에서 삶을 이끌 자세를 오래전에 표명했다. 오늘날 종교학에서 제기되는 "종교란 사회적이기도 하고 정치적이기도 하고 경제적이기도 한 것이냐?"라는 종교 영역의 분화와 환원적 태도에 대한 질문과 함께 "종교란 오직 사회적인 것이고 정치적인 것이고 경제적인 것일 뿐이다."라는 적절한 답변을 마련했다고 생각한다. 그때그때마다 나타나고 우리에게 보이는 "종교란 종교인/학자의 창안일 뿐"이라는 말은 함석헌의 체험을 통해 우리에게 구체적으로 현시된다. 그는 기독교 본질주의자도 기독교에로의 환원주의자도 아니다.

5. 맺음말

함석헌은 계속 달리 보이고 재해석되어야 한다. 그리고 이전의 함석헌에 대한 접근들도 끊임없이 반성적으로 재평가되어야 한다. 그 길만이 함석헌을 울타리에 가두지 않고 계속 성장시킬 수 있다. 함석헌의 성장은 곧 우리 자신의 성장이 될 터이니 말이다. 그런 면에서 정진홍의 "함석헌 길들이기의 위험성"에 대한 지적은 함석헌 이해의 또 다른 지평을 여는 발언으로 들린다.

> 인식 주체가 스스로 설정한 범주 안에서 자신의 논리에 의하여, 이른바 인식 객체로 설정된 사실을 끊임없이 되뇌면서 그것을 자기 울안에 가두어 놓고 스스로 만족하는 모습 … 함석헌 현상의 인식 내용은 … '증언의 자리'와 '살펴 앎을 기하려는 자리', '울을 쳐 가두려는 자리', 나아가 '그렇게 길들여 내 만족을 충족시키는 자리'와 '울을 열어 살아 있는 본디 모습을 좇는 자리', 이 둘 중에서 아무래도 후자의 자리를 주목하고 서술하고 발언하고 풀어야 … 학문하는 몫을 하는 것이 될 것이라 예상한다. (정진홍)

그의 발언에 공감하며 함석헌이라는 인물의 평가는 그의 역사적 정황과 삶의 생동하는 현장 속에서 그의 종교를 논의/해체하여야지 그를 종교로 환원시키거나 종교로부터 함석헌의 행위와 사상을 연역해 내는 종교 고유의 영역/기독교의 울타리를 벗겨야 할 것 같다. 함석헌을 거듭나게 하기 위해서이다.

불교에서 인권은 무엇을 의미하는가?*

* 이 글은 영남대학교 인권교육연구센터와 국가인권위원회 대구지역사무소가 공동주최한 "세계인권선언 60주년 기념 심포지움 - 종교와 인권"(2008년 11월 14일)에서 발표한 것을 수정 · 보완한 것이다.

1. 머리말

불교는 자비를 표방하는 종교이며 기독교는 사랑의 종교로 자리매김하고 있다. 불교의 자비이거나 기독교의 사랑이 인간의 존엄과 권리를 신장시키는 일에 큰 도움을 주는 것으로 생각되고 있다. 그리고 종교에서의 사랑의 구현과 인권 존중의 이념은 상보적으로 서로를 보완시켜주고, 한쪽이 이념이 되면 다른 쪽은 그것의 실현 방안으로 서로를 견인하는 역할을 하는 것으로 생각한다. 그러나 현실은 어떤가?

사랑을 표방하는 기독교는 인간의 존엄을 현양하거나 확대하기보다 한 개인의 행동을 규제하고 구속(拘束)하는 모습으로 자신을 드러냈다. 중세에 일어났던 기독교의 폭력성이며, 동양 근대 시기에 식민지 개척 과정에서 기독교가 저지른 역사적 사건들을 추론할 필요도 없다. 이런 사정은 불교의 경우에도 그대로 나타나고 있다. 자비와 비폭력의 대명사처럼 되어 있는 불교에게 오늘날 스리랑카에서 벌어지고 있는 인종 분쟁의 폭력적 사태의 책임을 물어야 된다면 우리는 불교와 자비의 상관관계를 어떻게 설명할 수 있을까? 『불교는 배반하였는가?(*Buddhism Betrayed?*)』[1]라는 말

---

1 Stanley Tambiah, *Buddhism Betrayed? Religion, Politics, and Violence in Srilanka*, University of Chicago Press. 1992.

이 나올 정도로 불교 교설이 구체적 현장에서 드러내고 있는 모습들은 오히려 폭력적이고 파괴적인 면모를 보이고 있다. 이런 사태들이 현장의 상황이라면 인권은 오히려 불교의 자비이거나 기독교의 사랑의 이념보다 더 폭넓은 실천적인 상위개념의 이념이 될 수 있다. 종교와 인권은 더 이상 우리가 부여한 이념적인 자리매김에 묶여 있지 않다.

거시적으로 보면 현대사회에서 종교는 시민사회의 한 부분으로 존재한다. 따라서 종교의 인권에 대한 논의도 시민사회의 한 문제로 접근할 필요가 있다. 물론 종교는 세속사회 안에서도 독특한 위치에 놓여 있다. 종교 세계의 '절대', '궁극', '초이성(超理性)'과 같은 초월성의 담론들이 지배적 위치를 차지하고 있기 때문이다. 그러나 그런 초월의 담론이 어떻게 시민사회의 담론으로 수용되어 현장의 이슈를 다룰 수 있는가 하는 문제는 과제일 수밖에 없다. 특히 불교의 경우 근대사회나 시민사회 성립과는 괴리(乖離)가 있고 역사적 현장의 거리도 있다. 기독교가 서양 근대를 겪으며 시민사회적 경험을 겪은 경우를 생각할 때, 불교에는 그런 경험이 결여되었고 또한 그것과는 전혀 다른 사회·문화적 흐름을 배경으로 하고 있다. 그리고 흔히 인식하듯, 인권의 이념은 보편적 타당성을 지닌 것으로 알려져 있다. 적어도 인간의 존엄과 개인의 자유와 권리를 보호하는 보편성을 띠고 있기 때문이다. 그러나 이 보편적 이념이 각기 다른 문화·종교·이데올로기의 지평 속에서 어떻게 당위성을 확보할 수 있겠느냐 하는 점은 또 다른 차원의 현실적인 문제일 수밖에 없다. 불교와 인권이란 주제는 실제로 이런 역사적 현실과 정치적 연관성 속에서 조응시켜 볼 수밖에 없다.

2. 인권 개념은 보편적인가?

"인권은 인간이 인간이라는 종에 속한다는 이유만으로 갖는 권리를 뜻한다. … 누구나가 평등하게 가지는 권리이다. 인권은 그 내용에 있어 보편적이다."[2] 인권의 정의는 그 자체가 보편적이다. 인권을 표기할 때 서구어로 "Universal Human Rights"라 표현하지만 이미 "보편적"이라거나, "전 인류(全人類)의"란 관형어를 달지 않고 흔히 생략시켜 버린다. 그러고도 그 함의는 이미 "Universal"의 의미를 지니는 것으로 되어 있다. 인권이란 말이 이렇게 보편적으로 사용되고 있지만 실제로 그러한 보편적 적응성이 과연 있는 것일까?

인권의 시원은 실제로 서양 계몽주의에서 유래된 서구적 가치의 표현이다. 따라서 동양의 고대문화를 대변하는 불교가 이 서구적 가치에 대해 어떻게 대처할 수 있는가는 문제일 수밖에 없다. 영·미의 정치이론에 숙달된 사람들에게는 인권은 자명한 것으로 보이지만 동양 전통에서 인권은 낯선 이념이고 또 하나의 서구적 이념의 동양적 적응으로 비칠 수밖에 없다. 인권 개념은 지난 3세기간에 걸쳐 서구 유럽의 법제와 정치를 통해 나타난 전형적인 서양의 창안물이고, 그 가운데서도 관습법(common low)과 시민법(civil law) 전통 속에서 서서히 형성된 것으로 알려져 있다. 서양 전통에 근거한 사회·문화·정치적인 전형으로서 서양을 배경으로 한 서양 고유의 산물인 것이다.

2　Micheline Ishay, *The History of Human Rights: From Ancient Times to the Globalization Era*, Berkeley: University of California Press, 2004; 미셸린 이샤이, 『세계인권사상사』, 조효제 역, 도서출판 길, 2005, 36쪽.

그러나 불교의 교설인 법(法, Dharma)은 어떤가? 부처님의 보편적인 가르침으로서 그 가운데는 통치(governance)나 개인적 권리(right)에 대해 직접 언급한 것은 아무것도 없다. 이토록 전혀 다른 문화, 그리고 상이한 정치적 배경에서 형성된 인권 개념을 무비판적으로 불교에 적응시키고 불교의 유사한 개념으로 전이(轉移)시켜 수용할 수 있겠느냐 하는 점은 원천적으로 제기될 수밖에 없는 질문이다.[3]

이 경우 불교의 종교적 명제들을 항상 철학적 이념으로 환원시키고 개념상의 일치를 문헌과 서양적 틀 속에서 찾는 지적 작업을 수행한 것이 서양의 불교에 대한 접근 방법이었다.[4] 그러나 불교 교설의 종교적 이념들 역시 역사·문화적 배경에서 생성되었고 그 역사·문화적 상황 가운데서 활용되고 실천되어 온 지극히 문화·역사적 산물이기도 하다. 따라서 불교의 이념들은 역사·문화적 상대주의를 벗어날 수 없고 각개의 역사적 특징과 문화적 개성을 지닐 수밖에 없다.

불법의 형성 그리고 그것이 역사 현장에서 행사되고 실천된 점을 고려한다면 인권과 불법의 대비적(對比的)인 비교·적응은 단순한 비교론을 훨씬 넘어선 과제가 된다.

3　이러한 비교론적 질문은 비단 인권에만 국한된 것은 아니다. 흔히 동양 전통이나 아시아적 가치를 서구적 개념으로 전환시킬 때이거나 그 역(逆)의 경우에서 항상 부딪히는 문제이다. 서로 다른 역사·문화·정치적 배경에서 형성된 개념을 어떻게 동일한 평면에 놓고 단순 비교할 수 있겠느냐 하는 점이다. 이런 비교론의 작업이 진행될 때 일정한 문화적 특징을 환원적으로 처리하거나(reduction), 나의 특징에 일괄적으로 일치시키거나(blind identification), 또는 개별적 특징을 소멸시킨 일반화의 작업(generalization)을 진행시킬 수 있다. 서구적 근대화 과정을 겪지 않은 동양 전통이 서양적 개념의 틀과 학문적 접근에 노출 될 때마다 항상 부담을 안고 겪어야 하는 자세들이다.

4　이민용, 「서구불교학의 창안과 오리엔탈리즘」, 『종교문화비평』8, 2005, 11-46쪽.

우선 불교적 입장에서 불교교설들의 항목 하나하나를 오늘날 어떻게 이해하느냐의 문제부터 그것을 실천·수행하는 단계에 이르기까지 불교교설에 관련된 문제는 간단하지 않다. 오히려 오랜 전통 속에 놓여 있었기 때문에 교설들의 정의와 오늘날의 이해와 그것의 실천 사이에는 큰 간극이 존재한다. 불가불 학문적인 정리나 개념상의 정의를 통해 이해하고 실천의 좌표로 삼을 수밖에 없다. 불교를 이런 근대적인 학문의 통로나 근대적 틀에 투과시킬 때 인권이란 보편적 이슈가 그대로 "보편적인 아름다운 이상"일 수 없는 현안적인 문제로 제기된다.

오늘날 주장되는 인권이나 그것이 근거하는 시민법(civil law)은 기본적으로 권리와 관계된 이론과 추론(ratiocination)의 결과이다. 또 인권이란 근대 서구 유럽의 가정(assumption)에 근거하고 있고, 그 역사적 근거를 추적하면 유대·기독교적 개념과 희랍·로마의 개념과도 직결된다. 또 실천적 측면을 소급하면 영국을 시발로 한 관습법의 전통으로부터 시작되어 봉건제적 체제를 통해 몇 세기를 거쳐 시행되어 온 관례법적 선례에 근거를 두고 있다.[5] 곧 적극적인 입법을 위한 합리적 연역이나 추상적 원리에서 도출된 것이 아닌 관습법이라는 점을 주목해야 한다. 한마디로 유럽적인 관습과 서구적인 추론을 따라 이념적 원리로 형성된 것이 인권의 개념인 셈이다.

유진 카멘카(Kamenka)는 서구에서의 인권 개념의 형성의 문제점을 이

---

5 피터 융거에 의하면 인권은 국제법의 하나로서 서구, 특히 영국의 관례법과는 전혀 다른 뿌리를 갖는다. 따라서 이 두 전혀 다른 법의 결합을 근거로 인권을 논의하는 것은 큰 모순이라고 지적한다. Peter Junger, "Why the Buddha Has No Rights," *Journal of Buddhist Ethics*, Online Conference On Buddhism and Human Rights, 1995, pp. 18-26.

렇게 특징짓는다.[6]

위대한 도덕적 가치로서의 인권에 대한 믿음은 유네스코 심포지움이 특징적으로 주장하듯 유대·기독교적인 기여인 것만은 아니다. 그것은 인간의 위대한 도덕적 문헌들 속에서, 그리고 원시시대 이래로 그에 대한 열망은 항상 존재했었다. 만일 인권 개념이 어떤 특정한 의미를 지니는 것이라면 그것은 인간과 사회에 대한 하나의 관점을 지시하는 것으로 생각해야 된다. 그러나 이 말도 진실이 아니다. 인권 개념은 역사적 산물이고 유럽, 특히 기독교와 금욕주의(stoicism)와 로마법에 근거하여 발전된 산물이다. 그리고 유럽 봉건주의, 교회의 갈등, 프로테스탄티즘의 흥기, 도시의 발달을 통한 계약적 성격과 다변주의적 성격을 지닌 근거 위에 그 힘을 획득하고 방향을 갖게 된 것이다. 인권이 보는 사회는 개인들의 연합(association)이고 그 개인들 간의 일종의 계약(contract)에 근거하고 있다.

위 인용문은 인권이란 서양 봉건주의, 교회, 프로테스탄티즘, 근대적 도시발달을 묶어 줄 수 있는 계약관계의 상호구속적인 성격을 지니고 있을 뿐, 오늘날 생각하는 정의(right, justice)와는 상관없는 점을 적절하게 짚어 주고 있다. 오히려 우리는 인권이란 개념을 지나치게 소박하게 보편적 개념으로 수용하는 것은 아닌가? 따라서 서구적인 인권 개념은 그것의 시원적인 관점에서 볼 때 인권이 '옳다'거나 '그르다'거나 하는 문제가 아니라 상황적 계약에 의한 상대적 권리에 지나지 않는다는 점을 확인하게 된다.

---

6   Eugene Kamenka, "The Anatomy of an Idea," *Human Rights*, New York: St. Martin's Press, 1978, pp. 5-6; Peter Junger, op, cit., pp. 18-26.

3. 불교는 인권을 필요로 하는가?

  인권의 보편성을 주장하는 인권선언서 항목들을 검토할 때 실제로 법
집행에 관여하며 그것의 실천에 관여한 전문가의 증언을 고려할 필요가
있다. 이 항목들은 일관성이 있는 듯 보이지만 그 낱낱의 항목들은 다양
한 역사적인 정황에서 만들어진 근대적인 혼성 개념으로 구성된다는 것이
다. 주장이나 특권, 권력이나 사면 등의 단독적인 항목이나 서로 연결되지
않은 사항들의 혼합으로 생각되는 것이다.[7] 특히 주목해야 될 점은 이러
한 주장이나 특권·사면들이 노동단체나 직업교육 같은 사회단체나 UN 그
자체(이 기구에서 인권선언이 만들어졌지만)와 같은 사회적 제도 또는 기관의
존재를 전제조건으로 한다는 것이다. 곧 인권에 관한 주장은 공적 영역에
속하는 사회제도나 기관을 상대로 하지, 어느 한 개인에 대해서 요구하거
나 주장하는 것이 아니라는 점이다.

  한편 인권이 겨냥하는 대상이 무엇인지 그 차이를 극명하게 드러내
기 위해 불교의 사회·정치적 배경을 돌아볼 필요가 있다. 부처님 당시 지
금 언급한 것에 해당되는 단체·조직·기구가 존재했느냐 하는 점을 고려
해 보자. 부처님은 대부분 사적인 영역에 관여하고 있어 개인을 향해 불
법을 말하는 경우가 대부분이다. 간혹 왕이나 일정한 단체의 대표를 향
해 설법하지만 그 경우에도 왕이나 단체의 장(長)을 개인화한 다음, 한 인
간을 향해 법(法, Dharma)을 말한다. 서구적 개념의 집단·단체·기구·조직

---

7 융거는 인권선언문 중 1, 8, 10, 16, 17, 18, 21, 23, 25, 26조는 상거래상의 노동조합,
   전문교육기관, U.N과 같은 사회기구의 존재를 전제로 한 조항이라 주장한다. Peter
   Junger, op.cit., pp. 6-8.

에 대해 법을 설하는 것이 아니다. 서구적 조직이나 사회는 개인들의 연합(association)으로 구성되어 있다. 그들 사이의 계약이 역사적 과정을 거치고 논리적 추론을 통해 형성된 것이 인권이었음을 상기할 필요가 있다.

그리고 권리를 행하고 의무를 지는 개인들 간의 외적 계약으로 구성된 것이 단체·조직·기구이고 그것들의 집합된 형태가 넓은 의미의 사회이다. 소위 Gesellschaft(이익사회)의 성격을 지닌 것이고 그것이 근대 유럽 사회의 특징이다. 그에 비해 불교적 전통사회는 어떤가? 공동체(community)적이고, 서열(hierarchy)을 갖고 상호 의무의 연결망으로 형성된, 오히려 구성원 하나하나의 의무가 지배적이었지, 권리가 주장되는 사회는 아닌 것으로 Gemeinschaft(공동사회)의 사회구성이다.[8]

이토록 상이한 사회구성과 조직, 권리와 의무의 개념상의 현격한 차이가 있는 두 사항을 하나의 항목으로 묶으려 한다면 논란을 일으킬 수밖에 없다. 그리하여 불교는 인권을 필요로 하느냐 하는 기본적인 질문을 제기하게 된다.

4. 인권 개념의 불교적 접근방식

1893년 "세계종교의회(The Parliament of the World Religions)"가 세계 여러 종교의 도덕에 관한 기본적 교설(moral teachings)을 논의 의제로 채택한 것은 인권에 관해 무척 시사적인 의미가 있다.[9] 종교 간의 보편적 가치를 표

8 　카멘카는 독일 사회학자 퇴니스의 개념을 차용하여 전통사회와 근대사회의 차이를 부각시키며, 불교의 사회구성이 서구의 그것과 차별화되는 점을 주목하고 있다. Eugene Kamenka, op. cit., pp. 5-6.

9 　이 대회는 1893년 시카고에서 열린 세계 박람회의 한 프로그램으로 시작되었으며 종

방하고 있으며 종교 간의 대화를 추구하는 이 의회가 인권과 종교 문제를
다루었다는 것은 앞에 제기된 여러 가지 현안의 문제들, 전통사회와 근대
사회라는 서로 다른 전통에 근거를 둔 종교들의 각각의 입장이 극명하게
드러날 좋은 계기였다. 이 회의에 참석한 종교단체들은 각기의 역사적·문
화적 차이에도 불구하고 공통으로 묶을 수 있는 윤리적 근거를 확인했고,
각 종교 지도자들은 인권을 지지하는 결의를 표명했다. 그러나 이런 결정
은 큰 도전에 직면하게 된다. 열광적으로 찬성하는 측과 그것을 비난하는
측으로 양분되었고, 불교 측에서도 이 선언을 환영하는 쪽과 회의적인 태
도를 견지하는 쪽으로 갈리었다.

　기본적으로 불교로서는 인권선언의 1항은[10] 불교사상과 일치되는 것이
어서 오히려 인권선언에서 제시되는 개념들이 하나도 새로울 것이 없었
다. 그러나 앞에서 언급한 인권 개념의 형성 배경 문제, 인권 개념이 태생
적으로 지니는 개인(individual, 我)의 문제는 불교 교리 자체를 뒤흔들 수
있는 요소가 있었다. 따라서 인권 이념에 대한 평가 방식에서 현격한 차
이가 있을 수밖에 없었다. 그리고 인권에 관한 불교교설에서의 인권에
상응되는 대비 항목의 선정은 무엇보다도 중요한 해석상의 차이를 낳을
수 있다. 서구적 인권을 평가하고 수용할 때 불교가 겪는 큰 어려운 개념
은 무엇보다도 무아(無我, anatta), 무상(無常, anicca), 공(空, sunyāta), 업(業,
Kamma), 연기(緣起, paticcasamuttpada)와 같은 교설들이다. 초기불교에서
시작되어 대승불교까지, 그리고 불교가 전파된 다양한 지역에서 문화적·

　교 상호간의 이해와 세계 평화를 지향하면서 오늘날까지도 개최되고 있다.

10　인권선언 제1조의 내용은 다음과 같다. "모든 사람은 태어날 때부터 자유롭고, 존엄
　　하며, 평등하다. 모든 사람은 이성과 양심을 가지고 있으므로 서로에게 형제애의 정
　　신으로 대해야 한다."

역사적 변천을 겪으면서도 변화하지 않는 불교의 근간을 이루는 기본적이고 핵심적인 교설들이다. 이 교설들을 근거로 인권에 대한 비교적 검토나 불교적 해석을 시도할 때 거기에는 인권이 배태하고 있는 서구 중심적 인간관과 우주관 또는 서구적 사유를 그대로 노출시키고 있었다. 따라서 불교 입장을 대변하는 논자에 따라 불교 교설에서 적절한 개념을 선별하여 인권을 불교적 입장에서 전용(轉用)·수용하거나 혹은 비판적인 자세를 견지하며 오히려 불교 나름대로의 차별화를 시도하였다.

동양과 서양, 전통과 근대성, 서구적 가치와 동양적 수용 등, 동·서를 논의할 때 해결해야 할 거의 모든 이슈들이 이 인권 개념을 중심으로 논의의 초점으로 떠오를 수밖에 없다. 이런 각각의 접근자세를 편의상 크게 나누어 (A)긍정하며 적극 수용하는 입장과 (B)회의적인 태도로 인권의 한계를 지적하고 불교적으로 전환 해석하는 입장으로 대별해 볼 수 있다. (A)의 입장은 가능성을 주장하더라도 각각의 주장자의 견해의 차이가 커 불교의 어떤 교설이나 현상을 근거로 하느냐에 따라 그 해석이 다양해지고 있다. (B)는 회의적 입장이지만 결국 인간의 존중이라는 보편적 가치를 주장하는 점에서는 공통된다. 다만, 불교 맥락 안에서의 불교의 고유한 개념에 의한 인간 존엄에 대한 교설을 새롭게 모색하는 입장이다.[11]

1) 긍정적인 입장

모든 전통사상에는 인권 이념이 내재되어 있다는 전제가 성립하는 것은

---

11 안옥선의 『불교와 인권』(2008, 불교시대사)은 불교의 인권론을 가장 체계적으로 다룬 종합적 저술로서 이 책에 크게 의존했다. 그러나 해석과 접근, 유형화는 필자의 것이다.

위대한 종교전통에는 한결같이 휴머니즘적 요소가 존재하기 때문이다. 따라서 사상적으로 가장 오래된 불교·힌두교·유교·유대교·이슬람교 등의 전통사상에는 인권의 맹아적인 것, 또는 인권사상 그 자체가 내재해 있으므로 인권의 보편성은 항상 이런 종교 전통에서 적극적으로 주장될 수 있다. 미셸린 이샤이로 대표할 수 있는 인권의 보편론적 주장[12]은 과거 인권 개념이 걸어온 자취와 최근 인권 개념에 대한 비판적 견해를 모두 포용한다. 특히 세계인권선언이 제3세계의 관점을 배제한 서구적 입장의 산물이라는 주장도 거부한다. 그래서 유네스코가 수행한 조사를 주목하고 있다. 유네스코는 그 가맹국들의 사상가와 문필가를 통해 인권에 관한 설문조사를 하였고, 종교적·문화적·지적 배경에서 도출된 인간관에 근거하여 보편윤리로서의 인권의 편재(遍在)성을 조사하였다. 따라서 이러한 광범위한 조사 결과를 근거로 한 관점이 세계인권선언문의 기초작업에 반영되었고, 동·서양의 전통에서 폭넓게 인권사상이 존재함을 확인한 것이다. 미셸린 이샤이는 인권의 보편성의 근거를 다음과 같이 주장한다.[13]

극히 다양한 문화·종교·정치 전통에서 공통된 인권의 표현 방식을 도출해내는 것. 그것이 바로 인권위원회의 수임 사명이었다. 인권위원회의 의원들은 새로운 보편윤리를 찾는 과정에서 인권철학 전통의 역사가 '좁은 서구 전통의 범위'를 벗어나 폭넓게 존재하며, 동·서양을 막론하고 인권의 탄생이 철학의 탄생과 함께한다는 점을 강조하였다. 이런 의미에서 인권선언문 기초작업에 착수할 때부터 원칙을 세워 보편적 인권이 18세기 유럽 계몽

---

12 미셸린 이샤이, 『세계인권사상사』, 39-40쪽.
13 Ibid., pp. 56-57.

주의에 시원을 둔 서구의 발명품이라는 가정을 거부했다. … 보편적 관념을 확인하기 위해 전 세계의 위대한 종교·문화 전통을 찾아 나섰고 … 1948년 12월 10일 … 국제 인권문헌인 「세계인권선언」의 채택으로 이어졌다.

그러나 이 인권사상이 모든 전통사상 속에 널리 편재되어 있음에도 불구하고 왜 근대 인권사상은 서구에서만 가능했고 서구만이 주도할 수 있었는가에 대한 설명은 결여되어 있다. 그 점은 앞에서 제기되었던 서구 근대화를 향한 요건들, 곧 시민사회와 국가 간의 혁명과 반혁명의 사회·정치적 격변을 겪으며 관련 단체나 조직의 이해관계를 통해서 인권이 정착될 수밖에 없었던 역사적 사실로 되돌아가고 있다.

그러나 이 보편적 인권론은 자비심, 대승불교의 대중 구원, 모든 인간의 내면의 깨달음, 해탈사상, 형제애, 생명존중과 같은 불교의 일반적 교설들을 제시하며 인권 이념과 동일한 개념으로 수용될 수 있음을 주장한다. 이렇게 불교 교설이 적극적으로 수용되고 있음에도 불구하고 이 교설들이 구체적으로 인권과의 상호 연결고리를 찾을 때 오히려 합리적 연결이나 불교 자체의 논리적 정합성이 결여되고 있다. 따라서 일반론으로 그치고 있어 불교가 제시한 교리적 문제점을 극복하지 못하고 있다.

두 번째로 인권을 긍정적으로 수용하는 전형적인 예는 달라이 라마의 「보편책임론」의 경우를 들 수 있다.[14] 1993년 World Conference of Organizations and Governments(기구와 정부들의 국제회의)에서 행한 그

---

14 안옥선, 앞의 책, pp. 74-82; www.tibet.com/DL/vienna.htmld의 Human Rights and Universal Responsibility; Non-Governmental Organization: The United Nations World Conference on Human Rights, Vienna, Austria, 15 June, 1993.

의 기조연설은 오늘날 불교의 인권론의 기본적 텍스트로 즐겨 인용되는 문건이 되었다. 달라이 라마의 불교적 인권론은 「보편책임론(Universal Responsibility)」에 근거하고 있다. 그리고 이 보편책임론의 교리적 근거는 상호의존성의 인식(緣起論, interdependence, pratītyasamutpāda)과 그것에서 유래되는 자비의 구현(love and compassion, mahākaruna)으로서의, 자신은 물론 타자에 대한 배려를 통해 실천되는 것이다.

주장으로서의 권리와 자유는 책임을 의식할 때 비로소 가능한 것이고 자신의 평화와 행복을 추구할 권리를 누리기를 원한다면 그런 것의 도움 을 필요로 하는 사람들에 대한 책임 또한 져야 한다고 주장한다. 곧 권리 의 주장은 책임의 완수와 표리관계를 이룬다는 것이다. 이런 상호연관론 (緣起)에 근거한 불교사상의 틀을 활용하며 달라이 라마는 앞에서 제기되 었던 문화적 차이, 사회·역사적 배경, 서구 중심성, 제3세계의 적용 불가능 성들을 거부한다. 오히려 그것을 문화와 종교의 다양성으로 규정하고 이 다양성을 포용하는 공동체의 기본 틀이 인권이며 그것의 확보가 절대적이 라고 주장한다. 이런 다양성과 전통은 오히려 인권을 필요로 하는 요인이 되고 있을 뿐 결코 인권 침해를 정당화할 수 있는 근거는 아니다. 따라서 서로에 대한 책임 의식, 우리가 공유하는 지구적인 책임 의식은 증대될 수 밖에 없다. 곧 보편책임은 우리 인간의 상호의존적 성격을 인지하는 일이 고 거기에서 사랑과 자비의 이타적 인간 본유의 품성(佛性)이 표출된다고 그는 주장한다. 그의 이런 불교적 해석은 많은 불교계 사람들에게 공감을 얻으며 강력한 영향을 미치고 있다. 불교의 긍정적 인권 해석의 하나의 확 고한 틀로 사용되고 있는 것이다.

세 번째 유형은 불교 학문적 접근 방법이다. 데미언 키온(Damien Keown) 을 그 대표적 사례로 삼을 수 있으며, 불교 교설을 서구 학문적인 접근을 통해 서구적 개념 틀에 의한 현대적 해석을 시도한다. 그는 불교에 정확히 서구적 의미의 권리라는 개념에 해당되는 말은 없지만 그런 개념으로 유추될 수 있는 내용이 있을 수 있다고 주장한다. 이러한 그의 시도는 서구 불교학자의 고뇌를 그대로 웅변하고 있다. 심지어 그는 인권에 대한 사변(philosophy)은 앞으로 발전시켜야 하는 어떤 것으로 상정한다. 곧 "나는 현재 불교는 그러한 철학이 결여된 듯 보이기 때문에 발전시켜야 한다고 보는 것"이다. 인권 개념에 관한 한 불교는 뒤늦게 교리화를 시작하였다.[15] 그는 불교의 인권 상응 개념을 앨런 기워드(Alan Gewirth)의 연구 결실에서 원용한다.[16]

예를 들면 불법(佛法, Dharma)은 남편과 아내의 의무를 결정한다. 곧 한 사람에게 있어서의 의무는 다른 사람에게는 권리에 상응한다. 남편이 아내를 부양할 의무를 진다면 아내는 남편으로부터 부양받을 권리가 있는 것이다. 따라서 불교에서의 권리의 개념은 개인 간 '마땅히 해야 하는 것'의 계율 규범들이 된다. 곧 계율(戒律)에 속하는 항목이 대개는 권리 조항이 되는 것이다. 따라서 불교의 기본 계율인 오계(五戒, pañcaśīla)로부터 권리 개념을 도출하는 것이다. 수계(受戒)를 받는다는 것은 받아서 스스로 소극적으로 지키는 금기(禁忌)사항으로 생각하나, 계율의 의미 내용은 여기서 그치지 않고 권리와 상관되고 있다. 불살생계(不殺生戒)의 의미는 부

---

15 이런 관점은 상당한 논쟁을 불러일으키고 있지만, 그는 적극적으로 서구적 개념으로 불교 인권을 정착시키려 노력한다. "I say 'develop' because Buddhism seems to lack such a philosophy at present, Buddhism is a latecomer to the cause of human rights", Damien Keown, 1995, "Are There Human Rights in Buddhism?," p. 2.

16 안옥선, 앞의 책, p. 83에서 재인용. 그의 관점에 대한 원전 출처를 확인할 수 없으나 "Human Rights: Essays on Justification and Applications"로 추정된다.

당하게 죽임을 당하지 않을 권리이다. 곧 공격자에 대한 부정적 청원권으로서의 죽임을 당하지 않을 권리인 것이다. 희생자는 공격자가 존중해야할 의무인 생명권을 갖는 것이다. 곧 의무가 권리로 전화(轉化)된다. 그리하여 ①불살생계인 살아 있는 것을 죽이지 않는 것은 생명권에 관한 것이고, ②남의 것을 훔치지 않는 것은 재산권에 관한 것이고, ③성범죄를 저지르지 않는 것은 개인의 사적 권리와 사회권에 관계된 것이고, ④불음주는 개인의 안전권과 사회 안전권이 되고, ⑤거짓말 않는 것은 인간 존엄권에 관한 것이 된다.[17]

또 권리란 한 개인에게 속하는 사적인 것이고 그것은 한 개인이 지니는 어떤 것으로 생각될 수 있으며, 그 권리를 지니고 있다는 것은 일종의 혜택이며 특전(entitlement)이다. 대체로 그것은 정의(justice)에 대한 특전일 수 있다. 그리고 한쪽에서 이 권리가 주장될 때 다른 쪽의 의무를 수반하게 된다. 일방적 권리 주장이 아니라 한쪽의 권리 주장과 다른 쪽의 의무이행의 양면성으로 구성되는 것이다. 키온은 이것이 주장의 권리(claim-rights)와 자유의 권리(liberty-rights)의 형태를 취한다고 생각했다.[18] 곧 주장의 권리는 한 사람이 베풀어 줄 것을 요구할 때 다른 쪽은 그것을 마련해 주어야 하는 권리이다. 불살생 계율에서 보는 것처럼 생명의 보존을 내가 주장할 때 다른 사람은 나를 죽이지 않아야 하는 의무를 지시한다.

---

17 그러나 의무의 권리로의 전화(轉化)라는 논리는 문제점을 지니고 있어 반대이론이 전개된다. Craig K. Ihara, 1995, "Why There Are No Rights In Buddhism--A Reply To Damien Keown." 한편 샐리 킹은 동일한 관점에서 의무와 권리의 표리관계를 참여불교의 이론틀로도 사용한다. Sally King, 2005, "Being Benevolence," *The Social Ethics in Engaged Buddhism*, p. 143

18 Damien Keown, op. cit., p. 2

한편 자유의 권리는 행동의 자유를 주장할 때 그것을 행하게끔 하는 자유를 허용해야 한다. 예컨대 내가 언론의 자유를 주장했을 때 다른 사람이 내가 자유롭게 발언할 것을 허용하는 의무를 지니는 것이다. 행동 규칙으로서 생각되었던 계율을 오히려 권리의 원천으로 전변시키고 있는 것이 데미언 키온의 불교적 인권관이다. 따라서 그에게 있어서 오계는 훌륭한 인권의 표현으로 생각되는 것이다.[19]

2) 회의적 입장

인권 개념에 대해 불교의 입장에서 가장 비판적 견해를 보이는 사람은 프라 파욧토(Phra Payutto)이다.[20] 그는 인권 개념의 태생적인 문제점을 제기하며 세 가지 결함을 지적한다.

첫째, 현대 인권 개념은 16·17세기 종교전쟁에 기원을 둔 분리·투쟁·싸움의 산물이며 그 과정에서 빚어진 불완전한 합의의 결과이다. 이런 갈등은 권력에 대한 굴복을 초래하고, 체념과 불화의 태도를 지니게 한다. 현대 인권 개념에는 이런 투쟁과 불화의 내용이 그 배경에 내재해 있으며, 인권의 항목들은 상호 필요에 따라 수시로 인권에로의 합의를 시도하고 있다.

---

19 다미엔 퀸은 사성제의 멸제(滅諦)와 도제(道諦)에서 인간의 무한한 선의 실현과 인간의 무한한 능력을 찾을 수 있다고 보지만, 대부분의 불교학자가 지지하는 인권의 연기론적 해석을 인권과 결부시킬 수 없는 교리적인 결함을 지닌 것으로 간주한다.

20 프라 파욧토는 유엔 교육평화상 수상자임에도 불구하고 서구적 인권에 대해 가장 비판적이며, 서구적 인권에 대한 불교적 대체를 강력하게 주장하고 있다. Phra Payutto, 1994, "Buddhism and Human Rights," www.buddhanetz.org/texte/rights.htm; Derek Jeffreys, "Does Buddhism need Human Rights?," *Action Dharma*, Routledge Curzon, 2003. pp. 273-274.

둘째, 서구적 인권 개념은 인간의 창안품일 뿐 ‘자연적 권리’가 아니다. 실상에 대한 이해이거나, 진리에 근거한 것이 될 수 없다. 곧 불교의 연기론(緣起論)에서 보는 것과 같은 존재의 연결된 실상을 반영하지 못하고, 오직 법에 근거하여 법에 호소하고 법에 의해 보호되는, 서구적 인권의 한계를 여실히 드러내고 있다.

셋째, 서구적 인권은 ‘사회적 행위’를 위한 협약일 뿐이고, 그보다 더 중요하고 근원적이라고 생각되는 인간의 정신적 문제를 소홀히 하고 있다. 불교적인 현실 진단인 인간과 사회의 탐(貪)·진(瞋)·치(痴)에 대해 현대 인권은 아무런 근본적인 해결책을 제시하지 못하고 있다.

그는 불교의 법(Dhamma, 法)에 근거할 때 인간 실존의 근원적 욕구와 잘못을 치료할 수 있다고 본다. 곧 서구의 인권은 수많은 잘못된 동기에서 출발하였고 그에 대한 치유를 인권선언을 통해 제시하지만, 그것은 앞에 지적된 외적인 면만 강조할 뿐이다. 불교의 마음의 측면을 통한 극복, 곧 인간 고통의 근원인 탐·진·치의 소멸을 통한 자아실현을 체현할 때 인권은 완성된다고 생각한다. 사회적 행위와 그것들의 연관관계로 구성된 서구 인권 계약을 극복할 수 있는 첩경의 방안은 바로 불교의 다르마(法)의 구현이라고 제시하는 것이다.

서구적 인권에 대한 회의적 입장을 견지하는 대부분의 불교적 입장의 공통된 특징은 한결같이 불교에서의 자아(我)의 문제를 핵심으로 제시한다. 파윗토 역시 테라바다(Theravāda 근본불교, 소승불교) 전통에 속하고 있어 자아(곧 無我)의 문제는 그가 인권의 역사적 배경이나 정치적 한계만을 외형상으로 비판하는 것은 아니라는 점을 알게 한다. 불교 교설의 알파이고 오메가라 할 자아의 부정(無我)은 불교사상의 근간을 이루고 있다. ‘나’야말로 인간이 극복하고 넘어야 할 난제여서 초기불교의 모든 논의는 ‘나

(我)'에 집중되고 있다. 무아(無我, anatta)·무상(無常, anicca)의 개념은 인권의 이념의 핵심으로 내세우는 "개인의 강조"와는 상반된다. 소위 나의 이념(egoism)과 개인주의(individualism)는 인권의 이념을 논의할 때 불가피하게 강조할 수밖에 없고 한 개인의 위상(status)을 긍정적으로 주장하여야만 한다. 그러나 불교의 "나"는 부정되어야 하는 개념이다.

서구적 개념의 인간 권리가 한 개인에게 부여되는 혜택이라면 전통적인 불교윤리와는 상치되는, 서로 정리하고 넘어가지 않으면 안 될 상호 배제적 요인이 된다. 무아론(無我論)은 일종의 불교적 존재론으로서 궁극적으로 나는 존재할 수도 없고 주장되어서도 안 된다. '나'란 다섯 가지 요인(五蘊: 色·受·想·行·識, khanda)으로 구성되어 있고 그것이 고통을 발생시키는 원인이 된다. 이 다섯 요인들이 인과적인 관계로 서로 얽혀 '나'를 구성하고 있으며 현실에서의 고통을 겪게 한다. 이 고통을 없애기 위해 어떤 개인, 행동 주체도 적극적으로 내세울 수 없으며, 그것은 아무런 실체를 지닌 것이 아니기 때문에 허망하고(無, 空) 극복해야 할 대상일 뿐이다.

이렇게 '나'에 대해 부정적인 입장을 지닌 것이 불교의 무아론(無我論)이지만, 그것은 오히려 지혜(知慧, prajñā, 般若)에로 이끄는 발단이기도 하며 지혜의 근원이기도 하다. 실재(reality)에 대한 통찰(知慧)을 통해 자아의 현실(reality of self)을 볼 때 우리는 자신에 대한 끈질긴 집착(我執)을 벗어나려 한다. 우리의 현실에 대한 부정적인 관점이 오히려 윤리적인 관점으로 전변(轉變, aśrayapravarti)되는 것이다. 그것을 지혜(般若)라고 말한다. 고통에 찬 현실을 온전히 볼 수 있는 것(般若)은 윤리적인 입장일 뿐 아니라 구원론적인 요청이기도 하다. 나를 포함한 주변 세계의 고통을 '안다는 것'이 깨달음(覺, bodhi)의 한 내용이겠지만, 그것으로부터 주변세계에 대한 자비(慈悲)의 생각이 발생한다. 전통적 불교에서 말하는 "지혜와 자비는 함께 간다.”는 개념이나 “반야는 자비의 어머니(般若生慈悲)”라는 표현 역시 실재에 대한 통찰은 구원론적 자비의 행동과 표리를 이루고 있음을 지시한다.

근대적 개념으로서의 “나의 권리”라는 이념은 이런 불교사상의 맥락 속에서 볼 때 분명히 그 한계를 드러낸다. 곧 “나 없음”(無我)이 “나 있음”(individual)을 극복하고 사회적 분쟁과 갈등을 해소하며 나와 너가 하나로 되는 원융적(圓融的) 사회를 지향하는 것이 무아(無我)이고 반야(般若)의 세계이다.

서구적 개념의 개인의 실체(substance)가 없다면 실체 없는 자아가 어떻게 그 개인의 권리를 주장할 수 있겠는가? 그럼에도 불구하고 권리 주장을 한다면 다섯 가지 구성 요건 중에 어떤 부분이 권리를 소유하고 그것의 혜택(entitlement)을 주장할 수 있는가? 인간 구성 요건인 잠정적인 감각기관(vedāna, 愛)이나 끊임없이 변화를 거듭하든 인식(Sañña, 識)을 지닌 개인이 권리를 주장할 것인가? 서구적 인권의 주장은 형이상학적 입장이나 존재론적 근거나 그 어떤 관점에서 평가하더라도 불교가 수용하기에는 일치점이나 공통 요인을 찾아내기 힘든 부분이 많다. 앞에서 살펴보았듯이 오히려 불교사상 자체의 틀에 의한 인권에 대한 이해가 더 유효하며 포괄적일 수 있다.

가장 중요한 관점의 차이는 소위 인간으로만 국한시킨 서구적 인간관으로부터 출발된다. 서구 인권 개념은 오직 인간(human rights)에게 국한되어 있으며 인간이 아닌 피조물은 제외되거나 2차적 존재로 국소화되거나 주변화된다. 불교는 인간을 오히려 중생(有情, sentient beings)의 한 부분으로 생각하고 생명 있는 모든 것을 포괄한다. 인간에게만 절대적 예외적인 위상을 부여하지 않으며 모든 생명과 동등한 선상에서 파악하여, 차별화하지 않는다. 윤회(輪廻, saṃsāra)의 교설은 생명체이거나 생명이 없는 무기물까지 포함한 모든 사물의 상호간의 교체와 교환을 말하고 있다. 하나의 존재 형태에서 다른 존재에로의 변화와 전이를 말한다. 이런 전환과정 속에서 인간의 상대적 위치가 잘 드러난다. 그리고 어떤 생명도 이 윤회(변화)에서 제외될 수 없다. 인간을 인간의 관점에서만 조망하는 것이 아니다. 곧 서양 인권의 인간중심적(anthropo-centric)인 한계를 넘어선 초인간중심적(trans-homocentric)이며 우주적(cosmological) 차원으로 확대된다.[21] 다시 말해 불교에서의 인간 존재란 모든 존재의 한 부분(無情, 有情)일 뿐이고, 인간 존재이거나 비인간적 존재이거나 모두 동등한 일상적 존재 곧 무상한 존재에 속한다.

이런 불교의 탈인간중심의 관점에서 서구적 인권 개념의 한계는 비판받을 수밖에 없다. 서구 인권 개념은 이성의 산물이고, 우연성의 산물이고, 대륙 시민법 역사나 영미 관례법 전통에 근거한 것으로 불교의 맥락과는 전혀 상관이 없다. 그리고 불법은 바로 지금-여기라는 현실태에 대한 관심인 것에 비해 인권 개념은 추상적이고 일반론적이다. 불교의 수행에 근거한 행동 양식과는 함께 논의할 근거가 없다고 말한다.

> 불법을 따르는 수행자들은 지속적으로 변화하는 세계 속에서 '서로 상관된 특정한 순간들의 흐름의 과정'에 관심이 있기 때문에 비역사적(ahistorical) 합리성에 의해 도출된 인권과 같은 불변의 절대적인 것을 위할 나위가 없다.[22]

21 Abe Masao, "Religious Tolerance and Human Rights: A Buddhist Perspective," Leonard Swidler, *Religious Liberty and Human Rights,* 1986, pp. 193-211에서 재인용.
22 Peter Junger, op. cit.

무아설과 함께 주장되는 또 하나의 불교적 개념은 연기설(緣起說, pratītyasamupāda)이다. 상호의존성(interdependence)으로 해석되는 불교의 존재의 양상에 대한 이론이다. "이것이 있으므로 저것이 있고, 이것이 생기므로 저것이 생기게 된다(此有故彼有, 此起故彼起)."는 인연(因緣, hetu-파윰) 관계가 인간에게 적용될 때 우리는 스스로 홀로 독립적으로 존재하는 대상이 아니다. 나는 항상 무엇과의 연관성 속에 있게 된다. 곧 여러 인연이 화합되어 나타난 것이다(衆緣和合而生). 또한 연기적 존재란 모든 것이 상호 연관되어 파생된다는 소박한 계기적 발생론만을 말하는 것은 아니다. A를 계기로 B가 생기고 B로 인하여 A가 생긴다는 설명도 가능하지만, 그것은 또 A는 B의 A가 되고 B는 A의 B가 된다는 말이기도 하다. 서로가 상대를 전제로 하여 존재하게 된다는 상즉(相卽)의 관계가 성립된다. 이것은 화엄사상의 일단이기도 하지만 초기불교와 중도사상과 대승의 총화인 화엄사상을 일관하는 불교현상론의 기본틀이기도 한다. 그리고 그것의 근저는 모든 것이 상호의존성을 지니기 때문에 스스로의 고유한 실체(自性, svabhāva)가 있을 수 없고(無我) 공(空, śunyāta)인 것이다.

나의 존재는 너의 존재를 전제하지 않고는 성립될 수 없고 그 역도 성립될 수 없다. 곧 나의 존재의 "존재 없음(無我)"이고 "근거의 부정(空)"이지만 현상적인 존재는 그런 부정을 전제로 한 너와 나의 상호 얽힘의 존재이다. 이런 연기적 존재론에 근거하여 에반스(Stephen Evans)는 마치 유대교적 철학자인 부버의 "Ich und Du"와 같은 불교의 인간관계론을 시적으로 표현하고 있다.

"나는 너를 위해 존재하고, 너는 나를 위해 존재한다. 내가 너와의 관계에 들어서자마자 너는 나의 존재의 필수가 된다(I am for you, you for me and as soon as I enter into a relationship with you, you become necessary to my being.)." 그리하여 "나는 너에 대한 응답인 것이다(I am a response to you)"라는 연기 관계의 상호상입성(interpenetration)을 드러내고 있다.[23]

연기론은 상호의존(相互依存)성/상호상입(相互相入)성을 설명하고 있어 세속적인(俗諦, Saṃvritisatya) 입장에서는 현실긍정적인 면을 보이고 있다. 그러나 그 현실의 배경(實體)으로 무아·공의 불교적 존재론(眞諦, Paramārthasatya)이 뒷받침하지 않으면, 다시 서구적 실체론에 떨어져 개인 존재를 주장하게 된다. 그렇게 될 때 이제껏 서구가 겪어 온 투쟁·항쟁을 통한 인간 지위의 확보와 그 권리를 주장하게 된다.

불교의 개인은 실체의 연속적·계기적 발생이 아니라 나에 대한 무실체와 나의 존재의 환화(幻化, māyā)인 '없음(空)'을 전제로 한 나와 너의 관계이다. 에반스가 강조하듯 "자유란 내가 존재한다(Freedom is what I am)"의 나를 내버려 달라는 정도의 부정적 자유가 아니다. 곧 이때의 자유란 "무엇으로부터의 자유(Freedom from)"이고 그것은 속박으로부터의 해방이라는 소극적인 자유일 뿐이다. "무엇으로 향하는 자유(Freedom to)"가 되어야 한다. 그러나 억압과 자유의 쟁취라는 요구가 끊임없이 되풀이되는 권리 주장의 연속은 "무엇으로부터의 자유"일 뿐이다. 곧 불교의 세속적 세계관인 어두움(無明)에서 비롯되어 마침내 비극적인 죽음에로 이르는 연기의 순환적인 연속이다.

---

23 Santipala Stephen Evans, "Buddhist Resignation and Human Rights(Freedom is what I am)", Online Conference on Buddhism and Human Rights 1-14th Oct. 1995. http;//buddistethics.org/1995conf.

연기론에 입각한 인권 개념에 대한 평가와 불교적 해석은 상당한 공감을 불러일으키고 있어 많은 사람들이 동조한다. 특히 서구적 인권론의 한계를 비판하는 학자들의 공통된 관점이기도 하다.

같은 입장을 견지하는 학자로서 케네스 이나다(Kenneth Inada)[24]가 있다. 그 역시 불교 연기설에 근거하여 인간은 항상 서로 접촉하고 있으며 상호 역동적 관계를 맺고 있다고 말한다. 불교에서의 인권의 타당성을 찾는다면 개별인으로서의 자신에게 있다고 하기보다 사람들 간의 상호관계성(interrelatedness)에서 찾아져야 한다고 주장한다. 우리는 관계적 과정의 한 부분일 뿐이어서 그 누구도 독립적으로 존재하지 못하고 서로 돌보아야 한다. 그리고 서로 돌본다는 것은 각각의 권리를 존중한다는 의미로 해석되어 인권의 내용이 된다.

마지막 사례로, 서구 인권론을 비판적으로 검토하며 불교의 자비 이념을 대안으로 내세우는 경우가 있다. 곧 서구적 인권의 전제는 자유주의 윤리를 기반으로 하고, 그 핵심 주장은 개인 권리 중심의 자유주의적 윤리를 표방한다. 권리를 통해 우리가 주장하고 원하는 것은 결국 무엇인가 하고 가필드(Jay Garfield)[25]는 되묻고 있다. 폭력에 의해 침해당하고 위협받는 것을 의식할 때 자유에 대한 희구와 자신의 권리에 대한 질문을 발하게 된다. 곧 한 개인이나 집단이 위협받을 때 권리가 주장되는 것이다. 육체적

---

24 Kenneth Inada, "The Buddhist Perspective on Human Rights," *Human Rights in Religious Traditions*, New York, Pilgrims Press, pp. 70-71: 안옥선, 앞의 책, pp. 106-109에서 재인용.

25 Jay Garfield, "Human Rights and Compassion: Towards A Unified Moral Framework," *Journal of Buddhist Ethics*, Online Conference on Buddhism and Human Rights, 1995.

으로 상해를 받고, 자신의 견해를 표명할 기회를 박탈당하고, 자유로운 신앙의 기회를 잃고, 이동의 자유 등의 기회를 박탈당할 때 권리는 주장되는 것이다. 곧 부정적인 권리(negative rights)인 것이다. 그러나 이와는 다른 차원의 적극적인 권리는 없는 것인가? 우리의 도덕적 생활 가운데서 권리가 중심 역할을 할 수는 없는 것인가? 우리 자신과 이웃, 그리고 이방인에 대한 우리 자신의 행위를 성찰할 수 있어야 한다. 다시 말해 우리 자신을 비판할 수 있어야 한다. 나 자신에 대한 성찰은 물론 이웃, 이민족과 소수민에 대한 나의 도덕성은 일차적인 문제로 제기되어야 한다. 자비의 윤리에 의해 이제껏 밖으로만 향했던 부정적인 권리는 이제 극복되어야 한다고 주장한다.

> 더 이상 미국의 권리, 티벳인의 권리, 불교인의 권리, 서구적 권리 혹은 남성의 권리가 아닌, 정확히 인간의 권리가 되어야 하고 그 누구도 지닐 수 있는 자명한 권리가 되어야 한다.[26]

자유주의 윤리는 공적 영역과 사적 영역을 분리하여 도덕을 공적 영역으로만 국한시키는 점에 문제가 있다. 따라서 사적 영역은 개인의 취향으로 남게 된다. 개인의 윤리적·도덕적 문제가 무시되거나 잊혀지고, 사회적으로 객관화된 권리 주장만이 되풀이된다.

자비에 근거한 윤리는 도덕의 문제를 공적 영역은 물론 사적 영역으로까지 확장시킨다. 또 자비에 근거한 도덕은 인간 성품의 문제(佛性)를 다루고 있어 "어떤 성품을 지닌 사람이 될 것인가?"가 핵심을 차지한다. 따

---

26 Jay Garfield, op. cit., p. 8.

라서 불교의 자비윤리에 의하여 인권의 자유주의적 윤리의 단점을 보완해야 한다고 주장하는 것이다.

5. 맺음말

우리는 인권이 표방하는 보편적이고 인도적인 덕목에 현실적으로 완전히 공감하고 있다. 그 중요한 모습은 개인의 보호이고 국가·사회·종교 등의 강력한 기구로부터 개인을 보호하는 일이 주목적이었다. 인권 개념을 통해 개인의 자기 정체성 확인과 자유행위를 보장받는 일이었다. 그리하여 인권의 황금률은 "한 개인이 자기를 위한 보호를 요청하는 일과 똑같이 모든 다른 사람들은 보호되어야 하는 것"이다. 이 점에서 인권 이념의 보편적 정당성이 주장되는 것이다.

그러나 인권 이념의 보편적 타당성이 각기 다른 문화·종교·이데올로기의 지평 속에서 그것의 당위성을 어떻게 확보하느냐는 문제일 수밖에 없다. '보편적' 인권이라고 명명한 것이 구체적인 역사·문화·정치 현장의 차이를 극복하지 못하고 또 각각의 현실에 적용되지 못한다면 그것은 수사적 놀음(rhetoric)에 지나지 않는다. 시민사회의 한 이념으로서의 인권은 따라서 그 태생적 성격을 묻지 않을 수 없다. 널리 알려졌듯이 '보편적'이라고 부르는 오늘 우리의 인권이 실제로 계몽주의 산물로 서구적 가치의 표현이라는 점을 묵과할 수 없다. 그리고 이런 태생적 성격을 지닌 인권 개념으로 보편적 가치를 구현할 것을 주장한다면 자칫 도덕적 오만과 문화적 제국주의의 혼성물로 전락될 수도 있다.

불교적 입장에서 그런 점을 검토해 보았고 하나의 가능성을 짚어보았다. 일견 이러한 시도는 또 하나의 보편성에 대한 상대주의적 입장의 도전으로 비칠 수 있다. 그러나 적어도 도덕적 개인주의(moral individualism) 이외의 다른 근거도 인권 이념의 기초가 될 수 있다는 가능성을 타진해 볼 좋은 기회이기도 하다. 그것은 각기 다른 문화·종교 전통에서의 철학적 정당성을 확인하는 일이었고, 거기서 오히려 인권 자체의 이념을 승인하는 모습을 확인한다. 그리고 인권선언이 지닌 서구의 인간중심적인 한계를 극복하려는 불교인과 불교학자들의 시도는 "보편적 (세계)인권선언(Universal Declaration of Human Rights)"에 상응하는 "상호 의존성의 선언(Declaration of Interdependence)"이라는 불교적 대안을 마련한 사실을 주목할 필요가 있다.[27]

1. 모든 형태의 생명들은 상호 의존되어 있고, 그로부터 유래하는 상호의무감, 곧 전생에 우리의 부모, 친척, 친구들이었을 그 모든 생명에게 친절을 되돌릴 의무를 확인한다.

2. 고통을 싫어하고 행복을 추구하는 공통점을 지닌 생명 있는 존재들을 위한 보편적 자비의 필요를 확인한다.

3. 살아 있는 생명들은 그 본래의 능력의 힘으로 이 생애에 있어서나 혹은 미래에 깨달음을 성취할 수 있는 양보할 수 없는 위엄을 지닌다는 것을 확인한다.

따라서 이 불교적 인권선언은 다음과 같은 실천 방안을 위한 결의를 하고 있다.

---

27 Peter Harvey, *An Introduction to Buddhist Ethics*, 1990, pp. 121-122.

1. 불교의 불간섭(ahimsa) 원칙과 생명에 대한 존엄을 따라 다른 인간들이나 정부 기구들은 모든 인간을 인간으로서의 온당한 대접을 하여야만 하고,

2. 모든 인간은 종족, 국가, 종교, 성, 피부색, 연령, 정신능력이거나 정치적 견해를 근거로 한 차별 없이 동등하게 대접을 받아야 하고,

3. 인간은 지금과 미래에 있어 생명과 그것의 번영을 위해 모든 것이 의존하고 있는 다른 생명 있는 존재들과 함께 환경에 대해 의무를 지닌다.

따라서 인간은 지금은 물론 미래 세대들도 함께 다른 생명들과 공유하고 있는 환경을 보호할 의무를 지니고 어떤 다른 형태의 생명에 직접적이건 간접적이건 해를 끼칠 일을 피할 의무를 지닌다.

인권은 이제 인간 중심에서 모든 생명 중심 이념으로 확대되고, 공적 영역의 관계에서 개인의 정신세계의 심화라는 도덕 중심으로 옮겨갈 필요가 있다. 인간뿐만 아니라 인간이 처해 있는 우리의 환경까지 고려하면서 말이다.[28]

불교는 서구적 인권선언이 결여하고 있는 부분에 대한 훌륭한 보완의 역할을 담당하고 있으며, 인권이 오도될 여지를 지켜보는 안전판(安全瓣, safeguard)의 기능을 수행하는 것이다.

---

28 참여불교는 인권 문제를 모든 생명에 관한 존중과 관련시키면서 불교적 환경문제로 확대하고 있다. Sallie King, "Human Rights in Contemporary Engaged Buddhism," *Buddhist Theology*, Curzon Pub. Co. England, 2000.

참고문헌

찾아보기

참고문헌

강돈구, 『한국 근대종교와 민족주의』, 집문당, 1992.

강성용, 「한국 불교학 발전을 위한 제언」, 『불교평론』 84, 2021.

기무라 기요타카, 『中國華嚴思想史』, 정병삼 역, 민족사, 1992.

길희성, 「한국불교사의 어제와 오늘」, 『한국종교연구』 1, 1999.

길희성, 『보살예수: 불교와 그리스도교의 만남』, 동연, 2022.

김경재, 「함석헌의 종교 이해」, 『종교문화비평』 17호, 2010.

김경집, 『한국근대불교사』, 경서원, 1998.

김광식, 『새불교운동의 전개』, 도피안사, 2002.

김광식, 『한국근대불교사연구』, 민족사, 1996.

김광식, 『한국근대불교의 현실인식』, 민족사, 1998.

김삼웅, 『저항인 함석헌 평전』, 현암사, 2013.

김수태, 「이능화와 그의 史學」, 『동아연구』 4, 1984.

김순석, 『일제시대 조선총독부의 불교정책과 불교계의 대응』, 경인문화사, 2003.

김영진, 『중국 근대사상과 불교』, 그린비, 2007.

김영태, 『신비주의와 퀘이커 공동체』, 인간사랑, 2002

김영호 외, 『길을 묻다, 간디와 함석헌』, 프리칭아카데미, 2011.

김영호, 「이능화의 종교회통론」, 『한국학연구』 8, 인하대 한국학연구소, 1997.

김영호, 『함석헌사상 깊이읽기 1: 사상의 형성』, 한길사, 2016.

김영호, 『함석헌사상 깊이읽기 2: 생각과 실천』, 한길사, 2016.

김영호, 『함석헌사상 깊이읽기 3: 씨알 생명 평화』, 한길사, 2016.

김원명, 「한국 불교학 어디까지 왔나」, 『불교평론』 84, 2021.

김태연, 「파울 카루스의 과학종교 연구 - 19세기에 나타난 '종교의 과학화'」, 『신학연구』
　　　52(2), 2015.

노명식, 「토인비와 함석헌의 비교시론: 고난사관을 중심으로」, 『한국기독교 연구논총』 3,
　　　1985.

다카하시 도루, 『(경성제국대학 교수가 쓴) 조선시대 불교통사』, 이윤석·다지마 데쓰오 옮김, 민속원, 2020.

동국대학교불교문화원, 『근대 동아시아의 불교학』, 동국대학교출판부, 2008.

미셸린 이샤이, 『세계인권사상사』, 조효제 역, 도서출판 길, 2005.

민두기 편, 『중국의 역사인식』(상), 창작과비평사, 1985.

민두기 편, 『중국의 역사인식』(하), 창작과비평사, 1985.

민순의, 「학술지 논문 주제로 살펴본 연구 경향」, 『불교평론』 84, 2021.

박규태, 『라프카디오 헌의 일본론: 종교로 일본 상상하기』, 아카넷, 2015.

박규태, 『상대와 절대로서의 일본: 종교와 사상의 깊이에서 본 일본문화론』, 제이앤씨,
      2005.

박재현, 「한국에서 불교학 하는 자세들」, 『불교평론』 84, 2021.

범재 팔순기념문집편찬위원회, 『불교와 함께한 종교 연구』, 모시는사람들, 2022.

불교사학회 편, 『근대한국불교사론』, 민족사, 1988.

서경수, 「과거지향의 불교에서」, 『법륜』 135, 1980.5

서경수, 「만해 사상과 오늘」, 『법륜』 122, 1979.4

서경수, 『불교를 젊게 하는 길』(서경수 저작집 1), 활불교문화단, 2010.

성청환, 「한국 불교학의 연구방법 특성과 한계」, 『불교평론』 84, 2021.

송현주, 「함석헌의 사유체계에서 〈바가바드기타〉와 불교의 위치」, 『종교문화비평』 17호,
      2010.

송현주, 『한국불교, 근대종교로 태어나다』, 모시는사람들, 2025

신광철, 「이능화의 종교학적 관점」, 『이능화연구 - 한국종교사학을 중심으로』, 집문당,
      1994.

신재식, 「함석헌과 종교다원주의: 탈향(脫鄕)과 귀향(歸鄕)의 구도자」, 『종교문화비평』
      17호, 2010.

안옥선, 『불교와 인권』, 불교시대사, 2008.

야마모리 테츠오, 「근대 일본불교학의 공과」, 이태승 옮김, 『인도철학』 5, 1995.

龍樹, 『中論』, 박인성 옮김, 주민출판사, 2001.

유동식, 「풍류도인 함석헌」, 『함석헌 사상을 찾아서』, 삼인, 2001.

윤승용, 『한국 신종교와 개벽사상』, 모시는사람들, 2017.

윤원철, 『깨침과 깨달음』, 예문서원, 2002.

이기영, 『다시 쓰는 한국불교유신론』(불연 이기영 전집 18), 한국불교연구원, 1998.

이기영, 『한국불교연구』, 한국불교연구원, 2006.

이능화, 『百敎會通』, 조선불교월보사, 1912.

이능화,『조선불교통사: 근대편』, 이병두 역주, 혜안, 2003.

이만열,「신채호와 함석헌 - 역사 인식의 관련성 시고」,『韓國史學史學報』 제43호, 2021.

이민용,『말로 말을 버린다: 이민용의 세상 읽기』, 모시는사람들, 2023.

이민용,「미국속의 불교와 불교의 미국화」,『종교문화비평』 2, 2002.

이민용,「미주 한국 불교의 현장과 미래」,『참여불교』 11-12월 합간호, 2004.

이민용,「불교의 근대적 전환: 이능화의 문화론적 시각과 민족주의」,『1919년 3월 1일에 묻는다: 주체, 문화, 기억』, 성균관대학교 동아시아학술원, 2009.

이민용,「불교학 연구의 문화배경에 대한 성찰」,『종교연구』19, 2000.

이민용,「서구불교학의 창안과 오리엔탈리즘」,『종교문화비평』8, 2005.

이민용,「섬같은 불교, 피자같은 불교」,『불교평론』 8(2), 2006.

이민용,「초마 드 코로스 산도르: 티베트불교 연구의 발주자」,『불교평론』 86, 2021.

이민용,「학문의 이종교배: 왜 불교신학인가?」,『종교문화비평』 3, 2003.

이병욱,「이능화 종교관의 변화」,『정신문화연구』 28(4), 2005.

이병창,「함석헌과 샤르댕의 사상」,『씨알 생명 평화: 함석헌의 철학과 사상』, 한길사, 2007.

이상호,「종말사상 출현의 역사적 배경」,『종말론의 올바른 이해』, 기독교사상 편집부 엮음, 대한기독교서회, 1993.

이은봉,『한국인의 죽음관』, 서울대학교출판부, 2007.

이재봉,「함석헌의 비폭력 사상과 한반도의 비폭력 통일」,『생각과 실천 2: 함석헌의 비교 사상적 조명』, 한길사, 2012.

이재헌,『이능화와 근대 불교학』, 지식산업사, 2007.

이정배,「함석헌의 탈민족, 탈기독교적 평화신학 연구: 〈뜻으로 본 한국역사〉를 중심으로」,『문화와 신학』 9, 2008.

이진구,「'새 종교'와 '낡은 종교': 함석헌의 눈에 비친 한국 개신교」,『종교문화비평』 17호, 2010.

이태승,『폐불훼석과 근대불교학의 성립: 근대 초기 일본불교 재활 연구』, 올리브그린, 2020.

이혜숙,「한국 불교학의 분과성에 대한 비판적 고찰」,『불교평론』 84, 2021.

임혜봉,『친일불교론』(2), 민족사, 1993.

장석만,『한국 근대종교란 무엇인가?』, 모시는사람들, 2017.

장효원,「이능화의 國學」,『어문논집』 24 · 25. 1985.

정광호,『근대한일불교관계사연구』, 인하대학교출판부, 1984.

정광호, 『일본침략시기의 한일불교관계사』, 아름다운세상, 2001.

정진홍, 「〈함석헌 현상〉의 논의에서 기대하는 것: 종교학 담론의 공간」, 『종교문화비평』 17호, 2010.

정진홍, 『지성적 공간 안에서의 종교: 종교문화에 대한 비판적 인식을 위하여』, 세창출판사, 2015.

조명제, 「근대불교의 지향과 굴절: 梵魚寺의 경우를 중심으로」, 『불교학연구』 13, 2006.

조성택, 『근대불교학과 한국 근대불교』, 고려대학교 민족문화연구원, 2006.

조은수, 「서구 속의 불교, 불교의 서구화」, 『서구 불교운동의 문화사적 조명』, 한국불교학회 추계학술 발표문, 2010.

조은수, 『불교와 근대, 여성의 발견』, 모시는사람들, 2022.

중촌 원, 『중국인의 사유방법』, 김지견 옮김, 까치, 1990.

지명관, 「함석헌의 조선사관에 대한 고찰」, 『한일관계사연구』, 소화, 2004.

최유진, 『원효연구』, 경남대학교출판부, 2020.

최재목, 「咸錫憲과 陽明學 :「한 사람: 王陽明, 大學問」을 중심으로」, 『陽明學』 제32호, 2012.

함석헌, 『함석헌 저작집』(30권), 한길사, 2009.

허남린, 「일본에 있어서 불교와 불교학의 근대화」, 『종교문화비평』 8, 2005.

허남린, 『조선시대 속의 일본』, 경인문화사, 2013.

허우성, 『근대 일본의 두 얼굴: 니시다 철학』, 문학과지성사, 2000.

황선명, 『조선조종교사회사연구』, 일지사, 1985.

황순일, 「멸진정과 두 가지 열반이론」, 『불교학연구』 11, 2005.

황순일, 「테라바다에서의 찰나설과 열반」, 『인도철학』, 13(1), 2003.

황필호, 「종교철학자 함석헌」, 『종교문화비평』 17호, 2010.

황필호, 『분석철학과 종교』, 종로서적, 1984.

황필호, 『종교변호학 · 종교학 · 종교철학』, 철학과현실사, 2004.

황필호, 『종교철학자가 본 불교』, 민족사, 1994.

高橋亨, 『李朝佛敎』, 大阪寶文館, 1929.

Almond, Philip, *The British Discovery of Buddhism*, Cambridge: Cambridge University Press, 1988.

Balazs, Etienne, *Chinese Civilization and Bureaucracy*, New Heaven: Yale Univ Press,

1979.

Berger, Peter, *Sacred Canopy: Elements of a Sociological Theory of Religion*, New York: Doubleday and Co., Inc. 1966.

Biena, David Van, "Buddhism in America," *Time*, 13 Oct, 1997.

Bloom, Alfred, "Shin Buddhism in America: A Social Perspective", *The Faces of Buddhism in America,* Berkeley: University of California Press, 1998.

Boon, Marcus and Eric Cazdyn and Timothy Morton, *Nothing: Three Inquiries in Buddhism*, Chicago: Chicago Univ. Press, 2015.

Burnouf, Eugene, *Introduction a l'histoire du Buddhisme indien*, Paris: Imprimerie royale, 1844.

Burnouf, Eugene, *Le lotus de la bonne loi, traduit du sanscrit,* Paris: Imprimerie Nationale, 1852.

Buswell, Robert E., "Buddhist Reform Movements in Korea During the Japanese Colonial Period: Precepts and the Challenge of Modernity", *Buddhist Behavioral Codes and the Modern World - An International Symposium,* ed. by Charles Wei-hsun Fu and Sandra A. Wawrytko, Greenwood Press, Connecticut, U.S, 1994.

Cabezon, Jose I., *Buddhism and Language,* Albany: State Univ. of New York Press, 1994.

Chatterjee, Partha, *Nationalist Thought and the Colonial World: A derivative Discourse,* London: Zedbooks, 1986.

Chatterjee, Partha, *The Nation and its Fragments: Colonial and Postcolonial Histories,* Princeton Univ. Press, 1993.

Coleman, James William, *The New Buddhism: The Western Transformation of an Ancient Tradition*, Oxford Univ. Press, 2001.

Collins, Richard, *Buddhism and Light of Asia*, 1987.

Congar, Yves, "Christian Theology," *The Encyclopaedia of Religion*, New York: Macmillan, 1987.

Conze, Edward, "Buddhist Philosophy and its European Parallels," *Philosophy East and West,* 13(1), 1963.

Conze, Edward, *Thirty Years of Buddhist Studies: Selected Essays,* Oxford: Cassirer, 1967.

De Jong, J. W., *A Brief History of Buddhist Studies in Europe and America,* Delhi: Sri Satguru Publications, 1987.

De Lubac, Henri, *Rencontre du bouddhisme et de L'occident*, Paris, 1952.

Droit, Roger-Pol, *The Cult of Nothingness: the Philosophers and the Buddha*, Chapel Hill: University of North Carolina Press, 2003.

Duka, Theodre, *Life and Works of Alexander Csoma De Körös, A Biography Compiled Chiefly from Hitherto Unpublished Data: With A Brief Notice of Each of His Published Works and Essays, As Well As of His Still Extant Manuscripts*, London: Trubner & Co., Ludgate Hill, 1885.

Eckel, Malcolm D, "The Ghost at the Table: On the Study of Buddhism and the Study of Religion,"*Journal of the American Academy of Religion*, 62(4), 1994.

Faure, Bernard, *Chan Insights and Outsights: An Epistemological Critique of the Chan Traditions*, Princeton Univ., 1993.

Faure, Bernard, *The Rhetoric of Immediacy: A Cultural Critique of Chan/Zen Buddhism*, Princeton Univ., 1991.

Faure, Bernard, *The Will to the Orthodoxy: A Critical Genealogy of Northern Chan Buddhism*, Princeton Univ., 1997.

Feer, Leon, *Papiers D'Eugene Burnouf Conserves a la Bibliotheque Nationale*. H. Champion, 1899.

Fields, Rick, *The Future of American Buddhism*, Vajradhatu Sun 9(1), 1987.

Friedman, Leonore, "Meeting with the Remarkable Women," *Buddhist Teachers in America*, Shambhala Publications Inc, 1987.

Gomez, Luis, "Unspoken Paradigms: Meanderings through the metaphors of a field," *Journal of International Association of Buddhist Studies*, 18(2), 1995.

Gudmunsen, Chris, *Wittgenstein and Buddhism*, London: Macmillan, 1977.

Halbfass, Wilhelm, *India and Europe: An Essay in Understanding*, Albany, N.Y.: State University of New York Press, 1988.

Harvey, Peter, *An Introduction to Buddhist Ethics*, Cambridge University Press, 1990.

Henrik, Sorenson, "Korean Buddhist Journals during Early Japanese Colonial Rule", *Korea Journal*, vols 30-31, 1990.

Hunter, William W., *Life of Brian Houghton Hodgson*, London: John Murray, 1896.

Hunter, William W., *Csoma de Koros: A Pilgrim Scholar*, Allahabad, 1885.

Ishay, Micheline, *The History of Human Rights: From Ancient Times to the Globalization Era*, Berkeley: University of California Press, 2004.

Jackson, Roger R. & John J. Makransky, ed. *Buddhist Theology: Critical Reflections by*

Contemporary Buddhist Scholars, Curzon Press, 2000.

Jay, Garfield, "Human Rights and Compassion: Towards A Unified Moral Framework," *Journal of Buddhist Ethics*, Online Conference on Buddhism and Human Rights, 1995.

Jeffreys, Derek, "Does Buddhism need Human Rights?," *Action Dharma*, Routledge Curzon, 2003.

Junger, Peter, "Why the Buddha Has No Rights," *Journal of Buddhist Ethics*, Online Conference On Buddhism and Human Rights, 1995.

Katz, Nathan, "Nagarjuna and Wittgenstein on Error," Nathan, Katz ed., *Buddhist and Western Philosophy*, New Delhi: Sterling, 1981.

Keown, Damien, "Are There Human Rights in Buddhism," *Journal of Buddhist Ethics*, Online Conference on Buddhism and Human Rights, 1995.

Ketelaar, James E., *Of Heretics and Martyrs in Meiji Japan; Buddhism and its Persecution*, Princeton University Press, 1990.

Kim, Hwansoo Ilmee, "Strategic Alliances: The Complex Relationship between Japanese and Korean Buddhism 1877-1912," Ph. D Dissertation, Harvard University, 2007.

King, Sallie, "Human Rights in Contemporary Engaged Buddhism," *Buddhist Theology*, Curzon Pub. Co. England, 2000.

King, Sallie, *Being Benevolence: The Social Ethics in Engaged Buddhism*, Honolulu, HI: University of Hawai'i Press, 2005.

Kornfield, Jack, "Is Buddhism Changing North America," *Buddhist America: Center, Retreats, Practices*, ed by Don Morreale, John Muir Publications, 1988.

Kraft, Kenneth, "Recent Developments in North American Zen," *Zen: Tradition and Transition*, ed by Kenneth Kraft, New York: Grove press, 1988.

Lalou, Marcelle, ed., *Bibliographie bouddhique,* Paris, 1928-1967.

Layman, Emma, *Buddhism in America*, Chicago, Nelson-Hall, 1976.

Matilal, Bimal Krishna, "A Critique of the Mādhyamika Position," In *Mind, Language, and World*, ed by Jonardon Ganeri, New York: Oxford University Press, 1973.

Matilal, Bimal Krishna, *Epistemology, Logic, and Grammar in Indian Philosophical Analysis*, The Hague: Mouton, 1971.

McMahan, David L., *The Making of Buddhist Modernism*, Oxford Univ. Press, 2008.

Monier-Williams, Monier, *Buddhism in Its Connection with Brahmanism & Hinduism and*

Its Contrast with Christianity, London: J. Murray, 1888.

Monier-Williams, Monier, *The Holy Bible and the Sacred Books of the East*, London: Seeley, 1887.

Müller, Max, *Chips from a German Workshop*, vol. 3, London: Longmans, 1876.

Murti, T. R. V., *The Central Philosophy of Buddhism*, London: George Allen and Unwin, 1955.

Nattier, Jan, "Visible and Invisible," *Tricycle; The Buddhist Review*, 5(1), 1995.

Numrich, Paul D., *Old Wisdom in the New World: Americanization in Two Immigrant Theravada Buddhist Temples*. Univ. of Tennessee Press, 1996.

Oldenberg, Hermann, *Buddha: Sein Leben, Seine Lehre, Sine Gemeinde*, Berlin: W. Hertz, 1881.

Peiris, William, *The Western Contribution to Buddhism*, Delhi: Motilal Banarsidass, 1973.

Poussin, Louis de La Vallée, *Bouddhisme: Opinions sur l'histoire de la dogmatique*, Leçons faites à l'Institut catholique de Paris, 1908.

Poussin, Louis de la Vallee, *Nirvana*, Paris: G. Beauchesne, 1925.

Prebish, Charles and Kenneth Tanaka ed, *The Faces of Buddhism in America*, Univ. of California Press, 1988.

Prebish, Charles, "The Cybersangha: Virtual Communities," *Luminous Passage: The Practice and Study of Buddhism in America*. Univ. of California Press, 1999.

Prothero, Stephen, *The White Buddhist; the Asian Odyssey of Henry Steel Olcott*, Indiana Univ. Press, 1996.

Rhi, Ki-yong, "Aux Origines du Tch'an Houei; Aspects Bouddhi-ques de la Pratique Penitentielle," These du Doctorat, Universite de Louvain, 1960.

Robinson, Richard, "Some Logical Aspects of Nagarjuna's Philosophy," *Philosophy East and West* 6(4), 1957.

Robinson, Richard, *Early Madhyamika in India and China*, University of Wisconsin Press, 1967.

Ropez, Jr, Donald S., *Curators of the Buddha; The Study of Buddhism under Colonialism*, Univ. of Chicago Press, 1995.

Saint-Hillaire, Barthelemy, *The Buddha and his Religion,* London, Trench, Trubner & Co. LTD, 1914.

Schopen, Gregory, "Archaeology and Protestant Presuppositions in the Study of Indian

Buddhism," *History of Religions*, No. 31, 1991.

Schwab, Raymond, *The Oriental Renaissance: Europe's Rediscovery Of India and the East, 1680~1880*, Columbia univ. Press, 1984.

Senart, Emile, "Essai sur la legende du Buddha," *Journal Asiatique*, 1873-1875.

Sharf, Robert H., "The Zen of Japanese Nationalism," *History of Religions* 33(1), 1993.

Snodgrass, Judith, *Presenting the Japanese Buddhism to the West: Orientalism, Occidentalism and the Columbian Exposition*, Univ. of North Carolina Press, 2003.

Starr, Frederick, *Korean Buddhism; History-Condition-Art*, Boston, Marshall Jones Co., 1918.

Stcherbatsky, F. I., *Buddhist Logic*(2 vols), 1930.

Stcherbatsky, F. I., *The Conception of Buddhist Nirvāna*, 1927, New York: Gordon Press, 1973.

Streng, Frederic, *Emptiness: A Study in Religious Meaning*, Nashville, Abington, 1967.

Suzuki, Shunryu, *Zen Mind, Beginner's Mind*, Weatherhill, 1970.

Swidler, Leonard, *Religious Liberty and Human Rights in Nations and in Religions*, Philadelphia : Ecumenical Press, 1986.

Tambiah, Stanley J., *Buddhism Betrayed? Religion Politics and Violence in Sri Lanka*, Chicago Univ. Press, 1992.

Tanaka, Kenneth, "Epilogue: The Colors and Contours of American Buddhism," *The Faces of Buddhism in America*, Berkeley: University of California Press, 1998.

Thurman, Robert, "Philosophical Nonegocentrism in Wittgenstein and Candrakirti in Their Treatment of the Private Language Problem," *Philosophy East and West* 30(3), 1980.

Tillemans, Tom J. F., *How do Madhyamikas Think?: And Other Essays on the Buddhist Philosophy of the Middle*, Wisdom Pub. Boston, 2016.

Tracy, David, "Comparative Theology," *The Encyclopaedia of Religion*, New York: Macmillan, 1987.

Tuck, Andrew P., *Comparative Philosophy and Philosophy of Scholarship: On the Western Interpretation of Nāgārjuna*, New York: Oxford University Press, 1990.

Tweed, Thomas, "Night Stand Buddhists and Other Creatures," *American Buddhism: Method and Findings in Recent Scholarship*, ed by Duncan Williams and Christopher Queen, 1991.

Tweed, Thomas, *The American Encounter with Buddhism 1844-1912,* Indiana Univ. Press, 1992.

Verhoeven, Martin, "Americanizing the Buddha: Paul Carus and the Transformation of Asian Thought," *The Faces of Buddhism in America*, Ed by Charles S. Prebish and Kenneth K. Tanaka, University of California Press, 2023.

Waldo, Ives, "Nagarjuna and Analytic Philosophy, II," *Philosophy East and West,* 28(3), 1978.

Welbon, Guy Richard, *The Buddhist Nirvana and Its Western Interpreters*, Univ. of Chicago Press, 1968.

Wickremeratne, L. Ananda, *The Genesis of an Orientalist: Thomas William Rhys Davids in Srilanka*, Columbia, Mo.: South Asia. Books, 1985.

Wilkins, Charles, *The Bhagavat-Geeta or Dialogues of Kreeshna and Arjoon in 18 Lectures with Notes,* London, 1785.

Williams, Dunkan and Christopher Queen ed., *American Buddhism: Methods and Findings in Recent Scholarship*, Routledge, 1999.

Wittgenstein, Ludwig Josef Johann, *The Blue and Brown Books*, New York: Harper & Row, 1958.

Yuyama, Akira, *Eugene Burnouf: The Background of his Research into the Lotus Sutra,* Tokyo: International Research Institute for Advanced Buddhology, Soka Univ. Press, 2000.

【ㅅ】

『사기』 279, 281, 284
사노 젠레이 339
사라트 다스 124
사랑 590
사서적 글쓰기 277
사은 379, 380
사이버 상가 168
사회권 604
사회 안전권 604
사회진화론 341, 343
산스크리트어 25, 67
『산스크리트어 문법』 61
산스크리트 원전 123
살불살조 43
『삼국유사』 511
『삼륜』 163
삼법인 96
삼승 479
삼시교 460
삼신 222
삼위일체 222
삼종선 316
상게 푼촉 120
상순 261
상좌부불교 82
상호관계성 612
상호의존성 36, 610
생명권 604
샤쿠 쇼엔 218, 221, 224, 227, 239
샤쿠 쇼카츠 202

서경수 542, 544, 553, 556, 563
서구화한 불교 224
선(禪) 44, 202
『선견율비바사』 500
선교(禪敎) 317
선불교 43, 83, 203
선 센터(Zen Center) 243
선종 149, 319, 320
선 철학 45
세계인권선언문 600
세계종교 355
세계종교의회 239, 240, 526
세람포 판 사전 123
세속 497
센자키 요겐 202
소공동체 운동 375, 377
소태산 356, 357, 362, 365, 366, 367, 368,
        371, 373, 375
수사성 151
수입 불교 174, 242
수제나 498
수출 불교 174, 176, 242, 244
수하물 불교 176, 242, 245
수행 공동체 561
수행승 184
순전한 허무주의 100
술이부작 285, 305
숭산스님 187, 534
스콜라티시즘 96
스탠리 탐비아 136
승가 545, 561
승가관 562

불교를 다시 묻다

등록 1994.7.1 제1-1071
초판 1쇄 발행 2026년 3월 31일

지은이   이민용
펴낸이   박길수
편집장   소경희
편 집   조영준
관 리   위현정
디자인   조영준
펴낸곳   도서출판 모시는사람들
　　　　 03147 서울시 종로구 삼일대로 457(경운동 수운회관) 1306호
전 화   02-735-7173 / 팩스 02-730-7173
홈페이지   http://www.mosinsaram.com/

인 쇄   피오디북(031-955-8100)
배 본   문화유통북스(031-937-6100)

값은 뒤표지에 있습니다.
ISBN 979-11-6629-264-4   93220

* 잘못된 책은 바꿔 드립니다.
* 이 책의 전부 또는 일부 내용을 재사용하려면 사전에 저작권자와
　도서출판 모시는사람들의 동의를 받아야 합니다.